William Anderson
Vicky Gabriel

Seelenpfade

Schamanische Wege zur Heilung von Körper und Geist

Where the Wheel Meets the Road

Arun

Dieses Buch widmen wir zwei Menschen, die uns in den letzten zehn Jahren beständig ermutigt, unterstützt und durch ihre ehrliche Wertschätzung motiviert haben – Romana und Stefan Ulbrich.

Danke für Eure tiefe Freundschaft und für all die kostbaren Anregungen, die Ihr immer wieder in unser Leben einstreut und die es auf diese Weise von Grund auf verändert haben!

Arun-Verlag, Engerda 28, D-07407 Uhlstädt-Kirchhasel,
Tel: 036743/233-0, Fax: 036743/233-17,
email: info@arun-verlag.de, www.arun-verlag.de.
Titelbild: Björn Ulbrich (gesehen in Damanhur).
Illustrationen: Chrissie Leineweber.
Buchgestaltung: Arun-Verlag.
Gesamtherstellung: Hubert & Co, zeitbuch, Göttingen.

ISBN 978-3-935581-83-7

Danksagung

Tja, wir werden älter. Und wer älter wird, fängt an, sich den eigenen Weg bis hier hin genauer anzuschauen. Dabei treten Muster hervor, werden rote Fäden deutlich – und ein paar Menschen fallen ins Auge, die genau diese Fäden repräsentieren und damit dazu beigetragen haben, dass sich die entsprechenden Muster entfalten konnten. In diesem Sinne gilt mein (Vickys) Dank zum einen meinem Urgroßvater, den ich nie kennen gelernt und von dem ich über meine Mutter doch alles erhalten habe, was meine frühe Spiritualität ausmachte. Und einer Frau, die ich immer nur als „Thora" kannte und mir die Grundlagen des dianischen Wicca beibrachte. Dann auch Mandi und Liesl, den Hohepriestern des Opal-Covens, die diese bunte Mischung in Österreich um die gemischtgeschlechtliche Variante dieser Tradition ergänzten.

Da war jedoch eine Gruppe, die einfach mal genannt werden muss, und das ist der Drachenmondcoven. Jene kleine Renegatengruppe, die sich Anfang der neunziger Jahre von ihrem Muttercoven absetzte und wild zu experimentieren begann – mit Freude am Thema, Leidenschaft für die Natur und viel Freundschaft füreinander. Was wir damals hatten, habe ich nie wieder aufzubauen geschafft und ist mir für den Bereich der Covenarbeit immer noch großes Vorbild. Erst viele, viele Jahre später habe ich begriffen, dass diese Zeit eine ganz besondere in meinem Leben war, die mich ein für alle Mal aus der spirituellen „Probephase" geholt und für den Rest meines Lebens der Naturspiritualität verpflichtet hat.

Darüber hinaus spiegelt sich in diesem Buch meine intensive Auseinandersetzung mit Tanztherapie im schamanischen Raum, weshalb ich Fé Reichelt, Jaqueline Mayer-Ostrow, Anne van den Boom und den anderen Ausbilderinnen vom Frankfurter Institut für Tanztherapie (FITT) meinen tiefen Dank für die wunderbaren Lehrjahre bei ihnen mitteilen möchte. Sie haben mir einen neuen Start in ein zutiefst befriedigendes Leben ermöglicht und werden Teile ihrer Arbeit auch auf diesen Seiten wiederfinden.

Außerdem bin ich dem Leben zutiefst dankbar dafür, in meiner Mutter und meinem Mann Begleiter auf diesem Weg gefunden zu haben, die bereit sind, ihn auf so tiefgründige, reflektierende, leidenschaftliche, fröhliche und liebevolle Weise mit mir zu gehen!

Gerade anlässlich dieses Buchs gilt unser ganz besonderer Dank aber auch dem schamanischen Lehrer und Zeremonienleiter Helmut Christof, der uns in den letzten Jahren tief in die Lehren und Praktiken des GAIA-Schamanismus eingeführt und dann die innere Größe besessen hat, uns darin zu unterstützen, das dort Erlernte unseren eigenen Ideen und Erfahrungen anzupassen und auf diese Weise zu veröffentlichen. In einer Zeit, wo viele spirituelle Systeme den Anspruch haben, wenn schon nicht allgemeingültig, dann doch zumindest das beste von allen zu sein und deshalb auf keinen Fall auch nur im Geringsten verändert werden zu dürfen, zeichnet diese Einstellung einen charaktervollen, großen Lehrer aus, der uns und unseren Weg zutiefst beeinflusst hat. Wer sich für seine sehr empfehlenswerte Arbeit interessiert, findet unter www.gaia-net.de weitere Informationen!

Ein ganz, ganz dickes Danke geht an die Teilnehmer unserer Seminare und vor allem unserer beiden Ausbildungsgruppen, die immer wieder bereit sind, neue Ideen und Techniken mit großer Hingabe und viel Vertrauen zu uns umzusetzen, um sie dann einer gründlichen Prüfung zu unterziehen und – mit viel Achtung und völlig respektlos – selbst weiter zu entwickeln. Ihr seid die beste Qualitätskontrolle, die wir uns wünschen können – mal ganz abgesehen davon, welchen Heidenspaß wir dabei oft haben!

Inhalt

Übersicht über die Techniken

Vorwort

In den letzten Jahren hat sich bei uns viel geändert. Unser Leben hat ganz entscheidende Wendungen genommen, die uns mächtig durcheinander gewirbelt haben. Deshalb wird der eine oder andere Leser unserer bisherigen Bücher vielleicht überrascht sein, wie sehr sich unsere Arbeitsweise verändert hat. Zum einen ist eine deutliche Verschiebung in die schamanische Praxis feststellbar, zum anderen aber ist diesem Buch auch anzumerken, dass wir mittlerweile das Zentrum unseres naturspirituellen Weges in der Heilung von Körper und Seele auf dem Weg der Wiederverbindung mit der Natur sehen.

Auch haben in den vergangenen Jahren viele Menschen nach der Lektüre unserer Bücher an einem unserer Seminare teilgenommen und waren dann überrascht, dass unsere dortige Arbeitsweise nur noch wenig mit den Materialien in den Büchern gemeinsam zu haben schien. Viele von ihnen glaubten, wir hätten entweder unser System oder unsere Überzeugungen verändert, aber einige fragten, ob wir bisher nicht alles, was wir tun, veröffentlicht haben. Das kommt der Wahrheit schon näher.

Unsere Überzeugungen verändern sich ständig und wachsen mit jeder neuen Erfahrung und Begegnung mit dem Göttlichen in uns und in der uns umgebenden Welt. Eines der größten Probleme mit Büchern besteht darin, dass sie sich nicht mehr von selbst verändern, wenn sie erst einmal gedruckt worden sind. Das geschriebene Wort ist unbeweglich, was es uns leicht macht, in die Dogma-Falle zu tappen, indem wir meinen, die damit ausgedrückten Inhalte seien ebenso unveränderlich und unantastbar wie das Wort selbst. In *Der alte Pfad – Wege zur Natur in uns* haben wir unseren Lesern einen kleinen Einblick darin gegeben, wo wir uns zum damaligen Zeitpunkt gedanklich befanden; es war ein erster Eindruck der Richtung, die wir eingeschlagen hatten und nicht mehr. Das vermindert den Wert der dort beschriebenen Ansätze auf keinen Fall; für uns war es jedoch in gewisser Weise ein Sprungbrett, von dem aus wir uns zu neuen Ideen inspirieren ließen.

Entsprechend widerspricht der Inhalt dieses Buchs dem unserer anderen keineswegs, sondern ergänzt diese eher. Wenn wir nie vergessen, dass ein gesundes System immer im Wachstum begriffen ist, kann ein dogmatischer Umgang damit kaum entstehen. Unser Ziel besteht noch immer darin, mit unseren Überzeugungen zu wachsen und uns auch Gedanken anderer zu eigen machen, indem wir sie verändern, bis sie unseren wahren Bedürfnissen entsprechen. Deshalb bitten wir Sie, nichts, was Sie in diesem Buch finden (oder in jedem anderen, was das betrifft) als fest und unverrückbar zu betrachten. Nur Sie selbst können aus Ihrem eigenen Sein heraus Ihre eigene spirituelle Wahrheit erkennen – und nur Sie selbst können den Kontakt mit dem Göttlichen für sich herstellen.

Was Sie in diesem Buch finden, ist nicht mehr als ein rascher Überblick über unser Weltbild und einige der in unserer Arbeit zur Anwendung kommenden Werkzeuge. Wir haben selbst des Öfteren genau das getan, was wir Ihnen gerade nahe legten: Wir haben uns andere spirituelle Systeme angesehen, um daraus zu entnehmen, was sich für uns stimmig anfühlte und diese Elemente zu erweitern sowie in unsere eigene Arbeit zu integrieren. Aber natürlich kann ein Buch wie dieses nur einen ersten Einblick in unsere Arbeitsweise bieten.

In gewisser Weise hat sich uns in den vergangenen Jahren die Frage gestellt, wie stark unsere innere Verpflichtung diesem Weg gegenüber wirklich sein soll. Wie viel wir bereit sind, dafür zu riskieren, aufzugeben und zu vertrauen. Einfach blind einem Universum zu vertrauen, das von uns ein Leben ohne jegliche Absicherung, ohne Netz und doppelten Boden fordert, um zu dem werden zu können, was wir wirklich sind und den Platz einzunehmen, der für uns auf dieser Erde vorgesehen ist. Jetzt, einige Jahre später, haben wir ein eigenes kleines Seminarhaus, das zu einem Zentrum für seelische Heilung mit naturspirituellen Mitteln geworden ist, einen Riesenbatzen Schulden, einen reichlich vollen Terminkalender, mindestens einen Burnout, kaputte Gelenke, Schmerzen im Rücken, den einen oder anderen Ehekrach hinter uns und eine Reihe äußerst kostbarer Geschenke in uns, wie zum Beispiel das Wissen, wie stark wir wirklich sind. Es ist wunderbar, die eigene Kraft kennengelernt zu haben und sich nun darauf verlassen zu können. Oder das am eigenen Leib erfahrene Wissen, dass seelische Gesundheit nichts damit zu tun hat, ob ein Mensch depressiv ist oder nicht – sondern was er mit diesen Umständen macht. Wie er sie bewältigt – und als was er danach wieder zum Vorschein kommt.

Die letzten drei Jahre waren die härteste Zeit in unserem bisherigen Leben. Sie haben uns vollkommen auf den Kopf gestellt und uns mit Instrumenten der Heilung und des persönlichen Wachstums versehen, an die wir früher nicht einmal geglaubt haben – geschweige denn davon ausgegangen wären, dass sie uns einmal selbst zur Verfügung stehen könnten. Wir sind in das Wunder des Lebens eingetreten – und zwar lange, lange, bevor es uns selbst bewusst war.

Entsprechend hat auch dieses Buch eine Qualität, die sich von unseren bisherigen Veröffentlichungen mehr oder weniger deutlich unterscheidet. Unsere Arbeit stellt immer eine Verbindung von alten und neuen Wegen dar, in diesem Fall also von schamanischem Wissen mit modernen psychotherapeutischen Erkenntnissen. Das gefällt manchen Menschen nicht, die eine ablehnende „Kampfhaltung" gegenüber der Psychotherapie einnehmen und diese generell als unbrauchbar ablehnen. Gemeinsam verfügen William und ich jedoch über Ausbildungen in beiden Bereichen und haben in den letzten Jahren viele, viele Male die Erfahrung gemacht, dass die Grundannahmen, Inhalte und Interventionen des einen Wegs dem anderen erst Sinn und Tiefe geben – und umgekehrt. Aufgrund der Erlebnisse, die wir in der Behandlung von Menschen mit körperlichen wie auch seelischen Symptomen und Problemen hatten, kommen wir persönlich zu dem Schluss, dass moderne psychiatrische und psychotherapeutische Verfahren nur eine begrenzte Wirksamkeit haben, weil sie Störungen und Erkrankungen nicht auf allen Ebenen behandeln, auf denen sie sich im Körper-Geist-Seele-System des Menschen abspielen. Diese anderen Ebenen werden von schamanischen Methoden jedoch ebenfalls abgedeckt, was mit eine Ursache für deren oft unerwartet hohe Effektivität darstellt. Umgekehrt wiederum erleben wir die Erkenntnisse und Interventionen der modernen Psychiatrie und Psychologie oft als logische Fortführung und Erweiterung alten schamanischen Wissens, wodurch dieses sinnvoll ergänzt wird. In vielen Fällen – wie zum Beispiel der Theorie der Verarbeitung unangenehmer Gefühle oder der Technik des Familienstellens – finden wir in der heutigen Wissenschaft nichts anderes als eine Beschreibung uralter schamanischer Grundannahmen und Techniken mit modernen Worten wieder, aus einem neuen Blickwinkel betrachtet. Und das kann doch eigentlich nur hilfreich sein!

Die in diesem Buch dargestellten Ansätze und Behandlungstechniken setzen deshalb ein gewisses Maß an Offenheit für sowohl den klassisch-schamanischen als auch den modernen psychotherapeutischen (und manchmal auch schulmedizinischen) Ansatz dar und sind nicht für Menschen geeignet, die einen dieser beiden Wege von vornherein ablehnen. Uns ist bewusst, dass es auf jedem der beiden hier zur Vereinigung kommenden Wege Menschen gibt, die mit diesem Material nicht einverstanden sein werden, doch für sie ist dieses Buch einfach nicht gedacht. Es gibt genügend Literatur sowohl zu rein psychiatrischen als auch ausschließlich schamanischen Behandlungsformen, weshalb wir es nicht als notwenig erachten, dieser noch einen weiteren Titel hinzuzufügen. Unsere Arbeit versucht vielmehr, einen neuen Ansatz zu vermitteln, der unserer Erfahrung nach beide der genannten Wege wesentlich bereichern und vertiefen kann.

Wir möchten noch ein paar Worte zur Erklärung des Untertitels dieses Buchs sagen. Als wir unser erstes Buch *Der alte Pfad* fertig gestellt hatten, waren wir fälschlicherweise, aber nichts desto trotz fest davon überzeugt, alles gesagt zu haben, was wir wussten und glaubten, nie wieder genügend Material für einen weiteren Titel zusammen bekommen zu können. Dann kam *Wege zu den alten Göttern*, und obwohl wir unsere Überzeugung damit widerlegt hatten, fühlte es sich überraschenderweise wieder genau so an. Zu dem Zeitpunkt, wo wir mit der Arbeit an einem weiteren Buch begannen, war uns klar, dass man niemals nie sagen sollte. Erst als wir überlegten, welchen Titel wir diesem dritten Buch geben sollten, entdeckten wir das Muster, welches sich zwischen den Begriffen „Pfad" und „Wege" abzeichnete, grinsten einander an und beschlossen, es *Naturpfade* zu nennen. Auf diese Weise wollten wir zum Ausdruck bringen, welchem speziellen Thema sich der Pfad diesmal widmete.

So war bereits zu Beginn der Arbeit an dem Buch, das Sie jetzt in Ihren Händen halten klar, dass wir das alte Muster beibehalten und wieder einen Titel wählen würden, der auf die Inhalte des hier beschriebenen Pfads hinweist. Da es sich dabei primär um spirituelle Heilweisen im Rahmen des Schamanismus handelt, lag *Seelenpfade* nahe. Nun fehlte uns nur noch ein den Inhalt des Buches näher beschreibender Untertitel. Da fand William die Worte „Where the wheel meets the road" (in etwa: wo das Rad auf den Weg trifft bzw. auf den Weg gesetzt wird). Diese einfache Aussage beinhaltet so viele Bedeutungsebenen, dass wir beschlossen, sie in der englischen Sprache zu lassen.

Es ist nicht einfach, auch nur die wichtigsten dieser Bedeutungen auf Deutsch zu beschreiben. Zunächst einmal bezieht sich das Rad (wheel) auf das Rad der heiligen Kräfte, das Medizinrad. Mit dem Weg (road) meinen wir den Pfad, den wir als Lebensweise gewählt haben bzw. über den wir hier schreiben – einen Pfad, der zu spiritueller Heilung führt. Die Verbindung beider Begriffe besagt, dass die Arbeit unserer Ansicht nach in dem Moment beginnt, wo man das Wissen des Medizinrads auf dem Pfad des eigenen Lebens in Bewegung setzt. Wir beschreiben in diesem Buch also, auf welche Weise wir unser eigenes Rad der heiligen Kräfte verwenden, um den Weg zu spiritueller Heilung und persönlichem Wachstum zu gehen – was manchmal durchaus eine Menge Arbeit sein kann.

Eine Anmerkung noch: Dieses Buch ist von *zwei* Menschen geschrieben worden, die durchaus nicht immer einer Meinung sind! Deshalb verweist der Text teilweise auf die Erfahrungen von nur einem von uns. Wir hoffen sehr, dass dies seine Lesbarkeit nicht beeinträchtigt und bitten um Verständnis dafür, dass wir auch nur Menschen sind und nicht vorhaben, etwas anderes vorzugeben! Wir – nein, eigentlich ich, Vicky (sehen Sie, da geht's schon los) haben jedenfalls versucht, für die betreffenden Stellen möglichst bequeme stilistische Lösungen zu finden.

Abschließend möchten wir wie immer nochmals darauf hinweisen, dass der Umgang mit den hier dargestellten Ansätzen und Techniken ein gewisses Maß an seelischer Gesundheit voraussetzt. Stabile Ich-Grenzen sind dafür unumgänglich; für Menschen mit schweren seelischen Erkrankungen mit psychotischen Symptomen, wie sie zum Beispiel bei Störungen aus den Bereichen der Sucht, der schweren Depression oder auch des schizophrenen Formenkreises vorkommen können, ist diese Arbeit so, wie hier geschildert, auf keinen Fall geeignet.

Vogelsberg, im März 2009
William Anderson und Vicky Gabriel

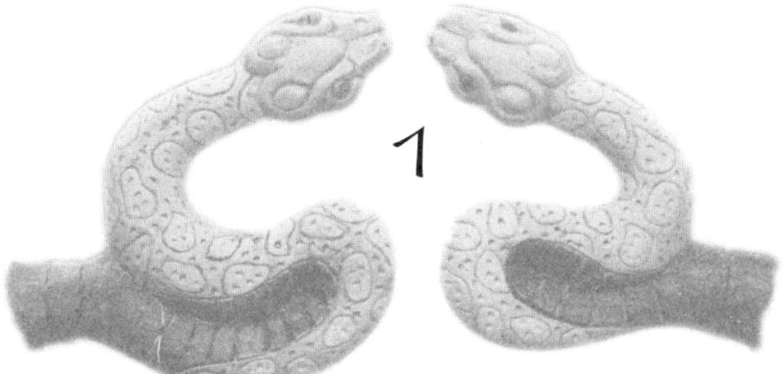

1

Die Grundlagen

Das Bild von der Welt – Naturwissenschaft und Schamanismus

Die meisten Menschen sind sich nicht des Umstands bewusst, dass die Art und Weise, wie wir unsere Welt wahrnehmen, immer von unserer Vorstellung davon beeinflusst wird, was wir für *wahr* halten. Die Sicht der Welt, die Ansichten darüber, was es geben darf und was nicht, die uns bereits unsere Eltern im frühen Kindesalter vermittelt haben, wirken wie eine Art Filter, der vor allem jene Inhalte und Wahrnehmungen durchlässt, die dieses Weltbild bestätigen und andere, ihm widersprechende nicht ins Bewusstsein treten lässt. Deshalb kann es wirkliche Objektivität für uns eigentlich gar nicht geben, denn unser Bewusstsein ist ständig bestrebt, alles, was uns widerfährt, in einen größeren Zusammenhang einzuordnen – und wenn es gerade keinen finden kann, der passt, dann „strickt" es sich eben einen. Ab und zu unterscheidet sich dieser „selbstgestrickte" Rahmen dann so sehr von dem der Umgebung, dass wir von Realitätsverlust sprechen.

Dieses Problem lässt sich jedoch recht einfach umgehen, indem wir uns bewusst machen, dass es sich bei jedem Weltbild, jeder Theorie, jedem Paradigma oder was auch immer nur um eines handelt: ein Modell. Modelle jedoch *sind* nicht die Wirklichkeit, sondern sie *beschreiben* sie nur. Oder, um genau zu sein, sie beschreiben jenen Teil der Wirklichkeit, den der Schöpfer des Modells wahrzunehmen imstande war. Dusseligerweise nehmen wir nämlich so gut wie nie die gesamte Realität wahr (und in jenen seltenen Momenten, wo es uns doch gelingt, ist uns die Sache mit der Wahrheit plötzlich herzlich egal). Genau deshalb aber scheinen sich Modelle zu widersprechen: Weil deren Schöpfer eben nur einen Teil des Elefanten wahrgenommen haben, um bei dem berühmten Beispiel zu bleiben. Da jedes Modell nur einen Ausschnitt der Wirklichkeit beschreibt, diese aber viele Facetten hat, die sehr unterschiedlich aussehen können, treffen die meisten Modelle eben nur auf jenen Teilaspekt zu, den sie beschreiben, aber nicht auf andere, davon vielleicht völlig verschiedene. Das alles wäre überhaupt kein Problem, wenn es nicht immer wieder Menschen gäbe, die ihr Herz so sehr an ein solches Modell verloren haben, dass sie es für allgemeingültig erklären müssen. Und bei manchem Modell basteln ganze Kulturen hübsch an der Illusion, ihre Idee von der Welt sei die einzig zutreffende. Wir sind eine solche Kultur.

Um wieder zum Elefanten zurückzukommen – Moment, den kennen Sie gar nicht? Ich bitte um Entschuldigung. Also, die Metapher vom Elefanten beschreibt fünf Blinde, die natürlich noch nie ein solches Tier gesehen haben, nun aber davor stehen und sich mittels ihrer anderen Sinne ein Bild davon zu machen versuchen. Einer betastet den Rüssel und sagt:

„Ein Elefant ist ein sehr geschmeidiges, biegsames Tier." Der nächste befühlt die Füße und sagt: „Ein Elefant ist ein sehr, sehr großes Tier, denn er hat sehr, sehr große Füße". Der nächste wiederum fingert am Schwanz herum und widerspricht: „Nein, ein Elefant ist sehr zart und filigran." Der vierte streicht über den Bauch und stellt fest, dass ein Elefant sehr rauh sei. Der fünfte wiederum hat das feuchte Rüsselende in der Hand und schließt daraus, ein Elefant sei ganz im Gegenteil sehr zart und weich. Um die Metapher im Sinne dieses Buches weiterzuführen – schließlich streiten sich alle darum, wer Recht damit hat, wie ein Elefant ist, und niemand kommt auf die Idee, er könne *sowohl* geschmeidig, *als auch* groß, *als auch* rauh, *als auch* zart sein – nur an verschiedenen Stellen eben. Sie alle halten den kleinen Teil, den sie erfassen können, für die gesamte Wirklichkeit – und haben nicht die geringste Ahnung, wie blind sie eigentlich sind.

Erlauben Sie sich, nicht so blind zu sein. Denn wenn wir etwas für die feststehende Wahrheit halten, geschieht genau das mit uns – wir nehmen dann nur noch jene Informationen wahr, die diese „Wahrheit" bestätigen, und sehen alles andere einfach nicht mehr. Diese Form der Blindheit ist genauso einschränkend und behindernd wie die körperliche. Deshalb möchten wir Sie einladen, die nun folgenden Theorien nicht für wichtig zu halten. Ganz im Gegenteil sind sie so unwichtig, dass Sie es sich erlauben können, ein wenig mit ihnen zu spielen. Betrachten Sie sie als Modelle, als Beschreibungen eines Teiles der Wirklichkeit und nicht mehr. Tun Sie das mit allem, was Ihnen als Wahrheit, Wissenschaft, Erkenntnis, Theorie oder Tatsache angeboten wird. Vielleicht wird sich Ihre Sicht auf die Welt dann wirklich verändern – für den Rest Ihres Lebens.

Lineares und zyklisches Weltbild

Unsere Kultur betrachtet das Leben primär als eine lineare Angelegenheit. Wir erleben die Zeit als von der Vergangenheit über die Gegenwart in die Zukunft verlaufend und gehen im normalen Alltagsleben nicht davon aus, dass sich das plötzlich verändert. Natürlich lauschen wir fasziniert den Stars der Quantenwissenschaft, die unser Universum als einen Ort schildern, an dem alles miteinander verbunden ist, an dem Elementarteilchen miteinander „reden" und auch sonst so ziemlich alles möglich zu sein scheint, was jemals im Hirn eines auch nur minimal begabten Science-Fiction-Autors herumgegeistert hat – aber mal ehrlich, so spannend das auch sein mag: Auf die Wahrnehmung unseres persönlichen Lebens und unser Verhalten im Alltag wirken sich diese Erkenntnisse meist kaum aus. Mag ja sein, dass sich ein Atom potenziell überall zugleich befindet, solange ich nicht hinschaue. Dennoch bin ich mir sehr sicher, mein Schinkensandwich noch dort vorzufinden, wo ich es vor fünf Minuten hingelegt habe (es sei denn, die Katze war mal wieder schneller als ich).

Wir sind davon überzeugt, dass die Dinge einen Anfang, eine Mitte und ein Ende haben, und deshalb nehmen wir sie auch genau so wahr. Dabei betrachten wir eine lineare Entwicklung nur in eine Richtung als positiv oder wünschenswert und empfinden einen Verlauf, der auch mal in Kurven oder gar zu einem früheren Punkt zurück führt, als Rückschritt. Unsere Kultur ist „zielgerichtet", „ergebnisorientiert" oder auch „progressiv", was zur unsinnigsten Grundannahme überhaupt führt: Unendliches Wachstum wird nicht nur als möglich, sondern sogar als erstrebenswerter Idealfall betrachtet. Unser ganzes Wirtschaftssystem basiert darauf, immer mehr zu produzieren, um immer höhere Umsätze zu erzielen. In Zeiten, wo dies nicht gelingt, sprechen wir von einer Rezession und sind nicht mehr in der Lage, alle Arbeitsplätze zu erhalten, alle Bürger angemessen zu versorgen und auch sonst den bisherigen Lebensstandard zu halten. Ich finde es immer wieder faszinierend, dass hochintelligente Menschen, die oft mehrfach studiert haben und seit vielen Jahren hochrangige Führungspositionen bekleiden, nicht erkennen können, dass dieses System ein Widerspruch in sich ist, der sich natürlich selbst zu Fall bringen muss und auch wird. Irgendwann sind alle natürlichen Bedürfnisse der Menschen befriedigt, was bedeutet, dass es von selbst zu keiner weiteren Produktionssteigerung mehr kommen kann. Da ein lineares Wirtschaftssystem jedoch nur funktioniert, solange es wächst, befinden wir uns mittlerweile in der bizarren Situation, neue Bedürfnisse künstlich generieren zu müssen, nur um noch etwas mehr verkaufen zu können. Das hat mit Grundversorgung schon lange nichts mehr zu tun. Dabei mutieren wir immer mehr zu einer 24-Stunden-Gesellschaft, in der es keine Ruhepunkte oder Erholungszeiten mehr gibt – die Depressions- und Burnout-Statistiken sprechen da eine deutlich Sprache.

Mit uns brennt aber auch die Natur aus, denn deren Rhythmus ist ein völlig anderer. Natürliche Abläufe sind selten bis nie linearer, sondern meist zyklischer Art. Während sich also in der Natur auf- und absteigende, zunehmende und abnehmende, aktive und inaktive, produktive und regenerative Phasen stetig abwechseln, bleibt das Anforderungsprofil unserer Gesellschaft an die natürliche Umwelt immer gleich. Logischerweise muss es in den nicht produktiven Phasen zu einer Überforderung dieser Ressourcen kommen, denn wir lassen der Natur nicht die Zeit, sich von unseren „Entnahmen" regelmäßig wieder zu erholen. Für die meisten westlichen Menschen sind diese Phasen nur Verluste oder Rückschritte, die es zu vermeiden gilt; sie haben nicht begriffen, dass es sich dabei tatsächlich um Zeiten der Regeneration handelt, die dringend notwenig sind, wenn ein System – welches auch immer – überleben soll. Unsere Kultur regeneriert sich jedoch nicht mehr, sondern strebt statt dessen den immerwährenden Fortschritt an. Entsprechend *brennt* sie sich und ihre Ressourcen selbst aus, was sich zum Beispiel an unserem vollkommen übersteigerten Energieverbrauch, aber auch in unserer Fixierung auf hochenergetische Waffen oder die von uns verursachte Erhöhung der globalen Lufttemperaturen zeigt.

Im Gegensatz dazu spiegelt das schamanische Weltbild die Abläufe in der Natur. Dort finden wir einen steten Wechsel von Aktivität und Erholung, von Produktivität und Regeneration. Ein Igel käme niemals auf die Idee, den Spätherbst panisch als erstes Zeichen einer negativen Wirtschaftsentwicklung zu betrachten – er sucht seine Siebensachen zusammen und macht dasselbe, wie die Natur auch: Winterschlaf. Wenn es draußen zum Überleben nicht mehr reicht, reduziert er eben einfach seine Bedürfnisse – und gewinnt noch Erholung dabei. Wie viele Menschen beklagen sich heute darüber, dass sie nicht mehr richtig „abschalten" können? Vielleicht kann es uns der Igel wieder beibringen.

Im schamanischen Weltbild sind diese Zyklen, ist dieses ewige Auf und Ab und wieder Auf also ein erstrebenswerter Zustand, dessen verschiedene Phasen alle ihre eigene Kraft haben und eine Ressource in sich sind, wenn wir sie nur zu erkennen verstehen. Das Frühjahr folgt dem Winter, dann kommt der Sommer und dann der Herbst, der wieder in den Winter übergeht. Entsprechend ähnelt diese Betrachtungsweise weniger einer Linie, sondern einem Kreis, der sich in unendlicher Bewegung befindet. Stellen Sie sich diese beiden

Energieverläufe mal bildlich vor: die Linie, deren Energie an einem Punkt beginnt und dann von diesem Punkt schnurgerade in das Universum hinein fort führt, und den Kreis, in dem die Kraft zirkuliert und so immer wieder in sich selbst zurückkehrt. Welches Bild ist wohl besser geeignet, um einen zentrierten, in sich ruhenden Menschen zu verkörpern?

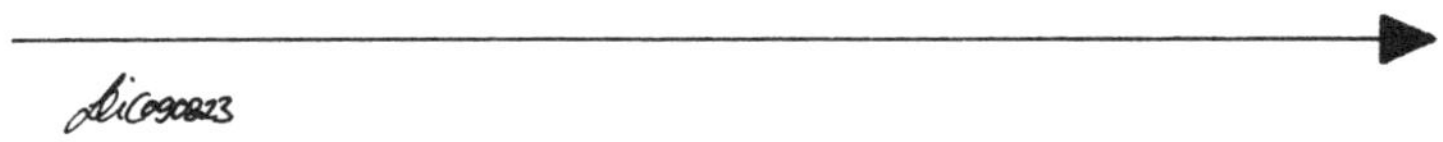

Linie, die in die Unendlichkeit führt

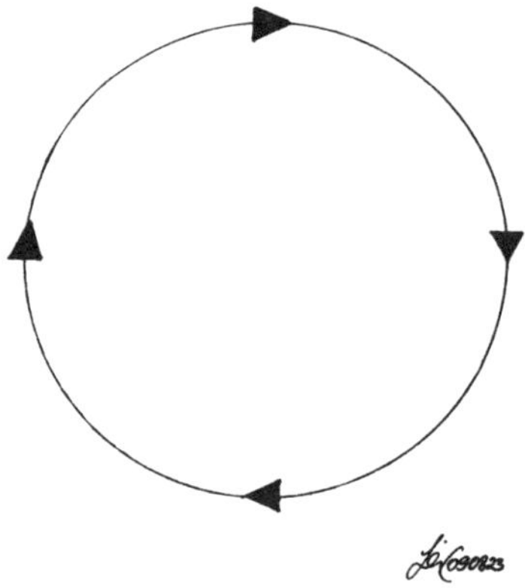

In sich zirkulierender Kreis

Führen wir diese Vorstellung einen Schritt weiter. Bekanntermaßen ist kein Mensch eine Insel, und mittlerweile gibt es ja eine ganze Menge von uns auf diesem Planeten. Wie gestalten sich zwischenmenschliche Verhältnisse unter dem Einfluss dieser beiden Weltbilder? Wenn ich viele einzelne Linien wie Mikadostäbe an einem Ort aufeinandertreffen lasse, überkreuzen sie sich, weisen in alle möglichen Richtungen voneinander weg und berühren sich maximal an einem kleinen Punkt. Will ich das ändern, muss ich sie alle gleichrichten, also nebeneinander legen und in dieselbe Richtung schauen lassen. Das lässt doch spontan das Bild eines Heeres aufsteigen! Wenn Menschen, die in einem linearen Weltbild leben, einander spüren und berühren wollen, geben sie tatsächlich zu diesem Zweck oft ihre eigene Ausrichtung und damit einen großen Teil ihrer Individualität auf. Sie haben ihre intensivsten psychischen Erlebnisse dann oft in Fußballstadien, Glaubensgemeinschaften, extremen politischen Gruppierung oder ähnlichen Orten, die ein gewisses Maß an Vereinheitlichung fordern. Außerdem sind sie es gewohnt, sich auch außerhalb dieser Situationen ständig selbst zu beschneiden, um sich an die Bedürfnisse anderer anzupassen – sei es in der Familie, am Arbeitsplatz oder wo auch sonst immer sie anderen Menschen begegnen. Innerhalb des linearen Denkens besteht die einzige Möglichkeit, Individualität zu entwickeln und die Anpassung aufzugeben darin, die eigene Linie wieder von jenen der anderen zu entfernen. Das bedeutet jedoch, die Berührung mit den anderen Menschen aufzugeben, was bestenfalls zu Einsamkeit und schlimmstenfalls zu einem egoistischen Menschen führt, der rücksichtslos nur noch die Befriedigung seiner eigenen Bedürfnisse verfolgt, weil er die anderer nicht mehr wahrzunehmen imstande ist.

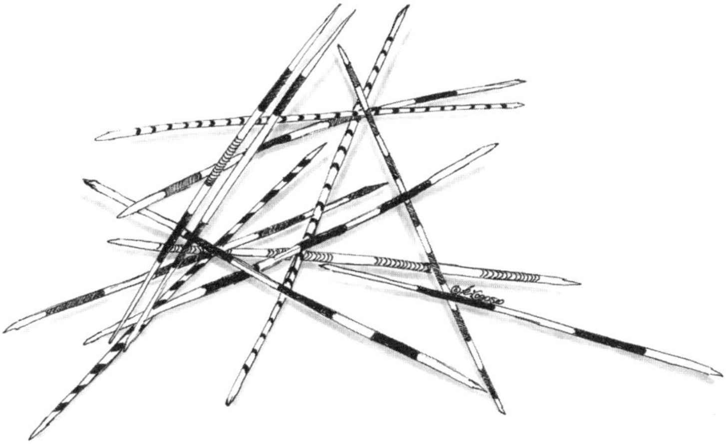

Ein Haufen Mikadostäbe

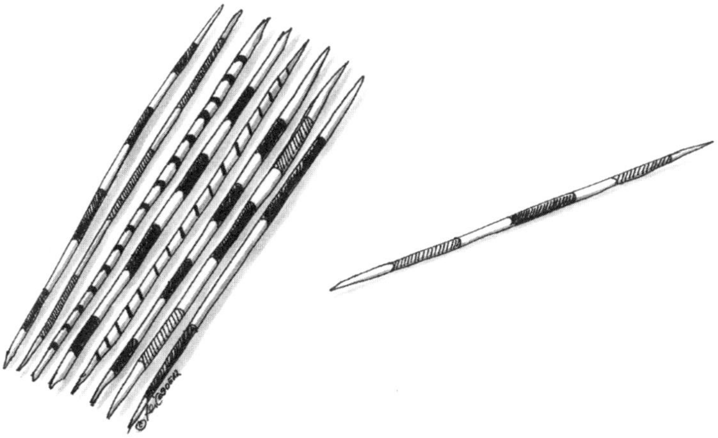

Gleichgerichtete Mikadostäbe
Gleichgerichtete Mikadostäbe mit einem „Außenseiter"

Was geschieht jedoch, wenn in einem zyklischen Weltbild lebende Menschen einander begegnen? Nun, lassen wir mal einen Haufen Ringe auf eine Tischplatte fallen. Sie bieten von vornherein ein harmonischeres Bild als die hektisch in alle Richtungen auseinanderstrebenden Mikadostäbe, und die meisten von ihnen berühren einander nicht nur an einem Punkt, sondern überschneiden sich sogar, teilen also weite Bereiche ihres Selbst miteinander – und das, *ohne sich auch nur im mindesten verändert oder angepasst zu haben!* Zyklisches Denken macht es uns viel leichter, den anderen so zu akzeptieren, wie er ist. Und damit selbst bleiben zu können, wie wir sind – oder, anders ausgedrückt: einfach zu *sein*.

Wenn Sie sich jetzt noch vorstellen, dass sich in dem Haufen auf Ihrem Tisch Ringe unterschiedlichster Größe befinden, werden Sie rasch verstehen können, warum das schamanische Weltbild davon ausgeht, dass alles mit allem verbunden ist. Selbst Ringe, die keine anderen berühren, liegen doch in einem größeren Ring, der wiederum von einem noch größeren umgeben ist. Er ist nie alleine, sondern im Endeffekt immer umfangen und geborgen.

Einander überschneidende und umfassende Kreise

Der primär linear denkende Mensch verfällt leicht der Angewohnheit, nur noch zwei Möglichkeiten zu sehen. Das ist nicht verwunderlich – schließlich hat die Linie nur einen Anfangs- und einen Endpunkt und bietet somit auch nur zwei mögliche Richtungen, die man auf ihr einschlagen kann.

Wenn wir uns jedoch in einem Weltbild bewegen, das nur zwei Enden bzw. Richtungen zur Verfügung stellt, verfallen wir gerne in ein „Entweder-Oder"-Denken. Dann gibt es für uns scheinbar nur zwei Entscheidungsmöglichkeiten, weil wir die vielen Varianten, die zwischen diesen beiden Extrempunkten liegen, nicht mehr wahrnehmen. In einem solchen Zustand sind wir aber nicht in der Lage, auf konstruktive Weise Probleme zu lösen, denn wenn wir nur noch die Möglichkeit haben, uns für eine von zwei bereits vorhandenen Alternativen zu entscheiden, verbessert sich die Situation auf keinen Fall, weil nichts Neues entstehen kann. Es kommt also nicht zur Synthese und somit zu keinerlei Wachstum, auf welcher Ebene auch immer. Leider ist unsere Kultur ziemlich gut darin, so zu denken, weshalb wir auch ständig genau wissen müssen, was „richtig“ und was „falsch“ ist, was „wahr“ ist und was nicht. So haben wir beschlossen, weite Teile der Wirklichkeit aus unserer Wahrnehmung auszuschließen, damit wir die Welt auf diese beiden Extreme reduzieren können. Das Ganze ist natürlich ungefähr ebenso sinnvoll, als wenn wir beweisen wollten, Katzen seien „nicht wahr“, indem wir jedesmal die Augen schließen, wenn uns eine begegnet.

„Katzen? – Gibt's hier keine!“

Alltägliche und nichtalltägliche Wirklichkeit

Für den in einem schamanischen Weltbild lebenden Menschen stellt sich die Frage nach der Wahrheit dessen, was er erlebt, nicht. Er hat es erlebt, also existiert es, basta. Er unterscheidet höchstens nach der Wirklichkeitsebene, auf der er das Erlebnis hatte. So würde er das morgendliche Frühstück der alltäglichen und die letzte Begegnung mit seinem geistigen Lehrer der nichtalltäglichen Wirklichkeit zuordnen, aber niemals die Frage stellen, ob sich diese Dinge auch tatsächlich ereignet haben – oder gar, ob er sich eines davon nur eingebildet haben könnte! Für ihn ist nur wichtig, dass die Ereignisse bitte auch in der Realität geschehen, in die sie jeweils gehören, auch wenn sich die beiden Wirklichkeiten hin und wieder überschneiden können. Gerade dann ist vom schamanisch Praktizierenden ein hohes Maß an Selbstehrlichkeit gefragt, das herauszubilden die Aufgabe jedes Menschen ist, der sich auf einen solchen Weg begibt.

Auf die praktische schamanische Arbeit einerseits und Ihre Persönlichkeitsentwicklung andererseits bezogen heißt das, dass Sie enorme Quantensprünge machen können, wenn Sie aufhören, sich ständig zu fragen, ob Sie sich auf die Bilder und Informationen, die Sie im

Trancezustand erhalten haben, auch wirklich verlassen können. Was dort geschieht, ist wahr in dem Sinne, dass es sich in der nichtalltäglichen Wirklichkeit tatsächlich ereignet hat. Und mehr ist nicht nötig, um Ihr Leben gründlich zu verändern!

Das bedeutet andererseits aber auch, endgültig den letzten Fluchtweg aufzugeben, der dem eleganten Zweifler noch bleibt: die symbolische Interpretation des in der Anderswelt Erlebten. „Symbol" ist ein unglaublich bequemer Begriff, weil er es uns erlaubt, uns mit dem Trancegeschehen auseinanderzusetzen, ohne dass wir dieses gleich als zum Handeln verpflichtende Wirklichkeit akzeptieren müssen. Genau das ist es aber. Natürlich kann es sich zum Beispiel bei einem Tier, dem Sie während einer Trancereise begegnen, auch um ein Symbol handeln, aber es ist niemals nur das, sondern verfügt immer auch über seine eigene Existenz in der nichtalltäglichen Wirklichkeit. In diesem Sinne wäre eine ausschließlich symbolische Betrachtung der Anderswelt deren Bewohnern gegenüber sogar grob unhöflich. Ich meine, wie würde es Ihnen gefallen, wenn plötzlich ein Zwerg in Ihrem Vorgarten auftaucht, Sie ein paar Minuten lang von oben bis unten mustert und dann zur Nichtperson erklärt, deren Haarfarbe jedoch der seiner Frau ähnelt, die auch immer so einen verblüfften Blick draufhat wie Sie?

Ein Symbol ist kein Wesen. Es kümmert sich nicht um Sie, begleitet Sie nicht, rät Ihnen nicht und liebt Sie schon gar nicht. Genau das tun viele Wesen in der nichtalltäglichen Wirklichkeit wie auch in unserer Welt jedoch.

Die meisten Menschen suchen nach Beweisen dafür, dass sie in einer Vision, durch eine deutliche innere Stimme, eine besondere Naturbegegnung, ein Seelenbild oder was auch immer tatsächlich mit dem Heiligen in Berührung gekommen sind. Für Menschen, die in unserer Kultur aufgewachsen sind, ist das ganz normal, aber wir brauchen keine Beweise für die Realität des Erlebten, damit es in unserem Alltag wirksam wird. Dafür ist nämlich nicht von Bedeutung, ob wir einen Nachweis seiner Wirklichkeit finden können, sondern vielmehr, sich bewusst dafür zu entscheiden, diese Realität als solche anzunehmen, ihr zu folgen und auf ihrer Grundlage zu handeln. Dann wirken diese Ereignisse, verändern unser Leben bzw. ermächtigen uns dazu, unser Leben zu verändern und ihm Tiefe, Erfüllung und wahre Substanz zu verleihen. Die ewige Suche nach Beweisen macht diese Wirksamkeit zunichte, denn solange wir noch nach Beweisen für unser spirituelles Erleben suchen, blockieren wir innerlich alle Bahnen, durch die sich die Energie dieser Ereignisse ergießen könnte, um uns zu verändern. Dann ist die Suche nach Beweisen ein Abwehrmechanismus, um sich nicht der Wandlung, der Transformation hingeben zu müssen und erfüllt nur den Zweck, unsere Heilung und Ganzwerdung zu verhindern bzw. hinauszuzögern. Wer die Realität spiritueller Erfahrungen einfach akzeptiert und den Mut aufbringt, auf ihrer Grundlage zu handeln, erlebt den Beweis durch ihre Wirksamkeit und die sehr, sehr bald damit einhergehenden inneren und äußeren Veränderungen von selbst. Das soll keine Aufforderung zu unkritischem Handeln sein, sondern dazu, die Kritik erst anzuwenden, wenn es zu beurteilende Ergebnisse gibt und nicht schon vorher.

Den Zweifler überwinden

Gleichzeitig ist es aber völlig normal, zunächst und oft viele Jahre (manchmal ein ganzes Leben) lang nach Beweisen zu suchen. Es entspricht der Art, wie wir wachsen. Stellen Sie sich einen durstigen Menschen vor, der verzweifelt nach Mitteln und Wegen sucht, seinen

Durst zu stillen. Da erzählt ihm jemand von Wolken, aus denen Wasser käme. Davon hat er noch nie etwas gehört, geschweige denn sie gar gesehen; also macht er sich auf, diese Wolken zu suchen. Dazu muss er seine schützende Höhle, sein bergendes Haus verlassen und hinaus in die Natur gehen. Das macht ihm zunächst Angst, denn die Natur ist für ihn fremd, unvorhersagbar, unbekannt und wild. Deshalb geht er anfangs nur für kurze Zeit und unter besten Bedingungen – sprich, bei gutem Wetter – hinaus. So findet er jedoch keine Wolken. Da ihn der Durst immer mehr quält, begibt er sich immer tiefer und länger in die Natur hinein, um Wolken zu finden. Eines Tages ist er lange genug unterwegs, um einen Wetterumschwung mitzuerleben. Am Himmel ziehen Wolken auf; mächtige, gewaltige Dinger, die ihn enorm beeindrucken, sehr anziehen, aber auch verängstigen. Er läuft rasch nach Hause, noch bevor es zu regnen beginnt. Dort sitzt er nun und fragt sich, ob es die Wolken tatsächlich gibt, oder ob er sie sich nur eingebildet hat. Und er sucht in seiner Höhle oder in seinem sicheren Haus nach Beweisen dafür, dass es Wolken wirklich gibt und dass sie tatsächlich Regen spenden. Viele Jahre lang geht er immer wieder hinaus in die Natur und begegnet auch immer wieder kurz Wolken, doch er hat noch nicht den Mut, sich ihrer Kraft auszusetzen und ihrer Wirkung hinzugeben. Er kehrt zwar immer wieder rasch zurück, um in seinem sicheren Zuhause nach Beweisen für das Erlebte zu suchen, doch die fortwährende kurze Begegnung mit den Wolken hält seine Sehnsucht lebendig, die ihn immer wieder hinauszieht. Eines Tages ist sein Durst so groß, sein Sehnen so tief und seine Verzweiflung so umfassend geworden, dass er nicht fortläuft, als sich die Wolken über ihm aufbauen, sondern ihnen weinend, zornig, hoffend, sehnend, liebend und verzweifelnd seine Fäuste entgegenreckt und sie anschreit, endlich auf ihn hernieder zu regnen, ihn zu berühren, zu verändern, sich auf ihn auszuwirken – und dieses Mal bleibt er lange genug stehen. Ein Platzregen ergießt sich auf ihn herab. Er hebt die Hände zur Schale geformt dem Himmel entgegen, sammelt das kostbare Nass und trinkt. Als die Wolken abziehen, steht er rein und erfrischt unter dem sonnigen Himmel in einer glitzernden Welt, die er noch nie zuvor gesehen hat. Sein Durst ist gelöscht, und eine neue, bisher unbekannte Kraft durchströmt ihn. Er braucht keine Beweise mehr.

Wie unser Wolkensucher neigen auch wir dazu, uns den unser Leben grundlegend verändernden Erfahrungen schrittweise anzunähern – und dabei führen bei weitem nicht alle Schritte vorwärts! Es ist ja auch ein nicht unerhebliches Risiko, das wir da eingehen. Wenn ich den Botschaften und Energien aus der nichtalltäglichen Wirklichkeit vertraue und sie sich erst einmal als wirksam erwiesen haben, gibt es schließlich keine Ausreden mehr dafür, warum ich noch länger in einem Gefühl der Hilflosigkeit und Ohnmacht verharren sollte. Es bedeutet, die vollkommene Verantwortung für das eigene Leben zu übernehmen. Dafür erhalten wir einen steten Strom von Kraft und Weisheit aus dieser Quelle. Um darauf zugreifen zu können, müssen wir nur eines tun: die bewusste Entscheidung treffen, auf die Erlebnisse zu vertrauen, die wir in der nichtalltäglichen Wirklichkeit gemacht haben, und im Alltag auf ihrer Grundlage zu handeln.

Wie bereits erwähnt, neigen beide Wirklichkeiten dazu, einander zu überlappen. Oft bemerken wir das gar nicht, weil wir nicht damit rechnen. Vor vier Jahren stand ein mir völlig unbekannter Mann vor unserer Haustür, der nach einem Menschen suchte, der in diesem Haus schon lange nicht mehr wohnte. Im Gespräch stellte sich heraus, dass er Unternehmensberater ist und gleichzeitig therapeutisch arbeitet. Als er das Haus bewunderte, sprach ich kurz an, dass wir einen Käufer dafür suchen, weil es für uns zu groß ist, um es alleine halten zu können, aber bisher niemanden finden konnten, der bereit wäre, uns einen anständigen Preis zu zahlen. Irgendwie landete er in den nächsten fünf Minuten in unserem Wohnzimmer und skizzierte mir bei einer Tasse Kaffee auf ein paar lose Blätter die Grobstruktur sowie den Finanzierungsplan für ein kleines Seminarhaus. Nach einer knappen Stunde ging er; wir haben ihn nie wieder gesehen und erinnern uns nicht einmal mehr an seinen Namen.

Er kam aus der Anderswelt, aus der nichtalltäglichen Wirklichkeit. Nein, damit meinen wir nicht, dass er eine Art Geistwesen war – irgendwo in Deutschland hat er ein Haus, eine Familie und einen ganz realen Arbeitsplatz mit allen dazugehörigen sozialen Verbindungen. Aber in diesem Moment bedienten sich Kräfte seiner, die William und mich auf einen bestimmten Weg bringen wollten, und so stülpten sie eine Art „schamanisches Warpfeld" um ihn herum und schickten ihn zu uns. Wahrscheinlich wusste er selbst nicht, was in diesem Augenblick geschah, als die Wirklichkeiten sich berührten und sich unser Leben binnen weniger Minuten auf einen vollkommen neuen Weg begab. Wir aber sind ihm zutiefst dankbar dafür.

An sich ist dieser Wirklichkeiten-Mix also gar keine schlechte Sache – solange wir die Welt mit Augen betrachten, aus denen eine gesunde Seele blickt. Genauso wie die alltägliche enthält nämlich auch die nichtalltägliche Wirklichkeit nicht nur tropische Meeresstrände, an denen uns gut gebaute Barkeeper lächelnd einen Tequila Sunrise nach dem anderem servieren. Man kann dort durchaus auch mit den dunkleren und grausameren Aspekten des Seins konfrontiert werden. Hinzu kommt, dass die Anderswelt immer auch als Spiegel unserer Seele fungiert: Wir finden dort, was unserem eigenen Sein entspricht. Das ist übrigens bei der alltäglichen Wirklichkeit nicht anders; auch sie reagiert in ihrer Anordnung äußerst sensibel auf unsere schöpferisch wirksamen Seelenenergien. Das Problem „psychotischer" Menschen besteht also nicht immer darin, dass sie Stimmen hören oder Dinge sehen, sondern darin, diese Ereignisse nicht mehr korrekt den jeweiligen Welten zuordnen können (es gibt jedoch auch Menschen, die ihre eigenen inneren Prozesse psychotisch nach außen verlagern, das ist wieder etwas anderes).

Dagegen hilft nur, sich ein Leben lang selbst ständig fruchtbaren Wachstumsprozessen auszusetzen, sich immer wieder reflektierend zu hinterfragen, am Abbau der eigenen Ängste zu arbeiten, einen gesunden Selbstwert aufzubauen und – sehr gute Freunde zu haben, die idealerweise ebenfalls über eine gewisse Ahnung von schamanischer Arbeit verfügen. Und ansonsten das Leben aus tiefstem Herzen zu lieben!

Das Chakrensystem

Kein Zweifel – keine Energiearbeit ohne umfangreiche Kenntnisse über die Chakren, und das trifft auch auf schamanische Therapieformen zu. Wollten wir diese umfangreichen Kenntnisse jedoch in diesem Buch wiedergeben, müsste es zweibändig erscheinen (unser Verleger erschauert gerade; Anmerkung des Verlegers: oh ja!). Glücklicherweise gibt es jedoch eine Menge gute Literatur zu diesem Thema, weshalb wir Sie bitten möchten, einfach mal „fremdzugehen" und sich ein Buch eines anderen Autors zu organisieren, der sich diese Arbeit bereits gemacht hat. Das Standard-Werk bezüglich der klassisch-theosophischen Chakren-Anordnung wie auch des feinstofflichen Energiesystems des Menschen ist unserer Ansicht nach immer noch Barbara Ann Brennans *Lichtarbeit*. Wir verwenden jedoch ein System, das sich von diesem leicht unterscheidet und mehr dem ähnelt, das Alberto Villoldo in seinem hervorragenden Buch *Das geheime Wissen der Schamanen* beschreibt. Auch die dort geschilderten Techniken sind einzigartig und äußerst effektiv, ebenso wie jene in Serge Kahili Kings *Instant Healing*, wo wiederum ein anderes Chakrensystem beschrieben wird (wenn Sie beide Bücher lesen, werden Sie wissen, wo wir unsere Energiearbeit gelernt haben). Im folgenden möchten wir deshalb nur kurz darauf eingehen, inwiefern sich das von uns verwendete System von den beiden vorgenannten unterscheidet.

Wir verwenden übrigens nicht etwa deshalb ein anderes System, weil wir uns unbedingt etwas Neues aus den Fingern saugen wollten, sondern weil sich das menschliche Energiefeld für unsere (inneren) Augen so darstellt wie hier beschrieben. Wir halten es nicht für sinnvoll, mit etwas zu arbeiten, das wir nicht wahrnehmen können. Deshalb möchten wir auch Sie dazu anregen, sich nicht nur unseres, sondern viele verschiedene dieser Systeme anzusehen und mit allen für eine bestimmte Zeit lang praktisch umzugehen. Dann werden Sie ganz von selbst feststellen, was davon Sie tatsächlich wahrnehmen können und was nicht. Das muss nicht heißen, dass die anderen Systeme nicht stimmen, sondern bedeutet einfach, dass Sie sich auf jenes eingeschwungen haben, das mit Ihrer inneren Wahrnehmung in Resonanz steht. Oder, um es mit einem Beispiel zu verdeutlichen: Vickys Harfe schwingt grundsätzlich mit, wenn an einem anderen Instrument Töne einer bestimmten Lautstärke und im Tonbereich zwischen D und H angeschlagen werden. Das heißt nicht, dass es die anderen Töne nicht gibt, sondern nur, dass die Harfe ohne selbst gespielt zu werden in genau diesem und keinem anderen Frequenzbereich mitschwingt. Sie kann bei anderen sozusagen nur diese Töne „wahrnehmen“. Natürlich gibt es auch um uns herum gerade auf feinstofflicher Ebene (und bestimmt nicht nur da, falls man diesen Unterschied noch machen möchte) genügend Phänomene, die sich auch der Wahrnehmung des besten Schamanen entziehen. Deshalb ist nur von Bedeutung, herauszufinden, wo Ihre persönliche „Klaviatur“ liegt und diese möglichst virtuos beherrschen zu lernen.

Neben den sieben Hauptzentren, die auch in östlichen Traditionen den Schwerpunkt bilden, bezieht unsere Arbeit auch jene in den Händen und Füßen sowie zwei nichtkörperliche Zentren mit ein. Wir haben uns erlaubt, deren Beschreibung mehr oder weniger aus unserem Buch *Wege zu den alten Göttern* zu übernehmen.

Das Erdzentrum

Dieses Zentrum befindet sich etwa eine Handbreit unter Ihren Füßen in der Aura im Boden unter Ihnen. Wie sein Gegenstück, das Himmelszentrum, dient es dazu, uns zu ermöglichen, von der Energie der Erde und des Himmels (wie zum Beispiel in der Erdung) durchströmt zu werden; es handelt sich bei diesen beiden Punkten also um eine Art »missing link« zwischen Körper und Feinstofflichem. Hier ist noch keine sichtbare Farbe zuordbar – eigentlich müßte es infrarot sein. In diesem Chakra begegnen wir der Erdgöttin als weiblicher Urkraft und dem kollektiven Unbewussten.

Die Fußzentren

Sie befinden sich in den Füßen zwischen der Mitte der Fußsohle und der Mitte des Fußrückens. Ihr gesamter Einflussbereich erstreckt sich bis hinauf zum Damm, also zu jener Stelle, an der die klassisch-theosophischen Chakrensysteme das Basiszentrum verorten. Wir nehmen die Fußzentren meist in rot- oder goldbraunen Tönen wahr. Sie aktivieren sie, indem Sie eine Erdungsübung ausführen. Oder Sie atmen tief in diesen Punkt hinein und machen nach dem Ausatmen eine angenehme Pause. Visualisieren Sie das Zentrum dabei in rot-goldener oder braun-goldener Farbe und spüren Sie ständig nach, wie es sich gerade anfühlt. Stellen Sie sich dabei vor, wie das Zentrum warm und lebendig wird. Diese Chakren sind recht einfach zu aktivieren; manchmal genügt es schon, kräftig mit den Füßen auf den Boden zu stampfen. Wenn die Fußsohlen leicht vibrieren, sind sie wach.

Das Thema des Fuß/Basis-Zentrums ist die Bewältigung des Alltags und seiner materiellen Anforderungen. Witzigerweise ist dies die Pforte zu allen anderen Hauptzentren – inklusive dem ach so erstrebten Aufsteigen der Kundalini! Damit zeigt sich mal wieder, dass jemand, der sein materielles Leben ignoriert, weil er nicht in der Lage ist, es befriedigend zu gestalten, auch keine großen spirituellen Fortschritte machen kann. Hier, in unserem Alltag, fängt alle Spiritualität an, und da muss sie schlussendlich auch wieder sichtbar werden.

Sowohl das Erd- als auch die Fußzentren sind unserer Ansicht nach für schamanische Arbeit sehr wichtig, weil deren Anliegen die ausgeglichene Verbindung von Materie und Feinstofflichem ist. Deshalb legen wir großen Wert darauf, stabil und geerdet auf dem Boden unter unseren Füßen zu stehen. Geerdet zu sein bedeutet aber nichts anderes, als die Energie der Erde in uns einströmen zu lassen, wodurch wir mit Mutter Erde selbst eins werden.

Das Sakral-Zentrum

Dieses Zentrum befindet sich in der Mitte des Unterbauchs. Um es zu aktivieren, atmen Sie tief mit einer Pause nach dem Ausatmen hinein und visualisieren es dabei in Orange. Hier geht es darum, Geben und Nehmen ins Gleichgewicht zu bringen, und weil diese Themen oft auf sexueller Ebene ausagiert werden, ist die Sexualität auch in diesem zweiten Zentrum nochmals von Bedeutung. Darüber hinaus aber ist Kreativität auch im übergeordneten Sinn sein Inhalt, und die meisten Gefühle haben hier ihr Zuhause.

Das Solarplexus-Zentrum

Wenn Sie Ihre flache Hand auf den Bauch gerade oberhalb Ihres Bauchnabels legen, decken Sie damit Ihr Solarplexus-Zentrum ab – und können es unter Umständen sogar bereits darunter vibrieren oder pulsieren spüren. Sie aktivieren es, indem Sie es in sonnigem Gelb visualisieren und tief hineinatmen. Dabei machen Sie keine Atempausen, sondern verbinden die Ein- und Ausatmungen fließend miteinander. Das Thema dieses Zentrums besteht darin, mit Macht, Aggression, aber auch der Umsetzung des eigenen Willens umgehen zu lernen. Hier ist der spirituelle Krieger zu Hause.

Das Herz-Zentrum

Es befindet sich am unteren Ende des Brustbeins etwa auf Herzhöhe. Sie aktivieren es, indem Sie es in einem satten Grün visualisieren und dabei tief sowie verbunden hineinatmen.

Fühlen Sie dabei Ihrem Herzschlag nach, ohne diesen jedoch beeinflussen zu wollen. Thema dieses Zentrums sind Liebe, Heilung und soziale Kompetenz.

Das Kehl-Zentrum

Dieses Zentrum finden Sie zwei bis drei Fingerbreit oberhalb jenes Punktes, an dem die Schlüsselbeine zusammentreffen würden, wenn sie dies denn täten. Um es zu aktivieren, visualisieren Sie es in lichtblauer Farbe und atmen tief hinein, wobei Sie eine Pause nach dem Einatmen machen. Hier geht es um die Verbindung von Denken und Fühlen, denn dieses Chakra stellt den Übergang zwischen den unbewusst-emotionalen Körperzentren und den geistigen Zentren des Kopfes dar. Darüber hinaus gehört die Kommunikation zu den Inhalten dieser Pforte.

Das Dritte Auge

Dieses Zentrum befindet sich etwa zwei Fingerbreit über der Nasenwurzel. Sie aktivieren es, indem Sie es in Nachtblau visualisieren und mit einer Pause nach dem Einatmen tief hineinatmen. Die Themen dieses Zentrums sind der Umgang mit Ängsten, Sorgen und Stress sowie Vorstellungskraft, innere Sicht und Konzentration. Menschen, bei denen dieses Zentrum völlig blockiert ist, glauben meist an gar nichts mehr. Weil sie keine mythisch-archetypische Rückverbindung mehr spüren können, fällt es ihnen äußerst schwer, sich auf die Inhalte der ihnen bekannten religiösen oder spirituellen Systeme zu stützen. Da die beiden geistigen Zentren ihren Energiezufluss jedoch aus den Körperzentren beziehen, ist es zur Unterstützung der oberen beiden Chakren unumgänglich, zunächst mit den fünf unteren Hauptzentren zu arbeiten. Oft öffnen sich die geistigen dabei von selbst.

Das Kronenzentrum

Es befindet sich am höchsten Punkt des (aufrecht und locker balancierten) Kopfes. Allgemein wird ihm die Farbe Violett oder Purpur zugeordnet. Es kann nicht durch körperliche Übungen aktiviert werden, weil sich an dieser Stelle der Übergang von der materiellen zur nichtmateriellen Ebene befindet. Ein Aktivierungsversuch auf physischer Ebene greift hier nicht mehr. Dieses Zentrum öffnet sich parallel zum Zustand der anderen Zentren mehr oder eben weniger. Deshalb ist die Rangfolge, die viele Menschen unter den Chakren erstellen, unserer Ansicht nach unsinnig, denn mit jedem Schritt, den wir in einem der anderen Zentren erarbeiten, öffnet sich auch dieses ein wenig mehr. Das Thema ist hier der Übergang vom Grobstofflichen zum Feinstofflichen sowie das göttliche Universum selbst.

Das Himmelszentrum

Dieses Chakra befindet sich innerhalb Ihrer Aura etwa ein bis zwei Handbreit oberhalb des Kronenzentrums. Seine Farbe wäre theoretisch Ultraviolett und ist deshalb für menschliche Augen nicht sichtbar, also auch nicht visualisierbar, dennoch haben wir gute Erfahrungen damit gemacht, es uns in Gold vorzustellen. Hier treten wir in jenen transpersonalen, nichtmenschlichen Bereich ein, der für unser Gehirn einfach nicht mehr fassbar ist. Für unsere Seele allerdings schon; aber die benutzt nun einmal andere Sinne als jene, deren Wahrnehmungen wir in der Visualisierung geistig reproduzieren. Die beiden außerkörperlichen Zentren verbinden uns mit dem Wesen der Natur und des Göttlichen darin. Dabei bringt uns das Himmelszentrum speziell mit der rationellen Seite des Gottes in Verbindung, der uns hier als Speergott und Himmelsvater begegnet.

Die Handzentren

Sie zählen zu den Nebenzentren und befinden sich unter der Mitte der Handfläche. Wir nehmen sie gelblich-weiß leuchtend wahr und aktivieren sie, indem wir verbunden hineinatmen. Wir haben auch die Erfahrung gemacht, dass sie sich mit aktivieren lassen, wenn wir sie bei der Arbeit mit dem Herzzentrum auf eben dieses legen. Diese Chakren sind in naturspirituellen Wegen von größerer Bedeutung als in anderen esoterischen Traditionen, weil unser Weg sich mit *dieser* Welt und ihren Nöten und Bedürfnissen auseinandersetzt. Wir brauchen die Kraft unserer Hände, um verändern, bewegen, be*hand*eln und transformieren zu können.

Das Netz des Lebens

All diese Zentren stehen nun über einige Haupt- und viele kleine Nebenwege miteinander in Verbindung. Von der Durchlässigkeit dieser Wege und auch der Pforten selbst hängt das Maß der Energie ab, die durch dieses System geleitet werden kann. Visualisationsübungen können dabei nur einen Teil der Arbeit leisten, denn sie öffnen unsere Kanäle nur soweit, wie wir es ertragen können und scheitern immer dann, wenn wir auf verdrängte Anteile stoßen, denen wir uns noch nicht zu stellen bereit sind. Wer aber bereits an seinen verdrängten Aspekten arbeitet, kann diesen Prozess mit Chakrenübungen wesentlich unterstützen.

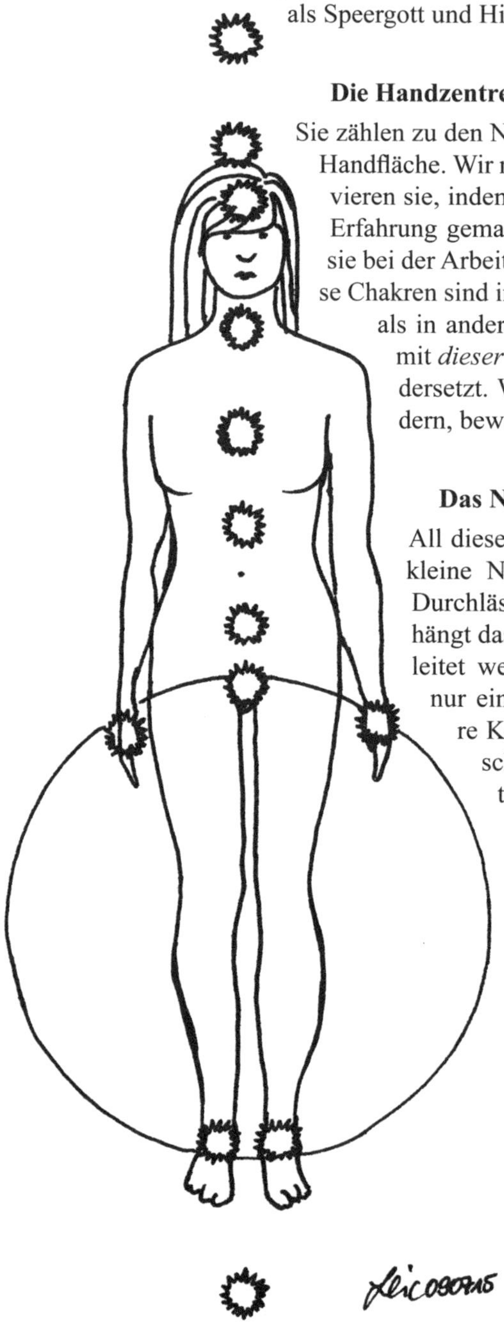

Das Chakrensystem

Die Natur der Seele

Der Unterschied zwischen der naturwissenschaftlichen und der schamanischen Einstellung zum Seelenbegriff ist schnell beschrieben: Für die Wissenschaftler gibt es keine Seele, weil man sie nicht empirisch belegen, also erfahren kann. Für den Schamanen gibt es sie, weil er täglich damit zu tun hat. Beide basieren ihr Urteil also auf der Frage, ob die Seele erfahrbar ist, und kommen zu völlig gegensätzlichen Ergebnissen!

Moment mal, werden Sie jetzt vielleicht sagen, wie kann die Wissenschaft das Vorhandensein der menschlichen Seele bestreiten, wenn ein ganzer Zweig von ihr danach benannt ist?

Nun, die wörtliche Übersetzung des Begriffes „Psychologie" lautet zwar „die Lehre von der Seele", aber praktisch ist diese Lehre ziemlich stolz darauf, seit mehr als einhundert Jahren ohne den Seelenbegriff auskommen zu können. Das deutsche Wort wird dort überhaupt nicht verwendet bzw. sogar als wissenschaftlich unbrauchbar erklärt (Behaviorismus und Neo-Behaviorismus), man verschanzt sich statt dessen lieber hinter dem schicken Fremdwort „Psyche" und definiert es als „die Gesamtheit von Bewusstem und Unbewusstem" (Dorsch 1998). Entsprechend ist die Psychologie „die Wissenschaft, welche die bewussten Vorgänge und Zustände sowie deren Ursachen und Wirkungen untersucht" (Rohrschacher) bzw. „die Wissenschaft von den subjektiven Lebensvorgängen, die gesetzmäßig mit den objektiven verknüpft sind" (Pauli).

Wenn ich im psychologischen Wörterbuch nun den Begriff „Seele" selbst nachschlage, wird es noch heftiger: *„In der zeitgenössischen Philosophie und Psychologie dominiert die Auffassung, dass es keine substanzielle Seele gibt und dass die sogenannten seelischen (psychischen, mentalen) Vorgänge auf das Zentralnervensystem als physischen Träger angewiesen sind. Die Annahme einer substanziellen Seele ist nicht notwendig, um Verhalten zu erklären. Sie ist auch nicht phänomenologisch begründbar, im Unterschied zu den Erlebnissen (Bewusstsein), die als Ereignisse Gegenstand innerer Erfahrung sind [...]. Die verbreitete Annahme einer substanziellen Seele ist erklärbar einerseits durch religiöse Motive, andererseits durch den jeweils unterschiedlichen Erkenntnisstand: Vor der Entwicklung der Kybernetik und Informationswissenschaft war es schwer vorstellbar, dass ein physisches System allein zur Selbststeuerung und komplexen Informationsverarbeitung imstande sein könnte."* (Dorsch, s.o.) Langer prägte 1866 den Begriff der „Psychologie ohne Seele" und schuf damit einen Standard, an dem sich diese Wissenschaft bis heute orientiert.

Die Psychologie selbst ist also seit langem der Ansicht, ohne Seele auskommen zu können. Dusseligerweise fallen ihr dabei mittlerweile ihre eigenen „Wissenschafts-Geschwister" in den Rücken. So ist bereits Einstein bei seinen Forschungen auf Effekte gestoßen, die er sich nicht erklären konnte und deshalb als „spukhafte Fernwirkungen" bezeichnete und danach mehr oder weniger ignorierte. Mittlerweile hat der Wiener Quantenphysiker Professor Anton Zeilinger jedoch experimentelle Nachweise dafür liefern können, dass dieser Effekt tatsächlich existiert und ihn als „Verschränkung" bezeichnet. Und er ist damit nicht alleine: Auch der ehemalige Leiter des Max-Planck-Instituts für Physik in München namens Hans-Peter Dürr ist der Ansicht, dass der Dualismus zwischen Körper und Seele ebenso real sei wie jener, der Licht einerseits als elektromagnetische Welle, andererseits aber auch als kleinstes Teilchen in Erscheinung treten lässt. Beiden Dingen sieht er dasselbe Phänomen zugrunde liegen: die Existenz eines universellen Quantencodes, der die gesamte lebende wie auch tote Materie umfasst und sich seit dem Urknall über den ganzen Kosmos erstreckt. Damit umfasst Dürr wesentliche Punkte nicht nur allgemein-religiöser, sondern vor allem naturspiritueller Seelendefinition:

1. Die Seele ist sozusagen die „andere Seite" unserer körperlichen Existenz. Sie stellt eine Form des Seins dar, die über unser Dasein hinausgeht und dieses umfasst. Sie ist also größer als das, was wir im Allgemeinen als unsere Person oder unser Leben betrachten. Sie war bereits vor unserer Geburt da, wird auch unseren Tod überstehen und ist das, was uns im tiefsten Kern tatsächlich ausmacht und über dieses Leben hinaus definiert.

2. Die naturspirituelle Betrachtungsweise geht darüber jedoch noch einen Schritt hinaus. Ihr zufolge ist nicht nur dem Menschen eine Seele zu Eigen, sondern *jedem belebten wie auch unbelebten Objekt dieses Universums*, weil es den Unterschied zwischen beiden gar nicht gibt. Schamanische Lehren betrachten den gesamten Kosmos als ein einziges, lebendes Wesen, das von seiner eigenen Seele durchdrungen ist – dem Dürrschen Quantencode sozusagen (auch wenn der Vergleich nicht vollkommen kongruent ist, aber dafür sollten Sie vielleicht Dürrs Bücher lesen und nicht unsere). Wir kämen nie auf die Idee, unsere Haare oder Fingernägel als tot zu betrachten, nur weil sie im Gegensatz zum Rest unseres Körpers nicht durchblutet werden. Auf ähnliche Weise ist diesem Ansatz zufolge auch ein Stein ein seelenvolles Wesen – einfach, weil er einen „Körperteil" des gesamt-beseelten Universums darstellt.

Nun wundert es nicht mehr, dass Dürr auch ein Weiterleben nach dem Tod für sehr wahrscheinlich hält: *„Was wir Diesseits nennen, ist im Grunde die Schlacke, die Materie, also das, was greifbar ist. Das Jenseits ist alles Übrige, die umfassende Wirklichkeit, das viel Größere"*, hat er in einem Artikel der Welt-Online vom 25. April 2008 gesagt. Insofern sei unser gegenwärtiges Leben bereits vom Jenseits umfangen.

Und noch einen spannenden Wissenschaftler hat dieser Artikel zu bieten: den britischen Kernphysiker und Molekularbiologen Jeremy Hayward von der Universität Cambridge. Die Worte, mit denen er seine Forschungsergebnisse zusammenfasst, sind vielleicht die revolutionärsten, welche die Wissenschaft in den letzten hundert Jahren vernommen hat: *„Manche durchaus noch der wissenschaftlichen Hauptströmung angehörende Wissenschaftler scheuen sich nicht mehr, offen zu sagen, dass das Bewusstsein neben Raum, Zeit, Materie und Energie eines der Grundelemente der Welt sein könnte."* Zusammenfassend kommt er zu dem Schluss, dass das menschliche Bewusstsein möglicherweise sogar grundlegender als Raum und Zeit sei. Rolf Froböse schließt seinen Artikel in der *Welt* mit den folgenden Sätzen ab: *„Sollten sich die Thesen der Avantgarde unter den Physikern in nachfolgenden Forschungen bestätigen, dürfte dies unser Weltbild maßgeblich beeinflussen. So würden sich Naturwissenschaft und Religion fortan nicht mehr als Gegensätze gegenüberstehen. Vielmehr könnten sie sich komplementär ergänzen – geradewegs wie der rechte und der linke Schuh eines Menschen."* Spannend, nicht?

Seelische Störungen und Erkrankungen aus schamanischer und tiefenpsychologischer Sicht

Für einen Schamanen ist die Existenz der Seele also eine alltägliche, jederzeit erfahrbare Wirklichkeit, während die Psychologie sie nicht einmal zur Erklärung unserer Bewusstseinsfunktionen für notwendig hält. Da ist es doch erstaunlich, dass sich die Ansichten darüber, warum ein Mensch psychisches Leid erfährt, in beiden Disziplinen sehr ähneln!

Ängste und Neurosen

Fangen wir mit der Abwehrreaktion an. Sie ist am weitesten verbreitet – schlicht und ergreifend deshalb, weil sie zum Alltagsbewältigungs-Repertoire eines jeden gesunden Menschen zählt. Als Abwehrmechanismen werden allgemein jene Verhaltens- und Erlebensformen bezeichnet, die aus dem Vorhandensein eines nicht bewältigten inneren Konflikts hervorgehen. Dieser wird als das gleichzeitige Vorhandensein von mindestens zwei verschiedenen Bedürfnissen und daraus resultierender Verhaltenstendenzen definiert – und zwar egal welcher Größenordnung! Praktisch bedeutet das, dass wir ständig solchen Konflikten ausgesetzt sind und diese unmöglich immer lösen können. Es fängt schon morgens beim Klingeln des Weckers an, wenn mein anhaltendes Schlafbedürfnis mit meiner Absicht, aufzustehen und die anstehenden Arbeitsaufgaben anzugehen, kollidiert. Beim Frühstück streiten sich dann meine Vorstellungen von gesunder Ernährung und meine Lust auf Weißbrot mit Nutella miteinander, und später, mit einer Gruppe von Kindergartenkindern arbeitend, prallen mein Bedürfnis nach Ruhe und Ordnung auf meine therapeutischen Vorstellungen bezüglich des Bewegungsdrangs von Kleinkindern. In all diesen Situationen stellen neurotische Verhaltensweisen in Form von Abwehrmechanismen einen praktischen Weg aus dem Dilemma dar. Ich rationalisiere mein Schlafbedürfnis, lasse meine Gefühle einfach beiseite und entscheide mich vernunftgemäß zum Aufstehen. Ich verdränge das Vorhandensein von Nutella in meiner Küche, indem ich den Schrank mit dem süßen Zeug gar nicht erst öffne und löse das Problem im Kindergarten mittels Identifikation – sprich: ich packe meine eigenen kindlichen Anteile aus und tobe einfach mit, damit ich auch meinen Spaß daran habe.

In Fällen wie diesen dienen Abwehrmechanismen also der Erhaltung einer gesunden und befriedigenden Alltagserfahrung, denn wir setzen sie auf eine Weise ein, die uns dient und in unserem Bedürfnis nach Glück unterstützt. Oft verselbständigen sich diese Verhaltensformen jedoch. Dann können sie sich zügellos ausweiten und auch auf Bereiche übergreifen, für die wir sie ursprünglich gar nicht eingesetzt haben. Oder die uns umgebende Situation hat sich einfach verändert, aber unsere Art, damit umzugehen nicht. Dann unterstützen uns diese Mechanismen nicht mehr, sondern richten sich gegen uns, indem sie unsere Fähigkeit, in Zufriedenheit zu leben, deutlich einschränken. Damit ist der Augenblick gekommen, an dem wir von einer neurotischen Erkrankung sprechen, die meist mit depressiven, hysterischen, ängstlichen bis phobischen und/oder zwanghaften Symptomen einhergeht.

Aus tiefenpsychologischer Sicht kommt es zu diesen Symptomen, weil wir die Energie des ungelösten Konflikts, die Gefühle und Gedanken, die damit einhergehen, nicht einfach fortzaubern können. Mit Hilfe von Abwehrmechanismen gelingt es uns zwar, diese Dinge nicht mehr bewusst zu spüren, was uns eine vorübergehende Erleichterung verschafft. Die Energie selbst wird jedoch lediglich in einen unbewussten Teil unserer selbst verschoben und ist dort fröhlich weiter aktiv. Da ihre Umgebung nun eine andere ist, kann sie sich nicht mehr bewusster, sondern nur noch unbewusster Werkzeuge bedienen, um sich auszuagieren. Also macht sie mal eben die große Kiste mit all den Archetypen sowie den symbolischen Bildern, Verhaltensweisen und Erlebensformen auf, die dort unten immer anzutreffen ist, und bedient sich darin nach Herzenslaune, um Erfahrungen zu basteln, die sie dann in unser Alltagsleben wirft. Meist sind diese Erfahrungen von unserer Seite aus ziemlich unerwünscht, aber sie teilen uns halt deutlich mit: „Hey, das Problem ist noch nicht gelöst. Ich sage dir das nur, weil es dich krank machen wird, wenn du nichts dagegen tust, also schimpf' nicht auf mich, sondern unternimm lieber etwas!"

Während diese „Energien" psychologisch meist recht diffus definiert werden – es sind eben angestaute rationale und emotionale „Inhalte" – so geht der schamanische Ansatz schlicht vom tatsächlichen Vorhandensein dieser Kräfte auf einer für naturspirituelle Menschen erfahrbaren Ebene aus, nämlich jener der „Aura" oder des „leuchtenden Energiefelds". Ein schamanischer Heiler kann diese verdrängten Energien innerhalb der Aura entsprechend genau verorten und sich direkt ihrer Auflösung widmen. Der Betroffene nimmt diese Energien nicht mehr als Teil seiner selbst wahr, weil er sie ja aus dem Bewussten ins Unbewusste verschoben hat. Beide Wege – der psychotherapeutische wie auch der schamanische – streben nun eine Wiederaufnahme dieser Energie ins Bewusstsein an, tun dies aber auf unterschiedliche Weise, da sie unterschiedliche Weltbilder haben. Und jetzt kommt der Punkt, wo der Frosch ins Wasser hüpft und ersäuft, wie mein Großvater immer zu sagen pflegte.

Für die wissenschaftliche Psychologie, Psychiatrie, Neurologie und Psychotherapie sind wir Einzelwesen, die im wesentlichen verbindungslos zu unserer Umgebung in einer Art leerem Nichts hängen, das erst durch unsere sozialen Interaktionen gefüllt wird. Das naturspirituelle Weltbild sieht uns jedoch als grundsätzlich mit allem verbunden, weil es gar keine Einzelwesen gibt! So, wie mein großer Zeh zwar ein Stück von meinem Körperzentrum entfernt ist, aber trotzdem unbestreitbar einen klar mit mir verbundenen Teil meines Körpers darstellt, betrachtet das schamanische Denken auch den ganzen Menschen nur als Teil des großen Weltenwesens.

Wenn man diese unterschiedliche Betrachtungsweise des Universums und unserer Position darin zugrunde legt, wird es klar, warum ein wissenschaftlich-therapeutisch ausgerichteter Behandler die verdrängten, gespeicherten Energien ausdrücklich als Teil des Patienten bezeichnen und diesem in dieser Form auch wieder bewusst zu machen versuchen wird – er muss das, was vom Patienten als außerhalb seiner selbst erfahren wird, wieder zu einem innerlich erlebbaren Anteil machen. Ein Schamane hat diese Notwendigkeit nicht – da alles ein einziges Wesen ist, gibt es kein Drinnen oder Draußen. Deshalb kann er die verdrängte Energie als psychischen Wurm, energetische Infektion oder ähnlich bezeichnen und behandeln. Das bedeutet keineswegs, dass er einem primitiven Weltbild anhängt, welches nichts von den inneren Wirkfaktoren der menschlichen Psyche weiß, sondern entsteht einfach aus dem Umstand, dass er das tiefenpsychologische Modell nicht nur weitaus länger kennt, sondern auch auf die gesamte Schöpfung anwendet. Nicht umsonst werden schamanische Heilweisen gerne als „die älteste Form der Psychotherapie auf der Welt" bezeichnet – auch Disziplinen wie die analytische Psychologie, das Neurolinguistische Programmieren und die systemischen Therapieformen finden dort ihre Entsprechungen.

Spätestens an diesem Punkt überschreiten wir jedoch die Grenze zwischen wissenschaftlichem Resultat und spiritueller Erkenntnis.

Dissoziation

Es gibt jedoch noch mehr Formen seelischen Leidens, die auch naturspirituellen Kulturen bekannt sind und dort bereits seit Jahrtausenden erfolgreich behandelt werden. Dazu zählen auch die verschiedenen Arten der dissoziativen Störungen. Ihnen gemeinsam ist, dass der betroffene Mensch sich ganz oder teilweise von einer unerträglichen Situation abspaltet. Im Gegensatz zur neurotischen Verdrängung gelingt es dem Betroffenen hier jedoch nicht mehr, auf die abgespaltenen Inhalte zuzugreifen, denn sie werden nicht ins Unbewusste verlagert, sondern so kanalisiert, dass sie nicht mehr Teil der eigenen Persönlichkeit zu sein scheinen. Auf diese Weise kommt es zu Phänomenen wie der Amnesie (dem Gedächtnisverlust), der dissoziativen Fuge (dem Verlust des Ich-Bewusstseins über einen längeren Zeitraum bei gleichzeitigem Erinnerungsverlust an diesen Zeitraum nach dem „Aufwachen"), dem dissoziativem Stupor (unbeteiligt-reaktionsloses Verhalten nach schweren Belastungen) oder der sogenannten multiplen Persönlichkeitsstörung (das scheinbare Auftreten mehrerer voneinander unabhängiger Persönlichkeiten innerhalb ein und desselben Menschen). Um zu einem Beispiel aus der Informatik zu greifen: Eine neurotische Abwehr ähnelt der Ablage eines bestimmten Informationsinhalts in einem selten benutzten Unter-Unter-Unterverzeichnis, wo er dann vergessen wird. Bei der Dissoziation jedoch werden diese Inhalte auf einer anderen Partition des Rechners oder gar einer anderen Festplatte abgelegt, die von einem anderen Betriebssystem organisiert wird wie die erste, weshalb man von dort aus keinen Zugriff darauf hat. Deshalb kann der betroffene Mensch auch nicht aus sich heraus zur Lösung finden, sondern benötigt einen Begleiter, dem es möglich ist, auf beide Betriebssysteme zuzugreifen.

Dieselbe Krankheitstheorie gibt es auch im Schamanismus, nur die Begrifflichkeiten sind mal wieder anders. Ein schamanischer Heiler spricht hier vom sogenannten Seelenverlust. Dieser kann auf zweierlei Weise zum Ausdruck kommen. Im ersten Fall ist die gesamte Seele bzw. das gesamte Energiesystem eines Menschen im Vergleich zu seiner körperlichen Gestalt verschoben oder verrückt, so dass er buchstäblich teilweise „neben sich steht" und sich nicht mehr in völliger Verbindung zu seiner alltäglichen Realität befindet (weil diese im Körper verankert ist). Im zweiten Fall kommt es zu Abspaltungen einzelner Seelenanteile, die sich vorübergehende „Wohnorte" in der nichtalltäglichen Wirklichkeit suchen. Auch hier hat der abgespaltene Anteil keinen Zugriff mehr auf die Alltagsrealität des Betroffenen (und umgekehrt). Beides klingt doch gar nicht so weit entfernt vom psychopathologischen Ansatz, oder?

Psychose

Wirklich spannend wird es bei der Betrachtung des psychotischen Erlebens. Hier halten wir erst einmal eine Definition für angemessen, denn während die meisten Menschen eine mehr oder weniger zutreffende Vorstellung von den Symptomen depressiver, ängstlich-phobischer, zwanghafter oder suchtverwandter Störungen haben, herrscht in unserer Gesellschaft ein Bild von der Schizophrenie, das wenig bis nichts mit der Wirklichkeit zu tun hat. Schizophrene sind keineswegs so eine Art Dr. Jekyll/Mr .Hyde, der sich primär durch völlig widersprüchliches Verhalten auszeichnet. Vielmehr liegt bei der Psychose eine grundlegende Veränderung des eigenen Erlebens und der Art und Weise vor, wie sich der Patient auf seine Umgebung bezieht. Die entsprechenden Symptome können von Denk- und Sprachstörungen (wie z.B. vollständige Zerfahrenheit und unzusammenhängendes Denken, plötzliches Abreißen des Gedankenstroms, Rededrang, Redehemmung, Wortneubildungen oder Sprachverwirrtheit) über extreme gehobene wie auch depressive oder angstbetonte Stimmungslagen bis hin zu Autismus, Wahn und Halluzinationen reichen. Die Persönlichkeit zerfällt; all jene Dinge, an denen wir unser „Ich" und dessen klare Begrenzung festmachen, sind für die Betroffenen nicht mehr klar definierbar. Im Extremfall schlägt sich so ein Mensch eben *nicht* damit herum, ob er Jekyll oder Hyde ist, sondern sein Problem fängt viel früher an, nämlich mit der Frage „Was *ist* ‚Ich'?"

Bis vor wenigen Jahren sind schamanische Erlebenszustände wie z.B. Trance- und Ekstaseerfahrungen grundsätzlich dem psychotischen Formenbereich zugeordnet worden. Das hat die Anhänger der Wissenschaften dazu veranlasst, Schamanen grundsätzlich als krank und ihre Ansichten und Aktivitäten als nicht beachtungswürdig zu betrachten. Gleichzeitig entwickelte sich in alternativen Kreisen eine Gegenhaltung, die davon ausging, dass naturspirituelle Kulturen einen uns verschlossenen Zugang zu psychotischen Erkrankungen haben müssten, weil schizophrene Menschen dort nicht als behandlungsbedürftig, sondern sogar als besonders begabt betrachtet werden würden, so dass man sie zu Schamanen ausbilde. Keine der beiden Seiten trifft jedoch die Wahrheit. Zwar kann die Beschäftigung mit der nichtalltäglichen Wirklichkeit für den darin nicht geschulten Betrachter den Anschein eines Realitätsverlusts haben, doch wer beide Seiten kennt, weiß auch, dass es da deutliche Unterschiede gibt. Darauf weist zum einen die Tatsache hin, dass sich Schamanen bei entsprechenden Untersuchungen meist als die stabilsten und psychisch gesündesten Mitglieder ihrer Gemeinschaften erwiesen haben. Zum anderen aber wird auch in naturspirituellen Kulturen deutlich zwischen spirituell inspirierten und psychotisch erkrankten Menschen unterschieden. Man bildet dort keineswegs jeden aus, der gerade irgend etwas hört oder sieht, das den anderen Menschen in seiner Umgebung nicht zugänglich ist. Es trifft also auf keinen Fall zu, dass es sich bei psychotischen Erkrankungen um eine Folge unserer Lebensweise und Gesellschaftsordnung handele, die ihr Auftreten in anderen Kulturen unmöglich mache bzw. sie dort in einen ganz anderen Zusammenhang stelle – das ist lediglich eine auf unzureichender Information basierende Romantisierung indigener Kulturen aus den Zeiten der siebziger Jahre (Wussten Sie, dass die damalige Anti-Psychiatrie-Bewegung von der Scientology-Sekte initiiert wurde?). Fakt ist allerdings, dass nicht alles, was in unserer Gesellschaft als psychotisch bezeichnet wird, es auch ist. Auch hier gibt es immer wieder Individuen, die mit den „Spirits", den Geistseelen anderer Wesen sprechen können.

Die mit psychotischen Erkrankungen einhergehende Auflösung der Ich-Struktur ist übrigens auch in der schamanischen Diagnostik ein wichtiges Kriterium. Oft sind bei den Betroffenen unklare Abgrenzungen der Aura und der Energiezentren des Körpers zu beobachten. Auch die Überbetonung der oberen Zentren bei gleichzeitigem Schwund der erdenden unteren weist deutlich auf die Problematik einer durch den Verlust des Bezugs zur Realtität gekennzeichneten Wahrnehmung des Alltags hin, die entsprechend kaum noch in Übereinstimmung mit jener der anderen Menschen zu bringen ist.

Vision oder Psychose?

Worin genau bestehen aber diese Unterschiede zwischen schamanischem Erleben und krankhafter Wahrnehmung? Immerhin ist es für jeden, der sich praktisch mit der nichtalltäglichen Wirklichkeit auseinandersetzt, sehr wichtig, sich diesbezüglich immer wieder selbst kritisch zu hinterfragen. Hinzu kommt, dass viele der in diesem Buch gezeigten Techniken nicht für die Arbeit mit psychotischen Menschen geeignet sind. Allein schon im Sinne einer gewissen Verantwortung für das eigene Tun ist es also unbedingt notwendig, dass jeder, der schamanische Heil- und Erkenntnismethoden mit anderen Menschen durchführt, hier über umfassende Informationen verfügt – und damit meinen wir mehr, als dieses Buch zu vermitteln vermag. In diesem Sinne soll die folgende Diskussion des Trance-Begriffs im Vergleich zu krankhaftem Erleben auch nur eine erste Grundlage schaffen und die Notwendigkeit darlegen, sich hier weitreichender auszubilden.

Es gibt verschiedene Ansätze zur Betrachtung und Definition von Erkrankungen aus dem schizophrenen Formenbereich, die sich dem visionären Erleben gegenüberstellen lassen. Dabei ergeben sich viele Parallelen; die wichtigen Abgrenzungsmerkmale sind entsprechend die wenigen, aber für die psychische Gesundheit und das Selbsterleben des Betroffenen sehr bedeutsamen Unterschiede.

Das Schneidersche Konzept der Symptome ersten und zweiten Ranges

Kurt Schneiders klassische Definition der Schizophrenie unterscheidet Symptome ersten und zweiten Ranges. Dabei fasst er unter den Symptomen ersten Ranges jene zusammen, die ausschließlich bei Erkrankungen aus dem schizophrenen Formenbereich vorkommen. Die Symptome zweiten Ranges sind nicht schizophreniespezifisch, was bedeutet, dass sie nicht nur für Schizophrenien, sondern auch für andere wahnhafte oder psychotische Erkrankungen charakteristisch sein können (zum Beispiel für das im spirituellen Bereich häufig auftretende Phänomen der Borderline-Störung).

Schizophrene Symptome ersten Ranges nach Kurt Schneider sind:

- *dialogische Stimmen* („Ich höre ständig zwei Leute, die über mich reden, kann sie aber nirgends sehen.“)
- *kommentierende Stimmen* („Jemand glossiert andauernd, was ich tue und sagt zum Beispiel: ‚Jetzt bewegt sie sich. Jetzt steht sie auf. Jetzt holt sie Luft. Sie zieht sich an. Das ist aber ein schäbiges Kleid.‘“)
- *imperative Stimmen* („Die Stimme gibt mir dauernd Befehle, was ich tun soll.“)

- *Gedankenlautwerden* („Meine Gedanken sprechen innerlich mit mir, wenn ich alleine bin. Ich kann sie ständig laut hören, das ist furchtbar störend. Das sind keine Stimmen, sondern meine Gedanken sind laut, und ich spüre den Rhythmus des Denkens.“)
- *leibliche Beeinflussungserlebnisse* („Jemand richtet Mikrowellenstrahlen auf mich. Ich kann spüren, wie sie auf dem Nacken auftreffen. Man will damit die Verbindung zwischen Gehirn und Geschlechtsteilen unterbrechen.“)
- *Gedankeneingebung* („Irgend jemand zwingt mir Gedanken auf, die nicht die meinen sind, die nicht zu mir gehören. Diese fremden Gedanken werden mir von außen in den Kopf hinein gearbeitet. Die kommen in Wellen.“)
- *Gedankenentzug* („Ich merke, wie man mir meine Gedanken wegnimmt. Dann ist plötzlich überhaupt nichts mehr in meinem Gehirn, nur noch so ein unmäßiger Druck.“)
- *Gedankenausbreitung* („Andere wissen, was ich denke. Die können meine Gedanken lesen.“ Oder: „Meine Gedanken sind so laut, dass sie von allen gehört werden können.“ – hier in Verbindung mit Gedankenlautwerden)
- *Willensbeeinflussung* („Ich werde von meinem Arbeitskollegen wie ein Roboter gelenkt und geleitet. Vielleicht durch Hypnose. Er zwingt mir seinen Willen auf. Als ich aus dem Bett aufstand, war das nicht mein eigener Wille. Ich habe das Gefühl, ich werde gelenkt wie eine ferngesteuerte Maschine.“)
- *Wahnwahrnehmung* (ganz normale Dinge oder Situationen werden in einen wahnhaft begründeten Bezug gestellt, z.B. „Der Stuhl steht dort drüben, weil mir auf diese Weise eine Botschaft vermittelt werden soll. So teilt man mir mit, dass ich die Stadt verlassen muss.“)

Symptome zweiten Ranges nach Kurt Schneider sind:

- andere Formen akustischer Halluzination, die noch nicht erwähnt wurden
- Störungsempfindungen physischer Art ohne erkennbare Ursache wie Schmerzerleben, Taubheiten, Kribbelempfindungen u.ä.
- optische Halluzinationen
- Geruchshalluzinationen
- Geschmackshalluzinationen
- Wahneinfälle (z.B. Vergiftungs-, Verfolgungs- oder Beeinträchtigungswahn)

Nicht vergessen – die Symptome zweiten Ranges können auch auf eine andere psychische Erkrankung wie z.B. eine Wahnerkrankung, Borderline, eine schwergradige Depression oder auch auf physische Erkrankungen hinweisen!

Zur Abgrenzung:

Die Symptombeispiele machen deutlich, dass es sich hier um einen Verlust der Kontrolle über die eigenen psychischen oder auch körperlichen Funktionen sowie das damit verbundene Erleben handelt. Im Gegensatz zum visionären Trance-Erleben werden diese Erfahrungen nicht bewußt und beabsichtigt begonnen und können auch meist nicht aus eigenem Antrieb beendet werden. Die Verantwortung für das Erleben wird meist nach außen verlagert – „jemand zwingt mich" oder „jemand gibt mir das ein".

Die Basissymptome nach Eugen Bleuler

Dieses Konzept ist deshalb sehr wichtig, weil es im Gegensatz zum Schneiderschen Modell nicht die auffälligsten schizophrenen Symptome erfasst, sondern sich eher um eine Definition der Grundelemente schizophrenen Erlebens bemüht und deshalb auch weniger spektakuläre, „stillere" Formen der Erkrankung mit einschließt (die so genannte Minus- oder negative Symptomatik des Typ I im Gegensatz zur auffälligeren produktiven oder Plussymptomatik des Typ II). Diese weniger auffälligen Symptome wurden von Bleuler als diagnostisch entscheidend empfunden, weil er darin die Grundstörungen des schizophrenen Formenkreises sah, auf die sich alle andere Symptome dann je nach Patiententypus sozusagen „draufsetzen" können – oder auch eben nicht.

Diese Basissymptome oder Grundstörungen sind:

- *Zerfahrenheit des Denkens* (kaum zusammenhängende oder völlig unzusammenhängende Gedanken; plötzliches Gedankenabreißen bzw. Sperrung des Denkens mitten im Satz; Gedankeneingebung; Begriffszerfall – feste Begriffe verlieren ihre Bedeutung; Kontamination – logisch unvereinbare Verquickung von Bedeutungen)
- *Ambivalenz und Parathymie* (Ambivalenz: einander normalerweise ausschließende Gefühle treten gleichzeitig auf, z.B. gleichzeitiges fröhliches Lachen und herzzerreißendes Weinen – diese innere gleichzeitige Gegensätzlichkeit kann bis zu völligen Handlungsblockaden führen, die den Patienten z.B. mitten im Schritt körperlich erstarren lassen; Parathymie: der Patient spricht mit Grabesmiene über seinen materiellen Reichtum und seine beruflichen Erfolge, oder der Patient spricht breit grinsend und lachend vom kurz zurückliegenden Tod seiner geliebten Mutter)
- *Autismus* (der Patient ist in dem Sinne von der Umwelt abgeschnitten, als dass er in seiner eigenen Welt des Wahns oder der Halluzinationen gefangen ist; bei leichteren Formen oft in Gestalt ausgeprägter spezieller Interessen, die den Patienten von der Umwelt abschneiden, wie z.B. Sammelleidenschaften oder exzentrische Gewohnheiten und Verhaltensmuster)

Zur Abgrenzung:

Bei einem gesunden Menschen geht visionäres Erleben nicht mit einer Störung der Denkfähigkeit einher; sein Denken bleibt zusammenhängend oder ist nur leicht assoziativ gelockert, der Gedankenstrom wird nicht ständig unterbrochen oder kommt gar unerwünschterweise völlig zum Stillstand (beim meditativen Erleben wird dieser Zustand wiederum erwünscht herbeigeführt und kann willentlich beendet werden). Auch behalten die üblicherweise verwendeten Begriffe ihre Bedeutung und können entsprechend zur Beschreibung des visionären Erlebens eingesetzt werden.

Parathymie kommt bei visionären Erfahrungen in seltenen Extremfällen vor und ist z.B. hin und wieder bei indigenen Schamanen beobachtet worden. Das Erleben ist jedoch vom

Schamanen steuerbar (wird von diesem oft bewusst eingesetzt – „heiliger Narr“) und beschränkt sich ausschließlich auf die Trancesituation, tritt aber nicht im Alltagsleben auf. In der westlichen Kultur ist Parathymie meist ein Hinweis auf eine psychotische Erkrankung.

Das autistische Erleben deutet ebenfalls meist auf eine psychotische Erkrankung hin, denn bei der schamanisch-visionären Erfahrung findet eine Verbindung mit und Eingliederung in die Umwelt statt und nicht etwa eine Ausgrenzung aus dieser. Die visionäre Erfahrung ist grundsätzlich verbindend bzw. regt zur Verbindung mit der Natur und der Gemeinschaft an.

Grundsätzlich ist die visionäre Erfahrung im Gegensatz zur psychotischen vorübergehender Natur und von eigenverantwortlichem, dem eigenen Willen unterworfenen Handeln begleitet.

Die fünf basalen Dimensionen des Ich-Bewusstseins nach Scharfetter

Christian Scharfetter wiederum definiert fünf Grundeigenschaften des menschlichen Bewusstseins, die bei einer psychotischen Erkrankung deutlich beeinträchtigt sind. Weil dieser Ansatz gesunde Bewusstseinsfunktionen zugrunde legt, ist er zur Abgrenzung der visionären Erfahrung vom psychotischen Zustand besonders hilfreich.

Die fünf basalen Dimensionen sind:

1. *Ich-Vitalität:* Damit ist die Gewissheit der eigenen Lebendigkeit gemeint. Für den gesunden Menschen ist es eine Selbstverständlichkeit, dass er lebendig ist und dass dies auch auf all seine Körperteile zutrifft. Schizophrene Menschen können sich als Ganzes oder auch Teile ihres Körpers als tot empfinden oder sich nicht sicher sein, ob sie wirklich leben. „Mein Gesicht, das ist Plastik, das lebt nicht.“
2. *Ich-Aktivität:* Die Gewissheit, das eigene Leben selbst zu steuern und aus eigenem Willen zu handeln. Im psychotischen Erleben kommt es hier zu der Wahrnehmung, von außen gesteuert zu werden und keine Kontrolle mehr selbst über einfachste Handlungen wie Essen oder Gehen zu haben. „Ich bin mechanisiert und werde über ein Funksignal gesteuert.“
3. *Ich-Konsistenz:* Die Gewissheit, eine ganze Person zu sein. Psychotische Menschen nehmen sich manchmal als zerteilt bzw. im wörtlichen Sinne gespalten wahr. „Ich bin zerfallen.“ – „Der Rumpf ist halbiert. Ich bin vier Menschen.“
4. *Ich-Demarkation:* Die Fähigkeit zur Abgrenzung des Eigenbereiches, der eigenen Person, also zur Bestimmung dessen, was innerhalb und was außerhalb der eigenen Person stattfindet. Beim schizophrenen Erleben sind die Grenzen zwischen dem Ich und der Außenwelt hingegen oft verwischt. „Meine Gedanken verbreiten sich überall hin.“ – „Ich bin ungeschützt; alles dringt in mich ein.“
5. *Ich-Identität:* Ein gesunder Mensch weiß, wer er ist und erfährt sich ein Leben lang als von derselben Identität, und das trotz diverser Wachstumsvorgänge und Persönlichkeitsveränderungen. In der psychotischen Wahrnehmung kann ein Mensch den Kontakt zu diesem Wissen verlieren. „Man lässt mich nicht der sein, der ich bin.“ – „Ich wusste nicht mehr sicher, dass ich der Uli bin.“ – „Ich bin Napoleon.“

Zur Abgrenzung:

Wenn diese Ich-Dimensionen auch während des visionären bzw. Trance-Erlebens erhalten bleiben oder sich unmittelbar nach dem Erlebnis wieder auf ebenso stabile Weise einstellen wie zuvor, ist bzw. war höchstwahrscheinlich keine psychotische Erfahrung gegeben. Zwar ist die Selbst-Auflösung ein aus vielen spirituellen Disziplinen bekanntes Phänomen, das sich jedoch im gesunden Fall eindeutig der spirituellen Erfahrung zuordnen lässt und danach wieder in den gewohnten Wahrnehmungszustand übergeht. Hier wird vielleicht eines der wichtigsten Unterscheidungskriterien deutlich: Während der psychotische Mensch nicht mehr zwischen der von seiner Umgebung geteilten und seiner eigenen Erfahrung unterscheiden kann, da diese ständig ineinander übergehen und von ihm nicht mehr trennbar sind, kann der Gesunde im Zuge seiner schamanischen Praxis jederzeit deutlich unterscheiden, ob sich ein von ihm wahrgenommenes Ereignis gerade in der alltäglichen oder der nichtalltäglichen Wirklichkeit abspielt – auch während des Erlebens selbst und auch dann, wenn sich beide Wirklichkeiten gerade überschneiden.

Achtung: Es ist hier unbedingt wichtig, zwischen metaphorischen und real gemeinten Äußerungen zu unterscheiden! Nicht jeder, der „Ich habe ein Brett vor dem Kopf" sagt, ist psychotisch. Wenn aufgrund der Selbstwahrnehmung eines Menschen der Verdacht auf eine Psychose besteht, sind immer Kontrollfragen notwendig, um zu klären, ob es sich um eine metaphorische oder eine wörtliche gemeinte Äußerung handelt. Eine solche Frage lautet meist so oder ähnlich: „Meinen Sie, es fühlt sich an *als ob* Sie ein Brett vor dem Kopf hätten?" Wenn sich der Betroffene nicht mehr auf das *als ob* einlassen kann und darauf beharrt, die reale Wahrnehmung eines flachen, hölzernen Gegenstands an der Stirn zu haben, obwohl sich dort kein Brett befindet, ist es an der Zeit, an eine psychotische Erkrankung zu denken.

Noch einmal in Kurzform und im Überblick:

Psychotische bzw. schizophrene Wahrnehmung	**Wahrnehmung in Trance und Vision**
Das Erleben kann nicht gesteuert werden.	Während der Erfahrung besteht die Möglichkeit, Einfluss auf diese zu nehmen.
Der Ursprung der Erfahrung wird im Außen gesehen.	Der schamanisch Praktizierende sieht sich selbst als Auslöser und Ursprung der Erfahrung.
Die Verantwortung für die Erfahrung als Teil des Eigenerlebens wird nicht übernommen.	Die Verantwortung für die Erfahrung wird als zum Praktizierenden gehörend, mit ihm verbunden und von ihm ausgelöst übernommen.
Die Erfahrungen sind nicht auf homogene Weise in das Alltagsleben integrierbar.	Die Erfahrungen lassen sich in das Alltagsleben integrieren.
Es besteht keine Kontrolle über das Erleben.	Die Erfahrung wird aus eigenem Entschluss begonnen und auch wieder beendet (Ausnahme: drogeninduzierte Erlebnisse).

Es besteht keine oder eine reduzierte Kontrolle über die psychischen, kognitiven und körperlichen Funktionen.	Diese Funktionen unterliegen in hohem Maße der Kontrolle des Praktizierenden.
Die kognitiven Fähigkeiten – vor allem logisches, zusammenhängendes Denken – sind deutlich beeinträchtigt.	Die kognitiven Fähigkeiten sind nicht beeinträchtigt.
Es kommt zu extrem gegensätzlichen Gefühlen, die *gleichzeitig* auftreten.	Parathymie und Ambivalenz sind fast nie vertreten.
Das psychotische bzw. schizophrene Erleben trennt den Betroffenen von seiner Umwelt und seiner sozialen Gemeinschaft.	Das Erleben trägt zur Integration des Betreffenden in Umwelt und Gemeinschaft bei.
Der Betroffene ist sich nicht sicher, ob er wirklich lebt bzw. ob all seine Körperteile aus lebendigem Material bestehen.	Es besteht Gewissheit über den Status der eigenen, vollständigen Lebendigkeit.
Der Betroffene empfindet sich als fremd gesteuert, wie eine Maschine.	Die eigenen Handlungen werden als selbstbestimmt erlebt.
Der Betroffene empfindet sich als zerfallen oder aufgesplittert.	Der Praktizierende erlebt sich als Einheit.
Es ist keine klare Unterscheidung zwischen den Bereichen innerhalb und außerhalb der persönlichen Identität und des eigenen Bewusstseins mehr möglich.	Es kann vorübergehend zur Erfahrung sich auflösender Ich-Grenzen kommen. Grundsätzlich und vor allem außerhalb der Trance- oder Visionserfahrung aber ist diese Unterscheidung vollkommen klar.
Unklarheiten bezüglich der eigenen Identität.	Außer in seltenen, vorübergehenden Erfahrungen, die grundsätzlich innerhalb der Trance stattfinden, besteht (und meist auch dort) Klarheit bezüglich der eigenen Identität.
Der Betroffene begreift nicht, dass sich seine Realitätswahrnehmung in weiten oder wesentlichen Bereichen nicht mehr mit jener der anderen Menschen in seiner Umgebung deckt und empfindet sich deshalb nicht als krank oder behandlungsbedürftig.	Dem Praktizierenden ist klar, dass seine Wahrnehmungen von der Umgebung nicht geteilt werden, weil sie sich nicht in dieser, sondern in einer anderen Form der Wirklichkeit abspielen.
Das psychotische Erleben findet nicht nur während klar umrissener Trance-Erfahrungen statt, sondern beherrscht den Alltag und ist vom Betroffenen nicht kontrollierbar.	Das visionäre Erleben bezieht sich nur auf den Trancezustand und tritt im Alltagsleben entweder nicht auf oder ist dort ein eher schwacher Einfluss, den man kontrollieren kann. Dem schamanisch Praktizierenden ist es jederzeit möglich, die Erfahrungen zweifelsfrei der jeweiligen Wirklichkeitsebene zuzuordnen, der sie angehören.

Die Symptom-Beispiele stammen aus dem Psychotherapie-Lehrgang der ALH von Dr. Röttgers bzw. aus dem Lehrbuch „Psychiatrie" von Dr. Tölle.

Der Unterschied zwischen Psychotherapie und Spiritualität

Wenn Menschen zu uns kommen und um die Ausbildung ihrer spirituellen Fähigkeiten bitten, umfasst ihre Vorstellung von einer solchen Ausbildung meist Dinge wie regelmäßige Übungen, Energiearbeit, Visualisationstechniken und ähnliches. Sie möchten lernen, ihre Fähigkeiten nach Wunsch an- und abschalten und auf diese Weise „kontrollieren" zu können.

Das heißt jedoch, das maschinelle Denken unserer Zivilisation auf spirituelle Gaben anzuwenden, was aber schlichtweg nicht funktioniert. Diese Gaben lassen sich so nicht ausbilden, weil sie nicht der kollektiven maschinistisch-mechanistischen Illusion unserer Kultur unterliegen – weshalb sie von dieser ja auch geleugnet werden.

Fähigkeiten wie Empathie, Vorahnungen, Heilgaben und andere sind nicht etwa erlernbare Funktionen, die man vom Bewusstsein losgelöst wie einen Muskel trainieren kann, sondern stellen einen Teil der mystischen Erfahrung der Welt dar. Sie sind sozusagen die Sinnesorgane dieser Art der Erfahrung und können deshalb auch nur auf dem Weg mystischer Erfahrung „geschult" werden. Doch selbst dieser Begriff ist irreführend, weil hier nicht wie z.B. beim Gehenlernen nur eine bestimmte Fähigkeit ausgebildet, sondern die gesamte Persönlichkeit umstrukturiert wird. Diese Gaben sind kein isolierbarer Teil von uns, den wir wie die Fähigkeit, malen oder radfahren zu können, entweder haben oder nicht haben, die sich aber darüber hinaus nicht allzusehr auf unsere Persönlichkeit auswirken – vielmehr *sind* sie *wir*, sie sind ebenso wie Humor, Selbstdisziplin, die Fähigkeit zu lieben, zu trauern oder wütend zu sein der grundlegende Stoff, aus dem der spirituell erwachende bzw. erwachte Mensch besteht. Das Malen kann ich erlernen, und ich kann diese Fähigkeit auch wieder verlieren, wenn ich z.B. erblinde. Die Befähigung zur mystischen Erfahrung jedoch macht mich unmittelbar im Kern meines Wesens aus und geht nicht mehr verloren. Es kann höchstens zu sporadisch auftretenden Erfahrungen kommen, aber der Zugang dazu bleibt auch in Zeiten bestehen, wo sich spirituell „nichts zu tun" scheint, denn das *bin* ich jetzt.

Entsprechend besteht in unserem Ansatz die „Ausbildung" solcher Gaben, also das Hinarbeiten auf das Erleben mystischer Erfahrungen, weniger in technischen Übungen und Visualisationen, die ständig wiederholt werden müssen oder ähnlichem, sondern darin, der eigenen Persönlichkeit eine gezielte Umstrukturierung zu ermöglichen, die mystische Erfahrungen ermöglicht. Mystische Wahrnehmungen aber sind immer *ganzheitlicher* Natur. Spirituelle Fähigkeiten wie Telepathie, Empathie, Vorauswissen etc. gehören aus genau diesem Grund zu diesen Erfahrungen, denn in ihnen werden zusätzliche, uns im Alltagsbewusstsein nicht zugängliche Teile der Ganzheit umfasst und erfahren.

Um solche mystischen Ganzheitserfahrungen machen zu können, ist es notwendig zu lernen, wie man die Illusion des Abgetrenntseins von der restlichen Schöpfung fallen lassen, also die Grenze zwischen dem Ich und dem Außen aufgeben kann. Genau das gilt aber in der westlichen Psychiatrie als Kennzeichen einer psychotischen Entwicklung. Erinnern Sie sich an die fünf basalen Dimensionen des Ich-Bewußtseins nach Christian Scharfetter? Von diesen fünf Charakteristika, anhand deren Vorhanden- bzw. Nichtvorhandensein das Maß der psychischen Gesundheit und Funktionsfähigkeit definiert werden kann, beschreiben vier irgend einen Aspekt der Abgrenzung und Abtrennung von der Umgebung. Für die westliche Psychologie ist die Fähigkeit, das Gefühl der Abgetrenntheit aufrecht erhalten zu können, also ein wesentliches Merkmal geistiger Gesundheit. Genau das aber steht der mystisch-spirituellen Erfahrung im Wege, weshalb es nicht verwundert, dass sich die westliche Psychologie und Psychotherapie mit der Spiritualität so schwer tut, obwohl diese Dinge doch eigentlich zusammengehören. Widerspricht die Psychologie nun der Spiritualität? Unserer Meinung nach ist das nicht der Fall. Sie ist lediglich ein Produkt unserer Kultur – einer Kultur, die keine Riten des Erwachsenwerdens mehr kennt und die das Erwachsensein ganz anders definiert als naturbasierende Kulturen.

Spiritualität bedeutet, erwachsen zu werden

Was das miteinander zu tun hat? Nun, der psychologische Ansatz ist nur die erste Hälfte der spirituellen Entwicklung, aber da die meisten Menschen in unserer Gesellschaft nur diesen Teil kennen, entsteht der Irrglaube, dass dies erstens schon alles wäre und zweitens Therapie und spirituelle Arbeit dasselbe seien. Viele Menschen betrachten ihre Psychotherapiesitzungen als Teil ihrer spirituellen Arbeit, aber wenn diese nicht gerade von einem der wenigen spirituellen Therapeuten ausgeführt werden und ihre Persönlichkeitsentwicklung nicht bereits ziemlich weit fortgeschritten ist, trifft das unserer Ansicht nach nicht zu. Die westliche Psychotherapie arbeitet nach der Definition Scharfetters, sie strebt also danach, einen stabilen Zaun um das Ich des Klienten zu ziehen, damit dieser anhand dessen, was er innerhalb dieses Zauns vorfindet, erkennen und bestimmen kann, wer er ist. Das ist die Form der Selbstfindung, welche die Psychotherapie anbietet. Diese Form ist nicht falsch oder schlecht, sondern schlicht und einfach die des Kindes und somit die erste, die wir im Laufe unseres Lebens erarbeiten müssen, um stabil genug zu werden, so dass wir es uns erlauben können, spirituelle Erfahrungen zu machen, ohne von diesen verschlungen zu werden. Diese Form entspricht der Aufgabenstellung des Kleinkinds, das aus einer Situation vollkommener Einheit mit seiner Umgebung hervorkommt und sich mit dem für es gänzlich neuen Konzept der Abtrennung von seiner bisherigen Mutter-Einheit vertraut machen und außerhalb dieser Einheit ein eigenes, von der Mutter unabhängiges Ich entwickeln muss.

Deshalb ist es für den Menschen im Kleinkindalter bis in die späte Teenagerzeit von großer Wichtigkeit, sich von seiner Umgebung abgrenzen zu lernen, damit er so erfahren kann, wer er selbst im Unterschied zu den anderen eigentlich im Augenblick ist. Das ist eine unverzichtbare Voraussetzung für spirituelle Arbeit, weil diese eine instabile Persönlichkeit zerschmettern kann und man sich ihr deshalb nur dann zuwenden sollte, wenn man bereits recht gut darüber Bescheid weiß, wer man selbst ist, was man kann, über welche Gaben und Fähigkeiten man verfügt, welchen Dingen man lieber aus dem Weg gehen und in welchen Situationen man sich voll und ganz auf sich verlassen kann. Eben, welche Stärken und Schwächen man hat. Nur, wer das weiß, sollte sich auf die gefährliche Suche nach den Mysterien des Lebens machen.

Bei vielen Menschen ist es notwendig, bestimmte Fähigkeiten zu trainieren, *bevor* man auf die spirituelle Reise aufbricht – Fähigkeiten, die man hier auf jeden Fall brauchen wird, deren Ausbildung in der Kindheit und Jugend aber aus verschiedensten Gründen in nicht ausreichendem Maße stattgefunden haben kann. Dabei kann es sich um Dinge wie Kontaktfähigkeit, Kommunikationstechniken, Liebesfähigkeit, eine gewisses Maß an Selbstvertrauen, Kritikfähigkeit, Durchsetzungsfähigkeit, die Fähigkeit zum Neinsagen und andere Dinge handeln. Diese Dinge werden *nicht* im Zuge spiritueller Entwicklung erworben, sondern stellen *Voraussetzungen* für eine solche dar. Sie fallen noch in den Rahmen der ersten Entwicklungsform, die wir in unserer Gesellschaft als die psychotherapeutische oder – im besten Falle – als eine angemessene Erziehung und Begleitung durch die soziale Umgebung des Kindes kennen.

Natürlich machen auch schon Kinder spirituelle Erfahrungen – wer von uns hat noch nicht mit offenem Mund staunend den Ergüssen einer Vierjährigen gelauscht, die da locker von ihren Gesprächen mit dem großen Weidenbaum am Flussufer plauderte oder von den Lichtdingern da hinten unter den Weißdornbüschen erzählte? Gerade bei Kindern scheinen die Instrumente mystischer Wahrnehmung oft noch deutlich stärker und klarer ausgeprägt zu sein als bei Erwachsenen, die sich viele Jahre lang der Meinung anpassen mussten, so etwas gebe es „in Wahrheit" nicht. Hier handelt es sich jedoch nicht um das Ergebnis einer spirituellen Entwicklung, die auf den Erfahrungen des bisherigen Lebens aufbaut. Vielmehr zeigen Kinder jene Gaben, mit denen wir alle bereits geboren werden. Wenn wir hier von spiritueller Entwicklung sprechen, meinen wir jedoch jenes seelische Wachstum, das auf diesen mitgebrachten Möglichkeiten aufbaut, um sie – und damit uns selbst – noch zu erweitern. Zu diesem Zweck bedient sich das Leben all jener einschränkenden, erhebenden, traumatisierenden, erfüllenden, verängstigenden, liebenden und sonstigen Ereignisse, die es nun einmal mit sich bringt – und sogar der Erfahrung, die eigenen spirituellen Fähigkeiten erst einmal verdrängen zu müssen. Seelen inkarnieren auf diesem Planeten, um mehr zu werden, als sie bereits sind.

Eine spirituelle Entwicklung im erwachsenen Sinne kann jedoch erst einsetzen, wenn die Erfahrung des Selbst innerhalb einer deutlichen Abgrenzung von der Umgebung abgeschlossen ist bzw. einen bestimmten Stand erreicht hat. Sie ist die Wachstumsweise des Erwachsenen, der nun, da er seine Stärken und Schwächen kennt und dafür gesorgt hat, dass ihm alles, was er auf dieser Reise braucht, zur Verfügung steht, damit beginnt, die zuvor sorgsam aufgebauten, nun aber nicht mehr notwendigen und für die weitere Entwicklung nur noch hinderlichen Grenzen zwischen sich und der ihn umgebenden Welt Stück für Stück abzubauen. Er braucht diese Illusion nicht mehr, die jetzt im Gegenteil sein weiteres Wachstum behindern würde. In vielen indigenen Kulturen wachsen die Menschen mit dem Wissen darum auf, dass es sich bei der Abgrenzungsvorstellung nur um eine Illusion handelt, die während einer bestimmten Zeit des Lebens eine sinnvolle Funktion erfüllt. Deshalb fällt es ihnen leichter, sie fallen zu lassen, wenn die Zeit dafür reif ist. Unsere Gesellschaft weiß das jedoch schon lange nicht mehr. Wir werden in dem Glauben großgezogen, dass es sich bei der Illusion des Getrenntseins nicht um ein vorübergehendes Hilfsmittel, sondern um die ständige Realität handelt, und so kommen die meisten von uns gar nicht auf die Idee, sie irgendwann aufzugeben. Selbst jene Menschen, die es versuchen, tun sich aufgrund unserer kulturellen Prägung viel schwerer damit als Angehörige naturbasierender Gemeinschaften. Es ist, als wenn man einem Kind nach einem Beinbruch eine Krücke in die Hand drückt und ihm erklärt, dass es von nun an nie mehr ohne diese werde laufen können. Ein anderes Kind, das davon ausgeht, die Krücke bald wieder aufgeben zu können, wartet auf Anzeichen für die Genesung des Beins, und sobald das Bein wieder über auch nur annähernd genug Kraft verfügt, wird es die Krücke genervt fortwerfen, um endlich wieder rennen zu können. Das Kind jedoch, das glaubt, nie mehr ohne die Krücke laufen zu können, wird es gar nicht erst versuchen, und wenn es nach vielen, vielen Jahren vielleicht von wissenderen Menschen begleitet doch den gefährlichen Versuch wagt, wird es viel größere Schwierigkeiten haben, weil die Muskeln des Beins aufgrund der unangemessen lange andauernden Benutzung des Hilfsmittels schwach geworden sind und ihre normale Funktion vielleicht sogar verlernt haben. Zugleich muss der Verstand des Kindes gegen die jahrelange falsche Prägung ankämpfen, nie wieder eigenständig laufen zu können. In genau dieser Lage befinden sich Menschen in unserer Kultur, die sich der Aufgabe ihrer spirituellen Reifung zuwenden.

Wir haben es also mit zwei verschiedenen Formen des persönlichen und seelischen Wachstums zu tun, die den jeweiligen Entwicklungsaufgaben unterschiedlicher Lebensphasen angemessen sind. Die kindliche Form sollte dabei im Rahmen der sozialen Umgebung der ersten zwei Lebensjahrzehnte nachvollziehbar sein, ist es aber nicht immer, weshalb sie sich auch später in Form psychotherapeutischer Begleitung ereignen kann. Somit setzen wir im Rahmen dieses Buchs die kindliche Form mit jener gleich, in der in neunzig Prozent aller Fälle Psychotherapie praktiziert wird, und die erwachsene mit einer selbstverantwortlichen und reflektierten Art der spirituellen Reifung.

Auch Erwachsenwerden will gelernt sein

Warum aber wird in unserer Gesellschaft primär noch die Entwicklungsform des Kindes und Heranwachsenden, nicht aber die erwachsene praktiziert? Weil wir das ganze Erwachsenwerden verlernt haben. Naturbasierende Kulturen haben vollkommen andere Vorstellungen davon, was es bedeutet, erwachsen zu sein, als wir im Westen. Während wir es darüber definieren, einen Beruf zu erlernen, eine Familie zu gründen, Nachkommen in die Welt zu setzen, ein Haus zu bauen oder uns zumindest eine ansprechende Wohnung zu erarbeiten, finanziellen Wohlstand zu schaffen, einen Mittelklassewagen zu fahren und beruflich aufzusteigen, also vor allem die materielle Seite des Lebens in den Griff zu bekommen, bedeutet Erwachsensein für Menschen aus naturbasierenden Kulturen vor allem, für alles, aber auch buchstäblich *alles*, was ich im Leben tue *und was mir widerfährt*, die volle Verantwortung als auslösendes bzw. anziehendes Element zu übernehmen und darüber hinaus herauszufinden, wer ich *unabhängig von allen materiellen und vergänglichen Aspekten meines Lebens* wirklich bin. Damit ist auch das Finden und Leben der eigenen Lebensaufgabe gemeint – dessen, wofür wir in dieses Leben gekommen sind, weshalb wir überhaupt nur geboren wurden. All die materiellen Dinge, die im Westen als Teil des Erwachsenseins definiert werden, können nach Ansicht vieler naturbasierender Kulturen durchaus einen Teil echten Erwachsenseins darstellen, müssen dies aber nicht automatisch tun. Wenn sie im Dienste der eigenen Aufgabe und in der beschriebenen Haltung ausgeführt werden, sind sie es. Ist das nicht der Fall, haben wir einen Menschen vor uns, der zwar volljährig, aber noch nicht erwachsen ist.

Deshalb fühlen sich viele Menschen in unserer Kultur trotz bzw. hinter all ihren Besitztümern und Aktivitäten tief innerlich leer – weil sie nie erfahren haben, wer sie in ihrem Wesenskern sind. Sie wissen nicht, welche ihrer Eigenschaften so tief zu ihnen gehören, dass sie niemals verloren gehen können, was immer auch geschehen mag. Stellen Sie sich vor, man würde Ihnen alles wegnehmen, was Sie besitzen, Sie müßten Ihren Beruf und all Ihre Hobbies aufgeben und wären plötzlich zwanzig Jahre älter. Wissen Sie, was dann von Ihnen übrig bliebe, wer Sie jetzt schon sind und auch dann noch immer wären? Das, was dann übrig bleibt, ist Ihr wahrer Seelenkern, der schon existiert hat, bevor Sie in dieses Leben hineingeboren wurden und der auch nach ihrem Tod bestehen bleibt, weil er nicht Teil ihrer jetzigen Persönlichkeit, sondern Ihrer größeren, umfassenderen, höheren Seele ist, die all Ihre Inkarnationen umfasst. Es ist jener Teil, den Sie in diesem Leben auszudrücken und als Gabe an diese Welt mitzubringen beschlossen haben.

Im Rahmen dieser Betrachtungsweise ist es die Aufgabe des Kindes und des Heranwachsenden, die Beherrschung der materiellen Ebene zu erlernen, weil dies die Grundlage für alle weiteren Unternehmungen alltäglicher wie auch mystischer Art darstellt. Darauf erst baut die spirituelle Arbeit und die Etablierung der daraus resultierenden, die gesamte Gemeinschaft stützenden Verhaltensweisen des Erwachsenen auf. Aus diesem Grund sind spirituelle Praktiken in indigenen Kulturen nicht wie bei uns eine Art „Hobby" einzelner Menschen, sondern selbstverständlicher Teil des Lebens *aller* Erwachsenen. Natürlich gibt es auch dort Abstufungen; selbst in naturbasierenden Gemeinschaften ziehen sich nur wenige ein Leben lang im Dienste der mystischen Erfahrung zurück oder weihen sich den Aufgaben eines Priesters oder einer Schamanin. Doch auch, wer das nicht tut, erfüllt jenen Teil seiner eigenen Spiritualität, der sowohl selbst- als auch gemeinschaftsorientiert ist, denn die eigene Lebensaufgabe ist immer dadurch charakterisiert, dass sie sowohl mir selbst tiefe Freude bereitet als auch der Gemeinschaft etwas gibt, was diese dringend braucht. In unserer Kultur ist jedoch so wenig echtes spirituelles Wissen erhalten, dass die spirituellen Aufgaben, denen sich der durchschnittliche Angehörige einer Stammeskultur gegenüber sieht, bereits genügen, um sich für einen geistlichen Beruf, für spirituelle Beratung bzw. für den Stand des Priesters oder der Priesterin zu qualifizieren – die eigene Berufung zu finden eben. In naturbasierenden Kulturen ist es jedoch eine unbedingte Voraussetzung für eine synergistisch funktionierende Gemeinschaft, dass *jedes* Individuum darin seinen Platz findet und einnimmt – den Ort, an den es gehört, den nur dieser spezielle Mensch auf diese besondere Weise ausfüllen kann, weil er in einer Welt, in der alles mit allem in Beziehung steht, dazu bestimmt ist.

In gewisser Weise dient also das erste Reifungsstadium der Abgrenzung dazu herauszufinden, wer ich bin und welche Gaben und Möglichkeiten ich von Anfang an in dieses Leben mitgebracht habe. Das zweite Stadium der Erweiterung und Verschmelzung soll mir ermöglichen herauszufinden, *warum* ich mit diesen Gaben gekommen bin und was genau ich mit ihrer Hilfe der Welt geben, also zur heiligen Gemeinschaft beitragen soll. *Das* bedeutet Erwachsenwerden in naturbasierenden Kulturen. *Nur* Erwachsenwerden, wohlgemerkt – Priester und vor allem Schamanen haben dort zusätzlich zu all dem einen ganz anderen Weg vor sich, der viel mit der Erfahrung eigener Krankheit und eigenen Leids zu tun hat. Interessanterweise stellen nun immer mehr Menschen fest, dass die Bedingungen, denen in unserer Kultur *jeder einzelne von uns* ausgesetzt ist, bereits ähnlich traumatisch sind wie jene, denen sich in naturbasierenden Kulturen oft Menschen in schamanischen Ausbildungen unterziehen. Verrückterweise verfügen wir also über ideale Voraussetzungen zu tiefstem spirituellem Erleben – doch was uns gänzlich fehlt, sind die Riten, das Wissen und die Praktiken, die erst einmal zur Voraussetzung dazu, zu echtem *Erwachsensein* führen!

In ursprünglicheren Kulturen früherer Zeiten wie auch in den wenigen verbliebenen naturbasierenden Gesellschaften unseres Planeten lag bzw. liegt das theoretische wie praktische Wissen zu beiden Reifungsphasen in den Händen derselben Personen – jener, die wir heute als Priester oder Schamanen identifizieren. Nicht umsonst werden Schamanen gerne als die „frühesten Psychotherapeuten der Welt" bezeichnet. Erst die westliche Wissenschaft hat mit Begründung der modernen Psychologie das erste Stadium zum Hauptgegenstand des Interesses gemacht. Damit stellt die klassische Psychologie genaugenommen eine „Rumpfwissenschaft" dar, deren Praktiken nur einen Teil der menschlichen Erfahrungen und Entwicklungsbedürfnisse abdecken. Wir lernen zwar mehr oder weniger gut, uns als Persönlichkeit von unserer Umgebung abzugrenzen, erfahren jedoch zugleich, dass wir diese Grenzen unter keinen Umständen jemals wieder öffnen oder gar ganz abbauen dürfen. Aus ihrer Perspektive heraus hat die Psychologie damit auch Recht, denn Menschen, die diesen Rat missachten, landen in schöner Regelmäßigkeit mit psychotischen Erkrankungen in der Psychiatrie und sind nicht mehr in der Lage, die alltägliche Wirklichkeit von der nichtalltäglichen sowie vom gänzlich Irrealen unterscheiden zu können. Und ich möchte hier nochmals ausdrücklich der in spirituellen Kreisen liebgewonnenen Fehlüberzeugung entgegentreten, dass alle Psychotiker in Wahrheit so eine Art verkannte Schamanen mit hochgradigen psychischen Fähigkeiten seien, die man nur weggesperrt habe, weil man ihnen in unserer Kultur keinen Glauben schenke. Auch in naturbasierenden Kulturen werden Kranke als krank erkannt und behandelt – oder eher gerade dort, denn diese können das eine vom anderen unterscheiden, während wir es immer wieder fertigbringen, psychisch Kranke zu Gurus zu erheben.

Unserer Kultur ist – so sehr das auch unser Ego ankratzen mag – völlig das Wissen darüber verloren gegangen, was wahres Erwachsensein ausmacht und wie man Menschen dabei helfen kann, den Übergang vom einen zum anderen Entwicklungsstadium zu bewältigen. Hier schaffen das nur wenige Menschen, die sich dabei mühsam selbst begleiten müssen, auch wenn sie manchmal auf Hilfe von Personen treffen, die diesen Prozess bereits durchlaufen und es sich zur Aufgabe gemacht oder darin ihre eigene Lebensaufgabe erkannt haben, ihre Mitmenschen dabei zu unterstützen.

Einen Schritt nach dem anderen

Einen Menschen, der die Aufgaben des ersten Entwicklungsstadiums noch nicht ausreichend bewältigt hat, mit den Übungen, Inhalten und Aufgaben des zweiten konfrontieren zu wollen, ist immer eine Überforderung, die im besten Fall zu Abwehr von Seiten des Betreffenden und im schlimmsten Fall zu schweren Schädigungen führen kann. Man schickt einen Fünfjährigen nicht auf einen Marathonlauf, weil jeder genau weiß, dass die Muskeln, Gelenke und Organe des Kindes dazu rein entwicklungsmäßig noch nicht in der Lage sind. Zwingt man es dennoch, wird es irgendwo auf der Strecke zusammenbrechen und vielleicht sogar sterben. Selbst ein Erwachsener müsste seine nun ausgereifte Muskulatur erst trainieren, um diese Leistung vollbringen zu können. Genau so sieht es aber auch mit der psychischen Entwicklung des Menschen aus. Die menschliche Psyche durchläuft ebenfalls organische Entwicklungsstadien, und wenn man sie in einem frühen Stadium mit Aufgaben konfrontiert, die einem späteren vorbehalten sind, wird sie sich verweigern oder Schaden erleiden. Unsere Seele – das, was größer ist als die Psyche des jetzigen Lebens, unser höheres Selbst, wenn Sie so wollen – weiß das ganz genau und meidet solche Überforderungen tunlichst, indem sie uns so lange immer wieder mit Herausforderungen konfrontiert, die uns Wachstum in noch vernachlässigten Bereichen ermöglichen, bis uns dies gelungen ist und wir den nächsten großen Schritt tun können. Solange wir nicht die Arbeit des ersten

Entwicklungsstadiums geleistet haben, sollten wir uns nicht auf die Aufgaben des zweiten stürzen, weil wir damit im besten Fall nur unsere Zeit vergeuden, uns aber im schlechtesten Fall schaden können.

Für die Entwicklungsaufgaben des ersten Stadiums stehen uns jene hervorragenden Mittel zur Verfügung, derer sich eine gesunde Sozial- und Persönlichkeitserziehung sowie die Psychotherapie bedienen. Dabei ist letztere vor allem ein wertvolles Hilfsmittel zur *Nachreifung*, d.h. sie dient uns dazu, jene Bereiche nachzuschulen, die bei Erwachsenen aufgrund in der Kindheit erlebter Defizite nicht ausreichend ausgebildet wurden. Fast jeder Erwachsene in unserer Kultur verfügt über einen oder mehrere solcher Bereiche, was deutlich wird, wenn wir uns vor Augen führen, wie viele Menschen kontaktscheu sind, Konflikten ausweichen, unter Süchten leiden, überarbeitet sind, zu depressiver oder gereizter Stimmungslage neigen und, und, und. Natürlich braucht nicht jeder zur Nachreifung die Hilfe eines Therapeuten – die meisten von uns bedienen sich des entsprechenden Instrumentariums bewusst oder unbewusst selbst, denn es ist unser inneres Bestreben, zu wachsen und uns weiterzuentwickeln. Problematisch ist dabei jedoch der Mangel an nützlichen Vorbildern in unserer Kultur, die uns im Gegenteil eher schädliche Anleitungen vorgibt und somit zur Orientierungslosigkeit beiträgt. Wie auch immer diese Reifung erreicht wird, sie ist unabdingbare Voraussetzung spiritueller Arbeit und Entwicklung und der erste Schritt auf dem Weg durch die Übergangszeit des echten Erwachsenwerdens, das dann mit einem spirituellen Erwachen gleichgesetzt werden kann. Diese Phase kann sich über mehrere Monate oder mehrere Jahre hinziehen, aber wie lange sie auch dauern mag – danach wird nur noch wenig im Leben des nun wirklich erwachsenen und erwachten Menschen wie zuvor sein.

Wir können jedem, der sich ausgiebiger mit diesem Thema beschäftigen möchte, nur eindrücklich das Buch *Soulcraft* von Bill Plotkin empfehlen.

Der Unterschied zwischen Psychotherapie und schamanischer Heilarbeit

Wir erleben immer wieder, dass sich das schamanische Behandlungssetting als weitaus wirksamer erweist als ein ausschließlich psychotherapeutisches und führen dies auf hauptsächlich zwei Punkte zurück.

Die Position des Betroffenen

Im psychotherapeutischen Setting ist der Betroffene ein „Patient“. Er ist also definitionsgemäß krank, gestört oder auf andere Weise nicht in einem gesunden Zustand befindlich. Des weiteren besteht ein klares Macht- und Wissensgefälle zwischen dem Therapeuten und ihm. Es ist die Aufgabe des Therapeuten, ihm die Mittel und Wege an die Hand zu geben, die es ihm ermöglichen, wieder in den Zustand zurückzukehren, in dem er sich vor der Erkrankung befand und in dem er sich noch als gesund und funktionsfähig erlebte bzw. so von außen wahrgenommen wurde.

Im schamanischen Setting, wie wir es begreifen und anwenden, gibt es keinen „Patienten“, sondern höchstens Klienten, denn wir betrachten den Menschen, der sich an uns um Hilfe und Unterstützung wendet, nicht als krank in dem Sinne, dass er aus seiner vorherigen Gesundheit gefallen ist, die nun genau so wiederhergestellt werden muss. Vielmehr ist der Klient für uns ein Mensch auf dem Weg seiner eigenen Persönlichkeitswanderung. Auf diesem Weg wird jeder von uns immer wieder an einen Punkt kommen, an dem er feststellt, dass Prinzipien, Verhaltensweisen und Lösungen, die uns lange Zeit gut gedient haben, plötzlich nicht mehr funktionieren. Und das nicht, weil mit uns etwas nicht in Ordnung ist, sondern weil wir ganz im Gegenteil auf unserem Weg weitergegangen sind und uns entsprechend weiterentwickelt haben. Die Probleme, mit denen ein Klient zu uns kommt, sind demzufolge für uns kein Zeichen seines Versagens oder seiner mangelnden Fähigkeit, mit dem Leben fertig zu werden, sondern ein deutlicher Hinweis darauf, dass er jetzt ein Maß des inneren Wachstums erreicht hat, das ihm erlaubt, den nächsten großen Schritt auf seinem eigenen Persönlichkeitsweg zu tun. Was also psychologisch als Krankheit definiert wird, kann für uns durchaus eine Entwicklungskrise sein. In diesem Sinne besteht unser Ziel nicht darin, dem Klienten wieder in den gesunden Zustand *zurück* zu verhelfen, den er vor der Erkrankung erlebte, sondern ihn durch diese Krise hindurch *voran* in den neuen Wachstums- und Persönlichkeitsstatus zu begleiten, den er dann innehat und der aufgrund der durchlaufenen Krise ein gesünderer und weiter entwickelter ist, als dies vor der Erkrankung der Fall war. In diesem Sinne ist die Krankheit oder Störung immer auch als persönliche Initiation zu sehen. Das ändert nichts daran, dass viele psychiatrische Erkrankungen auch eine (hirn-)organische Komponente aufweisen, die unserer Ansicht nach ebenso behandelt werden muss, wie die geistig-seelische Dimension Begleitung erfordert. Einer unserer Grundsätze lautet: Eine Störung oder Erkrankung sollte auf allen Ebenen behandelt werden, auf denen sie in Erscheinung tritt. Nehmen wir z.B. die Depression: Hier gibt es sowohl körperliche Symptome (ein gestörter Serotoninhaushalt im Gehirn) als auch das Bewusstsein betreffende (Tunnelwahrnehmung, katastrophisierendes Denken, Antriebsstörungen etc.) und zudem noch spirituell-seelische (Sinnkrise, Todesgedanken, die großen Fragen des Lebens). Unserem Heilansatz zufolge sollten in einem solchen Fall also sowohl medikamentöse *als auch* psychotherapeutische *und* spirituell-seelsorgerische Hilfsmittel zur Anwendung kommen. Nicht zuletzt deshalb verbinden wir in unserer Arbeit psychotherapeutische und schamanische Ansätze, denn oft genug erweist sich gerade die Verbindung dieser Disziplinen als effektivster Weg zum Ziel.

Warum ist das so? Schauen wir es uns wieder am Beispiel der leicht- bis mittelgradigen neurotischen Depression an. Wie eben beschrieben, finden wir eine Verbindung aus körperlichen, psychischen und spirituellen Symptomen vor. Auf körperlicher Ebene sorgt der Serotoninmangel im Synapsenspalt zwischen den Nerven für eine verminderte Reizleitung, was unter anderem zu einer deutlichen Antriebshemmung führt. Der Betroffene weiß zwar, was es jetzt zu tun gälte, um aus seiner misslichen Lage heraus zu kommen, aber er kann einfach nicht zu handeln beginnen (falls Sie nie von einer Depression betroffen waren, bitte ich Sie jetzt, diesen Satz einfach so zu akzeptieren. Ich weiß, dass dies schwer nachzuvollziehen ist, wenn man es nie selbst erlebt hat, aber es ist wirklich so.) Gleichzeitig wird die Wahrnehmung des Betroffenen dumpfer, fast wie betäubt – Dinge, die ihn zuvor begeistert haben, berühren ihn nun kaum mehr, weshalb es für ihn sehr schwierig ist, eine Motivation zur Veränderung aufzubauen. Für ihn ist ja eh alles nur noch Grau in Grau, ganz egal, was er auch tut.

Auf psychischer Ebene (*psychisch* hier im wissenschaftlichen Sinne!) ist eine Denkstörung feststellbar, die den Betroffenen dazu veranlasst, von allen Dingen nur die negative Seite zu sehen und einen deutlichen Pessimismus zu entwickeln. Gleichzeitig ist er emotional nicht mehr oder nur noch negativ ansprechbar.

Auf seelisch-spiritueller Ebene stellt sich der Betroffene die Frage, ob sein Dasein in dieser Form überhaupt noch einen Sinn hat. Er sieht keinen wertvollen Grund für seine Existenz und stellt die Wertigkeit seiner bisherigen Ansichten und Prinzipien in Frage, ohne jedoch neue positive Alternativen zu sehen.

Wenn nun rein medikamentös behandelt wird, löst sich zwar die Antriebshemmung auf, und der Betroffene ist wieder in der Lage, seine Situation zu gestalten – aber was nutzt ihm das, wenn er nur negative Alternativen für seine Lage sehen kann und nicht einmal weiß, wohin ihn das alles auf dem Kurs seines Lebens führen soll? Nicht umsonst steigt die Suizidtendenz unmittelbar nach dem Einnahmebeginn von Antidepressiva statistisch gesehen deutlich an. Die Medizin führt dies darauf zurück, dass der stimmungsaufhellende Effekt erst Tage nach der Auflösung der Antriebshemmung eintritt. Wir denken jedoch, dass dies noch verstärkt wird, wenn auf psychotherapeutischem sowie seelsorgerischem Weg keine Alternativen erarbeitet werden können.

Es gibt jedoch auch viele Psychotherapeuten sowie spirituelle Heiler und Begleiter, die der Ansicht sind, man könne bei der Behandlung von Depressionen völlig auf Antidepressiva verzichten. Das trifft in leichten Fällen gewiss zu; die Frage ist jedoch, ob es sich hierbei tatsächlich um Depressionen im Sinne der klinischen Definition handelt oder nicht eher um depressive Verstimmungen, die in ihrer Art den Symptomen der Depression ähneln, jedoch bei weitem nicht so ausgeprägt sind und nicht so lange anhalten. Bei einer echten Depression nutzen die beste kognitive Umstrukturierung und die intensivste seelsorgerische Begleitung alleine jedoch meist nichts, weil das Gehirn aufgrund des Transmittermangels und der damit einhergehenden Antriebshemmung nicht in der Lage ist, den Befehl zu geben, die aus diesen Behandlungsformen gewonnenen Erkenntnisse auch in Handlungen umzusetzen.

Der fortgeschrittenen klassischen Medizin und Psychotherapie reicht dieser kombinierte Ansatz bereits, um sich, wenn schon nicht als ganzheitlich, so doch zumindest als umfassend zu definieren. Ein spirituelles Behandlungsverfahren führt den Klienten jedoch nicht nur in seine bisherige Funktionsfähigkeit in und für diese Gesellschaft zurück, sondern gibt seinem Erleben darüber hinaus eine Dimension, die ihn nach durchwachsener Krise zu mehr macht, als er zuvor war – und ihm mit seinem Erleben eine Funktion innerhalb des großen Ganzen, des Kosmos, gibt. Diese Qualität kann auch die moderne Psychotherapie nicht vermitteln; ganz im Gegenteil wehrt sie sich sogar meist dagegen, es als ihre Aufgabe zu betrachten. Wir sind jedoch sinnorientierte Wesen und brauchen die Ausrichtung an einem größeren Zusammenhang. Neben Ansätzen wie der Logotherapie kann das nur eine seelsorgerische Begleitung bieten. Deshalb beinhalten schamanische Heilwege nach unserem Modell auch diese Dimension der Behandlung.

Sie ergibt sich ganz von selbst und folgerichtig aus einer weiteren naturspirituellen Grundannahme: Nämlich der, dass wir unser Glück wie auch unser Leid nicht als Selbstzweck oder gar rein zufällig erleben, sondern weil wir sozusagen die Sinnesorgane des Weltengeists darstellen, jenes alles umfassenden, bewussten Wesens, welches das Universum nur deshalb erschaffen hat, um herauszufinden, wie es sich anfühlt, materiell zu existieren. Die nordamerikanischen Ureinwohner sprechen in diesem Zusammenhang vom Großen Geist oder vom Großen Geheimnis, und auch manche Christen meinen genau das, wenn sie von „Gott“ sprechen (die institutionalisierte Definition der meisten Christen, Juden wie auch Mohammedaner von Gott bzw. Allah ist jedoch viel zu kleingeistig, um der auf diese Weise beschriebenen Gestalt einen allumfassenden Status zuzugestehen. Dennoch gibt es in all diesen Religionen Menschen, die über diese engstirnige Vorgabe hinausgewachsen sind.) In schamanischer Betrachtungsweise ist der von seinen Problemen belastete Klient nicht nur ein Mensch in einer persönlichen Entwicklungskrise, sondern darüber hinaus auch Auge und Ohr des universalen Geistes, mittels dessen dieser herausfindet, wie es ist, depressiv zu sein, Freude zu erleben, sich zu betrinken, Sport zu treiben, zu lieben, Sex zu haben, traurig zu sein, zu lachen, zu weinen, Schmerzen zu haben und was das materielle Dasein als Mensch noch alles zu bieten hat. Gleichzeitig erfährt der universale Geist in der Pflanze, was es heißt, sein ganzes Leben an ein und derselben Stelle zu verbringen, aber gleichzeitig mit allen anderen Individuen der eigenen Art verbunden zu sein (und was man als Pflanze noch so erfahren kann). Deshalb befindet sich der Mensch im Augenblick seiner Krise nicht nur in seinem persönlichen Wachstums- und Wandlungsmoment, sondern er erfährt diese auch für den universalen Geist, der auf diese Weise wächst, lernt und sich weiterentwickelt. In diesem Sinne definieren wir Krankheit also auch immer als eine Initiation des lebendigen, bewussten Universums und sehen den Betroffenen als im Mittelpunkt eines heiligen Geschehens befindlich.

Die Position des Begleiters

Ein weiterer wesentlicher Unterschied zwischen dem psychotherapeutischen und dem schamanischen Ansatz nach unserem Verständnis besteht in der Definition der Therapeuten- oder Begleiterrolle. Schon die beiden Benennungen legen nahe, dass wir es hier mit grundverschiedenen Selbstdefinitionen zu tun haben. Zwischen Psychotherapeut und Patient haben wir ein weitaus deutlicheres Macht- und Wissensgefälle als zwischen dem schamanischen Behandler und seinem Klienten. Im schamanischen Setting nach unserem Ansatz wird dem Klienten eine weitaus höhere Kompetenz in Bezug auf sich selbst zugestanden als in vielen psychotherapeutischen Methoden. Er wird als an der Initiation des universalen Geistes beteiligte Person geachtet und respektiert. Entsprechend steht als Ziel viel weniger die Vorstellung des Begleiters von seinem Klienten als persönlich und gesellschaftlich funktionsfähiger Person im Vordergrund als vielmehr dessen Intuitionen, Bilder, Eingebungen und Gefühle bezüglich des Platzes im Großen und Ganzen, an den ihn sein Prozess führen soll. Das lässt sich vielleicht am besten am Beispiel einer potentiell tödlichen Erkrankung demonstrieren. Während ein Arzt nur dann einen Behandlungserfolg sehen würde, wenn sein Patient diese Krankheit überlebt, wäre für einen Schamanen auch sein Tod eine positive Entwicklung, so der Patient diesen in Frieden und innerer Klarheit erlebt hat *und* er zum Zeitpunkt des Sterbens der Überzeugung war, dass seine Aufgabe darin bestand, sich eine reife, friedvolle Todeserfahrung zu erarbeiten. Zugegebenermaßen lässt sich das viel leichter hinnehmen, wenn man um eine Weiterexistenz nach dem Tod weiß – aber das grundlegende Prinzip schamanischen Heilens kommt hier gut zum Ausdruck.

Diese Einstellung entlastet den schamanischen Begleiter in hohem Maße. Im Gegensatz zum Arzt oder oft auch Psychotherapeuten trägt er nicht die Verantwortung für das Wohlergehen oder auch nur die Heilung des Klienten, weil diese Verantwortung in seinem Weltbild nicht auf ihn übertragbar ist. Er kann nur eines tun: begleiten. Aber dafür stehen ihm ein tiefgehendes Wissen und machtvolle Techniken zur Verfügung, auf die wir im weiteren Verlauf des Buches noch eingehen werden.

Grundsätzlich sieht sich der schamanische Behandler nach unserem Ansatz nie als Heiler oder Helfer im Sinne der Definition unserer Gesellschaft. Vielmehr ist es immer der Klient, der sich selbst heilt und hilft; der schamanische Begleiter stellt ihm dafür lediglich Inspirationen, Anregungen und technische Hilfsmittel zur Verfügung. Oft ist es sogar nicht einmal sein eigenes Wissen oder sein eigenes Gespür, das da zur Anwendung kommt, denn ein grundlegendes Element schamanischer Arbeit ist der Umgang mit Hilfsgeistern, also Wesenheiten der nichtalltäglichen Wirklichkeit, die dem schamanisch Praktizierenden wichtige Informationen über die Art der Erkrankung des Klienten und eventuell hilfreiche Maßnahmen zukommen lassen. Eine eintretende Heilung ist also niemals die Leistung des Schamanen, sondern immer die seiner Hilfsquellen und die des Klienten, der ja schließlich die eigentliche Wachstums- und Veränderungsarbeit in sich selbst zu leisten hat.

Am deutlichsten aber erleben wir diesen Faktor in der Arbeit mit schamanischen Gruppen. Während der Leiter einer psychotherapeutischen Gruppe als einziger dafür verantwortlich ist, deren Energie zu leiten, eine klare Struktur vorzugeben und ihre Emotionen zu halten, sieht dies bei einer schamanischen Gruppe ganz anders aus. Hier gestaltet sich das Gefälle zwischen Therapeut bzw. Anleiter und Gruppe viel weniger deutlich als in der psychotherapeutischen Variante, denn der Leiter greift auf den sogenannten kollektiven Gruppengeist bzw. die Kreisintelligenz zurück – jene Qualität, die entsteht, wenn mehrere Menschen sich im Sinne eines bestimmten psychischen oder auch spirituellen Themas miteinander verbinden. *„Wann immer ihr euch trefft in meinem Namen werde ich unter Euch sein“*, sagte bereits Christus in der Bibel zu seinen Jüngern und meinte damit wahrscheinlich nichts anderes. Die Strukturen schamanischer Gruppenarbeit sind so angelegt, dass diese Kreisintelligenz zur vollen Entfaltung kommen kann – mehr dazu im Kapitel zur Redestabarbeit.

Wir haben viele, viele Male erlebt, wie sich diese Kreisintelligenz ausdrückt. Wir sorgen uns schon lange nicht mehr darum, ob ich mich in meiner Rückmeldung an die Gruppe oder auch an einzelne Mitglieder derselben an alles erinnern werde, was ich sagen wollte – was ich vergesse, war entweder nur für mich, aber nicht für die anderen wichtig, oder es wird mit absoluter Sicherheit von jemand anderem doch noch zur Sprache gebracht. In einer schamanischen Gruppe nach unserem System sind die Mitglieder gleichwertig, und das schließt den – oder in unserem Falle die – Leiter mit ein. Nach dem Erlernen bestimmter Regeln bezüglich einer angemessenen Form der Rückmeldung ist jeder berechtigt, mitzuteilen, wie er einen anderen Teilnehmer erlebt hat und darf dasselbe Geschenk auch von allen anderen Mitgliedern erhalten. Alle sehen sich als gemeinsam verantwortlich für die Qualität der Gruppe, geben einander gegenseitig achtsame Rückmeldung und halten die daraus resultierenden Gefühle gemeinsam. Das entlastet den Leiter unserer Erfahrung nach enorm, denn wir müssen uns nicht mehr der unserer Ansicht nach nicht zu bewältigenden, von psychotherapeutischen Gruppenleitern aber oft erwarteten Leistung stellen, die gesamte Gruppe alleine halten zu müssen. Statt dessen besteht unsere Aufgabe primär darin, der ihre Heilung selbst erarbeitenden und vermittelnden Gruppe lediglich unser Wissen, unsere Erfahrung und manchmal unsere strukturierende Kraft zur Verfügung zu stellen. Das ist in unseren Augen die Degradierung vom ärztlichen oder psychotherapeutischen Halbgott zum lebendigen Teil des Wachstumsprozesses der Gruppe durchaus wert!

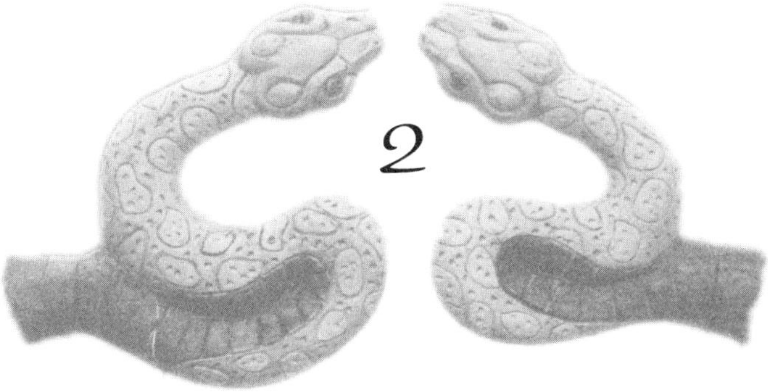

2

Ein europäisches Medizinrad

Im Rad der heiligen Kräfte

Was ist das Medizinrad – oder besser noch, was ist *ein* Medizinrad? Es gibt nämlich eine ganze Menge von dieser Sorte. Genaugenommen gibt es so viele verschiedene Medizinräder, wie benötigt werden, denn man kann für jede Gelegenheit ein eigenes entwickeln, wenn man das unbedingt möchte. Oft genügt es aber, ein oder zwei grundlegende Modelle zu schaffen, die sich auf alle möglichen Gegebenheiten anwenden lassen.

Wichtig ist dabei nur, dass Sie sich in dem Rad wohlfühlen, in dem Sie arbeiten. Ein Medizinrad ist nichts weiter als ein Modell der Welt und der Schöpfung derselben – es sollte also Ihre eigene Überzeugung davon symbolisieren, wie die Welt entstanden ist, aus welchen Grundelementen sie besteht und wie diese miteinander interagieren. Sandra Ingermann betont in einem Ihrer Bücher, wie wichtig es sei, dass jeder Mensch einmal in seinem Leben seine eigene Schöpfungsgeschichte findet und aufschreibt. Wir können ihr da nur zustimmen – eine bessere Form der Verwurzelung gibt es kaum.

In diesem Sinne bitten wir Sie, das folgende Kapitel als Anregung und Beispiel dafür zu sehen, wie man sich ein eigenes Medizinrad bauen kann. Sollten Sie allerdings feststellen, dass Sie mit dem hier vorgegebenen Rad bereits übereinstimmen, sind Sie herzlich eingeladen, es ebenfalls zu verwenden! Vergessen Sie dabei nie: All das sind Modelle und sonst nichts. Sie dienen nicht dazu, irgend eine objektive Wahrheit zu vermitteln, sondern sollen Werkzeuge sein, die Ihr Leben kraftvoller und glücklicher gestalten helfen. Ihr Wert misst sich alleine daran und an nichts sonst. „Richtig" und „falsch", „wahr" oder „unwahr" sind Begriffe, die hier überhaupt nichts zu suchen haben. „Hilfreich", „unterstützend", „ein Gefühl der Geborgenheit und Zugehörigkeit schaffen" trifft es da schon eher. Bedenken Sie dabei immer: Ein Medizinrad ist ein Modell einer Wirklichkeit, die so umfassend ist, dass kein Mensch oder System sie vollständig wahrheitsgemäß darstellen könnte. Es gibt uns jedoch einen großen Bissen davon zu schmecken, auf dem wir durchaus eine Weile herumkauen können.

Wenn wir das mit den Informationen des letzten Kapitels verbinden, erklärt sich bereits die Wahl des Rades als Grundform unseres Weltenmodells. Wir beide möchten einfach nicht in einer Welt leben, die aus einzelnen, entweder voneinander isolierten oder im Kontakt einander gleichgeschalteten Individuen besteht, sondern erleben die Gemeinschaft des Kreises als weitaus erfüllender. In gewisser Weise symbolisieren wir im Medizinrad nämlich nicht nur unsere eigene Welt, sondern wir verfügen damit auch über ein Instrument, das es uns ermöglicht, diese Welt jede Sekunde erneut zu erschaffen! Weil wir zwei ein kreisförmiges Weltbild haben, nehmen wir einerseits zirkuläre Strukturen um uns herum viel öfter wahr als lineare, aber andererseits schaffen wir auch ständig weitere, die ihrerseits wiederum noch größere Kreise ziehen. Im wahrsten Sinne des Wortes! Ein Medizinrad ist eines der machtvollsten uns bekannten Werkzeuge zur aktiven Realitätsgestaltung. Deshalb ist es durchaus wert, sich damit ein wenig ausgiebiger zu beschäftigen!

Grundsätzlich ist ein Medizinrad in seiner einfachsten Form eine Anordnung von Ideen, Bildern oder sogar Steinen, die uns einen Eindruck davon gibt, wie die Welt auf energetisch-spiritueller Ebene funktioniert. Wir können ein solches Rad so einfach oder auch kompliziert gestalten, wie wir möchten und es benötigen. Das Medizinrad von Sun Bear zum Beispiel verfügt über 36 verschiedene Positionen, das der Twisted Hairs hat 20, im GAIA-Schamanismus wird mit 24 Positionen gearbeitet und unser eigenes – das wir nach wie vor humorvoll als „Euro-Rad" bezeichnen, weil uns immer noch kein besserer Name dafür eingefallen ist – hat 14 Positionen. In gewisser Weise ist auch das System der vier im Kreis angeordneten Elemente der Wicca-Tradition bzw. des modernen Neuheidentums ein einfaches Medizinrad, auch wenn es dort eher als Grundlage des Kreises dient und weniger ein Weltbild oder eine Lebensphilosophie verkörpert.

Ein Medizinrad versorgt Sie jedoch mit einem vollständigen System, innerhalb dessen nicht nur spirituelles Wachstum, sondern auch Heilarbeit sowie magische und divinatorische Themen beschrieben werden und zur praktischen Anwendung kommen. Wie bereits erwähnt, kann es Ihnen sogar Ihren eigenen Schöpfungsmythus zur Verfügung stellen und Ihnen Richtlinien für Ihr tägliches Leben bieten. Es kann Ihnen dabei helfen, sich und andere besser zu verstehen. Dabei ist es wichtig, das Rad einfach wachsen zu lassen. Glauben Sie nicht, es wäre nach der ersten Zusammenstellung bereits fertig. Wie wir in der Arbeit mit dem Euro-Rad gesehen haben, finden sich immer wieder neue Anwendungsmöglichkeiten und auch Erkenntnisse, die auf das Rad übertragen werden wollen. Es ist wie seine Schöpfer ein lebendiger Organismus, der ständig wächst und sich erweitert oder auch verändert.

Wie immer schlagen wir auch hier vor, dass Sie die Einzelheiten unserer Ideen nicht als eherne Wahrheit betrachten, sondern vielmehr das System dahinter betrachten. Finden Sie heraus, was sich für Sie als stimmig erweist oder Sie innerlich anspricht, und verwenden Sie diese Elemente. Genaugenommen ist unser Euro-Rad auf dieselbe Weise entstanden. Während unserer Ausbildung im GAIA-Schamanismus bei Helmut Christof begegneten wir dem so genannten „Sternenmädchen-Rad", wie es dort verwendet wird (und das übrigens mittlerweile ebenfalls eine Variante des ursprünglichen Twisted-Hairs-Rads darstellt). Während mehrjähriger Arbeit mit diesem Modell legten wir unseren persönlichen Lernschwerpunkt darauf, „hinter die Kulissen zu blicken" und nicht nur das Sternenmädchen-Rad zu erforschen, sondern darüber hinaus zu begreifen, was genau ein gutes Medizinrad ausmacht. Dann haben wir aufgrund der dort erlernten Struktur ein eigenes geschaffen, das sich direkt vom Sternenmädchen-Rad ableiten lässt. Nun ja, eigentlich hat William es geschaffen. Vickys Aufgabe bestand vor allem darin, anfangs „das kannst du doch nicht machen!" zu sagen und dann den advocatus diaboli zu spielen, der Williams Werk auf Herz und Nieren prüfte. In dieser Zeit ist nicht nur unser Medizinrad, sondern auch unsere Beziehung gewaltig gewachsen …

Falls Sie sich tiefgehender mit spirituellen Systemen der Ureinwohner beider Amerikas oder auch Indiens beschäftigen oder eine aus diesen Traditionen entwickelte Schwitzhütte kennenlernen wollen, möchten wir Ihnen Helmut Christof und den von ihm entwickelten GAIA-Schamanismus unbedingt empfehlen (ja, das war gerade ungenierte Werbung für einen sehr guten Lehrer).

Während wir das GAIA-System erlernten, stellte sich uns jedoch ein Problem. Obwohl das Sternenmädchen-Rad (die Grundlage der GAIA-Tradition und auch der Twisted Hairs), sehr gut funktioniert und ein wunderbares, überaus tiefgehendes Werkzeug ist, erfüllte es unsere persönlichen Bedürfnisse nicht ganz. Zum einen nimmt es für sich in Anspruch, kein lokales, also auf bestimmte natürliche Regionen ausgelegtes Rad zu sein, sondern übergeordnet zu arbeiten und deshalb an jedem Ort der Erde einsetzbar zu sein. Wir aber suchten nach einem Rad, das deutliche Verbindung speziell zu den natürlichen Gegebenheiten Mitteleuropas aufweist. Zum anderen aber wurden wir in diesem Rad, das der Spiritualität amerikanischer Ureinwohner entstammt, mit Symbolismen, Archetypen und Bezeichnungen konfrontiert, die uns entweder immer fremd blieben oder der Art und Weise nicht entsprachen, in der wir das Göttliche in der Natur erkannten. Als uns auffiel, dass der Umgang mit dem Sternenmädchen-Rad selbst nach einigen Jahren intensiver Beschäftigung immer noch eine große mentale Umorientierung für uns bedeutete, begannen wir, es auf eine Weise zu verändern, die uns mehr unterstützte.

Etwas ganz anderes allerdings ist in diesem Zusammenhang der Anspruch Harley „Swift Deer“ Reagans, dieses Rad sei Jahrtausende alt und seiner nach eigenen Angaben beinahe ebenso alten Geheimgesellschaft der Twisted Hairs „von den Sternen“. Solche Aussagen veranlassten William, diese Gruppierung etwas genauer zu recherchieren. Wir fanden es im Ergebnis doch sehr interessant, dass für eine Gesellschaft, die nach eigenen Angaben seit über dreitausend Jahren existiert, erst seit wenigen Jahren Informationen zugänglich sind. Und auch, dass vom Ältestenrat dieser Gruppe nur die eine Person jemals öffentlich bekannt geworden ist, die sie anführt – Harley „Swift Deer“ Reagan nämlich. Ganz lustig wird es, wenn man weiß, dass das Sternenmädchen-Rad nur von seinen eigenen Leuten verwendet wird – es ist keinem anderen Stamm Nord- oder Südamerikas bekannt gewesen oder von einem solchen anerkannt worden. Darüber hinaus stammen alle, aber auch wirklich alle inhaltlichen Informationen zu den Lehren der Twisted Hairs von Harley „Swift Deer“ Reagan oder einem seiner Schüler. Das soll keinesfalls die Qualität des Rades oder seiner Lehren in Abrede stellen – wir haben oft genug damit gearbeitet, um es als unglaublich wirksames Lehr- und Wachstumswerkzeug zu kennen. Es zeigt nur mal wieder, wie wichtig es ist, nicht einfach alles hinzunehmen, was ein charismatischer Mensch so von sich gibt. Unserer Ansicht nach hat Harley „Swift Deer“ Reagan ein hervorragendes Entwicklungswerkzeug geschaffen, dem er mit der Geschichte des außerirdischen Ursprungs und der Jahrtausende langen Weitergabe den Respekt verschaffen wollte, den es Anfangs noch nicht haben konnte – den es aber jetzt, nachdem es sich vielleicht nur einige Jahrzehnte lang, dafür aber sehr erfolgreich angewendet wurde, redlich von selbst verdient hat.

Zwei wesentliche Gründe für Williams Arbeit an einem neuen Rad bestanden darin, dass das Sternenmädchen-Rad eine kreuzförmig springende Reihenfolge der einzelnen Elemente aufweist, während wir eine sich spiralförmig entwickelnde Folge als für uns stimmiger empfanden. Darüber hinaus sind die Hauptelemente Erde, Feuer, Wasser und Luft im Sternenmädchenrad im Vergleich zum in Europa meist verwendeten Elementekreis um 90 Grad verschoben. Nach langen Diskussionen (von denen einige ziemlich laut wurden), stimmten wir beide darin überein, dass wir ein System benötigten, das von der großen Mehrheit der naturspirituell arbeitenden Menschen leicht verstanden werden konnte und das sich für uns „richtig“ anfühlte. Da es unser eigenes Rad werden sollte, mit dem wir für den Rest unseres Lebens zu arbeiten beabsichtigten, war Letzteres für uns natürlich am wichtigsten. Deshalb haben wir auch keinen Anspruch darauf, ein für Sie perfekt geeignetes Rad geschaffen zu haben. Schauen Sie es sich einfach an und ändern Sie, was Ihnen nicht passt.

Vor einigen Jahren erzählte William einer jungen Frau, dass er an einem eigenen Medizinrad arbeite. Einige Monate später trat sie einer unserer Ausbildungsgruppen bei und fragte ihn, ob das Rad jetzt fertig sei. William musste lächeln, weil er wusste, dass es so, wie sie es meinte, niemals „fertig" sein würde. Doch obwohl für immer „unbeendet", ist es dennoch vollständig. Wir beide haben in den letzten Jahren intensiv damit gearbeitet und haben es dabei als einfach verwendbar und zumindest für uns äußerst stimmig erlebt.

Wie schon erwähnt, besteht ein zirkuläres Weltbild aus Kreisen innerhalb von Kreisen, weshalb es Sie nicht überraschen sollte, dass jede Position auf dem Rad selbst mehrere Ebenen oder Oktaven hat und für jede Platzierung selbst wieder ein eigenes, vollständiges Rad existiert. Wenn wir uns auf diesen Ebenen durch das Rad bewegen, folgen wir der Spirale von der tieferen, materielleren hinauf zur geistigeren, „spirituelleren" Oktave. Die Aufwärtsbewegung verwenden wir innerhalb des gesamten Rads nicht nur zur Darstellung unseres eigenen spirituellen Wachstums, sondern auch dem des Göttlichen selbst. Nehmen wir zum Beispiel das Element Feuer. Zunächst begegnen wir im Rad der tatsächlichen Flamme. Von dort aus bewegen wir uns zu den Energien des Begehrens, der Lust und der Aggression zur Kraft der Reinigung, der Kreativität und Inspiration. Auf diese Weise wachsen auch wir mit jedem Schritt, den wir auf dem Rad oder auf einer seiner Positionen tun. Dabei sollten wir aber nie vergessen, dass Begriffe wie „materiell" oder „spirituell" lediglich die beiden Enden der Spirale beschreiben, aber niemals als Wertung dienen. Beide Pole sind gleich wichtig und haben daher denselben Wert. Die Begriffe dienen nur dazu, die Bewegung von einem Pol zum anderen zu verdeutlichen.

Es ist typisch für unsere Kultur, eine solche Bewegung gerne als von unten nach oben verlaufend darzustellen und dabei den unteren Pol als negativ sowie den oberen als erstrebenswerter zu beschreiben. Diese Bewertung stammt jedoch nicht aus naturspirituellen Systemen, sondern ist ein Überbleibsel hellenisch-romanischer sowie christlicher Prägung. In der christlichen Mythologie befindet sich Gott und damit das Gute eben oben im Himmel, während sich unten in der Hölle mit Satan und seinen Dämonen grundsätzlich nur Schlechtes tummelt. In einem naturspirituellen System wie dem unseren jedoch ist oben Vater Himmel und unten Mutter Erde – und auf keinen kann verzichtet werden.

Darüber hinaus ist es in diesem Sinne auch möglich, ein spiralförmiges Rad wie das unsere von oben nach unten anzurufen, um seine Kräfte aus dem Geist und dem Himmel in den Körper, die Gefühle und die Materie einzuladen. Gerade für Menschen aus unserer primär rational orientierten Kultur kann das eine interessante Übung sein!

Beginnen wir nun mit der Darstellung der einzelnen Positionen des von uns verwendeten Medizinrads. Vielleicht wird dadurch vieles des bisher Gesagten nochmals klarer und regt Sie dazu an, ebenfalls mit diesem kostbaren Werkzeug zu arbeiten oder sogar Ihr eigenes zu schaffen!

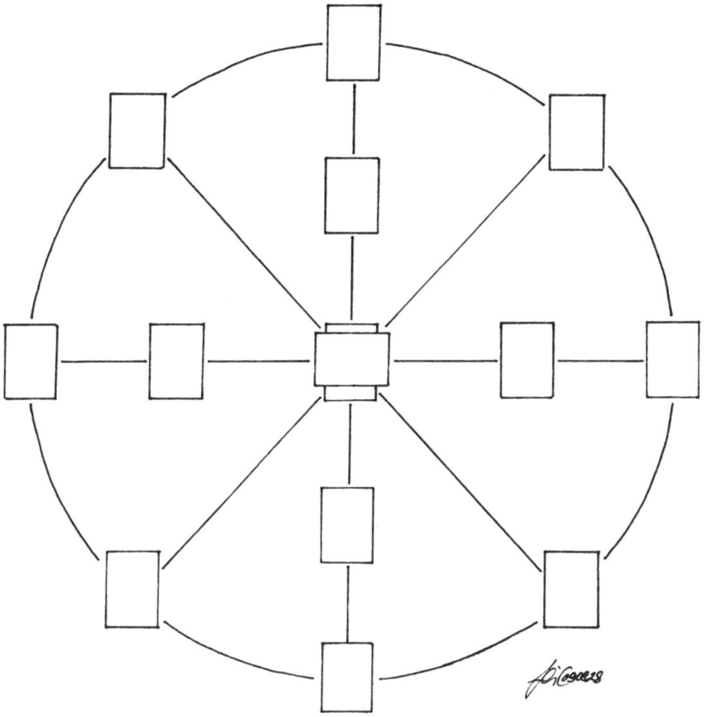

Der schöpferische Impuls

Seit wir Menschen begriffen haben, dass die Dinge in unserer Welt über einen Anfang und ein Ende verfügen, fragen wir uns, was *vor* dem Anfang war. Gefangen in einem Universum, in dem alles beginnt, vergeht und wieder neu entsteht, fällt es uns äußerst schwer, so etwas wie einen „allerersten Uranfang" zu realisieren – unser Verstand fragt sofort: „Und was war *davor*?" Ein Punkt, der kein *Davor* hat, ist für unser menschliches Begriffsvermögen kaum vorstellbar. Wir können uns zwar mit Konzepten helfen, die besagen, dass ein Begriff wie *davor* räumlicher bzw. zeitlicher Natur ist und deshalb in einem Status, in dem es weder Raum noch Zeit gibt, keine Bedeutung haben kann, aber mehr als eine logische Schlussfolgerung wird das wohl kaum für uns werden. Ein Bild, eine anfassbare Realität, ist daraus nicht erschaffbar.

Offensichtlich verfügen wir einfach nicht über die kognitiven Kapazitäten, die nötig wären, um uns diesen Zustand vorzustellen. Zumindest trifft das auf unser Alltagsbewusstsein zu. In einem erweiterten Bewusstseinszustand der Meditation oder Trance haben viele Menschen jedoch schon die Erfahrung vollkommener Einheit gemacht – und nichts anderes ist dieses ominöse Sein außerhalb von Raum und Zeit, von Polarität und Verstand. Scheinbar verfügen wir durchaus über Sinne, die in der Lage sind, diese Realität wahrzunehmen – eine Realität, die uns immer noch zugänglich zu sein scheint!

Nun ist das hier ein Buch, und dessen Inhalt nehmen wir üblicherweise mit genau denselben Sinnen auf, die an der Wahrnehmung unendlicher Einheit kläglich scheitern. Deshalb muss jede sprachliche Beschreibung eines Schöpfungsmythos an der Verwendung ungeeigneter Instrumente scheitern. Aber vielleicht hilft es Ihnen, das, was von der ganzheitlichen Wahrnehmung in schriftlicher Form übrig bleibt, mit in Ihre Meditationen und innere Reisen zu nehmen – dort kann es zum Tor in jene allumfassendere Wirklichkeit werden, die Sie mit Ihren dann erweiterten Sinnen sowieso weitaus besser erfassen können.

Position 1: Die primordiale Essenz

Hier ist der Anfang des Rades – und der Anfang von allem. Die primordiale Essenz ist die gestaltlose Kraft, aus der zu Beginn der Schöpfung alles entsprang. Der göttliche Funken, der war, ist und sein wird – das, woraus alles entstanden ist und zu dem dereinst alles wieder zurückkehren wird.

Die primordiale Essenz oder das Göttliche selbst ist aber auch eine unendliche Leere. An diesem Punkt gibt es keine Bewegung, kein Selbstverständnis und kein Wachstum, denn hier existiert keine Polarität und damit keine Spannung. Es *ist* einfach und sonst nichts, und deshalb kann es auch nichts erschaffen. Es besteht nur aus einem Punkt und kann deshalb nichts anderes tun, als in diesem zu ruhen.

Man könnte die primordiale Essenz auch mit dem schlafenden Geist des Göttlichen gleichsetzen. Falls Sie sich gerne ein Bild von etwas machen, zu dem Sie eine Beziehung aufbauen wollen, können Sie sich das Universum vor dem Urknall vorstellen. Alles und doch nichts existierte – hier sind alle, aber auch wirklich alle Möglichkeiten noch unverwirklicht enthalten.

Wir ordnen diese Position der Mitte des Kreises zu. Von dort aus beginnt das Rad seine spiralförmige Reise. Spiralförmig deshalb, weil die Bezeichnung „Rad“ genaugenommen nur dann zutrifft, wenn man das Gebilde direkt von oben betrachtet. Leider ist es manchmal recht schwierig, eine dreidimensionale Idee mit zweidimensionalen Worten zu beschreiben. Von dieser Position aus jedoch werden alle Dinge möglich – sie müssen nur in Bewegung gesetzt werden.

Der Beginn dieser Bewegung ist das universelle Erwachen, das wir gerne als kosmischen Orgasmus bezeichnen. Er geschieht dann, wenn der schöpferische Drang des Göttlichen einen kritischen Punkt erreicht. Dann erkennt die erwachende Göttlichkeit sich selbst und das Nichts, das sie ist. Um zu erschaffen, bedarf sie jedoch der polaren Spannung. Im Augenblick dieser Erkenntnis beginnt die Bewegung in Richtung der Polarität. Das All-Eine zieht sich auseinander und erhält Raum und damit auch Nicht-Raum. Es gewinnt Form und erhält damit Anfang und Ende. Es erkennt sich als existent und erschafft damit zugleich Nicht-Erkenntnis und Nicht-Existenz. Das männliche und weibliche Prinzip, Urgott und Urgöttin entstehen. Schließlich resultiert die kreative sexuelle Spannung durch die Energiebewegung im Urknall. Die ejakulative und sich windende Explosion schleudert die befruchteten Samen unserer Wirklichkeit in den gesamten Raum hinein, wo sie von der männlichen und weiblichen Ausdrucksform des Universums genährt werden. Das Wunder hat begonnen.

Wer William kennt, weiß, dass er einen etwas verdrehten Sinn für Humor hat und das Spiel mit Doppelbedeutungen überaus liebt. Vieles davon ist leider nicht übersetzbar, weshalb wir uns erlauben, diesen Satz im Original wiederzugeben: „During the Big Bang, the Cosmic Orgasm spewed the seeds of creation impregnating the Universe with life as we know it."

Praktisch erleben: Die primordiale Essenz

Nehmen Sie sich einen Augenblick Zeit, um Ihr Leben zu betrachten und über seine Möglichkeiten nachzudenken. Wo halten Sie sich aus Angst vor Zurückweisung, Misserfolg oder Einsamkeit zurück? Sind Sie tatsächlich alleine? Wenn ja, entspricht das Ihrer Entscheidung und Ihren Bedürfnissen?

Empfinden Sie sich als eine Person, die weitgehend über ihr Leben bestimmt, oder haben Sie eher den Eindruck, den Ereignissen des Alltags ausgeliefert zu sein? Warten Sie innerlich darauf, dass irgend etwas geschieht, das Ihr Leben verändert? Möchten Sie Ihrem kreativen Drang folgen? Worin besteht dieser Drang, und was brauchen Sie, um ihm zu folgen?

Beobachten Sie Ihren Alltag einige Tage lang und betrachten Sie, wann darin Veränderungen eintreten. Sind diese von Ihnen oder von anderen Menschen verursacht worden? Wie groß ist Ihr Anteil an diesen Veränderungen? Wie groß ist Ihr Anteil daran, dass sich nicht nichts verändert?

Schauen Sie am Abend, bevor Sie ins Bett gehen, nochmals auf den Tag zurück und gehen Sie ihn gedanklich noch einmal Schritt für Schritt durch. Danach stellen Sie sich vor, wie dieser Tag ohne Sie gelaufen wäre. Wäre es zum selben abendlichen Ergebnis gekommen? Wenn nicht, wo hätten sich Dinge verändert, wären nicht zustande gekommen oder hätten sich anders ereignet?

Wie groß ist Ihr Einfluss auf Ihr Leben also wirklich?

Sind Sie mit der Antwort auf diese Frage zufrieden? Möchten Sie mehr oder weniger Einfluss ausüben? Sind Sie mit den Bereichen zufrieden, in denen Sie Veränderungen herbeiführen? Möchten Sie in anderen oder zusätzlichen Bereichen Ihres Lebens ebenfalls kreativ eingreifen?

Position 2 und 3: Urgott und Urgöttin

Auf dem Rad entsprechen Urgott und Urgöttin dem männlichen und weiblichen Prinzip des Göttlichen. Sie befinden sich auf den Positionen zwei und drei, also im Osten und Westen des inneren Kreises. Dabei ist es völlig unwichtig, welche Zahl welchem Prinzip zugeordnet wird – es ist ebenso möglich, zuerst die Urgöttin im Westen und dann den Urgott im Osten anzusprechen. Beide sind zur selben Zeit entstanden und repräsentieren gleichwertige Teile des Ganzen, auch wenn ihr jeweiliger Fokus ein unterschiedlicher sein mag. Eine Reihenfolge entsteht hier nur aufgrund des Zwangs zu linearer Darstellung im Rahmen eines Buches; auf dem Rad sind sie jedoch immer gleichzeitig existent. Dabei entsprechen sie *nicht* den Begriffen „Mann“ und „Frau“, weil jedes der beiden menschlichen Geschlechter auch Teile des gegensätzlichen Urprinzips beinhaltet. Sooo einfach ist es nun doch wieder nicht.

Urgott und Urgöttin sind das ursprünglichste männliche bzw. weibliche Gesicht des Göttlichen. Sie stellen die nicht eindämmbare Schöpfungskraft dar. Wir Menschen neigen eben dazu, dieser Kraft die Gesichter von Göttern zu verpassen, wenn wir das Universum zu verstehen versuchen. Deshalb entstammen alle Götter und Göttinnen, die jemals auf diesem Planeten verehrt wurden oder werden, diesen beiden Urgottheiten. Sie sind sozusagen persönlich gefärbte Wahrnehmungen der ursprünglichen Kraft.

Da in diesem Rad die östliche Seite als männlich und die westliche als weiblich gesehen wird, platzieren wir die beiden Prinzipien an den entsprechenden Stellen des inneren Kreises. Weil wir in einem spiralförmigen System arbeiten und uns deshalb aus der Mitte über den inneren Osten und den inneren Westen wieder in den Osten auf dem äußeren Kreis bewegen, erhält das männliche Prinzip die Nummer 2. Das macht es nicht höher, niedriger, wichtiger oder unwichtiger als das weibliche Prinzip, sondern beschreibt nur den spiralförmigen Fluss der Energie durch dieses System. Erinnern Sie sich, es ist nur ein Modell und als solches weder verpflichtet noch in der Lage, alle Aspekte der Wirklichkeit abzubilden! Schlussendlich aber muss jeder Mensch, der mit dem Rad arbeitet, mit jeder der beiden Positionen in Verbindung kommen – nicht nur mit der dem eigenen Geschlecht entsprechenden, sondern auch mit jener, die den Animus bzw. die Anima repräsentiert. Wir sind der Ansicht, dass jeder Versuch, spirituelles Wachstum zu erreichen, ohne eine ausbalancierte Beziehung zum eigenen gegengeschlechtlichen Anteil aufzubauen, im besten Falle schwierig und im schlimmsten zum Scheitern verurteilt ist.

An dieser Stelle des Rades gibt es einige gemeine kleine Fallen, die uns von unserem persönlichen Wachstum abhalten können. Wir sprechen hier auch gerne von der dunklen Seite oder dem dunklen Spiegel einer Position, denn jede Energie kann auch gegensätzlich, exzessiv oder auf andere Weise ungesund gelebt werden. Hier besteht eine der Fallen darin, einem der beiden heiligen Prinzipien einen wichtigeren Platz im Leben einzuräumen als dem anderen – unabhängig davon, ob es sich dabei nun um das heilige Weibliche oder das heilige Männliche handelt. Natürlich ist es selbstverständlich, dass wir zu der unserem eigenen Geschlecht entsprechenden Facette des Göttlichen eine engere Bindung haben als zur anderen; dennoch ist es von großer Bedeutung, immer eine ausbalancierte Beziehung zwischen beiden Anteilen in uns herzustellen. Noch einmal: Männliches Prinzip und Männer bzw. weibliches Prinzip und Frauen sind nicht dasselbe! Entsprechend betrachten wir nicht nur das männlich-göttlich dominierte Christentum, sondern auch die Tendenzen vieler naturspiritueller Gruppierungen, die weibliche Göttlichkeit überzubetonen, als problematisch bzw. schlichtweg als für uns beide ungeeignete Formen spirituellen Ausdrucks. Das bedeutet übrigens nicht, dass wir auf irgend eine Weise „neutral" werden müssten, sondern kommt eher in einer gleich deutlichen Anerkennung, Erkenntnis und Integration beider Anteile als unterstützende Elemente unseres täglichen Lebens zum Ausdruck.

Die zweite Falle, in die wir hier gerne stolpern, ist jene der Dualität. Wo Polarität auf die vielen, vielen Möglichkeiten (die „Grauzonen") hinweist, die sich zwischen den beiden extremen Polen eines Themas befinden, sieht ein duales Verständnis die Welt in lediglich zwei einander ausschließende Positionen aufgeteilt – ein „entweder-oder"-System. Etwas ist entweder gut oder böse, schwarz oder weiß, männlich oder weiblich. Diese Form des Denkens haben wir von den monotheistischen Religionen geerbt, denn Dualität stellt einen unbedingt notwendigen Teil ihres Denkens dar. Wer die Welt jedoch in und durch die natürliche Welt erkennt, sieht rasch, dass nichts darin nur schwarz oder weiß ist, sondern alles immer einen lebendigen Fluss an Möglichkeiten tanzt.

Wir gehen also davon aus, dass in jedem Menschen beide Prinzipien anzutreffen sind und es die jeweilige individuelle Gewichtung ist, die uns in unserer Geschlechtlichkeit bestimmt. Und wir wissen, dass die meisten Menschen zwar deutlicher in die eine oder andere Richtung tendieren, es aber dennoch zu schweren Einschränkungen und Störungen im Wohlbefinden und Alltagsleben führen kann, wenn wir den anderen Pol in uns leugnen oder unterdrücken.

Der erste Schritt im Umgang mit dieser Position besteht darin, die Verbindung zum männlichen oder weiblichen Prinzip herzustellen. Wobei das eine nicht ganz zutreffende Formulierung ist, denn wir befinden uns immer in Verbindung mit diesen Prinzipen, können das nur nicht immer bewusst spüren und neigen dann dazu, es zu vergessen. Wenn man mit der Grundannahme lebt, dass sich das Göttliche nicht nur durch die natürliche Welt ausdrückt, sondern diese selbst *ist*, können wir gar nicht anders als damit verbunden sein, weil wir de facto ein Teil davon sind. Deshalb besteht unsere Aufgabe lediglich darin, unser Bewusstsein auf die Wahrnehmung der bereits bestehenden Verbindung zu richten (was diese übrigens automatisch verstärkt).

Aus diesem Grund „rufen" wir die Kräfte auf den unterschiedlichen Positionen nicht, wenn wir den heiligen Raum erschaffen. Sie zu rufen würde für uns bedeuten, dass sie sich außerhalb von uns befinden und im schlimmsten Fall zu irgend einer Handlung angewiesen werden können – und sei es nur der, auf unser Kommando oder unsere Bitte hin hier zu erscheinen. Wir sehen in dieser Vorgehensweise jedoch einen Ausdruck genau jenes hierarchischen Denkens, das uns in den vergangenen Jahrtausenden von der natürlichen Welt abgespalten hat. Weite Teile der menschlichen Rasse haben diesen Gedanken missbraucht, um sich die Natur unterzuordnen und sich das Recht zu nehmen, mit ihr nach eigenem Willen zu verfahren. Und dann bringen wir es auch noch fertig, uns als die Krone der Schöpfung zu betrachten, anstatt uns daran zu erinnern, dass wir nur ein Teil von ihr sind, dessen Wert exakt dem jedes anderen darin zu findenden Teils entspricht. Ebenso „verabschieden" wir die Kräfte am Ende einer Zeremonie auch nicht, sondern verbinden uns sogar nochmals mit ihnen, um unsere Zugehörigkeit zu verstärken, damit sie der Massenillusion des Alltagslebens, die wir als Wirklichkeit bezeichnen, besser standhalten kann. Am Ende der Beschreibung des Rades finden Sie ein Beispiel für eine Anrufung, die auf die beschriebene Weise durchgeführt wird.

Wenn wir unser Bewusstsein wieder auf unsere Verbindung mit dem männlichen Prinzip bzw. dem Gott fokussieren (hiermit ist nicht der Gott der abrahamischen Religionen gemeint), treten wir mit jenen Urkräften in Verbindung, die üblicherweise als männlich charakterisiert werden. Das löst in manchen Menschen Ängste aus – und das oft nicht ohne Grund. Seit Jahrtausenden leben wir in einer männlich dominierten Gesellschaft. Leider ist – zur Bestürzung vieler feministischer Gruppierungen – die Existenz eines vorgeschichtlichen „goldenen Zeitalters des Matriarchats“ nach wie vor nicht bewiesen. Es gibt keinen Hinweis auf mehr als einige kurzfristige und räumlich deutlich begrenzte Fälle. Und ganz ehrlich gesagt (und zwar von mir, Vicky!) – ich sehe auch gar nicht ein, warum ein solches Matriarchat besser sein soll als ein Patriarchat. Ungleichgewicht bleibt Ungleichgewicht und hat immer negative Folgen *für beide Seiten*. Warum soll es besser sein, dass Frauen über Männer herrschen als Männer über Frauen, wenn das „Herrschen über“ das eigentliche Problem ist? Ich persönlich glaube weder an eine Minderwertigkeit von Frauen *noch* von Männern. Die logische Konsequenz für eine zukünftige Gesellschaft liegt also meiner Ansicht nach auf der Hand! Ich bin einfach nicht daran interessiert, weiblichen Kräften zu einer Dominanz in unserer Gesellschaft zu verhelfen, sei dies nun eine Wiederholung oder etwas erstmals Geschehendes – Dominanz geht immer mit Unterdrückung und somit Kampf einher. Ich will aber nicht mehr mit Männern kämpfen – weder um meinen Aufstieg in der Hackordnung, noch um die Bewahrung einer übergeordneten Position darin. Ich will mit Männern in liebevollem Frieden leben. Das scheint ja auch den Ansichten der Matriarchats-Anhängerinnen zufolge mal etwas ganz Neues zu sein, und wenn das Alte nicht funktioniert (was es auch unter umgekehrten Vorzeichen nicht tun wird), bietet sich der Weg in Neues doch geradezu an, oder?

Aber jetzt habe ich Williams Gedankengang unterbrochen. (Er sagt, das täte ich ständig.) Es ging um die Ängste, die durch eine Bewusstwerdung der Verbindung mit den Urkräften ausgelöst werden können, und William wollte das am Beispiel unserer Jahrtausende alten patriarchalen Kultur zeigen, die eben eine sehr starke Verbindung zum männlichen Prinzip hat. Wo immer wir auf Macht treffen, finden wir auch den Missbrauch von Macht – das ist eine unleugbare Tatsache. Durch weite Teile der Menschheitsgeschichte hindurch sind Frauen dominiert und missbraucht worden. Geschichtlich betrachtet können wir erst in der jüngeren Vergangenheit eine Bewegung hin zur Gleichberechtigung oder besser der Erkenntnis eines gleichen Wertes von Männern und Frauen erkennen. Dennoch ist das Vorhandensein des männlichen Prinzips in unserer Gesellschaft unbedingt notwenig für deren Überleben. Ein wichtiger Schritt zur Heilung der Frauen besteht unserer Ansicht nach deshalb darin, die Wunden, die geschlagen wurden, anzunehmen und ihnen Aufmerksamkeit zu geben, um danach männliche Züge auf positive, unterstützende Weise in das alltägliche Leben zu integrieren. Leider beobachten wir statt dessen jedoch oft, dass derart verletzte Frauen männliche Eigenschaften verwenden, um sie auf aggressive Weise gegen Männer einzusetzen, anstatt sie als für sich nachhaltige und produktive Verhaltensformen zu integrieren.

Was genau betrachten wir als „männlich“? Für die meisten Menschen bedeutet das zunächst grundlegendere Elemente wie Aggression, Kontrolle und Durchsetzungskraft. Doch es gibt weitere wie Beschützerverhalten, Loyalität, Tapferkeit, Opferbereitschaft, Ehrempfinden und Dynamik. Es sind jene Eigenschaften, die uns ermöglichen, die Kraft aufzubauen, die wir benötigen, um eine Entscheidung zu treffen und sie auch umzusetzen.

Auf dieser Position des Rades begegnen wir vielen Archetypen, wie zum Beispiel dem Vater, dem Sohn oder dem weisen Lehrer. Wir treffen hier auch auf den Jüngling, den Krieger und den Todesbringer, und wir erfahren vom Archetypen des Hegers, der die Bäume pflegt und ihre Zweige schneidet, um anhaltendes Wachstum zu fördern. Hier verbinden wir uns mit dem männlichen Opfer (mehr darüber in unserem Buch *Wege zu den alten Göttern*), das notwendig ist, um das Wohlergehen jener sicherzustellen, für die ein Mann verantwortlich ist. In dieser Position beginnen wir zu erkennen, dass und auf welche Weise das männliche Prinzip sich nach außen wendet, eindringt und dennoch stetig von sich selbst gibt. Für alle, die sich tiefer in männliche Archetypen einarbeiten möchten, ist das Buch *Sacred Paths for Modern Men* von Dagonet Dewr ein unbedingtes Muss. In seinem Buch führt er die folgenden zwölf Archetypen auf: das göttliche Kind, der Liebhaber, der Krieger, der heilige Narr, der grüne Mann, der Führer, der Handwerker, der Magier, der Zerstörer, der König, der Heiler und der Geopferte. Williams Ansicht nach deckt er damit das männliche Spektrum ziemlich gut ab, aber Vicky fehlt da als Frau einfach der Gatte, der Ehemann. William sagt, der sei im König enthalten. Das ist durchaus nachvollziehbar – aber nur, wenn es sich dabei um den Herrscher handelt, der herrscht, indem er seine brillianten Fähigkeiten in den Dienst seiner Untergebenen stellt. Als natürliche Autorität eben.

Wenn wir uns auf unsere Verbindung mit dem weiblichen Prinzip und der Urgöttin konzentrieren, treten wir mit jenen Urkräften in Verbindung, die üblicherweise als weiblich charakterisiert werden. Oft ist es für Männer weitaus schwerer, mit ihrer weiblichen Seite in Beziehung zu treten, als sich das umgekehrt für Frauen mit ihren männlichen Anteilen darstellt. Der Grund dafür liegt daran, dass Männern seit langer Zeit die Vorstellung eingeprügelt wird, das Weibliche sei schwach, während man ihnen zugleich ständig vorbetet, schwache Männer seien wertlos. Aus diesem Grund gibt es so viele Frauen, die von Männern schwerst misshandelt wurden und nun männliche Verhaltensweisen einsetzen, um sich mit deren Hilfe nicht nur zu schützen, sondern sie darüber hinaus selbst als Waffe gegen andere Männer zu missbrauchen – traurigerweise oft sogar gegen jene Männer, die sie einfach nur unterstützen möchten. Wir beobachten hier den aus einem Missbrauch resultierenden Teufelskreis: Für viele misshandelte Frauen ist es sehr schwer, weiterhin ihre eigene Weiblichkeit zu leben, weil diese ja schließlich den Misshandler angezogen und zu seinen Taten motiviert hat. Es scheint also sicherer zu sein, sämtliche weiblichen Züge zu unterdrücken, um gar nicht erst zum Zielobjekt zu werden. Das lässt Frauen, die diesen Weg der Bewältigung wählen, aber nur noch männliche Verhaltensweisen offen, mit denen sie sich ausdrücken können. Diese haben sie jedoch meist nur in negativer, eben misshandelnder Form erlebt und können sie deshalb auch nicht als nachhaltige Kraft integrieren. Auch hier bietet sich als Weg zur Heilung unserer Ansicht nach wieder vor allem die Annahme der erlebten Verletzungen und danach die Integration *beider* Charakteristika, der männlichen wie der weiblichen, in unterstützender Form an.

Es ist leider eine traurige Tatsache, dass sich unsere Kultur bereits so lange in dieser tragischen Abwärtsspirale befindet, dass es hier keine Unschuldigen mehr gibt. Beide Seiten haben aktiv oder passiv dazu beigetragen, das System zu erhalten. Ja, auch die Frauen. Wer erzieht denn schließlich die Kinder? Wer schafft die Prägungen, die zu ihren grundlegenden Ansichten bezüglich zwischengeschlechtlicher Beziehungen führen? Wer sagt den

Satz „Jungs weinen nicht“? Das waren und sind noch immer primär Frauen, auch wenn diese Antwort weh tun mag. Diese Abwärtsspirale gegenseitiger Unterdrückung kann vor allem in religiös-fundamentalistischen Kulturen beobachtet werden, wo Mütter ihre Söhne traditionell auf eine Weise behandeln, die nach unseren Maßstäben fast schon körperlicher Misshandlung entspricht. Und wenn diese Jungen dann Männer werden, revanchieren sie sich bei ihren Müttern für die Art, wie sie aufgezogen wurden – und zwar an ihren Müttern, Ehefrauen und Töchtern, die ihren Hass wiederum an ihren Söhnen auslassen. Aber auch in unserer Gesellschaft erhalten Jungs etwa ab dem vierten Lebensjahr nur noch halb soviel körperliche Zuwendung wie Mädchen! Es ist an der Zeit, damit aufzuhören, ausschließlich die eine oder die andere Seite in diesem Spiel zu beschuldigen und endlich gemeinsame Anstrengungen zu unternehmen, diesen Teufelskreis zu unterbrechen. Dafür reichen Gesetze einfach nicht aus, sondern es wird sich nur dann etwas ändern, wenn jede/r Betroffene/r selbstehrlich prüft, wo und auf welche Weise er bzw. sie zu diesem unsäglichen Kreislauf beiträgt und ihn so stoppen kann. Nur so können wir nicht nur ein Beispiel sein, sondern auch das Bewusstsein der uns umgebenden Menschen für diese Problematik schärfen.

Welche Charakteristika gelten den meisten Menschen als typisch weiblich? Da unser Bild der beiden Urgottheiten wesentlich aus unserer Elternerfahrung schöpft, treffen wir hier bei einer gesunden Mutter-Kind-Beziehung zunächst auf Begriffe wie behütend, sichernd, nährend und annehmend an. Später kommen die Elemente der Sinnlichkeit, der emotionalen Offenheit sowie der Intuition, Hingabe und Empfänglichkeit hinzu – und das, was die Männer zum Wahnsinn treibt: Unvorhersagbarkeit, das Chaos. Übrigens werden Sie im weiteren Verlauf dieses Kapitels feststellen, dass das Chaos in diesem Rad eine eigene schöpferische Kraft darstellt!

Zu den Archetypen des Urweiblichen, mit dem wir auf dieser Position des Rades in tiefere Verbindung treten können, gehören natürlich die Urgöttin selbst, aber auch Mutter, Tochter, Matrone und alte Weise. Außerdem stolpern wir hier nochmals über den Tod, denn Gaia gebärt uns nicht nur, sondern sie nimmt uns auch wieder zurück wenn wir sterben. Hier begegnen wir den Weberinnen, die das Netz des Lebens erschaffen oder es beenden, indem sie unseren Faden durchschneiden.

Elizabeth Davis und Carol Leonard benennen in ihrem äußerst empfehlenswerten Buch *Im Kreis des Lebens – die dreizehn Archetypen der Frauen* die folgenden Archetypen: Tochter, Jungfrau, Blutsschwester, Geliebte, Mutter, Hebamme, Amazone, Matriarchin (bzw. Matrone), Priesterin, Zauberin, alte Weise, dunkle Mutter und Verwandlerin. Hier treffen wir auf die Themen der Hingabe, des Loslassens und der Auflösung, aber auch des Umfangens, Haltens und Bewahrens.

All diese Charakteristika gemeinsam – weiblich wie männlich – repräsentieren das Öl, welches dafür sorgt, dass die Räder der sozialen Interaktion immer gut geschmiert sind. Erst die Verbindung dieser beiden Pole miteinander ermöglicht Wachstum und Fortbewegung. Jedes System, das diese Tatsache nicht anerkennt oder einen der beiden Pole unterdrückt, ist dazu verdammt, unter jenen Formen des Missbrauchs zu leiden, die ihren jeweiligen dunklen Spiegeln entsprechen. Deshalb ist es von großer Bedeutung, dass wir uns ernsthaft darum kümmern, unsere gegengeschlechtliche Seite anzunehmen und auf positiv-kraftvolle Weise zu integrieren, bevor wir unsere Reise auf dem Rad fortsetzen.

Praktisch erleben: Urgöttin und Urgott

Betrachten Sie Ihre Beziehung zum Männlichen und Weiblichen innerhalb und außerhalb von sich. Erstellen Sie eine Liste mit auf Sie zutreffenden Eigenschaften beider Prinzipien und bitten Sie andere Menschen, dasselbe für Sie zu tun. Zu welchem Pol neigen Sie mehr? Das muss nicht unbedingt Ihrem körperlichen Geschlecht entsprechen! Wenn Sie das Ergebnis dieser Auflistung betrachten, glauben Sie dann, dass es Ihrer tatsächlichen Veranlagung entspricht, oder neigen Sie vielleicht dazu, die Verhaltensweisen eines Geschlechts überzubetonen? Wenn ja, warum tun Sie das? Was gewinnen Sie dadurch? Fühlen Sie sich damit wohl, oder haben Sie den Eindruck, sich dadurch auch öfters mal selbst im Weg zu stehen? Falls das zutrifft, welche Eigenschaften anderer Menschen würden Ihnen vielleicht helfen, mehr ins Gleichgewicht zu kommen? Wohlgemerkt: Damit ist Ihre *persönliche* Mitte der Fahnenstange gemeint, und die kann durchaus mehr in Richtung des einen oder anderen Geschlechts tendieren. Wichtig ist nur die Frage, ob sie das tut, weil es Ihrer wahren Natur entspricht, oder ob das eher aus Bedürfnissen des Schutzes und der Anpassung heraus geschieht.

Haben Sie eine positive oder eine negative Einstellung zum anderen Geschlecht? Falls Ihre Einstellung eher negativ ist: Wieviel davon resultiert aus tatsächlich erlebten Verletzungen, und wieviel aus familiärer Prägung oder gesellschaftlichen Modellen?

Welche Einstellung haben Sie zu Ihrem eigenen Geschlecht? Wie betrachten Sie Ihre Geschlechtsgenossen oder -genossinnen? Welche Gefühle löst es in Ihnen aus, diese zu beobachten und in ihren „typischen" Eigenschaften wahrzunehmen? Gibt es diese typischen Eigenschaften tatsächlich? Wie sehen solche Eigenschaften in anderen Kulturen als der unseren aus?

Stellen Sie sich Ihren inneren gegengeschlechtlichen Anteil vor – also Ihre innere Frau, wenn Sie ein Mann sind und Ihren inneren Mann, wenn Sie eine Frau sind. Stellen Sie sich vor, wie Sie und dieser Anteil sich begegnen. Was geschieht in dieser Begegnung? Sind beide Anteile von gleicher persönlicher Kraft, oder ist einer unterlegen? Sind beide Anteile stark und gesund, oder schwächelt einer davon eher? Was passiert zwischen den beiden? Welchen Status haben die beiden miteinander?

Falls das notwendig sein sollte: Was können Sie in Ihrem täglichen Leben konkret tun, um Ihre männliche und weibliche Seite miteinander zu versöhnen?

Die Elemente

Wir betrachten die Elemente nicht nur unter ihrem physikalischen Aspekt, den man anfassen und erfahren kann, sondern auch als Ausdruck des göttlichen Schaffensdrangs. Am leichtesten lässt sich das in Form einer Schöpfungsgeschichte nachvollziehen.

Am Anfang war ... (hey, bei den Monotheisten hat das auch funktioniert!) ... am Anfang erwachte das, was war, ist und sein wird, zu der Erkenntnis, dass es alles und nichts zugleich war. Es gab keine Geburt, kein Wachstum und keinen Tod, und auch weder Harmonie noch Uneinigkeit. Das einzige, was existierte, war die Möglichkeit für all dies und noch viel mehr. Nur unendliche Möglichkeiten, sonst nichts. Der diese primordiale Essenz durchdringende Schaffensdrang energetisierte nun Stück für Stück alles, was war, ist und sein wird. Infolge dessen erwachte das Konzept der Polarität, was unausweichlich zum allerersten Schöpfungsmoment führte.

Mit der Polarität kam Bewegung, und mit der Bewegung entstand eine dynamische Spannung zwischen den Polen. Mit einem großen Schrei der Freude, des Schmerzes, des Genusses und der Einsamkeit zugleich explodierte das Alles in einem kosmischen Orgasmus. Die Pole wurden sich ihrer eigenen Existenz und der ihres Gegenstückes bewusst. Sie erfreuten sich am Tanz der Energien zwischen ihnen; zugleich aber bestürzte es sie, nicht mehr eins zu sein.

Als sich die Gedanken von Gott und Göttin einander zuzuwenden begannen, brachten die Seufzer der Freude ob ihrer tiefen Kenntnis von- und des Verständnisses füreinander den ersten Lufthauch in die Welt – er war der Träger ihrer Worte der Liebe füreinander. So entstand das Element Luft, welches seit diesem Moment jeden Neubeginn ankündigt und unsere Gedanken mit Hilfe unserer Worte in die Welt hinaus trägt.

Die Worte der Liebe schürten ihre Lust und ihr Begehren füreinander. Sie fachten die Schöpfungsflamme an, bis sie hoch hinauf loderte. So entzündet, barst ihre Sehnsucht nacheinander in Form gewaltiger Inspiration auf und entließ aus ihrem Herzen das Element Feuer, das seit dem hell mit dem Verlangen nach Schöpfung und schöpferischer Inspiration brennt.

In großer Verzückung vergossen Göttin und Gott Tränen der Freude und Liebe, aber auch der Verzweiflung, weil sie nicht mehr für immer eins waren. Als diese Tränen vom Firmament fielen, verstanden sie, dass sie durch den Fluss ihrer Gefühle in der Lage waren, einander intuitiv Heilung zu schenken. Deshalb ist es der tiefe Spiegel des Wassers, in dem wir uns selbst und andere erkennen können.

Nachdem sie einander auf diese Weise erkannt hatten, erwachte in Gott und Göttin das Bedürfnis, einander berühren und halten zu können. So entstand die Materie und alle Körper. Auf diese Weise konnten die Liebenden trotz ihrer Trennung in der innigen Umarmung für eine gewisse Zeit immer wieder eins werden. Durch diese Verbindung von Geist und Fleisch entstand das Element Erde. Deshalb sind auch wir in der liebenden Vereinigung unserer Körper dem Göttlichen am nächsten und können dann, wenn diese Begegnung in Liebe und Harmonie mit den anderen Elementen geschieht, selbst zu Schöpfern werden. Göttin und Gott wussten jedoch auch, dass es in einem Universum der Polarität neben dem Fluss des Lebens auch den Tod geben muss. Alles Materielle mus irgendwann vergehen, um den Tanz auf der Spirale des Seins erneut aufnehmen zu können.

Wir erkennen in den Elementen auf dem Rad nicht nur ihre materiellen Erscheinungsformen, sondern auch ihre spirituelle Komponente. Auf einer spirituellen Ebene können wir die Natur beschreiben, indem wir uns dieser Bausteine bedienen. Das hat nichts mit Wissenschaft zu tun. Das, was wir im Licht der spirituellen Natur des Universums erkennen, steht jedoch nicht im Widerspruch zur Wissenschaft. Deshalb sieht sich die Naturreligion, wie wir sie verstehen, auch nie von wissenschaftlichen Entdeckungen bedroht, wie es anderen Religionen gehen mag, wenn sie dogmatisch am Wort ihres Gottes oder ihrer Götter festhalten müssen. Ganz im Gegenteil erleben wir immer wieder, dass die Ergebnisse wissenschaftlicher Forschungen unsere Sichtweise unterstützen oder uns neue Bereiche der natürlichen Welt eröffnen, die wir problemlos akzeptieren und in unser Weltbild eingliedern können, um es besser zu verstehen. In diesem Sinne fürchten wir weniger die Entdeckungen der Wissenschaft als vielmehr das, was aus diesen Entdeckungen in oft missbräuchlicher Weise gemacht wird.

Wir haben Ihnen eben die erste Hälfte des Schöpfungsmythos erzählt, wie er sich aus dem „Euro-Rad" ergibt. Wie Sie daraus ersehen können, werden viele allgemein verbreitete Eigenschaften, Dinge und Kräfte den Elementen zugeordnet. Wir werden die mit den jeweiligen Elementen verbundenen Züge nun näher betrachten, bitten Sie jedoch, dabei nicht zu vergessen, dass sich die Polarität auch auf die Elemente erstreckt. Jedes davon hat auch eine unangenehme Seite, einen „dunklen Spiegel", der sichtbar wird, wenn die entsprechende Kraft zum Beispiel unangemessen stark gelebt wird und den Mangel einer anderen kompensiert. Es ist wichtig, sich bewusst zu machen, dass beide Seiten – die „positive" wie auch die „negative" einander ergänzen und erst zusammen ein Ganzes schaffen. Beide Kräfte müssen also auf eine angemessene Weise in unser Leben integriert werden. So, wie Gott und Göttin ebenfalls dunkle Seiten haben, müssen auch wir uns bei unserer Wanderung durch die Elemente beiden Polen in uns stellen, wenn wir wachsen wollen.

Alle Elemente sind in ihren Wirkungen miteinander verflochten und gegenseitig voneinander abhängig. Wer sich in seiner Arbeit nur auf ein einzelnes davon konzentriert und die anderen vernachlässigt oder gar ausschließt, schafft damit rasch ungeahnte Probleme. Wir werden darauf im Folgenden näher eingehen, denn viele Schwierigkeiten, mit denen Menschen zu uns kommen, resultieren aus einem solchen Ungleichgewicht der Elemente in ihnen bzw. in ihrem Verhalten.

Position 4: Luft

Im Osten des Rades begegnen wir der Luft. In gewisser Weise ist sie das am wenigsten greifbare aller Elemente – wir wissen zwar, dass sie da ist, aber solange sie nicht von anderen Elementen in Bewegung versetzt und zum Beispiel zum Wind wird, können wir sie weder sehen noch spüren und schon gar nicht in der Hand halten. Und doch sind wir ohne sie schnell zum Tode verurteilt.

Die Luft ist ebenso flüchtig wie die Gedanken, die sie repräsentiert. Mit dem Denken gehen Logik und das Treffen von Entscheidungen einher, und es entsteht das Bedürfnis daraus, die eigenen Gedanken mit anderen zu teilen, also zu kommunizieren. Deshalb werden alle Sprachen sowie das gesprochene Wort schlechthin ebenfalls dem Element Luft zugeordnet.

Da die Sonne sich jeden Morgen im Osten neu erhebt, ist hier auch der Ort, an dem wir mehr über Neuanfänge erfahren. Hier werden Konzepte, Ideen und Projekte geboren, die auf dem Weg durch das Rad langsam materielle Gestalt annehmen.

In einem gesunden System brauchen alle Elemente einander, unterstützen sich gegenseitig und interagieren ständig miteinander. So macht erst die Anwesenheit von Luft und Wasser den Boden locker und fruchtbar. Ohne Luft kann kein Feuer brennen, und wenn es im Wasser keinen Sauerstoff gäbe, würden (bis auf wenige Ausnahmen) keine Tiere darin leben. Auch auf der innerpersönlichen Ebene ist dieses Zusammenspiel gut erkennbar: So ist es zum Beispiel eine ausgeglichene Verbindung aus Luft und Wasser, also aus Verstand und Intuition, die uns angemessene Entscheidungen treffen lässt. Wenn wir Luft und Erde zusammenarbeiten lassen, haben wir beste Chancen, unser Alltagsleben effizient strukturieren und so unsere Pläne auch erfolgreich in die Tat umsetzen zu können. Und es ist der Verstand, der uns ermöglicht, unsere feurigen Seiten zu lenken, so dass sie uns und andere weder verbrennen, noch wir im Dunkeln innerlich erfrieren.

Doch wenn unser bewusstes Selbst aus dem Gleichgewicht gerät, erleben wir die dunkleren Seiten dieses Elements. Wird zum Beispiel unser inneres Feuer vom Verstand dominiert und unterdrückt, dann schwindet unsere Kreativität und Lebenslust, um einem Übermaß an Struktur und Logik Platz zu machen. Wenn die Luft jedoch unsere Wasser-Seite dominiert, werden Weisheit, Mitgefühl und Ethik oft von rein praktischen Überlegungen ersetzt, die sich auch meist nur noch um die eigenen Bedürfnisse drehen. Wenn in unserer Persönlichkeit die erdigen Anteile von der Luft verdrängt werden, verfolgen wir primär intellektuelle Anliegen, können davon jedoch kaum etwas in die Tat umsetzen – solche Menschen sind oft auch körperlich „kaum vorhanden".

Ein Ungleichgewicht kann aber auch dann entstehen, wenn ein Element kein einzelnes anderes, sondern gewissermaßen alle anderen dominiert, indem es übermäßig verstärkt vorhanden und sozusagen „aufgeblasen“ ist. Das geschieht immer dann, wenn jemand von Natur aus eine Schwäche in einem bestimmten Element aufweist. Es ist dann seine Aufgabe, das schwache Element zu stärken und besser in sein Leben einzubauen. Aber bis diese Aufgabe erkannt ist, setzt oft ein automatischer Mechanismus ein, der dafür sorgt, dass ein anderes, in der Persönlichkeit dieses Menschen vertretenes Element (meist das von Natur aus stärkste) diesen Defizit auszugleichen versucht, indem es überkompensiert. Das ist an sich ein gesunder Vorgang, der zumindest so lange ein Überleben der Persönlichkeit sicherstellt, bis diese in einem Alter oder einem Stadium der Selbsterkenntnis angekommen ist, das es ihr ermöglicht, bessere Wege zur Bewältigung des Defizits im schwachen Element zu finden. Wird dieser Weg jedoch nicht eingeschlagen, kommt es im Laufe des Lebens irgendwann zu psychischen oder oft auch körperlichen Problemen.

Bei einem überkompensierenden Luft-Element haben wir einen gänzlich von rationalen Überlegungen dominierten Menschen vor uns, der meist nur äußerst reduziert Zugang zu seinen Gefühlen und keine gesunde Beziehung zu seinem Körper hat. Oft weist er bereits auf den ersten Blick ein „durchgeistigtes“ Aussehen auf und scheint gar nicht richtig da zu sein. Da seine Gefühle nur unterdrückt, aber nicht ausgelöscht werden können, kommt es hier immer wieder zu körperlichen oder seelischen Erkrankungen, die als Ventil für die nicht gelebte emotionale Energie dienen sollen.

Auf diesem Punkt des Rades entwickelt sich das Ego, also das Bewusstsein unseres eigenen Ichs, denn mit dem Beginn der Entwicklung der Denkfähigkeit beginnen wir auch, über uns selbst nachzudenken. So wird das Ego geboren. Übrigens hat dieses arme Kerlchen in den letzten Jahren eine Menge schlechter Presse bekommen. Viele moderne spirituelle Traditionen sehen den Weg zur Erleuchtung ausschließlich und schlussendlich in der Zerstörung des Egos. Ohne dieses Ego wäre jedoch kein einziger Handschlag in unserem täglichen Leben möglich, denn es ist ein Resultat der Polarität und ermöglicht uns, zwischen mir und dir, innen und außen, geben und nehmen und all dem anderen zu unterscheiden, von dem selbst die grundlegendsten unserer alltäglichen Handlungen abhängen. Natürlich sind ich-lose Einheitserfahrungen mit dem Universum eine tolle Sache, aber haben Sie schon mal einen Zen-Mönch oder einen indischen Sadhu in spiritueller Verzückung gesehen, der sich gleichzeitig ein Butterbrot strich?

Ein weiterer naturspiritueller Ansatz unterstützt diese Position. Wie bereits erwähnt betrachten wir uns als eine Erweiterung des Göttlichen im Hier und Jetzt und gehen davon aus, dass unser Lebenszweck darin besteht, diesem Göttlichen die Möglichkeit zu geben, auszuprobieren, wie es ist, ein Mensch zu sein. So erfährt es das Abenteuer der materiellen Realität. In diesem Sinne betrachten wir es als unsinnig, uns gerade dessen zu entledigen, was dies möglich macht.

Als problematisch betrachten wir also weniger das Vorhandensein eines Egos als vielmehr dessen Einsatz, wenn wir es zum Beispiel verwenden, um uns nicht unangenehmen Erkenntnissen oder unbequemen Veränderungen stellen zu müssen. Egozentrisches Verhalten tut niemandem gut – weder der betroffenen Person noch ihrer Umgebung.

Im Element Luft begegnen wir den Themen Neubeginn, Frühling, Geburt und Wiedergeburt, Bewusstsein, Gedanke, dem geschriebenen und gesprochenen Wort, Sprache,

Kommunikation, Logik, Entscheidungsfindung, Rationalisierung, Voraussicht, geistige Gesundheit, Erziehung und vieles mehr. Im Körper wird ihm natürlich das gesamte Atemwegsystem zugeordnet.

Praktisch erleben: Luft

Worin bestehen Ihre intellektuellen Stärken und Schwächen? Welche Aufgabe hat der Verstand in Ihrem Leben? Wo setzen Sie ihn zu Ihrer Unterstützung ein? Wann stehen Sie sich mit seiner Hilfe selbst im Weg? Oder häufen sich in Ihrem Alltag eher Fälle, in denen Sie sich wünschen, Sie hätten Ihren Verstand früher eingeschaltet? Betrachten Sie sich als rational dominiert? Wie können Sie Ihren Verstand darin trainieren, einerseits klar und scharf zu bleiben und andererseits auf angemessene Weise zu arbeiten?

Wie gut sind Sie in zwischenmenschlicher Kommunikation? Wieviel wissen Sie über die Prinzipien konstruktiver oder gewaltfreier Kommunikation? Sind Sie eine Plaudertasche, die sich gerne mit anderen austauscht, oder eher ein schweigender Zuhörer? Sprechen Sie immer direkt aus, was Sie denken, wünschen, brauchen oder sich vorstellen? Wenn ja, warum? Wenn nicht, warum? Betrachten Sie sich als guten Zuhörer? Welche Elemente außer der Sprache verwenden Sie noch häufig zur Kommunikation?

Ist Kommunikation für Sie nur auf Menschen beschränkt? Wenn nicht, wo findet in Ihrem Leben außermenschliche Kommunikation statt? Auf welche Weise tauschen Sie sich mit nichtmenschlichen Wesen aus? Sprechen Sie mit Ihren Haustieren? Wie erkennen Sie deren Reaktion auf Ihre Kommunikation? Können Sie sich vorstellen, aufgrund dieser Erfahrungen auch mit anderen nichtmenschlichen Wesen in Verbindung zu treten, wie zum Beispiel wilden Vögeln, Bäumen oder einer ganzen Wiese? Probieren Sie es aus und beobachten Sie, was geschieht!

Setzen Sie sich dem realen Element Luft aus. Gehen Sie an einem stürmischen Tag hinaus ins Freie und spüren Sie die Kraft des Windes, wie er um und gegen Ihren Körper tobt. Was macht er mit Ihnen und mit den Dingen in Ihrer Umgebung? Worin besteht seine Kraft, was sind seine hervorstechenden Eigenschaften? Sprechen Sie mit dem Wind. Welche Themen kommen Ihnen in den Sinn? Welche Antworten hören Sie darauf in Ihrem Inneren?

Gehen Sie an einem schönen Tag hinaus und erspüren Sie die sanfte, warme Brise. Was hat diese Ihnen zu erzählen? Welche Bedeutung hat diese Form der Luft in Ihrem Leben? Welche Eigenschaften prägen sie in dieser Gestalt?

Nehmen Sie sich ein oder zwei große, leichte Tücher und tanzen Sie mit der Sie umgebenden Luft!

Position 5: Feuer

Im Süden des Rades treten wir mit dem Element Feuer in Verbindung. Wie die Luft können wir auch das Feuer nicht umfassen, halten oder gar formen, aber da wir es im Gegensatz zu dieser sehen und seine Hitze spüren können, befindet es sich gewissermaßen bereits einen Schritt weiter auf dem Weg der Schöpfung in die Materie. In einigen nordamerikanisch-indianischen Traditionen gilt es sogar als das erste Element, das in der Schöpfung aufgetreten ist – nämlich in Form des Urknalls. Deshalb wird es auch oft als „Großvater Feuer" bezeichnet. Wir gehen jedoch davon aus, dass dem Urknall eine sehnsuchtsvolle Bewegung, eine gedankliche Motivation vorausging, weshalb wir es als Folge des Elements Luft betrachten – als Ausdruck des göttlichen Sehnens selbst.

Feuer repräsentiert die in uns vorhandene Lebensenergie. Wer diese frei fließen lassen kann, verfügt über einen gesunden Feuer-Anteil in sich. Deshalb ordnen wir den Verdauungsprozess, den Stoffwechsel und die Zeugungsorgane diesem Element zu. Wer jemals nach einem guten Essen unter Sodbrennen gelitten hat, weiß, wie „brennend" die dabei stattfindenden Prozesse sein können! Auch ein guter Whiskey mit seiner sanft-wärmenden Wirkung gehört in dieses Element, und es wundert nicht, dass er gewissermaßen durchs Feuer geht, wenn er gebrannt wird. Die nordamerikanischen Ureinwohner werden ihn nicht umsonst als „Feuerwasser" bezeichnet haben! Das Feuer befreit also die in unserer Nahrung gespeicherte Lebensenergie, um sie unserem Körper, unserem Verstand und unserer Seele zur Verfügung zu stellen. Es versetzt aber auch die Gedanken in Bewegung, die uns das Element Luft ermöglicht. So, wie die Flamme stehende Luft aufsteigen und herumwirbeln lässt, sorgen auch die psychischen Entsprechungen dieses Elements dafür, dass sich unser Denken in neue Richtungen bewegt. Es gibt uns Inspirationen, die zeigen, wie wir unsere Energie steuern können. Deshalb gehören zum Beispiel künstlerische Aktivitäten in den Bereich des Feuers. Viele Menschen, die Schamanismus betreiben, beschreiben die Momente ekstatischer Trance oder des Kontakts mit der anderen Welt so, als wäre „ein Feuer im Kopf". Und auf dieselbe Weise, wie das Schmelzen eines Metalls die darin enthaltenen Unreinheiten entfernt, kann das Element Feuer auch uns dabei unterstützen, uns von Dingen zu reinigen, die unsere spirituelle Entwicklung behindern.

Wir bewegen uns nun von der Zeit des Neubeginns, der Luft und des Frühlings hin zum Feuer und dem Sommer, in eine wärmere, das Wachstum noch mehr unterstützende Umgebung. Wir reifen gewissermaßen mit den steigenden Temperaturen. Da sich dieses Medizinrad auf die Umgebung Mittel- bis Nordeuropas bezieht, finden wir das Element Feuer dort, wo wir auch die wärmeren Klimazonen antreffen: im Süden.

Hier sind auch die feurigen Emotionen zu Hause. Gerade die Menschen des Mittelmeerraums sind nicht umsonst für ihre Lebensfreude und ihr manchmal recht explosives Temperament bekannt. Aus demselben Grund ist dies auch der Platz der Kindheit, denn Kinder sind noch in der Lage, sich an kleinsten Dingen zu freuen. Sie leben in ungezügelter Energie und sind auf einzigartige und höchst intensive Weise von Lebenskraft erfüllt. Und explosiv sind sie auch –weit öfter, als uns gesetzten West- und Nord-Erwachsenen oft lieb ist …

Interessanterweise bringen wir Menschen aus südlichen Ländern nicht nur mit Lebenslust, sondern auch mit einer bestimmten, feurigen Schöpferlust in Verbindung – oder in anderen Worten: mit einem gesteigerten sexuellen Begehren. Sehnsucht und Leidenschaft liegen nah beieinander. Man sagt von einer gescheiterten Beziehung ja auch, sie habe „ihr Feuer verloren". Zudem treffen wir in diesem Element auch auf unsere Aggressionen, die uns die Willenskraft verschaffen, zu den Gedanken zu stehen und die Entscheidungen durchzustehen, die uns das Element Luft ermöglicht hat. Unserer Ansicht nach gibt es übrigens keine negativen Gefühle, und das trifft auch auf die Aggression zu. Nur, wenn eine Emotion überbetont oder unkontrolliert gelebt wird, kann sie zu Schaden führen. Das trifft jedoch auf alle Gefühle zu – oh ja, auch auf die Liebe! Wer sich nur noch liebend für andere aufopfert, ohne sich regelmäßig abzugrenzen – was ein aggressiver Akt ist – um sich zu regenerieren, fügt sich damit über kurz oder lang enormen Schaden zu.

Ohne Aggression können wir jedoch genauso wenig in dieser Realität überleben wie ohne Ego. Nehmen wir ein Beispiel: Um zu leben, müssen Sie essen. Diese Tatsache ist einfach unumgänglich – wenn der Körper überleben soll, braucht er nun einmal Nahrung. Selbst die Anhänger der „Lichtnahrung" (Menschen, die für einige Wochen lang weder Wasser noch Lebensmittel zu sich nehmen) müssen erst einmal alt genug werden, um die entsprechenden Exerzitien durchlaufen zu können. Wenn Sie einen Säugling auf „Lichtnahrung" setzen, ist er nach einigen Tagen nicht etwa erleuchtet, sondern tot. Und selbst Erwachsene ziehen diese Lebensweise nicht andauernd, sondern immer nur vorübergehend durch.

Unsere Körper sind also für den Verzehr organischen Materials konstruiert. Und völlig unabhängig davon, ob dieses Material nun konventionell, biologisch angebaut, makro- oder mikrobiotisch ist – etwas muss sterben, um uns als Nahrung dienen zu können. Sei das nun die Karotte, die Sie soeben in einem durchaus aggressiven, wenn nicht sogar gewalttätigen Akt aus der Erde gezogen haben oder auch das Rind, das letzte Woche noch friedlich grasend auf der Weide stand. Es gibt kaum einen aggressiveren Akt, als das Leben eines anderen Wesens zu nehmen, um selbst weiterleben zu können. Und dennoch basiert die gesamte tierische Existenz auf diesem Planeten (und teilweise auch die pflanzliche) auf genau diesem Akt! Seltsamerweise empfinden wir den bei anderen Tieren jedoch als völlig normal und angemessen. Niemand würde einem Löwen das Recht absprechen, eine Gazelle zu reißen oder einem Schaf, sich an einer saftigen Weide gütlich zu tun. Nur wir Menschen meinen mal wieder, aus der natürlichen Ordnung fallen zu müssen (und stiften damit eine Menge Unordnung in derselben). Auch hier kommt wieder das Ego ins Spiel: Wir brauchen es, um jene Entscheidungen zu treffen und umzusetzen, die zur Erfüllung unserer existenziellen Bedürfnisse oder auch unserer darüber hinaus gehenden Sehnsüchte beitragen.

Wie alle anderen Emotionen ist auch die Aggression primär notwendig und daher weder gut noch schlecht in unserem Leben. Wir agieren ständig aggressiv, denn das ist ein Teil unseres Überlebenstriebs. Da liegt ein Apfel auf dem Tisch? Ihn mir zu nehmen ist psychologisch betrachtet bereits ein aggressiver Akt, der meinem Körper jedoch nur Gutes bringt.

Natürlich führt eine ungezügelte und unangemessen umgesetzte Aggression zu großem Schaden – aber das tun andere Gefühle auch. So werden nicht umsonst Menschen, denen es immer „gut" geht, als krank (manisch) betrachtet, weil ihre ständige Hochstimmung und freudige Erregung oft nicht mit der Situation korreliert, in der sie sich befinden, was es ihnen unmöglich macht, darauf angemessen einzugehen. Sie kaufen dann in fröhlichster Laune Aktien einer Firma, die soeben Konkurs angemeldet hat, weil sie nicht in der Lage sind, auf diese Nachricht mit der entsprechenden Sorge und Vorsicht zu reagieren. Das wären ja keine freudigen Gefühle.

So leicht kommen wir aus der Verantwortung für die Folgen unseres Handelns nicht heraus. Es scheint zwar einfach zu sein, sich eines derart gefährlichen Gefühls wie der Aggression schlicht völlig zu entledigen, aber erstens funktioniert das nicht, denn wie wir bereits gehört haben, kann man Gefühle nicht auslöschen, sondern nur verdrängen. Und dann tauchen sie irgendwann in weitaus unangenehmerer Form (wie zum Beispiel Magengeschwüren oder Amokläufern) wieder auf. Darüber hinaus aber fehlen uns dann ihre konstruktiven Aspekte in unserem Leben. Wer kennt nicht einen Menschen in seiner Umgebung, der erschöpft und krank ist, weil er zu niemandem auch mal „Nein" sagen kann?

Ein Ungleichgewicht in unserem kreativen Selbst äußert sich oft nicht nur auf schmerzhafte, sondern auch überaus zerstörerische Weise. Menschen, deren Wasser-Element vom Feuer dominiert wird, neigen dazu, sehr explosive Gefühle zu haben und darüber hinaus eifersüchtig und besitzergreifend zu sein. Wie in der Natur bringt das Feuer ihre Wasser-Anteile heftig zum Kochen. Wenn das Feuer das Erd-Element dominiert, kommt es häufig zur Sex- oder Beziehungssucht (was keinesfalls dasselbe ist), wobei echte Sinnlichkeit oft kaum noch eine Rolle spielt.

Reaktionäres Verhalten wiederum resultiert oft aus einem Missverhältnis zwischen Luft und Feuer. Diese Menschen weisen einen dominanten Feuer- bei einem defizitären Luftanteil auf und reagieren oft explosiv ohne vorher rational darüber nachdenken zu können.

Es ist eine traurige und gefährliche Tatsache, dass unsere moderne Leistungskultur dafür disponiert ist, ein aufgeblähtes Feuer-Element zu schaffen. Hier zählen vor allem Produktivität, Perfektion und Arbeitsleistung. Nicht umsonst betrachten wir uns schon längst als eine „Burnout-Gesellschaft". Die Überbetonung des Elements Feuer zieht sich durch alle Aspekte unseres industriell-zivilisierten Lebens – von der immer noch bestehenden Überbetonung männlich-solarer Aspekte über die Dominanz religiöser Lichtmythen bis hin zur auf Verbrennungsprozessen basierenden industriellen Fertigung, die schlussendlich zur globalen Erwärmung führt.

Im Element Feuer treffen wir auf die Themen Kindheit, Sommer, Kreativität, künstlerische Aktivität, Aggression, Lust, Sexualität, Transformation, Reinigung (Phönix aus der Asche), Leidenschaft, Drang, Antrieb und Bewegung.

Praktisch erleben: Feuer

Welche kreativen Aktivitäten genießen Sie? Wieviel Ausdruck gewähren Sie Ihren künstlerischen Bedürfnissen, und auf welche Weise geschieht das? Wonach sehnen Sie sich? Welche dieser Sehnsüchte sind aus Notwendigkeit geboren, und welche stellen eher oberflächliche Gelüste dar?

Welche Einstellung haben Sie zu Sexualität, und welche Beziehung im besonderen zu der Ihren? Wieviel davon dient rein der Erfüllung ihrer eigenen Bedürfnisse und wieviel entsteht aus dem Wunsch, diese Kraft mit anderen zu teilen?

Wo ist Aggression in Ihrem Leben eine unterstützende Kraft? Wo eine zerstörerische? Wo leiden Sie darunter, zu wenig aggressiv zu sein, sich nicht genügend abzugrenzen, nicht oft genug „Nein“ zu sagen? Wo taucht die an diesen Stellen ungenutzte, beiseite geschobene Aggression dann oft unerwünscht wieder auf? Wie können Sie diese Kraft dorthin zurück führen, wo sie Ihnen hilft und Sie darin unterstützt, ein erfülltes, energiegeladenes Leben zu führen?

Setzen Sie sich dem realen Element Feuer aus. Entfachen Sie ein Lagerfeuer und bleiben Sie so lange dabei sitzen, bis es niedergebrannt ist. Sprechen Sie mit der hochauflodernden Flamme. Wo spiegelt sich deren Kraft in Ihrem Leben? Kennen Sie die wild-fröhlich aufschießenden Funken irgendwoher? Etwas später tanzen kleine Flammen stetig auf den Holzstücken entlang. Aus welchem Bereich Ihres Lebens kennen Sie diese Qualität? Brauchen Sie mehr davon? Weniger? Auf welchen Gebieten? Schließlich beobachten Sie die verbliebene Glut. Halten Sie Ihre Handfläche darüber – aber Vorsicht! Glut kann heißer sein, als sie aussieht. Wie ist das bei Ihnen?

Position 6: Wasser

Wasser ist nass. Ob es nun Tränen der Freude oder des Zorns sind oder der Regen, der vom Himmel fällt – wir können es sehen, berühren und in der Hand halten. Wir können es allerdings noch nicht formen, und ohne unsere begrenzenden Hände bleibt es nicht stabil, sondern fließt uns zwischen den Fingern hindurch. Auf unserer Reise durch das Rad der Kräfte kommen wir mit dem Wasser in den Westen. Der Tag schwindet, und der Sommer hat sich zum Herbst gewandelt.

Es ist die Zeit des Jahres und auf dem Rad, in der wir durch die Veränderungen unserer Umgebung intuitiv zu bemerken beginnen, dass unsere Welt sich verändert. Während der Fluss sich ins Meer ergießt und die Jahreszeiten in ihrem unendlichen Kreis einen Schritt weiter gehen, fangen wir an, uns unserer Sterblichkeit bewusst zu werden. Das Element Wasser bietet uns Heilung, auch wenn diese nicht notwendigerweise körperlicher Natur sein muss. Manchmal besteht diese Heilung auch darin, alles zu erhalten, was wir benötigen, um auf die bestmögliche Weise in die andere Welt hinüber zu gehen – zu sterben.

So, wie wir unsere Spiegelung in einem stillen Teich sehen, bietet uns dieses Element die Möglichkeit, tiefer in uns selbst zu schauen und zu prüfen, was wir wirklich empfinden. Manchmal hilft es uns dabei, festzustellen, ob unsere Emotionen tatsächlich echt sind, indem es uns mit einem Gefühl wahrer Tiefe oder einem kurzen, von der Hitze des Augenblicks verursachten Dampfstrahl antwortet.

Das Element Wasser ist ein Tor zur Anderswelt. Schon in den keltischen Legenden wurde darauf des öfteren Bezug genommen. Dort erfahren wir, dass die Anderswelt, das Feenreich, im *Westen* jenseits des Meeres liegt.

Im Westen werden wir erwachsen. Hier lernen wir, uns hinzugeben, aufzugeben und die vielen kleinen Alltagstode des Loslassens zu sterben. Hier lösen wir uns auf, um neu zusammengesetzt zu werden. Da, wo die Sonne untergeht, befindet sich auch das Tor in unsere eigene, fruchtbare Dunkelheit – in die Nacht der Seele. Deshalb finden wir hier Zugang zu unseren unbewussten Elementen, also unseren verdrängten Gefühlen, Gedanken und Erinnerungen einerseits, aber auch zum stetig unterliegenden Strom unserer ursprünglichen Seele, der unser wahres Sein in diesem Leben und darüber hinaus enthält.

Während es sich bei Luft und Feuer um eher männlich geprägte Elemente handelt, beginnt sich hier im Westen die weibliche Seite des Rades zu entfalten. Jedes lebende Wesen auf diesem Planeten braucht Wasser und geht binnen weniger Tage jämmerlich ein, wenn es keinen Zugang dazu hat – gut, von ein paar ganz erstaunlichen Überlebenskünstlern mal abgesehen, aber der Zustand, in dem diese sich ohne Wasser befinden, entspricht nicht unbedingt unserer Vorstellung von überströmender Lebendigkeit. Wasser erhält, aber es reinigt auch. Und eines der weiblichen Urbilder des reinigenden Wassers ist natürlich der Fluss des Menstruationsblutes.

Vielleicht ist Ihnen aufgefallen, dass wir im Zuge der Beschreibung unseres Rads der Kräfte auf die Zuordnung von Farben zu den jeweiligen Positionen verzichtet haben. Natürlich arbeiten wir praktisch auch mit Farben, aber deren Wahrnehmung und Interpretation ist so willkürlich und bei jedem Menschen anders, dass wir es für sinnvoller halten, wenn Sie selbst die für Sie passenden Farben einfügen. Gerade beim Wasser ist das nämlich alles andere als logisch. Auf die Frage, welche Farbe dazu passe, sagen die meisten Menschen zwar sofort „blau“, aber tatsächlich erscheint es in der Natur in allen möglichen Tönen von weißlich über grau, hellgrün, tiefgrün, türkis, hellblau, dunkelblau bis hin zu gelbbraun oder schlammfarben und in der Dunkelheit oder im tiefen Schatten sogar schwarz. Dabei ist es an sich – farblos! Dennoch finden wir es interessant, dass einige nordamerikanisch-indianische Völker dem Wasser sogar die Farbe Rot zuordnen, weil sie es primär mit dem Blut in Verbindung bringen. Doch auch wenn Blutkreislauf und Lymphsystem klarerweise diesem Element angehören, fällt es uns beiden immer noch sehr schwer, ausgerechnet die Farbe Rot damit zu identifizieren. Aber was für uns recht ist, soll für Sie nur billig sein. Also nehmen

Sie sich bitte ebenfalls die Freiheit, Farben zuzuordnen, die Sie in das jeweilige Element führen. Immerhin soll Ihr Medizinrad ja Sie selbst und nicht irgendwelche Autoren eines seltsamen Esoterikbuchs unterstützen!

Ein Ungleichgewicht im Element Wasser macht uns zu einem „emotionalen Wrack" oder lässt uns „wischi-waschi" werden (die bereits umgangssprachliche Anlehnung an das gestörte Element kommt hier wunderschön zum Tragen!). Wenn das Wasser-Element in uns die Luft dominiert, verlieren wir die Fähigkeit, klar zu denken. Ein gutes Beispiel dafür sind Panikreaktionen (vor allem in der Masse). Dann reagieren wir nur noch auf Basis unserer Gefühle.

Wenn das Wasser in uns das Feuer-Element ertränkt, schwindet unsere Leidenschaft. Oft hindert uns der dabei entstehende Dampf auch daran, die Möglichkeiten zu sehen, die wir zum Wiederentzünden der Flamme haben. Dann treiben wir energielos vor uns hin, leiden unter depressiven Verstimmungen oder baden in Selbstmitleid.

Wenn wir unser Erd-Element vom Wasser dominieren lassen, entsteht eine schlammige Mischung, die es uns erschwert, zwischen unseren emotional motivierten Wünschen und der materiellen Realität zu unterscheiden. Unsere Gefühle haben dann kein Gefäß, keine klare, sie haltende Struktur. Sie ufern aus und werden grenzenlos, bringen uns aber dabei keinerlei Klarheit über unseren inneren Zustand.

Wenn unser Wasser-Element derart aufgebläht ist, dass es alle drei anderen Elemente zugleich dominiert, werden wir von der Flut unserer Gefühle weggespült und treiben hilflos im Ozean unserer Emotionen. Dann fehlen uns Struktur, Vision und Antrieb – alles Aspekte, die zum Aufbau und Erhalt gesunder emotionaler Beziehungen, aber auch zur funktionalen Alltagsgestaltung unbedingt vonnöten sind. Menschen mit Angststörungen oder solche, die gerade einen Trauerfall durcharbeiten, kennen diese Situation sehr gut. Aber auch immer dann, wenn wir uns in eine Opferhaltung hineinmanövrieren, tun wir uns das an.

Wie erwähnt, sind Blut und Lymphe die körperlichen Vertreter des Wasser-Elements. Die Lymphflüssigkeit repräsentiert die reinigende Kraft des Wassers, während das Blut unseren Zellen den eingeatmeten Luft-Sauerstoff und die aus der Nahrung gewonnene Feuer-Energie zuführt. Auch emotionale Gesundheit fällt in diesen Bereich.

Praktisch erleben: Wasser

Betrachten Sie Ihren Umgang mit Gefühlen – eigenen wie auch denen anderer Menschen, mit denen Sie konfrontiert werden. Wie reagieren Sie unter Druck – eher mit einem „kühlen Kopf" oder gehen Sie rasch „hoch wie eine Rakete"? Wie schnell kommt es bei Ihnen zu emotionalen Reaktionen? Lieben oder hassen Sie nur selten? Oder geschieht das bei Ihnen recht schnell? Können Sie weinen? Wie häufig tun Sie das? Ist das für Ihr Empfinden zu oft oder eher zu selten?

Wie leicht fällt es Ihnen, die Stimme Ihrer Intuition wahrzunehmen? Hören Sie darauf? Erleben Sie öfters Situationen, nach denen Sie feststellen, dass Ihr erstes Gefühl in Bezug darauf richtig war? Wenn Sie mehrere solcher Erlebnisse miteinander vergleichen, ähneln sich diese „ersten Gefühle" dann auf irgend eine Weise? Haben sie eine Art gemeinsamer Qualität, an der sie Ihre Intuitionen auch in Zukunft erkennen können?

Wie leicht fällt es Ihnen, Dinge, Verhaltensweisen, Situationen und Gewohnheiten loszulassen, die in Ihrem Leben keinen Sinn mehr haben oder die Sie mittlerweile sogar behindern? Bei welchen Dingen war Ihnen das bisher eher möglich, bei welchen war es schwieriger? Gibt es da einen Zusammenhang, ein Muster?

Setzen Sie sich an einen großen Wasserkörper, vielleicht an das Meer oder an einen großen See. Welche Gedanken, Bilder und Gefühle spiegeln die Bewegung dort draußen? Suchen Sie einen Fluss auf. Welche Dinge lässt er in Ihnen wach werden? Betrachten Sie ein tröpfelndes Rinnsal, einen Wasserfall, einen Regenschauer, einen Nebeltag. Wasser ist ein sehr vielfältiges Element. Auf welche Weise spiegelt Ihre emotionale Landschaft diese Vielfalt? Tauchen Sie an verschiedensten Orten ins Wasser ein und erspüren Sie die Unterschiede der einzelnen Gewässerarten. Welches bereitet Ihnen Unbehagen? Welches tiefe Wohlgefühle? Wo wollen Sie am liebsten gar nicht mehr raus? Sitzen Sie lange an einem Ufer und hören Sie den Geräuschen des Wassers zu. Wovon erzählt es Ihnen?

Position 7: Erde

Jetzt, wo wir uns in den Norden des Rades begeben, treffen wir endlich auf ein Element, das wir nicht nur sehen, spüren und berühren, sondern sogar halten, formen und wieder loslassen können. Auch wenn viele Philosophien die materielle Welt für eine Illusion halten, wissen wir doch alle aus schmerzhafter eigener Erfahrung, was geschieht, wenn diese sogenannte „Illusion" in Kollisionskontakt mit unserem ebenso „illusorischen" Selbst kommt. Wer seinen Kopf verliert (wörtlich gemeint), ist nun einmal tot, und zwar auf Dauer. Es mag ja sein, dass die Seele weiter existiert, aber unsere physische Gestalt verfällt dann rasch.

Deshalb begegnen wir im Element Erde der physischen Realität des Todes. Im Wasser haben wir uns erstmals mit der Sterblichkeit auseinandergesetzt und den Moment des Sterbens erfahren, doch in der Erde erleben wir den Zustand des Todes selbst. Sei es durch den Tod eines anderen Wesens, das stirbt, damit wir weiterleben können und das somit die nährende Kraft der Erde repräsentiert, oder sei es durch unseren eigenen körperlichen Tod. Hier gehen wir in die Nacht ein, treffen auf den Winter unseres Seins und erleben unsere eigene

Dunkelheit als bedrohlich, aber auch als nährend und regenerierend. Nur durch den Tod ist es uns möglich, wiedergeboren zu werden, uns zu erneuern und im Osten wieder zu beginnen. Ein Samen fällt zu Boden, während die Pflanze stirbt. Dort liegt er scheinbar leblos, bis er wieder zu keimen beginnt. Auf ähnliche Weise können auch wir die Erfahrung der Neugeburt nur machen, wenn wir die Art und Weise, in der wir bisher existiert haben, aufgeben – sei es nun auf spiritueller oder materieller Ebene.

Auch die Erde wird traditionell als eher weibliches Element gesehen. „Eher" deshalb, weil es in dieser polaren Welt nichts gibt, das nur das eine *oder* das andere ist – damit wäre es nicht mehr polar. Selbst physikalische „Singularitäten" wie zum Beispiel schwarze Löcher gibt es nur deshalb, weil eben auch die Polarität existiert – und es ist kein Wunder, dass sie wahrscheinlich direkt aus unserer Realität hinausführen. Mit der Erde assoziieren wir Begriffe wie Nahrung, Genährtwerden, Mutterschaft, Hegen, umsetzen, strukturieren, Durchsetzung, Körper, Geburt, Tod, Tiefe, Dunkelheit, Höhle, Begrenzung, Halt, Stütze, Wachstum und Fruchtbarkeit.

Es gibt viele spirituelle oder religiöse Traditionen, die den Weg zur Erleuchtung in der Verleugnung des Selbst und der Abwendung vom Materiellen sehen. Auch wenn es immer wieder Berichte über einzelne Menschen gibt, die auf diese Weise tatsächlich zur Erleuchtung gefunden haben sollen, sind wir doch davon überzeugt, dass es für die meisten von uns nicht möglich ist, sich auf das eigene spirituelle Wachstum zu konzentrieren, solange unsere grundlegenden körperlichen Bedürfnisse nicht erfüllt sind. Mal ganz abgesehen davon, dass diese Traditionen ausgezeichnete Instrumente zur Kontrolle und Unterdrückung sehr großer, von Armut und Hunger geplagter Bevölkerungsgruppen sind. Wenn Selbstverleugnung und die Abkehr von der materiellen Welt spirituelle Ideale darstellen und ich das Leid, in dem ich lebe, aufgrund meiner Verfehlungen in einem früheren Leben erdulden muss, ist es sehr viel unwahrscheinlicher, dass ich gemeinsam mit vielen anderen, die in derselben Lage sind, die Paläste der Reichen stürme, um etwas zu finden, womit ich meinen Bauch füllen kann. Schon immer sind in der Geschichte der Menschheit Versagungsideologien als willkommenes Werkzeug zur Steuerung der Massen benutzt worden – egal, ob es sich dabei um Nahrung, Obdach, Sexualität oder gar die Legalisierung von Kriegen gehandelt hat.

Auf der anderen Seite aber droht gerade in unserer heutigen Wohlstandskultur die Gefahr des Exzesses. Die Leichtigkeit, mit der wir in Unersättlichkeit, Völlerei und Gier abgleiten können, ist beängstigend. Wie einfach ist es doch, unangenehme Gefühle, die uns wichtige Botschaften sein sollen, mit Essen oder Alkohol, mit Sport oder Arbeit, mit Einkaufen oder Hobbies zu überdecken! Wenn wir zu viel Materie in unserem Leben haben, werden wir zu voll oder zu beschäftigt, um unsere Reise des spirituellen Wachstums fortsetzen zu können. Deshalb sind Riten und Exerzitien, die uns aus dieser Falle holen, ein wunderbarer Weg zum Göttlichen in uns. Die Visionssuche ist ein schönes Beispiel dafür und vielleicht die perfekteste Form, sich mit dem spirituellen Aspekt der Erde auseinanderzusetzen, denn sie besteht im Wesentlichen darin, inmitten natürlicher Wildnis zu fasten. Ich verzichte also völlig auf den Zugang zur Erde über Nahrung, während ich gleichzeitig vollkommen von ihr umgeben und gänzlich in ihr versunken bin!

Wenn das Erd-Element die Luft dominiert, erhalten wir einen unbeweglichen, dogmatischen Menschen, der an allem festhält und neue Ideen am harten Schädel seiner Unflexibilität einfach abprallen lässt. Dominieren Erde und Luft zusammen die anderen beiden

Elemente, kommt es oft zu zwanghaftem Verhalten. Dann sind äußere Strukturen alles, was wirklich zählt, ganz egal, ob sie einen inneren Zweck erfüllen oder nicht.

Wenn die Erde das Feuer-Element in uns dominiert, werden wir kalt und unfruchtbar. Dann fehlt es uns an Ideen, wie wir unser versteinertes Sein verändern und in Bewegung versetzen können. Solche Menschen mögen Sport meist ebenso wenig wie alle anderen Aktivitäten, die sie aus ihrer gewohnten Bahn bringen könnten, und ihre Vorstellungen von Sexualität sind oft von stark moralisch betonten Strukturen geprägt.

Wenn die Erdkraft in uns das Wasser-Element dominiert, kühlen unsere Gefühle ab, bis wir so eisig wie der hohe Norden werden und nicht länger in der Lage sind, emotional auf unsere Umgebung zu reagieren. Wo Fluss und Beweglichkeit sein sollten, herrscht dann nur noch Starre und Schwere. Auch hier können depressive Verstimmungen das Ergebnis sein.

Wenn das Erd-Element überdimensioniert ist und alle anderen Elemente überdeckt, kommt es schnell zu Gier und Völlerei. Dann haben wir einen Menschen vor uns, der nur noch an materiellem Zugewinn interessiert ist und sein ganzes Sein ausschließlich daran misst, wieviel er besitzt oder erreicht hat. Im schlimmsten Fall interessiert ihn dabei das Schicksal anderer Menschen oder Wesen auf diesem Planeten nicht im geringsten – er betrachtet seine Einstellung sogar als clever und alle Menschen, die altruistische Motive verfolgen, als dümmliche Zeitgenossen. Da er nicht über die Empathie des Wassers verfügt, die es ihm ermöglichen würde, sich in das von ihm verursachte Leid anderer Wesen einzufühlen und da er auch keinen Zugang zur transformierenden Reinigungs- und Lebenskraft des Feuers oder der Voraussicht der Luft hat, fügt er dem gesamten System damit großen Schaden zu. Alle Elemente werden von ihm ausschließlich zur Erlangung seiner materiellen Ziele zugelassen und eingesetzt. Während ich dies schreibe, versucht Barack Obama gerade, die Millionen-Boni zurück zu bekommen, welche die AIG-Manager erhielten, *nachdem* sie den Konzern fast in den Konkurs gefahren und 200 Milliarden Staatshilfe benötigt hatten. Ich bin mir sicher, auch Ihnen fallen einige prominente Beispiele für Fälle ein, in denen wir es eindeutig mit einem aufgeblähten Erd-Element zu tun haben.

Praktisch erleben: Erde

Wie gut sind Sie in der Materie verankert? Erleben Sie sich als einen Menschen, der sein Alltagsleben gut im Griff hat? Oder bereiten Ihnen finanzielle, häusliche und organisatorische Dinge große Schwierigkeiten? Bereitet es Ihnen Freude, mit diesen Lebensbereichen umzugehen, oder meiden Sie sie nach Möglichkeit? Sind Sie jemand, der gerne etwas aufbaut? Mögen Sie Tätigkeiten, für die Sie erst einmal „die Ärmel hochkrempeln" müssen?

Was für ein Verhältnis haben Sie zu Ihrem Körper? Beschäftigen Sie sich viel oder eher weniger damit? Mögen Sie ihn? Was gefällt Ihnen daran, was weniger? Sind Sie im Großen und Ganzen mit Ihrer körperlichen Verfassung zufrieden? Wie steht es um Ihren Muskelstatus? Um Ihr Gewicht? Beschäftigen Sie sich auf positive Weise mit Ihrem Körper? Tun Sie regelmäßig Dinge, die es Ihnen ermöglichen, Ihren Körper angenehm zu erleben? Wieviel Platz räumen Sie der Sinnlichkeit in Ihrem Leben ein?

Wie oft befinden Sie sich in der freien Natur? Löst diese in Ihnen eher Angst und Abwehr aus, oder genießen Sie jede Sekunde, die Sie draußen verbringen? Was tun Sie am liebsten im Freien? Haben Sie einen Hund oder einen anderen Grund, regelmäßig vor die Tür zu gehen?

Suchen Sie Orte auf, an denen Sie die Kraft des Elements Erde besonders gut spüren können. Setzen Sie sich an den Fuß eines Bergs und schauen Sie ihn einfach eine Zeit lang an. Verändert sich Ihre Stimmung dabei? Wenn ja, auf welche Weise? Was hat Ihnen der Berg zu erzählen? Nehmen Sie einen großen Stein in die Hand. Was löst es in Ihnen aus, seine Festigkeit, sein Alter, seine raue Oberfläche zu spüren? Hätten Sie gerne mehr von dieser Kraft? Oder weniger? Wo würden Sie diese Eigenschaften in Ihrem Leben unterstützen? Wo können Sie auf keinen Fall noch mehr davon gebrauchen?

Gehen Sie zu einem frisch gepflügten Feld und versenken Sie Ihre Hände tief in der fruchtbaren Krume. Heben Sie eine Hand voll davon an Ihr Gesicht und atmen Sie den Duft des satten Bodens tief ein. Wie empfinden Sie ihn?

Falls Sie die Gelegenheit haben sollten, es unbeobachtet und bei angenehmen Temperaturen tun zu können, dann reiben Sie doch spaßeshalber einfach mal Ihren ganzen Körper mit frischer, feuchter Erde ein. Es ist äußerst erstaunlich, was das mit den meisten Menschen unserer Kultur macht und ein ebenso tiefgehendes wie vergnügliches Erlebnis!

Die heiligen Reiche

Von nun an bewegen wir uns auf dem Rad nicht nur durch einen Schöpfungs-, sondern auch durch einen spirituellen Wachstumsprozess. Hier erfahren wir, wer wir sind, was uns zu dem gemacht hat, was wir sind, welche Kräfte und Möglichkeiten uns zur Verfügung stehen, wo es mit uns hingeht und welche Gesetze die Welt hat, in der wir leben. Die nächsten vier Positionen vermitteln uns das Wissen, das wir benötigen, um uns in Übereinstimmung mit dem Göttlichen zu bewegen, wie es in der natürlichen Welt zum Ausdruck kommt. Setzen wir also unsere Schöpfungsgeschichte fort!

Nachdem sich Urgöttin und Urgott durch die Erschaffung der Elemente zum Ausdruck und in die Existenz gebracht hatten, vereinten sie sich erneut, um das Leben in seinen vielen Gestalten hervorzubringen.

An ihrem eigenen Erschaffungsprozess erkannten sie, dass alles, was ist und jemals war, geprägt wird von dem, was es hervorgebracht hat, was vorher existiert hat. Sie schufen einen Ort der Erinnerung, an dem alles geehrt wird, was einst war oder eines Tages vorüber sein wird. Einen Ort, an dem wir von der Weisheit und Erfahrung jener lernen können, die vor uns diesen Weg gegangen sind.

Nun, da sie wussten, woher sie kamen und mit welchen Gaben und Möglichkeiten ihre Herkunft sie ausgestattet hatte, träumten Urgott und Urgöttin die nächsten Wesen in die Existenz. Mit kindlicher Unschuld und vollständigem Vertrauen in den göttlichen Schöpfungsprozess zeugten und gebaren sie unsere Geschwister, die Pflanzen, und schufen somit den Ort, an dem wir von unseren Träumen lernen.

Mit diesem tiefen Vertrauen in den Traum des Lebens folgten sie ihren Instinkten und schufen unsere anderen Geschwister, die Tiere, die sich zum Ruf der Rhythmen, Zyklen und Gesetze der Natur über den ganzen Planeten bewegen – jene, die immer im Hier und Jetzt sind und nicht gegen ihre Natur leben.

Urgöttin und Urgott schauten zurück und waren zufrieden, doch es gab noch eines zu tun. So, wie die Welt jetzt war, hätten pflanzliches Wachstum und tierische Instinkte zwar ohne weiteres bis in alle Ewigkeiten unter den Rhythmen und Zyklen der Natur andauern können, aber es wäre zu keinerlei Veränderung gekommen. Alles war gut, geordnet und an seinem Platz. Deshalb konnte es auch nur genau dort bleiben. Doch um die Kraft der Veränderung zu erfahren, musste das Göttliche zulassen, dass sich Unerwartetes ereignen kann. In dem Wissen, dass sie von diesem Augenblick an die Sicherung einer harmonischen Zukunft ihrer Schöpfung aus den Händen gab, tauchte die göttliche Essenz in das Unbekannte ein, um die Wellen des Ungeplanten und Unerwarteten zu reiten. Zufall und Chaos entstanden, und mit ihnen die Menschenkinder, die im Gegensatz zu den anderen Kindern von Vater Himmel und Mutter Erde auch gegen ihre Instinkte und im Widerspruch zu geltenden Rhythmen und Regeln handeln können.

Die nächsten vier Positionen des Rades beschreiben den Weg von der Selbstwerdung und -erkenntnis durch die Elemente hin zur spirituellen Reife, wie sie uns durch die heiligen Reiche und deren Interaktion miteinander ermöglicht wird. Die Reiche der Ahnen, der Pflanzen, der Tiere und der Menschen befinden sich in der zweiten Umdrehung der Spirale des Rades. Wie schon bei den Elementen ist diese Bewegung auch hier ein Prozess des Wachstums und der Selbsterkentnnis, wobei wir uns jetzt jedoch nicht nur auf unser reines Sein, sondern auch auf die uns umgebenden und prägenden Einflüsse konzentrieren.

In den Positionen vier bis sieben haben wir ein Bewusstsein von uns selbst und unserer Wirklichkeit erlangt. In den folgenden vier Positionen beginnen wir, unsere Persönlichkeit, unsere Beziehung zur uns umgebenden Welt und unserem spirituellen Selbst zu entwickeln, während wir uns auf die Suche nach innerer Heilung und Wachstum machen.

Position 8: Das heilige Reich der Ahnen

Im Erdelement im Norden haben wir von unserer materiellen Existenz erfahren. Hier, im Südosten des Rades, begreifen wir, woher wir gekommen sind und auf welche Weise uns diese Herkunft formt. Die Umgebung, in der sich unsere frühkindliche Persönlichkeit entwickelt, wird von jenen kontrolliert, die „vor uns waren“, oder in anderen Worten: von unseren Eltern (unabhängig davon, ob es unsere biologischen oder Pflege-Eltern sind). Auch deren Entwicklung ist auf dieselbe Weise von ihren Eltern geprägt worden, und so setzt sich diese Kette fort durch die Reihen unserer Vormütter und Vorväter.

Hier im Südosten treten wir mit unseren Ahnen in Verbindung, um von ihrer Weisheit zu lernen, aber auch, um den ersten Schritt zur Heilung der uns gemeinsamen Vergangenheit zu tun. Das wiederum hat äußerst heilsame Folgen für die Gegenwart – gar nicht zu reden von jener Zeit, wenn wir selbst einmal zu Ahnen geworden sein werden!

Der Südosten und somit das heilige Reich der Ahnen repräsentiert alle Anteile von uns, die wir aufgrund der in unserer Ursprungsfamilie üblichen Gewohnheiten, Überzeugungen, Glaubenssysteme und Verhaltensweisen entwickelt haben. Von der Familie erfahre ich, wer ich bin, denn es sind meine engsten Verwandten, die mir von Anfang an ständig rückmelden, wie sie mich erleben. Hier bekomme ich gesagt, ob ich klug oder dumm, brav oder ungezogen, schön oder hässlich, liebenswert oder abzulehnen bin. Wenn ich zum Beispiel als Kind ständig zu hören bekomme, ich sei zu faul und behäbig, wird diese Aussage zu einem Teil meines Selbstbilds, und ich entwickele mich unter Umständen zu einem wenig beweglichen und zu Übergewicht neigenden Erwachsenen. Oder ein Junge wird in der familiären Überzeugung erzogen, Frauen seien schwächer als Männer und müssten von ihnen beschützt werden. So sucht er sich ein Leben lang Frauen aus, die diese Überzeugung bestätigen und für die er ständig stark sein muss, auch wenn er sich eigentlich im tiefsten Herzen nach einer Partnerin sehnt, die auch ihn mal auffangen kann. Probleme, die aus solchen familiären Prägungen entstehen, können hier, im Südosten des Rades erkannt, analysiert und geheilt werden – mit entsprechend positiven Folgen für die Gestaltung unseres weiteren Lebens! Auf diese Weise ist es uns möglich, unsere Selbstkonzepte neu zu definieren. Unter Umständen beenden wir damit eine lange Geschichte des Schmerzes, die viele Generationen lang von den Eltern zu den Kindern weitergereicht worden ist und ohne unser Eingreifen auch an unsere eigenen Kinder weitergegeben worden wäre.

Unsere Ahnen haben uns aber nicht nur Schmerz zu bieten. Hier treffen wir auch auf ein unendlich großes Reservoir an Wissen, Weisheit und Erfahrungen. Wir haben das Rad schließlich nicht erfunden – mit denselben Problemen haben sich unsere Vorfahren so oder ähnlich bereits zuvor mehr oder minder erfolgreich auseinander gesetzt. Und irgendwo in der laaaaaangen, langen Reihe unserer Ahnen ist mit Sicherheit auch jemand, der sie schon mal gelöst hat. Gut, vielleicht nicht in derselben Umgebung, aber ein Beziehungskrach aus Eifersucht bleibt derselbe, ob er sich nun in einer vollautomatischen Küche oder vor dem Lagerfeuer eines Wikinger-Langhauses abgespielt hat.

Das Reich der Ahnen ist eine ständige Quelle der Liebe und der Unterstützung für uns. Selbst wenn uns unsere unmittelbaren Vorfahren nicht gut gesonnen sind oder waren, so vermittelt ihnen der Tod doch eine ganz andere Perspektive auf das Geschehene, und je weiter sie davon entfernt sind, umso leichter fällt ihnen oft diese Veränderung des Blickwinkels. Tote sind im allgemeinen viel toleranter und verständnisvoller, als sie es im Leben waren – sie haben es ja auch einfacher, denn „da draußen" verfügen sie über einen viel besseren Überblick über die ganze Angelegenheit. Das ermöglicht uns wiederum, ihnen zu begegnen und zwischenmenschliche Probleme zu heilen, ohne in unseren eigenen Schmerz zu verfallen. Gut, es gibt immer schwarze Schafe, die auch nach dem Übergang in die andere Welt nicht in der Lage sind, ihre dunklen Gefühle und dysfunktionalen Überzeugungen loszulassen, aber da sind immer auch viele Menschen in der Ahnenreihe, die uns mit ihrem Verstehen und ihrer Liebe dabei begleiten wollen, endlich dieselben Familienthemen zu knacken, an denen bereits sie schon mehr oder weniger leidvoll geknabbert haben. Als Dank dafür helfen sie uns dabei, herauszufinden, wer wir wirklich sind und woraus unsere tatsächlichen Wurzeln bestehen.

Im Südosten des Rades treten wir aber nicht nur mit unseren eigenen, persönlichen Ahnen in Verbindung, sondern können auch jenen begegnen, die in früheren Leben unsere Vorfahren waren oder es in zukünftigen sein werden. Und wir treffen hier auf die Ahnen der Menschheit, also auf alle Lebensformen, die vor uns auf dieser Welt existiert haben und dann in andere Reiche weitergegangen sind – bis hin zu den Elfen und Feen bzw. dem sogenannten „kleinen Volk".

Und schließlich verbinden wir uns hier mit den Menschheitslehrern, den erleuchteten Ahnen. Damit sind Menschen gemeint, die im Laufe ihres Erdenlebens tatsächlich „Erleuchtung" erlangt und dann durch ihre Handlungen zum Wachstum und Wohle ganzer Bevölkerungsgruppen oder gar der gesamten Menschheit beigetragen haben. Gandhi ist ein hervorragendes Beispiel für einen solchen erleuchteten Ahnen. Er ist nicht nur der körperliche Ahne seiner persönlichen Nachkommen, sondern auf spiritueller Ebene auch von uns allen. Weitere Beispiele hierfür können Buddha, Christus (so er tatsächlich gelebt hat, was Vicky glaubt, William aber nicht), Mutter Theresa oder Sitting Bull dienen. Diese Lehrer zeigen uns, wie wir nicht nur persönliches Wachstum erfahren, sondern darüber hinaus zu einem Beispiel der Hoffnung für andere um uns herum werden können. Preisfrage: Muss man tot sein, um ein erleuchteter Ahne werden zu können? Ich denke nicht. Zu den unseren zählt jedenfalls auch der amtierende Dalai Lama!

An dieser Stelle des Rades wachsen wir, indem wir einen objektiven Blick auf unsere Selbstkonzepte werfen. Dann können wir erkennen, was wir von unseren Ahnen und unserer frühen Umgebung übernommen haben und feststellen, ob uns diese Selbstkonzepte in unserer Entwicklung unterstützen oder behindern. Mithilfe der Weisheit, die uns auf dieser Position zur Verfügung steht, sind wir dann in der Lage, Hindernisse zu beseitigen und mit der Heilung der Wunden zu beginnen, die von Generation zu Generation bis zu uns weitergegeben wurden.

In vielen Fällen ist diese Neudefinition unseres Selbstbilds ein schmerzhafter Prozess, der durchaus mit einer Geburt vergleichbar ist. Doch erst, wenn wir damit beginnen, jene Konzepte loszulassen, die uns von wahrem spirituellem Wachstum abhalten, können wir zu selbstbestimmten Individuen werden, anstatt wie Roboter auf immer gleiche Weise nach einem an uns weitergegebenen Programm zu reagieren.

Praktisch erleben: Das heilige Reich der Ahnen

Welche Beziehung haben Sie zu Ihren Eltern und Ihren Großeltern? Was fühlen Sie, wenn Sie an ihre Vorfahren denken? Wie betrachten Sie die Wurzeln, aus denen Sie hervorgegangen sind?

Organisieren Sie sich ein großes Blatt Papier oder kleben Sie mehrere Bögen zusammen. Im Idealfall ist der Bogen etwa so groß wie Sie selbst. Legen Sie sich dann darauf und bitten Sie eine andere Person, Ihre Umrisse auf dem Blatt mit einem Stift nachzufahren. Bei einem kleineren Blatt können Sie einen Menschenumriss in kleinerem Maßstab zeichnen. Schließen Sie nun die Augen, entspannen Sie sich und erlauben Sie sich, mit immer ruhigeren Atemzügen immer tiefer in sich hinein zu sinken. Besuchen Sie nun mit Ihrer Aufmerksamkeit jeden einzelnen Teil Ihres Körpers und achten Sie dabei darauf, welche Bilder und Aussagen Ihnen dabei in den Kopf kommen oder welche Gefühle in Ihnen aufsteigen, die mit Ihrer Person zu tun haben. Oft sind auch Erinnerungen darunter. Was haben Sie in Ihrer Kindheit über sich zu hören bekommen? Lassen Sie sich Zeit für diese Übung und betrachten Sie sowohl positive wie auch negative Äußerungen.

Wenn Sie auf diese Weise Ihren ganzen Körper erforscht haben, kehren Sie ins Hier und Jetzt zurück und notieren Sie so viele dieser Sätze, wie Sie noch erinnern können, auf dem Blatt neben Ihrem Körperumriss. Vielleicht können Sie sie neben die Stelle schreiben, auf die Sie sich gerade konzentrierten, als sie in Ihr Bewusstsein kam. Es ist gut möglich, dass Sie sich während des Aufschreibens an weitere Sätze erinnern, die bisher noch gar nicht aufgetaucht waren. Notieren Sie diese dort, wo Sie Ihnen passend erscheinen.

Nehmen Sie dann Stifte (am besten Wachsmalkreiden, die sind so schön breit und lebendig) und gestalten Sie Ihr Körperbild. Was haben diese Sätze aus Ihnen gemacht, schöne wie auch schlimme? Was für ein Bild haben Sie aufgrund dessen von sich erhalten? Wo liegt die Kraft dieser Person auf dem Bild, und wo bedarf sie der Heilung? Auf welche Weise machen Sie sich diese Kraft zunutze? Was brauchen Sie, um heil zu werden?

Erkennen Sie aus dem Bild ein Thema, das bereits Ihre Eltern und Großeltern geprägt hat? Wie sind diese damit umgegangen? Möchten Sie mit jemandem aus diesen Generationen darüber sprechen?

Position 9: Das heilige Reich der Pflanzen

Wenn wir herausgefunden haben, woher wir kommen und wer wir demzufolge sind, können wir uns der Frage stellen, wohin wir gehen wollen. Im Südwesten gehen wir unsere ersten Schritte in vollständigem Vertrauen und vollständiger Unschuld. Das ist die Art der Pflanzen. Sie keimen in unschuldigem Vertrauen darauf, dass sie dort, wohin auch immer ihr Samen fällt oder von einem Tier abgelegt wird, alles finden, was sie ihr ganzes weiteres Pflanzenleben lang benötigen werden. Eine Pflanze kann schließlich nicht einfach ihre Wurzeln aus der Erde ziehen und an einen anderen Ort wandern, wenn es ihr hier zu unwirtlich wird. Egal, ob dieses Pflanzenleben hunderte von Baumjahren dauert oder nur wenige Wochen, bis ein Grashalm verdorrt – Pflanzen nehmen es in beiden Fällen einfach an und sehen darin ihre Aufgabe in der Welt.

Dieses Reich beinhaltet viele verschiedene Familien – die Gräser, Büsche, Blumen und die "stolze Nation der Bäume", wie sie gerne genannt werden. Jede Familie wächst und gedeiht selbstverständlich in der Gestalt und auf die Weise, auf die das Göttliche sie erträumt hat. Aus diesem Grund sind die Pflanzen die Hüter der Träume.

Wenn wir in diesem Zusammenhang von Träumen sprechen, meinen wir jedoch nicht nur unsere nächtlichen Erlebnisse. Hier ist vielmehr jener Mechanismus gemeint, der in der Redewendung „einen Traum Wirklichkeit werden lassen“ zum Ausdruck kommt. Wenn wir ein Ziel vor Augen haben, auf das wir hin arbeiten, formen und gestalten wir unsere Welt so lange, bis dieses Ziel erreicht ist. Wir machen etwas, das zunächst nur als Vorstellung, als Traum in unserem Kopf und unserem Herzen existiert hat, zu anfassbarer Realität. Das geschieht jedoch nicht nur auf bewusste, sondern auch auf unbewusste Weise ständig. So arbeitet eine junge Frau zum Beispiel nicht nur gerade bewusst an der Verwirklichung ihres Traums von einer guten Examensnote, indem sie ihren gesamten Lernstoff wieder und wieder durchgeht und sich bestmöglichst vorbereitet, sondern gleichzeitig verwirklicht sie jenen Teil ihres Selbstkonzepts, der besagt, dass sie sehr intelligent ist, weil sie sich den Lernstoff leicht aneignen kann. Zugleich realisiert sie aber vielleicht auch jenen Teil, der davon überzeugt ist, dass sie besser mit Büchern als mit Menschen umgehen kann, indem sie alle Versuche junger Männer, sich mit ihr zu verabreden, ablehnt. Schließlich steht sie mit einem hervorragenden Examen da, hat aber keinen Partner, mit dem sie es feiern könnte. Sie hat alle Teile ihrer Vorstellung von sich selbst, ihres Traums von sich selbst, verwirklicht – die bewussten wie die unbewussten, die dienlichen wie die hinderlichen.

Wir erschaffen die wesentlichen Teile unserer Lebenssituation also ständig selbst. Die Grundlage dafür sind immer tief in uns verankerte Vorstellungen, Überzeugungen oder eben „Träume“. Deshalb bezeichnen viele indigene Völker die tägliche Lebensgestaltung selbst als „Träumen“ und sehen darin entsprechend eine hochaktive Angelegenheit. Sie unterscheiden mehrere Ebenen dieses Traums. Da wäre zunächst der Alltagstraum, also das, was unsere Lebensgrundlage ausmacht. Dazu gehören alle Aktivitäten, die für unsere Ernährung, eine angemessene Unterkunft und eine ausreichende gesundheitliche Versorgung notwendig sind – was man halt zum Überleben braucht. Dieser Traum ist von großer Wichtigkeit, denn wenn er im Argen liegt, verfügen wir nicht über die Ressourcen, die notwendig sind, um uns um unser spirituelles Wachstum oder unsere seelische Heilung zu kümmern. Natürlich sieht ein gesunder Alltagstraum für jeden Menschen anders aus – während für die junge Familie eine Drei-Zimmer-Wohnung und eineinhalb Vollzeitjobs dazu gehören, ist für eine Studentin vielleicht ein ausgebauter Bauwagen mit Gartenparzelle und einem Minijob alles, was sie braucht. Es ist jedoch unbedingt nötig, zuerst den Alltagstraum ins Gleichgewicht zu bringen, bevor man sich der zweiten Traum-Kategorie zuwenden kann: dem heiligen Traum.

Der heilige Traum bezeichnet das, wofür wir auf diesen Planeten gekommen und in genau dieses Leben geboren worden sind. Hier geht es um die ureigene Lebensaufgabe. Dieser wiederum ist Teil des heiligen Traums von Mutter Erde und damit auch des heiligen Traums des Göttlichen. Denn der Traum, der uns in unserem allertiefsten Sein am meisten berührt, ist jener der Wiedervereinigung mit dem Göttlichen. Deshalb trägt jeder echte heilige Traum auch zum heiligen Traum von Mutter Erde bei und führt uns direkt auf den Weg zum Herzen des göttlichen Universums.

Auf diesem Weg werden wir von den sogenannten Traumlehrern unterstützt und begleitet. Sie helfen uns dabei, unseren heiligen Traum zu erkennen und herauszufinden, wie wir ihn in unser Leben umsetzen können.

Zugleich treten wir auf dieser Position aber auch mit den Pflanzengeistern, den „Spirits“ der Pflanzen in Verbindung. Auf diese Weise können wir die äußerst reale und lebendige Persönlichkeit einer jeden Pflanze kennenlernen. Der Aufbau einer solchen Beziehung ist besonders zu den von uns verwendeten Heilpflanzen wichtig. Die Wirksubstanz einer solchen Pflanze macht nämlich nur einen (geringeren) Teil des Heilungsvorgangs aus; wer diesen mit einem echten, respektvollen Kontakt zum betreffenden Pflanzengeist zu kombinieren versteht, erhöht die Effektivität der Heilungsmaßnahme um ein Vielfaches.

Dasselbe gilt für die sogenannten Lehrerpflanzen. Diese Spirits bieten uns die Möglichkeit, in andere Bewusstseinszustände einzutreten. Jeder von ihnen hat jedoch auch eine dunkle Seite. Wenn diese Pflanzen wie in unserer Gesellschaft nicht mit dem nötigen Respekt behandelt werden, verlieren sie die Bereitschaft, mit uns zusammenzuarbeiten und werden im schlimmsten Fall zu süchtig machenden Monstern. Tabak ist ein gutes Beispiel dafür.

Tabak ist eine überaus machtvolle Pflanze, die seit Urzeiten in Heilritualen und bei Andersweltreisen eingesetzt wird. Die meisten indigenen Völker scheinen (oder schienen bis zur Ankunft christlicher Pioniere) kaum Probleme damit zu haben, diese Pflanze sowohl rituell als auch im Alltag zu verwenden. Der Grund dafür könnte in der tiefen Überzeugung dieser Menschen liegen, dass alle Dinge und jeder Moment heilig sind und auch heilige

Pflanzen demzufolge für den allzeitigen Gebrauch (nicht Missbrauch) gedacht sind. In unserer Gesellschaft ist Tabak jedoch zu einer Plage geworden. Aufgrund des ständigen Missbrauchs ist er zu einer der weltweit meistverwendeten Suchtdrogen avanciert – nur raffinierter Zucker wird noch mehr missbraucht. Darüber hinaus zeigt sich die dunkle Seite dieser Pflanze in den Krankheiten, die sie verursacht, wenn sie nicht zu rituellen bzw. Heilungszwecken eingesetzt wird.

All diesen Dingen – dem Finden des heiligen Traums, Persönlichkeitswachstum mit Hilfe von Pflanzenspirits, den Themen Sucht und Vision – muss ein hohes Maß an Selbstehrlichkeit und Selbsterkenntnis zugrunde liegen, wenn wir sie als aufbauende und nicht als zerstörerische Kräfte erleben wollen. Deshalb sind dunkle Spiegel sowie offene und geschlossene Traumsymbole weitere wichtige Themen dieses Reichs.

Unter einem dunklen Spiegel verstehen wir im Grunde das, was psychologisch als Projektion bezeichnet wird. Wir erkennen einen Teil unserer Persönlichkeit, den wir aus unterschiedlichen Gründen in uns selbst nicht anerkennen wollen, statt dessen in anderen wieder und reagieren entsprechend emotional darauf. Dabei kann es sich sowohl um positiv wie auch negativ empfundene Eigenschaften handeln. Ein Beispiel: Ein Mann geht mit seiner Frau eine Straße entlang. Da kommt ihnen eine junge, eher aufreizend gekleidete Frau entgegen, die sich ihrer körperlichen Qualitäten deutlich bewusst zu sein scheint. Mehrere andere Männer in der Umgebung bemerken dies und quittieren es mit bewundernden, genießerischen Blicken, einem Zungenschnalzen oder einem vielleicht etwas anzüglichen Lächeln. Darauf hin wendet sich der Mann seiner Frau zu und lässt sich sehr emotional mehrere Minuten lang darüber aus, wie unmöglich sich manche Männer doch benehmen würden, dass es unanständig sei, eine Frau mit den Augen beinahe auszuziehen und ob die sich nicht besser berrschen könnten. Tatsächlich aber betrachtet er sich unbewusst selbst als unbeherrschten Mann und fürchtet die Kraft seiner eigenen sexuellen Begierden, die er als negativ zu bewerten gelernt hat. Bei seinem ausgiebigen Sermon geht es also in Wahrheit gar nicht um die anderen Männer – er spricht von sich selbst, würde das aber niemals zugeben. Nicht einmal vor sich selbst, und genau da liegt das Problem.

Ein Beispiel für die Projektion einer als positiv erlebten Eigenschaft kennt jeder, der schon einmal frisch verliebt war. Ein Teil dieser Situation besteht nämlich darin, dass wir uns *in uns selbst im anderen* verlieben, also gnadenlos alles, was wir an uns gut finden, im anderen sehen und dort lieben. Da dürfen wir das nämlich – ohne diesen Umweg hieße es doch nur „Eigenlob stinkt“. Selbstliebe hat in unserer Kultur nun mal keine große Lobby.

Ein anderes Beispiel dieser Form der Projektion hat Vicky jahrelang mit einer Nachbarin erleben dürfen. Jedes Mal, wenn sie diese sah, nervte sie die arrogant-hochnäsige Haltung, in der die Nachbarin die Straße entlang marschierte. Bis Vicky eines Tages begriff, dass die Nachbarin sich etwas zugesteht, das Vicky sich selbst nicht erlaubte: einfach stolz auf sich und ihre Leistungen zu sein. Sich hinzustellen und bereits durch die Körperhaltung auszudrücken: „Um mich kommst du nicht so einfach herum, ich bin jemand, ich bin nicht unsichtbar“. Vicky hatte aber schon früh gelernt, dass Unsichtbarkeit der beste Weg für sie war, in Frieden gelassen zu werden. Jetzt als Erwachsene hatte sie jedoch ihre eigene Kraft kennengelernt und sehnte sich danach, diese einfach durch sich hindurch fließen zu lassen. So lange sie sich davon aber durch das alte Unsichtbarkeits-Gebot aus ihrer Kindheit abhalten ließ, ging das nicht. Erst ihre Verärgerung über diese Frau ließ sie darüber nachdenken, warum um alles in der Welt sie die Körperhaltung eines Menschen aufregte, mit dem sie in ihrem Alltag fast keine Berührungspunkte hatte. Und da ging ihr ein Licht auf.

Wir nennen Menschen, auf die wir eigene, nicht angenommene Anteile projizieren, deshalb dunkle Spiegel, weil sie uns zeigen, was wir an uns nicht sehen wollen, worüber wir lieber ein großes, dunkles Tuch des Schweigens breiten würden. Dabei ist das, was wir da verstecken wollen, niemals wirklich schlimm, sondern *wird von uns nur so bewertet*. Oft ist es ein Teil des familiär geprägten Selbstkonzepts, der da spricht: „Strecke deine Nase nicht so hoch in die Luft, mache dich nicht so groß – Bescheidenheit ist für Mädchen eine Zier." „Männer sind aggressive, sexbessessene Monster. Sieh ja zu, dass du nicht auch einmal so wirst." Als Kleinkinder sind wir den Wertungen der Menschen in unserer Umgebung hilflos ausgesetzt; ein Kind kann die Überzeugungen seiner Mutter nur als hilfreiche Richtlinien der Lebensbewältigung annehmen, sie aber noch nicht in Frage stellen. Als Erwachsene sind wir dazu jedoch durchaus in der Lage – wenn wir es schaffen, aus dem unbewussten Schleier einer kindlichen Prägung auszusteigen, indem wir uns fragen, warum uns die andere Person eigentlich so aufregt. Denn dann können wir die Projektion wieder zu uns zurücknehmen und die Eigenschaft, die wir an uns nicht sehen wollten, auf angemessene und kraftvolle Weise leben! Dann kann der Mann aus unserem Beispiel seine Männlichkeit annehmen lernen, in dem er begreift, dass er mit seiner Aggression nicht nur zerstören, sondern auch schützen kann und dass ihn seine sexuelle Potenz durchaus anziehend macht, wenn er Frauen auswählt, die selbst Spaß am Sex haben. Und Vicky konnte sich von diesem Moment an zugestehen, sich selbst nicht immer nur abzuwerten, sondern auch mal stolz auf sich zu sein und sich an sich selbst zu erfreuen, ohne das gleich angeberisch allen unter die Nase reiben zu müssen. Alle Eigenschaften, die wir an anderen und damit an uns partout nicht ausstehen können, haben auch eine lichte Seite, die wir getrost ausleben können. Meist wollen wir sowieso nichts anderes als das.

Für uns übernehmen andere Menschen meist die Funktion des hellen oder dunklen Spiegels. Wir können jedoch auch Gegenstände, Symbole, Bilder oder alles andere, was uns umgibt, zu Trägern von Gefühlen machen, die eigentlich uns selbst gehören. Dann sprechen wir von geschlossenen Traumsymbolen.

Sie erinnern sich: In diesem Zusammenhang bedeutet die Verwendung des Wortes „Traum" nicht etwa, unsere Wirklichkeit sei nicht real, sondern stellt viel mehr die Tatsache fest, dass wir die wesentlichen Elemente davon selbst geschaffen und so zusammengestellt haben, wie sie heute im Gewand unseres Alltagslebens daher kommen. „Etwas erträumen" entspricht also vielmehr dem Gedanken, etwas selbst zu kreieren. Deshalb wird in diesem Zusammenhang auch gerne davon gesprochen, dass wir uns „unsere Wirklichkeit selbst erträumen". In dieser Begrifflichkeit ist jedes einzelne Element unseres Lebens – sei es nun ein Gegenstand wie ein Stuhl, ein gedankliches Konstrukt wie „Festigkeit" oder ein Symbol wie das Kreuz ein Traumsymbol, also etwas, das von uns in unsere Welt hinein erschaffen worden ist. Die meisten dieser Elemente berühren uns emotional nicht besonders. Ein Stuhl ist ein Stuhl, und alles, was mich daran interessiert ist, ob er mich aushält, wenn ich mich darauf setze. Doch für einen Menschen, der in seiner Kindheit von einem aggressiven Vater einen Stuhl übergezogen bekommen hat, kann diese besondere Art des Stuhls zu einem roten Tuch werden. Er hat sich in ein geschlossenes Traumsymbol verwandelt, also in ein Element der Wirklichkeit, das plötzlich mit Gefühlen geladen ist und sie auch auslöst.

Für einen großen Teil unserer Kultur ist die Swastika, das Hakenkreuz, ein solches geschlossenes Traumsymbol, das rasch Reaktionen wie Furcht und Abscheu hervorruft. Dennoch war die Swastika in den letzten sechstausend Jahren auf vier Kontinenten dieser Erde im steten Gebrauch, wobei sie durchaus unterschiedliche Bedeutungen aufweisen konnte. In Asien gilt sie seit Jahrtausenden als Glückssymbol; der Sanskrit-Begriff bedeutet übersetzt „das Gutseiende, Heilbringende". Hier in Deutschland war sie jedoch Symbol einer grausamen Diktatur, die unsägliche Gräuel zu verantworten hat, an denen unser nationales Selbstbild samt dazugehörigem Selbstwert immer noch knabbert. Es brauchte nur ein Jahrzehnt, um ein über sechstausend Jahre lang positiv belegtes Zeichen zu einem Symbol unglaublichen Horrors zu machen. Dabei gibt es verschiedene Formen der Swastika, aber die meisten Menschen hier in Deutschland sehen diese Unterschiede nicht einmal, sondern reagieren auf alles emotional negativ, das einem Hakenkreuz auch nur entfernt ähnlich sieht. Es ist für uns eben immer noch ein überaus starkes geschlossenes Traumsymbol.

Die Arbeit mit dunklen Spiegeln und geschlossenen Traumsymbolen führt uns direkt zur Selbsterkenntnis und – wenn diese mit Liebe gepaart ist – zur Selbstannahme. Und das ist der Pfad zum heiligen Traum, denn erst, wenn ich weiß, wer ich bin, kann ich die Aufgabe erkennen, für die ich hierher gekommen bin und den Platz in dieser Welt einnehmen, für den ich geboren wurde. In diesem Sinne bedeutet spirituelles Erwachen für uns auch, aus dem Illusionstraum der Projektionen, der Spiegel und Symbole auszusteigen, die damit verbundenen Verstrickungen zu beenden und auf das zu blicken, was sich dahinter verbirgt und wirklich wichtig ist. All das ist hier im Südwesten des Rades möglich.

Praktisch erleben: Das heilige Reich der Pflanzen

Was für eine Beziehung haben Sie zu Pflanzen? Sind Sie jemand mit einem „grünen Daumen"? Welche Pflanzen mögen Sie besonders, und welche können Sie nicht ausstehen? Welche Teile von sich erkennen Sie im Sinne der Spiegelarbeit darin wieder?

Gibt es Pflanzen, die ein Suchtpotential für Sie haben? Welche sind das? Versuchen Sie, mehr über die spirituelle Botschaft dieser Pflanzen herauszufinden.

Beobachten Sie eine Zeitlang, auf welche Verhaltensweisen anderer Menschen sie besonders „allergisch" reagieren. Regt Sie dieses Verhalten öfters auf? Was könnte es mit Ihnen zu tun haben? Wie können Sie die dort hinein projizierte Eigenschaft auf lichte Weise leben?

Welche Eigenschaften bewundern Sie an anderen Menschen besonders? Was hält Sie davon ab, diese Eigenschaften selbst zu leben?

In welcher Verfassung befindet sich Ihr Alltagstraum? Verfügen Sie über alles, was Sie grundlegend benötigen, oder stellt jeder Monat einen Kampf am Rande des existenziellen

Abgrunds dar? Tun Sie alles, was nötig ist, um Ihren Körper gesund zu halten? Weist Ihr Alltagsleben in den letzten Jahren eine Tendenz zur stetig fortschreitenden Stabilisierung auf, oder wird es im Gegenteil eher immer unsicherer? Haben Sie vielleicht sogar gerade eine große Umwälzung Ihrer Lebensbedingungen hinter sich oder gehen momentan durch eine solche Zeit? Was muss geschehen, um die Lücken zu schließen, die Sie durch diese Fragen vielleicht erkannt haben?

Kennen Sie bereits Teile Ihres heiligen Traums? Möchten Sie wissen, wozu Sie wirklich hier auf dieser Welt sind? Welche Schritte könnten Ihnen dabei helfen, das herauszufinden? Wenn Sie Ihren heiligen Traum bereits erkannt haben, was tun Sie jeden Tag, um ihn ein Stück mehr zu verwirklichen?

Ziehen Sie einige Pflanzen auf (sei es im Garten oder auf dem Fensterbrett). Überlegen Sie sich gut, welche Pflanzen es sein sollen und sprechen Sie regelmäßig mit ihnen über diese Fragen oder meditieren Sie in ihrer Anwesenheit darüber.

Position 10: Das heilige Reich der Tiere

Die Tiere sind die auf der Suche nach Selbsterkenntnis von Göttin und Gott nächstgeborenen Kinder. Viele Menschen begegnen Tieren mit Faszination, und manche empfinden sogar eine Verbindung oder eine Verwandschaft mit ihnen. Manche stellen eine besondere spirituelle Beziehung zum Spirit, zum geistigen Wesen einer bestimmten Tierart her. Diese Geisthelfer können auf unserem Weg zu spiritueller Selbsterkenntnis, aber auch bei der Heilung anderer Menschen und unserer selbst eine enorme Unterstützung sein.

Krafttiere, wie sie auch genannt werden, lehren uns, welche speziellen Eigenschaften sie je nach Art haben und setzen diese auch für uns ein. Alle aber können uns lehren, vollkommen im Hier und Jetzt zu sein, denn das ist für Tiere völlig normal. Sie machen sich keine sorgenvollen Gedanken um die Zukunft, und sie stellen auch sich selbst nie in Frage. Eine Katze käme niemals auf die Idee, sich zu fragen, ob sie so, wie sie gerade zierlich mit dem Schwanz wippend über das Regal spaziert und eine Vase abstürzen lässt, gut ist oder nicht. Sie ist so. Basta. Räume doch bitte mal die Scherben weg, ja?

Tiere stellen sich und ihre Handlungsweisen nie in Frage, weil diese zu einem großen Teil instinktgesteuert sind. Solange sie körperlich und geistig gesund sind, wissen sie immer, was sie in welcher Situation zu tun haben. Dabei ist ihr Instinkt keineswegs ein stereotypes Verhaltensprogramm, in dem sie unflexibel gefangen sind, sondern vielmehr das Ergebnis einer tiefen und ständig bewussten Verbindung mit dem Geist der Natur selbst. Warum gegen diesen handeln, wenn man ihn schon so klar spüren kann?

Das heilige Reich der Tiere befindet sich im Nordwesten des Rades und repräsentiert das Reich der heiligen Regeln und Gesetze, der Rhythmen und Zyklen der Natur. Kein anderes Wesen auf diesem Planeten ist diesen Zyklen so stark unterworfen – verkörpert sie sozusagen – wie die Tiere, die zum Teil mit ihnen quer über den ganzen Planeten ziehen. Tiere kennen die Regeln der Natur, und sie kämen unbeeinflusst nie auf die Idee, sich ihnen zu widersetzen und sie zu missachten. Sie *sind* diese Regeln, diese Rhythmen und Zyklen, eben selbst. Das weiß jeder, der Haustiere besitzt. Regeln sind Regeln, und wenn es laut Regel morgens um acht Futter gibt, interessiert es die meisten Katzen herzlich wenig, ob heute Sonntag ist und Sie ausschlafen wollen. Da hat man die Kinder endlich so weit, dass sie bis um zehn Uhr leise spielen – aber seit wann ändert das die Regel, dass Bello morgens als erstes Gassi gehen will?

Die rhythmische Bewegung der Jahreszeiten spiegelt sich auch in der Ebbe und Flut unserer eigenen Lebenszyklen. Das beginnt mit unserer Eingebundenheit in das Rad des Jahres und setzt sich im weiblichen Menstruationszyklus fort. Für Menschen, die in Küstennähe leben, haben die Gezeiten eine große Bedeutung, und immer mehr Gärtner stimmen ihre Aktivitäten wieder auf die Mondphasen ab. Doch auch auf psychischer bzw. spiritueller Ebene erfahren wir sie ständig – zum Beispiel als immer wiederkehrende Ereignisse in unserem Leben. Wie war das noch mit der Frau, die immer wieder denselben Typ Mann anzieht, obwohl ihre Beziehungen nach wenigen Monaten jedesmal in Gewalt und Schmerzen enden? Vicky mag gar nicht daran denken, wie oft sie Weihnachten mit schweren bakteriellen Infektionen im Bett verbracht hat, bis sie endlich begriff, dass sie zum Jahresende eine Auszeit braucht und sich die Weihnachtsferien komplett frei nehmen muss, wenn sie halbwegs gesund ins neue Jahr kommen will. Hier kommen wir mit unseren eigenen Rhythmen und Zyklen in Kontakt.

Im Nordwesten des Rades begegnen wir also den Regeln, die unser Leben strukturieren und in deren Rahmen wir lernen. Manche dieser Regeln sind funktionell, andere nicht. Auf dieser Position des Rades können wir sie betrachten und objektiv mit ihnen arbeiten. Grundsätzlich unterscheiden wir zwischen „heiligen" und „unheiligen" Regeln und Gesetzen. Heilige Gesetze sind naturgegeben; allerdings zählen wir hierzu nicht nur die wissenschaftlichen Naturgesetze, sondern auch solche spiritueller Art. Solche Gesetze können nicht gebrochen werden, ohne dadurch ein Ungleichgewicht zu schaffen, das sich irgendwann später wieder ausgleichen muss. Ein häufig zitiertes Beispiel hierfür ist das heilige Gesetz „Den Kindern darf kein Leid geschehen". Natürlich kann man dieses Gesetz brechen, und das geschieht leider auch ständig auf der Welt, aber es bleibt nicht ohne Folgen. Wenn ich meinem Nachbarn einen Apfel von seinem Baum pflücke, habe ich zwar geklaut, aber damit kein größeres Ungleichgewicht im Universum geschaffen, das von nun an nach Ausgleichung strebt. Wenn ich jedoch ein Kind misshandele, schaffe ich damit eine energetische Schuld, die auf irgend eine Weise ausgeglichen werden will, werden wird und werden muss. Wie das geschieht, hängt von den beteiligten Menschen ab, aber es wird geschehen. Vielleicht wird das Kind einfach erwachsen, erhält niemals eine Möglichkeit, sich mit seiner Vergangenheit auseinanderzusetzen und wird deshalb selbst zum schlagenden Elternteil. Dann wird das Ungleichgewicht und somit die Aufgabe seiner Ausgleichung einfach an die nächste Generation weitergegeben. Vielleicht begegnet dieser Mensch aber auch anderen, die ihn in seinem Schmerz annehmen und auf seinem Weg zur Heilung begleiten können. Dann wurde die Energieschuld der Misshandlung mit Liebe beglichen. Auf jeden Fall aber wird die Misshandlung Folgen haben, wie auch immer diese aussehen. Das ist die Art der heiligen Gesetze.

Ein anderes gutes Beispiel für ein heiliges Gesetz ist „Alles Leben ist miteinander verbunden, und was wir anderen antun, tun wir schlussendlich uns selbst an.“ Auch so ein Gesetz, das ständig verletzt wird, und man sehe sich nur die Folgen an … Heilige Gesetze sind also daran erkennbar, dass sie nicht nur unser ethisches Empfinden unterstützen, sondern darüber hinaus auch uns und dem uns umgebenden Leben dienen.

Der dunklen Seite des Nordwestens begegnen wir in „unheiligen Regeln und Gesetzen“ – das sind jene, die wir uns selbst oder anderen auferlegt haben und die unser persönliches sowie spirituelles Wachstum behindern. Psychologisch wird hier auch von dysfunktionalen Überzeugungen gesprochen.

Beispiele für solche dysfunktionalen Überzeugungen sind “Ich bin als unwürdige Sünderin geboren” oder “Ich verdiene es nicht, eine befriedigende Beziehung zu haben”. Solche negativen Grundsätze schaffen Schuld- und Minderwertigkeitsgefühle, die bis zur Depression führen können. Um spirituell wachsen zu können, müssen wir uns jedoch mit selbstnährender Liebe annehmen können, denn das fördert unser Wachstum. Wenn wir uns aber mit Hilfe solcher unheiliger Regeln einschränken, ist es an der Zeit, unser Lebensbuch zu öffnen, um ein paar Zeilen darin umzuschreiben.

Deshalb begegnen wir hier im Nordwesten den Hütern der Lebensbücher, die so eine Art archetypische Bibliothekare sind. Mit ihrer Hilfe können wir uns die Regeln ansehen, die wir uns in diesem oder auch einem anderen Leben auferlegt haben und Veränderungen durchführen, die uns wieder in Übereinstimmung mit dem Lebensplan bringen, den unsere Seele für unser jetziges Leben hat. Das kann ein schmerzhafter Prozess sein, vergleichbar dem Verjüngungsschnitt eines Baumes. Im Laufe der Zeit wird so alles entfernt, was nicht man selbst ist, damit wir ohne diesen Ballast wieder kraftvoll austreiben und unsere wahre Gestalt entwickeln können. So wird es uns möglich, wieder auf die von unserer Seele geplante Weise zu wachsen.

Übrigens ist es für menstruierende Frauen sinnvoll, nicht auf diesem Platz zu arbeiten. Diese Position symbolisiert die heiligen Regeln und Gesetze in all ihrer Kraft; eine menstruierende Frau befindet sich jedoch energetisch außerhalb der Zyklen in einem Raum ohne Gesetze. Sie repräsentiert den dunklen, hochkreativen Abgrund des Chaos, wie es in der nächsten Position beschrieben wird. Dort wäre sie zu dieser Zeit besser aufgehoben. In den Nordwesten würde sie jedoch eine Kraft tragen, die der dort natürlich herrschenden in gewisser Weise widerspricht. Im besten Fall können sich beide Kräfte gegenseitig aufheben, und dann hat man (respektive frau) ein gutes Ritual vergeudet. Es ist aber auch infolge solcher Konstellationen schon mal zu Zyklusstörungen bei den betreffenden Frauen gekommen. Heilige Regeln und Gesetze, Sie erinnern sich? Hier ist einfach nicht der Ort für Ausnahmen …

Praktisch erleben: Das heilige Reich der Tiere

Welche Beziehung haben Sie zu Tieren allgemein? Welche mögen Sie besonders, welche erfüllen Sie mit Abscheu? Gibt es Arten, die Sie ganz besonders faszinieren? Warum ist das der Fall? Was können Sie von diesen Tieren lernen – den faszinierenden wie den abscheulichen? Haben Sie Haustiere? Wenn ja, wie gestaltet sich das Zusammenleben mit ihnen? Wenn nein, entspricht das Ihrem Wunsch oder hätten Sie gerne welche?

Das Reich der Tiere wird von unserer Kultur enorm gequält. Wir verletzen ständig das heilige Gesetz „Mitgeschöpfe müssen geachtet und geschützt werden". Statt dessen werden die meisten Tiere, deren Fleisch auf unseren Tellern landet, grausamst aufgezogen und getötet. Die Tierheime quellen von misshandelten Tieren über, und wir vergiften durch unseren privaten wie industriellen Abfall ständig deren natürliche Lebensräume. Hier ist eine enorme energetische Schuld entstanden. Finden Sie eine Möglichkeit, wie Sie einen Teil davon begleichen können. Gehen Sie mit Tierheimhunden spazieren, schließen Sie sich dem Tierschutzverein oder einem Naturschutzbund an, kaufen Sie Fleisch aus artgerechter Tierhaltung, lassen Sie herrenlose Katzen kastrieren, werfen Sie bei jedem Einkauf eine Dose Tiernahrung in die Tierfutterspendenbox … sehen Sie sich um, Sie werden bestimmt noch mehr Wege finden, wie auch Sie helfen können!

Beobachten Sie Ihren Alltag und stellen Sie fest, ob und wenn ja wann sich dieser noch in Übereinstimmung mit den Rhythmen und Zyklen der Natur befindet. Wenn das nur an wenigen Punkten der Fall ist, überlegen Sie, ob Sie das häufiger möchten und auf welche Weise das möglich wäre. Gehen Sie zum Beispiel einmal am Tag ins Freie und konzentrieren Sie sich auf die jahreszeitliche Qualität, die dort vorherrscht. Beobachten Sie so, wie die Jahreszeiten jeden Tag ein klein wenig fortschreiten und ineinander übergehen. Auf diese Weise werden Sie wieder ein Teil des Jahresrads und können von seinen Kräften profitieren.

Leider ist es nicht so einfach, die Regeln zu überprüfen, denen man sich selbst unterworfen hat, denn sie sind oft unbewusst. Aber es kann helfen, immer wiederkehrende Situationen auf solche Regeln hin zu betrachten. Sie können sich zum Beispiel in eine leichte Trance versetzen und eine Reise zu den Hütern der Lebensbücher unternehmen (Einzelheiten dazu kommen im Kapitel über Trance-Arbeit). Diese können Sie um

Einblick in Ihre Lebensbücher bitten, und zwar an der Stelle, an der die unheilige Regel geschrieben steht, die zu ihrem Problem geführt hat. Es ist möglich, dass Sie dann ein Wort oder einen Satz lesen können, aber vielleicht antwortet man Ihnen auch mit einem Bild oder einer Erinnerung an einen bestimmten Moment Ihres Lebens. Bedanken Sie sich, selbst wenn Sie nichts erhalten zu haben meinen, bevor Sie den Rückweg antreten. Bereits Ihre Mühe wie auch die der Hüter ist Ihren Dank wert. Außerdem kommt das Päckchen bei schamanischer Arbeit oft erst ein paar Tage später an …

Position 11: Das heilige Reich der Menschen

Im Nordosten begegnen wir uns selbst, und zwar nicht nur auf körperlicher Ebene, sondern auch in der Erkenntnis, dass die gesamte Menschheit eine einzige Familie ist. Wir Menschen neigen allerdings gerne dazu, das zu vergessen. Darin besteht einer der wesentlichen Unterschiede zwischen uns und unseren Tiergeschwistern: Wir können die natürlichen Gesetze und Gegebenheiten vergessen oder ihnen sogar absichtlich zuwiderhandeln. Wir sind in der Lage, uns außerhalb der Regeln und Zyklen zu bewegen, weshalb wir die Kraft des Chaos, des Zufalls und des Unerwarteten repräsentieren.

Obwohl sich die verschiedenen „Stämme" der Menschheit oberflächlich betrachtet deutlich zu unterscheiden scheinen, sind die genetischen Unterschiede zwischen uns doch so minimal, dass sie genaugenommen den biologischen Rassebegriff nicht rechtfertigen. Der genetische Unterschied zwischen einem Beagle und einem Dackel ist weitaus größer als der zwischen Ihnen und einem Afrikaner. Sie beide sind sozusagen nur Dackel mit unterschiedlicher Fellfärbung.

Dennoch genügt dieser minimale Unterschied, um Raum für eine unglaubliche Vielfalt zu schaffen! Gemeinsam mit den Einflüssen der Umgebung, in der sich eine Gesellschaft entwickelt hat, lässt dies den reichen, bunten Strauß menschlicher Kulturen, Kreationen, Traditionen und Lebensweisen zu, zu dem unsere Welt geworden ist. Wen wundert es da, dass viele der menschlichen „Stämme" ganz eigene Gaben entwickelt haben, die ihre Spezialität darstellen? Das bedeutet nicht, dass einer dieser „Stämme" besser sei als andere, sondern nur, dass wir uns auf eine Weise unterscheiden, die eine segensreiche Vielfalt schafft. Wie schon bei Männern und Frauen gilt auch bei den Völkern der Erde für uns: Wir sind gleich*wertig*, aber keinesfalls (und den Göttern sei Dank dafür) gleich*artig*!

So betrachten wir auf spiritueller Ebene die Magie des Tanzens als die große Gabe der Völker Schwarzafrikas und darüber hinaus. Im Ritual sprechen wir ungehemmt von „unseren schwarzen Brüdern und Schwestern" und haben damit kein Problem, weil wir wissen, dass wir ebensowenig weiß sind wie sie schwarz und keinerlei Wertung damit verbinden. Auch ist der Tanz gerade für uns, die wir ständig mit dem Trancetanz arbeiten und seine unglaubliche Kraft kennenlernen durften, von ebenso hohem Wert wie die Gaben der anderen „Stämme".

Unsere roten Brüder und Schwestern haben uns die Gabe des Träumens voraus. Kaum eine andere Kultur auf dieser Erde beherrscht die Magie, die Wirklichkeit zu erträumen, so wie die Ureinwohner Nordamerikas und Australiens. Auch die Erdmagie ist ihre ureigene Kraft.

Die Kraft der gelbhäutigen Menschen liegt in der Magie der Meditation und spirituellen Selbsterkenntnis, welche die asiatischen Völker wie kaum ein anderes perfektioniert haben. Ihre Gabe ist in unserer heutigen Zeit gerade für die westlich-industrielle Zivilisation von allergrößter Bedeutung. Nicht umsonst hat der Dalai Lama ausgerechnet jetzt einen so großen, massenwirksamen Einfluss auf unsere Kultur erlangen können.

Auch wenn es nicht zur Vierer-Einteilung des Kreises passt – wir haben in den vergangenen Jahren den Eindruck erhalten, dass es wichtig ist, auch den hellhäutigen Kulturen Afrikas und des nahen Ostens Anerkennung zu zollen. Sie sind zu lange abgewertet worden, weshalb es nicht verwundert, dass sie sich auf derart rabiate Weise gegen uns abgrenzen müssen. Deshalb ehren wir jene, die wir als olivfarben bezeichnen, für ihre Magie der religiösen Hingabe und des Erzählens von heilsamen Geschichten.

Wir, die weißen Geschwister, sind Meister in der Magie der Technik und der Wissenschaft. Diese Dinge haben wir in unsere Welt gebracht, und wie bei allen anderen Gaben auch können sie sowohl ein Fluch als auch ein Segen sein.

Nun, da wir uns jedoch in das Zeitalter der Globalisierung bewegen, entsteht ein neuer Zweig der Menschheitsfamilie. So einfach, wie eben dargestellt, lässt sich die Welt schon lange nicht mehr aufteilen. Viele Menschen in Asien erheben sich morgens von ihrem Meditationskissen, um direkt zu ihrem Arbeitsplatz in einem Großraumbüro, einem wissenschaftlichen Labor oder in der Entwicklungsabteilung eines Computerherstellers zu gehen. Diese und andere Menschen werden vom Regenbogen mit seinen vielen Farben repräsentiert. Zu ihnen zählen Menschen, die körperlich eine Mischung verschiedener „Stämme" darstellen, also zum Beispiel Mulatten und Mestizen. Aber auch jeder andere Mensch, der auf geistige bzw. spirituelle Weise eine oder mehrere der großen Kulturen miteinander verbindet, gehört dazu. Die Magie des Regenbogen-„Stammes" besteht darin, Zugang zu all den Stärken und Gaben der anderen „Stämme" zu haben und diese miteinander in Verbindung bringen zu können. Auf diese Weise repräsentieren sie eine der wichtigsten Eigenschaften des heiligen Reichs der Menschen, der Nordost-Position: die Fähigkeit, die bereits gegebenen Kräfte und Energien der anderen Positionen auf dem Rad aufnehmen und in Bewegung versetzen zu können. Hier wird das eigentliche Netz der Kräfte gewoben, wird das geschaffen, was der GAIA-Schamanismus so anschaulich die „Choreographie der Energiebewegung" nennt. Die Regenbogen-Menschen ähneln dem Traum von der Wiedervereinigung, den die göttliche Ganzheit träumt, in gewisser Weise am meisten.

Wenn wir die oft unberechenbare Handlungsweise der Menschheit und ihre Fähigkeit, außerhalb ihrer Instinkte zu handeln betrachten, beginnen wir zu verstehen, warum auch die Kraft des Chaos hier im Nordosten ihren Platz findet. Chaos ist nichts anderes als eine unerwartete Bewegung innerhalb des Lebens, die man weder planen noch vorhersehen kann. Doch planbare und vorhersehbare Ereignisse sind nun einmal nicht in der Lage, uns die Lern- und Wachstumschancen zu bieten, mit denen die Chaoswelle uns mit Hilfe des „Shit-Happens"-Effekts versorgt. Gerade in den Momenten, wo wir uns hinunter beugen, um die

Stücke unserer gerade mal wieder an den Gezeiten des Lebens zerschollenen Pläne aufzuheben, bietet sich uns die größte Möglichkeit zu tiefem innerem Wachstum.

Als Folge dieses Wachstums treten wir hier in Verbindung mit unserem "höheren Selbst" – und auch dem der Menschheit. Auch dieses höhere Selbst verfügt über einen Lehrer, mit dessen Hilfe wir Dinge und Situationen in dem größeren spirituellen Zusammenhang, in den sie eingebettet sind, betrachten können. Er unterstützt uns dabei, unsere engen Begrenzungen im Dienst an der Schöpfung zu überwinden. Hier können wir lernen, unsere Gandhi- oder Buddha-Natur zu entfalten!

Und damit wir über all dem nicht vollends abheben und an unserem aufgeblasenen Ego bis in den Himmel hinaufschweben, hat sich an diese Position auch der Archetyp des heiligen Narren geschlichen. Hier sitzen Loki, der verrückte Merlin, das Kasperle, der Koyote, der Heyoka und all die anderen, damit wir nie vergessen, das selbst der größte Wal in diesem riesigen Meer nur ein „gaaaaaaanz kleiner Fisch" ist. Das ist vielleicht das Kostbarste, was uns der Nordosten bieten kann: die Fähigkeit, herzlich und liebevoll über uns selbst zu lachen!

Praktisch erleben:
Das heilige Reich der Menschen

Was halten Sie so von der Menschheit an sich? Denken Sie daran – es gibt auf diesem Planeten noch mehr Kulturen als nur die westlich-industrielle! Mögen Sie uns? Wenn Sie Ihre Gefühle für die Menschen mit jenen für Tiere und Pflanzen vergleichen, wie kommen wir da weg? Was finden Sie so richtig gut an uns? Was können Sie sich persönlich als Mensch in dieser Welt selbst nicht verzeihen?

Wir Menschen verfügen über die Gabe, außerhalb der Regeln und Gesetze zu handeln und uns über unseren Instinkt hinwegzusetzen. Es muss ja einen Sinn haben, dass wir so ausgestattet sind. Wie sieht für Sie ein verantwortungsvoller Umgang mit dieser Gabe aus? Wozu könnte das gut sein? Auf welche Weise äußert sich diese Verantwortung in Ihrem täglichen Leben?

Wie geordnet muss Ihr Leben sein? Ist es für Sie unabdingbar, dass jeder Tag klar durchstrukturiert ist, oder gehen Sie eher flexibel mit Ihrer Zeiteinteilung um? Vielleicht zu flexibel? Ist eher zuviel oder zu wenig (kreative) Chaoskraft in Ihrem Leben?

Nehmen Sie sich ein Blatt Papier und notieren Sie darauf, welche Gaben und Fähigkeiten Sie haben. Betrachten Sie die Auflistung und nehmen Sie sich eine Stunde Zeit, um darüber nachzudenken, wie Sie diese Fähigkeiten zum Wohle unserer Kultur, der Menschheit und der anderen heiligen Reiche Gaias einsetzen können. Notieren Sie diese Möglichkeiten und planen Sie die nächsten Schritte, die zu ihrer Umsetzung notwendig sind. Machen Sie einen Zeitplan, auf dem genau vermerkt ist, wann sie welchen dieser Schritte angehen wollen und in welcher Reihenfolge Sie die verschiedenen Themen zur Rettung unserer Welt beginnen werden. Nehmen Sie den Zettel dann, formen Sie einen festen, runden Ball daraus und begeben Sie sich damit ins Freie, um dort einen Hund zu finden, den Sie mit diesem Spielzeug ein paar Minuten lang erfreuen können. *Dem* haben Sie dann wirklich etwas Gutes getan. Und dem heiligen Narren in Ihnen auch!

Alles, was danach kommt

Und so kam es, dass Urgöttin und Urgott das Spiralmuster erkannten. In diesem Moment erwachte in ihnen das Verständnis für das letztendliche Ziel des göttlichen Geistes. In dem Wissen um die Neigung der Menschheit, sich selbst über und außerhalb der Natur zu stellen, führten sie den Tanz der Spirale wieder einen Schritt näher zur Mitte hin und stellten sicher, dass es immer jemanden geben würde, der nach der Menschheit kommt und deren Aufgabe weiterführt, damit die Menschheit nicht zu überheblich wird.

Da die nächste Generation erschaffen worden war, um einen weiteren Schritt auf dem Weg zu göttlichem Wachstum zu gehen, ergab sich der nächste Punkt daraus von selbst: Es galt, den Pfad zu ehren, den jeder auf dem Weg zu diesem Ziel geht, den eigenen, wahren Pfad zurück zum letztendlichen Ziel, dem Göttlichen, das auf diese Weise wieder in sich selbst zurück kehrt, um erneut eins und ganz zu sein.

Jede Reise kommt früher oder später zu ihrem Ende. Die Regel der Polarität besagt, dass wir nun, nachdem wir uns spiralförmig von der Mitte nach außen bewegt haben, auf dieselbe Weise wieder in das Zentrum zurückkehren werden. Wir sind aus dem Schöpfungsdrang entsprungen, haben den Prozess der Materiewerdung durchlaufen und uns den Lektionen des Lebens in dieser Realität gestellt. Nun ist es an der Zeit, uns wieder der Mitte zuzuwenden und das zu werden, zu dem uns unser göttliches Selbst erträumt hat.

Wie schon zuvor lauern auch hier Fallen und Gefahren. Wenn wir uns zum Beispiel zu sehr mit uns selbst beschäftigen, bleibt nur wenig Raum für jene, die nach uns kommen, seien das nun unsere Kinder oder das nächste Stadium spiritueller Entwicklung. Deshalb ist es wichtig, alle anderen Positionen auf dem Rad einmal durchlaufen zu haben, bevor man sich erstmals der Mitte zuwendet. Natürlich vollzieht sich auch die Entwicklung auf dem Medizinrad in Zyklen; solange wir leben, werden wir in jeder der Richtungen immer wieder etwas finden, woran wir arbeiten oder das wir heilen können. Schließlich enthält jede einzelne Position selbst wiederum eine ganze Spirale des Wachstums und der Heilung.

Um spirituell ganz und heil zu werden, also zu dem zu wachsen, als was uns unser göttliches Selbst vorgesehen hat, müssen wir uns aus dem, was wir waren bzw. sind in das hinein bewegen, wozu wir bestimmt sind. Das mag ein hohes Ziel sein, aber es ist unsere Bestimmung, eins mit der göttlichen Essenz dieser Schöpfung zu sein und uns mit dem Urgott und der Urgöttin im Schöpferdrang des Göttlichen zu vereinigen. Es ist unsere Bestimmung, göttlich zu sein!

Nur um jetzt nicht völlig abzuheben, bitten wir Sie, einen Augenblick lang über Ihr Leben zu meditieren. Welche Auswirkungen hat ihre Existenz auf die Menschen in Ihrer unmittelbaren Umgebung? Welche auf die Straße, in der Sie leben? Welchen Einfluss üben Sie auf den Ort aus, in dem Sie zu Hause sind? Welche Auswirkungen hat Ihre Existenz auf das Land, in dem Sie leben? Auf den Kontinent? Betrachten Sie nun die Erde vom Weltraum aus. Wo sind Sie da unten? Welche Auswirkungen hat Ihr Leben auf den gesamten Planeten – nur das Ihre alleine?

Das Verrückte ist – beides ist wahr. Je weiter Sie sich in Ihrer Vorstellung hinaus bewegen, um so unwichtiger werden Sie. Im großen Bild der Erde hat Ihre Existenz eine äußerst geringe Bedeutung. Doch in dem Augenblick, wo wir unseren Teil am göttlichen Lern- und Wachstumsprozess annehmen, tritt unsere wahre Bedeutung, unser eigentlicher, unersetzlicher Wert zutage.

Position 12: Der nächste Schritt bzw. die nächste Generation

Nur zu oft vergessen wir, dass die menschliche Familie nur einen Teil der Schöpfung darstellt – nicht mehr und nicht weniger. Das ist ein direktes Ergebnis der abrahamischen Religionen, die unsere Welt mit der Überzeugung infiziert haben, „Gott“ sei außerhalb der Natur zu finden und habe uns „nach seinem Bildnis“ erschaffen. Aus diesem Grund ist in den entsprechenden Kulturen die Idee vorherrschend, dass auch wir Menschen außerhalb der Natur stünden. Für die meisten von uns ist die Natur etwas anderes als wir selbst, das sich irgendwo „da draußen“ befindet und zu dem wir im Gegensatz stehen. Der Gedanke, dass auch wir ein Teil der Natur sein könnten, weil wir schlichtweg eine der Tierspezies dieser Erde sind, ist den meisten Menschen fremd. Wir benutzen technische Hilfsmittel, wir leben in Städten – das kann doch nicht Natur sein! Was Ameisen wohl von dieser Sichtweise halten?

Hinzu kommt die (auf einer Fehlübersetzung beruhende) biblische Anweisung, der Mensch möge sich die Erde „untertan“ machen, da er „die Krone der Schöpfung“ sei. Auf diesen Formulierungen beruht die Grundhaltung der westlichen Kultur, sich als das Höchste zu betrachten, das dieser Planet je hervorgebracht hat bzw. jemals hervorbringen wird. In Anbetracht der Tatsache, dass die Erde geologisch wie auch spirituell betrachtet noch recht jung ist, stellt dies eine ziemlich anmaßende und darüber hinaus unwahrscheinliche Annahme dar. All das zusammen lässt uns als Gesellschaft jedoch selbstverständlich davon ausgehen, wir hätten das Recht, die Natur zu kontrollieren und ihr unseren Willen aufzuzwingen. Die naturspirituelle Sichtweise aber betrachtet uns als nur eines von vielen Experimenten, die das Göttliche in die Welt geträumt hat, um sie auf seiner Reise zu erforschen. Und auf diesem Weg sind wir Menschen weder die erste noch die letzte Station.

Auf unserem Pfad durch das Rad der heiligen Kräfte haben wir uns bisher damit beschäftigt, mehr darüber zu erfahren, wer wir sind und woher wir kommen. Der nächste Schritt besteht nun darin, weiterzugehen, um das zu werden, was wir sein können – das, was unser göttliches Selbst in diesem Leben zu verkörpern plant. Dieser Schritt kann furchteinflößend sein, weil er uns meist in unerforschtes und möglicherweise gefährliches Gebiet führt. Wenn wir diese Schwelle überschreiten, bewegen wir uns über die Grenzen der uns umgebenden Norm hinaus und erwerben die Fähigkeit, etwas zu erschaffen, das buchstäblich viel größer ist als alles, was wir bisher für möglich gehalten haben.

Auf der materiellen Ebene ist dies der Ort auf dem Rad, an dem wir unseren Kindern begegnen – sowohl denen unseres Körpers als auch unseres Geistes. Für sie sind wir die Götter und Göttinnen, die sie in dieses Leben gebracht haben, was uns im Verhältnis zu ihnen in den Süd-Osten versetzt, da wir nun selbst zu Ahnen werden. Aus diesem Grund ist es so überaus wichtig, für unsere eigene seelische Heilung zu sorgen, denn nur dann können wir der nächsten Generation ein gesünderes Selbstkonzept und Selbstbild mitgeben, als wir es vielleicht erhalten haben.

Vor diesem Hintergrund also machen wir den nächsten Schritt zurück zur Mitte. Wir erkennen jene an, die nach uns kommen und heißen sie willkommen. Sie sind die nächste Generation und repräsentieren das Wachstum, welches die göttliche Urkraft auch weiterhin braucht, um sich selbst zu erfahren und schlussendlich zur Wiedervereinigung mit sich selbst zu gelangen. Dieser Schritt zeigt uns, wo sich im Plan des universellen, kreativen Lernprozesses unser eigener Platz befindet.

Die Position des nächsten Schritts auf dem Rad der heiligen Kräfte befindet sich im Süden des inneren Kreises.

Praktisch erleben: Der nächste Schritt bzw. die nächste Generation

Was würden Sie hinterlassen, wenn Sie morgen sterben würden? Wenn Sie alles zusammenfassen, was Sie seit Ihrer Geburt in dieser Welt geschaffen und verändert haben, worin bestünde dies genau? Sind Sie damit zufrieden? Gefällt Ihnen die Wirkung, die Sie auf die Welt gehabt haben? Ist Sie Ihnen zu gering, zu groß, oder erscheint Sie Ihnen angemessen? Gefällt Ihnen die Qualität des Einflusses, den Sie ausgeübt haben? Oder hätten Sie gerne einen anderen Eindruck hinterlassen? Haben Sie sich mit den Lebensbereichen beschäftigt, die Ihnen wirklich wichtig sind?

Haben Sie Kinder oder befinden Sie sich in einer Position, in der Sie Kinder oder junge Menschen auf irgend eine Weise begleiten? Wie, glauben Sie, werden diese Menschen von Ihnen geprägt? Welches Bild haben Sie von diesen Kindern und vermitteln Sie Ihnen? Wenn sich junge Menschen im Spiegel Ihrer Meinung betrachten, was sehen sie dann?

Haben Sie den Eindruck, den Platz eingenommen zu haben, der im Plan des „universellen, kreativen Lernprozesses" der göttlichen Urkraft für Sie vorgesehen ist? Oder, weniger schwülstig ausgedrückt: Wissen Sie, wo Sie hingehören, und sind Sie da bereits angekommen?

Falls Ihnen die Antworten auf diese Fragen nicht gefallen, versuchen Sie es doch einmal mit den folgenden: Welche Wirkung hätten Sie gerne auf die Welt um Sie herum? Wie können Sie erreichen, einen derartigen Einfluss auszuüben? Welche Werkzeuge benötigen Sie, um die Welt auf eine Weise zu gestalten, die Ihnen echte, tiefe Befriedigung verschaffen würde? Wie können Sie diese Werkzeuge erlangen? Was benötigen Sie dafür?

Schaffen Sie in Ihrem Inneren ein Idealbild und ein positives Gefühl von sich als Ahnin bzw. Ahne – so, wie Sie in dieser Funktion gerne wären. Verstärken Sie diese Vorstellung, indem Sie viele Einzelheiten hinzufügen. Wenn Sie möchten, können Sie sich nun mit dieser Gestalt unterhalten und fragen, wie sie zu dem geworden ist, was Sie gerade vor sich sehen. Geben Sie sich Zeit und Ruhe, um der Antwort zu lauschen – und bereiten Sie sich darauf vor, durchaus machtvolle Worte zu hören.

Position 13: Der Weg zum Ziel

Aus der Erkenntnis unserer eigenen Unwichtigkeit einerseits und unserer überwältigenden Bedeutung als verlängerter Sensor des Göttlichen andererseits können wir uns nun in den Norden des inneren Kreises bewegen. Hier erlangen wir endlich, wonach so viele Mystiker streben – Erleuchtung. Hier wird es uns möglich, nicht nur uns selbst anzunehmen, sondern auch unseren Daseinszweck sowie den der gesamten Schöpfung. Wir begreifen, dass unser letztendliches Ziel und alles, wonach wir jemals gestrebt haben, darin besteht, wieder eins zu werden und dass die Schöpfung dafür existiert, uns einen Weg zu dieser Erleuchtung zu bieten.

Es gibt auf der Erde keine zwei Menschen, die denselben Weg gehen. Manche Pfade sind gewundener als andere, und einige scheinen nirgendwo hin zu führen. Auf dieser Position im Rad der heiligen Kräfte lernen wir, andere Wege als unseren eigenen zu akzeptieren, weil wir sie jetzt als das erkennen können, was sie wirklich sind: notwenige Anpassungen an die Tatsache, dass kein Mensch dem anderen gleicht und jeder seinen ganz eigenen Weg zurück in die Mitte finden muss. Dabei ist es jedoch wichtig, zwischen dem Pfad eines einzelnen Menschen und dem einer Gemeinschaft oder Organisation zu unterscheiden. Während Wege, die unterdrückende, kontroll-orientierte, abträgliche oder gewalttätige Mittel einsetzen, als solche durchaus kritisch zu betrachten sind und wahrscheinlich keine wertvollen Elemente zur Erlangung von spirituellem Wachstum darstellen, können sie dennoch für einzelne Menschen eine wichtige Etappe auf ihrem Weg zur Erkenntnis sein. Wir bewegen uns hier also auf einem schmalen Grat zwischen der neugewonnen Fähigkeit, andere Menschen so annehmen zu können, wie sie sind und der Notwendigkeit, sich kritisch mit einschränkenden, die innere Freiheit beschneidenden Religionen, Traditionen und Verhaltensweisen auseinander zu setzen.

Manchmal sind Menschen im Augenblick einfach nicht bereit, weiter zu wachsen, oder sie fürchten sich davor. Und manchmal brauchen sie extreme Erfahrungen, um wachsen zu können. Missbräuchliche Arten der „Selbstfindung" nutzen solche Menschen aus, indem sie ihnen ein trügerisches Gefühl der Sicherheit und einen scheinbar einfachen Weg in die Zukunft oder gar das Paradies bieten.

Damit wollen wir keineswegs sagen, dass spirituelles Wachstum immer eine schwere oder schmerzhafte Angelegenheit sein muss – manchmal kommt es ganz leicht und angenehm daher. Wir möchten Sie einfach nur bitten, im Umgang mit Menschen, Organisationen und Institutionen, die auf irgend eine Weise seelische bzw. spirituelle Begleitung anbieten, ehrlich mit sich selbst zu sein und auf Ihre Intuition zu hören. Mehr braucht eine mehr oder weniger „gesunde" Person unserer Erfahrung nach nicht, um festzustellen, ob ein bestimmter Weg für sie geeignet ist oder nicht.

Ein gutes Werkzeug zur Einschätzung von derartigen Angeboten, Gruppen oder Organisationen stellt die „Sektengefahr-Checkliste" von Isaac Bonewits dar. Sie kann im Internet gefunden werden (http://www.neopagan.net/ABCDEF_German.html).

Diese Position auf dem Medizinrad schenkt uns aber noch eine weitere wichtige Erkenntnis, denn hier begreifen wir, dass es überhaupt nicht von Bedeutung ist, wie weit wir auf unserem Weg bereits gekommen sind, also über wieviel Weisheit, spirituelles Wachstum, seelische Heilung, Erfolg oder was auch immer wir bereits verfügen. Tatsächlich ist nur wichtig, dass wir nicht stehenbleiben, sondern einfach gehen, jeden Tag einen weiteren Schritt. Der göttlichen Urkraft ist es vollkommen unwichtig, ob wir am Ziel ankommen oder nicht, denn das Ziel kennt sie ja – schließlich handelt es sich dabei um sie selbst. Nein, sie möchte vielmehr „am eigenen Leib" (der in diesem Fall der unsere ist) erfahren, wie es ist, ein Mensch zu sein, der wächst, liebt, scheitert, lacht, weint, hofft und lebt – der einfach nur *auf dem Weg ist.* Das ist unserer Ansicht nach der einzige Sinn des Universums und unserer Existenz – *da* zu sein, damit die göttliche Urkraft herausfinden kann, wie sich genau das anfühlt. Darin sehen wir auch die Bedeutung des geflügelten Wortes „der Weg ist das Ziel".

Praktisch erleben: Der Weg zum Ziel

Oft richten wir unseren Blick weit in die Zukunft und überfordern uns deshalb. Wir sehen, wo wir hin möchten, und dieses Ziel erscheint uns noch so weit erfernt, dass uns unsere täglichen Schritte darauf zu kaum als Fortschritt vorkommen. Dann quälen wir uns mit Versagensvorwürfen. Ein gutes Rezept dagegen ist, die Aufmerksamkeit immer wieder mal für einige Tage konsequent nur auf das Hier und Jetzt zu richten. Worin besteht ganz konkret mein nächster Schritt auf dem Weg zu meinem Ziel? Gönnen Sie es sich, diesen und wirklich nur diesen einen Schritt zu tun und sich dabei ständig in ihren Fortschritten wahrzunehmen. Gerade, wenn dieser Schritt einige Zeit in Anspruch nehmen sollte, ist er umso größer, und es wird Ihnen danach umso mehr Befriedigung bringen, ihn zum Abschluss gebracht zu haben. Und dann richten Sie einen kurzen Blick auf Ihr Ziel, um den nächsten sinnvollen Schritt dorthin zu bestimmen und die Prozedur wieder von vorne zu beginnen. Quälen Sie sich nicht ständig mit dem Blick über die weite Ebene bis zu den noch so fernen Bergen irgendwo am Horizont, denn dann verlieren Sie die Freude am Wandern, weil Sie nicht mehr wahrnehmen können, wie schön bereits das Tal ist, durch das Sie gerade gehen.

Sollte das Tal aber gerade alles andere als schön sein, stellt sich die Frage, ob Sie Ihren Weg verändern möchten und in welche Richtung das der Fall sein könnte. Dafür ist es oft hilfreich, zu überlegen, ob der momentane Abschnitt Ihres Weges tatsächlich in Richtung Ihres Zieles führt. Vielleicht sind Sie von Ihrem Pfad abgekommen, und die Dornen wollen Sie daran erinnern, dass Sie eigentlich etwas ganz anderes vor Augen hatten? Dann kann es durchaus sinnvoll sein, den Blick wieder zum Ziel, zu den Bergen am Horizont zu erheben und eine Richtungsprüfung vorzunehmen. Dient das, was Sie gerade tun und das Leben, das Sie gerade führen, tatsächlich dem Erreichen dieses Ziels?

Manchmal ist aber auch die umgekehrte Situation der Fall. Sie sind der festen Überzeugung, dass der harte Weg, den Sie gerade gehen, schnurgerade auf Ihr Ziel hinführt? Das kann durchaus sein – niemand hat gesagt, das Leben sei eine Art Dauerlutscher, nur weil Sie Ihren wahren Platz und Ihr eigentliches Ziel darin gefunden haben! Auch dann gibt es Tiefen durchzustehen. Die Frage, die sich in einem solchen Fall stellt ist, ob Sie den Härten tatsächlich gewachsen sind, die Sie gerade erleben – und ob Sie sich Ihnen um jeden Preis stellen *müssen*. Gehören diese schwierigen Erfahrungen tatsächlich zu dem, was Sie brauchen, um Ihr Ziel zu erreichen? Oder, anders gefragt: Ist es tatsächlich notwenig, dieses Ziel auf dem direktesten Weg anzusteuern, oder wäre es sinnvoller, einige kleine Umwege einzubauen, die durch leichteres Terrain führen? Oft stellt ein solcher räumlicher Umweg sogar eine zeitliche und energetische Ersparnis dar. Verwechseln Sie vielleicht gerade den *kürzesten* mit dem *schnellsten* Weg?

Wie leicht fällt es Ihnen, Wege zu akzeptieren und als dem Ihren gleichwertig anzunehmen, die nicht für Sie geeignet sind bzw. die Sie nicht gehen wollen? Falls Sie eher dazu neigen, andere Pfade abzulehnen oder abzuwerten, möchten wir Sie dazu anregen, näher zu erforschen, ob Sie sich tatsächlich auf ihrem eigenen, nur für Sie zutreffenden Weg befinden oder vielleicht immer noch den anderer Menschen, anderer Ideale und zu anderen Zielen als ihren eigenen gehen. Das muss keineswegs auf ganzer Linie der Fall sein, aber vielleicht betrifft es einen bestimmten Teil in Ihrem Leben, der für Sie bedeutsamer ist, als Sie unter Umständen im Augenblick spüren können. Wo dürfen Sie nicht sein, wer Sie sind und dorthin gehen, wo Sie hingehören? Wie können Sie das ermöglichen? Worin besteht der nächste Schritt – *nur der nächste Schritt* – einer möglichen Richtungskorrektur?

Es gibt einen bestimmten Grund dafür, warum wir hier immer nur vom nächsten Schritt (und das auch noch kursiv!) reden. Unserer Erfahrung nach können sich Ziele nämlich durchaus verändern – und das bedeutet noch lange nicht, dass wir bisher in die falsche Richtung gegangen wären, sondern nur, dass wir dieses vorübergehende Ziel brauchten, weil es uns in die *richtige* Richtung gebracht hat: nämlich jene, die wir nicht eingeschlagen hätten, wäre uns das jetzige Ziel schon damals klar gewesen. Vielleicht hätten wir es abgelehnt, weil wir es als unwichtig angesehen oder Angst davor gehabt hätten. Vielleicht wäre uns seine große Relevanz damals gar nicht klar gewesen, weil wir einfach noch nicht genug über uns wussten. Zum Glück stolpern wir jedoch nicht ganz ungeleitet auf dieser Erde herum, sondern sind Teil eines größeren Ganzen, innerhalb dessen wir unseren Weg untrüglich finden. (Ob uns das auch so erscheint, steht allerdings auf einem ganz anderen Blatt!) Deshalb ist es unserer Ansicht nach sinnvoll, nicht an einmal gefundenen Zielen festzuhalten, sondern offen für neue Vorschläge dieses wunderbaren universalen Geistes zu sein, der immer wieder auf andere, spannende Ideen kommt und viel besser weiß als wir, wo genau wir unser einzigartiges Potential, unsere Bestimmung am kraftvollsten erleben und zum Besten der ganzen Schöpfung zum Einsatz bringen können.

Position 14: Die Vereinigung

Nachdem wir unser Ziel erkannt und den Weg dorthin gefunden haben (Schritt für Schritt eben, nur um es noch einmal zu sagen), bleibt nur noch eines zu tun übrig: zurück ins Zentrum allen Seins zu gehen. Den letzten aller Schritte zu tun, der in die Vereinigung mit uns selbst, mit der göttlichen Urkraft führt. In diesem Augenblick werfen wir alles ab, was wir bisher mit unserer Persönlichkeit identifiziert und für uns selbst gehalten haben. Statt dessen werden wir, was wir sind: ein fest integrierter Teil des Göttlichen. Damit geht jedoch auch der Verlust der Wahrnehmung unserer Selbst als „Teil“, als abgespalten verloren. Weil es von da an nur noch den Ganzheitsbegriff gibt, erleben wir uns als die göttliche Urkraft selbst. Wir alle und alles, was im Augenblick sonst noch existiert, versteht sich. Und jetzt wird es kompliziert. Da unser Zeitbegriff eine Konstruktion unseres Gehirns ist, kann sich der Moment dieser von uns fälschlich als „letztendlich“ betrachteten ganzheitlichen Urvereinigung tatsächlich *zu jedem möglichen Zeitpunkt* ereignen – und tut es auch!

Die Vereinigung mit der göttlichen Urkraft ist nämlich kein Endziel, das nur einmal erfolgt, sondern genauso wie das spirituelle Erwachen etwas, das sich in vielen kleinen Etappen in allen Lebensbereichen einzeln vollziehen kann. Wann immer ich mit einem Teil von mir oder der Welt ins Reine komme und Frieden schließe, vollziehe ich ein Stück dieser letztendlichen Vereinigung. Genau dann kommt es zu Augenblicken der „Mikro-Urvereinigung“, die Ihnen bestimmt auch schon wiederfahren sind. In solchen Momenten sind wir ganz kurz mit der ganzen Welt in Frieden; alles ist gut, wie es ist und nichts bewegt sich mehr außerhalb eines sinnvollen göttlichen Plans. Dieses Gefühl kennen Sie sicher auch. Das ist der Augenblick, in dem Sie aufgrund der Tatsache, dass Sie gerade ein Stück der Schöpfung heiler und ganzer gemacht haben, am zeitlosen, sich immer ereignenden „letztendlichen“ Vereinigungsakt des ganzen Universums teilhaben.

Dann gibt es natürlich noch die Theorie der „kritischen Masse“, die besagt, dass nicht alle Teile der Schöpfung diesen Frieden finden müssen, sondern nur ein bestimmter Teil davon, damit sich daraus folgend so eine Art „Zündungsreaktion“ ereignet, die den Rest der Schöpfung sozusagen „instant erleuchtet“. Dieses Modell entstammt jedoch so deutlich dem linearen Zeitdenken, das unser Gehirn im Alltagszustand als Überlebenskrücke benutzt, dass wir seine Sinnhaftigkeit ernsthaft bezweifeln. Aber zumindest tröstet es ein wenig. Schließlich ist es doch nett, davon ausgehen zu können, dass man uns auf halbem Weg entgegenkommt!

Im Zuge dieser Vereinigung erkennen wir die göttliche Natur unserer Selbst und der gesamten Schöpfung. Wir werden eins mit allem und erkennen, dass wir selbst auf der Erde, wo wir als Wahrnehmungs- und Erlebnisinstrument des Göttlichen eine individuelle Identität haben, gleichzeitig bereits mit allem eins sind. *Alles zugleich* bedeutet eben die Aufhebung der Gegensätze. Dann ist auch das möglich. Die Trennung, die wir als Individualität erleben, basiert eben nur auf unserer begrenzten Alltagswahrnehmung, die in Momenten der spirituellen „Mikro-Vereinigung“ jedoch für eine kurze Zeit aufgehoben wird. Unserer Erfahrung nach gestaltet sich der bewusste Zugriff auf dieses Ganzheitserleben jedoch umso leichter, je mehr Anteile von uns wir darin re-integriert haben – soll heißen: mit je mehr Anteilen innerhalb und außerhalb von uns wir durch liebevolle Annahme unserer selbst Frieden gemacht haben.

Deshalb ist es uns vom Augenblick unserer ersten bewussten „Mikro-Vereinigung“ an möglich, den Schmerz der Einsamkeit und Abgetrenntheit abzulegen, den wir durch unser ganzes Leben getragen haben, und statt dessen die heilsame Kraft der Ganzheit zu erfahren. Denn nichts anderes bedeutet wahre Heilung – wieder „heil“, also ganz zu werden. Gut, bis zum Zeitpunkt unseres „Aufstiegs“ (oder irgend eines anderen Blödsinns in dieser Richtung) bleibt uns nichts anderes übrig, als uns mit den uns zur Verfügung stehenden Fähigkeiten zu begnügen und mit unseren Begrenzungen anzufreunden. (Dabei sind erstere übrigens weitaus größer und letztere viel weiter, als die meisten von uns glauben!). Dennoch ist es uns hier, in dieser materiellen Existenz, durchaus möglich, jeden Tag einen weiteren Schritt in Richtung unserer Ganzheit und Heilung zu gehen. Und – siehe Position 13 – nur das zählt!

Praktisch erleben: Die Vereinigung

In diesem Sinne möchten wir Ihnen einen der Grundsätze des hawaiianischen Kahuna-Schamanismus zur Meditation empfehlen. Er lautet:

„Nicht du bist es, der nach der göttlichen Erfahrung strebt, sondern die Göttlichkeit in dir strebt nach der menschlichen Erfahrung.“

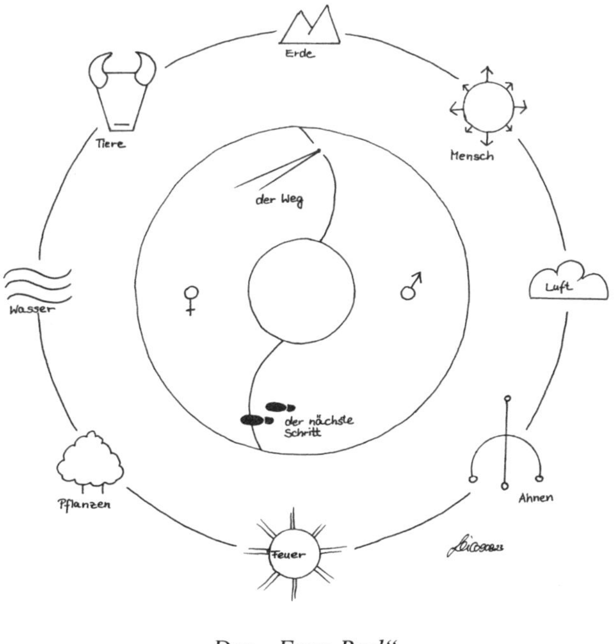

Das „Euro-Rad“

So weit, so gut – und was machen wir jetzt damit?

Das ist natürlich die Frage! Bis hierhin ist die ganze Sache nicht mehr als eine nette Philosophie oder auch eine relativ gute Schöpfungsgeschichte, aber war es das etwa schon? Keineswegs. Es gibt viele Möglichkeiten zur praktischen Anwendung dieses oder auch jedes anderen Medizinrads. Im Laufe dieses Buchs werden Sie eine ganze Reihe von Techniken finden, die entweder auf den Lehren dieses Rads basieren oder sogar direkt darauf „sitzen", es also direkt als Werkzeug einsetzen.

Darüber hinaus sind Ihrer Kreativität (hoffentlich!) keine Grenzen gesetzt. Wenn Sie Anwendungsmöglichkeiten sehen, die über die hier beschriebenen hinausgehen, möchten wir Sie herzlich ermuntern, diese auszuprobieren, auf ihre Effektivität zu überprüfen und so lange zu verbessern, bis sie die von Ihnen gewünschte Funktion erfüllen. Vielleicht lesen *wir* dann eines Tages in einem Buch von *Ihren* Entdeckungen!

Von Rädern und Karten

Eines der heute am meisten verbreiteten Divinationswerkzeuge der naturspirituellen Bewegung ist das Tarot-Deck. Etwas weniger bekannt ist das „psychologische Tarot", ein Ansatz, der die symbolisch-archetypischen Aspekte des Decks mittels Assoziation zur Klärung seelischer Konflikte einsetzt. Auf dem Rad der heiligen Kräfte ausgelegt zeigt es, welche Kräfte im Leben der betreffenden Person gerade am Werk sind. Dabei repräsentiert das Rad die Person, für die das Deck gelegt wird. Entsprechend weisen die an den einzelnen Positionen liegenden Karten auf die innere Situation der Person im Bereich der jeweiligen Position hin. Hier lässt sich oft erkennen, dass zwischen den einzelnen Positionen Beziehungen bestehen. Darüber hinaus zeigt der Verlauf der Karten von den Plätzen 1 bis 14 auf, wohin die betreffende Person vom Fluss ihrer augenblicklichen Lebenskräfte getragen wird, wenn sich daran nichts ändert, also kein bewusster Eingriff ihrerseits erfolgt. So lässt sich auch erkennen, welche Lebens- oder Persönlichkeitsbereiche das Leben der Person im Moment am stärksten prägen – und ebenso, was verändert oder geheilt werden muss, damit weiteres Wachstum möglich werden kann.

Da es bereits viele gute Bücher über die Bedeutungen der Tarotkarten gibt, werden wir hier nicht näher darauf eingehen. Aber es gibt noch einen anderen Weg der Interpretation. Vergessen Sie doch einfach mal die „Standardbedeutungen", wie sie in den Büchern geschildert werden, und begegnen Sie den Karten auf eine neue Weise. Jede einzelne von ihnen ist ein Tor zur Trance. Wenn Sie Ihren Geist entspannt treiben lassen, während Sie die Legung betrachten und dabei die jeweilige Plazierung der einzelnen Karten (auch im Verhältnis zu den anderen Positionen und den dort befindlichen Karten) im Hinterkopf behalten, werden Sie automatisch wichtige Einsichten erhalten. Das Schwierigste an dieser Technik besteht darin, Ihre eigenen Probleme und Überzeugungen nicht in die auf diese Weise gewonnen Informationen hineinzulesen oder zu projizieren (es sei denn, Sie legen für sich selbst).

Viele Menschen haben bei der Interpretation des Tarots für andere die Neigung, die erhaltenen Informationen zu „versüßen", indem sie schwerwiegende Inhalte im Gespräch abmildern. Das hilft jedoch niemandem. Natürlich hat es ebensowenig Sinn, solche Dinge auf brutale oder gar manipulativ-dominante Weise weiterzugeben, aber „Feingefühl" bedeutet eben nicht, Informationen zu verschleiern, sondern der Person, für die das Tarot gelegt worden ist, mit Mitgefühl und Annahme zu begegnen (und vielleicht auch ein paar guten Ideen, wie es denn nun weitergehen könnte). Es ist jedoch völlig kontraproduktiv, einem Menschen zu sagen, es sei ja alles gar nicht so schlimm, wenn die Botschaft des Decks eindeutig lautet: „Verändere deinen Weg oder (er-)trage die Folgen!"

Die Tarot-Legeweise des „Euro-Rads"

Die nächste Abbildung zeigt die Anordnung der Karten auf dem Rad der heiligen Kräfte. Aufgrund des Spiralmodells, welches diesem Rad zugrunde liegt, befindet sich die Karte für den Urgott bzw. das männliche Prinzip an der zweiten und jene für sein weibliches Äquivalent an der dritten Stelle. Das bedeutet keine Herabsetzung der Urgöttin, des weiblichen Prinzips oder der Frau an sich, sondern geht einfach mit der Problematik eines in linearen Zeitabläufen denkenden Gehirns einher. Korrekt dargestellt müssten beide Prinzipien gleichzeit erwähnt und betrachtet werden, aber dann wird diese Seite hier ziemlich unleserlich! Die von uns gewählte Reihenfolge entsteht lediglich aus dem Bedürfnis, den Weg der Spirale am deutlichsten nachzuzeichnen: Wenn sich das männliche Prinzip im Osten und das weibliche im Westen des inneren Kreises befindet, stehen beide in Übereinstimmung mit der Grundanordnung der westlichen Psyche einerseits wie auch der entsprechenden Elemente des Rades andererseits. William hatte die Befürchtung, dass Vicky den folgenden Satz streicht, aber sie findet ihn in seiner Deutlichkeit hart, aber zutreffend: Wenn Sie derart große Probleme mit Männern und Männlichkeit haben, dass es Ihnen nicht möglich ist, die Karten in dieser Reihenfolge auszulegen und trotzdem als gleichwertig zu betrachten, dann gibt es in Ihnen möglicherweise ein damit in Zusammenhang stehendes Thema, das der Heilung bedarf, bevor Sie damit beginnen, diese Legeweise zur Unterstützung anderer Menschen anzuwenden. (Vicky möchte dem noch hinzufügen: Und das gilt unabhängig davon, ob Sie ein Mann oder eine Frau sind.)

Wenn möglich, ist es sinnvoll, vor der Legung die Himmelsrichtungen zu bestimmen, denn wenn Sie das Deck in Übereinstimmung damit auslegen, richten Sie es (und damit auch sich als die es deutende Person) auf den Fluss der Kräfte dieses Planeten aus. Dabei kommt die Karte 7 im Norden zu liegen. Wir persönlich finden es einfacher, selbst zusammen mit dem Fragesteller im Süden zu sitzen, denn dann haben wir jene Sichtweise, die wir alle von der Betrachtung topographischer Karten her bereits gewohnt sind. Auch die Abbildung weiter unten ist auf diese Weise ausgerichtet. Je nachdem, in welcher Situation Sie sich befinden, möchten Sie vielleicht einen heiligen Raum schaffen, in dem Sie arbeiten (mehr dazu im übernächsten Kapitel). Auf jeden Fall ist es sinnvoll, sich für die Legung an einen ruhigen Ort zurückzuziehen, an dem niemand mithören kann. Schließlich wird Ihnen die Interpretation des Tarotdecks einen tiefen Einblick in die Seele und in die momentane Situation Ihres Klienten geben, und diese Informationen gehen niemanden außer ihm etwas an. Wenn sich Ihr Klient nicht sicher fühlt, wird er sich nicht in vollem Maß öffnen können, weshalb Sie weniger verlässliche Informationen erhalten werden. Aus demselben Grund ist Ihr Schweigen über die Inhalte der Legung von größter Bedeutung und für jede seriöse Beraterin bzw. Behandlerin eine Selbstverständlichkeit – ob sie dazu nun gesetzlich verpflichtet ist oder nicht.

Viele Menschen verwenden Tarotdecks als Entscheidungshilfe. Gerade, wenn es sich um eine „entweder-oder-Entscheidung" handelt, also die Wahl zwischen zwei Alternativen getroffen werden soll, ist es wichtig, dem Klienten zu erklären, dass er mit Hilfe des Tarots kein „Ja" oder „Nein" als Antwort erhält, sondern dass Sie ihn in seiner Gesamtheit betrachten, um festzustellen, wie seine Problematik in Beziehung zu seinem ganzen Leben steht. Auf diese Weise werden Sie beide rasch Einsicht darin erlangen, welcher Teil des Klienten der Heilung bedarf, um eine befriedigende Lösung für seine Fragestellung zu finden.

Zum Vorgehen selbst: Bitten Sie die fragende Person, die Karten zu mischen – das kann auf jede Ihnen angemessen erscheinende Weise geschehen. Es sind Ihre Karten, und wenn Sie bereits eine gewisse Beziehung zu ihnen aufgebaut haben, werden Sie selbst wissen, welche Methode für Sie am geeignetsten ist. Üblicherweise erzählen wir der fragenden Person erst ein wenig über die Position, auf der eine Karte liegt, bevor wir sie aufdecken. Und wir neigen dazu, nicht mit umgekehrten Karten zu arbeiten. Selbstverständlich können Sie das tun, wenn Sie es gewohnt sind. Wir haben jedoch festgestellt, dass ein vollständiges Deck genügend Karten verschiedener emotionaler Qualitäten bietet, so dass jede Umkehrung meist auf einer anderen Karte bereits als normale, „aufrechte" Bedeutung wiedergegeben wird. Außerdem haben wir festgestellt, dass eine leichte Trance beim Interpretieren der Karten die Intuition wie auch das Einfühlungsvermögen in den Fragesteller erhöht, so dass sich die Problematik des Klienten fast wie von selbst darstellt.

Darüber hinaus ist es uns wichtig, nicht mit der Interpretation des Decks zu beginnen, bevor alle Karten der Legung aufgedeckt worden sind. Sonst besteht die Gefahr, dass die Interpretation mangels weiterer Informationen zunächst einmal in eine ganz andere Richtung als die von der Legung vorgegebene geht.

Nehmen Sie sich nach dem Aufdecken des gesamten Decks einen Augenblick Zeit, um die Lage der einzelnen Karten auf dem Rad und ihre Beziehungen zueinander zu studieren. Wenn Sie bereit sind, beginnen Sie damit, die Geschichte zu erzählen, die sich Ihnen enthüllt. Das braucht ein wenig Übung und Tranceerfahrung, ist aber ein sehr lohnender Weg des Umgangs mit dem Tarot.

Wenn Sie sich auf diese Weise einmal durch die ganze Legung gearbeitet haben, können Sie wieder zum Anfang zurückkehren und die Beziehungen betrachten, die zwischen den Karten bestehen. Auf dem „Euro-Rad" sind hier besonders die Ost-West-Achse, die Südost-Nordwest-Achse und die Verbindung zwischen dem Südwesten und dem Nordosten von Bedeutung.

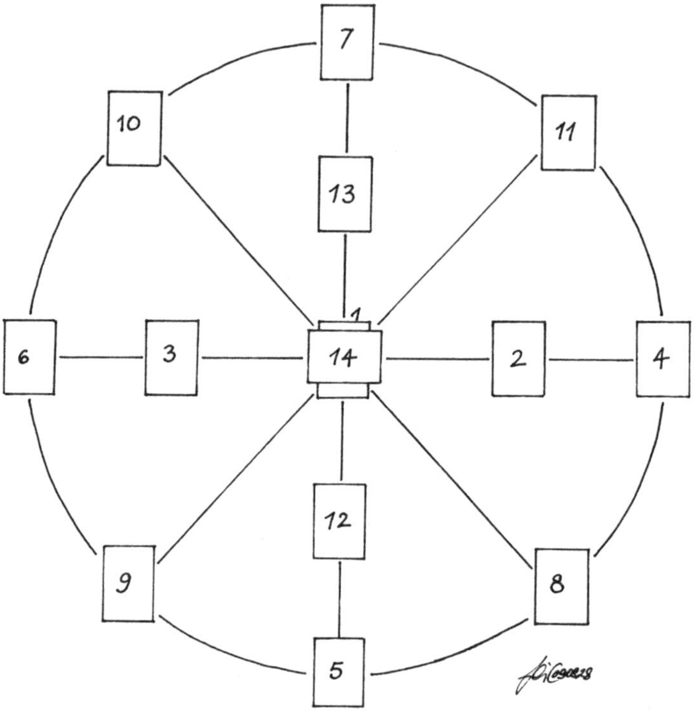

Die Karten auf dem „Euro-Rad"

Im Folgenden finden Sie eine Kurzfassung der Bedeutung der einzelnen Positionen. Es kann helfen, diese Informationen im Hinterkopf zu behalten, während Sie die Informationen durch sich hindurch fließen lassen.

1. Das ist die Position der primordialen Essenz. Diese Karte repräsentiert die Ausgangsposition des Fragestellers, also die Situation, zu der er sich zum Zeitpunkt der Legung gerade befindet. Sie zeigt auch, wie der Fragesteller seine Möglichkeiten in Bezug auf die Frage oder Situation sieht und gibt einen Hinweis darauf, ob der Fragesteller die Lage positiv oder negativ einschätzt.

2. In dieser Position spiegelt sich die Beziehung, die der Fragesteller zur Männlichkeit bzw. zum eigenen inneren Mann und dem männlich-göttlichen Urprinzip hat. Darüber hinaus erkennen wie hier, ob und auf welche Weise die fragende Person auf aktiver Ebene auf die Situation reagiert.

3. Hier stellt sich die Beziehung dar, welche die fragende Person zur Weiblichkeit, ihren eigenen weiblichen Anteilen und dem weiblich-göttlichen Prinzip hat. Wir finden hier auch einen Ausdruck der Situation in den Beziehungen dieser Person.

4. Hier betrachten wir, wie es um das Luftelement der Person bestellt ist. Die in dieser Position liegende Karte reflektiert, wie der Fragesteller auf intellektueller Ebene an die Situation herangeht. Sie zeigt auch an, ob es sich um einen Neubeginn handelt. Hier können wir zum Beispiel erkennen, ob die Person an die ganze Sache zu logisch und intellektbetont herangeht und ihren Verstand mit ihren emotional-intuitiven Anteilen ausbalancieren sollte (weshalb diese Karte immer in ihrer Beziehung zu Position 6 gesehen werden sollte).

5. Diese Karte repräsentiert das Element Feuer und gibt Hinweise auf die Bedeutung der Wünsche und kreativen Einflüsse der fragenden Person. Die Themen Durchsetzung, Aggression (konstruktiv wie negativ), aber auch Sexualität, Transformation und Leidenschaft werden hier angesprochen. Darüber hinaus kann man im Vergleich mit der auf Position 7 befindlichen Karte betrachten, ob der Fragesteller eventuell etwas anstrebt, das im Widerspruch zu dem steht, was er wirklich benötigt.

6. Hier gewinnen wir Einblick in die Beziehung der fragenden Person zum Element Wasser. Wir können auch erkennen, ob und inwiefern sie auf die Situation auf eine intuitive Weise zu reagieren in der Lage ist und auch, in wieweit sie in die Situation emotional involviert ist. Die Karte kann auch Hinweise darauf geben, ob der Fragesteller von seinen Gefühlen beherrscht wird und eventuell etwas rationaler mit der Lage umgehen sollte. Hier wiederum ist die vergleichende Betrachtung der Karte auf Position 4 hilfreich.

7. In der Position der Erde können wir erkennen, wie der Fragesteller auf der materiellen Ebene auf die Situation reagiert. Unter Umständen findet sich hier ein Hinweis darauf, was er aufgeben muss, damit etwas Neues wachsen kann. Im Vergleich mit der auf der Position des Wassers befindlichen Karte können wir feststellen, ob die fragende Person der Situation mit angemessener Flexibilität und Beweglichkeit begegnet oder unter Umständen zu festgefahren ist und deshalb kaum für neue, kreative Ideen offen sein kann.

8. Hier im Reich der Ahnen erkennen wir, welche Einflüsse auf die Situation von der Erziehung und den Selbst-Definitionen des Klienten geprägt werden. Diese Karte weist darauf hin, auf welche Weise sich die familiäre Umgebung in der Kindheit des Klienten noch immer auf dessen Reaktion auf die

Situation, vor allem aber auf Regeln und Vorschriften auswirkt (diesbezüglich sollte die Karte auf Position 10 mit einbezogen werden).

9. Im Reich der Pflanzen können wir Hinweise auf den heiligen Traum der fragenden Person finden. Diese Karte zeigt uns aber auch, ob wir es bei der Problematik mit Projektionen, also dunklen Spiegeln oder mit verschlossenen Traumsymbolen zu tun haben, die sich als Hindernis erweisen könnten. Hier zeigt sich auch die Beziehung des Klienten zu den Themen Unschuld und Vertrauen. In der Beziehung zur Position 11 sehen wir, ob der Fragesteller vielleicht einfach nur zu beschäftigt ist, um seinem heiligen Traum zu folgen, oder ihm aus anderen Gründen ausweicht. Eventuell erhält der Klient hier auch einen Hinweis auf einen Pflanzenverbündeten, der ihn unterstützen könnte.

10. Die Informationen aus dem Reich der Tiere zeigen die Regeln und inneren Vorschriften auf, die den Fragesteller binden und wie er darauf reagiert. Die Karte weist auch auf eventuelle zyklische Aspekte der Situation hin, denn hier wird offenbar, was der Veränderung bedarf, damit der Fragesteller die Lage von Schicksal in Bestimmung verwandeln kann. Im Zusammenhang mit dem Reich der Ahnen betrachtet, erhalten wir einen Einblick in die Regeln, die der Klient aufgestellt hat, um mit seinen Eltern oder seiner Erziehung umgehen zu können. Es ist auch möglich, dass sich hier ein Tierverbündeter zeigt, der den Klienten unterstützen kann.

11. Diese Karte repräsentiert die Menschheit und kann einen Hinweis darauf geben, welche der mit den einzelnen Menschenfamilien in Verbindung stehenden Formen der Magie hier besonders hilfreich sein könnte (Rot: Erd- und Traummagie; Gelb: Meditation und Selbsterkenntnis; Schwarz: die Magie des Tanzes und des Körpers; Weiß: Wissenschaft und Technologie; Olivfarben: religiöse Hingabe und Struktur; mehrfarbig: Regenbogenmagie). Hier zeigt sich, was geschehen muss, um die Situation in Bewegung zu versetzen – und auch, ob die ganze Sache tatsächlich vorbestimmter Natur oder einfach das Ergebnis eines chaotischen, in keinem Zusammenhang zum Fragesteller befindlichen Einflusses ist – die Chaoswelle im Prozess. Die Karte weist auch auf die Art der Beziehungen des Fragestellers zu anderen Menschen hin. Wenn man sie in Zusammenhang mit der Position des Reichs der Pflanzen betrachtet, lässt sich oft erkennen, ob der Klient seine Energie in seinen heiligen Traum oder nur in eine hübsche, aber unrealistische Fantasie investiert.

12. Die den nächsten Schritt bzw. die nächste Generation repräsentierende Karte weist darauf hin, was als nächstes geschehen muss, um die Situation zu einem gesunden Abschluss zu bringen. Vielleicht ist es nötig, dass der Fragesteller sein bisheriges Ziel durch ein anderes ersetzen oder einen Richtungswechsel vornehmen muss. Hier ist es sinnvoll, die auf der nächsten Position befindliche Karte mit einzubeziehen.

13. Hier offenbart sich das höhere Ziel bzw. der Pfad, der hinter der Situation steht. Die Karte weist darauf hin, ob der vom Fragesteller eingeschlagene Weg tatsächlich auf einer höheren Motivation fußt und in Richtung der ultimativen Harmonie und Wiedervereinigung mit der Schöpfung führt. In Zusammenhang mit der nächsten (und letzten) Karte betrachtet zeigt sich, ob der gewählte Pfad geeignet ist, um den nächsten Schritt zur Entwirrung der Lage zu tun, oder ob sich der Klient verirrt hat. Hier offenbart sich uns das höhere Ziel, der größere Zusammenhang hinter der Situation des Fragestellers.

14. Die ultimative Einheit ist die letzte Position der Legung. Hier erhalten wir einen Hinweis darauf, zu welchem Ergebnis sich die Situation auf Grundlage des in der Legung zutage tretenden Flusses entwickeln wird. Es ist jedoch wichtig, zu bedenken, dass sich dieses Ergebnis sofort verändert, wenn der Fragesteller Veränderungen in seinem Leben vornimmt. Die Zukunft ist nicht in Stein gemeißelt und wird von allem beeinflusst, das wir in einem Moment der Kraft tun. Und dieser Moment ist immer JETZT!

Das Rad erinnern

Wie bereits zuvor erwähnt, „rufen“ oder befehlen wir die Kräfte des Universums, wie sie im Medizinrad repräsentiert werden, nicht auf jene Weise, wie es zum Beispiel in der Zeremonialmagie oder auch anderen Traditionen der Naturreligion üblich ist. Die einzige Ausnahme davon ist der Aufbau eines Schutzkreises. Das ist für uns ausdrücklich *nicht* dasselbe wie die Anrufung der Himmelsrichtungen; bei den meisten Zeremonien halten wir einen Schutzkreis nicht für nötig. Wenn alles mit allem verbunden und somit eins ist – was will ich dann draußen halten? Was ist dann noch „drinnen“ und was „draußen“?

In diesem Sinne dient die Anrufung des Rads der heiligen Kräfte in unserer Arbeit nicht dem Zweck, einen geschützten Raum zu schaffen, denn wir sind der Ansicht, dass unser

Universum bereits ein solcher Raum *ist.* Für uns ist die Schöpfung ein bewusstes, intelligentes Wesen, von dem wir einen Teil darstellen. Naturgemäß ist dieses Wesen seinen Teilen annehmend und liebevoll zugewandt; es ist sozusagen auf seiner und damit auch auf unserer Seite. Ja, sogar in den Härten und Qualen, die manche Menschen oder ganze Volksgruppen erleben. Das Universum mag uns liebevoll zugewandt sein, aber es ist kein simpler Mechanismus, sondern überaus vielschichtig. Wenn wir Menschen also der Meinung sind, wir bräuchten Gewalt, Verbrechen, Armut und Hungersnöte, um in unser volles Potential hineinzuwachsen, dann wird das Schöpfungswesen uns genau das liebevoll geben – wenn auch mit einem weinenden Auge, vermuten wir. Für das Schöpfungswesen ist auch das nur eine neue Erfahrung, die es sich interessiert anschaut, um daran zu wachsen. Es wird Zeit, dass wir das auch tun. Liebe und Hass, Freundlichkeit und Zerstörertum, Lämmer und Löwen sind eine Erfahrung der polaren Welt, in der wir unseren Alltag verbringen. Die Schöpfung als Ganzes aber blickt auf all dies als Einheit, also aus dem nicht polaren Zustand heraus.

Ja, hier kommt schon wieder die alte Leier – aber der Fehler liegt wie immer nicht bei der Welt, sondern bei uns. Das Universumswesen liebt uns und würde uns nie absichtlich, bösartig oder gar sinn- und gedankenlos Schaden zufügen. Es ist wie ein gesunder Mensch, der in diese Welt gekommen ist, um viele interessante Dinge zu lernen und dabei gehörig zu wachsen, der dabei aber nie seine eigenen Bedürfnisse außer acht lässt und sich sorgsam um den Fortbestand seiner Gesundheit kümmert. Aber auch ein solcher Mensch kann ein krankes Organ oder ein Geschwür entwickeln, das behandelt werden muss. Und dann wird es notwendig, eine Operation durchzuführen. Das kann aus der Sicht des Körpers ein überaus gewaltsamer, traumatisierender Vorgang sein, und die Lunge versteht vielleicht auch nicht, warum das Schicksal „Mensch" ihr so eine grausame Erfahrung wie die Entfernung eines ihrer Flügel antun konnte. Ähnlich verhält es sich mit den Beschwernissen, denen wir Menschen ausgesetzt sind – als Körperteil des lebendigen, intelligenten und bewussten Universums.

Nun ist wohl kaum festzustellen, inwieweit es der Lunge möglich ist, spirituelle Einheitserfahrungen mit dem Rest des Körpers zu haben (immerhin könnte es durchaus sein, dass dies ihr Normalzustand ist und nur unser Gehirn darauf besteht, an die Trennungsillusion zu glauben!), aber für uns Menschen besteht die Möglichkeit, uns mit wenig Mühe wieder auf die Schöpfung einzuschwingen. Genau diesem Zweck dient die Anrufung des Rads der heiligen Kräfte.

Aus diesem Grund „befehlen" wir die Kräfte nicht zu uns – wir „rufen" sie nicht einmal, sondern erinnern uns daran, dass wir immer, zu jeder Zeit unserer Existenz, bereits mit ihnen verbunden *sind.* Unsere Probleme entstehen nur deshalb, weil wir dazu neigen, diese Tatsache zu vergessen, was wiederum in der Trennungsillusion resultiert. Betrachten wir die Sache doch mal so: Die Ansicht, wir seien alle einzelne Individuen und die Welt nichts weiter als eine Ansammlung leb- und seelenloser *Dinge* mit ein paar lebendigen oder gar beseelten Elementen dazwischen mag zwar fast zwei Jahrtausende lang unser ganzes Leben geprägt haben, aber selbst verschiedene Zweige der Wissenschaft finden mittlerweile deutliche Hinweise darauf, dass es sich dabei keineswegs um die Wirklichkeit, sondern lediglich um eine Überzeugung handelt, die zu glauben und danach zu leben wir en masse beschlossen haben. Wenn wir uns aber dafür entscheiden können, an das „Steinkugeln-im-Weltraum"-Universum zu glauben, ist es uns andererseits ebenso möglich, vom „lebendigen, liebevollen, neugierigen und sich seiner selbst bewussten Universums-Wesen" als Grundlage unserer Wirklichkeit auszugehen.

Wir hören förmlich gerade, wie sich Ihr Verstand aufbäumt und entsetzt zu wissen verlangt, wie er denn erkennen soll, ob das *dieses Mal* nun tatsächlich die Wahrheit sei. Und jetzt verraten wir Ihnen eines der ganz großen Geheimnisse des Lebens und der Spiritualität:

Das ist vollkommen unwichtig.

Wir schaffen unsere Realität selbst

Worum geht es uns denn schließlich, die wir unser Leben mit spirituellen Lehren, Gedanken, Übungen, Techniken und Büchern über all das füllen? Um Wachstum, Erleuchtung, innere und äußere Heilung, Zentrierung, inneren Frieden, die Quelle der Kraft, die Vereinigung mit dem großen Ganzen, die Begegnung mit dem Göttlichen und so weiter und so fort. Oder viiiiieeeeel, viel einfacher ausgedrückt: Wir wollen, dass es uns gut geht. Wir wollen ein glückliches Leben führen.

Nun ist es aber eine Tatsache (die übrigens von der Verhaltenspsychologie bewiesen wurde – ja, die stimmen in vielen Dingen durchaus mit seriöseren spirituellen Traditionen überein!), dass es für unser Wohlergehen nicht von Bedeutung ist, in welcher Situation wir uns befinden, sondern vielmehr, *wie wir diese Situation betrachten und bewerten.* Jetzt, wo ich dies schreibe, befinden wir uns inmitten der größten Weltwirtschaftskrise seit dem zweiten Weltkrieg. Reihenweise wird Kurzarbeit angesetzt, werden Menschen entlassen und gehen Unternehmen zugrunde. Wo immer wir auch hinkommen, hören wir Klagen über die große Unsicherheit und all die Verluste, denen man gerade ausgesetzt sei. Aber es gibt eine Person in unserer Umgebung, die völlig anders an die Sache herangeht. Ein guter Freund von uns ist mittelständischer Unternehmer. In dieser Zeit hat er zusätzliche Arbeiter eingestellt und eine Werbekampagne gestartet, denn er sieht seinen Betrieb als grundsätzlich auf gesunden Beinen stehend und geht davon aus, dass *er* die Krise überstehen wird, andere Wettbewerbsteilnehmer aber nicht. Und so hat er ein Konzept zur Übernahme strauchelnder Konkurrenzfirmen erarbeitet, weil er diese „nie wieder so billig kriegt wie jetzt". Und nun kommt das Faszinierende: Die Kunden und die Banken ziehen mit! Er hat sich dafür entschieden, dass diese Krise nicht sein Untergang, sondern seine große geschäftliche Chance ist. Das hat er zu seiner Überzeugung, zu seinem Glaubens- und Bezugssystem gemacht. Und er hat Erfolg damit!

Das mag ein extremes und auf die meisten von uns nicht anwendbares Beispiel sein, aber man muss kein Unternehmen führen, um in den Genuss dieses Prinzips zu kommen. Wenn ich der festen Überzeugung bin, dass ich nichts richtig auf die Reihe bekomme, werde ich aus Unsicherheit und aufgrund von Überforderungsgefühlen einen Fehler nach dem anderen machen. Halte ich mich jedoch für eine souveräne, fähige Persönlichkeit, gelingt alles gleich besser. Und das ist definitiv keine Frage der Wahrheit, sondern fast ausschließlich der Einstellung, für die ich mich bewusst oder unbewusst entschieden habe. Andere Menschen vertrauen einer Person einfach mehr und verhalten sich ihr gegenüber kooperativer, wenn sie den Eindruck haben, dass diese Person Vertrauen in sich hat und sich auf sich selbst verlassen kann. Wenn ein Kind davon ausgeht, zu nichts zu taugen, wird es beim ersten kleinen Fehler aus Angst vor Tadel oder Zurückweisung sofort nervös werden, zu weinen beginnen und sein Vorhaben abbrechen, also tatsächlich nichts zustande bringen. Doch für einen Menschen, der sich für grundsätzlich intelligent sowie aufnahme- und leistungsfähig hält, ist ein solcher Fehler nur eine weitere willkommene Möglichkeit, zu erfahren, wie er in Zukunft noch besser werden kann, als er eh schon ist. Welches Leben möchten Sie führen – das des Kindes oder das der selbstbewussten Person? Sie müssen sich in der Tat *nur entscheiden!* Millionen von Menschen haben entschieden, dass es anständig ist und ihnen einen höheren Wert verleiht, wenn sie ständig leiden. Hören Sie mal im Wartezimmer Ihres Hausarztes oder in einem Café zu, wenn sich ältere Damen miteinander unterhalten – man scheint sich dort mit Symptomen förmlich überbieten zu wollen! Millionen von Frauen haben sich dafür entschieden, dass sie nur dann etwas wert sind, wenn sie sich für andere kaputt arbeiten. Vicky hat selbst viel zu lange zu ihnen gehört. Wiederum Millionen von Männern haben die Entscheidung getroffen, dass sie nur dann ein wertvoller Mensch sind, wenn sie große Autos, ein Haus, allerlei technischen Schnickschnack und mindestens eine Fernreise im Jahr finanzieren können. Macht es sie etwa glücklich, dann von ihren Familien verlassen zu werden, weil sie diesem Druck nur noch mit Hilfe von viel zuviel Alkohol standhalten können? Es ist mit Sicherheit nicht „die Wahrheit", dass all dies zu einem erfüllenden Leben führt. Und dennoch bleiben diese Menschen bei ihrer Entscheidung!

Wenn wir also Jahrhunderte lang in einer Wirklichkeit gelebt haben, die gar nicht wirklich ist, bedeutet das doch nichts anderes, als dass wir buchstäblich in der Lage sind, unsere eigene „Realitätsblase" um uns herum zu erschaffen, die unter Umständen nie etwas von den anders lautenden, sie umgebenden Umständen erfährt und so lange erhalten bleibt, wie wir bereit sind, an sie zu glauben. Daraus aber wiederum folgt, dass nicht etwa die Wirklichkeit unser Wohlergehen bestimmt, sondern einzig und alleine unsere Glaubenssysteme – also *unsere innere Überzeugung davon*, wie die Wirklichkeit beschaffen sei!

Und jetzt beantworten Sie mir bitte eine Frage: Was um alles in der Welt hält uns eigentlich davon ab, uns ein Glaubenssystem, eine Realitätsblase zu erschaffen, in der es uns gut gehen kann?

Eigentlich nur mangelnde Erfahrung mit diesem Prozess, der ja bei den meisten von uns auf unbewusster Ebene abläuft (und der, mal ganz nebenbei bemerkt, von den meisten Kulturen als „Magie" bezeichnet wird). Wir sind es eher gewohnt, pessimistisch als optimistisch zu denken und uns selbst abzuwerten, anstatt uns mit Anerkennung und Zuneigung zu betrachten. Das menschliche Gehirn ist jedoch eine ziemlich eingefahrene Angelegenheit, ein echtes Gewohnheitstier sozusagen, und wenn man eine Sache lange genug übt, gewöhnt es sich daran und sieht irgend wann „die Wahrheit" darin.

Deshalb möchte ich Sie auffordern, nicht länger an „Wahrheiten" zu glauben, die Ihnen nicht gut tun, sondern sich für eine Wirklichkeit zu entscheiden, in der Platz für Liebe, Glück, Geborgenheit und faule Sonntagmorgende ist. Übrigens wird Ihre Leistungsfähigkeit dadurch nicht etwa sinken, sondern im Gegenteil sogar zunehmen – das haben wir beide am eigenen Leib erfahren. Genaugenommen ist es sogar ein viel einfacherer und direkterer Weg zu all dem, wonach Sie sich im tiefsten Inneren sehnen, als jener der eben zitierten Millionen von Menschen. Warum entscheiden Sie sich nicht dafür, in einem intelligenten, bewussten Weltenwesen zu leben, das Ihnen durchaus wohlwollend und liebevoll zugeneigt ist? Seit wir das getan haben, entstehen unglaubliche Wunder in unserem Leben. Wen kümmert denn da noch, was „Wahrheit" ist? Einer der Grundsätze des hawaiianischen Huna-

Schamanismus lautet: „Das Maß der Wahrheit ist die Wirksamkeit.“ Wahr ist, was echtes, tiefes Glück bringt. Die anhaltende Sorte natürlich – nicht die oberflächliche Variante, die das Kennzeichen unserer komsumsüchtigen Spaßgesellschaft ist und tatsächlich nur dazu dient, die darunter liegende Verzweiflung zu überdecken. Aber ich bin mir ziemlich sicher, dass Sie den Unterschied zwischen beidem spüren können, wenn Sie es sich erlauben, genau hinzuschauen. Das ist auch gar nicht so schwer. Tief drin wissen wir doch alle, dass uns die zwei Tafeln Schokolade von gestern abend nicht glücklich gemacht, sondern nur unseren Selbsthass gefüttert haben. Und dass die drei Partynächte letzte Woche weniger mit Spaß als mit zuviel Alkohol, fettigem Knabberzeugs, Schlaflosigkeit, Übelkeit und Kopfschmerzen zu tun haben, ist uns eigentlich auch klar. Üblicherweise wissen wir sehr genau, wann wir uns selbst belügen – wir müssen uns nur dafür entscheiden, uns deshalb nicht als Versager zu betrachten, sondern uns als Mensch wie alle anderen auch (das tut nämlich jeder) anzuerkennen. Dann kann die Lüge der beste Führer zu echter Erfüllung werden.

Eine Anrufung des Rads der heiligen Kräfte

Wenn wir nun mit dem Rad der heiligen Kräfte arbeiten, erinnern wir uns lediglich daran, dass wir bereits ständig mit allem verbunden *sind*, also nichts anderes tun müssen, als uns diesen Umstand wieder bewusst zu machen und die Verbindung zu stärken. Deshalb hört sich die Anrufung des Rads ungefähr so an:

Wir erinnern und verbinden uns mit dem was vor uns war, was jetzt die gesamte Schöpfung durchdringt und immer sein wird. In der Mitte, in der sich alles eins fühlte und es wieder so erleben wird, verbinden wir uns mit der primordialen Essenz, mit dem ultimativen Potential und wissen, dass hier alles möglich ist und zugleich nichts existiert.

Wir erinnern uns jetzt, dass der Schöpferdrang alles in Bewegung versetzt hat. Während wir mit dem Tanz in die Polarität beginnen, verbinden wir uns mit dem ur-männlichen und dem ur-weiblichen Prinzip, mit dem Urgott und der Urgöttin. Gemeinsam bilden sie die kreative Kraft des Universums.

Wir erinnern und verbinden uns mit der ursprünglichen männlichen Kraft und sehen in uns die Wege des Jägers, Kriegers, des Liebenden und des Zerstörers, des Sohnes, des Vaters, des Lehrers und des Königs. Mutig gehen wir unseren Weg in dem Wissen, dass in uns alles gefunden werden kann, woraus die Götter entstanden sind.

Wir erinnern und erwecken in uns die ursprüngliche weibliche Kraft. Wir verbinden uns mit dem Weg der Sammlerin, der Todesahnin, der Liebenden und der Harpye. Wir sind Tochter, Mutter, Matriarchin und Königin. Mutig gehen wir unseren Weg in dem Wissen, dass in uns alles gefunden werden kann, woraus die Göttinnen entstanden sind.

Wir erinnern und verbinden uns mit dem Osten und dem Element Luft, mit unserem ersten Atemzug, mit Wort und Gedanken. Wir verbinden uns mit der Kraft der Logik, der Kommunikation und mit unserer Bestimmerkraft – der Fähigkeit, klare Entscheidungen treffen zu können.

Wir blicken in den Süden und erinnern uns an die Wärme der Sonne, die aus dem Himmel auf uns herab strahlt. Wir verbinden uns mit Kreativität und Inspiration, mit der Kraft der Sexualität und konstruktiver Aggression. Wir erwecken in uns Lebenslust und die Kraft der spirituellen Reinigung.

Im Westen erinnern wir uns an die strömenden Wasser des Lebens. Wir verbinden uns mit der Kraft der Heilung und der Intuition und erwecken in uns die Fähigkeit, loszulassen und emotionale Heilung zu empfangen.

Im Norden erinnern wir uns an die materielle Wirklichkeit der Erde. Wir verbinden uns mit dem Kreislauf von Tod und Wiedergeburt und erwecken in uns die Fähigkeit, uns zu nähren und an der Sinnlichkeit zu erfreuen.

Im Südosten erinnern wir uns an jene, die vor uns da waren und heißen die Ahnen in unserer Mitte willkommen, die uns wichtige Lektionen bringen, die es für uns zu lernen gilt. Wir verbinden uns mit der Fähigkeit der Erkenntnis unserer Selbst und der familiären Einstellungen, die uns zu dem gemacht haben, was wir sind.

Wir erinnern und verbinden uns mit den Erstgeborenen von Vater Himmel und Mutter Erde, unseren träumenden Geschwistern aus dem heiligen Reich der Pflanzen. Wir heißen die Lehrerpflanzen in unserer Mitte willkommen, die uns kraftvolle und lehrreiche Visionen bringen und verbinden uns mit den Heilpflanzen, die immer wieder zu uns kommen, um unser Leid zu lindern und uns Heilung zu bringen. Auch Spirits der Pflanzen heißen wir als weise Führer willkommen.

Wir erinnern und verbinden uns mit den Zweitgeborenen von Mutter Erde und Vater Himmel, mit unseren Geschwistern aus dem heiligen Reich der Tiere, die instinktsicher und völlig ausbalanciert durch die Rhythmen und Zyklen der Natur wandern. Wir heißen unsere Tierverbündeten willkommen, die uns auf unserer Suche nach den heiligen Regeln und Gesetzen führen und begleiten und verbinden uns mit dem Lebensplan, den unser höheres Selbst für uns hat.

Im Nordosten erinnern und verbinden wir uns mit den anderen Letztgeborenen von Vater Himmel und Mutter Erde, mit unseren Brüdern und Schwestern im heiligen Reich der Menschen. Wir ehren die roten Menschen mit ihrer Magie der Erde und des Träumens, den schwarzen Stamm mit seiner Magie des Tanzes und der Ekstase, den gelben Stamm mit seiner Magie der Meditation und kontemplativen Erkenntnis, die weißen Menschen mit ihrer Magie der Wissenschaft und Technologie, die olivfarbenen Menschen mit ihrer Magie der Leidenschaft und religiösen Hingabe – und die Regenbogenmenschen, also jene, die gemischten Blutes oder Geistes sind und auf diese Weise die Friedensbrücke zwischen allen Stämmen bilden. Wir heißen die Energie willkommen, die durch den Tanz der Elemente miteinander entsteht, und verbinden uns mit der Chaoskraft, die Unerwartetes und damit völlig neue Richtungen in unser Leben bringt. Wir erinnern uns unserer Fähigkeit, über unsere Natur hinaus zu wachsen.

Wenn wir in die Zukunft blicken, sehen wir jene, die nach uns kommen werden. Wir heißen sie willkommen, denn sie helfen uns, nie zu vergessen, dass wir nicht das letzte, vollkommenste Glied der Schöpfung oder gar ihre Krönung sind, sondern nur einen Schritt auf dem wunderbaren Weg des Schöpfungswesens darstellen, das viel größer und herrlicher ist, als wir es je sein könnten. So heißen wir jene Wesen willkommen, durch die sich das Göttliche ausdrücken wird, wenn es die Menschheit schon lange nicht mehr gibt und die uns auf den Platz der Ahnen versetzen werden – ebenso wie unsere Kinder, die nach uns kommen und für die wir schon heute zu Ahnen geworden sind. Wir ehren unsere Pflicht, nicht nur unsere Nachkommen zu schützen und zu hegen, sondern auch die Erde selbst.

Wenn wir unsere Aufmerksamkeit auf unsere Füße richten, die uns Schritt für Schritt auf unser heiliges Ziel zutragen, erinnern wir uns daran, dass wir alle unterschiedlichen Pfaden auf dem Weg zu spirituellem Wachstum und Erkenntnis folgen. Wir erinnern uns daran, dass keiner dieser Pfade besser oder schlechter als ein anderer ist, sondern dass nur zählt, den Pfad zu gehen. Und wir verbinden uns mit dem Wissen, dass es nicht von Bedeutung ist, ob und wann wir das Ziel am Ende des Weges erreichen, sondern nur, jeden Tag darauf zu gehen. Das und nichts anderes ist sein Zweck.

Wenn wir uns zurück in die Mitte begeben, erinnern und verbinden wir uns mit dem letztendlichen Ziel des Göttlichen in dieser Schöpfung. Wir kehren nach Hause zurück, wo wir uns nicht länger als voneinander getrennte Einzelwesen erleben, sondern uns mit der universalen Gemeinschaft vereinigen.

Meditation im Rad der heiligen Kräfte

Die folgende Meditation kann Sie wesentlich darin unterstützen, das Lebensrad besser kennen zu lernen. Am besten führen Sie sie über einen längeren Zeitraum hinweg regelmäßig aus – wenn Sie zum Beispiel jeder Position eine Woche widmen, bieten sich vierzehn Wochen als zeitlicher Rahmen an.

Wir schlagen vor, dass Sie in jeder dieser Wochen nur jeden zweiten Tag auf der entsprechenden Position meditieren und den darauf folgenden nutzen, um die gewonnenen Erkenntnisse in sich arbeiten zu lassen. Es kann hilfreich sein, immer ein Notizbuch oder ein Aufzeichnungsgerät zur Hand zu haben, mit dessen Hilfe Sie plötzlich erscheinende Erkenntnisse festhalten können. Es ist eine gute Idee, am siebten Tag alles liegen zu lassen und etwas Zeit in Wald und Feld zu verbringen. Beobachten Sie die Natur um sich herum mit besonderem Augenmerk darauf, wie die Position, an der Sie in der letzten Woche gearbeitet haben, darin zum Ausdruck kommt.

Auf dem Rad meditieren

Wählen Sie für jede Position ein kleines Objekt, das diese Position repräsentiert. Es kann sich zum Beispiel um einen Kelch für das Element Wasser oder eine Eichel für die nächste Generation bzw. den nächsten Schritt handeln. Bevor Sie mit der Meditation beginnen, ordnen Sie diese Gegenstände (vielleicht auf einem besonderen Tuch) vor Ihnen auf dem Boden entsprechend der Positionen des Rades an. Damit haben Sie eine heilige Mitte geschaffen. Als solche bezeichnen wir einen schamanischen Altar, der sich in unserer Arbeit in einem wesentlichen Punkt von seinem christlichen Pendant unterscheidet: Er befindet sich an einer anderen Stelle. Die Altäre der Abrahamsreligionen sind klare Beispiele für das lineare Weltbild, denn sie richten alle daran betenden Menschen in nur eine einzige Richtung aus (die von einer kleinen Gruppe sowohl räumlich als auch inhaltlich vorgegeben wird). Als Folge daraus nimmt man die anderen Betenden sowie andere Einflüsse kaum noch wahr. Eine heilige Mitte befindet sich jedoch mitten unter den Praktizierenden, die sich im Kreis um sie herum versammeln. Sie alle haben Blickkontakt miteinander, und während die frontale Anordnung die Wahrnehmung von Einflüssen im seitlichen Blickfeld minimiert, wird sie hier gefördert. Diese Anordnung ist im wahrsten Sinne des Wortes „allumfassender“.

Setzen Sie sich nun in die Himmelsrichtung der Position, über die Sie meditieren wollen (bei der primordialen Essenz ist das nicht von Bedeutung, da sie alle Möglichkeiten und somit auch alle Richtungen zugleich enthält). Schließen Sie Ihre Augen und richten Sie Ihre Aufmerksamkeit auf Ihren Atem. Sie brauchen ihn nicht zu beeinflussen; er wird alleine durch Ihre Konzentration darauf ganz von selbst ruhiger und tiefer. Spüren Sie, wie Sie auf dem Boden unter Ihnen lasten und Ihr Gewicht über alle Körperstellen, an denen Sie die Erde berühren, an den Boden abgeben.

Richten Sie Ihre Aufmerksamkeit nun bei geschlossenen Augen auf das vor Ihnen befindliche Rad der heiligen Kräfte. Gehen Sie mit Ihrem Geist auf einen „Erkundungsflug" durch dieses Rad und statten Sie jeder Position einen kurzen Besuch ab. Sie können sich dort die von Ihnen gewählten Gegenstände vorstellen, aber halten Sie sich daran nicht allzu sehr fest – es ist gut möglich, dass Sie mit geschlossenen Augen andere Dinge, Farben, Energien oder was auch immer sehen, als sich „tatsächlich" dort befinden. Diese Erscheinungen können Ihnen viel über die Natur des Rades verraten.

Begeben Sie sich schließlich in Ihrer Vorstellung zu der Position, über die Sie heute meditieren möchten, und sinken Sie einfach hinein. Sie können mit der Position verschmelzen oder sich auch vorstellen, durch ein Tor in ihr Reich einzutreten. Beobachten Sie ruhig und gelassen, was von nun an geschieht, und zwar nicht nur auf der Ebene der Vorstellung, sondern auch mit Ihrer Körperwahrnehmung.

Wenn Sie den Eindruck haben, für heute sei es genug, bedanken Sie sich bei den Kräften der Position und kehren in Ihren Körper zurück. Vielleicht möchten Sie notieren, was Sie erlebt haben.

Traumarbeit

Eine andere wunderschöne Art, das Rad besser kennen zu lernen, besteht darin, es im Traum zu besuchen. Dort sind wir nie alleine, denn viele Wesen begleiten uns in der Welt des Traums, um uns dort zu begegnen, zu lehren – oder auch einfach nur gemeinsam mit uns eine vergnügliche Zeit zu verbringen. Die hier beschriebene Technik lässt sich natürlich nicht nur auf die Positionen des Rads, sondern auch auf alle anderen Dinge oder Themen anwenden, über die Sie mehr erfahren möchten!

Traumforscher sein

Nehmen Sie den Gegenstand, der die Position repräsentiert, mit der Sie sich heute beschäftigen wollen, und legen Sie Ihn unter Ihr Kopfkissen.

Meditieren Sie vor dem Einschlafen einige Minuten lang darüber und versuchen Sie, bis zum Eindämmern stets im Hinterkopf zu behalten, dass Sie im Traum damit in Verbindung treten möchten. Dabei haben sich Formulierungen wie „Ich trete jetzt mit dem Reich der Luft in Kontakt“ als weitaus effektiver erwiesen als Sätze wie „Ich möchte heute mit der Luft in Verbindung treten“. Was Worte angeht, ist unser Unterbewusstsein ein kleinlicher Buchhalter; wie Till Eulenspiegel nimmt es einfach alles wörtlich. Auch wenn uns diesen beiden Sätze als gleichbedeutend erscheinen mögen, stellt das Unterbewusstsein jedoch einen Unterschied zwischen „ich tue es jetzt“ und „ich möchte“ fest. Für das Unterbewusstsein ist „möchten“ nun mal nicht gleich „tun“, sondern so eine Art Vorstufe davon. Also sagt es sich: „Du möchtest? Gut, das ist ja bereits der Fall, also muss ich nichts weiter unternehmen.“ Bei „tun“ jedoch stellt es eine Diskrepanz zwischen der Botschaft einerseits („ich trete in Kontakt“) und der momentanen Wirklichkeit andererseits („Ich liege im Bett und sonst nichts“) fest und beeilt sich, diese Lücke zu schließen, indem es die Wirklichkeit der Botschaft anpasst.

Oft funktioniert diese Technik bereits beim ersten Mal, aber falls nicht, bleiben Sie einfach dran und wiederholen sie einige Abende lang. Es kann auch hilfreich sein, die Botschaft um die Worte „Ich trete jetzt mit dem Element Luft in Kontakt und erinnere mich danach an alles, was ich erlebt habe“ zu erweitern. Gehen Sie kreativ mit dieser wie auch allen anderen Übungen in diesem Buch um und scheuen Sie sich nicht, eine Idee umzusetzen, die Ihnen dazu einfällt.

Wenn Sie mit der Traumtechnik arbeiten, kann es sinnvoll sein, ein Traumtagebuch auf dem Nachttisch bereit liegen zu haben, um die leicht flüchtigen Ergebnisse Ihrer Bemühungen einfangen zu können, ehe sie sich in Nebelfetzen auflösen.

Es ist übrigens eine sehr spannende Angelegenheit, diese Notizen nach dem Durcharbeiten des ganzen Rades einige Wochen unbeachtet liegen zu lassen, um sie nach dieser Zeit des Abstands nochmals durchzugehen. Uns überrascht jedes Mal wieder, welch große Erkenntnisse dort geschrieben stehen, die uns zum Zeitpunkt des Traums selbst überhaupt nicht bewusst waren!

Übrigens stellt das Rad der heiligen Kräfte auch ein wertvolles Hilfsmittel bei der Interpretation von nächtlichen Träumen dar – mehr dazu erfahren Sie im Kapitel „Die dunkle Nacht der Seele".

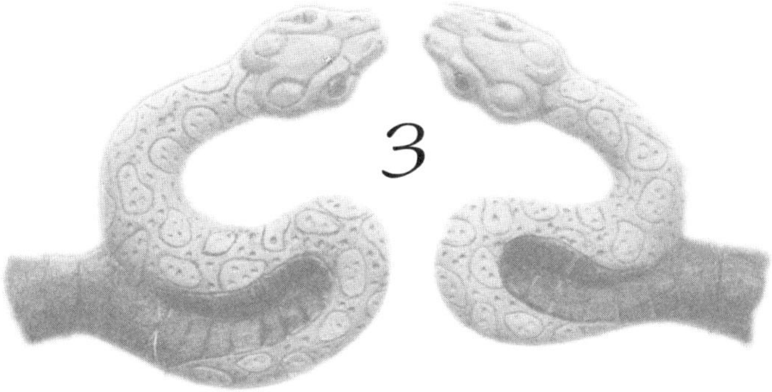

3

Zur Ausbildung des Behandlers

Theoretische Grundlagen und fachliche Qualifikation

Grundsätzlich bedarf es für jeden Menschen, der andere heilend oder helfend begleiten will, einer umfassenden Ausbildung, die keineswegs im Rahmen eines einzelnen Kapitels eines Buches abgehandelt werden kann. Diesen Zweck soll dieses Kapitel deshalb auch gar nicht erfüllen. Wer sich mit dem Gedanken trägt, schamanische Heilarbeit beruflich einzusetzen, benötigt auf jeden Fall nicht nur eine Menge theoretischen Materials, sondern auch umfassendes praktisches Training bei einem guten schamanischen Lehrer bzw. einer solchen Lehrerin. Nur beides zusammen ergibt sowohl genügend Wissen als auch Fähigkeiten, um für eine solche Berufswahl zu qualifizieren.

Wir erwarten von einem Menschen, der andere auf ihrem persönlichen Weg des Wachstums und der Heilung unterstützt, üblicherweise fundierte Kenntnisse in dem jeweiligen Verfahren, das er dafür einsetzt. Sei er nun Arzt, Pfarrer, Psychotherapeut, Krankengymnast, Seelsorger, Diakon, Lebensberater, Diätassistent, Lehrer, Mentor, Krankenpfleger, Heilpädagoge oder was auch immer – wenn wir die Dienste eines solchen Menschen in Anspruch nehmen, gehen wir davon aus, dass er in seinem Arbeitsgebiet über ein umfangreiches Wissen verfügt.

Und das ist auch ganz richtig so. Wer andere Menschen heilend oder in ihrer Selbsterfahrung begleitet, gewinnt damit einen großen Einfluss auf das Wohlergehen seiner Klienten. Zu Zeiten, in denen der Mythos vom „Halbgott in Weiß“ zwar kritisiert wird (aber dennoch keineswegs abzunehmen scheint), werden auch Personen, die einen Weg zur seelischen Heilung oder zu spirituellem Frieden gefunden zu haben scheinen, oft in verzweifelten Situationen aufgesucht, in denen die Klientin höchst empfänglich für Einflüsse von außen ist. Das wird noch durch den Umstand verschärft, dass es in unserer Gesellschaft als üblich betrachtet wird, jegliche Verantwortung für die eigene Heilung an den Behandler abzugeben, der es – je nach Neigung und Geschmack – mit Hilfe von Tabletten, Operationen, Massagen, Energiearbeit, Trancereisen, Gebeten oder Handauflegen wieder richten soll. Ein Behandler, der unter diesen Umständen ausschließlich auf „intuitiver“ Basis arbeitet, kann hier Verheerendes anrichten.

Wir haben den Begriff *intuitiv* eben ganz bewusst in Anführungszeichen gesetzt, denn wir bezweifeln, dass es sich tatsächlich darum handelt. Intuition muss geschult werden, und das geschieht nicht nur auf dem Wege der Persönlichkeitsbildung, sondern auch über die Auseinandersetzung mit Fakten und Informationen. Intuition ist nichts weiter als die unbewusste Wahrnehmung und Bewertung von Inhalten, die wir von außen empfangen, also deren Verarbeitung unter Umgehung des inneren Zensors, der dem Wachbewusstsein manche Lösung (und manche Informationsquelle) untersagen würde. Je mehr Wissen uns in einem bestimmten Bereich zur Verfügung steht, umso besser kann auch unsere Intuition arbeiten.

Als einziges oder auch nur primäres Werkzeug ist Intuition jedoch keine sehr verlässliche Angelegenheit, denn ihre Qualität hängt davon ab, in welchem Maß wir in der Lage sind, sie wahrzunehmen und ihr mutig zu folgen – also davon, wie es um unser Selbstbewusstsein und unseren Selbstwert bestellt ist. Wir alle wissen, dass bei einem gesunden Menschen beides ständigen Schwankungen unterliegt, denen unsere intuitiven Fähigkeiten entsprechend folgen. Deshalb kann es nie schaden, ein paar gute Bücher durchgeackert zu haben, auf deren Inhalt man in Zeiten des Selbstzweifels in Kombination mit eigenen Erfahrungen gelassen zurückgreifen kann. Außerdem erhöht der Erwerb eines anerkannten Abschlusses den Selbstwert, was wiederum intuitionsfördernd wirkt.

Niemals aber darf eine Überbewertung alternativer oder „intuitiver" Ansätze gegenüber den klassischen Ausbildungsformen als Begründung für eine Vernachlässigung der Verpflichtung zum Wissenserwerb verstanden werden. Wer andere Menschen heilt, behandelt, therapiert, berät oder auf ähnliche Weise begleitet, übernimmt damit eine Verantwortung, die viel zu groß ist, um auf der Grundlage einseitiger, rein spirituell ausgerichteter und oftmals nicht sehr umfassender Thesen herumzuraten.

Allerdings gilt dasselbe unserer Ansicht nach auch für Behandler bzw. Berater, die sich ausschließlich auf wissenschaftliche Quellen stützen. Intuition und Seelenreife sind ebenso wichtig wie klassifizierte Informationen. Wer sich auf nur eine dieser beiden Seiten stützt, wird immer nur halbe Arbeit leisten können.

In diesem Sinne schließen wir uns der allgemeinen Forderung nach mehr alternativ-medizinischen und spirituellen Ansätzen in der westlichen Heilkunde und Psychotherapie an, sehen aber ebenso einen umfassenden Bedarf an fundierter wissenschaftlicher Ausbildung bei viel zu vielen spirituellen Behandlern.

Menschen, die im medizinischen oder therapeutischen Umfeld tätig sind, wird in unserer Gesellschaft ein hohes Maß an Achtung entgegen gebracht, weshalb es verführerisch ist, sich aus einem fehlgeleiteten Versuch der Stabilisierung des eigenen Selbstwerts heraus um eine Position zu bemühen, die ähnlich hoch angesehen ist, aber viel weniger Arbeitseinsatz erfordert, um sie zu erlangen. Da kommen pseudo-spirituelle Ansätze oft gerade recht, die eine scheinbare Begründung für solches Verhalten liefern, indem sie alle schulmedizinischen und -therapeutischen Verfahren ablehnen und nur die eigenen Verfahrensweisen als zielführend propagieren. Dabei sollte uns ein derart ausschließliches Denken alleine schon als Warnsignal dienen, dass hier etwas nicht in Ordnung ist!

Wer ähnliche Befugnisse haben möchte wie ein schulwissenschaftlich ausgebildeter Therapeut sollte es eigentlich als selbstverständlich betrachten, dass er sich auch einer ähnlich umfassenden Ausbildung unterziehen muss. Weil unserer Gesellschaft bewusst ist, welch tiefgehender Vorbereitung es zur Ausübung eines solchen Berufs bedarf, gibt es gesetzliche Vorschriften, die besagen, welche Mindestanforderungen jemand zu erfüllen hat, der eine Heiltätigkeit ausübt. Und ebenfalls deswegen dauert eine solide Ausbildung in einem therapeutischen Verfahren mehrere Jahre. Und damit ist nicht gemeint, hier mal ein Buch zu lesen und da mal ein Seminar zu besuchen, sondern sich täglich intensiv mit der Materie auseinander zu setzen.

Darüber hinaus besteht gerade für Menschen, die ihre Klienten primär mit schamanischen oder anderen spirituellen Techniken unterstützen möchten, die unbedingte Notwendigkeit einer umfassenden Ausbildung in klinischer Psychologie bzw. allgemeiner Krankheitslehre – und zwar schlicht und einfach deshalb, damit sie wissen, *wovon sie die Finger zu lassen haben!* Nicht umsonst dient die Heilpraktikerprüfung in unserem Land per Definition nicht etwa einer Bestätigung der therapeutischen Fähigkeiten des Anwärters, sondern dem Ausschluss einer „Gefährdung der Volksgesundheit“ durch diese Person. Auf unseren Straßen laufen viele Menschen herum, die physisch wie auch psychisch schwer krank sind, was sich durchaus nicht immer auf den ersten Blick erkennen lässt, solange dieser Blick nicht entsprechend geschult wurde. Sie müssen unbedingt wissen, wann Sie einen Klienten zum praktischen Arzt oder zum Neurologen weiterschicken sollten. Deshalb machen Sie sich strafbar, wenn Sie sich der Verpflichtung zu einer anerkannten Heilausbildung nicht stellen und dennoch heilend tätig werden. Sie machen sich bereits strafbar, wenn Sie in einem Patienten den Eindruck erwecken, eine andere Begleitung außer der Ihren sei nicht nötig und ihn damit von einer notwendigen medizinischen Behandlung abhalten. Das trifft übrigens auch dann zu, wenn Sie Ihre Begleitung nicht als Heilbehandlung bezeichnen! Bitte geben Sie jegliche Illusion auf, man könne mit *irgend einer* Therapieform (egal, welcher auch immer) *alles* heilen! Um es mal ganz brutal zu formulieren: Es geht hier nicht um die Wirksamkeit der von Ihnen gewählten Therapieform oder um Ihren persönlichen Wert als Anwender derselben, sondern *ausschließlich um die Gesundheit bzw. Heilung des Patienten.*

Wir wollen damit nicht sagen, dass niemand, der nicht über mindestens die Zulassung zum Heilpraktiker für Psychotherapie verfügt, mit den in diesem Buch dargestellten Techniken arbeiten darf. Aber sowie Sie diese Arbeit mit Menschen außerhalb Ihres privaten Familien- und Freundeskreises ausführen und/oder dafür Geld nehmen, sind Sie unserer Ansicht nach dazu verpflichtet, sich auf mehr als nur einige Bücher zu stützen. Und spätestens, wenn es um Heiltätigkeiten geht, lässt Ihnen der Gesetzgeber keine Wahl mehr (näheres dazu im letzten Kapitel). Davon abgesehen haben sich schamanische Behandlungsformen oft als äußerst wirksame begleitende („supportive“) Therapiemaßnahmen erwiesen, welche die Effektivität einer klassisch-medizinischen Behandlung wesentlich erhöhen. Es ist absolut keine Schande, diesen Platz demütig einzunehmen und einer Patientin mit schamanischen Mitteln zu helfen, zum Beispiel eine Chemotherapie besser durchzustehen!

Wie aber steht es mit den Berufsbildern des „spirituellen-“, „psychologischen-“ oder „Lebens-Beraters“? Diese Berufsbezeichnungen sind nicht geschützt, was bedeutet, dass sich jeder so nennen kann, ob er nun ausgebildet ist oder nicht. Und auch die diesbezüglichen Ausbildungen unterscheiden sich qualitativ in derart hohem Maße voneinander, dass sie keine Empfehlung für die Arbeit des Beraters darstellen. Keine dieser Ausbildungen vermittelt Kenntnisse, die zur regelmäßigen beruflichen Arbeit mit den in diesem Buch dargestellten Techniken ausreichen. Ganz ehrlich – wenn Sie wirklich davon träumen, andere Menschen auf ihrem Lebensweg zu begleiten, dann vergessen Sie all diese „Berater“ und machen Sie eine vernünftige, staatlich anerkannte Ausbildung.

Wir sehen es auch als problematisch an, wenn zu viele verschiedene Ansätze miteinander gemischt werden. Nicht etwa, weil sie einander widersprechen oder sich gegenseitig beeinträchtigen könnten. Doch je mehr Systeme Sie in Ihre Arbeit einbringen, umso mehr Wissen müssen Sie auch erwerben, denn sonst können Sie vieles nur oberflächlich und nichts wirklich gut. Deshalb möchten wir Sie dazu ermutigen, auch von den spirituell-alternativen Disziplinen, die Sie interessieren, maximal zwei oder drei auszuwählen und sich in diesen umfassend auszubilden. Außerdem gehen wir davon aus, dass Sie mit anderen Personen nur Techniken durchführen, die Sie selbst bereits am eigenen Leib erlebt haben.

Es ist vor allem dann, wenn Sie Ihre Dienste der Öffentlichkeit und/oder gegen finanzielle Gegenleistung anbieten unumgänglich, ein Verfahren zu lernen, das in unserem Land gelehrt wird und allgemein anerkannt ist. Das diesbezügliche Angebot ist so vielfältig, dass es Ihnen bestimmt gelingt, ein Verfahren zu finden, das dem von Ihnen bevorzugten spirituellen Ansatz ähnelt bzw. ihn unterstützt und ergänzt. Vicky zum Beispiel haben schon immer schamanische Trancetanz-Traditionen fasziniert. Was lag näher, als Tanztherapie zu erlernen?

Wir möchten nochmals betonen, dass diese Überlegungen nur dann von Bedeutung sind, wenn Sie die in diesem Buch beschriebenen Techniken und Verfahrensweisen für Menschen außerhalb Ihres Familien- und Freundeskreises und/oder gegen Geld anbieten möchten. Im privaten Bereich steht es Ihnen völlig frei, zu tun und zu lassen, was Ihnen als richtig und Erfolg versprechend erscheint. Und vielleicht animiert Sie der private Umgang mit der hier dargestellten Form des Schamanismus ja dazu, sich tiefer mit der Materie auseinander zu setzen und irgendwann den Sprung zum Fachmann oder zur Fachfrau zu wagen!

Um schamanische Heilweisen erfolgreich zum Einsatz bringen zu können, benötigen Sie jedoch ein paar Fähigkeiten und Werkzeuge, die Ihnen in klassischen Verfahrensausbildungen üblicherweise nicht oder nur zum Teil vermittelt werden (auch wenn klassische Therapeuten diese Kenntnisse ebenso nötig hätten wie schamanische, aber das ist deren Problem und nicht unseres). Dazu gehört die Fähigkeit, sich entspannen und in eine leichte Trance gehen zu können oder das Wissen um effektive Reinigungs- und Aufladungstechniken. Auf diesen Bereich gehen wir im Folgenden näher ein.

In Entspannung gehen

Es kann sehr belastend sein, für andere Menschen helfend und begleitend zur Verfügung zu stehen. Deshalb müssten Entspannungsübungen eigentlich zur Grundausbildung jedes Menschen gehören, der im sozialen, medizinischen, psychologischen, pädagogischen oder seelsorgerischen Bereich tätig ist. Meistens drückt man den Auszubildenden dieser Berufsgruppen jedoch höchstens ein Buch über Stress in die Hand und murmelt etwas von der nächsten Volkshochschule. Schon mal einen Arzt im Praktikum oder eine Altenpflegeschülerin gesehen, die Zeit für Zusatzkurse haben? Die einzigen, die damit bereits in der Ausbildung praktisch konfrontiert werden, sind – wen wundert's – angehende Entspannungstherapeuten. Ja, diesen Beruf gibt es mittlerweile – und er wird dringend gebraucht.

Es gibt viele Entspannungsverfahren, die zu lernen sich unbedingt lohnt – unabhängig davon, ob man Intensivschwester oder Verkäuferin bei einem Discounter ist (letztere hat mindestens ebenso viel Stress am Hals wie erstere). Die bekanntesten und am besten erforschten sowie in ihrer Wirkung belegten sind die fortschreitende Muskelentspannung (progressive Muskelrelaxation oder PMR) nach Jacobson, die Grundstufe des autogenen Trainings und verschiedene Formen des katathymen Bilderlebens, wie sie in der Oberstufe des Autogenen Trainings zur Anwendung kommen. Dabei führt sich die übende Person selbst durch Vorstellungen, die eine entspannende Wirkung auf sie haben.

Warum raten wir Ihnen, sich mit Entspannungsverfahren zu beschäftigen? Nicht nur, weil die Arbeit als schamanische/r Heiler/in sehr anstrengend sein kann, sondern auch, weil Ihr Erfolg darin nicht unwesentlich von dem Eindruck abhängt, den Sie bei Ihren Klienten hinterlassen. Wenn diese Sie als ruhige, warmherzige, gelassene und souveräne Person erleben, werden sie Ihre Anweisungen bereitwilliger aufnehmen und sich eher für Sie und Ihre Interventionen öffnen als für einen Menschen, der ihnen abwesend, unkonzentriert, unsicher, nervös oder überlastet erscheint. Ihre Klienten kommen in einem Augenblick der Krise zu Ihnen und müssen Ihnen von Anfang an zutrauen können, dass Sie in der Lage sind, sie halten und tragen zu können – bis ihnen das wieder alleine möglich ist.

Aber auch eine Person, die sich nicht in einer Krise befindet, sondern vielleicht regelmäßig zu Ihnen kommt, um sich diese Energiemassage geben zu lassen, für die Sie so berühmt sind, wird davon nur profitieren, wenn Sie im Augeblick der Behandlung bereit ist, sich gänzlich fallen zu lassen. Es ist Ihre Aufgabe, eine dafür förderliche Umgebung zu schaffen – und deren hauptsächlich wirksamster Faktor ist Ihre Persönlichkeit, sind Sie selbst.

Psychotherapeutische Praxis

Ich möchte Sie dazu anregen, sich näher mit den oben genannten Methoden der Entspannung zu beschäftigen und jene zu finden, die für Ihre persönlichen Bedürfnisse am besten geeignet ist. Zu allen im Folgenden genannten Formen gibt es praktische und gute Literatur, die zum Beispiel mit Hilfe des Internets einfach zu finden ist.

Die progressive Muskelrelaxation nach Jacobson lehrt die übende Person, bewusst wahrzunehmen, ob sich ihre Muskeln in einem verspannten Zustand befinden und diesen absichtlich aufzulösen. Dabei spannt man eine bestimmte Muskelgruppe an, konzentriert sich auf diesen Zustand und entspannt sie dann wieder, um auch dieses Gefühl aufmerksam wahrzunehmen. So arbeitet man sich einmal durch den ganzen Körper durch. Der tägliche Übungsaufwand beträgt etwa zehn bis zwanzig Minuten.

Das autogene Training verwendet so genannte „formelhafte Vorsätze", also Suggestionen, die den Zustand, den man mit ihrer Hilfe erreichen will, als bereits eingetreten beschreiben. In der Oberstufe kommen verschiedene Formen des freien Fantasierens hinzu (katathymes Bilderleben).

Auch vorgegebene Fantasiereisen mit entspannendem Inhalt eignen sich gut dazu, die Seele mal baumeln zu lassen. Solche inneren Reisen sind schamanischen Techniken wie der Unterweltreise sehr verwandt und leiten sich direkt aus diesen ab (mehr dazu später). Dennoch möchten wir in diesem Buch auf diese und die vorherigen Techniken nicht näher eingehen, weil es bereits umfassende Literatur dazu gibt, sondern stattdessen einen weniger bekannten schamanischen Ansatz schildern.

Stressbewältigung auf schamanisch

Die folgende Technik ist eine Zusammenstellung von Entspannungs- und Stressbewältigungstechniken aus verschiedenen schamanischen Kulturen, die unter anderem aus Java, Yucatan, Sulawesi und den Anden stammen. Der amerikanische Autor John M. Perkins hat sie dort in den siebziger Jahren entdeckt und zu einem System zusammengeführt, das im Wesentlichen auf fünf Säulen basiert.

1. Selbstannahme

Fokussieren Sie Ihre Aufmerksamkeit nicht nur auf das, was Sie werden oder erreichen wollen, sondern viel öfter als bisher auch darauf, was Sie bereits *sind.* Wer sich immer nur auf das konzentriert, was er irgendwann einmal werden möchte, kann naturgemäß niemals mit dem zufrieden sein, was er schon *ist.* Wenn Sie Ihr Augenmerk immer auf Ihre zukünftigen Ziele richten, nehmen Sie sich ständig als jemanden wahr, der etwas noch nicht erreicht hat und somit in einem bestimmten Bereich noch unzulänglich ist. Einer der Grundsätze der hawaiianischen Huna-Tradition lautet: „Handle so, als wäre das Leben, das du ersehnst, bereits da." Versuchen Sie, sich von nun an nicht mehr als eine Person zu sehen, die etwas werden will, das sie noch nicht erreicht hat, sondern als der Mensch, der Sie sind und der gerade etwas Neues lernt. Betrachten Sie sich grundsätzlich von der Warte dessen aus, was Sie bereits bewirkt und erlernt haben und nicht in Bezug auf das, was Sie noch lernen wollen. Das lässt sich üben. Beobachten Sie Ihr Denken im Alltag. Immer dann, wenn Sie feststellen, dass Ihnen gerade Sätze wie „Wenn ich erst mal mit dem Studium fertig bin …" oder „Wie soll ich es nur rechtzeitig schaffen, …" durch den Kopf gehen, nehmen Sie sich einfach einen Augenblick Zeit, um Ihr Augenmerk auf jene Dinge zu richten, die Sie bereits erreicht haben und ein Gefühl dafür zu entwickeln, wer Sie schon *sind.* Beschränken Sie sich dabei ausschließlich auf Eigenschaften, die Sie als positiv empfinden – alles andere wäre Selbst-Sabotage. Nach kurzer Zeit konsequenten Übens verselbständigt sich diese Art des Denkens. Dafür müssen Sie nur darauf achten, nach den ersten Erfolgsmomenten nicht sofort damit aufzuhören. Diesen Fehler machen viele Menschen – sie beenden eine Übungsserie (egal in welcher Technik oder Tradition) einen kleinen Moment zu früh, wenn eigentlich nur noch wenige weitere Male notwendig gewesen wären, um eine neue, gesündere Gewohnheit zu festigen. Das ist die letzte Waffe, die unserem inneren Schweinehund zur Verfügung steht. Lassen Sie ihm da keine Chance!

2. Das Problem ist nicht das Problem

Wir neigen dazu, vor den Schwierigkeiten, die sich uns stellen, emotional in die Knie zu gehen. Versuchen Sie, sich abzugewöhnen, auf das Vorhandensein einer schwierigen Situation mit Gefühlen zu reagieren, indem Sie sich in solchen Momenten eines vergegenwärtigen: Das Problem ist nicht das Problem, sondern das Fehlen einer angemessenen Lösung. Also müssen Sie nichts weiter tun, als eine angemessene Lösung finden. Jetzt springt wahrscheinlich Ihr innerer Zweifler an und jammert lautstark, dass Sie dazu gar nicht in der Lage seien, weil das Problem Ihre Fähigkeiten und Ressourcen weit übersteige, und schon steigen die Verzweiflungsgefühle wieder auf. Greifen Sie hier ein, auf der Stelle, und unterbrechen Sie diesen Kreislauf. Von all den Problemen, die sich Ihnen im Laufe Ihres Lebens gestellt haben, waren wahrscheinlich nur ein oder zwei lebensbedrohlich – und mit allen anderen sind Sie irgendwie fertig geworden, sonst wären Sie jetzt nicht hier und hätten die Muße, ein Buch zu lesen. Sagen Sie den Panikgefühlen auf den Kopf zu, was sie sind – reine Abwehrmechanismen, die dazu dienen sollen, Sie klein und erfolglos zu halten, die aber nicht das geringste mit Ihren tatsächlichen Fähigkeiten zur Problemlösung zu tun haben. Das können diese aufgeplusterten Emotionsmonster gar nicht leiden; dann werden sie ganz schnell still und verziehen sich verschämt in eine Ecke.

Wenn man erfolgreich Probleme lösen will, bedarf es vor allem zweier Fähigkeiten, und beide haben Sie entweder schon oder können Sie mit ein wenig Aufmerksamkeit dafür rasch trainieren. Die erste Fähigkeit besteht darin, Fehler zu machen. Können Sie gut? Prima! Der Maya-Schamane Viejo Itza sagte einmal: „Was einen Menschen weise macht, ist seine Bereitschaft, zu scheitern. Der Unterschied zwischen einem Mann, den wir wegen seines Erfolgs respektieren und einem, den wir einen Versager nennen, besteht darin, dass ersterer scheiterte und es erneut versucht hat, während Letzterer nur gescheitert ist."

3. Konzentration auf das Hier und Jetzt

„Multitasking" ist eines der meistverwendeten Schlagworte unserer Zeit. Obwohl es ursprünglich die Fähigkeit von Computer-Betriebssystemen beschrieb, mehr als ein Programm zur selben Zeit auszuführen, wird es heute vermehrt auch bei Menschen als höchst erstrebenswert betrachtet. Wer mehreren Dingen oder Themen zugleich seine Aufmerksamkeit schenken kann, wird als besonders befähigt erachtet.

Vergessen Sie das.

Seit den sechziger Jahren sind verschiedene Untersuchungen durchgeführt worden, mit deren Hilfe man bestimmen wollte, was genau Spitzenmanager in ihrer Arbeitsweise von anderen Menschen unterscheidet. Interessanterweise erwiesen sich die meisten Eigenschaften, die man von vornherein für wichtig hielt und deshalb genauer unter die Lupe nahm, für völlig unbedeutend – bis auf eine: die Konzentrationsfähigkeit. Menschen in Vorstandsetagen scheint gemeinsam zu sein, dass sie das genaue Gegenteil vom „Multitasking" leben: Sie verfügen über die seltene Fähigkeit, ihre gesamte Konzentration auf die Aufgabe oder die Person zu richten, mit der sie sich gerade beschäftigen, um sich dann von einem Moment auf den anderen auf eine andere Person einzustellen, das vorherige Thema sausen zu lassen und sich mit derselben Ausschließlichkeit dem neuen Anliegen der nächsten Person zu widmen. Deshalb schreiben sie auch alles auf, was ihnen wichtig erscheint – damit sie die Notwendigkeit, es sich merken zu müssen, nicht von dem ablenkt, was sich gerade ereignet. Anders ausgedrückt: Sie befinden sich vollkommen im Hier und Jetzt.

Deshalb besteht eine der kostbarsten Techniken, die Sie sich zu eigen machen können darin, bei jeder sich bietenden Gelegenheit zu üben, mit Ihrer ganzen Aufmerksamkeit bei dem zu sein, was Sie gerade tun. Die meisten Fehler entstehen nicht etwa durch Unwissenheit, sondern durch mangelnde Aufmerksamkeit. Sie werden auf diese Weise automatisch erfolgreicher werden, was Ihren Selbstwert erhöht. Darüber hinaus verringert diese Einstellung die Zeit, die Sie damit verbringen, an zukünftige Ziele zu denken und sich daran zu messen, was Sie noch nicht geschafft haben. Mal ehrlich: Hat es Ihnen jemals etwas genützt, mit den Gedanken ständig und bei allem, was Sie tun, mit einem bestimmten Problem beschäftigt zu sein? Haben Sie dadurch jemals eine Lösung gefunden? Höchstwahrscheinlich nicht, denn auch Lösungen finden sich nur, wenn man der Suche nach ihnen volle Aufmerksamkeit widmet und sich während dessen nicht mit etwas anderem beschäftigt.

Darüber hinaus stellt die Aufgabe, sich voll und ganz auf das zu konzentrieren, was man gerade tut, eine weit verbreitete und hoch wirksame Meditationspraxis dar – und die entspannende Wirkung der Meditation wiederum ist wissenschaftlich erwiesen. So schlagen Sie zwei Fliegen mit einer Klappe!

4. Glauben Sie an etwas

Verbinden Sie sich innerlich mit einer Idee, einer spirituellen Tradition, einer Religion oder einem ähnlichen Konzept, das Sie als glaubwürdig und nachhaltig empfinden. Schaffen Sie Ihr eigenes Modell von der Welt, in dem Sie gut aufgehoben sind und das einen Sinn für Sie ergibt. Es ist erwiesen, dass zum Beispiel religiöse Menschen im Durchschnitt eine höhere Stresstoleranz haben als solche, die sich nicht in ein größeres Ganzes eingebunden sehen. Dabei ist es vollkommen unwichtig, um welche Religion, Tradition oder Überzeugung es sich handelt, denn im Gegensatz zu den Ansichten vieler religiöser Würdenträger geht es bei Religionen nicht darum, die Wahrheit zu vermitteln. Vielmehr dienen sie der Unterstützung von Menschen, weshalb es auch so wichtig ist, hier über ein breites Spektrum zu verfügen, das mindestens ebenso viele unterschiedliche Wege aufweist wie Menschen, die sie gehen.

Finden Sie heraus, woran Sie wirklich glauben. Das muss nicht mal innerhalb eines religiösen Rahmens geschehen – vielleicht gibt Ihnen der Gedanke an ein von Göttern freies Universum, in dem Sie niemandes Schicksalsspruch unterstehen und tatsächlich frei handeln können, die nötige seelische Kraft, die Sie benötigen, um mit den Anforderungen Ihres täglichen Lebens zurecht zu kommen. Bedenken Sie dabei eines: Glaube ist nichts, was Sie außerhalb von sich finden können, sondern er ist bereits in Ihnen und stellt zu diesem Zeitpunkt schon Ihre ehrliche, innere Haltung dar. Es gilt vielmehr, diese innere Einstellung zu entdecken und eventuell ein äußeres Pendant in Form einer Tradition, die ähnliche Inhalte lehrt, zu finden.

Es ist unendlich anstrengend und stressig, sein Leben frei schwebend im Nichts zu verbringen. Deshalb ist es wichtig, dass Sie herausfinden, was Ihrem Dasein und allem, was sich darin ereignet, seinen eigentlichen Sinn verleiht. In diesem Zusammenhang kann ich Ihnen die Werke des österreichischen Psychiaters und Begründers der Logotherapie, Viktor Frankl, sehr empfehlen.

5. Meditation

Meditation verstärkt die bisher genannten Punkte und verbindet sie miteinander zu einem effizienten Ganzen. Sie stärkt die Konzentrationsfähigkeit, lenkt die Aufmerksamkeit auf das Hier und Jetzt und hilft, sich selbst zu erkennen und anzunehmen. Hier ist eine Zusammenfassung einer solchen Meditation, wie sie John M. Perkins in seinem Buch *The Stress-Free Habit* beschreibt:

> Finden Sie einen ruhigen und friedlichen Ort und bringen Sie Ihren Körper in eine bequeme Position. Schließen Sie Ihre Augen und entspannen Sie sich, in dem Sie sich vorstellen, wie die Spannung Ihrer Muskeln einfach aus Ihnen heraus fließt. Konzentrieren Sie sich dabei noch nicht auf einzelne Körperteile (das kommt später), sondern lassen Sie Ihren ganzen Körper los.
>
> Machen Sie sich bewusst, wer Sie sind, und zwar im Allgemeinen (eine Mutter, ein Sportler, eine Studentin, ein Musiker etc …) wie auch in der augenblicklichen Situation im Speziellen (Jakobs Mutter vor der Geburtstagsparty seines besten Freundes, ein Leichtathlet vor einem wichtigen Wettkampf, ein Musiker vor einem Konzert). Genießen Sie diesen Schritt. Sehen Sie sich als jemand, der seine besten Eigenschaften zum Vorschein bringt. Setzen Sie sich dabei nicht unter Druck; es genügt, wenn Sie diesem Teil der Übung etwa eine Minute widmen.
>
> Konzentrieren Sie sich nun auf das größte Problem, mit dem Sie gerade konfrontiert werden. Benennen Sie genau, welche Teile davon Sie selbst betreffen und welche nicht. So ist es nicht Ihre Aufgabe, die Geburtstagsparty von Jakobs Freund zu einem Erfolg werden zu lassen, sondern nur, ein Geschenk zu organisieren und Jakob dort hin zu bringen. Lassen Sie nicht zu, dass Ihre Gefühle panikartig eskalieren, sondern überlegen Sie in aller Ruhe, welche Aufgaben genau gelöst werden müssen. Versuchen Sie nicht, diese Lösungen jetzt sofort zu finden, sondern beschließen Sie, dies während der kommenden Stunden zu tun. Falls Sie mit wirklich großen Schwierigkeiten konfrontiert sein sollten, spielen Sie diese nicht herunter, sondern gestehen Sie sich jetzt, in diesem Moment ein, wirklich eine ganz schöne Hürde vor sich zu haben. Aber auch Krisenereignisse erfordern das Finden von Lösungen. Formulieren Sie die einzelnen Anforderungen und Aufgaben, die einer Lösung bedürfen, aber *nicht die Lösungen selbst* – das hier ist eine Übung zur Stressreduktion und nicht zur Lösungsfindung. Sagen Sie sich, dass Sie bis zum nächsten Mal, wenn Sie diese Übung ausführen, bereits wertvolle Ideen zur Bewältigung einzelner dieser Anforderungen haben werden. Packen Sie das Problem in einzelne Aufgabenpäckchen, die Sie dann zur Seite legen, um sich konzentriert dem nächsten Schritt zuzuwenden. Verbringen Sie auch mit diesem Teil der Übung nicht mehr als eine Minute.
>
> Atmen Sie nun tief durch die Nase ein, halten Sie den Atem danach einige Sekunden ganz locker an und atmen Sie danach durch den Mund langsam wieder aus. Lassen Sie nun den Glauben, den Sie an sich, an Ihr Ziel, an eine Religion, an Ihre Einstellung, Ihre Form der Spiritualität oder was auch immer haben, durch Ihren ganzen Körper strömen. Atmen Sie dabei weiterhin wie eben beschrieben. Stellen Sie sich dabei vor, wie die Kraft Ihrer Überzeugung mit jedem Einatmen Ihren ganzen Körper erfüllt, während mit dem Ausatmen all Ihre Zweifel und Befürchtungen aus Ihnen heraus gespült werden. Wiederholen Sie dies einige Atemzüge lang.

Entspannen Sie Ihren Körper nun nochmals, indem Sie sich nacheinander auf jeden Körperteil konzentrieren und ihn bewusst loslassen. Beginnen Sie mit Ihren Füßen und arbeiten Sie sich langsam zu Nacken und Kopf hinauf, indem Sie jede Muskelgruppe kurz an- und dann entspannen. Falls Sie diese Form der Entspannung nicht gewohnt sind, kann sie anfangs ein wenig mehr Zeit in Anspruch nehmen; Sie werden jedoch bereits nach wenigen Wiederholungen merken, wie Ihre Muskeln automatisch zu reagieren beginnen.

Meditieren Sie nun eine Zeit lang. Sie können mit zehn Minuten beginnen und sich langsam auf zwanzig Minuten steigern. Wählen Sie dafür eine Methode, mit der Sie gute Erfahrungen gemacht haben. Vicky zum Beispiel mag die Luftblasen-Variante sehr: Stellen Sie sich vor, Sie sitzen am Boden eines kristallklaren, angenehm warmen Sees. Vor Ihnen befindet sich nichts, nur das Wasser und der Sand unter Ihnen. Ab und zu steigt eine Luftblase vor Ihnen auf, aber das war es auch schon. Versuchen Sie nicht, den Blasen mit Ihren Augen zu folgen. Wenn die Blase fort ist, sehen Sie wieder nichts – bis die nächste kommt. Die Blasen repräsentieren Gedanken oder Gefühle. Lassen Sie Ihren Geist leer werden, während Sie da am Boden Ihres Sees sitzen. Wenn ein Gedanke oder ein Gefühl auftaucht, sehen Sie dies als eine Luftblase, die vor Ihnen nach oben aufsteigt und verschwindet. Beobachten Sie nur, kommentieren Sie nichts. Sitzen Sie einfach da in dieser wundervollen, friedlichen Umgebung.

Schließlich erweitern Sie Ihre Wahrnehmung wieder auf die materielle Umgebung, in der Sie sich befinden. Strecken Sie Ihre Muskeln langsam und erfreuen Sie sich an Ihrem Wohlbefinden und Ihrer inneren Kraft.

Eine Halbtrance herbeiführen

Für viele schamanische Heilweisen ist es notwendig, sich in eine leichte Trance zu begeben, um so eine Verbindung zum Klienten, zu sich selbst oder auch zu spirituellen Helfern wie Pflanzen- oder Tierverbündeten herstellen zu können. Diese Form der Trance ist also eine Art erhöhte „Einfühlsamkeit". Sie ist mit dem Zustand vergleichbar, in dem wir uns befinden, wenn wir versonnen in die Landschaft blicken, in morgendlicher Blickstarre versunken sind oder uns kurz vor dem Einschlafen befinden. Normalerweise kennen wir die Trance also als etwas, das mit dem Verlust wacher Aufmerksamkeit einhergeht; unser Ziel besteht nun darin, diesen Zustand bei klarem Erleben herzustellen.

Das ist einfacher, als die meisten Menschen glauben, denn unser Körper bedient sich der Trance tagtäglich als sozusagen eingebautem Selbstheilungs- und Regenerationsmechanismus. Unser Gehirn produziert im Allgemeinen vier verschiedene Wellenmuster zu verschiedenen Zeiten und bei unterschiedlichen Aktivitäten. Der Beta-Rhythmus spielt sich bei 14 bis 30 Hirnwellen pro Sekunde ab und tritt immer dann auf, wenn wir wach, physisch aktiv und emotional bewegt sind. Der Alpha-Rhythmus ist sein nächster Nachbar und deutet mit 7 bis 14 Hirnwellen pro Sekunde auf einen entspannten, meditativen oder einen Traum- bzw. Trancezustand hin. Bei 4 bis 7 Wellen pro Sekunde spricht man vom Theta-Rhythmus, der in tiefer Ruhe oder Euphorie eintreten kann, und der traumlose, tiefe Erholungsschlaf im Delta-Rhythmus schließlich wird von 1 bis 3 Wellen pro Sekunde gekennzeichnet.

Der Alphazustand ist jener der Halbtrance und kennzeichnet den Übergang vom Wachzustand in den Schlaf. Er bringt uns einerseits bereits die Entspannung sowie den Zugang zu tieferen Seelenschichten, wie wir es im Schlaf erleben, bei andererseits gleichzeitiger Bewahrung des Bewusstseins für uns selbst wie auch unsere Umwelt.

Es gibt verschiedene mehr oder weniger raffinierte Techniken, die eine Trance herbeiführen. In unserem Buch *Wege zu den alten Göttern – Priesterschaft in der Naturreligion* finden Sie eine Vielzahl an praktischen Übungen zu diesem und anderen verwandten Themen.

1. Mit am wirksamsten und vielleicht auch ursprünglichsten ist der Einstieg mit Hilfe eines ruhigen, steten Trommelrhythmus. Am besten eignen sich etwa 60 Schläge pro Minute, da dies in etwa Ihrem Herzschlag im Ruhezustand entspricht, weshalb Sie sich auch nach diesem richten können. Aus demselben Grund empfiehlt es sich, mit dem Trommeln erst zu beginnen, wenn Sie zur Ruhe gekommen sind. Die Trommel ist wahrscheinlich der älteste Trancebegleiter des Menschen überhaupt und dürfte uns bereits zu frühgeschichtlicher Zeit in andere Zustände und auch Welten gebracht haben. Am besten eignen sich die großen, runden Rahmentrommeln oder andere Instrumente, die entspannt in der Hand gehalten werden können und einen etwas tieferen Ton haben. Wenn es Ihnen möglich ist, trommeln Sie ruhig für sich selbst. Manchen Menschen fällt es sehr leicht, das zu tun; andere werden davon zu sehr abgelenkt, können mit etwas Übung aber auch auf diese Weise in Trance geraten. Oder Sie finden jemand anderen, der für Sie trommelt. Manch einer hat auch gute Erfahrung damit gemacht, eine Aufnahme zu verwenden – da bietet sich zum Beispiel *Schamanisches Trommeln* von John Matthews an. Idealerweise wird mit einem etwas schnelleren und lauteren Rhythmus begonnen, der mit Vertiefung der Trance langsamer und leiser wird, um beim Auftauchen aus der Versenkung wieder an Tempo und Lautstärke zuzunehmen.

2. Eine andere Möglichkeit, mit Hilfe eines Instruments in Trance zu gehen, stellt die Harfe dar. Allerdings sollten hier keine Melodien, sondern nur traumhaft dahin schwebende Töne und Harmonien gespielt werden. Auch ist es beinahe unmöglich, selbst spielend in Trance zu gehen, weshalb sich dieser Zugang mehr für die Arbeit in der Gruppe eignet, wenn eine Person im normalen Alltagsbewusstsein bleibt und die anderen anleitet. Dann jedoch sind die sanft, aber kraftvoll in andere Reiche des Bewusstseins führenden Kräfte der Harfe von unschätzbarem Wert.

3. Auch ein Regenholz oder Trommeln, die das Meeresrauschen oder das Geräusch des Regens imitieren, sind ganz hervorragende Trance-Unterstützungen. Es genügt oft, ihnen eine Zeitlang zu lauschen und dabei zur Ruhe zu kommen, um in eine leichte Trance zu gehen.

4. Andere Einleitungswege sind eher visueller Natur. Wer in Flammen starrt, gerät schnell in eine leichte Trance. Auch der Blick auf das Meer oder in den Sternenhimmel kann weit weg führen.

5. Dann gibt es taktile Wege. An einem warmen Tag im Freien zu sitzen und bei geschlossenen Augen einfach nur dem über die unbekleideten Arme streichenden lauen Lüftchen nachzuspüren, kann erstaunliche Erfolge bringen.

6. Auch über die Vorstellungskraft sind leichte Trance-Einstiege möglich. Sie können sich zum Beispiel vorstellen, von warmem, leicht salzigem Wasser umspült zu werden. Andere Menschen erzielen mit der Vorstellung, in die Tiefe des Meeres hinab zu sinken oder in einen tiefen Brunnen zu tauchen, eine ähnliche Wirkung. Generell scheint jede Visualisation förderlich zu sein, die ein langsames, sanftes Absinken mit einer angenehmen Umgebung oder Erfahrung verbindet; experimentieren Sie also ruhig ein wenig herum und finden Sie die Vorstellung, die Ihnen am besten dient.

7. Große körperliche Belastungen sind ebenfalls hochgradig Trance fördernd. Spitzensportler vor allem im Ausdauerbereich kennen diesen Zustand recht gut, aber auch in der Schwitzhütte stellt er sich rasch ein.

8. Auch Schmerz kann Trance fördernd sein! Viele fernöstliche Fakir-Techniken beruhen auf diesem Prinzip. Beim indianischen Sonnentanz wird dies mit körperlichem Stress durch Hitze und Bewegung sowie vorübergehendem Nahrungsentzug verbunden. Das geht so weit, dass die Leserschaft von Literatur zu diesem Thema in den letzten Jahren erheblichen Zulauf aus der Sado-Maso-Szene erhalten hat, weil diese Menschen sich bei Ihren Betätigungen versehentlich in Trancezustände versetzt hatten und nun mehr darüber erfahren wollten. Trotzdem möchten wir Sie im Rahmen dieses Buches nicht dazu anhalten, es mit dieser Methode zu versuchen.

9. Reizüberflutung wirkt ebenso wie Reizentzug. Ersteres ist durch Lichtblitze in Kombination mit raschen Trommelrhythmen erfolgreich getestet worden, birgt aber die Gefahr der Auslösung eines epileptischen Anfalls in sich. Wenn Sie auf diese Weise mit anderen Menschen arbeiten wollen, sollten Sie sich also unbedingt vorher erkundigen, ob einer Ihrer Teilnehmer eine entsprechende Vorgeschichte hat. Darüber hinaus sollten Sie wissen, wie Sie einen solchen Anfall erkennen können und was Sie dann zu tun haben. Das ist mit einer der vielen Gründe, warum wir unbedingt zu einer themenverwandten Verfahrensausbildung raten – nach einem Jahr Psychiatriepraktikum sind Sie diesbezüglich ein ganzes Eck klüger und in Ihrer Arbeit wesentlich gelassener.

10. Auch monotone, also eintönige Reize wirken Trance fördernd, wenn sie über einen längeren Zeitraum angewendet werden. Darunter fällt zum Beispiel das so genannte Herzschlagtrommeln, bei dem eine Trommel (oder auch mehrere zugleich) über mindestens zwanzig bis dreißig Minuten hinweg mit einer Frequenz von etwa sechzig Schlägen pro Minute geschlagen wird. Erst fragt man sich, was das soll, dann wird einem stinklangweilig, und etwa eine Ewigkeit später setzt die Trance ein. Die kann dann aber sehr tief sein, weil man auf diese Weise den inneren Zensor vollkommen ausgetrickst hat.

11. Reizentzug wird heute hauptsächlich innerhalb von Samadhi- oder Floating-Tanks praktiziert. Das ist so eine Art überdimensionaler Sarg, der mit warmem Salzwasser gefüllt und dann verschlossen wird, so dass kein Funken Licht und kein Geräusch mehr an Ihr Ohr dringen kann. Da Sie im Salzwasser schweben, sind auch die taktilen Reize wesentlich reduziert. Bei den meisten Modellen haben Sie nun die Wahl, ob Sie sanfte Meditationsmusik eingespielt bekommen möchten oder vollständige Stille vorziehen. Ist ja auch das Mindeste bei einem Hilfsgerät, das zwischen zehn- und vierzigtausend Euro kostet, oder?

12. Und damit sind wir auch schon bei den Trance fördernden Substanzen angekommen. Zu den legalen zählen geringe (!) Mengen Alkohol (die Germanen haben diesbezüglich mit Met ausgezeichnete Erfahrungen gemacht, und wir ebenfalls!), aber auch Pflanzen wie Meerträubel (Herba Ephedrae concis) können hier sehr hilfreich sein. Auch Hanf in geringen Mengen tut es, ist aber illegal. Von anderen feinen Pflänzchen und Mittelchen reden wir hier gar nicht erst (aber Christian Rätsch tut's, weshalb wir bei Interesse sein Buch *Enzyklopädie der psychoaktiven Pflanzen* empfehlen können).

Unabhängig davon, welche Technik Sie wählen, beginnen Sie immer mit einer kurzen Entspannungs- und Zentrierungsphase. Hier genügt es oft schon, das eigene Gewicht bewusst an die Unterlage abzugeben und sich einige Atemzüge lang auf den Atem zu konzentrieren. Wenn das nicht genügen sollte, kann es auch hilfreich sein, zusätzlich die Entspannung der einzelnen Muskelgruppen durchzuführen, bevor Sie mit der eigentlichen Trancetechnik beginnen.

Woran erkennen Sie, dass es geklappt hat? Hier ein paar Kennzeichen einer leichten Trance:

- Es kehrt ein Gefühl des Friedens und der Ruhe ein.
- Der Kopf wird schwer.
- Der ganze Körper wird schwer.
- Es stellt sich ein Gefühl des innerlichen Fließens ein.
- Sie haben den Eindruck, zu treiben oder zu schweben.
- Ein Kribbeln in den Gliedern.
- Ein Gefühl strömender Wärme.
- Die Gedanken bewegen sich wie in einem spiralartigen Tanz weit weg vom Alltag.
- Es entstehen Hör-Halluzinationen (im Inneren des Kopfes oder Ohres werden Töne oder Geräusche viel lauter wahrgenommen, als man sie normalerweise in der Vorstellung hört – kurz vor dem Einschlafen haben viele Menschen dasselbe Erlebnis).
- Die Welt scheint irgendwie »wegzudriften«.
- Es entstehen visuelle Bilder vor den geschlossenen Augen von Kreisen, Spiralen oder sonstigen Formen, die sich auf eine Weise, die der Physik zu widersprechen scheint, aus dem Nichts ins Riesenhafte vergrößern oder ins Zwergenhafte verkleinern.
- Es stellt sich ein Gefühl der Entspannung bis zur Schläfrigkeit ein.
- Die Wahrnehmung des eigenen Körpers verliert deutlich an Intensität oder hört sogar ganz auf.

Es gibt übrigens noch einen Weg, den Eintritt in die Trance zu üben. Haben Sie auch schon die Erfahrung gemacht, dass Sie kurz vor dem Einschlafen etwas, das eigentlich nicht vorhanden ist, ganz laut hören oder interessante Muster oder Farben sehen? Man spricht in diesem Zusammenhang von hypnagogen Halluzinationen. Fast jeder Mensch hat sie hin und wieder oder sogar jeden Abend. Normalerweise verschwinden sie sofort oder werden leiser bzw. blasser, wenn man sich ihrer bewusst wird und seine Aufmerksamkeit darauf lenkt. Sie können jedoch üben, diesen Aufmerksamkeitswechsel von Mal zu Mal sanfter zu gestalten, bis es Ihnen gelingt, den inneren Tönen bei unverminderter Lautstärke zu lauschen. Dann ist Ihr Körper in Trance, während Sie Ihr volles Bewusstsein bewahrt haben.

Diese Übung ist besonders wertvoll, weil sie nicht nur das Tor zur Trance, sondern auch zu einer der wirksamsten und transformierendsten Formen der Traumarbeit darstellt. Wenn Sie diesen Schritt beherrschen, braucht es nicht mehr viel, um den Körper einschlafen zu lassen – bei vollem Wachbewusstsein! Aus diesem Zustand heraus können Sie wahre Wunder in Ihrem Leben bewirken. Sie können zum Beispiel an bestimmte Stellen Ihres Körpers reisen und sie heilen oder sich bewusst an physische wie auch spirituelle Orte begeben, um dort andere Wesen zu treffen oder wichtige Informationen einzuholen. Und auch einige der Shapeshifting-Techniken sind in diesem Zustand noch wirksamer. Dazu später mehr!

In die nichtalltägliche Wirklichkeit reisen

Nun ist es nur noch ein ganz einfacher Schritt in die Anderswelt hinein. Sie entspannen sich, wenden Ihre bevorzugte Trancetechnik an und legen los!

Viele schamanische Traditionen unterteilen die nichtalltägliche Wirklichkeit in drei Bereiche: die untere, mittlere und obere Welt. Die germanisch-skandinavischen Völker haben das Ganze noch mehr differenziert, indem sie jede dieser Welten wiederum dreimal aufteilten, was insgesamt neun verschiedene Reiseziele ergibt, aber falls Sie nicht gerade in dieser Tradition arbeiten, braucht Sie das jetzt nicht zu verunsichern. (Falls doch, empfehlen wir die Bücher *Seidr: Die neun Welten der Seidr-Magie. Ekstase und Schamanismus im nordischen Heidentum* von Jenny Blain, *Germanische Magie* von Gardenstone oder *Die neun Tore von Midgard* von Edred Thorsson.)

Die untere Welt

Unserer Ansicht nach handelt es sich bei der unteren Welt um die Ebene des Unter- und Unbewussten – aber in kosmischem Ausmaß! Bitte verwechseln Sie diese beiden Begriffe nicht miteinander, denn während es sich beim Unbewussten um Inhalte handelt, auf die wir normalerweise nicht zugreifen können, weil sie durch Abwehrmechanismen wie zum Beispiel die Verdrängung geschützt sind, bezeichnet man als „unterbewusst" jene Bilder, Gedanken, Gefühle und Informationen, die uns jederzeit zugänglich sind, auf die wir nur gerade nicht unsere Aufmerksamkeit richten.

In diesem Sinne nehmen wir an, dass die am leichtesten zu betretenden Bereiche der unteren Welt eines jeden Menschen mit seinem Unterbewusstsein übereinstimmen, denn darin befinden sich Elemente und Erinnerungen, auf die wir jederzeit auch im Wachbewusstsein Zugriff haben. Gehen wir dort etwas tiefer in den metaphorischen Wald hinein, gelangen wir in das Areal des Unbewussten dieser Person, treffen also auf – meist symbolisch dargestellte – Inhalte, die mit irgend einer Form von energetischer Ladung versehen sind. Das macht sie zu machtvollen Helfern – oder großen Hindernissen, deren Überwindung jedoch die ganze in ihnen gespeicherte Energie freisetzt und uns zur Verfügung stellt. Deshalb begegnen wir hier meist unseren Tier- und Pflanzenverbündeten.

Diese Bereiche der unteren Welt sind fast jedem Menschen zugänglich. Es gibt zwar hin und wieder Personen, denen es schwer fällt, in die untere Welt zu reisen, aber solche Probleme lassen sich meist früher oder später lösen. Da diese Bereiche persönlicher Natur sind, unterscheiden sie sich von Mensch zu Mensch. So gestaltet sich zum Beispiel der Platz, an dem wir in die untere Welt eintreten, bei jedem Reisenden anders.

Viele Menschen reisen nie weiter als an diese Orte, und das ist auch gar nicht nötig. Dort finden wir alles, was wir für Heilung und Wachstum benötigen. Manchmal führen uns unsere Aufgaben aber über die Grenzen des persönlichen Bereiches hinaus. Dann treten wir als nächstes in die untere Welt unserer Kulturgemeinschaft ein, die C.G. Jung, der Begründer der analytischen Psychologie, als das „kollektive Unbewusste" bezeichnete. Hier begegnen wir dem heiligen Traum unserer Gesellschaft, aber auch ihren Blockaden und Abwehrmechanismen. Menschen, die aus derselben Kultur stammen, werden in diesem Bereich auch auf ähnliche Landschaften und Symbole treffen, weil sie auf dieselbe Weise geprägt wurden. Auf diese Erfahrung hat Jung seine Archetypenlehre aufgebaut.

Tatsächlich aber machen das persönliche wie auch das kollektive Unbewusste nur einen kleinen Teil der unteren Welt aus, die sich weit über diese Sphären hinaus erstreckt. Hier liegt das eigentliche „unentdeckte Land der Seele", hier fließt das universale Unbewusste, strömt die kosmische Seele als ewig sanft murmelnder Fluss unter allem, was wir sind und tun. Diese Bereiche werden von allen Menschen, die in sie eintreten, fast gleich geschildert. Dabei ergeben sich die Unterschiede meist aus dem Umstand, dass unser Gehirn die Wirklichkeit, die es dort antrifft, nicht eins zu eins übersetzen kann und deshalb für nicht direkt erfassbare Inhalte eine symbolische Darstellung wählt. Hier befinden sich Bereiche wie der heilige Traum des Planeten und des bewussten Kosmos selbst, aber auch der Abgrund, die letztendliche dunkle Tiefe, in der alles verschwindet.

Um in die untere Welt zu reisen, wählt man üblicherweise eine Öffnung aus, die in die Tiefe der Erde führt – zum Beispiel ein Loch in einem Baum, eine Höhle im Fels oder ein Mauseloch. Sie können einen Eingang wählen, den es in der materiellen Welt tatsächlich gibt oder einfach einen erfinden, beides ist gleich wirkungsvoll. Schamanen vieler Kulturen kennen das Symbol des Weltenbaums, der die verschiedenen Ebenen der Wirklichkeit miteinander verbindet und reisen an ihm entlang – in diesem Fall bedeutet das natürlich nach unten, zu seinen Wurzeln.

Die mittlere Welt

Bei der mittleren Welt handelt es sich im Prinzip um nichts anderes als jene Ebene, in der wir unser tägliches Leben verbringen, also Ihre Wohnung, Ihr Arbeitsplatz, Ihr Einkaufscenter und so weiter. Hier verbringen wir den größten Teil unserer wachen Zeit. Aber auch diese Welt hat einen nichtalltäglichen Bereich, den wir erforschen können, wenn wir sie in Form einer schamanischen Trancereise erkunden. Dann können Sie die feinstoffliche Seite unserer täglichen Umgebung sehen, was alleine schon die Mühe wert ist.

Es gibt verschiedene Gründe dafür, in die mittlere Welt zu reisen. Auf ihrer nichtalltäglichen Ebene können sich zum Beispiel energetische Phänomene abspielen, auf die wir Einfluss nehmen möchten, weil sie uns oder unserem Klienten nicht gut tun. Energetische Parasiten, Verunreinigungen der Aura, die Persönlichkeitsschilde und manchmal auch die Verbindungen zwischen zwei Menschen gehören zum Beispiel dazu (wird alles noch ausführlich erklärt). Entsprechend spielt sich ein relativ großer Teil schamanischer Heilarbeit in dieser Welt ab.

Wenn schamanische Bücher überhaupt auf dieses Thema eingehen, dann beschreiben sie die Reise in diese Ebene der nichtalltäglichen Wirklichkeit meist in Form eines Ausstiegs aus dem materiellen Körper. In unserer Form des Schamanismus arbeiten wir jedoch nicht nur in der unteren Welt mit Tierverbündeten, sondern schaffen während der ersten Begegnung Pfade für sie, die in die mittlere wie auch obere Welt führen. Das ermöglicht uns, im Alltag oder während einer schamanischen Behandlung mit ihnen in Kontakt zu treten, ohne eine Trancereise machen zu müssen. Auf diese Weise üben wir ständig, auch ohne eine schamanische Reise immer mehr von der nichtalltäglichen Wirklichkeit der mittleren Welt wahrzunehmen. Ich kann mir kaum eine bereicherndere Erfahrung vorstellen!

Die obere Welt

Wenn wir nun den Weltenbaum hinauf klettern, gelangen wir auf die Ebene des Überbewusstseins. Auf der persönlichen Ebene begegnen wir hier jenen Symbolen und Gedankenkonstrukten, die unsere Welt zusammen halten und uns die Erfahrung der materiellen Existenz ermöglichen. Es ist wie ein kugelförmiges Gerüst, das den Spielplatz umgibt, den wir „Schöpfung" nennen. In diesem Gerüst sind unzählige Scheinwerfer montiert, deren Licht nach innen strahlt und dort das bildet, worin wir leben. Solange wir in dieser Lichtkugel sind, erscheint sie uns als materiell, während wir das Gerüst, auf dem die Scheinwerfer montiert sind, gar nicht oder höchstens als zarte, „feinstoffliche" Welten und Elemente wahrnehmen. Lustigerweise stellt sich das für viele Menschen aus der oberen Welt betrachtet genau anders herum dar!

In der oberen Welt treffen wir üblicherweise auf unsere inneren Lehrer und Führer. Hier befindet sich auch eine Einrichtung, welche die meisten dort hin reisenden Menschen als eine Art „spiritueller Akademie" empfinden, die über eine hochinteressante und unendlich große Bibliothek allen Wissens verfügt (ein Paradies für Lesewürmer!). Höchstwahrscheinlich haben Steinzeitschamanen ein anderes kollektives Bild dafür gehabt, also klammern Sie sich bitte nicht an sonnendurchfluteten Arkadengängen mit Toga tragenden Philosophen oder weitläufigen Bücherregalen fest – aber wie auch immer Ihr Gehirn es Ihnen zu verklickern versucht: Da „oben" ist der Zugang zum gesamten kosmischen Wissen und ein paar ziemlich hohen Tieren. Es kann gut möglich sein, dass Sie sich bei einem Spaziergang dort plötzlich in angeregter Konversation mit einer Gottheit befinden, während sie wiederum das Gewand Ihres höheren Selbst tragen. Machen Sie sich schon mal auf den „Verflixt-jetzt-habe-ich-alles-wieder-vergessen"-Effekt nach der Rückkehr aus der Trance gefasst …

Dennoch: Was Sie dort erfahren, bleibt Ihnen erhalten, auch wenn es vielleicht nicht auf bewusster Ebene geschieht. Um diese Reise anzutreten, wählen Sie eine Form des Aufstiegs in dieser materiellen Welt, die Ihnen gefällt und Freude bereitet. So hat es nicht viel Sinn, sich vorzustellen, dass Sie zur Spitze eines Achttausenders hinauf steigen, wenn Sie Höhen-

Programm
Frühjahr 2013

Novitäten siehe Seiten 3 und 5!

Jetzt neu!
arun-verlag.blogspot.com

ARUN Verlag

• eco • pagan • tribal • celtic • shaman • cult •

verlag der traditionen und kulturen

feuergeist & wandelwind

Jetzt neu!
arun-verlag-seelenpfade.blogspot.de

Neu!

Vicky Gabriel & William Anderson

Seelenpfade

Schamanische Wege zur Heilung von Körper und Geist

Ein breiter Fundus an Werkzeugen, die sowohl für Therapeuten als auch den selbstverantwortlich an seiner eigenen Heilung arbeitenden Laien geeignet sind und sich ebenso an Einzelpersonen wie auch an schamanisch arbeitende Gruppen richtet.

Aus dem Inhalt: ein europäisches Medizinrad • Stellungsarbeit auf dem Medizinrad • Reinigungs- und Zentrierungstechniken • Krafttier-Arbeit im Alltag • Bewegungsarbeit in Trance • Trancereise • Seelenrückholung • Shape-Shifting • schamanische Traumarbeit • Redestabritual • die Schwitzhütte & vielfältige andere Naturzeremonien ...

Ein umfassender Leitfaden zu schamanischer Kraft- und Wachstumsarbeit!

400 Seiten, 17,0 x 24,0 cm, Broschur
ISBN 978-3-935581-83-7
€ 19,95 / 28,50 SFR

Vicky Gabriel & William Anderson

Seelenpfade Praxis-Set

Schamanische Meditationen zur Heilung von Körper und Geist

Mit dem vorliegenden Seelenpfade Praxis-Set besteht nun die Möglichkeit, noch einfacher und tiefer in die schamanische Arbeit einzutauchen und den eigenen inspirierten Weg weiterzugehen.

Die wichtigsten Übungen und Meditationen sind von den Autoren zusammengestellt worden und liegen hier nun in einer Hörfassung vor, einfühlsam gesprochen und mit rein akustischen Instrumenten passend untermalt. Die ergänzende und im Buch nicht enthaltende Übung „Der innere Verbannte" hat sich aus der Praxis in Einzel- und Gruppenarbeit entwickelt und als äußerst kraftvoll entpuppt. Sie wird hier zum ersten Mal einer breiteren Öffentlichkeit zugänglich gemacht.

Ein Set aus Buch und CD, das neue Wege öffnet und die heilende Weite der schamanischen Arbeit erlebbar macht!

48 Seiten, Hardcover, 13,5 x 22,0 cm,
mit 1 CD, ca. 70 min.
ISBN 978-3-86663-077-2
€ 19,95 / 28,50 SFR

Vicky & William auf www.deraltepfad.de

Jetzt neu!
arun-verlag-viatores.blogspot.de

viatores & Vicky Gabriel

Feuergeist & Wandelwind

Schamanische Heil- und Ritualtänze

Tanzen, sich bewegen, im Fluss sein… Füße, Beine, Arme – der ganze Körper im Rhythmus der Trommeln. Der Herzschlag der Erde, die Laute der Tiere, das Grollen, Fauchen, Fließen und Knistern der Elemente.

Kraftvoll, wild und erdig erklingen auf dieser CD verschiedenste Trommeln und Rasseln, über 60 Minuten technofrei und tanzbar. Wir tanzen unsere Seele, tanzen unser Totemtier, tanzen mit dem Feuer, tanzen für die Erde. Feuergeist & Wandelwind tragen uns, befreien Körper, Geist und Seele.

Alle Stücke gehen ineinander über, so dass es möglich ist, sich die ganze Laufzeit der CD über ekstatisch zu bewegen. Die Tracks sind aber auch einzeln für bestimmte Zwecke anspielbar: Heiltänze, Trancetänze, Krafttiertänze – mit dieser CD kommt ein neuer Rhythmus in unser Leben.

Das dazugehörige Buch von Vicky Gabriel, selbst Tanztherapeutin, Trancetanz-Lehrerin und schamanisch Praktizierende, stellt dar, wie Bewegung und Tanz unsere Spiritualität vertiefen können, wie wir unseren Körper für die Bedürfnisse unserer Seele öffnen können und wie wir uns einen neuen Zugang zu uns selbst und zu der Welt, die uns umgibt, ertanzen.

Wie schon die erfolgreiche „Donnerseele" der *viatores*, ein mitreißendes Erlebnis voller Energie!

Tracks auf der CD: Erdtanz • Krafttiertanz • Feuerwirbel • Heiltrance • Wandelkraft • Ahnentanz • Seelenpfad

48 Seiten, Hardcover, 13,5 x 22,0 cm, mit CD, ca. 65 min.
ISBN 978-3-86663-090-1
€ 19,95 / 28,50 sFr

Warum wir diesen Titel veröffentlichen

Bewegung, Energie, Kraft... Raus aus dem Kopf, hinein in den Körper, in den Bauch, in die Beine! Hier können wir eine Spiritualität erfahren, die Erde und Himmel in uns zusammenbringt und uns auf neue Wege führt.

Mehr zu den viatores, siehe Seite 16!

Jetzt neu!
www.ahnenreise.net

Neu!

Jennie Appel & Dirk Grosser
Alf Jetzer (Erdklangflöte)

Die Ahnenreise

Schamanisch-meditative Wege zu unseren Wurzeln

Dieses Set aus Buch und CD lässt uns die Spur unserer Ahnen zurückverfolgen und der ursprünglichen Kraft des Lebens, die sich in ihnen und uns ausdrückt, begegnen.

Während sich das Buch auf das zugrundeliegende schamanische Weltbild und die Rolle der Ahnen konzentriert, enthält die CD je eine Meditation für Frauen und für Männer, welche sich durch unterschiedliche Energien und geschlechtsspezifische Archetypen auszeichnen.

Unterstützt werden die Meditationen durch die warmen Klänge der von Alf Jetzer einfühlsam gespielten Erdklangflöte. Ein erdendes Trommelstück von Dirk Grosser rundet die CD ab.

48 Seiten, Hardcover, 13,5 x 22,0 cm, mit 1 CD, ca. 70 min.
ISBN 978-3-86663-075-8
€ 19,95 / 28,50 SFR

Warum wir diesen Titel veröffentlichen

Das Eingebundensein in das große Netz des Lebens, in die große Reihe unserer menschlichen und tierischen Ahnen lässt uns die Welt mit anderen Augen sehen. Wir schöpfen Kraft aus unseren Wurzeln und strecken unsere Äste in die Zukunft, die wir auf den Werten der Verbundenheit und der Wertschätzung aufbauen.

Philip Carr-Gomm

well

Druidische Meditationen als Quelle für unser Wohlbefinden

Alles, was der Mensch für seine geistige und körperliche Gesundheit braucht, lässt sich in der Natur finden.

Die Meditationen auf CD 1 leiten uns durch die Kräfte von Erde, Sonne und Mond zu Stille und tiefer Entspannung. Körper, Seele und Geist werden sanft berührt, von Stress und einschränkenden Glaubenssätzen befreit und durch die lebendigen Energien der Natur zur eigenen Heilung geführt.

CD 2 konzentriert sich ganz auf die Kraft eines erholsamen Schlafes. Sowohl ein erholsamer Kurzschlaf als auch das Herbeiführen eines tiefen Nachtschlafes, in dem sich der Körper wirklich regenerieren kann, sind mit dieser CD möglich.

48 Seiten, Hardcover,
13,5 x 22,0 cm, mit 2 CDs
ISBN 978-3-86663-062-8
€ 19,95 / 28,50 SFR

Mehr Info auf www.wilde-weisheit.de

Neu!

Olaf Bernhardt mit Jennie Appel

Spirits – Geister im Herzen

Schamanische Wege zu den Kräften der Natur

Der bekannte schamanische Lehrer Olaf Bernhardt präsentiert die Essenz seiner 20jährigen Lehrtätigkeit für die *Foundation for Shamanic Studies*. Locker doch fokussiert und vor allem mit einer in jeder Zeile spürbaren Liebe und Achtsamkeit spricht er über seine Erfahrung mit den Geistwesen der Anderswelt und über seine Dankbarkeit ihnen gegenüber. Er legt die Grundlagen des schamanischen Weltbildes dar, gibt praktische Tipps zur schamanischen Reise, zum Kontakt mit den Spirits, zu den Kräften, die in der Natur und in uns wirken und zu Zeremonien und Ritualen, die die Erlebnisse und Botschaften der Anderswelt in unseren Alltag zu integrieren helfen.

Sowohl Anfänger als auch erfahrene Praktizierende und Menschen, die selbst professionell schamanische Begleitung anbieten, profitieren von Olaf Bernhardts Wissen und seiner unkomplizierten, undogmatischen Herangehensweise an diese heilsame Tradition. Ganz im Westen verwurzelt, gibt Olaf Bernhardt auch immer wieder Beispiele aus unserer Kultur, die den schamanischen Weg verdeutlichen und als uralte und gleichzeitig hochaktuelle Erfahrungs-Spiritualität vor Augen führen.

Aus dem Inhalt: Mit der Welt verbunden, Kontakt mit den Spirits – ganz konkret, Naturgeister & Kraftplätze, Gefahren auf der schamanischen Reise, Kinder & Schamanismus, Den Alltag vom Nichtalltäglichen durchdringen lassen, Schamanische Arbeit in der Praxis, Die Natur als Lehrerin, Sterbebegleitung, etc.

ca. 224 Seiten, einige s/w-Abb., Hardcover, 15,1 x 22,8 cm
ISBN 978-3-86663-089-5
€ 18,00 / 25,90 SFR

Warum wir diesen Titel veröffentlichen

Was Sie schon immer einen Schamanen fragen wollten... Dieses Buch bietet ganz bodenständig Auskunft zu schamanischer Praxis und dem zugrundeliegenden Weltbild.

Mehr zu Olaf Bernhardt siehe www.schamanismus.org

Axel Brück

Seele, Selbst und Karma

Das schamanische Bild vom Menschen

Was ist das Jenseits, die Seele, das Selbst? Was meint Wiedergeburt und Karma?

Axel Brück beschreibt das schamanische Bild des Menschen vom Wechsel zwischen Leben und Tod, der Unpersönlichkeit der Wiedergeburt und der Natur des „Karma".

Er arbeitet den Unterschied heraus zwischen Religion und Glauben, zwischen Mono- und Polytheismus und weist auf die Jedem offen stehende persönliche Erfahrbarkeit des Göttlichen in der Welt.

Wie der Buddhismus die östliche Lehre von den letzten Dingen beschreibt, so zeigt dieses Buch unser eigenes, auf europäischem Weltbild und naturspiritueller Tradition beruhendes Verständnis von Seele, Selbst und Karma.

152 Seiten, 22 s/w Abb.,
17,0 x 24,0 cm, Broschur
ISBN 978-3-86663-031-4
€ 18,00 / 25,90 SFR

Axel Brück

Schamanische Ritualmusik

... und die Kraft der Klänge

Der Autor erklärt die Wirkungsweise und die Instrumente (Trommel, Rassel, Flöte, Horn, Dord und Didgeridoo, u.v.a.).

Er gibt praktische Tips und ermutigt zu eigenen Ritualen, so zum Beispiel zur schamanischen Reise oder zur Tanz-Ekstase.

Auf der beiliegenden CD ist eine Live-Aufnahme eines schamanischen Ekstase-Rituals zu hören.

128 Seiten, 30 s/w-Abb.,
17 x 24 cm, Broschur,
inkl. CD mit 9 Tracks
und über 65 min.
Spielzeit.
ISBN 978-3-935581-78-3
€ 19,95 / 28,50 SFR

Axel Brück

Die Kraft der Heilung

Brück gewährt uns einen neuen Blick auf die Heilarbeit der Hexen, Schamanen, Magier sowie die Knochensetzer und Kräuterfrauen unseres kelto-germanischen Erbes.

184 Seiten, 37 s/w-Abb.,
17,0 x 24,0 cm, Broschur
ISBN 978-3-86663-015-4
€ 18,00 / 25,90 SFR

Axel Brück

Die Kraft der Rituale

Brück schreibt über Gebrauch und Entstehung, welche Ziele ein Ritual haben sowie aus welchen „Bausteinen" es bestehen kann, was bei der Durchführung zu beachten ist und ob es „Zuschauer" haben sollte.

176 Seiten, 26 s/w-Abb.,
17,0 x 24,0 cm, Broschur,
ISBN 978-3-86663-023-9
€ 18,00 / 25,90 SFR

Axel Brück

Andersweltreise

Praxisbuch
Schamanische Reise

Axel Brück beantwortet die Frage nach der Existenz der Anderswelt: Und zwar männlich-logisch, philosophisch wie auch weiblich-intuitiv!

Besonders am Herzen liegt ihm eine Schamanische Reise, die unseren (west- und nordeuropäischen) Wurzeln gerecht werden kann. Geradlinig und einfach erklärt er die Praxis des Andersweltreisens, die richtige Reisemusik, die unterstützenden Reisehaltungen sowie andere Hilfsmittel (wie z.B. Runen) und ermöglicht so dem Leser, selbst in die Anderswelt zu reisen, um dort z.B. seinem Krafttier zu begegnen.

Dazu gibt es eine CD mit zwei aufeinander abgestimmten Stücken.

192 Seiten, 43 Abb.,
17,0 x 24,0 cm,
Broschur, CD (ca. 37 min.)
ISBN 978-3-935581-84-4
€ 19,95 / 28,50 SFR

Jetzt neu!
arun-verlag-shamanica.blogspot.de

2. Auflage!

Caitlín Matthews

Das Lied der Seele

Schamanische Rituale für Vision und Heilung

Integration finden durch Schamanismus – das ist der Ansatz von Caitlín Matthews. Wer fühlt sich nicht manchmal fehl am Platz, nicht ganz richtig an seinem Ort zu dieser Zeit? Alles, was sich nicht richtig anfühlt, ist ein Signal der Seele, dass sie wahrgenommen werden möchte. Ihr *Lied* möchte sie singen dürfen – und wir müssen Wege finden, ihr wieder zuzuhören, einzustimmen in ihr Lied, uns frei *singen* in ein Leben voller Erfüllung.

Matthews beschreibt, wie wir dieses Ziel verfolgen können und inwiefern der Schamanismus uns begleiten kann.

Ein Buch für Menschen auf dem schamanischen Weg, für alle, die das Lied ihrer Seele wieder entdecken und in ihrem Leben hörbar machen wollen.

272 Seiten, ca. 10 s/w-Abb.,
17 x 24 cm, Broschur
ISBN 978-3-935581-87-5
€ 19,95 / 28,50 SFR

Bestseller!

Sonia Emilia RainbowWoman & friends

Medicina Shamanica

Schamanische Medizinlieder

Im traditionellen Schamanismus werden häufig Gesänge und Lieder zu Heilzwecken eingesetzt. Diese Medizinlieder öffnen akustisch die Pforte zur Welt der Geister. Sie weben ein neues Energiekleid, wodurch die heilenden Kräfte in den Körper gelangen.

Sonia Emilia begann als Siebzehnjährige eine traditionelle schamanische Ausbildung bei Juan Moreno/Kolumbien. Sie gilt heute als eine der bekanntesten Heilkundigen Österreichs.

Musik-CD mit Begleittexten zu den Liedern
Traditionelle Heilgesänge aus verschiedenen Traditionen werden musikalisch so umgesetzt, dass sie neben ihrer heilenden Wirkung die Hörer/innen auch auf eine intensive musikalische Reise mitnehmen. Sonia Emilia singt mit ihrer schnörkellosen, intensiven Stimme sowohl diese uralten Lieder, als auch ihre eigenen Medizingesänge, während sie von überraschenden und inspirierenden musikalischen Klängen umwoben ist.

48 Seiten, Hardcover, 13,5 x 22,0 cm, mit 1 CD
ISBN 978-3-86663-056-7
€ 19,95 / 28,50 SFR

Mehr zu Sonia Emilia RainbowWoman siehe www.schamanismus.net

Elemente- und Naturmagie

ISBN 978-3-86663-005-5

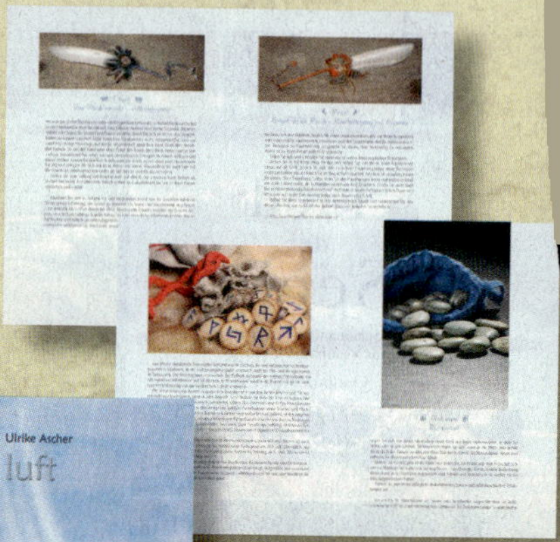

ISBN 978-3-86663-029-1

2. Auflage! (HE 2013)

Ulrike Ascher

Die Magie der Elemente

jeder Band: 160 Seiten, komplett farbig bebildert, A4, Broschur, € 19,95 / 28,50 SFR

2. Auflage!

ISBN 978-3-935581-98-1

ISBN 978-3-86663-037-6

Ulrike Aschers Elementebücher (*Erde*, *Feuer*, *Wasser*, *Luft*, *Spirit*) beeindrucken durch eine Fülle gelungener Ausführungen zu den Chakren, Kraftplätzen, Andersweltreise und Krafttiersuche, Jahreszeitfesten, Visionssuche, den Kräften von Sonne und Mond sowie zu Geburt, Pubertät, Hochzeit, Menopause und Tod.

Eingebettet in außergewöhnliche Bilder verschiedener Fotokünstler werden wir sowohl in die magische Welt des Lebens- wie auch des Jahreskreises entführt.

Daneben bieten die Bücher einen Hort an Informationen über Götter, Pflanzen und Steine und schaffen damit eine solide Basis für die Entwicklung eigener Ritualideen.

mehr von Ulrike Ascher unter www.ravenowl.com

angst haben – dann könnte die zwar unromantische, aber viel sichere Fahrt in einem Aufzug hilfreicher sein. Vicky klettert ihren Lieblingsbaum hinauf, verwandelt sich oben angekommen in eine Maus und lässt sich dann von einem Adler in den Himmel hinein tragen. Sie können sogar Ihre eigenen Chakren als Ersatz für den Weltenbaum verwenden – Mikrokosmisch betrachtet sind die Energiezentren eh nichts anderes. Reisen Sie Ihre Chakrensäule von unten nach oben entlang, und wenn Sie im obersten Chakra angekommen sind, befinden Sie sich in der oberen Welt.

Die meisten Menschen erleben übrigens eine Art „Grenze“ zwischen der mittleren und der oberen Welt, die sich oft als Wolken- oder Nebelschicht darstellt und mit dem Übergang durchdrungen wird.

Eines der besten Bücher speziell zum Thema schamanische Reise stellt *Die Anderswelt-Reise* von Axel Brück dar. Es geht umfassend wie kein anderes Werk auf die Praxis der schamanischen Reise ein und kann sehr hilfreich sein, wenn Sie regelmäßig mit diesem Werkzeug arbeiten möchten.

Die feinstofflichen Sinne trainieren

Nicht nur die Arbeit mit den Krafttieren kann uns, wie oben angedeutet, jene Form der Wahrnehmung ermöglichen, die Hellsichtige auszeichnet. Es gibt eine ganze Reihe von Techniken, die solche Fähigkeiten unterstützen bzw. zu erwecken helfen. Allerdings ist es eine Illusion, zu glauben, man müsse nur täglich zwei bis drei nette Visualisierungsübungen machen, um in drei Monaten Auren sehen zu können. Das Training unserer feinstofflichen Sinnesorgane stellt nur einen kleinen Teil dieser Aufgabe dar; der weitaus größere besteht in einer grundlegenden Einstellungsveränderung Ihrerseits. Diese kann zum Beispiel über regelmäßige Meditation, Schwitzhüttenarbeit, Trancetanz, Körpertherapie, Kundalini-Yoga, Atemarbeit, aufarbeitende Psychotherapie oder Chakrenarbeit geschehen – am besten kombinieren Sie die für Sie wirkungsvollsten Wege miteinander. Rechnen Sie mit einigen Jahren intensiver Arbeit an sich selbst. Wenn Sie diese nun noch mit Übungen ergänzen, die der Erweckung Ihrer inneren Sinne dienen, stehen Ihre Erfolgschancen nicht schlecht!

Die folgenden beiden Techniken haben wir von Alberto Villoldo erlernt. Sie haben sich in der praktischen Arbeit als äußerst hilfreich erwiesen.

Die Aufmerksamkeit verschieben

Wir sind es gewohnt, unsere visuelle Konzentration primär auf die alltägliche Wirklichkeit zu richten – also auf das, was wir die „materielle Realität“ oder die „physische Ebene“ nennen. Die folgende Übung hebt diese Fixierung auf, indem sie die entsprechenden Einstellungen in Ihrem Gehirn verändert. Sie öffnet sozusagen einen weiteren Kanal für die nichtalltägliche Wirklichkeit. Sie verstärkt alle anderen Übungen, mit denen das innere Auge erweckt werden soll, wenn sie diesen voran gestellt wird. Falls Sie bereits mit dem inneren Auge sehen können, wird diese Fähigkeit verstärkt, wenn Sie vorher diese Übung durchführen, denn das erleichtert die Sache ganz erheblich!

Bewegen Sie Ihre Augen bei geschlossenen Lidern wie folgt:

- von links nach rechts,
- von oben nach unten,
- von oben links nach unten rechts,
- von oben rechts nach unten links,
- dann in großen Kreisen dreimal mit dem Uhrzeigersinn
- und dreimal in großen Kreisen gegen den Uhrzeigersinn,
- dann nochmals dreimal im Uhrzeigersinn, aber diesmal mit kleinen Kreisen,
- und schließlich nochmals dreimal gegen den Uhrzeigersinn mit kleinen Kreisen.

Aktivierung des inneren Sehens

Kurzer Test: Schließen Sie die Augen und stellen Sie sich einen großen, grünen Baum vor. Er steht alleine auf einer grünen Wiese. Seine Krone ist voll belaubt, sein Stamm mächtig.

Wo sehen Sie dieses Bild? Einige Menschen empfinden es als vor ihren Augen stehend, andere nehmen es hinter ihrer Stirn wahr. Ein erstaunlich großer Teil sieht Vorstellungen jedoch im Inneren des Kopfes an seiner Hinterseite. Genau dort befindet sich nämlich der visuelle Kortex, sprich: jener Teil unseres Gehirns, der aus den Impulsen des Sehnervs Bilder macht. Fahren Sie doch mal mit den Fingern von der Stirn in Richtung Nacken an Ihrer Mittelscheitellinie entlang. Einige Zentimeter, nachdem Sie die Fahrt nach unten angetreten haben, geraten Ihre Finger in eine Vertiefung. Dort befindet sich der visuelle Kortex. Wenn Sie vom letzten Nackenwirbel nach oben tasten, ist es die Stelle vor der Erhebung.

Wir alle wissen, wo unsere physischen Sehorgane sitzen – es sind unsere Augen. Womit aber sehen wir auf feinstofflicher Ebene? Spannenderweise verwenden wir dazu mehr als nur ein Organ. Auf das erste sind Sie bestimmt schon gekommen: Es ist das so genannte dritte Auge, das sich direkt über der Nasenwurzel in der Mitte zwischen den Augenbrauen befindet. Das zweite aber ist unser Herzchakra! Antoine de Saint-Exupéry hatte vollkommen Recht, als er sagte: *„Man sieht nur mit dem Herzen gut – das Wesentliche ist für die Augen unsichtbar.“*

Mithilfe dieser Technik werden das dritte Auge und das Herzchakra mit dem visuellen Kortex im Gehirn verbunden, damit dieser die von dort erhaltenen Sinnesinformationen zu für uns sichtbaren Bilder macht. Wir trainieren den visuellen Kortex also darauf, für die feinstofflichen Sehorgane dieselbe Funktion zu übernehmen wie für die physischen Augen.

Führen Sie zunächst die Verschiebung der Aufmerksamkeit durch wie in der vorangegangenen Übung beschrieben.

Legen Sie dann die Hände zur Gebetshaltung aneinander. Falten Sie sie aber nicht, sondern wählen sie die alte Form, in der die Handflächen und Fingerunterseiten ausgestreckt aneinander liegen. Heben Sie die Hände nun zu Ihrer Brust und legen Sie sie etwa auf Höhe des Brustbeins mit der Daumenseite an (die klassische indische Gebetshaltung).

Als nächstes führen Sie die eben beschriebene Technik zur Verschiebung der Aufmerksamkeit durch.

Dann lassen Sie Ihren Atem mit einigen bewussten Zügen langsam ruhiger und tiefer werden. Wenn Sie sich zentriert fühlen, öffnen Sie die Hände und legen ihre Fingerspitzen auf das Herzchakra. Ziehen Sie von dort aus langsam und aufmerksam auf dem Körper einen Lichtpfad, indem Sie Ihre Finger vom Herzchakra aus rechts und links am Hals entlang bis zum virtuellen Kortex am Hinterhaupt führen, wo sich Ihre Hände wieder begegnen. Gleichzeitig visualisieren Sie, wie Ihre Fingerspitzen mit dieser Bewegung eine Lichtbahn schaffen. Machen Sie das insgesamt dreimal.

Dann tun Sie dasselbe dreimal vom dritten Auge aus, wobei Sie Ihre Fingerspitzen an den Seiten des Kopfes knapp über den Ohren entlang zu jener Stelle des Hinterkopfes führen, hinter der sich der visuelle Kortex befindet. Stellen Sie sich dabei wieder vor, wie Sie eine Lichtbahn erschaffen.

Und schließlich lassen Sie die Finger dreimal vom dritten Auge aus über die Scheitellinie zum visuellen Kortex laufen, wobei sie wieder die dadurch entstehende Lichtbahn visualisieren.

Danach lassen Sie die Hände sinken und nehmen sich ein paar Atemzüge Zeit, um vor Ihrem inneren Auge zu sehen, wie die Energie durch die von Ihnen aktivierten Bahnen läuft.

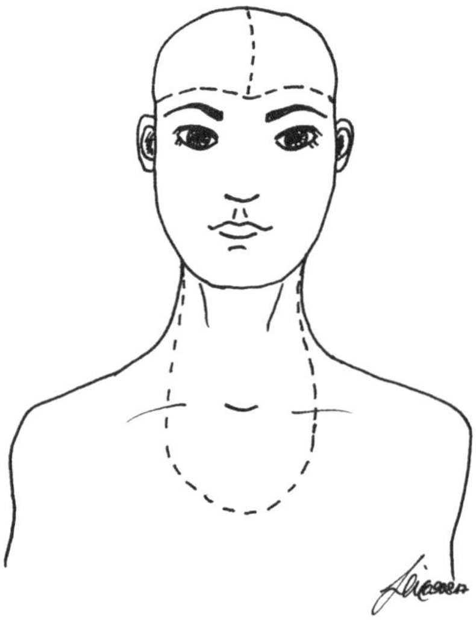

Der Verlauf der Lichtbahnen von vorne betrachtet

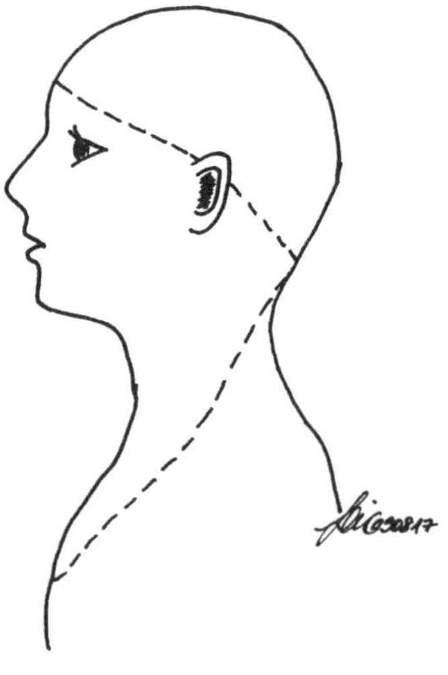

Der Verlauf der Lichtbahnen von hinten betrachtet

Alberto Villoldo meint, diese Übung führe bei 90 Prozent aller, die sie regelmäßig ausführen, zum Erfolg. Unserer Erfahrung nach sieht die Quote zwar nicht ganz so gut aus, was aber daran liegt, dass die meisten Menschen einfach nicht lange genug dabei bleiben. Wir haben nun mal keinen Schalter, den wir einfach nur umlegen müssen, wenn wir überall bunte Lichtlein sehen wollen. In gewisser Weise ist das Training des feinstofflichen Sehens mit dem Sprechenlernen vergleichbar. Ein Kind braucht etwa zweieinhalb Jahre täglicher Übung, bis es erste Zusammenhänge zu vermitteln versteht und etwa vier weitere Jahre, bis es sich flüssig ausdrücken und alle Laute korrekt artikulieren kann. Wenn Sie nicht bereit sind, diese Übung als ein Langzeitprojekt zu betrachten, sollten Sie damit nicht beginnen; das bringt nur Enttäuschungen. Doch falls Sie sich soviel Durchhaltevermögen zutrauen, können wir Sie nur ermutigen, es damit zu versuchen – der Lohn ist wirklich groß!

Kraft schöpfen

Die Arbeit mit anderen Menschen kann sehr Kraft raubend sein, denn die meisten von ihnen suchen den schamanischen Behandler ja nicht unbedingt auf, weil sie vor Energie fast platzen. Ganz im Gegenteil befinden sie sich oft in einer ratlosen oder erschöpften Situation und erhoffen sich Hilfe vom Behandler. Diese Hilfe aber wird immer in derselben Währung gewährt: nämlich in Form von Lebensenergie. Deshalb sollten Sie sicherstellen, dass Sie genau dazu immer einen guten Zugang haben, um jederzeit frisch auftanken zu können.

Mal ganz generell bemerkt: Jemand, der sich nicht um sein eigenes Wohlergehen kümmern kann (und zwar vor dem der anderen), hat ein großes Stück Arbeit vor sich, das er unbedingt tun sollte, *bevor* er sich der Begleitung anderer Menschen widmet. Das ist keineswegs egoistisch, sondern eine unbedingte Voraussetzung dafür, andere wirklich unterstützen zu können – und zwar länger als nur ein paar Monate. Sonst hagelt es irgendwann Burnout und Depression. Oder man macht seinen Job einfach immer schlechter, was auch nicht gerade zum eigenen Selbstwert beiträgt. Vergessen Sie den Opfermythos, der in unserer Gesellschaft in so hohem Kurs steht – der führt nur dazu, dass sich immer mehr Menschen gnadenlos bis zur Selbstzerstörung ausnutzen lassen. Idealistische Sozialpädagogen, für die es vollkommen normal ist, zusätzlich zu einer schon unterbezahlten 38-Stunden-Stelle Woche für Woche nochmal 15 Stunden unbezahlte Zusatzarbeit zu leisten, retten die Gesellschaft auch nicht – aber sie sind enorm praktisch für diesen Staat, der solche Menschen bewusst mit einkalkuliert, um die entsprechenden Gelder anderswo investieren zu können. Zum Beispiel zum Kauf von 180 Eurofightern.

Wir wollen damit nicht sagen, dass Sie sich in Zukunft nicht mehr für die Gemeinschaft engagieren sollen, sondern Ihnen ans Herz legen, sich *erst* um Ihre Kraftreserven zu kümmern und *dann* aktiv zu werden. Und zwar jedes Mal, bevor Sie sich auf dem Weg zur ehrenamtlichen Hausaufgabenbetreuung, zum Altenpflegeheim oder zu Ihrer Praxis machen.

Unser Hausarzt ist einer von denen, die uns manchmal eineinhalb Stunden lang zuhören und dabei auch noch eine kostenlose Supervision geben – bis abends um acht Uhr. Dabei sind wir Kassenpatienten; für Geld macht er das mit Sicherheit nicht. Dafür ist er aber in den Weihnachts- und Osterferien grundsätzlich nicht vorhanden, und auch in den Sommerferien hängt er uns Patienten gnadenlos regelmäßig drei Wochen lang an den Nagel. Wir finden das gut. Wäre es nicht so, hätte er nicht mehr die Energie, um Vicky das metaphorische Händchen zu halten, wenn bei ihr mal wieder Land unter ist. Er hat eindeutig klar gemacht, welche Zeit er für uns Patienten zur Verfügung stellt (und zwar hundertprozentig) und welche nur für ihn und seine Familie da ist. Das hat uns so beeindruckt, dass wir es jetzt genauso machen und in den Schulferien keine Seminare mehr veranstalten. Seitdem fällt uns die Arbeit viel leichter und wir haben wieder viel mehr Freude daran, weil wir sicher sein können, dass unsere Freizeit- und Familienbedürfnisse deshalb nicht mehr zu kurz kommen. So seltsam das auch klingen mag: Wenn Sie anderen wirklich Gutes tun wollen, müssen Sie erst einmal ein egoistisches Warzentier sein. Sonst stehen Sie das einfach nicht durch, und davon hat niemand etwas.

Im Folgenden möchten wir Ihnen ein paar Übungen zum Auffüllen Ihres Energie-Reservoirs zeigen. Solche Techniken können aber immer nur unterstützenden und ergänzenden Charakter haben. Wenn Sie sich nicht einen Tag in der Woche frei nehmen, für regelmäßige Erholung sorgen und Ihre Arbeitsstunden auf ein für Sie vernünftiges Maß herunterschrauben, können Sie visualisieren, so lange Sie wollen – am Burnout kommen Sie dann trotzdem nicht vorbei.

Drei-Punkt-Energiequelle

Diese Übung ist am wirkungsvollsten, wenn sie im Freien ausgeführt wird. Sollte das jedoch gerade schwierig sein, ist es auch möglich, die dafür notwendigen Komponenten (Erdboden, Sonne, Himmel) zu visualisieren. Als regelmäßiger Tagesbeginn ist sie unschlagbar! Vicky zum Beispiel macht sie gerne während des ersten morgendlichen Spaziergangs mit unserer Hündin.

Stellen Sie sich bequem hin. Die Füße sollten etwa hüftbreit auseinander stehen. Die Knie sind leicht gebeugt, das Becken ist nach unten gerichtet. Wenn Sie die Knie mit dem Ausatmen bewusst ein wenig beugen, senkt es sich meist von selbst in Richtung Boden. Der Oberkörper ruht locker und aufrecht auf den Hüften, der Nacken ist entspannt aufgerichtet. Der Blick geht gerade nach vorne, die Arme hängen locker an den Seiten des Körpers hinab. Das nennt man den bioenergetischen Stand. Üben Sie ihn ruhig ein wenig, er kommt im weiteren Verlauf des Buchs immer wieder mal vor.

Schließen Sie nun die Augen, atmen Sie einige Male ruhig und tief in den Bauch hinein und beobachten Sie dabei, wie sich Ihre Bauchdecke beim Einatmen nach außen wölbt und beim Ausatmen wieder zusammen zieht. Lassen Sie zu, dass Sie in eine leichte Trance gehen.

Sehen Sie nun vor Ihrem inneren Auge, wie Sie die Energie der Erde, auf der Sie stehen, durch Ihre Fußsohlen aufnehmen und beobachten Sie, wie diese Kraft in Ihrem Körper aufsteigt.

Behalten Sie diese Vorstellung bei und sehen Sie gleichzeitig, wie Sie durch den Solarplexus (den Bereich zwischen Nabel und unterem Ende des Brustbeins) die Energie der Sonne in Ihrem Körper aufnehmen.

Nun fügen Sie diesen beiden Kraftströmen noch die Energie des Universums hinzu, die durch Ihr Kronenchakra (den höchsten Punkt Ihres Scheitels) in Ihren Körper eintritt.

Beobachten und spüren Sie nun, wie sich diese Energien in Ihrem Körper vermischen, miteinander verbinden und in jeder Zelle ausbreiten, bis Sie ganz und gar davon erfüllt sind.

Danken Sie und öffnen Sie die Augen, um mit neuer Kraft erfüllt an Ihr Werk zu gehen!

Atemenergie tanken

Ich habe nicht mehr die geringste Ahnung, von wem wir die folgende, sehr effektive Technik erlernt haben. Weil sie so ein kostbarer Schatz ist, schicken wir einfach einen Dank in das Universum – es wird schon an der richtigen Stelle ankommen!

Setzen Sie sich im Lotus- oder Schneidersitz auf den Boden. Richten Sie den Rücken gerade auf und strecken Sie Ihre Arme in Schulterhöhe nach vorne aus. Nun wenden Sie die Handflächen einander zu und spreizen Sie die Finger. Der Abstand zwischen Ihren Händen entspricht Ihrer Schulterbreite.

Atmen Sie nun für einige Minuten in langen, langsamen und kraftvollen Zügen ein und wieder aus. Achten Sie darauf, mindestens genau so lange aus- wie einzuatmen und vermeiden Sie jede Tendenz zur Hyperventilation (unkontrolliertes sehr schnelles Atmen).

Dann atmen Sie einmal tief ein, ballen die Hände zu Fäusten und führen Sie langsam unter maximaler Anspannung der Hand- und Armmuskulatur zur Brust.

Wenn die Fäuste die Brust berühren, öffnen Sie Ihre Hände und atmen dabei langsam aus. Atmen Sie normal weiter und spüren Sie der Energie nach, die sich in Ihrem Körper verteilt.

Chakrenaufladung

Eine weitere praktische Technik, um neue Kraft zu schöpfen, besteht darin, sich vorzustellen, wie die Energie der Erde von unten durch Ihren Körper aufsteigt und dabei auf dem Weg nach oben ein Energiezentrum nach dem anderen reinigt und auflädt. Dasselbe kann dann mit einem aus dem Universum kommenden und von oben nach unten laufenden Kraftstrom vollzogen werden. Mehr zu diesem Thema und weitere Übungen finden Sie in unseren Büchern *Der alte Pfad* und *Wege zu den alten Göttern*.

Techniken zur Reinigung und Zentrierung

Wenn im Universum alles miteinander verbunden und eigentlich ein einziges Ding ist, dann sollte es uns nicht überraschen, dass wir nie ganz frei von den Einflüssen anderer Menschen oder sonstiger Elemente der Schöpfung sein können. In gewisser Weise ist der Kosmos wie ein einziges Nebelfeld. An einigen Stellen ist der Nebel so dünn, dass wir ihn nicht mehr sehen können – aber seine Atome sind dennoch vorhanden. An anderen Stellen zieht sich der Nebel so dicht zusammen, dass wir nicht mehr durch ihn hindurch fassen können. Diese Orte bezeichnen wir als „Körper“ oder „Dinge“.

Soweit trifft der Vergleich noch zu, aber ab jetzt beginnt er zu hinken: Wenn sich ein Gegenstand durch den Nebel bewegt, bedeutet das für uns, dass seine Atome an den Atomen des Nebels vorbeiwandern. Das geschieht nun einmal, wenn zwei stoffliche Dinge einander passieren. Wir sprechen hier jedoch von der Bewegung feinstofflicher Körper in einem Universum, das keine Trennung kennt, und hier vollzieht sich die Sache eher so, wie sich eine Welle durch das Meer bewegt. Bestimmt haben Sie schon einmal beobachtet, wie ein Korken oder ein anderer leichter Gegenstand auf den Wellen tanzt. Die Welle scheint eindeutig fest zu sein und sich aus der Ferne in unsere Richtung zu bewegen, doch wenn sie beim Korken ankommt, wird deutlich, dass sich dieser kaum in Richtung des Ufers bewegt, sondern hauptsächlich hinauf und wieder hinab bewegt wird. Die Wasseratome um ihn herum haben sich nämlich nur unwesentlich vom Platz begeben. Die Welle selbst ist keine Fortbewegung von Atomen, sondern von Energie, die sich durch das atomare Universum ausbreitet.

Ähnlich können Sie sich unsere Fortbewegung in einem aus feinstofflicher Energie bestehenden Universum vorstellen. Wir sind solche Energiewellen und formen die Matrix des

Universums an jeder Stelle, an die wir uns bewegen, neu in unserer Gestalt. Bei diesem Prozess kommt es leicht zu Begegnungen und Vermischungen mit der Energie anderer Wesen oder Körper. Oft ist das Resultat eine angenehme, Kraft spendende Erfahrung – wenn wir uns zum Beispiel in lustvoller Liebe sexuell mit einem anderen Menschen vermischen, oder wenn wir mit offenem Herzen durch einen saftig-grünen Frühsommerwald gehen.

Dasselbe Phänomen vollzieht sich jedoch auch, wenn wir uns in einer unangenehmen Umgebung befinden oder in engen Kontakt mit einem Menschen kommen, der krank oder uns nicht wohl gesonnen ist. Deshalb sind Techniken wie die folgenden für alle, die sich regelmäßig in solchen Situationen wieder finden, unbedingt notwenige Hilfsmittel, die regelmäßig (täglich!) zur Anwendung kommen sollten.

Salbei und andere reinigende Kräuter

Es gibt eine Vielzahl von Pflanzen, die reinigende Eigenschaften haben: Salbei, Lavendel, Zitrone, Pfefferminz, Lorbeer, Thymian, Wacholder und Tanne sind nur einige davon. Es ist eine wunderschöne kleine Zeremonie, ein wenig davon in einer Muschelschale oder einem anderen geeigneten Gefäß zu entzünden und den Rauch allen Körperteilen oder allen gewünschten Bereichen des Raums zuzufächern. Falls Sie Rauch nicht vertragen, können Sie auch Aromaöle verwenden. Diese können zum Beispiel mit etwas Wasser verschüttelt und in der Aura versprüht werden. Auch Hydrolate erfüllen diesen Zweck.

Wenn Sie immer dieselben Pflanzen verwenden, vollzieht sich dadurch rasch eine Konditionierung, die dazu führt, dass Sie sich automatisch entspannen und klären, sowie der Duft dieser Pflanzen an Ihre Nase dringt. Auch die stete Wiederholung desselben Reinigungsvorgangs – das Entzünden der Kräuter, das Abfächern des Körpers in einer bestimmten Reihenfolge etc. – verstärkt diesen Effekt, auf dem ein nicht unerheblicher Teil der Wirkung von Ritualen beruht.

Besonders schön ist dieses Ritual, wenn es in einer Gruppe ausgeführt wird. Deshalb reinigen wir uns zu Beginn eines jeden Treffens, indem wir gemeinsam trommeln (was selbst bereits reinigenden und aufladenden Charakter hat) und dabei die Salbeischale im Kreis herum gehen lassen.

Wichtig: Blasen Sie bitte niemals in die Kräuter hinein, um sie anzufachen! Ihre persönliche Atemenergie ist stärker als die Energie der Pflanze und würde diese überlagern. Wenn Sie die Räucherung danach verwenden, werden Sie nicht gereinigt, sondern laden sich (und jeden, der sich nach Ihnen reinigt) mit Ihrem eigenen Energiemuster samt seiner Blockaden auf, und das ist eindeutig nicht im Sinne des Erfinders. Mal ganz abgesehen davon, dass ein solcher Versuch meist nur dazu führt, dass sich Asche- und Pflanzenteile sanft über Ihre wunderschöne cremeweiße Leinen-Meditationshose verteilen, was üblicherweise eine satte Ärgerreaktion produziert, die wiederum völlig kontraproduktiv zu Ihrem Anliegen der Reinigung ist.

Das reinigende Energie-Tuch

Was im Haushalt funktioniert, das klappt auch auf spiritueller Ebene oft – versuchen Sie es doch mal mit einem „geistigen Wischtuch"!

Legen Sie sich hin, schließen Sie die Augen und entspannen Sie sich für einige Momente. Wenn Sie sich ruhig und schwer fühlen, stellen Sie sich vor, auf einem weißen Tuch aus reinigender Energie zu liegen. Während Sie ruhig weiter atmen, sehen Sie dabei zu, wie sich dieses Tuch vom Boden abhebt, um langsam von unten nach oben durch Ihren Körper zu wandern. Dabei filtert es alle Blockaden, energetischen Schlacken und sonstige Verunreinigungen aus Ihrem Energiefeld heraus, die Sie im Tuch hängen bleiben sehen können. Wenn das Tuch Ihren Körper vollständig durchwandert hat und über Ihrem Bauch schwebt, übergeben Sie die Verunreinigungen, die es enthält, dem Universum. Vielleicht sehen Sie dann, wie sich die auf dem Tuch liegenden „Stoffe" einfach auflösen – oder Sie schütteln es herzhaft aus (aber bitte so, dass sein Inhalt nicht wieder auf Sie fallen kann). Danach wiederholen Sie die Übung zwei weitere Male.

Wasserreinigung

Eine andere schöne Methode besteht darin, sich gedanklich unter einen Wasserfall zu stellen, in einen glasklaren See einzutauchen oder sich von einem anderen klaren Gewässer reinigen zu lassen. Auch die Vorstellung, unter einer Dusche zu stehen, kann hilfreich sein – suchen Sie sich aus, was Sie am ehesten anspricht, denn das funktioniert erfahrungsgemäß auch am besten. Sehen Sie vor Ihrem inneren Auge, wie das Wasser alles aus Ihnen fort schwemmt, das nicht zu Ihnen gehört und Ihnen nicht gut tut.

Diese Übung lässt sich enorm verstärken, wenn man sie mit physischem Wasser verbindet. Stellen Sie sich diese Reinigungsvisualisation jedes Mal vor, wenn Sie unter der Dusche stehen, in einem See baden oder in einen Fluss springen. Sie werden von der Wirkung erstaunt sein!

Vor allem bei natürlichen Gewässern ist es jedoch wichtig, tatsächlich sauberes Wasser zu verwenden. Deshalb sollten Sie sich diese Gelegenheit bei Ihrer nächsten Hochgebirgswanderung nicht entgehen lassen – egal, wie kalt das Zeug auch ist!

Feuerreinigung

Hier ein Vorschlag, wie Sie auch an Problemen arbeiten können, die nicht oder nicht nur auf äußeren Einflüssen beruhen, sondern ihren Ursprung auch in Ihren eigenen Empfindens- und Verhaltensweisen haben. Neben dem Wasser gilt auch das Feuer als reinigendes Element. Während wir das Wasser eher auf materieller Ebene mit Sauberkeit verbinden, weil wir es überall zum Waschen und Putzen verwenden, gilt das Feuer eher als eine Art „Instant-Seelenklar". Fieber ist eine Form des Feuers und reinigt uns von Viren und Bakterien. Asche ist steril und wurde nicht zuletzt deshalb Jahrhunderte lang zum Putzen verwendet. Wir beide reinigen das Fenster unseres Kaminofens immer noch damit – da ist sie so schön praktisch und immer zur Hand. Fazit: Was durch das Feuer gegangen ist, sieht zwar mit ziemlicher Sicherheit anders aus als vorher, ist dafür aber völlig rein. Wenn Sie den Mut haben, dieses Risiko einzugehen und sich vom Feuer nicht nur klären, sondern auch verändern zu lassen, dann empfehlen wir Ihnen die folgende Zeremonie.

Nehmen Sie sich für dieses Ritual genügend Zeit und bereiten Sie alles vor, was Sie dafür benötigen: Stift, Papier und einen Feuerplatz (entweder innerhalb des Hauses oder im Freien). Wählen Sie das Thema, von dessen Auswirkungen Sie sich reinigen wollen. Das kann zum Beispiel eine körperliche Erkrankung oder eine seelische Problematik sein. Die Zeremonie lässt sich auch auf andere schwierige Situationen im Leben anwenden; bitte achten Sie dabei immer darauf, dass Sie sich nicht der Situation selbst zuwenden, sondern den unangenehmen Empfindungen, die diese in Ihnen auslöst.

Schreiben Sie einen Brief an Ihr Problem oder an die Symptome, die Sie quälen. Behandeln Sie diese wie eine Person, an die Sie sich richten. Schildern Sie offen und ehrlich, wie Sie sich damit fühlen, welche Emotionen in Bezug auf das Thema in Ihnen herrschen. Sagen Sie ganz direkt, wie es Ihnen Tag für Tag damit ergeht, was das Problem mit Ihnen und Ihrem Leben genau macht.

Wenn Sie den Brief beendet haben, legen Sie ihn in einen Umschlag und verschließen diesen. Adressieren Sie den Umschlag entsprechend, zum Beispiel „an meine Depression" oder „an meine chronischen Magenschmerzen". Entzünden Sie nun das Feuer und bitten Sie den Geist des Feuers, alles in Ihnen zu reinigen und zu transformieren, über das Sie geschrieben haben. Dann übergeben Sie den Brief den Flammen und sehen dabei zu, wie er verbrennt.

Wenn nichts von dem Brief mehr übrig ist, richten Sie Ihre Aufmerksamkeit auf Ihren Körper. Fokussieren Sie Ihre Konzentration besonders auf jene Stellen, an denen Sie das Problem meist wahrnehmen; um bei den beiden obigen Beispielen zu bleiben kann das Ihr Magen sein oder Ihr Herz, das sich wie von der Niedergeschlagenheit zusammengedrückt anfühlt. Sehen Sie nun vor Ihrem inneren Auge, wie sich das reinigende Feuer vor Ihnen auch in Ihrem Solarplexus entzündet und von dort aus in Ihrem ganzen Körper ausbreitet. Beobachten Sie, wie es dabei Ihre Symptome verbrennt, bis nichts mehr davon übrig ist.

Danken Sie nun dem Geist des Feuers und machen Sie ihm ein Geschenk (unserer Erfahrung nach stehen ein paar Tropfen eines hochprozentigen Getränks oder einige Gramm einer edlen Räucherung hoch bei ihm im Kurs. Ist halt ein echter Kenner, dieser Spirit!). Löschen Sie das Feuer nicht mit Wasser, sondern lassen Sie es auf natürliche Weise ausbrennen.

In die eigene Mitte kommen

Wenn wir das wunderbare Gefühl erleben wollen, ruhig, gelassen und von innerem Frieden erfüllt zu sein, müssen wir uns vor allem um unseren Atem kümmern. Er ist der Kern aller Zentrierungstechniken – und auch alles anderen persönlichen wie spirituellen Wachstums. Zum Glück gibt es viele gute Bücher zu diesem Thema. Die Arbeiten von Ilse Middendorf sind zu Recht Legende, aber auch Titel wie *Atem ist Leben* von Regina und Udo Derbolowsky oder *Atem, Tanz und Therapie* von Fe Reichelt stellen hier kostbare Unterstützungen dar.

Wenn wir mit irgend etwas in unserem Leben nicht fertig werden, etwas nicht ertragen können, einfach nicht mehr sehen können, dann packen wir die damit verbundene Erinnerungs-, Gedanken- und Gefühlsenergie meist in eine bestimmte Stelle unseres Körpers. Die schmerzt von da an dauernd mehr oder weniger; manchmal tut sie das zwar nicht, aber wir haben dafür keinerlei Beziehung mehr zum entsprechenden Körperteil. Es gibt erschreckend viele Menschen, bei denen dies im Becken der Fall ist. Gehen Sie mal durch Ihren Ort und beobachten Sie (möglichst unauffällig, bitte), wie viele der an Ihnen vorbei wandernden Personen Hüfte und Becken beim Gehen kaum bis gar nicht bewegen. Dabei sollte sich diese Körperregion ständig in einer mehr oder wenig intensiven Wiegebewegung befinden. Selbst die reine Atembewegung versetzt das Becken in leichte Bewegung – so es nicht blockiert ist und unbewusst von Muskeln festgehalten wird.

Warum tun wir das? Weil Atem Bewegung ist, und Bewegung befreit. Auch Körper- und Seelenblockaden. Nicht umsonst zählen Atemtherapien zu den wirkungsvollsten Methoden der körperlichen wie seelischen Entpanzerung. Bestimmt haben Sie schon einmal erlebt, wie sich Ihre Muskulatur rings um eine leichte Verletzung schmerzhaft zusammenzog und fest wurde. Dasselbe geschieht auch dann, wenn wir die Energie psychischer Wunden in einer bestimmten Körperstelle speichern: Auch in einem solchen Fall zieht sich die Muskulatur darum zusammen und verhärtet, oder Gelenke verlieren ihre Beweglichkeit und verkalken. Dann spricht man vom Körperpanzer. Wie bei einer Schildkröte legen wir unbewusst einen harten Schutz um jene Bereiche, die wir im Augenblick einfach noch nicht aushalten und wieder heilen können. Doch da sich dieser Vorgang unbewusst vollzieht, sind wir oft bezüglich der Anzahl und Inhalte unserer inneren „Panzerschränke" nicht auf dem Laufenden. Deshalb panzern wir diese Energien munter weiter, auch wenn bereits viele Jahre vergangen und wir längst reif und erwachsen genug geworden sind, um sie anzusehen und dann loszulassen.

Werden solche Panzerungen jedoch zu lange aufrechterhalten, führen sie zu meist chronischen körperlichen Schäden und Beschwerden. Ausgebildete Körpertherapeuten können sie sehen und mithilfe verschiedenster Techniken beseitigen; hierzu gehören zum Beispiel die Bioenergetik nach Lowen, die meisten Formen der psychologisch orientierten Atemtherapie und die tiefenpsychologisch fundierte bzw. analytische Tanztherapie.

Die meisten Menschen in unserer Kultur füllen Ihre Atemräume bei jedem Atemzug nur zu einem Bruchteil ihrer möglichen Kapazität, weil sie auf diese Weise unbewusst jene Bereiche schützen, in denen schmerzhafte Erfahrungen gespeichert sind. Der tiefe, frei fließende Atem ist nämlich nicht nur eine Quelle unglaublicher Energie und Lebenskraft, sondern nagt auch ganz gewaltig an unseren Panzern und Blockaden. Ein Leben „im Fluss" wünschen sich viele Menschen; aber sind sie auch bereit, die damit einhergehenden Folgen anzunehmen? Wenn wir den Fluss unserer Atem- und damit Lebensenergie wieder zum Strömen bringen, müssen wir alles nehmen, was er uns anspült. Wir können nicht nur die schöne, gute Kraft genießen, sondern werden uns auch mit den angestauten Verunreinigungen beschäftigen müssen, die jetzt frei geschwemmt werden, um unser System endlich ganz zu verlassen. Das heißt, anzunehmen, was immer da aus der Tiefe auftaucht – Freude wie auch Schmerz. Es heißt, *uns selbst* anzunehmen, und zwar ganz und gar anstatt nur in einzelnen Teilen.

Hier ein paar Übungen zum Beginnen.

Atemwelle

Stellen Sie sich aufrecht hin. Erinnern Sie sich an den bioenergetischen Stand? Hier ist er wieder: Ihre Beine sind etwa hüftbreit voneinander entfernt, die Knie leicht gebeugt. Atmen Sie einige Züge lang ruhig und entspannt vor sich hin. Richten Sie dabei Ihre Aufmerksamkeit auf Ihren Unterbauch und atmen Sie tief dort hinein. Achten Sie darauf, dass sich Ihre Bauchdecke beim Einatmen nach außen wölbt und beim Ausatmen wieder nach innen zusammenzieht. Legen Sie eine Hand auf Ihre Bauchdecke und verfolgen Sie diese Bewegung ein oder zwei Minuten lang mit.

Legen Sie Ihre Hände nun tief, ruhig und langsam weiteratmend auf Ihren unteren Rücken im Lendenwirbelbereich. Spüren Sie, wie auch dieser sanft mit jedem Einatmen gedehnt wird, um sich beim Ausatmen wieder ein wenig zusammenzuziehen. Verfolgen Sie auch diese Bewegung ein bis zwei Minuten lang mit Ihrer Aufmerksamkeit.

Beginnen Sie nun, bei jedem Einatmen mit den Händen von unten nach oben über den Bauch zu streichen. Führen Sie sie auf Taillenhöhe nach hinten und streichen Sie damit beim Ausatmen den unteren Rücken entlang über das Gesäß bis zum Ansatz der Oberschenkel. Mit dem Einatmen wechseln Ihre Hände auf den Oberschenkeln wieder auf die Vorderseite Ihres Körpers, und Sie beginnen erneut. So ergibt sich ein Bewegungskreislauf: beim Einatmen streichen Sie den Unterbauch entlang hinauf, beim Ausatmen den Rücken und das Gesäß entlang hinab. Bleiben Sie einige Minuten dabei.

Beginnen Sie dann, die Atembewegung bewusst zu verstärken (falls Sie das nicht bereits tun), indem Sie beim Ausatmen/Hinabstreichen die Knie ein wenig mehr beugen und sie beim Einatmen/Hinaufstreichen wieder etwas strecken. Aber bitte niemals durchdrücken, das blockiert die Hüfte, anstatt sie zu mobilisieren und blockiert entsprechend auch den Atem- und Energiefluss. Aus dieser Fehlhaltung wollen wir ja gerade heraus!

Wenn Sie diese rollende Bewegung einige Minuten lang durchgeführt haben, versuchen Sie Folgendes: Gehen Sie in Schritten, die so langsam wie Ihr Atemrhythmus sind. Beschleunigen Sie Ihren Atem nicht. Heben Sie den rechten Fuß mit dem Einatmen und verlagern Sie Ihr Gewicht mit dem Ausatmen darauf. Mit dem nächsten Einatmen heben Sie den linken Fuß und führen ihn nach vorne. Mit dem folgenden Ausatmen setzen Sie den linken Fuß auf und verlagern Ihr Gewicht darauf. Bleiben Sie dabei ganz bei sich, ganz in sich versunken. Spüren Sie, was sich in Ihrer Hüfte tut, wenn Sie auf diese Weise gehen. Behalten Sie die rollende Bewegung, das sanfte Beugen und Strecken der Knie bei und bewegen Sie sich auf diese Weise einige Minuten lang langsamst durch den Raum.

Lösen Sie Ihr Schritt-Tempo schließlich von Ihrem Atemrhythmus und gehen Sie in einer Ihnen angenehmen Geschwindigkeit. Behalten Sie die rollende Atembewegung dennoch bei. Wenn Ihnen das gelingt, ist es Ihnen möglich, Ihr Atemmuster in Ihrem gesamten Alltag zu verändern. Das kann Ihr ganzes Leben auf äußerst kraftvolle Weise verändern und ist es wert, diese Übung immer wieder ausführlich zu machen!

Atemcheck

Gewöhnen Sie sich an, immer wieder im Laufe des Tages kurz inne zu halten und Ihre Atmung zu überprüfen. Falls Sie bemerken, dass Sie flach und schnell in den Oberbauch atmen, beginnen Sie einfach wieder eine tiefere Gesamtatmung, die bis weit in den Unterbauch hinein reicht. Es kann anfangs hilfreich sein, wenn Sie sich ein Zeichen schaffen, dass Sie immer wieder an diesen Atemcheck erinnert – ein kleines Band um das Armgelenk wäre zum Beispiel geeignet. Es kostet Sie wenig Zeit und Energie und keinerlei Geld, auf diese Weise mehrmals täglich Ihre Atmung zu vertiefen, aber es ist eine unbezahlbare Übung. Wenn Sie Ihre Tiefenatmung wieder haben, werden Sie wissen, was wir damit meinen.

Übrigens: Eine gesunde Tiefenatmung besteht aus etwa zehn bis zwölf Atemzügen pro Minute. Im Ruhezustand, versteht sich!

Mit der Erde atmen

Diese Übung mag Vicky besonders gern. Breiten Sie ein oder zwei Decken auf dem Boden aus und legen Sie sich darauf. Schließen Sie Ihre Augen und gönnen Sie sich einige tiefe Atemzüge, um sanft zur Ruhe zu kommen.

Richten Sie Ihre Aufmerksamkeit nun auf Ihren Atem. Nehmen Sie sich einige Minuten, um zu beobachten, was sich alles bewegt, wenn Sie atmen. Senden Sie Ihren Atem dabei bis tief in den Unterbauch, indem Sie sich vorstellen, wie die Luft, die Sie einatmen, Ihren gesamten Unterbauch ausfüllt und bis an sein unteres Ende fließt. Stellen Sie sich vor, wie die einströmende Luft Ihren Körper mit Energie und Lebensfreude erfüllt. Der Strom des Ausatmens nimmt alles mit, was Sie in Ihrem Körper nicht mehr brauchen.

Dann senden Sie die Luft beim Einatmen noch tiefer in Ihren Körper hinein. Stellen Sie sich vor, dass sie nun nicht nur bis in den unteren Bauch fließt, sondern auch Ihre Oberschenkel erfüllt und mit dem Ausatmen von dort wieder aus Ihnen hinaus strömt. Tun Sie das einige Atemzüge lang.

Nun vertiefen Sie den Atem nochmals, in dem Sie die Luft beim Einatmen bis in die Unterschenkel senden. Wiederholen Sie auch das mehrere Male. Forcieren Sie den Atem deshalb aber nicht; atmen Sie genauso langsam, ruhig und tief weiter, wie Sie es die ganze Zeit schon getan haben und vergessen Sie nicht, die Luft auch von dort unten wieder ganz aus Ihrem Körper hinaus fließen zu lassen.

Schließlich senden Sie die Luft beim Einatmen bis in die Füße und Zehen hinein. Auch hier lassen Sie sie von ganz unten wieder zurückströmen und wiederholen das einige Atemzüge lang.

Nun richten Sie Ihre Aufmerksamkeit auf den Boden unter Ihnen. Machen Sie sich bewusst, an welchen Körperstellen Sie auf ihm aufliegen und ihn deshalb direkt spüren können. Stellen Sie sich nun vor, dass auch die Erde atmet, und zwar genau in Ihrem Atemrhythmus. Sie müssen nichts verändern. Sehen Sie einfach dabei zu, wie sich die Erde gemeinsam mit Ihnen einatmend ausdehnt. Bei der Ausatmung ziehen Sie sich beide wieder etwas zusammen. Synchronisieren Sie Ihren Atem mit dem der Erde.

Spüren Sie nun, wie die Kraft der Erde mit jedem Einatmen in Sie hinein fließt und Sie voll und ganz erfüllt. Beim Ausatmen nimmt der Strom weiterhin alles mit nach draußen, was Ihr Körper und Ihre Seele nicht mehr brauchen.

Schließlich beginnen Sie, bei jedem Einatmen „ich bin“ zu denken. Einfach nur „ich bin“, ein oder zwei Minuten lang (sie können alle Teile der Übung auch länger ausführen, wenn es Ihnen gerade so schön gut damit geht). Dann fügen Sie beim Ausatmen eine Eigenschaft hinzu, die Sie in sich verstärken möchten, zum Beispiel (Einatmen) „ich bin“ – (Ausatmen) „Freude“ oder „ich bin – Liebe“. Spüren Sie, wie diese Eigenschaft mit der Kraft der Erde in Sie einströmt. Probieren Sie ruhig auch mal den umgekehrten Rhythmus aus, also „ich bin“ beim Ausatmen und die Eigenschaft beim Einatmen. Wählen Sie dann, was sich für Sie natürlicher anfühlt und bleiben Sie einige Minuten dabei.

Danken Sie der Erde dann, und danken Sie auch sich dafür, diese Übung ausgeführt zu haben. Beenden Sie die Übung in Ihrer eigenen Geschwindigkeit und nehmen Sie sich alle Zeit, die Sie brauchen, um wieder gut in Ihrem Alltag anzukommen.

Diese und die vorangegangene Übung basieren auf einer Technik, die Vicky von Fé Reichelt gelernt hat. Sie ist ein absoluter Hit, wenn man sie im Freien ausführt!

Im Hier und Jetzt ankommen

Diese Übung stammt von Nana Nauwald. Werfen Sie mal einen Blick in ihr Buch *Schamanische Rituale der Wahrnehmung*, das lohnt sich!

Begeben Sie sich wieder in den bioenergetischen Stand – also die Füße hüftbreit auseinander, die Knie leicht gebeugt, das Becken gerade nach unten gesenkt. Der Oberkörper ist darüber locker aufgerichtet.

Beginnen Sie, indem Sie einige Atemzüge lang Ihre Handflächen aneinander reiben und danach gründlich Ihre Ohren rubbeln.

Atmen Sie von nun an durch die Nase ein und durch den Mund aus. Wandern Sie nun mit Ihrer Aufmerksamkeit einmal durch Ihren Körper. Beginnen Sie bei der Schädeldecke und arbeiten Sie sich bis zu den Füßen hinab. Bleiben Sie bei jedem Körperteil zwei Atemzüge lang und versuchen Sie, diese Stelle dabei zu entspannen.

Wenn Sie bei den Füßen angekommen sind, spüren Sie Ihrer Verbindung mit der Erde nach, bis Sie ein gutes Gefühl für den Kontakt zwischen Ihren Fußsohlen und dem Boden unter Ihnen bekommen haben. Es kann helfen, dabei mehrmals von den Fersen zu den Zehen und wieder zurück zu wippen.

Stellen Sie sich nun vor, dass mit jedem Ausatmen Wurzeln aus Ihren Füßen in die Erde hinein wachsen. Mit jedem Ausatmen werden sie länger und vermehren sich, bis viele einzelne Verästelungen weit in den Boden hinab reichen.

Dann stellen Sie sich vor, dass Sie sich mit jedem Atemzug mit der Sie umgebenden Luft, mit dem Wind, den Wolken und dem Himmel verbinden.

Richten Sie Ihre Aufmerksamkeit nun auf die Geräusche in Ihrer Umgebung. Versuchen Sie, einfach nur zu lauschen, ohne den Lauten eine Bedeutung zuzuweisen oder sie gedanklich mit anderen Dingen zu verknüpfen. Hören Sie – und sonst nichts. Ein paar Augenblicke lang gelingt das bestimmt. Ärgern Sie sich nicht, wenn es gerade nicht klappt, sondern stellen Sie sich vor, wie Sie störende Gedanken wie Pusteblumenschirmchen in den Wind senden, der sie davon trägt, und kehren Sie wieder zum Lauschen zurück.

Wenn Sie das einige Minuten lang getan haben, ziehen Sie mit fünf kräftigen Atemzügen die Energie der Erde in Ihren Körper hinein und in sich hoch, bis sie wie eine Dusche aus Ihrem Kronenchakra austritt und an den Seiten Ihres Körpers wieder hinab strömt.

Als Letztes richten Sie Ihre Aufmerksamkeit auf Ihr drittes Auge und atmen drei Mal tief ein. Jedes Mal senden Sie Ihren Atem in diese Stelle hinein. Auf diese Weise aktivieren Sie Ihr drittes Auge.

Auch diese Übung ist ein wahres Bonbon, wenn sie im Freien ausgeführt wird.

Kurzzentrierung

Die Kollegen sind schon versammelt, der Vorstand tagt bereits, Ihr Vortrag beginnt in fünf Minuten und Sie haben keine Zeit mehr für aufwändige Entspannungsübungen? Versuchen Sie es hiermit! Diese Übung war für Vicky in den Zeiten, als sie noch jeden Abend auf der Bühne stand, wirklich Gold wert.

Reiben Sie Ihre Hände und massieren Sie sanft Ihr Gesicht. Streichen Sie am Schluss der Gesichtsmassage mehrmals mit beiden Händen sanft über die Stirn und die Schläfen bis zum Hinterkopf.

Reiben Sie Ihre Hände nochmals aneinander und kneten Sie Ihre Ohren durch.

Nun stellen Sie sich bewusst in den bioenergetischen Stand. Stehen Sie fest und spüren Sie die gute Verbindung, die Sie zum Boden haben.

Nehmen Sie drei tiefe, lange Atemzüge in den Unterbauch – und los geht's! Viel Erfolg!

Quellen:

Viktor Frankl
Alberto Villoldo
Nana Nauwald: *Schamanische Rituale der Wahrnehmung,* AT-Verlag.
Felix Paturi: *Das Heilbuch der Schamanen,* Reichel-Verlag.
Regina und Udo Derbolowsky: *Atem ist Leben,* Psychopaedica-Verlag.
Fe Reichelt: *Atem, Tanz und Therapie,* Brandes & Apsel.

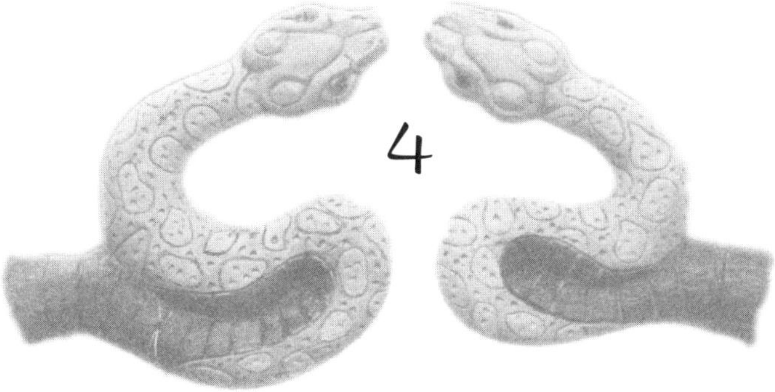

4 Der Behandlungsablauf

Grundvoraussetzungen

Ein Raum für alle

Vor allem, wenn Sie eine Heilertätigkeit auf regelmäßiger Basis ausüben, ist die Räumlichkeit, in der Sie das tun, von großer Bedeutung. Es ist einfach unseriös, Klienten im Wohnzimmer zu behandeln. Der Mensch, der zu Ihnen kommt, braucht einen relativ neutralen Raum, den er sich zu eigen machen kann, der also möglichst wenig von Ihnen „besetzt" ist und für möglichst viele unterschiedliche Persönlichkeiten eine angenehme Atmosphäre bietet. Deshalb ist es wichtig, den Raum nicht zu sehr zu überladen.

Davon abgesehen ist es bei dieser wie auch jeder anderen Form der Begleitung von Menschen unbedingt notwendig, Ihre eigene Privatsphäre zu schützen. Sie werden bei dieser Arbeit ständig mit den Gefühlen, Gedanken und Inhalten anderer Menschen konfrontiert und überschwemmt, weshalb es sehr wichtig ist, Arbeits- von Privaträumlichkeiten nach Möglichkeit zu trennen, damit Sie in Ihren eigenen vier Wänden wieder zu sich kommen und nur Ihr eigenes Leben spüren können. Außerdem können Sie nach der Arbeit leichter abschalten, wenn Sie diese auch räumlich hinter sich lassen.

Je nachdem, auf welche Weise Sie primär behandeln, benötigen Sie unterschiedliche Räumlichkeiten. Wenn Sie es vor allem mit Einzelpersonen oder Kleingruppen zu tun haben und kaum in die Bewegung gehen, genügt ein kleiner Raum, in den fünf bis sieben Stühle, ein Tisch und eventuell eine Massagebank passen. Der Raum sollte nicht zu klein sein, weil er sonst auch auf einen Einzelklienten bedrückend wirken kann. Falls Sie jedoch mit Gruppen ab fünf Menschen arbeiten und dabei viel in die Bewegung gehen, benötigen Sie einen richtigen Gruppenraum, der mindestens fünfzig Quadratmeter groß sein sollte. Sie können auch beides kombinieren, indem Sie für die Einzelarbeit ständig über einen kleinen Raum verfügen und mit Gruppen zum Beispiel regelmäßig ein Seminarhaus anmieten.

Falls Sie einen Raum in Ihrer Wohnung verwenden wollen, sollte dieser so zugänglich sein, dass Ihre Klienten nicht durch Ihre persönlichen Räumlichkeiten gehen müssen, um dort hin zu gelangen. Sie sollten zwischen der Haus- oder Wohnungstür und dem Behandlungsraum mit so wenig Privatleben Ihrerseits konfrontiert werden wie möglich. Das alles dient dazu, eine Art „neutralen Ort" zu schaffen, den sich Ihr Klient leichter zu Eigen machen und an dem er sich besser öffnen kann. Wo immer wir auch hinkommen, schließen wir aus unserer Umgebung auf die Persönlichkeit des Menschen, der sie gestaltet hat und versuchen mehr oder weniger deutlich, uns dieser im Sinne einer harmonischen Begegnung anzupassen. Dieser Mechanismus hilft uns im Alltag dabei, unser soziales Miteinander besser zu gestalten, aber in einer Behandlungs- oder Beratungssituation ist er völlig fehl am Platz. Die meisten Ihrer Klienten werden in einer Krise zu Ihnen kommen, in der sie noch beeinflussbarer sind als sonst. Deshalb ist es notwendig, so viele äußere Einflüsse auszuschalten wie nur möglich. Bei der Gestaltung der Behandlungsräumlichkeiten besteht Ihre Aufgabe nach Art einer Gratwanderung nun darin, eine gute Mitte zwischen Neutralität einerseits und einer warmen Atmosphäre andererseits zu finden, in der sich Ihr Klient wohl fühlen und entspannen kann.

Ein Mensch für alle

Der bedeutendste Einflussfaktor ist natürlich der Behandler selbst, und daran lässt sich zunächst einmal wenig ändern. Wer einen schamanischen Heiler aufsucht, erhofft sich davon meist sehr viel, weil er sich in einer quälenden Situation befindet. Die Aufgabe des Behandlers besteht nun darin, dem Klienten dabei zu helfen, wieder zu sich selbst zu finden, seine eigenen Bedürfnisse und Notwendigkeiten möglichst klar wahrzunehmen und gemeinsam mit ihm nach Wegen zu suchen, wie diese umgesetzt werden können. Dabei ist es vollkommen unwichtig, was unserer Ansicht nach das Beste für den Klienten wäre! Oder, anders ausgedrückt: Wenn Sie nicht damit leben können, dass der Klient besser als Sie weiß, was gut für ihn ist, dann lassen Sie die Finger von diesem Job.

Unserer Ansicht nach sollten Sie als grundlegende Voraussetzung für diese Arbeit die unbedingte Bereitschaft mitbringen, echt und (selbst-)ehrlich anzuerkennen, dass Ihr Weg zur Erfüllung nicht der einzig gangbare in dieser Welt, sondern nur der für Sie persönlich am besten geeignete ist. Das geht anderen Menschen genauso. Es ist also nicht nur damit zu rechnen, sondern absolut sicher, dass Sie überwiegend Klienten begleiten werden, deren Lebensziele, -auffassungen und -vorstellungen nicht mit den Ihren übereinstimmen. Und die ihr Glück dennoch nur auf diesem und nicht etwa Ihrem Weg erreichen können. Sind Sie in der Lage, Ihren Frieden damit zu machen, dass wir alle überaus unterschiedlich sind – so unterschiedlich, dass Sie niemals sicher wissen können, was für eine andere Person gut ist? Das mag jetzt hart klingen, aber wir stehen absolut hinter diesem Satz: Solange Ihnen dies nicht möglich ist, werden Sie kein guter Behandler oder Begleiter sein.

Unsere Aufgabe besteht keineswegs darin, unseren Klienten mitzuteilen, was sie tun müssen, damit es Ihnen besser geht – auch wenn die Menschen, die zu Ihnen kommen, oft nichts lieber hätten als das. Aber es ist eine Illusion, zu glauben, so ließen sich persönliche Probleme lösen oder gar Störungen heilen. Stattdessen wird es nur zu Symptomverschiebungen kommen, aber eine echte Verbesserung der allgemeinen Lebensumstände dürfte meist nicht eintreten. Wenn ein Klient zum Beispiel mit einer Sozialphobie zu uns kommt, besteht unser Ziel nicht darin, die Symptome dieser Erkrankung zu beseitigen. Vielmehr möchten wir erreichen, dass der Klient am Ende der Behandlungsphase sagen kann: „Mein Leben ist jetzt viel besser als vorher!" Das ist uns nicht gelungen, wenn er nach der Behandlung zwar unter Menschen gehen kann, dafür aber deutliche Anzeichen einer Suchterkrankung zu zeigen beginnt. Heilung bedeutet immer, den ganzen Menschen auf seinem Weg des Wachstums zu begleiten – körperlich, psychisch und auch spirituell. Da kann es keine Patentrezepte geben.

Das konfrontiert jeden Therapeuten mit seiner Unwissenheit und Unvollkommenheit – und zwar mit jedem neuen Patienten und jedem neuen Problem wieder. Wenn Sie glauben, ein Therapeut wisse immer, wo es lang geht, haben Sie eine völlig falsche Vorstellung von diesem Beruf. Gerade die Begleitung von Menschen mit seelischen Problemen ist vielmehr der Arbeit eines Detektivs vergleichbar, der zunächst auch nicht weiß, womit er es zu tun hat – wären die Fakten bekannt, bräuchte man ihn ja nicht. Ähnlich verhält es sich mit therapeutischer Arbeit: Wenn der Klient wüsste, warum es ihm nicht gelingt, ein zufriedenes, erfülltes und glückliches Leben zu führen, käme er nicht zu Ihnen. Sie wiederum kennen das Selbstbild und die Lebensweise des Klienten nicht, weshalb Sie zunächst ebenfalls keinerlei stichhaltige Aussagen zu diesem Thema machen können. Deshalb besteht Ihre Aufgabe darin, gemeinsam mit Ihrem Klienten nach dessen Geschichte und dem roten Faden zu suchen, der sich durch diese hindurch zieht. Für diese und alle folgenden Therapiephasen sollten Ihnen aufgrund Ihrer Ausbildung genügend Techniken zur Verfügung stehen, die Sie beide darin unterstützen können.

Daraus geht hervor, dass Ihre Aufgabe nicht darin besteht, Ihren Klienten zu heilen, sondern ihm geeignete Hilfsmittel an die Hand zu geben, die ihm ermöglichen, diesen Schritt selbst zu tun. So und nicht anders würden wir unsere Arbeit definieren.

Für wen eignen sich schamanische Therapieformen?

Allgemeine Klientengruppen

Grundsätzlich sind schamanische Behandlungsformen für Menschen aller Alters- und Bevölkerungsgruppen geeignet, wobei eine sorgfältige Auswahl der jeweiligen Interventionen vonnöten ist. Ein aufnahme- und verarbeitungsfähiger Geistes- oder Bewusstseinszustand ist nicht Voraussetzung, da das schamanische Instrumentarium auch Techniken zur Arbeit mit geistig behinderten, bewusstlosen anderen Personen enthält, die nicht auf ihr volles kognitives Potential zurückgreifen können. Die hier in diesem Buch geschilderten Techniken richten sich jedoch überwiegend an Klienten, die zur logischen und schlussfolgernden Verarbeitung von Informationen in der Lage sind.

Diagnostische Schwerpunktgruppen

Wenn man den Berichten von Menschen folgt, die indigene Schamanen innerhalb ihrer Stammesgemeinschaften begleiten oder sogar von ihnen lernen durften, gibt es keine psychische oder körperliche Erkrankung, der nicht mit schamanischen Techniken beizukommen ist. Für den in unserer Kultur anzutreffenden Schamanismus sowie für die hier geschilderte Therapie- und Selbstfindungsform trifft das jedoch nicht zu. Diese Verfahren haben ihren Schwerpunkt zum einen in der präventiven Beratung, zum Beispiel bei

- vorübergehenden seelischen Krisen und Konflikten, die eine aktuelle, erst kurz zurück liegende Ursache haben
- Menschen, die ihr Persönlichkeitswachstum mithilfe von schamanischer Selbsterfahrung unterstützen wollen
- Übergangsphasen wie dem Eintritt in die Elternschaft, Menopause, Rentenübergang u.ä.
- sexuellen Problemen ohne organische Ursache
- kürzlich aufgetretenen Anpassungsproblemen aller Art (z.B. Trauerreaktionen)
- Problemen, die nicht als Krankheiten oder Störungen klassifiziert sind (mäßiges Übergewicht, Motivationsprobleme, Beziehungsprobleme o.ä.)

Der zweite Schwerpunkt betrifft die so genannten reaktiven, neurotischen und psychosomatischen Störungen bei Erwachsenen, also

- akute Belastungsreaktionen (z.B. nach Unfällen, Naturkatastrophen, Vergewaltigung etc.)
- Belastungsstörungen wie Traumata, Burnout, psychovegetatives Syndrom etc.
- somatoforme Störungen (körperliche Beschwerden ohne medizinischen Befund, die sich je nach psychischer Befindlichkeit äußern)
- isoliert auftretende Schlafstörungen
- hypochondrische Störungen
- Konversionsstörungen (motorische, taktile oder sensorische Symptome bzw. Anfallsleiden ohne organischen Befund)
- selbstverletzendes Verhalten
- dissoziative Störungen ohne psychotische Grunderkrankung
- generalisierte Angsterkrankungen
- neurotische Depression
- Magersucht und Bulimie

Darüber hinaus sehen wir eine Indikation für schamanische Therapieformen bei folgenden Störungen:

- Persönlichkeitsstörungen (vor allem bei der schizoiden, der hysterischen, der narzisstischen, der zwanghaften, der ängstlich/abhängigen, der depressiven und der Borderline-Form)
- Suizidalität (**nur** in Kombination mit einer psychotherapeutischen und ggf. medikamentösen Behandlung!)
- Sucht

Einschränkungen

Bei gut abzugrenzenden Einzelphobien und nicht in einem größeren Erkrankungszusammenhang auftretenden Zwangssymptomen ist eine Verhaltenstherapie als erste Maßnahme anzustreben. Schamanische Behandlungen können ergänzend erfolgen und sinnvoll sein. Bei Borderline-Patienten ist eine schamanische Behandlung möglichst nur während einer stabilen Phase durchzuführen. Bei Sucht- und Suizidalitätsproblemen ist von einer alleinigen Behandlung mit schamanischen Techniken unbedingt abzusehen. Bei allen körperlichen Symptomen muss unbedingt parallel zum Behandlungsbeginn eine Abklärung durch einen Arzt erfolgen. Aber auch Depressionen, Angsterlebnisse und Konzentrationsprobleme können organische Ursachen haben. Wer hier auf die Zusammenarbeit mit einem Schulmediziner verzichtet, macht sich fahrlässigen Verhaltens schuldig!

Kontraindikationen

Die hier beschriebenen Techniken sind bis auf wenige Ausnahmen nicht für Patienten mit psychotischen Erkrankungen geeignet, also für die verschiedenen Formen der wahnhaften Störung, der Schizophrenie und der organischen Psychosen. Auch psycho-organische Syndrome fallen hierunter.

Viele der hier beschriebenen Techniken führen zu einer temporären Auflösung der Ich-Strukturen oder wirken deutlich Konflikt aufdeckend. Deshalb sind sie vor allem bei akuten schizophrenen Psychosen gefährlich und damit absolut zu vermeiden!

Für eine Anwendung von schamanischen Therapieformen bei Kindern und Alterserkrankungen wie Demenz liegen außerhalb von indigenen Kulturen nicht genügend Informationen vor, weshalb wir hier auf eine entsprechende Darstellung verzichten.

Das Phänomen der Übertragung

Kennen Sie das? Sie kommen in eine Gruppe von Menschen hinein, die Sie zum größten Teil noch nicht kennen. Vielleicht ist es eine Party oder es sind die Teilnehmer eines Wochenend-Seminars. Spontan fühlen Sie sich zu einigen Personen hingezogen, zu anderen eher nicht. Und bei einem oder zweien sehen Sie von vornherein, dass Sie mit denen nicht warm werden dürften. Woher wissen Sie das jetzt schon? Noch haben Sie doch kaum Informationen über diese Menschen erhalten.

Wir neigen dazu, in anderen Menschen zunächst Dinge wahrzunehmen, die uns aus unserem eigenen Leben oder unserer Persönlichkeit bekannt sind. So übertragen wir auf eine Person, in die wir uns gerade verliebt haben, die Vorstellung davon, wie wir im Idealfall selbst wären. Wir verlieben uns also in unser eigenes Idealbild! Umgekehrt können wir an anderen auch primär Eigenschaften wahrnehmen, die wir an uns nicht leiden können. In schamanischer Terminologie ist hier von hellen und dunklen Spiegeln die Rede. Ebenso unterscheiden wir zwei Grundformen der Übertragung.

Der dunkle Spiegel bzw. die negative Übertragung

In diesem Fall werden Eigenschaften und Verhaltensweisen, die man an sich nicht mag, verstärkt an anderen Menschen wahrgenommen und dort abgelehnt. Es kann sich aber auch um Verhaltensweisen handeln, welche der betreffenden Person zum Beispiel von einem Elternteil entgegengebracht wurden und unter denen sie gelitten hat. Meist liegt beides vor, weil wir unser Verhalten von unseren frühen engsten Bezugspersonen erlernen. In beiden Fällen hat die betreffende Person in Bezug auf dieses Verhalten weder mit sich noch mit dem entsprechenden Elternteil Frieden geschlossen und kann diese Eigenschaft nicht als Teil der eigenen Persönlichkeitsausstattung akzeptieren. Sie ignoriert sie bei sich selbst, sieht und bekämpft sie aber bei anderen Menschen, die ihr als dunkler Spiegel dienen. Diesen Vorgang bezeichnet man auch als Projektion.

Oft handelt es sich dabei um Eigenschaften, die sich ganz leicht annehmen lassen, wenn sie erst einmal erkannt worden sind. Sie haben nämlich immer zwei Seiten. So muss ich meinen Willen, für mich einzutreten, nicht unbedingt in Form der egoistischen Selbstgerechtigkeit ausleben, die ich vielleicht bei einem Elternteil erlebt habe, sondern kann ihn als Bereitschaft umsetzen, mich nicht selbst zu vernachlässigen und fürsorglich die Verantwortung für mich zu übernehmen. Die Übertragung ist nur so lange notwendig, bis ich die Vergangenheit und die davon betroffenen Personen ruhen lassen und meine Aufmerksamkeit auf die Gegenwart richten kann, um die Eigenschaft in ihrer kraftvollen Weise integrieren zu können. Hier kann Vergebung (anderen wie auch sich selbst) ein hilfreiches Stichwort sein.

Der helle Spiegel bzw. die positive Übertragung

Eine Person wird für mich zu einem hellen Spiegel, wenn ich positive Eigenschaften auf sie übertrage, die auszuleben ich mir nicht zugestehe. Viele von uns haben ein Problem damit, gut, stolz, richtig, stark und schön zu sein. Das gilt als unbescheiden, als angeberisch. So verbringen wir viel Zeit damit, unser eigenes Licht unter den Scheffel zu stellen. Wenn wir unsere kraftvollen Eigenschaften verbergen, können wir jedoch nicht darauf zugreifen und machen uns das Leben ein ganzes Stück schwerer. Natürlich frustriert es dann, zu sehen, wie eine andere Person sich frech ihres Potentials bedient, anstatt sich ebenso zurück zu halten! Viele Menschen haben auch die Erfahrung gemacht, von anderen klein gehalten oder „gedeckelt" zu werden, damit diese sich im Vergleich besser fühlen können. Auch daraus kann ein inneres Verbot entstehen, seine eigene Kraft zu leben. Die Lösung besteht meist darin, herauszufinden, was genau mich daran hindert, so zu leben, wie mein heller Spiegel es mir vorführt. Dann kann ich erkennen, dass mich ein solches Leben heute nicht mehr bedroht, sondern vielmehr unterstützt und erfüllt.

Offene und geschlossene Traumsymbole

Bei diesen handelt es sich nicht um Personen, sondern um konkrete oder abstrakte Dinge und Darstellungen, die für den Betrachter mit einer Bewertung, Bedeutung oder einer andersartigen Energie geladen sind. In unserem Land ist eines der mächtigsten geschlossenen Traumsymbole das Hakenkreuz. An sich ist es nur eine Verbindung aus zwei Zickzack-Strichen, die niemandem etwas antun kann. Zeichnungen töten keine Menschen. Weil Menschen dies aber unter diesem Zeichen getan haben, hat es eine „Ladung" erhalten, die es unmöglich macht, weiterhin neutral damit umzugehen. Wenn diese Ladung eine Abwehrhaltung auslöst, sprechen wir von einem geschlossenen Traumsymbol. Bei spezifischen Phobien ist das Objekt, vor dem sich die Klientin fürchtet, oft ein geschlossenes Traumsymbol. Unter einem offenen Traumsymbol hingegen verstehen wir ein Objekt oder Symbol, das eine als positiv empfundene Ladung hat oder keinerlei emotionale Reaktion auslöst. Sie sind wichtige Elemente einer befriedigenden Lebensgestaltung und des Shapeshifting, weshalb wir später noch näher darauf eingehen werden.

Emphatische Abgrenzung

Vielen Menschen, die in therapeutischer, beratender oder andersweitig begleitender Funktion arbeiten, stellt sich aber noch ein anderes Problem. Sie haben eine hohe Einfühlungsgabe, die oft auch als Empathie bezeichnet wird. Sie nehmen Stimmungen anderer Menschen wahr, ohne dass diese ausgesprochen werden müssten. Oft geschieht dies auf intensive Weise und wird als in einem selbst stattfindend erlebt, was es sehr schwer machen kann, eigene Stimmungen und Gefühle von denen anderer Menschen zu unterscheiden. Deshalb hat William die folgende Technik entwickelt, die uns zu Beginn und zum Schluss jeder Sitzung oder jedes Seminars hervorragende Dienste leistet.

Jch-Kern-Übung

Es kann hilfreich sein, diese Übung zunächst einige Male im Liegen und unter stillen Bedingungen durchzuführen. Wenn sie dann sitzt, lässt sie sich problemlos und unauffällig „im Schnelldurchlauf" machen. Damit das so bleibt, sollten Sie sie dennoch in größeren Abständen immer wieder mal ausführlich absolvieren.

Legen Sie sich bequem hin (oder setzen Sie sich, falls Sie dazu neigen, im Liegen rasch einzuschlafen). Schließen Sie Ihre Augen und atmen Sie einige Male ruhig, tief und mühelos in Ihren Bauch hinein. Gönnen Sie sich einige dieser tiefen Atemzüge, um innerlich immer ruhiger zu werden. Wenn Sie möchten, können Sie sich vorstellen, wie all Ihre Gedanken und Aufregungen wie die Flocken in einer Schneekugel langsam in Ihnen nach unten sinken und sich an der Unterseite Ihres Körpers ablagern. Wenn alles unten angekommen ist, können Sie Ihre Unterseite imaginativ „aufklappen", um das ganze Zeug einfach in die Erde zu entlassen. Vergessen Sie nicht, die „Klappe" danach wieder zu schließen!

Richten Sie nun Ihre Aufmerksamkeit auf sich selbst. Wandern Sie gedanklich einmal durch Ihren Körper und stellen Sie fest, wie es Ihnen darin heute geht. Welche Stellen spüren Sie gut, welche weniger? Wo nehmen Sie Wärme wahr, und wo ist es Ihnen eher kühl? Kribbelt es irgendwo? Schmerzt eine Stelle? Welche körperlichen Wahrnehmungen haben Sie noch?

Tun Sie dann dasselbe mit Ihren Gefühlen. In welcher Stimmung sind Sie gerade? Was für Gefühle durchströmen Sie jetzt in diesem Moment? An welcher Stelle Ihres Körpers nehmen Sie diese Gefühle am ehesten wahr?

Erweitern Sie Ihre Aufmerksamkeit nun wie eine Sphäre, die sich langsam ausdehnt, bis sie den gesamten Raum umfasst, in dem Sie sich befinden. Spüren Sie hinaus und stellen Sie fest, welche Wahrnehmungen jetzt hinzukommen, die Sie bis eben noch nicht hatten. Wie fühlt sich das „Außerhalb" von Ihnen an? In welchen Punkten unterscheidet es sich vom „Innerhalb"? Richten Sie Ihre besondere Aufmerksamkeit dabei auf emotionale Empfindungen.

Erweitern Sie die Sphäre Ihrer Wahrnehmung nun nochmals und schließen Sie auch die Umgebung um Ihre Wohnung oder Ihr Haus herum ein – gehen Sie mit der Grenze der Sphäre etwa zwei- bis dreihundert Meter weit hinaus. Überprüfen Sie erneut, welche Empfindungen jetzt hinzukommen und stellen Sie nochmals den Unterschied zwischen innen und außen fest.

Danach verkleinern Sie die Wahrnehmungssphäre, bis sie wieder nur Sie selbst umschließt. Überprüfen Sie nun alles, was innerhalb dieser Sphäre ist, nach Übereinstimmungen mit dem, was Sie draußen empfunden haben. Verkleinern Sie die Sphäre dabei immer weiter, bis sie schließlich nur noch einen bestimmten, winzigen Punkt in Ihrem Zentrum umfasst. Dieser Punkt ist der Kern Ihres Selbst, ist pur, rein und ganz Sie und sonst nichts. Wie nehmen Sie diesen Kern wahr? Wie sieht er für Sie aus?

Schließlich lassen Sie diesen Kern sich ausdehnen. Er wird immer größer und füllt dabei immer weitere Bereiche Ihres Körpers aus. Dabei vernichtet er jeden fremden, nicht zu Ihnen gehörenden Einfluss in Ihrem Körper- wie auch Energiesystem, sowie seine Grenze diesen Einfluss erreicht. Bei der Berührung mit dem Rand Ihres Ich-Kerns werden alle fremden Einflüsse verbrannt oder lösen sich schlicht in Nichts auf. Das führen Sie so lange fort, bis Ihr ganzer Körper und Ihr gesamtes Energiesystem davon umfasst werden. Nun sind Sie von nichts als sich selbst erfüllt. In diesem Zustand können Sie sofort erkennen, wann ein Einfluss von außen in Sie eintritt und wann Ihre Empfindungen von Ihnen selbst stammen.

Die Phasen des Therapieverlaufs

Grundsätzlich hat jede Therapie einzelne Phasen, die meist in die Einleitungs-, die Behandlungs- und die Endphase eingeteilt werden.

Die Einleitungsphase

Hier werden zunächst die formalen Einzelheiten der Behandlung geklärt (Sitzungsabstände, Kosten, Zahlweise etc.). Darüber hinaus stellt der Klient seine Problematik dar, und der Behandler erstellt eine Anamnese (er verschafft sich also einen Überblick über die bisherige persönliche wie auch die Krankheitsgeschichte des Klienten). Die Formulierung eines Behandlungsziels gehört ebenfalls in diese Phase; das umfasst auch die Festlegung von Kriterien, an denen Therapeut und Klient erkennen können, wann dieses Ziel erreicht worden ist und die Behandlung eingestellt werden kann.

Die Behandlungsphase

In dieser Phase erforschen Therapeut und Klient gemeinsam die Hintergründe der Problematik des Klienten und wenden verschiedene Wege zu deren Behebung an.

Die Endphase

Sie ist erreicht, wenn sich die in der Einleitungsphase festgelegten Kriterien eingestellt haben. Nun ist es wichtig, die Häufigkeit der Behandlungen langsam zu verringern und dem Klienten Mittel zur Hand zu geben, die ihn darin unterstützen, die erreichten Veränderungen immer mehr auch ohne Hilfe des Behandlers in seinem Alltag umzusetzen. Auch die gemeinsame Reflektion des Behandlungsverlaufs ist hier von Bedeutung.

Die Phasen des Sitzungsverlaufs

Auf ähnliche Weise unterteilt sich auch eine einzelne Behandlungssitzung immer in mehrere Phasen. Wir sprechen hier von Warm Up, Arbeitsphase und Cool Down.

Die Warm Up-Phase

Die Warm Up-Phase dient dazu, dem oder den Klienten ein Gefühl der Sicherheit und des Vertrauens in die Situation zu vermitteln, damit er sich öffnen kann. Außerdem werden gemeinsam die Inhalte festgelegt, die in der nun folgenden Arbeitsphase behandelt werden sollen. Der Behandler schlägt ihm dafür geeignet erscheinende Interventionen vor und erklärt sie dem Klienten ausführlich. Wir halten das Einverständnis des Klienten zur Durchführung einer Technik für unumgänglich, weshalb die betreffende Person genau verstehen muss, worum es geht. Danach können Sie den Übergang von der Warm Up- zur Arbeitsphase zeremoniell gestalten, was vor allem dann sinnvoll ist, wenn Sie in das Energiefeld des Klienten eingreifen wollen oder bewegende emotionale Prozesse erwarten. Das kann zum Beispiel auf die folgende Weise geschehen.

Schaffung eines heiligen Raums

Diese Technik eignet sich als Vorbereitung, wenn Sie einen liegenden Klienten behandeln. Falls Sie eine Massageliege verwenden, stellen Sie sich neben den Klienten, sonst gehen Sie an seiner Seite in den Fersensitz (Sie sitzen sozusagen auf den Unterschenkeln). Legen Sie Ihre Handflächen mit gestreckten Fingern gegeneinander und führen Sie sie in der indischen Gebetspose (die übrigens bis im Mittelalter auch bei uns üblich war, wie man nicht nur an Dürers „betenden Händen" sehen kann) vor das Herzchakra. Machen Sie sich nun Ihr Chakrensystem bewusst. Lassen Sie die Kraft der Erde durch Ihre Fußsohlen in Ihre Füße eintreten und von dort aus durch alle Chakren aufsteigen, bis sie Ihren ganzen Körper erfüllt. Dann lassen Sie die Energie aus Ihrem Kronenchakra (an der höchsten Stelle Ihres Kopfes) austreten und stellen sich vor, wie die Energie eine Fontäne bildet, die sich etwa ein bis zwei Handbreit oberhalb Ihres Kopfes teilt und an allen Seiten Ihres Körpers wieder in die Erde hinab strömt. Auf der höchsten Stelle der Fontäne, dort, wo sie auseinander fällt, schwebt Ihr achtes Chakra, das sich außerhalb des Körpers befindet. Auch dieses Chakra wird von der Erdenergie erfüllt und leuchtet golden.

Führen Sie nun Ihre Hände nach oben, bis die Fingerspitzen in dieses achte Chakra eintauchen. Dann wenden Sie die Handflächen nach außen und führen Sie Ihre Hände in einem großen Bogen seitlich hinunter. Sehen Sie dabei vor Ihrem inneren Auge, wie Sie die Energie des achten Chakras mitnehmen und wie eine schützende Glocke um sich und Ihren Klienten legen.

Vergessen Sie nicht, die Glocke nach Beendigung der Behandlung wieder zusammen zu führen, indem Sie die umgekehrte Bewegung machen, also Ihre Hände über die Seiten nach oben bringen und dort die Handflächen zusammen legen, um sie wieder vor Ihre Brust zu führen.

Die siebenfache Anrufung

Falls Sie nun eine Zeremonie für Ihren Klienten beginnen wollen, können Sie eine kleine Anrufung durchführen. Sie erspart Ihnen den zeitraubenden Durchlauf des gesamten Kräfte-Rads und ist im Gegensatz zu dieser sehr schlicht gehalten. Sie verzichtet zum Beispiel auf für Ihren Klienten vielleicht unbekannte Wesenheiten, die ihn nur verunsichern würden, schafft aber trotzdem die wichtigsten Säulen, die unsere Welt tragen. Rufen Sie mit Ihren eigenen Worten Vater Himmel und Mutter Erde und dann die vier Elemente Luft, Feuer, Wasser und Erde. Am Schluss rufen und verbinden Sie sich mit der heiligen Mitte. Auf diese Weise zentrieren Sie sich und Ihren Klienten in Ihrem gemeinsamen Universum und schwingen sich aufeinander sowie auf die Kräfte des Kosmos ein. Was soll da noch schief gehen?

Dieses Zentrieren und Einschwingen funktioniert übrigens so gut, dass wir unseren Klienten oft raten, diese Technik auch zu Hause regelmäßig durchzuführen, nur für sich selbst. Es ist erstaunlich, was das bereits im Leben eines Menschen bewirken kann, der gerade aufgewühlt ist oder sich in einer Krise befindet. Es ist eine Art „Notfall-Tropfen" in Zeremonialform!

In einer Gruppe gestaltet sich die Warm Up-Phase etwas anders. Hier haben wir sehr gute Erfahrungen damit gemacht, zunächst im Kreis miteinander zu trommeln. Zugleich wird eine Räucherschale herum gereicht, damit sich jede der anwesenden Personen reinigen kann. Dann beginnen wir mit einem Redestabritual, damit alle Teilnehmer die Gelegenheit bekommen, ganz und gar anzukommen und sich mit der Gruppe zu verbinden. Diese Zeremonie wird später näher beschrieben.

Vor allem bei mehrtägigen Seminaren hat es sich bewährt, morgens mit einer ausgiebigen Runde freien Tanzens zu beginnen. Das weckt die Sinne, die Muskeln und auch die Chakren auf. Der ganze Mensch wird dabei geschmeidiger und befreit sich von Blockaden. Im Anschluss daran setzen wir uns im Kreis zusammen, lassen die Räucherschale herumgehen und schicken den Redestab meist gleich hinterher. Es ist eine wunderbare Art, den Tag zu beginnen!

Die Arbeitsphase

Nun werden die zuvor mit dem Klienten oder der Gruppe besprochenen Übungen und Techniken durchgeführt. Im weiteren Verlauf des Buches finden Sie eine Vielzahl von Anregungen und Hilfsmitteln zur Gestaltung dieser Phase.

Die Cool Down-Phase

Der Cool Down schließlich dient dazu, die Ergebnisse der Sitzung zusammenzufassen, neue Strategien für den Alltag zu entwerfen und den Klienten nötigenfalls wieder in eine ausgeglichene Verfassung zu bringen. Sie werden niemals einen Menschen, der völlig aufgelöst oder außer sich ist, auf die Straße schicken oder gar hinter das Steuer eines Autos lassen! Vor allem bei Klienten, die eine weite Anfahrt haben, ist hier zu bedenken, dass es bis zu acht Stunden nach einer aufwühlenden Sitzung immer noch zu starken emotionalen Reaktionen kommen kann.

Bei Gruppentreffen ist es deshalb sinnvoll, nochmals gemeinsam zu trommeln und dann miteinander zu essen. Wenn es möglich ist, bringen Sie Fleisch auf den Tisch, denn das erdet wunderbar. Es sollte aber aus regional-biologischer Herstellung stammen. In einer vegetarischen Gruppe empfehlen wir Vollkornprodukte, Wurzelgemüse und viel frisches Basilikum zur Erdung und Versiegelung des Chakrensystems (vor allem der oberen Chakren). Auch Schokolade tut hier gute Dienste (über den weißen Zucker reden wir jetzt einfach mal nicht …).

Die Chakren reinigen und versiegeln

Wenn das alles nicht hilft, haben Sie die Möglichkeit, das Chakrensystem der betroffenen Person manuell zu versiegeln. Bitten Sie diese dazu, sich auf den Rücken zu legen. Dann beginnen Sie mit dem untersten Chakra, indem Sie Ihre Fingerspitzen sanft in dessen Zentrum hineinführen. Dafür müssen Sie die Person nicht berühren – in diesem Fall ist es sogar besser, wenn Sie nicht in die innerste Auraschicht eindringen, sondern eher im Bereich der Emotionalaura verbleiben. Lassen Sie Ihre Finger sanft im Uhrzeigersinn kreisen und öffnen Sie das Chakra auf diese Weise. Spüren Sie dann nach, ob sich Verunreinigungen darin befinden und entfernen Sie diese, indem Sie sie mit Ihren Fingern greifen und von sich schleudern. Vielleicht sehen Sie den Zustand des Chakras auch vor Ihrem inneren Auge. Wenn Sie den Eindruck haben, dass das Chakra wieder rein ist, versiegeln Sie es, indem Sie Ihre Fingerspitzen einige Male gegen den Uhrzeigersinn kreisen lassen. Dann reinigen Sie Ihre Arbeitshand, indem Sie sie gut ausschütteln und dabei sehen, wie alle Stoffe, die aus dem Chakra stammen und noch daran hängen mögen, abgeschüttelt werden. Wenn Sie das Gefühl haben, dass Ihnen dies nicht vollständig gelingt, räuchern Sie die Hand kurz mit Salbei oder einem anderen stark reinigenden Kraut ab. Verfahren Sie dann auf dieselbe Weise mit allen anderen Chakren der Person.

Auf dieselbe Weise können Sie auch Ihre eigenen Chakren reinigen. Am besten klappt das unter der Dusche.

Viele Chakren-Modelle gehen von unterschiedlichen Drehungsrichtungen der einzelnen Chakren aus. Demzufolge dreht sich bei Frauen das Basischakra normalerweise gegen den Uhrzeigersinn, das darüber liegende Sakralchakra mit dem Uhrzeigersinn, das Solarplexuschakra wiederum dagegen und so weiter. Bei Männern ist es genau umgekehrt, ihr Basischakra dreht also mit dem Uhrzeigersinn, das Sakralchakra dagegen und so fort. Wenn Sie mit diesem Modell arbeiten, drehen Sie ein Chakra zum Öffnen zunächst gegen seine normale Drehrichtung und lassen alles herausströmen, was es verunreinigt. Dann bewegen Sie Ihre Finger in der normalen Drehrichtung, um das Chakra wieder zu versiegeln.

Tabakreinigung

Eine andere, hochwirksame Möglichkeit zur Reinigung von belastenden Energien bietet uns die Tabakpflanze. Wir sind allerdings der Ansicht, dass man mit diesem Pflanzenverbündeten nur dann spirituell arbeiten sollte, wenn man nicht nikotinabhängig ist. Sie entzünden den Tabak in einer ausschließlich für Tabakzeremonien verwendeten Pfeife und ziehen daran. Verbinden Sie sich mit dem Geist des Universums, indem Sie je einen Zug in die vier Himmelsrichtungen sowie nach oben zu Vater Himmel und nach unten zu Mutter Erde blasen. Blasen Sie dann den nächsten Zug auf das betroffene Chakra des Klienten. Wiederholen Sie dies, bis alle Chakren behandelt worden sind. Drücken Sie die Pfeife danach nicht aus, sondern ziehen Sie so lange daran bzw. blasen Sie so oft hinein, bis der gesamte Tabak verbrannt ist.

Grundsätzlich sollte man die Arbeit mit Pfeifenzeremonien jedoch von einer darin erfahrenen Person erlernen. Eine Pfeife will belebt, energetisiert und gepflegt werden, dann ist sie ein wunderbares Werkzeug. Vor allem die Heilrituale, die man damit durchführen kann, sind von großer Kraft. Die oben beschriebene Technik soll Ihnen lediglich ein wenig Lust darauf machen – vielleicht finden Sie ja einen guten Pfeifenlehrer (wir möchten in diesem Zusammenhang nochmals auf den GAIA-Schamanismus hinweisen …). Falls Sie nicht über eine Zeremonialpfeife verfügen, können Sie die Technik auch mit einer reinigenden Räucherung durchführen, die Sie in das jeweilige Chakra fächern. Bitte blasen Sie dann nicht in die Kräuter oder den Rauch hinein!

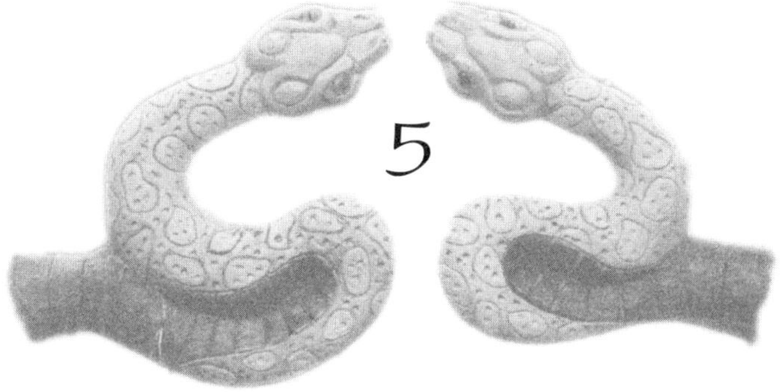

5 Der Trancezustand

Es ist schon spannend – da gibt es hunderte von Büchern zum Thema Schamanismus auf dem Markt, aber in den meisten steht mehr oder weniger dasselbe drin. Vor allem, wenn es um Trance und Trancereisen geht. Da erschöpft sich das Material der angebotenen Techniken üblicherweise mit der Reise zum Finden eines Krafttiers. Als wenn das alles wäre, was man mit diesem wunderbaren Zustand anfangen kann! Wir haben im Laufe der Jahre eine Vielzahl von Anwendungsformen gesammelt und erlernt, von denen wir Ihnen hier einige vorstellen möchten.

Darüber hinaus haben Sie jederzeit die Möglichkeit, selbst Trancezustände zu erforschen und unterschiedlichste Ideen zu deren Einsatz auszuprobieren. Wie soll der moderne europäische Schamanismus wachsen, wenn wir uns nur auf die Anwendung bereits überlieferter Techniken beschränken? Und warum sollten wir das überhaupt tun? Der Trancezustand ist etwas, das jedem gehört und jeder täglich erlebt. Warum also sollten wir uns von jemand anderem vorschreiben lassen, was wir damit zu tun haben?

In diesem Sinne verstehen wir die nachfolgend dargestellten Techniken auch als Anregung und Ideenquelle für Ihre eigenen Forschungsreisen durch das Land der Seele. Dabei müssen Sie nicht befürchten, Fehler mit eventuell dramatischen Folgen zu machen – folgen Sie einfach dem, was sich für Sie gut, heilsam und nachhaltig anfühlt. Sie selbst sind die Person, die Ihnen am besten sagen kann, welche Wirkung eine bestimmte Technik bei Ihnen hat. Verlassen Sie sich da auf Ihr Gefühl, machen Sie Ihre Erfahrungen und fällen Sie Ihr Urteil. Hangeln Sie sich von einem Erlebnis zum nächsten und stellen Sie aus diesen die Informationen darüber zusammen, was Ihnen tatsächlich weiterhilft. Darauf basierend können Sie dann eigene Techniken entwickeln. So machen wir es schließlich auch!

Es stellt sich nur noch die Frage, *warum* wir überhaupt bewusstes Arbeiten in einem Trancezustand anstreben. Die Antwort darauf lautet schlicht: um den inneren Zensor zu umgehen. Es ist einfach unglaublich, was uns Menschen möglich wird, wenn wir das schaffen. In jedem von uns schlummern gewaltige seelische Kräfte, die nur darauf warten, zu unserer Heilung, Unterstützung und zum Erhalt unserer Lebenskraft eingesetzt zu werden. Aus diesem Zustand heraus haben wir Zugriff auf die Schöpfungsmechanismen unseres Lebens und können all jene Dinge möglich machen, von denen uns unser Zensor im Alltagsbewusstsein Hohn triefend abhält.

Wir möchten noch einmal darauf hinweisen, dass es unserer Erfahrung nach nicht das Geringste bringt, sich ständig zu fragen, ob die in der Trance gemachten Erfahrungen auch „real“ seien. Sie sind es, nur eben in einer anderen Realität, die jedoch deutlichen Einfluss auf unsere Alltagswirklichkeit hat. Das ist keine Frage des Glaubens, sondern der Entscheidung. Entscheiden Sie sich für dieses Weltmodell, und Ihre Trancetechniken werden funktionieren. Sie tun es natürlich auch dann, wenn Sie sich nicht dafür entscheiden, nur wird Ihr Zensor dann zu Hochform auflaufen, um sämtliche Ergebnisse Ihrer Trancearbeit wieder zunichte zu machen.

Tier- und Pflanzenverbündete

Die Suche nach dem eigenen Krafttier ist die in der westlichen neo-schamanischen Szene wohl am weitesten verbreitete Form der Trancearbeit. Tierverbündete sind Wesen, die uns mit Rat und oft auch Tat zur Seite stehen. Ähnliches trifft auf Pflanzenverbündete zu. Die westliche Psychologie würde sie als archetypische Kräfte oder Anteile unseres unbewussten Selbst bezeichnen, womit die schamanische Sicht übereinstimmt, aber gleichzeitig darüber hinausgeht.

Nach schamanischer Erfahrung stellt jede Pflanzen- wie auch Tierart ein kollektives Wesen dar, dessen Individuen je nach Art mehr oder weniger stark miteinander verbunden sind. Bei Pflanzen ist diese Verbindung sehr eng; so kann Sie die Birke neben Ihrem Haus mit jeder anderen Birke auf dieser Welt in Kontakt bringen. Sie ist über den Birkengeist mit allen anderen Individuen ihrer Art nicht nur verknüpft, sondern richtiggehend vereinigt.

Bei Tieren beginnt sich diese intensive Form des Gruppenwesens aufzulösen. Die Individuen der meisten Insektenarten zum Beispiel verfügen über kein ausgeprägtes persönliches Einzelbewusstsein. Säugetiere haben beides; sie nehmen sich zwar als einzelne Wesen wahr, befinden sich jedoch zugleich immer in Kontakt mit dem jeweiligen Kollektiv Ihrer Art.

Es ist die Aufgabe von uns Menschen, im Auftrag der Wissbegierde des Großen Geistes herauszufinden, wie es sich anfühlt, völlig individualisiert zu leben. Wir nehmen im Alltagsbewusstsein nur unser persönliches Ich wahr. Aber auch wir haben einen kollektiven Geist, mit dem wir in Verbindung treten können. Deshalb möchten wir Sie dazu anregen, über die nachstehend geschilderte Technik nicht nur mit Ihren Krafttieren, sondern eines Tages auch mal mit dem Spirit aller Menschen in Verbindung zu treten. Das kann ein überaus machtvolles und zugleich von tiefster Demut geprägtes Erlebnis sein und Ihnen möglicherweise die Pforten zu ganz neuen Wahrnehmungs- und auch Energiequellen eröffnen!

Für Sie als Leser oder Leserin dieses Buches hat die Arbeit mit einem Krafttier aber noch eine besondere Komponente. Es ist nämlich möglich, auf diese Weise einen speziellen Heilungsverbündeten zu finden, also ein Krafttier, dessen Hauptaufgabe darin besteht, Sie auf dem Weg zu Ihrer seelischen wie auch körperlichen Heilung zu begleiten oder bei der Behandlung anderer Menschen zu beraten. Vor allem, wenn Sie noch nicht mit einem Tierverbündeten zusammen arbeiten sollten, raten wir Ihnen unbedingt dazu, eine solche Verbindung aufzubauen, bevor Sie mit schamanischer Heilungsarbeit für sich oder andere beginnen, denn diese Wesen sind sehr wissende, weise, machtvolle und vor allem hilfsbereite Begleiter auf dem Weg des Heilens – wenn man entsprechend mit ihnen umzugehen versteht.

Die meisten Menschen, welche die Kontaktaufnahme mit Krafttieren aus Büchern lernen, stellen eine Verbindung zu ihnen her und werden dann ohne weitere Hinweise, was sie damit nun tun können, zurück gelassen. Oft liest man zwar, dass es notwendig sei, sich möglichst häufig mit dem eigenen Krafttier zu beschäftigen, aber in welcher Form das geschehen soll, wird oft nur bruchstückhaft angerissen – wer hat schon die Zeit, um dreimal wöchentlich einen kompletten Trance-Krafttiertanz durchzuführen? Zumal ein solcher oft auch gar nicht nötig ist oder es sogar andere Wege der Begegnung gibt, die den momentanen Bedürfnissen beider Seiten eher angemessen wären. Dann schläft die Verbindung vieler Menschen zu ihrem Krafttier nach dem ersten Kontakt bald wieder ein, was bedeutet, ein unglaublich umfangreiches Potential einfach zu verschenken. Aus diesem Grund werden wir Ihnen hier eine Technik zeigen, die es Ihnen ermöglicht, ständig in Kontakt mit Ihrem Tierverbündeten zu sein.

Oft wird an uns auch die Frage gestellt, ob man die spirituelle Reife eines Menschen bzw. seine schamanischen Fähigkeiten daran erkennen könne, wie viele Krafttiere er oder sie „habe". Das Problem beginnt hier unserer Ansicht nach bereits beim Sprachgebrauch. Wir „haben" diese Wesen nicht, weil wir ein anderes Wesen nicht besitzen können. Selbst die Formulierung „mein Wolf/Bär/Jaguar hat gesagt …" ist hier bewusst zu gebrauchen. „Mein" ist grammatikalisch ein „besitzanzeigendes Fürwort", wird allerdings sprachlich auch gebraucht, um nicht nur Besitz- sondern auch Beziehungsverhältnisse darzustellen (wie z.B. in „mein Ehepartner" oder „meine Kinder", nicht aber wie in „mein Auto"). Im entsprechenden Sinne wünschen wir beide uns einen differenzierteren Sprachumgang in Bezug auf Geisthelfer. Das ist nicht nur ein Zeichen des Respekts, sondern hilft Ihnen auch dabei, diese Wesen als tatsächlich und unabhängig von Ihnen existierende Persönlichkeiten wahrzunehmen, was wiederum die Effektivität und Intensität der Zusammenarbeit sehr erhöht!

Zur Anzahl der Krafttiere, mit denen ein Mensch arbeitet, ist noch folgendes zu sagen: Mehr Tierverbündete machen die mit ihnen arbeitende Person um keinen Deut stärker, reifer oder weiser und bringen ihr auch nicht mehr „magische Kraft". Wir haben geistige Gefährten, die nur ab und zu bei uns vorbeischauen und entsprechend einen eher geringen Einfluss auf unsere persönliche Entwicklung haben. Andere sind sehr präsent – aber das sind maximal zwei, weil der Umgang mit ihnen eben auch Zeit und Energie braucht. Deshalb sagt die Zahl der Geistwesen, mit denen jemand arbeitet, gar nichts über seine Kraft aus – wenn er damit prahlen sollte, lässt es eher bedenkliche Schlüsse auf den Status seines Selbstwerts zu. Teilweise beruht dieses Verhalten aber auch auf einem kulturellen Missverständnis, denn Schamanen aus indigenen Gesellschaften machen aus dem Wettstreit miteinander, wer die meisten und stärksten Geisthelfer habe, manchmal richtige Turnierkämpfe. In diesen Kulturen hat das jedoch eine andere Bedeutung als in der unseren und stellt eher eine Form der Kommunikation als die Aufwertung eines defizitären Selbstwerts dar.

Hinter dieser Fragestellung verbirgt sich schlussendlich jedoch ein ganz anderes Thema, das wir für viel wichtiger halten. Genau genommen geht es dabei nämlich nicht um schamanisches Wissen, sondern um die Maßstäbe, anhand derer wir andere Menschen beurteilen. Und auch das Thema „Wirklichkeitsflucht" sollte hier unbedingt angesprochen werden. Um es kurz zu machen – es gibt eine Frage, die man uns immer wieder stellt und die in Varianten meist so lautet: Kann man auch dann menschlich unausstehlich sein, wenn in der *anderen Welt* alle Wesen auf einen abfahren und man dort ganz viele Freunde hat?

Grundsätzlich: Wenn Sie einen Menschen nicht mögen, dann mögen Sie ihn eben nicht. Das hat für uns überhaupt nichts mit dessen Erlebnissen in der nichtalltäglichen Wirklichkeit zu tun, sondern damit, wie er sich Ihnen gegenüber verhält. Der Dalai Lama hat bestimmt überaus viele geistige Führer, aber die chinesische Regierung kann ihn trotzdem nicht leiden. Wir wiederum fühlen uns sehr zu ein paar Menschen hingezogen, die nie auf die Idee kämen, sich um einen Geisthelfer zu bemühen. Was also hat das eine mit dem anderen zu tun?

Es hat nur für jene Menschen etwas miteinander zu tun, die ihrem eigenen Empfinden und dem daraus resultierenden Urteil nicht vertrauen. Diese Menschen ziehen gerne Regeln und Prinzipien zur Bewertung anderer Personen heran, die nicht von ihnen selbst erstellt wurden, sondern aus vertrauenswürdig erscheinenden Quellen stammen. Dabei brauchen wir solche Vorgaben überhaupt nicht, um eine ganz einfache Frage zu beantworten: Mag ich diesen Menschen oder nicht? Fühle ich mich in seiner Gegenwart wohl und freue ich mich darauf, ihm zu begegnen, oder nicht? Das muss übrigens noch nicht mal eine Abwertung der betreffenden Person darstellen – siehe Dalai Lama. Manche Leute können einfach nicht miteinander. Deshalb ist nicht zwangsläufig einer von beiden zwischenmenschlich weniger gut ausgestattet als der andere, sondern ihre Sozialisation ist einfach so unterschiedlich (oder unter Umständen auch so ähnlich), dass sie einander erst einmal automatisch abstoßen. Damit hat nur der ein Problem, der immer noch dem Glaubenssystem anhängt, alle müssten einander (oder zumindest ihn selbst) mögen. Okay, auch wir sind der Ansicht, dass sich alle gefälligst eines höflichen, friedvollen Umgangs miteinander befleißigen könnten, aber dafür müssen sie sich nicht gleich lieben.

Darüber hinaus aber haben wir es manchmal mit Personen zu tun, die psychisch schwer krank sind und unter echten Halluzinationen leiden, die sie nicht mehr als solche erkennen und einordnen können. Auch viele psychisch nicht derart angeschlagene Menschen verschaffen sich den Trost, die Sicherheit oder die Zuwendung, die sie von ihrer Umgebung nicht erhalten, über einen eingebildeten Begleiter. Aber oft haben auch eher unangenehme Zeitgenossen tatsächliche Geisthelfer – so einfach dürfen wir uns das nicht machen! Gerade bei psychisch kranken Menschen trifft unserer Erfahrung nach oft beides zugleich zu.

Wir möchten aber auch folgendes zu bedenken geben: Gerade wenn sich ein Mensch, der deutliche soziale und zwischenmenschliche Defizite aufweist, in eine vielleicht eingebildete Parallelwelt liebevoller Geistwesen flüchtet, ist das immer ein Zeichen dafür, dass diese Person keine Abwertung, sondern Unterstützung braucht. Sicher ist nicht jeder von uns dazu in der Lage, das Verständnis, die Geduld und das Durchhaltevermögen aufzubringen, die zur Begleitung einer solchen Person notwendig sein können. Aber jeder von uns hat die Möglichkeit, sie für die Art, wie sie ist, nicht auch noch zu verletzen. Wenn wir mit ihr nicht zurande kommen, müssen wir uns ja nicht mit ihr abgeben oder können den Kontakt zumindest auf das notwendige Mindestmaß beschränken.

Schließlich sollten wir in diesem Zusammenhang auch dafür offen sein, dass uns oft genau die Menschen am meisten auf die Nerven gehen, in denen wir eine uns unangenehme Seite oder ein schmerzhaftes Thema unserer Selbst gespiegelt sehen – auf die wir also ungeliebte Anteile unserer Selbst übertragen. Da wir dieses Thema nicht in uns selbst wahrnehmen wollen, projizieren wir es auf die uns in diesem Punkt ähnelnde Person, um es im Außen zu bearbeiten. Wann immer uns ein Mensch „furchtbar aufregt", „total beleidigt hat" oder „dauernd auf die Palme bringt", liegt mit ziemlicher Sicherheit ein solcher Fall vor. Sonst würden wir mit seinem Fehlverhalten nämlich völlig gelassen und einfach abgrenzend umgehen – ohne Zorn oder andere große Gefühle.

Wenden wir uns nun den Techniken zur Arbeit mit Krafttieren zu.

Reise in die Unterwelt zur Begegnung mit einem Tierverbündeten

Für diese Technik benötigen Sie einen Helfer. Am besten wählen Sie eine Person, der Sie vertrauen und die sich ebenfalls für schamanisches Arbeiten interessiert.

Bevor Sie mit Ihrer ersten Reise in die schamanische Unterwelt beginnen, benötigen Sie einen Eingang dorthin. Das kann jeder Ort sein, der in die Erde hinein führt – ein Mauseloch, eine Höhle, ein hohler Baum, ein Brunnen, eine Felsspalte, eine Treppe, ja sogar ein Aufzug. Es muss diesen Platz nicht in der alltäglichen Wirklichkeit geben; Sie können ihn auch einfach erfinden. Dann ziehen Sie sich an einen ungestörten Ort zurück und legen Sie sich bequem hin. Atmen Sie einige Züge lang tief in den Unterbauch hinein und genießen Sie diese Gelegenheit, einfach alles von sich fallen zu lassen und sich wohl zu fühlen. Bitten Sie nach einigen Minuten Ihren Helfer oder Ihre Helferin, mit dem Trommeln zu beginnen.

Wenn Sie nach unserem System arbeiten möchten, schlägt der Helfer zunächst viermal langsam, kräftig und akzentuiert auf die Trommel. Das ist für Sie das Zeichen, sich vor den von Ihnen gewählten Eingang zu stellen bzw. diesen deutlich vor Ihrem inneren Auge zu sehen (oder mit einem der anderen inneren Sinne wahrzunehmen). Nun wechselt der Helfer zu einer Trommelfrequenz von vier bis sieben Schlägen pro Sekunde (die Vierer-Frequenz lässt sich für Ungeübte gut aufrechterhalten, wenn man innerlich in ebenfalls viersilbigen Worten mitzählt, wie bei der klassischen Zählweise ein-und-zwan-zig, zwei-und-zwan-zig und so fort). Sie stellen sich vor, wie Sie Ihren Eingang betreten. Dahinter finden Sie einen Tunnel, der in die Tiefe führt. Ihr Helfer trommelt etwa ein bis zwei Minuten in diesem Rhythmus, während derer Sie vor Ihrem inneren Auge sehen, wie Sie sich diesem Tunnel folgend immer tiefer und tiefer in die Erde hinein bewegen. Sehen Sie sich dabei nicht von außen zu, sondern betrachten Sie die Situation immer als Handelnde, also aus ihren eigenen Augen heraus. Dann wechselt der Helfer auf eine Frequenz von etwa einem Schlag pro Sekunde, dem so genannten „Herzschlagtrommeln".

Das ist Ihr Signal zum Verlassen des Tunnels. Der Ort, an dem Sie aus ihm heraus treten, ist ein Teil Ihrer persönlichen Unterwelt und liegt in dem Bereich, wo sich diese noch mit Ihrem Unbewussten überschneidet. Er gehört ganz und gar Ihnen. Deshalb können wir Ihnen auch nicht sagen, was Sie dort vorfinden werden, aber jede Landschaft, die Sie nun betreten, ist „richtig".

Schauen Sie sich einen Augenblick lang um und machen Sie sich mit diesem Ort vertraut. Unter Umständen sehen Sie bereits ein Tier, das sich dort aufhält. Dann können Sie es fragen, ob es Ihr Krafttier ist (oder Ihr Heilungs-Verbündeter, falls Sie aus diesem Grund hierher gekommen sind). Wenn das Tier dies bejaht, fragen Sie wiederum, ob es bereit ist, mit Ihnen in die mittlere Welt hinauf zu kommen und dort mit Ihnen zu tanzen. Sollte es auch dies wieder bejahen, holen Sie es mit einer weit ausgreifenden, umarmenden Bewegung Ihrer realen Arme in Ihr Herzchakra hinein. Sie machen also wirklich eine körperliche Bewegung.

Sollte sich das Tier nicht als Ihr Verbündeter zu erkennen geben, ist es vielleicht Ihr Führer zu diesem. Fragen Sie danach oder bitten Sie darum. Falls Sie niemanden an diesem Ort antreffen sollten, ist es sinnvoll, ein wenig „spazieren zu gehen", denn vielleicht wartet Ihr Helfer ganz in der Nähe auf Sie. Oder es begegnen Ihnen andere Wesen, die Sie auf Ihrer Suche unterstützen können und dies meist auch bereitwillig tun. Selbst wenn Sie sich mutterseelenallein dort unten wieder finden sollten, reicht meist eine an die allgemeine Umgebung gerichtete Bitte um Hilfe, um diese auch zu erhalten.

Nehmen Sie kein Tier mit, das sich nicht als Ihr Verbündeter zu erkennen gibt oder nicht mit Ihnen in die mittlere Welt kommen möchte. Falls es nur die erste Frage bejaht, sind vielleicht noch weitere Begegnungen in der unteren Welt nötig, damit dies geschehen kann. Sollten Sie jedoch zweimal ein „Ja" als Antwort erhalten haben, kann Ihr Helfer Ihre nun auf Ihrem Körper zusammengelegten Hände als Zeichen verwenden, um wieder mit dem schnelleren Trommeln zu beginnen. Sie wiederum begeben sich durch den Tunnel, den Sie schon auf dem Hinweg verwendet haben, wieder in die obere Welt zurück. Ihr Helfer sollte Ihnen dafür wieder etwa ein bis zwei Minuten Zeit geben.

Wenn Sie wieder in der mittleren Welt angekommen sind, setzen Sie sich langsam auf und teilen Ihrem Helfer mit, welches Tier Sie mitgebracht haben. Ihr Helfer stellt sich nun hinter Ihnen auf. In seiner linken Hand hält er eine Rassel und in seiner rechten eine Feder oder eine Vogelschwinge. Seine Aufgabe besteht nun darin, den Tiergeist aus Ihrem Herzen in Ihr Kronenchakra zu bringen. Dafür „lockt" er ihn, indem er die Laute des betreffenden Tiers nachahmt, während er den Geist mit nach oben führenden Bewegungen langsam in Ihren Kopf hinauf fächelt. Zugleich rasselt er neben Ihrem linken Ohr. Wenn der Spirit des Tiers im Kronenchakra angekommen ist, versiegelt er dies kurz, indem er mit der Schwinge oder der flachen Hand leicht darauf schlägt. Damit ist es immer noch für Energien offen, aber der Tiergeist kann sich dort verwurzeln, ohne in den ersten Minuten einfach wieder hinaus gespült zu werden.

Auf diese Weise haben Sie nicht nur mittels der Reise in die untere Welt Zugang zu ihrem Krafttier, sondern auch in der mittleren (in der Sie sich gerade hauptsächlich befinden) und der oberen Welt. Deshalb sollten Sie diese Technik auch bei anderen Menschen, die Sie auf einer Krafttiersuche begleiten, durchführen. Von nun an können Sie also jederzeit auch ohne eine Trancereise auf die Unterstützung Ihres Tierverbündeten zurückgreifen, indem Sie einfach eine stille Frage an ihn richten. Woher Sie wissen sollen, ob Sie sich die Antwort nicht nur eingebildet haben? Also, dazu sagen wir jetzt nichts mehr.

Rückholung eines Krafttiers

Hin und wieder haben Menschen keinen Zugang zur unteren Welt oder sind dort (noch) nicht in der Lage, sich zielstrebig zu orientieren. Für solche Fälle gibt es Hilfsmittel, auf die wir weiter unten eingehen werden. Manchmal kann es jedoch notwendig sein, eine solche Person dennoch rasch mit seinem Krafttier zu verbinden. In diesem Fall ist es möglich, die Suche anstelle der betroffenen Person durchzuführen.

Sie legen sich neben der Person auf den Rücken, so dass sich Ihre Körperseiten berühren. Führen Sie sich und Ihre Klientin in einen ruhigen Zustand, indem Sie Ihre Aufmerksamkeit auf den Atem und dessen langsame Vertiefung richten. Auch ein paar entspannende Suggestionen sind hier angebracht. Dann trommeln Sie sich in die Unterwelt (oder verwenden eine Audio-Aufnahme bzw. bitten eine dritte Person, dies zu tun). Dort angekommen, verwenden Sie die in der voran gegangenen Reise geschilderten Möglichkeiten, um das Krafttier Ihrer Klientin zu finden. Dafür müssen Sie sich meist etwas von dem Ort entfernen, an dem Sie in die Unterwelt eintreten, denn dieser steht ja mit ihrem eigenen Unterbewusstsein in Verbindung und nicht mit dem der Person, für die Sie auf die Suche gehen. Manchmal ist das Tier aber tatsächlich dort anzutreffen – bitte betrachten Sie nichts, was wir hier sagen, als ehernes Gesetz, denn in den anderen Welten ereignet sich ebensoviel Unvorhergesehenes wie in der mittleren.

Wenn Sie das Tier gefunden haben, fragen Sie es, ob es sich dabei tatsächlich um den Verbündeten Ihrer Klientin handelt und ob es bereit ist, Sie jetzt zu ihr zu begleiten. Vielleicht will es das nicht sofort. Geben Sie dann nicht gleich auf, sondern fragen Sie es, warum es nicht mitkommen will und auch, ob Sie etwas tun können, um dies möglich zu machen. Manchmal erhalten Sie dann eine Aufgabe, die Sie in der unteren Welt erledigen können, aber oft handelt es sich auch um etwas, das Ihre Klientin tun muss, bevor sie wieder mit diesem Tier in Verbindung treten kann. Das ist aber recht selten. Wenn sich ein Krafttier die Mühe gemacht hat, zu Ihnen zu kommen, ist es unserer Erfahrung nach meist auch zur Zusammenarbeit bereit.

Ein kurzes Wort zu der Formulierung „unserer Erfahrung nach", die Sie in diesem Buch recht häufig antreffen werden. Es ist nicht nur gut möglich, sondern sogar wahrscheinlich, dass Sie aus Büchern anderer schamanisch arbeitender Menschen oder auch von diesen selbst Informationen erhalten, die den hier wiedergegebenen widersprechen. Deshalb müssen Sie sich nicht entscheiden, wer nun Recht hat und wer nicht. Hier haben einfach verschiedene Menschen unterschiedliche Erfahrungen gemacht. Betrachten Sie das nicht als Diskrepanz, sondern eher als Aufforderung, auch Ihre eigenen Erlebnisse als ebenso wertvoll anzusehen wie die jedes anderen „Fachmanns" auch.

Falls das Krafttier zustimmt, mit zu Ihrer Klientin zu gehen, nehmen Sie es zunächst in Ihr eigenes Herzchakra auf. Dann gehen Sie durch den Tunnel, den Sie immer nehmen, in die mittlere Welt zurück und öffnen hier die Augen. Richten Sie sich auf und blasen Sie Ihrer Klientin das Krafttier ins Herz ein. Dafür stellen Sie sich vor, wie der Geist des Tieres auf den Schwingen Ihres Atems aus Ihrem Körper aus- und in den der Klientin eintritt. Dann bringen Sie es auf dieselbe Weise in das Kronenchakra wie schon in der vorangegangenen Technik beschrieben.

Manchmal ist es sinnvoller, den Tierverbündeten in ein anderes Chakra einzublasen. Oft geht mit der Abwesenheit dieses Geisthelfers eine Schwäche in einem bestimmten Energiezentrum einher. Wenn Sie etwas in dieser Richtung feststellen, blasen Sie das Krafttier direkt in das betroffene Chakra ein und bringen es von dort aus nach oben. Oder Sie fragen das Tier selbst, in welches Zentrum es eingeblasen werden will. Das kann bereits in der unteren Welt geschehen, ist aber auch dann noch möglich, wenn Sie wieder in die mittlere Welt zurückgekehrt sind.

Nach einer solchen Arbeit ist es wichtig, die Klientin dazu anzuregen, in einer aufmerksam-neugierigen Haltung auf mögliche Veränderungen ihrer Selbstwahrnehmung zu achten – diese kleinen Zeichen, an denen sie erkennen kann, dass etwas Neues in sie eingetreten ist, das sie wieder ein Stück heiler und ganzer macht. Vor allem die ersten Minuten nach dem Einblasen des Tieres können hier sehr spannend sein, aber oft ergeben sich auch mehrere Tage nach der Zeremonie noch Veränderungen.

Reise zu einem Pflanzenverbündeten

Pflanzen sind vor allem als Heilhelfer sehr beliebt. Natürlich besteht die Möglichkeit, sie in der unteren Welt auf dieselbe Weise zu suchen wie ein Krafttier, aber da Pflanzen im Allgemeinen stehen bleiben, wenn man auf sie zutritt, sind sie für eine direkte Begegnung in der Natur noch viel besser geeignet. Darüber hinaus spielt es bei einem Krafttier keine große Rolle, ob es aus Ihrer eigenen Klimazone oder aus der nordafrikanischen Wüste stammt, weil Sie in Ihrer Arbeit damit meist nur auf seinen Geist zurückgreifen. Beim Pflanzenschamanismus sieht das jedoch etwas anders aus. Hier sind Sie auf den materiellen Umgang mit der frischen Pflanze angewiesen. Wenn Sie also bei Bedarf nicht jedes Mal in eine Exoten-Gärtnerei gehen möchten, ist es durchaus sinnvoll, auf ein Exemplar einer einheimischen Gattung zurückzugreifen. Das ermöglicht Ihnen auch den regelmäßigen Umgang mit der wilden Pflanze, die meist viel stärker ist als Ihr angebautes oder gar von Menschen gezüchtetes Äquivalent.

Gehen Sie hinaus in die freie Natur; am besten an einen Ort, an dem Sie mit großer Wahrscheinlichkeit ungestört bleiben werden, und senden Sie Ihre Bitte um einen Pflanzenverbündeten in die Sie umgebende Vegetation. Begeben Sie sich nun in einen leichten Trancezustand. Dafür reicht es oft schon, sich auf den Boden zu legen und die Aufmerksamkeit einige Minuten lang auf das Spiel des Lichts in den Spinnweben über Ihnen zu richten. Oder Sie können sich einige Augenblicke lang mit weit ausgebreiteten Armen um sich selbst drehen, während Sie nach oben in den Himmel schauen. Kinder tun das sehr gerne, denn sie lieben den Trancezustand und treten noch auf ganz selbstverständliche und angstfreie Weise in ihn ein.

Beginnen Sie dann, ohne ein bestimmtes Ziel durch die Landschaft zu gehen. Wenn Sie dabei Schwierigkeiten haben, in Trance zu bleiben, kann es helfen, die Augen halb zu schließen und sozusagen unter den Wimpern hindurch zu linsen. Lassen Sie sich nun von Ihren Körper- und Seelenwahrnehmungen leiten. Folgen Sie Geräuschen, die Sie locken oder wenden Sie sich ab, wenn Sie ein unangenehmes Gefühl erspüren. Lassen Sie sich innerlich wie äußerlich von Ihrem Pflanzenverbündeten rufen und locken.

Wenn Sie den Eindruck haben, vor „Ihrer“ Pflanze zu stehen, fragen Sie diese, ob sie tatsächlich Ihr Verbündeter ist. Vielleicht hören Sie eine innere Stimme, die Ihnen antwortet. Es kann auch sein, dass Sie plötzlich ein angenehmes oder ein kaltes, ablehnendes Gefühl durchfährt. Oder der Wind sucht sich gerade diesen magischen Moment aus, um die Blätter der Pflanze sanft auf und ab nicken zu lassen. Wenn die Antwort negativ ausfällt, suchen Sie weiter, bis Sie Ihren Verbündeten gefunden haben – oder beschließen, dass heute vielleicht einfach nicht der Tag dafür ist.

Wenn Sie jedoch mit einem der vielen grünen Individuen um sich herum handelseinig werden konnten, setzen Sie sich auf den Boden und berühren die Pflanze. Bäume sind praktisch, denn man kann sich mit großen Körperflächen daran lehnen und so einen umfangreichen Kontakt herstellen, aber verlassen Sie sich mal nicht darauf, dass Ihr Pflanzenverbündeter natürlich die prachtvolle, uralte Eiche da hinten links ist. Die meisten Menschen finden unserer Erfahrung nach eine ganz andere Pflanze als vorher vermutet. Falls Sie bei einer Waldmeisterpflanze landen sollten, setzen Sie sich natürlich nicht mitten darauf, sondern legen Ihre Hand sanft darum herum oder stecken einfach Ihre Nase hinein.

Bitten Sie die Pflanze nun, Sie aufzunehmen. Stellen Sie sich vor, wie Sie in deren Körper eintreten und wie sich Ihre seelische Energie darin ausbreitet. Erforschen Sie diese neue, unbekannte Umgebung sanft und mit großem Respekt. Wo liegen die Chakren dieser speziellen Pflanze? Wie sehen sie aus? Wie fühlt sich ihre Seelenenergie an? Welche Bilder sehen Sie vor Ihrem inneren Auge, welche Gefühle oder Empfindungen tauchen in Ihnen auf?

Bedanken Sie sich dann bei der Pflanze und ziehen Sie sich sanft aus ihr zurück, ohne die Kommunikation abzubrechen. Als nächstes bitten Sie darum, einige Teile von der Pflanze nehmen zu dürfen. Es ist gut, wenn es sich um verschiedene Stellen wie zum Beispiel je ein Stück Rinde, Wurzel, Blatt, Stiel oder Blüte handelt. Bei kleinen Individuen dürfen Sie vielleicht auch eine ganze Pflanze nehmen; fragen Sie einfach nach.

Bedanken Sie sich nochmals bei der Pflanze und gehen Sie nach Hause. Bevor Sie aus Ihrem stillen Wald in den Straßenverkehr oder das Familienleben eintreten, sollten Sie jedoch daran denken, den Trancezustand wieder zu verlassen. Ja, jetzt wissen Sie, was mit diesen seltsamen Menschen los ist, die Ihnen manchmal wie träumend am Waldrand begegnen …

Zu Hause nehmen Sie einen Pflanzenführer zur Hand und versuchen, das Exemplar, dem Sie begegnet sind, so genau wie möglich zu bestimmen und so erste Informationen darüber zu erhalten. Danach führen Sie eine Reise in die Unterwelt durch, um dort dem Geist Ihres Pflanzenverbündeten zu begegnen. Nehmen Sie dabei die mitgebrachten Pflanzenteile in die Hand. Sie können der Pflanze nun Fragen stellen, sich ihre Aufgabe erklären lassen oder nochmals ihre Energie spüren. Es ist übrigens oft der Fall, dass sich der Pflanzenspirit nicht in seiner materiellen, sondern in seiner energetischen Gestalt zeigt, und die kann gewaltig von dem des kleinen Krüppelbaums abweichen, dessen Rinde Sie gerade in der Hand halten!

Bevor Sie die untere Welt wieder verlassen, nehmen Sie nun körperlich ein kleines Stück der Pflanze zu sich. Das tun Sie natürlich nur, wenn sie sich bei der Bestimmung als ungiftig erwiesen hat. Sie gehen damit zwar kein großes Risiko ein, denn selbst bei den meisten giftigen Pflanzen Mitteleuropas müssten Sie größere Mengen zu sich nehmen, um eine Wirkung zu verspüren. Trotzdem: Sie wissen doch hoffentlich, wie ein Fingerhut aussieht?

Und was tun wir jetzt damit?

Eine Krafttier- oder Pflanzenhelfersuche ist eine spannende und oft auch intensive Erfahrung. Die meisten Menschen gehen danach enthusiastisch und voller Energie in ihren Alltag zurück – wo die ganze Kraft einfach wieder versickert. Weil sie nämlich keine Vorstellung davon haben, was sie nun damit anstellen sollen. Grundsätzlich möchten wir Sie dazu anregen, sich nicht auf das zu beschränken, was in irgendwelchen Büchern steht oder Sie von einem Lehrer erfahren haben. Nehmen Sie stattdessen Ihren Helfergeist und überlegen Sie, auf welche Weise Sie Ihren Alltag mit ihm teilen könnten! Warten Sie nicht darauf, dass Ihnen jemand sagt, wie man das macht, sondern werden Sie erfinderisch. Fragen Sie den Spirit selbst. Lassen Sie sich etwas einfallen. Warten Sie nicht darauf, dass Ihre Ideen von so genannten Fachleuten sanktioniert werden, sondern urteilen Sie aufgrund der Ergebnisse Ihrer eigenen Versuche. Im Folgenden finden Sie einige Anregungen, wie Sie Ihre Helfer in Ihr tägliches Leben einbinden können. Aber vergessen Sie nicht: Das ist nur der Anfang. Gehen Sie weiter!

Mit dem Pflanzenspirit heilen

Sie können Pflanzenverbündete nicht nur für sich selbst, sondern auch für Ihre Klienten finden. Führen Sie zu diesem Zweck dieselbe Technik aus wie eben beschrieben, nur dass sie der Natur mitteilen, für welche Person Sie eine Pflanze suchen. Fragen Sie die Pflanze danach, was Ihr Klient benötigt und bitten Sie ihn, sich ebenfalls mit dieser speziellen Art zu beschäftigen.

Mit dem Pflanzenspirit wandern

Das ist eine wunderbare Technik, die zu erstaunlichen Ergebnissen führen kann. Packen Sie ein paar leichte Nahrungsmittel und ein Getränk in einen Rucksack. Da die Schwingungen von Pflanzen sehr fein sein können, ist es sinnvoll, das fette Wurstbrot zu Hause zu lassen und stattdessen lieber etwas Obst und klares Wasser mit zu nehmen. Vielleicht beschließen Sie ja sogar, den Tag fastend zu gestalten, aber das sei Ihnen überlassen. Lassen Sie sich dann frühmorgens von einem netten Menschen irgendwo in der freien Natur absetzen. Suchen Sie sich ein Exemplar Ihres Pflanzenverbündeten und nehmen Sie sich Zeit, sich auf ihn einzustellen. Pflanzen sind die Träumer der Erde; ihr ganzes Sein spielt sich langsamer und verhaltener ab als das der Tiere oder auch von uns Menschen. Wenn Sie also bisher bei Pflanzenkontakten nicht viel spüren konnten, versuchen Sie einfach mal, ein paar Gänge herunterzuschalten. Erlauben Sie sich, insgesamt langsamer zu werden. Dabei kann es helfen, wenn Sie sich auf dem Weg zu der von Ihnen gewählten Pflanze immer langsamer bewegen und dabei vorstellen, wie Sie aus dem wachen Alltagsbewusstsein in ein Traumbewusstsein hinüber gleiten. Stellen Sie sich vor, die Ihnen vertraute Umgebung werde mit jedem Schritt immer unwirklicher und „magischer", als ob Sie in ein Märchen eintauchen würden. Märchen sind übrigens auch die Domäne der Pflanzenspirits. Dabei geschieht genau das, was Sie sich „vorstellen", denn auf feinstofflicher Ebene ist unsere Vorstellungskraft dasselbe, was unsere Hände auf der materiellen Ebene darstellen: das Werkzeug, mit dem wir alle möglichen Dinge tun können. Was Sie sich vorstellen, das geschieht auf feinstofflicher Ebene auch.

Wenn Sie bei Ihrer Pflanze angekommen sind, grüßen Sie sie und bitten darum, von ihr auf der Wanderung begleitet zu werden. Wenn sie zustimmt, schauen Sie sich um, wo Sie das nächste Exemplar dieser Gattung erkennen können. Gehen Sie darauf zu und suchen Sie von dort aus wiederum nach dem nächsten Exemplar. Anfangs ist es einfach nur spannend, sich von den Pflanzen führen zu lassen, aber wenn Sie davon genug haben, können Sie beginnen, mit jedem Individuum kurz zu sprechen. Jede kann Ihnen einen Satz, ein Bild oder eine andere Wahrnehmung mitgeben, mit der Sie sich auf dem Weg zur nächsten Pflanze beschäftigen können. Auf diese Weise sind ganze Kapitel einiger unserer Bücher entstanden!

Falls Sie mal kein weiteres Exemplar Ihrer Pflanze entdecken sollten, senken Sie die Augenlider und lassen sich wie bei der Suche nach Ihrem Pflanzenverbündeten so lange führen, bis Sie wieder einen Kontakt hergestellt haben. Am Ende Ihrer Wanderung wenden Sie sich an die Pflanze (vielleicht ist es wieder die allererste, mit der Sie am Morgen begonnen haben). Nun erspüren sie durch dieses eine Exemplar hindurch alle anderen, die Sie heute aufgesucht haben und mit denen Sie im Laufe Ihrer Wanderung in Kontakt getreten sind. Danken Sie allen, indem Sie Ihre Liebe für die grüne Welt durch das erste Individuum in alle anderen hinein fließen lassen. Danach erweitern Sie Ihre Wahrnehmung auf *alle Exemplare dieser Pflanzenart, die es auf der Erde gibt*. Das kann eine der tiefsten und umfassendsten Erfahrungen sein, die Sie bisher erlebt haben! Danken Sie auch diesen Pflanzen auf die beschriebene Weise. Nehmen Sie dankbar an, was Sie von der Deva dieser bestimmten Art erhalten – und erkundigen Sie sich im Internet, wie Sie in Zukunft dazu beitragen können, diese bestimmte Pflanzenart zu schützen.

Auf dieselbe Weise können Sie natürlich mit jeder Pflanzenart wandern, die Sie spannend finden. Wir empfehlen Ihnen jedoch, es zunächst in Begleitung Ihres persönlichen Pflanzenverbündeten zu tun, weil das den meisten Menschen leicht fällt und oft ein sehr kraftvolles Einstiegserlebnis darstellt.

Mit dem Tierverbündeten heilen

Auf ähnliche Weise können Sie auch auf das Wissen Ihres Krafttieres zurückgreifen. Wenn Sie regelmäßig heilende Tätigkeiten ausüben, kann es sehr hilfreich sein, eine eigene Reise in die untere Welt durchzuführen, um dort Ihr ganz spezielles Heilertier zu finden – jenen Verbündeten, der ausschließlich dafür zu Ihnen gekommen ist, um Ihre therapeutische Arbeit zu unterstützen. Wenn Sie dieses Tier auch in die mittlere und obere Welt holen, werden Sie seine Anwesenheit bei Ihrer Heilungsarbeit bald spüren und sich telepathisch mit ihm unterhalten können. Es gibt oft hilfreiche Hinweise und hat meist sehr gute Behandlungsideen. Folgen Sie den Anregungen Ihres Krafttiers, denn wenn Sie diesem Teil von sich nicht zu vertrauen lernen, werden Sie den Zugang verlieren. Der beste Weg, dieses Vertrauen zu erarbeiten, besteht jedoch darin, den Anweisungen Ihres Helferspirits einfach einige Male zu folgen. Wenn die Ergebnisse Sie überzeugt haben – und das werden sie tun – ergibt sich die Frage mit dem Vertrauen ganz von selbst. Dann müssen Sie nicht mehr glauben, weil Sie *wissen.*

Der Rat der Krafttiere

Diese Technik kann sehr hilfreich sein, wenn Sie bereits mit mehreren Krafttieren arbeiten.

Reisen Sie zunächst in die untere Welt. Dort vereinbaren Sie mit dem Krafttier, mit dem Sie sich am meisten verbunden fühlen, einen Zeitpunkt für eine Begegnung mit all Ihren Tierverbündeten, um deren Rat in einer bestimmten Angelegenheit zu erbitten. Nehmen Sie nach Möglichkeit den „Termin“ an, der Ihnen genannt wird, denn Ihre Krafttiere wissen oft besser als Sie, wann der beste Zeitpunkt für die Arbeit an Ihrem Problem besteht. Erwarten Sie bitte keine Angaben à la „Montagmorgen um 9:30 Uhr“; es ist wahrscheinlicher, dass man Sie bittet, den Rat „in drei Tagen“ oder „in der Nacht nach Vollmond“ einzuberufen. Verbringen Sie die Zeit bis dahin damit, die Auswirkungen, die Ihr Problem auf Sie und Ihr tägliches Leben hat, in allen Einzelheiten zu beobachten, ohne sich gefühlsmäßig allzu sehr darin verstricken zu lassen. Das mag Ihnen schwer fallen, muss aber nur so gut geschehen wie eben möglich. Machen Sie sich nicht noch mehr Druck, als Sie schon haben, wenn Sie den Rat einberufen!

Führen Sie am verabredeten Zeitpunkt eine Reise in die untere Welt durch und schildern Sie der Versammlung Ihrer Krafttiere Ihr Problem. Es kann sein, dass Sie sofort eine Antwort erhalten, aber wahrscheinlich wird man Sie bitten, zu einem bestimmten Zeitpunkt wieder hinunter zu reisen.

Wann auch immer Sie Ihre Antwort erhalten – nehmen Sie den Rat der Krafttiere ernst. Die so erhaltenen Anregungen können sehr komplex sein und Ihr Leben umfassend beeinflussen. Danken Sie Ihren Tierverbündeten und fragen Sie, ob Sie im Gegenzug auch etwas für sie tun können. Versprechen Sie nicht nur, dies zu ermöglichen, sondern tun Sie es auch wirklich – sonst wird Ihnen diese Quelle der Weisheit und des Wachstums nicht mehr lange zur Verfügung stehen.

Traumata mit Hilfe eines Krafttiers auflösen

Unfälle, Misshandlungen, Vergewaltigung, Nahtoderfahrung oder der Verlust geliebter Menschen – viele Ereignisse, denen ein Mensch im Laufe seines Lebens ausgesetzt ist, können Traumata hervorrufen. Schamanische Arbeit ist hervorragend dafür geeignet, solche Traumata und ihre Folgen aufzulösen, weshalb wir uns in einem späteren Kapitel noch eingehender damit befassen werden. Aber weil es gerade so schön hierher passt, schieben wir eine der möglichen Umgangsformen damit jetzt schon ein.

Reisen Sie in die untere Welt und treffen Sie sich dort mit Ihrem Krafttier (oder Ihrem Heilungs-Helfertier, falls Sie über einen solchen Kontakt verfügen). Schildern Sie diesem Helfergeist, an welchem traumatischen Erlebnis aus Ihrer Vergangenheit Sie arbeiten möchten. Erklären Sie, dass Sie an den Zeitpunkt dieses Ereignisses zurückreisen wollen und fragen Sie Ihr Krafttier, ob es das für die richtige Maßnahme hält und ob es bereit ist, Sie zu begleiten. Sollte Ihr Tierverbündeter eine dieser beiden Fragen verneinen, bedanken Sie sich und begeben sich wieder in die mittlere Welt zurück, ohne Ihr Vorhaben auszuführen. Möglicherweise sind Sie noch nicht bereit dazu, sich der traumatischen Erfahrung erneut zu stellen, weil der Zeitpunkt ungeeignet ist oder Ihnen noch bestimmte Werkzeuge zur Bewältigung fehlen. Bitte missachten Sie ein solches Veto Ihres Krafttieres niemals, denn es hat uneingeschränkten Zugang zu Informationen, die Ihnen nicht bewusst sind und somit einen weitaus besseren Überblick über die Gesamtsituation. Manchmal hat eine solche Absage nicht einmal etwas mit Ihnen zu tun. Es kann zum Beispiel sein, dass Ihr Krafttier gerade spürt, dass Ihr Sohn in wenigen Minuten in Tränen aufgelöst vom Spielplatz kommt, weil man ihn dort gehänselt hat und er jetzt erst einmal Ihre liebevolle Unterstützung braucht. Ist in unserem Haus alles schon geschehen …

Es gibt auch eine andere Variante dieser Technik, in der Sie das Krafttier bitten, für Sie zu entscheiden, zu welchem traumatischen Erlebnis Sie gemeinsam zurückgehen. Das hat sich in der Praxis jedoch meist als unnötig erwiesen, weil man eine solche Reise ja nicht mal eben so unternimmt, sondern bereits an den Folgen eines bestimmten Erlebnisses arbeitet und deshalb in die Unterwelt reisen möchte.

Wenn Ihr Krafttier beiden Fragen zustimmt, gehen Sie zu dem belastenden Ereignis zurück (um das zu tun, beschließen Sie es einfach nur) und schauen es sich noch einmal an. Gehen

Sie nicht in das Ereignis selbst hinein, sondern betrachten Sie es von einem sicheren Punkt außerhalb des Geschehens. Sie sehen also Ihrem früheren Ich zu. Spüren Sie während dessen die Kraft Ihres Tierverbündeten neben sich.

Falls es Ihnen gelingt, dabei ruhig zu bleiben, sehen Sie sich das Erlebnis noch ein zweites Mal an, aber diesmal versuchen Sie, sowohl außerhalb als auch innerhalb des Geschehens zu sein, also beide Positionen zu spüren und genauso Betrachter wie Erlebender zu sein. Spielen Sie das Geschehen wieder und wieder durch, bis es sich langsam aufzulösen beginnt. Es kann sein, dass die Szene dann verschwimmt oder sich vernebelt und schließlich verschwindet; oft wird das von feinstofflichen Wahrnehmungen wie einer zunehmenden Wärme im vom Erlebnis blockierten Chakra begleitet. Was Sie da spüren, ist die psychische Energie, die all die Jahre über in der Vergangenheit gefangen war und nun wieder zu Ihnen zurückkehrt. In vielen Fällen wurde diese Energie an einer bestimmten Stelle Ihres Körpers gespeichert, die nun vielleicht noch einmal schmerzt oder sich bereits entspannt bzw. zu heilen beginnt. Pflegen und versorgen Sie diese Körperstelle in den nächsten Tagen besonders liebevoll, denn sie hat viele Jahre lang eine große Last für Sie getragen.

Nach der vollständigen Auflösung der Szene fragen Sie Ihr Krafttier, ob es noch weitere Anregungen oder Anweisungen für Sie hat. Befolgen Sie diese bitte. Bedanken Sie sich dann und kehren Sie in die mittlere Welt zurück.

Manchmal löst sich das Erlebnis nur teilweise auf, und es ist notwendig, sich mehrmals auf die Reise zu machen, doch das kommt sehr selten vor.

Wir erheben keineswegs den Anspruch, mit der einmaligen Anwendung dieser Technik sofort ein seit Jahren bestehendes, tief sitzendes Trauma auflösen zu können. Gemeinsam mit anderen Interventionen, auf die wir später näher eingehen werden, kann sie jedoch ein überaus effektiver Schritt auf dem Weg zu innerer Heilung sein. Vor allem zur Behandlung von Mikrotraumata (Ereignisse, die im Einzelnen nicht sehr dramatisch sind, sich jedoch ständig wiederholt und dadurch ihren traumatisierenden Charakter erhalten haben) ist sie in hohem Maße geeignet.

Die Reise zum Salzgeist

Diese Technik ähnelt von Ihrer Absicht her der Schwitzhütte, denn sie ist sehr gut geeignet, wenn Sie eine grundsätzliche, umfassende Reinigung von alten Mustern sowie überlebten Denk- und Verhaltensweisen anstreben. Klingt gut, nicht wahr? Einfach nur reisen und alles loswerden, was uns von der Erleuchtung abhält! Klar, dass es so nicht funktioniert.

Es gibt einen Grundsatz für jede Form spiritueller oder auch psychotherapeutischer Wachstumsarbeit, und der lautet: Man kann nur fortschicken, was man kennt. Haben Sie schon mal von dem alten magischen Gesetz gehört, das besagt, wenn man den wahren Namen eines Wesens kenne, habe man Macht über es? Dieses Gesetz wirkt tatsächlich und gilt nicht nur für Wesenheiten. Nur, was Sie benennen können, unterliegt auch Ihrem Einfluss. Deshalb bringt es leider überhaupt nichts, wenn Sie in diese Reise (oder in eine Schwitzhütte, was das betrifft) mit der Absicht gehen: „Ich reinige mich jetzt von allem, was mich daran hindert, ein glückliches und selbstbewusstes Leben zu führen." Was genau ist das? Was läuft in Ihnen ab, auf welche Weise hindern Sie sich daran, so zu leben? Wenn Sie das nicht benennen können, nützt Ihnen die beste Trancetechnik nichts.

Nehmen Sie ein wenig Salz in Ihre rechte Hand, bevor Sie sich auf die Reise in die untere Welt machen. Das kann ein großer Kristall oder auch etwas Streusalz sein, aber unserer Erfahrung nach erhalten naturspirituelle Menschen zu naturbelassenem Salz die beste Verbindung.

Unten angekommen, bitten Sie Ihr Krafttier, Sie zum Geist des Salzes zu führen. Begrüßen Sie diesen und bitten Sie ihn darum, Sie aufzulösen und dann gereinigt neu kristallisieren zu lassen. Das kann ein hoch spannender Prozess sein – vor allem, wenn Sie aufmerksam beobachten, was sich da im wahrsten Sinne des Wortes „heraus kristallisiert"!

Danken Sie dem Salzgeist danach und lassen Sie sich von Ihrem Krafttier zurück an die Stelle der unteren Welt bringen, von der aus Sie Ihre Rückreise antreten.

Den inneren Lehrer um Behandlung bitten

Diese Technik eignet sich hervorragend, wenn Sie Unterstützung bei klar benennbaren Schwierigkeiten suchen, wie zum Beispiel bei der Bewältigung einer körperlichen Erkrankung oder ähnlichem.

Begeben Sie sich wie bei der Reise in die untere Welt zunächst in einen entspannten leichten Trancezustand. Dann stellen Sie sich Ihren Lieblingseinstieg in die obere Welt vor und begeben sich hinauf. Dort haben Sie bei Ihrer ersten Reise Ihren inneren Lehrer oder Ihre geistige Führerin gefunden. Begrüßen Sie diese Wesenheit und schildern Sie ihr das Problem, mit dem Sie gekommen sind. Bitten Sie dann um eine energetische Behandlung.

Folgen Sie nun allen Anweisungen, die Sie erhalten, und seien Sie gewarnt: Solche Behandlungen können einen ziemlich archaisch-archetypisch anmutenden Charakter haben. Es ist gut möglich, dass Ihnen etwas herausgerissen, abgeschnitten, ausgebrannt oder auf andere Weise entfernt wird. Machen Sie sich keine Sorgen über Ihre Bilderwelt – die ist keineswegs ein Zeichen dafür, dass Sie verrückt werden, sondern zeugt vielmehr von der tiefen, ursprünglichen Kraft einer solchen Behandlung und der Macht, mit der sie sich in Ihrem Körper umsetzt. Es ist eben, *als ob* Ihnen etwas Schädliches aus dem Leibe gerissen werde – nur ohne Operationsnarben, Wundschmerzen und so weiter. Ist doch praktisch, oder?

Zwei Punkte sind wichtig, damit diese Form der Behandlung tatsächlich von Erfolg sein kann. Erstens: Halten Sie keine Emotionen zurück. Lassen Sie alle Gefühle, die dabei aufsteigen, zu und bringen Sie sie zum Ausdruck, auch wenn Sie sich zwischenzeitlich heulend und mit den Zähnen klappernd am Boden wieder finden. Hier entladen sich äußerst schädliche Energien, die auf diese Weise Ihren Körper und Ihre Psyche verlassen. Vielleicht möchten Sie eine vertraute Person bitten, während der Durchführung dieser Technik bei Ihnen zu bleiben, um Ihnen falls nötig Schutz und Halt zu bieten.

Zum Zweiten werden Sie nach der Behandlung von Ihrem inneren Lehrer oder Ihrer geistigen Führerin Anweisungen erhalten, die Sie im Alltag ausführen sollen (wenn nicht, fragen Sie bitte danach). Halten Sie sich an diese Anweisungen, denn sie sorgen dafür, dass sich die in der Trance herbeigeführte Veränderung oder Heilung in Ihrem täglichen Leben umsetzen und stabilisieren kann. Danken Sie dann Ihrem Lehrer und begeben Sie sich zurück in die mittlere Welt, um den Trancezustand dort zu verlassen.

Diese Reise können Sie auch gut für einen Klienten anleiten. Sprechen Sie den Ablauf vorher mit ihm durch und führen Sie ihn in die obere Welt. Ab dort lassen Sie dem Tranceerleben des Klienten seinen Lauf und stehen bereit, falls er Sie braucht. Führen Sie ihn auch wieder zurück in die mittlere Welt und aus der Trance heraus. Vergessen Sie nie, hundertprozentig sicher zu stellen, dass Ihr Klient die Trance völlig verlassen hat, bevor Sie ihn aus der Praxis entlassen!

Der Heilungs-Kraftplatz

Das ist keine Reise in eine der drei Welten, sondern in das unendliche Land Ihres eigenen Inneren.

Legen Sie sich hin, entspannen Sie sich und stellen Sie einen leichten Trancezustand her. Sehen Sie dann vor Ihrem inneren Auge, wie Sie durch einen schönen, sonnendurchfluteten Wald wandern. Spüren Sie den weichen Pfad, der Ihren Füßen wohl tut, und genießen Sie die herrliche Frühsommer-Atmosphäre, das sanfte Grün der jungen Zweige, das Zwitschern der Vögel und die warmen Sonnenstrahlen auf Ihrer Haut.

Schließlich gelangen Sie an den Rand des Waldes und treten aus ihm heraus. Vor Ihnen erstreckt sich eine weite Wiese, deren Grashalme sanft in der warmen Sommerbrise schaukeln. Gehen Sie durch diese Wiese hindurch und spüren Sie dabei ständig, welch tiefe und gute Verbindung Sie zu Mutter Erde haben.

Am Ende der Wiese befindet sich ein steiler Hang, an dem einige Stufen in ein darunter liegendes Flusstal führen. Steigen Sie die Stufen ins Tal hinab, bis Sie am Ufer des Flusses stehen. Gehen Sie mit der Strömung an diesem Fluss entlang. Er führt Sie in Kurven durch eine saftige Wiesenlandschaft und verschwindet schließlich hinter einer Felsbiegung. Folgen Sie ihm um diese Biegung herum. Dahinter befindet sich Ihr Heilungs-Kraftplatz.

Es ist ein unglaublich schöner Ort – vielleicht der schönste, den Sie je gesehen haben. Schauen Sie sich genau um und erforschen Sie ihn in all seinen Einzelheiten. Vielleicht befindet sich dort auch jemand. Diese Person ist Ihr innerer Heiler; möglicherweise wartet auch Ihr Heilungs-Krafttier dort auf Sie.

Sie können nun alle Fragen stellen, die Ihnen wichtig sind oder die Wesenheit um etwas bitten. Lehnen Sie nichts ab, wozu man Ihnen hier rät oder was man Ihnen schenkt. Seien Sie offen für alles, was sich an diesem Ort ereignet.

Aber auch, wenn Sie alleine sein sollten, können Sie sich die Kraft dieses Ortes zu Nutze machen, indem Sie sich entspannen und tief atmen. Spüren Sie dabei, wie die heilende Energie dieses Platzes in Sie einströmt und sich mit jedem Atemzug verstärkt, wie Ihre Lebenskraft wieder zunimmt und wie sich alte Wunden schließen.

Kehren Sie dann auf demselben Weg wieder zurück, den Sie hierher genommen haben. Diese Reise kann eine überaus belebende und erleichternde Erfahrung sein, die Sie sich vor allem bei der Behandlung von chronischen oder akuten, zehrenden Erkrankungen durchaus täglich gönnen sollten.

Die Hüterin der Gesundheit

Diese Reise erfüllt einen ähnlichen Zweck wie die vorangegangene.

Legen Sie sich hin, entspannen Sie sich und vertiefen Sie Ihren Atem auf sanfte Weise. Stellen Sie sich dann wieder vor, durch den bereits beschriebenen, von Licht durchfluteten Sommerwald zu wandern. In seiner Mitte finden Sie eine Lichtung vor, auf deren anderer Seite Sie eine geschlossene Tür in der Felswand erkennen können. Sie gehen auf die Tür zu und stellen fest, dass ein goldener Schlüssel daneben hängt, also nehmen Sie den Schlüssel und öffnen die Tür.

Dahinter erstreckt sich ein breiter, gut begehbarer Gang in den Berg hinein. An beiden Seiten befinden sich in regelmäßigen Abständen Fackeln, die den Weg erleuchten und ein warmes, sanftes Licht verbreiten. Sie folgen dem Gang, der sich leicht nach unten neigt. Schließlich kommen Sie in einer großen, weiten Höhle an, die so hoch ist, dass Sie die Decke nicht erkennen können. Überall an den Wänden schimmern Edelsteine und Kristalle. In der Höhle befindet sich ein wunderschön verzierter steinerner Thron, auf dem eine alte Frau sitzt. Sie hat eine aufrechte Haltung und ist immer noch sehr schön. Vor allem ihre Augen leuchten mit sanfter Liebe, und sie lächelt Sie freundlich an. Es ist die Hüterin Ihrer Gesundheit.

Gehen Sie auf die Frau zu und machen Sie sich bekannt miteinander. Sie können nun Fragen stellen oder um etwas bitten. Am Ende der Begegnung gibt Ihnen die Hüterin ein Geschenk. Sehen Sie es sich gut an, danken Sie dafür und nehmen Sie es mit zurück.

Gehen Sie auf demselben Weg zurück, also den sanft ansteigenden Gang hinauf bis zur Tür in der Felswand. Schließen Sie die Tür ab und hängen Sie den goldenen Schlüssel wieder daneben an den Haken. Er wird hier auf Sie warten, wann immer Sie den Weg zur Hüterin wieder antreten wollen.

Gehen Sie dann über die Lichtung und durch den Sommerwald wieder zu Ihrem materiellen Körper zurück. Beenden Sie die Trance.

Übrigens: Wann immer Sie in der der nichtalltäglichen Wirklichkeit ein Geschenk erhalten, können Sie dessen Wirkung um ein Vielfaches verstärken, wenn Sie einen Gegenstand suchen, kaufen oder herstellen, der dem Geschenk möglichst ähnlich ist und ihn ständig bei sich tragen. Oft „wartet“ ein solcher Gegenstand im Alltagsleben sogar bereits auf Sie!

Aktivierung des Körpergedächtnisses

Viele Menschen wissen gar nicht, dass wir Informationen nicht nur im Gehirn speichern, sondern im ganzen Körper verteilen. Jede einzelne Zelle kann Informationen aufnehmen, die auch dann bewahrt werden, wenn diese Zelle stirbt, denn es speichert immer eine Körperregion, also ein ganzer Zellverbund, der die darin enthaltene Information an den „Nachfolger“ der verstorbenen Zelle weitergibt. Dafür braucht unser Gehirn überhaupt nicht involviert zu werden. Es gibt einen sehr interessanten Versuch, der genau diesen Vorgang des Lernens auf zellulärer Ebene belegt: Wissenschaftler haben Regenwürmer gelehrt, wie sie auf dem kürzesten Weg ein Labyrinth durchwandern können. Dann hat man die Würmer getötet und an andere Regenwürmer verfüttert, die das Labyrinth noch nicht kannten. Danach ließ man sie das Labyrinth durchwandern. Diese Tiere legten den Weg hindurch in signifikant kürzerer Zeit zurück als andere Regenwürmer, die nicht mit den „erfahrenen“ Zellen gefüttert worden waren. Die Konsequenzen dieses Versuchs sind verheerend für das klassische Bild vom Lernen und Handeln des Menschen – und sollten uns bezüglich dessen, was wir täglich so auf unserem Teller vorfinden, ziemlich nachdenklich stimmen!

Auch wer gerne massiert oder sich massieren lässt, kennt diesen Effekt. Da knetet man eine halbe Stunde lang nichts ahnend an dieser dusseligen Verspannung im Schulterbereich herum, bis sie endlich fühlbar weich wird und mit einem Mal richtiggehend unter den Händen „aufzugehen" scheint – und plötzlich fängt der gerade massierte Mensch zu weinen an und beginnt, seine ganzen Überforderungsgefühle über uns auszuschütten. Auch in diesem Fall sind die bisher im Schulterknoten gespeicherten Energien freigesetzt worden. Energie und Information ist übrigens ein und dasselbe, weshalb uns jedes Mal, wenn wir eine solche Blockade auflösen, die darin festgehaltene Energie für andere Zwecke zur Verfügung steht – und die Kraft, die wir zum Festhalten selbst brauchten, ebenfalls! Deshalb sind Menschen, die einen großen Teil ihrer körperlichen Blockaden und Panzerungen aufgelöst haben, so mit Energie geladen.

Meist werden auf körperlicher Ebene gespeicherte Informationen auch dort wieder freigesetzt, also nicht als Bilder oder Gedanken, sondern eher in Form von Gefühlen, Empfindungen und Sinneseindrücken. So kann die Erinnerung an eine endlos lange Fährenpassage auf rauer See auch viele Jahre nach dem Erlebnis noch eine leichte Übelkeit hervorrufen. Ein imaginationsstarker und reichlich hysterischer Mensch kann eine solche Erinnerung derart verstärken, dass er sich tatsächlich fast übergeben muss. Die Informationen über eine vergangene Situation, die in unserem Körper gespeichert sind, können also durchaus unsere momentane Realität beeinflussen und deutlich verändern. Wenn Sie diesen Mechanismus erst einmal kennen und verstanden haben, ist es ein Leichtes, Ihre momentane Lebenssituation ganz real auf der körperlich-materiellen Ebene zu verändern, indem Sie Ihr Körpergedächtnis aktivieren!

Begeben Sie sich in eine tiefe Entspannung bzw. in eine leichte bis mittlere Trance. Erinnern Sie sich dann an eine Situation, in der Sie gesund, glücklich, zufrieden und von Wohlbehangen erfüllt waren. Tauchen Sie vollkommen in diese Erinnerung ein; erleben Sie sie, als wenn sie Ihnen jetzt gerade widerfahren würde und beziehen Sie alle Sinne in diese Wahrnehmung mit ein. Konzentrieren Sie sich vor allem auf die körperliche Ebene. Was war in dieser Situation um Sie herum zu sehen? Was war zu hören? Was konnten Sie riechen? Haben Sie etwas berührt? Wenn ja, mit welchen Körperstellen, und wie hat sich das angefühlt? Welche Gefühle hatten Sie in der Situation, und wie haben diese sich auf körperlicher Ebene geäußert? War da ein freudig-aufgeregtes Kribbeln im Bauch, oder eine Leichtigkeit im Herzen? Ein warmes Strömen in der Brust oder ein Gefühl der entspannten Freiheit im Kopf? War es etwas anderes?

Lassen Sie sich so tief wie möglich auf die körperlichen Empfindungen ein, die durch die Erinnerungen ausgelöst wer-

> den. Diese Empfindungen haben Sie *jetzt*, in diesem Augenblick, sie sind *jetzt* ein Teil Ihrer Wirklichkeit! Wann immer es Ihnen nicht gut geht, können Sie in den Empfindungen baden, die Ihre angenehmen Erinnerungen auslösen, und damit ganz konkret Ihre augenblickliche körperliche wie auch psychische Befindlichkeit positiv verändern.

Ja, aber – höre ich sagen. Ja, aber man muss doch den Grund finden und bearbeiten, warum es einem gerade nicht gut geht. Man kann doch nicht einfach eine nette Erinnerung nehmen und damit die Wahrheit zukleistern. Wissen Sie was? *Die Wahrheit* gibt es nicht. Eben gerade war die Wahrheit noch, dass es Ihnen mies ging, und jetzt, nach der Durchführung dieser Übung, hat sich die Wahrheit geändert, und sie fühlen sich besser. Ist es wirklich so wichtig, auf welchem Weg Sie diese Veränderung herbeigeführt haben, oder zählt nicht nur, *dass* sie sich vollzogen hat?

Neunzig Prozent unseres Befindens beruht nicht etwa auf dem Einfluss, den unsere Umgebung gerade auf uns hat, sondern auf unserem Glaubenssystem, das uns sagt, wie wir mit dieser Umgebung umzugehen, wie wir auf sie zu reagieren haben. Sie kennen doch die alte Geschichte von den beiden Königssöhnen? Nein? Da war ein König, der zwei Söhne hatte und sich fragte, welchem von beiden er den Thron überlassen solle (offensichtlich hielt er nichts von natürlicher Erbfolge). Um das herauszufinden steckte er den älteren Sohn in ein Zimmer, das bis unter die Decke mit Spielsachen unterschiedlichster Art gefüllt war – vom Schaukelpferd bis zur Modelleisenbahn befand sich einfach alles darin, was sich ein Jungenherz nur wünschen kann. Den jüngeren Sohn ließ er in einem anderen Raum zurück, der ebenfalls bis unter die Decke gefüllt war – allerdings nicht mit Spielsachen, sondern mit Pferdemist. Nach einer Stunde beschloss er, mal nach seinen beiden Prachtjungs zu sehen. Als er die Tür des ersten Raums öffnete, fand er seinen Ältesten vor, der inmitten all des Spielgeräts auf dem Boden saß und heulte. Erstaunt fragte der König, warum er weine, wo er doch so viele herrliche Dinge um sich herum fände, die alle Freude bereiten könnten. Sein Sohn antwortete ihm, genau das sei ja das Problem – er sei am Verzweifeln, weil er einfach nicht wisse, womit er anfangen solle! Unser König schloss kopfschüttelnd die Tür und ging zum zweiten Raum. Nach diesem Erlebnis glaubte er, auf alles gefasst zu sein, aber was er dort vorfand, nachdem er die Tür geöffnet hatte, versetzte ihn dennoch in blankes Erstaunen. Da stand sein zweiter Sohn, die Ärmel hochgekrempelt, ein begeistertes Lachen im hochroten, verschwitzten Gesicht, und schaufelte enthusiastisch Pferdemist von einer Seite des Raums zur anderen! Der König fragte völlig verdutzt, was das denn solle, und erhielt zur Antwort: „Mensch, Papa, bei all dem Mist muss hier doch irgendwo ein Pony sein!“

Was ist die Wirklichkeit? Die Wirklichkeit ist immer das Ergebnis Ihrer Entscheidung, was Sie daraus machen. Wollen Sie ernsthaft weiter leiden, nur weil der typisch deutsch-protestantisch erzogene Teil in Ihnen protestierend aufschreit, wenn mal etwas leicht und genussvoll zu erreichen ist?

In unserer Kultur herrscht der weit verbreitete Irrglaube, eine Leistung sei nur dann respektabel und eine Verbesserung oder gar Heilung nur dann stabil, wenn sie hart, seeeeehr hart erarbeitet wurde. Blödsinn. Dieses ganze Buch dient dem Zweck, es Ihnen leichter zu machen. Das einzige, was Sie dazu beisteuern müssen ist, sich genau das auch zu *erlauben*.

Probleme bei Trancereisen beheben

Nicht jedem Menschen fällt es leicht, mal eben in die untere Welt zu düsen und sich an das dortige Wissens- und Erfahrungsrepertoire anzukoppeln. Manche haben bereits Schwierigkeiten damit, sich zu entspannen. Hier ist es sinnvoll, zunächst einige Wochen lang ein gutes Entspannungsprogramm wie die progressive Muskelrelaxation oder das autogene Training durchzuführen, ehe man einen weiteren Versuch unternimmt.

Wir haben auch oft erlebt, dass Menschen sich zwar entspannen und den Weg nach unten antreten können, dann aber eine Art Barriere vorfinden, die sie daran hindert, die untere Welt (oder eine der anderen) zu betreten. Es ist durchaus sinnvoll, mit den Möglichkeiten des Geistes zu versuchen, diese Barriere aufzulösen. Lassen Sie sich etwas einfallen – vielleicht imaginieren Sie einen Stock, mit dem Sie den Stein vor dem Eingang weghebeln, oder Sie zaubern etwas Dynamit aus der Tasche Ihres Seelenkörpers, um die Blockade weg zu sprengen. Falls sich derartige Versuche jedoch als erfolglos erweisen, gibt es einen tieferen Grund, warum der Zugang verwehrt wird, und der sollte unbedingt respektiert werden. Das ist immer ein Hinweis darauf, dass eine solche Reise zum jetzigen Zeitpunkt in irgendeiner Form gefährlich für den Reisenden sein könnte. Vielleicht hat er massiv traumatisierende Erfahrungen gemacht, deren Bilder in seiner Unterwelt lauern und denen er sich noch nicht stellen kann. Möglicherweise verfügt er aber auch einfach nicht über genügend Selbstbewusstsein, um sich vorstellen zu können, dass seine Reise erfolgreich ist und programmiert zum Zwecke der Aufrechterhaltung seines Selbstbilds den Misserfolg sozusagen vor. Andere wiederum haben Angst davor, es könnte wirklich klappen, weil sie eigentlich im Augenblick gar nicht bereit dazu sind, neue Informationen zu erhalten, die sie vielleicht zu einer Änderung ihrer Lebensumstände auffordern könnten. In jedem Fall ist es wichtig, den Grund für die Blockade auf sensible Weise zu erforschen und zu beheben, bevor eine Trancereise erfolgreich sein kann.

Eines der häufigsten Probleme in der Trancearbeit mit Menschen besteht in der grundsätzlich eher visuellen Ausrichtung unserer Kultur. Man vermittelt uns die meisten Inhalte über die Augen; sehend erfassen wir unsere Welt. Auch in der Schule wird der Lernstoff primär visuell dargestellt. Der Sehsinn ist jedoch nur bei etwas mehr als der Hälfte aller Menschen in unserer Gesellschaft dominant; die übrigen weisen eine Dominanz eines (oder mehrerer) der anderen Sinne auf. Das sind jene Leute, die aus einer Trancereise kommen und lakonisch erklären: „Ich sehe nichts." Ihnen ist oft geholfen, wenn sie aufgefordert werden, sich während der Tranceerfahrung auf die anderen, nichtvisuellen Sinne zu konzentrieren.

Im Übrigen können wir Ihnen nur raten, bei der Behebung von Trancereise-Problemen kreativ zu sein! Manchmal ist die Lösung auf eine absurde Weise logisch. Wir haben zum Beispiel mal mit einer Teilnehmerin gearbeitet, die auf Trancereisen immer alles verschwommen sah und uns vor der ersten, die sie bei uns unternahm, bereits vorwarnte, dass dies auch jetzt höchstwahrscheinlich wieder geschehen werde. So war es auch, was sie in der nachfolgenden Redestabrunde ziemlich enttäuscht äußerte. William sah sie aufmerksam an, während sie redete, und fragte sie danach, wie stark ihre Brille sei. Wie sich herausstellte, war die Teilnehmerin ohne sie nicht in der Lage, irgendetwas deutlich zu sehen. Gesagt, getan – wir führten eine zweite Trancereise durch und baten die Teilnehmerin, diesmal in der unteren Welt gleich zu überprüfen, ob sie auch ihre Brille trage. Falls nicht, solle sie sich vorstellen, wie sie diese aufsetze. Von diesem Moment an hatte sie nie mehr Schwierigkeiten auf ihren Trancereisen!

Ein anderer Teilnehmer hatte das Problem, auf der Reise immer alles im Zeitraffer zu sehen. Sowie er „unten“ ankam, raste die Welt und alles, was er darin erlebte, einfach an ihm vorbei. Nach verschiedenen vergeblichen Versuchen des „Troubleshootings“ riet William ihm einfach, er solle sich während der Reise am unteren Rand seiner Wahrnehmung die Bedienungsleiste eines Videorecorders vorstellen, mit Tasten für „Stop“, „Play“, „Vorspulen“, „Zurückspulen“ und „Zeitlupe“. Diese Tasten bediente der Teilnehmer von nun an nach Bedarf während seiner Reisen. Es hat recht gut funktioniert!

Trance in Bewegung

Die meisten schamanisch arbeitenden Menschen verbinden mit dem Begriff der Trance sofort einen Raum, in dem zum Duft edler Öle leise Meditationsmusik läuft, während ein paar Leute in Indianerdecken gehüllt auf dem Boden liegen und tief ein- und ausatmen. Gelegentlich schnarcht auch mal einer. So sehen die meisten Trance-Sitzungen tatsächlich aus, und auch bei uns ist das oft der Fall.

Immer wieder spielt sich in unserem Gruppenraum jedoch auch etwas ganz anderes ab. Da stehen elf Leute in einem Kreis herum und schlagen wie verrückt auf ihre Rahmentrommeln ein. Dem stampfenden, wilden Rhythmus, den sie selbst geschaffen haben, können sie sich nicht entziehen, weshalb sie trommelnd von einem Fuß auf den anderen springen oder unwillkürliche Tanzschritte am Platz machen. Pfeif- und Gurrlaute zischen durch die Luft, ein lang gezogener Schrei spornt den einzelnen Tänzer in der Mitte an. Der hat schon längst die Kontrolle über seine Bewegungen aufgegeben und lässt sich nur noch von der Kraft des Tanzes und seinen „Besuchern" führen. Vielleicht beherbergt er gerade sein Krafttier, oder die Energie des Feuerelements hat von ihm Besitz ergriffen. Seine Bewegungen werden freier und unkoordinierter, während die Trommler im Kreis den Rhythmus beschleunigen und in wildes Juchzen ausbrechen. Irgendwann sinkt der Tänzer erschöpft mit einem seligen Lächeln zu Boden. Zwei Trommler legen ihre Instrumente beiseite und helfen ihm aus dem Kreis auf eine vorbereitete Matratze, wo sie ihn mit Wasser und Aufmerksamkeit versorgen. Während dessen geht der nächste Tänzer in den Kreis, schließt die Augen und lässt sich von den Energien führen, die im Raum kreisen. Die Trance ergreift von ihm Besitz.

Was bringt zwölf Menschen dazu, sich in die Mitte dieses infernalischen Trommellärms zu stellen und danach völlig verschwitzt, total erschöpft nur noch eins zu wollen, nämlich noch einmal zu tanzen? Bewegungstrancen folgen anderen Gesetzen als eine Reise in die Unterwelt. In beiden Fällen kommt es zu einer herrlichen Selbstvergessenheit, die uns einige Augenblicke lang von der Last erlöst, wir selbst zu sein. Während dies bei der Reise mithilfe einer eher ruhigen, kontemplativen Form der Trance geschieht, erreicht der Tänzer dasselbe Ziel auf einem ekstatischen Weg.

Da, jetzt ist es gefallen, das gefährliche Wort: Ekstase. Genau darauf basiert die Wirkung der Bewegungstrance. Den Körper vollkommen loszulassen, nicht mehr zu führen und sich einfach den Bewegungsimpulsen hinzugeben, die aus ihm aufsteigen, löst automatisch viele Hemmungen und energetische wie auch physische Blockaden auf. Das Ergebnis ist ein unglaubliches, das ganze Sein durchströmendes pures Wohlbefinden. Glück eben. Schweißnass und vollkommen erledigt – darf ich noch einmal?

Ekstase ist in unserer Gesellschaft ein ungeliebter Begriff. Ekstase, das ist doch unanständig, das hat mit Völlerei, Übertreibung und am Ende Sex zu tun. Hat es nicht, aber gutes Essen, ein wenig ausuferndes Verhalten und ein guter Orgasmus können ebenfalls zu ekstatischen Zuständen führen. Sind wir nicht schon wieder reichlich deutsch? Pures Wohlbehagen ohne Haken – das kann nicht anständig sein. Das muss verboten werden. Wie benehmen die sich denn?

Die benehmen sich glücklich und gesund. Wie Kinder. Wie Menschen, die nicht in unserer Kultur aufgewachsen und solange von ihr verbogen worden sind, bis sie sich kaum mehr entspannt und losgelöst bewegen konnten. Betrachten wir doch mal das in der westlichen Zivilisation übliche Bewegungsmuster: Das ist hoch kontrolliert, die Arme schwingen koordiniert (bloß nicht zu weit!) an den Seiten, die Hüften bewegen sich kaum (außer bei Models auf dem Laufsteg, und das sieht so fürchterlich aus, dass man sofort merkt, dass wir keine Übung mehr darin haben), und die Schultern werden krampfhaft fest-, in den schlimmsten (meisten) Fällen sogar leicht hochgezogen. Alles wird festgehalten, zusammengepresst, angelegt. Die Ohren auch. Kein Wunder, dass es dann zum Streit kommt.

Und dann ist es Samstagabend, Sie stehen plötzlich zwischen elf wildfremden Menschen, die Sie erst seit gestern Nachmittag kennen, und sollen all das über Bord werfen. Sollen mit den Armen schlackern, mit den Beinen beben, mit der Hüfte rollen – wenn es denn so kommt. Vielleicht kommt auch etwas ganz anderes. Keine Kontrolle mehr. Zwei Stunden später liegen Sie gemeinsam mit den anderen in einem Kreis auf dem Boden und spüren, wie warmes Glück durch ihre Adern rinnt. Jede Zelle Ihres Körpers ist lebendig, und das goldene Glühen, das irgendwo an der Wurzel Ihrer Wirbelsäule sitzt, bilden Sie sich auch nicht ein. Das ist wirklich da. Vielleicht steigt es sogar noch ein wenig höher hinauf. Hallo Kundalini – hast du noch etwas vor heute Abend?

Wir kennen wenige spirituelle Techniken, die lohnender, wirksamer und zugleich genussvoller sind als Bewegungstrancen. Zumindest geht es uns beiden so. Die Menschen sollen sich ja unterscheiden – aber Bewegungstiere sind wir doch eigentlich alle. Wir haben es in den letzten fünfzig Jahren nur zunehmend vergessen.

Bewegung ist Glück

Wissen Sie, was passiert, wenn Sie sich nur eine halbe Stunde lang bewegen, sei das auf laufende, joggende, schwimmende, wandernde, radelnde oder eben tanzende Weise? Vorausgesetzt, Sie veranstalten kein Wettrennen, sondern bleiben schön brav im aeroben Bereich (zum Beispiel traben Sie also gemütlich langsam vor sich hin), beginnen Ihr Gehirn und Ihre Immunzellen binnen kürzester Zeit, den Drogenschrank zu öffnen. Endorphine, die Botenstoffe für Euphorie und Wohlbefinden, fluten Ihr Nervensystem und haben nur eine Botschaft: Das Leben ist schön! Auch Noradrenalin und Dopamin, die beiden „Optimismustransmitter" machen sich breit. Sie kommen in Begleitung von Serotonin daher, dem Nervenbotenstoff, der für gute Laune zuständig ist. Warum haben Sie sich dieses Buch gekauft? Sind auch Sie auf der Suche nach einem zufriedeneren, glücklicheren Leben? Falls Sie bisher noch nicht regelmäßig in Bewegung sind, fangen Sie am besten erst einmal damit an und nehmen dieses Buch in drei Monaten wieder zur Hand. Wenn Sie es dann noch brauchen. Es kann nämlich durchaus sein, dass Sie dann bereits zu sehr damit beschäftigt sind, die Gleise für Ihr Leben neu zu stellen und das herrlich aufregende Gefühl dabei zu genießen, um noch viel Zeit mit dem Lesen spiritueller Ratgeber verbringen zu wollen.

Regelmäßige Bewegung gehört zu uns wie unser Bauchnabel. Hunderttausende von Jahren lang haben wir uns im gemächlichen Laufschritt durch die Steppen und Wälder unseres Planeten bewegt, sind wir sprintend unserer Beute gefolgt (oder haben wir uns noch etwas schneller vor ihr in Sicherheit gebracht). Tagelang sind wir über die Felder gegangen, um zu säen, zu jäten und zu ernten, um die eingebrachte Ernte danach ebenso ausgiebig tanzend zu feiern. Und dann, ganz plötzlich (im Zeitrahmen evolutionärer Entwicklung betrachtet), sind wir stehen geblieben, haben wir uns hingesetzt, um kaum mehr aufzustehen. Unser auf ein Höchstmaß an Bewegung ausgerichteter Körper sitzt da nun, voll von Energie, die er nicht umsetzen kann und deshalb in die Fettdepots steckt. Ein Kraftwerk, ein Feuerwerk der Leistung, wird nicht einmal heruntergefahren und rotiert da nun im Leerlauf. Das ist anstrengend – und frustrierend für seinen Besitzer. Viele der Probleme, die so genannte moderne Menschen haben, lassen sich auf diesen Bewegungsmangel zurückführen und durch die Aufhebung desselben auch wieder beheben. Wenn Sie das noch mit einer halbwegs vernünftigen Ernährung kombinieren, können Sie Depressionen, Kreativitätsblockaden, Angstzuständen, Selbstwertproblemen, Schlafstörungen, Stresserkrankungen, Konzentrationsstörungen, Unruhegefühlen, Herz-Kreislauf-Erkrankungen, Arterienverkalkung, Dauererkältungen, Knochenschwund und Gelenksschmerzen getrost Adieu sagen. Vor allem Ausdauersportarten, die im Freien bei relativ niedriger Pulsfrequenz durchgeführt werden, haben diese Wirkung.

Wir zwei werden immer wieder kritisiert, weil wir in unserem Buch *Wege zu den alten Göttern* angeblich gesagt hätten, man könne nur dann eine gute Priesterin werden, wenn man mit dem Joggen beginnt. Zunächst einmal stimmt diese Aussage nicht – bitte nochmals genau lesen! Auch dort haben wir von Bewegung im Allgemeinen gesprochen und das Laufen nur als Beispiel für eine bestimmte energetische Technik verwendet. Was aber die Bewegung an sich betrifft, bleiben wir bei diesem Anspruch. Interessanterweise sind viele der Menschen, die mit diesem Teil des Buchs nicht gut zu recht kommen, selbst leicht bis deutlich übergewichtig. Wie kann ich aber eine naturspirituelle Ausbildung anstreben, wenn ich der Natur meines eigenen Körpers so massiv zuwider handele? Natürlich gibt es Menschen, die besondere physiologische Probleme haben, die es ihnen sehr schwer machen, ein Normalgewicht zu erreichen bzw. zu halten. Aber das ist eine verschwindend kleine Anzahl der etwa *60 Prozent* aller Bundesbürger, die als übergewichtig gelten! Hier stimmt etwas ganz gravierend nicht.

Warum finden so viele Menschen derart kreative Entschuldigungen und Ausreden, nur um sich ja nicht mit ihrem eigenen Körper beschäftigen zu müssen? Wahrscheinlich gibt es dafür verschiedene Gründe. Zum einen wäre das ein Akt der Selbstzuwendung, der Selbstfürsorge – Dinge, die in unserer Kultur nicht gerade hoch im Kurs stehen. Man erwartet zwar von uns, dass wir uns jederzeit in bester Form befinden, aber diese Form haben wir dann gefälligst in den Dienst anderer Menschen zu stellen – unseres Chefs, unserer Familie, der Not leidenden Bevölkerung Tansanias oder was weiß ich wem noch alles. So wichtig derartiges Engagement auch ist, macht sich doch die Tendenz breit, jemanden, der sich erst einmal um sich selbst kümmert, als selbstsüchtig und egoistisch zu betrachten. Was ja auch Sinn macht – wenn ich mich um mein eigenes Wohlbefinden sorge, stehe ich ja den Bedürfnissen anderer Leute nicht zur Verfügung. Wie unpraktisch für diese!

Zum anderen haben die meisten Menschen in unserer Gesellschaft massive Selbstwertprobleme. Ja, das ist bei uns ganz normal. Wir versuchen, nach außen immer ruhig und cool zu wirken, während uns in Wahrheit innerlich die Selbstzweifel zerfressen. Und dann sollen wir uns mit einem vernachlässigten Körper beschäftigen, der an allen Ecken quietscht und eiert. Na prima, wieder etwas, das wir versaut haben. Kein Zweifel, dass wir auch beim Versuch, das wieder gut zu machen, versagen werden. Also fangen wir gar nicht erst damit an.

Dabei ist es unmöglich, zu versagen, wenn man ein Bewegungstraining gut und den Bedürfnissen des eigenen Körpers angemessen beginnt. Ganz im Gegenteil: Je schlechter der Ausgangszustand des Körpers, umso rascher stellen sich die ersten positiven Veränderungen ein und umso mehr können Sie damit erreichen. Als Vicky mit dem Laufen begann, ist sie von den dreißig Minuten, die sie sich vorgenommen hatte, achtzig Prozent gewalkt und konnte nur zwanzig Prozent davon wirklich joggen, weil der Puls sofort in den anaeroben Bereich hochschnellte, also einfach zu hoch wurde, um einen guten Effekt auf das Herz-Kreislauf-System zu haben. Das war ihr vielleicht peinlich – da stand bzw. spazierte sie, Mist-ich-trainiere-seit-fünfundzwanzig-Jahren-täglich (aber eben nur anaerob) und hatte null Ausdauer! Eine Woche später erlaubte ihr die Pulsuhr bereits zum ersten Mal, die ganzen dreißig Minuten durchzulaufen. Was für ein Triumph!

Das sind Erfahrungen, die den Selbstwert stärken. Auf ganz gesunde, unsensationelle, aber äußerst stabile Art und Weise.

Ein weiterer Grund für die Ablehnung unserem eigenen Körper gegenüber und die daraus resultierende Bewegungsfaulheit dürfte aber in der Überbetonung des Verstandes liegen, wie sie unsere Gesellschaft zelebriert. Wir haben keine echte, gesunde Körperkultur. Körperliche Leistungen werden von uns nur anerkannt, wenn sie sich im absoluten Höchstrahmen bewegen, also von Spitzensportlern erbracht werden, was automatisch mit einem völlig übertriebenen Jugend- und Körperkult einhergeht. Natürlich wollen Sie nicht einer dieser angespannten, schwitzenden Fanatiker sein, die im Kreis um Sie herum tänzeln, wenn Sie es wagen, sie während ihres Morgenlaufs nach dem Weg zur nächsten Bushaltestelle zu fragen. Normal aussehende, schlanke, fröhliche Mittvierziger oder Anfangssiebziger, die täglich eine halbe Stunde traben und deshalb selten erkältet sind, aber meistens gute Laune verströmen, haben hierzulande einfach keine Lobby. Aber sie sind die wirklich glücklichen Menschen. Warum müssen wir immer in diesen Extremen leben?

Ein letzter Grund für die Bewegungslosigkeit unserer Gesellschaft haben wir einige Seiten zuvor gerade beschrieben: Unser Körper speichert Informationen. Wenn wir unsere Aufmerksamkeit auf ihn richten, ihm ruhig zuhören und bewegend in ihn hinein fühlen, setzen wir diese Informationen frei – und müssen damit leben. Dann erzählt er uns, wie es war, als wir uns damals dafür schämen mussten, nur ein Mädchen zu sein. Oder wie schlimm die Schmerzen sich damals angefühlt hatten, als wir auf das Knie gefallen waren und wie ein richtiger Junge das Weinen unterdrückt hatten. Dann spüren wir den Knoten wieder, zu dem sich unsere dauernde Angst, nicht gut genug zu sein, in unserem Schultergürtel zusammengezogen hat. Man spricht nicht umsonst von „Körperintelligenz". Bewegung bedeutet, sich so anzunehmen, wie man ist – sonst wird es nicht lange dabei bleiben.

Dasselbe gilt auch für Bewegung in Trance. Fast alle Menschen plagen anfänglich dieselben Gedanken: Wie werde ich wohl dabei aussehen? Was die anderen wohl von meinen Bewegungen halten? Was ist, wenn ich total blockiert bin und mir nicht einfällt, wie ich mich bewegen könnte? Muss ich das lange durchhalten? Kann ich einfach damit aufhören, wenn ich es nicht mag? Was für Gefühle werden wohl in mir aufsteigen? Werde ich sie aushalten können? Was ist, wenn ich weinen muss – wird das nicht peinlich werden? Oder wenn ich plötzlich einfach zu lachen anfange? Darf ich überhaupt so glücklich sein?

Die Antwort auf all diese Fragen lautet: uneingeschränkt Ja. Uneingeschränkt Ja zu allem, was passiert, zu allem, was aus uns heraus strömt, zu allem, was wir sind und wie sich das in der Bewegungstrance zeigt. Was auch immer geschieht, der Tänzer ist willkommen, angenommen und geliebt. So wie er oder sie ist. Denn wir sind alle wunderschön. Das ist kein kitschiger Allgemeinplatz, sondern ein Satz, den wir immer wieder völlig ernst gemeint von erstaunten Trancetanz-Teilnehmern hören, die das Wunder nicht fassen können, das sie gerade erlebt haben.

Da sich viele Menschen vollkommen überfordert fühlen, wenn sie von jetzt auf gleich in einen ekstatischen Trancetanz verfallen sollen, bereiten wir die Teilnehmer unserer Seminare eineinhalb Tage lang auf diese Zeremonie vor. Zu diesem Zweck verwenden wir verschiedene Formen einer bestimmten tanztherapeutischen Technik, das so genannte Authentic Movement (authentische Bewegung). Authentic Movement nimmt zwischen der ruhigen Reisetrance und dem ekstatischen Tanz eine Zwischenposition ein, weil es zwar in Bewegung abläuft, aber noch deutlich nach innen gerichtet und fast meditativer Natur sein kann. Betonung auf „kann“, denn mit diesem wunderbaren Instrument ist fast alles möglich.

Grundformen des Authentic Movement

Der englische Begriff „Authentic Movement“ bedeutet „authentische Bewegung“, also echte, ehrliche Bewegung, die nicht vorgegeben, nicht geplant ist, sondern frei den Empfindungen des Menschen folgt und diese zum Ausdruck bringt. Dabei kommt die Empfindung keineswegs unbedingt vor der Bewegung; es ist also nicht so, dass die tanzende Person zuerst erkennt „ich fühle mich gerade traurig“ und dann nach einer passenden Bewegung sucht, mit der sie dies zum Ausdruck bringen kann. Tatsächlich gibt beim Authentic Movement der Körper den Ton an. Er ist es, der uns zuerst sagt, wie wir uns bewegen sollen, und erst in der Bewegung selbst erfahren wir, worum es jetzt gerade geht – anhand der Gefühle, Bilder, Gedanken und Empfindungen, die diese Bewegung in uns auslöst. Deshalb ist Authentic Movement einer der wirkungsvollsten uns bekannten Wege zur Erforschung von unbewussten Selbstanteilen. Es ist eine wunderschöne, nonverbale Form des innigen Gesprächs mit dem eigenen Körper und über diesen mit der eigenen Seele. Dabei entstehen bereits wenige Minuten nach Beginn stabile Alpha-Hirnwellen, die den Trancezustand anzeigen, in dem sich die bewegende Person befindet.

Das Grundprinzip des Authentic Movement besteht darin, die Augen zu schließen, die Aufmerksamkeit auf den Körper zu richten und dann jedem Bewegungsbedürfnis zu folgen, das auftaucht. Solche Bewegungsbedürfnisse haben wir alle ständig und folgen ihnen auch völlig unbewusst. Beobachten Sie mal Ihr Gegenüber in einem Gespräch. Selbst wenn es sich um einen sehr guten Zuhörer handelt, wird er ständig Bewegungen machen – nicken, die Beine in eine andere Position bringen, die Rückenstellung verändern, auf dem Sessel rutschen. Diese Bewegungen sind zum Teil sein nonverbaler Beitrag zum Gespräch (nicken, lächeln usw.), andere wiederum dienen dazu, die Körperfunktionen zu unterstützen (Entlastung des Rückens, Wiederherstellung der Durchblutung etc.). Wiederum andere haben mit Ihrem Gespräch nichts zu tun, sondern sind zielgerichtet, wie zum Beispiel der Griff nach der Kaffeetasse auf dem Tisch. Wir sind also sehr geübt darin, den Bewegungsbedürfnissen des Körpers zu folgen, weil unser Überleben davon abhängt. Würden wir zum Beispiel nicht auf ein eingeschlafenes Bein reagieren, könnte es irgendwann aufgrund des Sauerstoffmangels absterben. Das wären keine guten Aussichten für einen Menschen in einer Jäger-Sammler-Kultur ...

Tatsächlich ist unsere Fähigkeit, auf unterschwellige und somit unterbewusste Bewegungsbedürfnisse des Körpers direkt und ohne Umweg über den Verstand zu antworten so gut ausgeprägt, dass wir uns auch im Schlaf darauf verlassen können. Sonst müssten wir alle dreißig Minuten aufwachen, um zu überprüfen, ob wir gerade einem Körperteil das Blut abdrücken oder dabei sind, uns den Hals zu verrenken.

Authentic Movement macht sich diese ausgeprägte Fähigkeit des Menschen zu Nutze, denn wie bereits erwähnt speichert und kommuniziert der Körper nicht nur Informationen über seinen Funktionsstatus, sondern auch Inhalte, die aus Gefühlen, Bildern und Erinnerungen bestehen. Mithilfe dieser Technik ist es uns möglich, uns jene Inhalte zugänglich zu machen, die uns normalerweise nicht bewusst sind. Und das bedeutet nichts anderes, als emotionale und energetische Blockaden abzubauen, um vorsichtig dahinter zu lugen. Was dort wohl sein mag?

Genau das ist auch das Schöne am Authentic Movement. Es ist keine Brachialtechnik, die mit direktiver Urgewalt über den Tanzenden hereinbricht, sondern ermöglicht ein langsames Herantasten an die vielen kleinen Überraschungspäckchen, die wir mit uns herumtragen. Der Einstieg ist immer sanft und vollkommen manipulationsfrei. Es gibt vielleicht eine unterstützende Einleitung durch die Anleiterin, aber danach bestimmt der Tanzende vollständig selbst, welchem Thema, welchem Päckchen er sich zuwenden und wie weit er es öffnen will.

Gerade weil diese Technik keinerlei Druck ausübt und die Tanzenden wissen, dass sie jederzeit aufhören können, lassen sich viele Menschen oft schon beim ersten Mal recht tief auf den daraus entstehenden Prozess ein. Deshalb ist es sehr wichtig, darin ausgebildet zu sein, wenn man sie mit regulären Klienten ausführen möchte. Über den Berufsverband der TanztherapeutInnen Deutschlands (BTD) können Sie Workshops und Seminare in Ihrer Nähe ausfindig machen.

Beweger und Zeugen

Ein Grundprinzip des Authentic Movement ist das achtsame, bewahrende Gefäß, das die Tanzenden hält. Dieses Gefäß wird immer von Menschen geschaffen, die das Geschehen auf achtsame, liebevoll-annehmende Weise wahrnehmen und später nach klaren Regeln rückmelden. Diese Menschen werden in der Begrifflichkeit der Tanztherapie als Zeugen bezeichnet, während man bei den Tänzern von Bewegern spricht. Letzteres ist auch weitaus angemessener, weil es sich beim Authentic Movement nicht mehr um einen Tanz in dem Sinne handelt, wie dieses Wort in unserer Kultur meist gebraucht wird, denn es gibt keine vorgegebenen Schritte, keine Choreographien und keine ästhetischen Prinzipien mehr. In der klassischen Form wird sogar auf Musik verzichtet, weil sie eine Stimmung und damit Bewegungsbedürfnisse schaffen kann, die dem Beweger im Augenblick vielleicht gar nicht entsprechen. Dann besteht die Gefahr, dass die authentischen Empfindungen des Bewegers von der Musik überlagert werden. Auf diese Weise erfährt er natürlich gar nichts über sich selbst. Wenn Musik verwendet wird (was vor allem bei unerfahrenen Teilnehmern anfangs hilfreich sein kann), muss diese sehr sorgsam ausgewählt werden und sollte so wenig Einfluss auf die Beweger ausüben wie nur möglich. Wir verwenden zum Beispiel *Shamanic Healing* von Baldwin und Bottom.

Die Zeugen bewegen sich nicht, sondern sitzen (je nach Anzahl) meist kreisförmig um die Tanzenden herum. Sie schauen einfach nur zu und nehmen in einer liebevoll-zugewandten Haltung auf, was sich vor ihnen abspielt. Auf diese Weise halten sie zum einen die Energie, die sich innerhalb des Kreises entwickelt. Zum anderen aber sind sie auch dafür da, um die Beweger zu schützen. Allerdings raten wir immer dazu, so wenig wie nur irgend möglich einzugreifen, denn jeder Einfluss von außen stört die Verbindung zum eigenen, inneren Bewegungsprozess mehr oder weniger. Vieles, was von außen dramatisch aussieht, fühlt sich im Kreis völlig anders an und stellt überhaupt keine Gefahr dar. Die meisten Begegnungen der mit geschlossenen Augen arbeitenden Beweger und Bewegerinnen werden sinnhaft in den Prozess eingebunden und sollten daher gar nicht vermieden werden. Aber wenn eine Bewegerin zum Beispiel auf eine Wand zu trudelt, ist es sinnvoll, sie sanft zu berühren und wieder in den schützenden Kreis zurück zu begleiten. Das sollte mit so wenig Berührung geschehen wie nur möglich.

Wenn der Bewegungsteil beendet ist, teilen die Zeugen mit, was sie wahrgenommen haben. Auf diese Weise wird dafür gesorgt, dass der Prozess der Bewegerinnen nicht einfach im leeren Raum verpufft, sondern dass er wahrgenommen und mit Achtung gewürdigt wird. Sonst könnten wir diese Position auch einfach als „Zuschauer" bezeichnen, aber das sind diese Menschen eben nicht. Sie bezeugen, dass sich hier etwas Wertvolles und auch Heiliges ereignet hat. Sie geben dem Geschehen dadurch Realität, weshalb es sich von da an fruchtbar auf das ganze Leben der Bewegerinnen auswirken kann. Diese fühlen sich endlich so gesehen, wahrgenommen und – ganz wichtig – *angenommen*, wie sie sind.

Für die Rückmeldungen der Zeugen und Zeuginnen ist es sehr wichtig, eine ganz bestimmte Form zu wahren. Solche Äußerungen fallen den Zeugen zunächst meist recht schwer, während die Bewegerinnen Angst haben, negativ wahrgenommen worden zu sein. Mit Hilfe der folgenden Regeln kann all das umgangen werden, was beiden Gruppen, Zeugen wie Bewegern, ganz neue und tief ergreifende Erfahrungen mit zwischenmenschlicher Kommunikation und gemeinsamem Wachstum ermöglicht.

1. Rückmeldungen geschehen immer anonymisiert. Die übliche Formulierung dafür lautet: „Ich habe einen Beweger gesehen, der sehr lange am Boden verharrte." Oder: „Ich habe eine Bewegerin gesehen, die die ganze Zeit über im Kreis herum wanderte." Es werden keine Namen genannt – und die gemeinte Person wird bitte auch nicht strahlend angesehen!

2. Es wird streng zwischen der beobachteten Handlung der Beweger und der daraus resultierenden Wahrnehmung des Zeugen unterschieden. Das ist zunächst nicht ganz einfach und muss sorgfältig geübt werden, aber es ist von allergrößter Wichtigkeit. Also bitte nicht auf diese Weise: „Ich habe einen Beweger gesehen, der sehr lange am Boden verharrte und total traurig war." Sondern vielmehr: „Ich habe einen Beweger gesehen, der sehr lange am Boden verharrte, was in mir den Eindruck weckte, dass er total traurig war." Und auch nicht: „Ich habe eine Bewegerin gesehen, die die ganze Zeit ziellos im Kreis herum wanderte." Sondern eher: „Ich habe eine Bewegerin gesehen, die die ganze Zeit im Kreis herum wanderte, was in mir das Bild einer ziellos treibenden Wasserpflanze aufsteigen ließ". Was Ihnen (und Ihren Teilnehmern) zunächst als kleinkarierter Firlefanz erscheinen mag, ist unbedingt notwendig, um den Bewegungsprozess angemessen nachbearbeiten zu können. Erst das ermöglicht dem Beweger, daraus wertvolle Elemente für einen besser zu bewältigenden Alltag mitzunehmen. Sie dürfen und sollen sogar als Zeuge oder Zeugin subjektiv auf das reagieren, was sich da vor Ihnen abspielt, Sie dürfen es sogar bewerten, aber nur unter der Voraussetzung, dass Sie mit Ihren Reaktionen und Bewertungen immer bei sich bleiben und sie niemals dem Beweger zuordnen bzw. überstülpen. Das wäre in gewisser Weise respektlos, denn ganz im Gegensatz zu unserer häufigen Überzeugung wissen wir meistens *nicht,* was in unserem Gegenüber gerade genau vorgeht oder – viel schlimmer noch – was für diesen Menschen jetzt gut ist. Wir haben es unzählige Male erlebt, dass ein Beweger nach dem Authentic Movement sagte: „Ich weiß, dass XYZ mich meinte, als sie sagte, meine schnellen Armbewegungen hätten für sie total Angst erfüllt gewirkt. Aber ich hatte wunderschöne Bilder und konnte nicht anders, als ständig vor Freude mit den Armen zu wedeln." Für einen von beiden ist es wichtig – entweder für die Bewegerin, die vielleicht erkennt, dass es ihr öfter passiert, dass ihre Freudensignale von anderen völlig anders erlebt werden. Es kann zum Beispiel sein, dass sie merkt, dass sich hinter ihrer euphorischen Freude in Wahrheit eine Menge Schmerz verbirgt, den sie sich nicht zu leben traut. Oder der Zeuge begreift plötzlich, dass ihm ausgreifende Armbewegungen immer Angst machen, weil seine Mutter, als er noch ein Kind war, immer erst herumfuchtelte, bevor es eine Ohrfeige setzte. Er hat seine eigene ungelebte Angst also auf die beobachtete Bewegerin übertragen. Oder eine Zigarre war mal wieder einfach nur eine Zigarre, weil die beiden sich aufgrund grundsätzlich unterschiedlicher nonverbaler Ausdrucksformen einfach missverstanden haben. In jedem Fall ist das sorgsame Trennen zwischen beobachteter Aktion bzw. Bewegung und der subjektiven Reaktion darauf ein wichtiger, wenn nicht vielleicht der wichtigste Bestandteil einer hilfreichen und wirksamen Rückmeldung.

3. Erst die Bewegung, dann die Reaktion. Es ist wichtig, nie zu vergessen, zunächst die Bewegung zu schildern, die eine Reaktion im Zeugen ausgelöst hat. Zum einen hat der Beweger dann die Möglichkeit, sich wieder zu erkennen und damit wahrgenommen zu fühlen. Er war wichtig, er ist nicht untergegangen, nicht vergessen worden. Entsprechend besteht die Aufgabe des Anleiters oder der Anleiterin eines Authentic Movement auch darin, zu beobachten, wer wenige Rückmeldungen erhält und diese zu ergänzen. Es ist auch immer sinnvoll, als anleitende Person zunächst die Rückmeldungsregeln zu erklären und dann zwei oder drei solcher Rückmeldungen selbst zu geben, damit die Teilnehmer sehen können, wie das funktioniert und die Scheu davor verlieren, es selbst zu tun. Der zweite Grund für diese Reihenfolge besteht darin, dass dann nicht vergessen wird, alle Äußerungen – auch die subjektiver Natur – an einer tatsächlich erfolgten Bewegung festzumachen, was die Gefahr verringert, dass irgendwann nur noch wild herum interpretiert wird.

4. Alle Rückmeldungen erfolgen mit dem höchsten Respekt und maximaler achtsamer Annahme des Gesehenen. Bemerkungen wie „das sah total blöd aus“ oder „das war so ungeschickt und steif“ gehören in keinen Kreis, der sich gemeinsamem Wachstum widmet, und in eine Authentic-Movement-Rückmeldung schon gar nicht. Es ist durchaus möglich, zu sagen: „diese Bewegung hat in mir ein peinlich berührtes Gefühl ausgelöst“, oder „es hat sehr steif auf mich gewirkt“, aber solche Bewertungen müssen immer beim Zeugen bleiben und dem Beweger den Raum lassen, sie als Teil des Zeugen und nicht seiner selbst zu erkennen. Oder auch einfach zu blockieren. Ja, auch das ist unser gutes Recht und oft purer Selbstschutz – nämlich immer dann, wenn wir eine Wahrheit noch nicht annehmen können, ohne uns damit selbst zu tief zu verletzen.

Die Grundstruktur

Es gibt verschiedene Wege, wie eine Authentic-Movement-Einheit beginnen kann. Zunächst einmal stellen sich die Beweger an einen Punkt im Raum, an dem sie genügend Platz um sich herum haben. Dann werden sie von der Anleiterin gebeten, die Augen zu schließen und sich auf ihren Atem zu konzentrieren, der langsam ganz von selbst immer ruhiger und tiefer wird. Die Anleiterin spricht die Beweger in eine entspannte, offene und auf sich selbst lauschende Stimmung hinein. Bei Anfängern ist es sinnvoll, den Beginn der Bewegung mit anzuleiten, indem ein Bild vorgegeben wird. Sehr gut eignet sich dafür die Vorstellung, ein Baum zu sein. Das kann dann so klingen:

> *„... Jetzt ist dein Atem tief und gleichmäßig. Jetzt spüre in deine Füße hinein ... Nimm wahr, wie sie fest und sicher auf dem Boden stehen. Stelle dir vor, dass aus deinen Füßen Wurzeln in die Erde hineinwachsen, die sich immer tiefer und tiefer in den Boden unter dir erstrecken. Erst durchdringen Sie den Fußboden unter dir, dann dringen sie ins Erdreich ein, in die lockere, saftige Krume ... dann wachsen sie weiter und bohren sich in die lehmige Erde darunter ... sie wachsen durch einen Wasserlauf hindurch ... jetzt kommen sie an Kiesschichten vorbei und schlängeln sich um unterirdische Felsen herum ... immer tiefer und tiefer reichen deine Wurzeln ...*
>
> *Mit diesen Wurzeln ziehst du alles aus der Erde hinauf, was sie dir zum Leben gibt ... Wasser dringt in deine feinen Kapillarwurzeln ein, und es ist mit Nährstoffen aller Art gesättigt ... es steigt in deinen Wurzeln hoch, hinein in die kleinen Seitenäste ... von dort aus steigt es weiter in stärkere Wurzelstränge, bis es schließlich durch deine dicken Hauptwurzeln weiter hinauf steigt in deinen Stamm ... dein ganzer Körper ist ein gesunder, stabiler Stamm, durch den das nährende Wasser aufsteigt ... jetzt ist das Wasser am oberen Ende des Stammes angekommen, und deine Arme heben sich, werden zu Ästen, werden zur Krone des Baumes, der du bist ... Auch diese Krone wird vom nährenden Wasser durchströmt ...*
>
> *Jetzt bemerkst du, dass Sonnenstrahlen auf deine Blätter fallen ... du nimmst diese Strahlen auf und verwandelst sie in Energie, die durch deinen ganzen Baumkörper strömt ... eine leise Brise weht durch deine Äste, die sich sanft in ihr wiegen ... jetzt wird die Brise ein wenig stärker, ein warmer Sommerwind durchfährt deine Krone ... deine Äste tanzen und biegen sich mit dem Wind ...*
>
> *Folge nun mit deiner Bewegung den Bildern, die in dir aufsteigen ... folge der Geschichte, die dir dein Körper erzählt ... sei ganz offen und nimm alles an, was dir begegnet ... folge den Bewegungsimpulsen deines Körpers, deiner Gefühle und deiner inneren Bilder ... Bewege dich einfach und sofort so, wie*

es dir in den Sinn kommt, wie du Lust hast ... du darfst alles bewegen, was in dir ist, alles ist richtig.“

Es kann gerade anfangs sehr hilfreich sein, solche angenehmen Bilder vorzugeben, damit die Teilnehmer Vertrauen in die Technik und ihre Fähigkeit, sie auszuüben, fassen können. Es ist Ihnen vielleicht aufgefallen, dass ich die Teilnehmer im obigen Beispiel als Einzelperson anspreche, auch wenn sie in einer Gruppe sind. Das tue ich, um ihnen dabei zu helfen, zu vergessen, dass noch andere Menschen im Raum sind. Alles, auch meine Worte, konzentrieren sich nur noch auf die einzelne Person selbst. Es hilft ihnen dabei, ihre Aufmerksamkeit von der Umgebung weg und auf sich selbst hin zu lenken, weil es kein „ihr“ oder „euch“ gibt, das sie immer wieder daran erinnert, unter Menschen zu sein.

Themenzentriertes Arbeiten

Später ist es möglich, Authentic Movements zu speziellen Themen zu machen. Zum Beispiel können Sie in einer Therapiegruppe für depressive Menschen den Raum in drei Zonen unterteilen und jeder dieser Zonen ein Thema geben. In diesem Fall eignen sich „Selbstfürsorge“, „Wut“ und „liebevolle Selbstannahme“, aber schlussendlich hängt es von den speziellen Menschen ab, mit denen Sie gerade arbeiten, welche Begriffe Sie wählen. Schreiben Sie die Worte auf große Zettel und hängen Sie jeweils einen davon innerhalb einer der abgegrenzten Zonen an die Wand. Somit haben Sie reale, erfahrbare Themenräume geschaffen. Nun können sich die Teilnehmer eine Zone aussuchen, in der sie beginnen wollen. Sie müssen keineswegs gleich verteilt sein – lassen Sie ruhig zu, dass die Teilnehmer die Zone, mit der sie beginnen wollen und auch die Reihenfolge, in der sie die Themenbereiche durchwandern, selbst bestimmen.

Wenn jeder seinen Startplatz gefunden hat, führen Sie die Beweger wieder in einen entspannten Zustand und bitten Sie am Schluss, ganz bei sich zu sein und den Bewegungsimpulsen zu folgen, die aus ihrem Körper zu diesem Thema aufsteigen. Es ist faszinierend, was sich nun ereignet. Die Menschen werden vor Ihren Augen offener, weicher; sie tasten sich erst langsam und zögernd vor, um dann immer mehr ihrem inneren Bewegungsprozess zu folgen. Man kann förmlich dabei zusehen, wie sie sich befreien und auf eine neue Energie zugreifen, die ihnen zuvor nicht zur Verfügung stand.

Jede Bewegungssequenz sollte mindestens acht bis zehn Minuten lang sein, denn die Teilnehmer brauchen eine gewisse „Anlaufzeit“, in der sie ihre Hemmungen überwinden und sich immer tiefer auf ihren Bewegungsprozess einlassen können. Während der Bewegungsphase wird kein Wort gesprochen, weder innerhalb noch außerhalb des Kreises. Beobachten Sie das Geschehen aufmerksam und einfühlend. Beenden Sie eine Bewegungsphase immer dann, wenn Sie den Eindruck haben, dass sich die Situation gerade etwas beruhigt; reißen Sie niemals jemanden aus einem Authentic Movement, der gerade voll in seinen Prozess einsteigt oder sich in einer sehr aufwühlenden Phase befindet. Notfalls verlängern Sie die Bewegungszeit eben ein wenig. Wenn ein geeigneter Zeitpunkt gekommen ist, „fädeln“ Sie Ihre Stimme auf sanfte (aber dennoch gut verständliche und hörbare) Weise in das Geschehen ein und fordern die Bewegerinnen auf, in ihrem eigenen Tempo zu einem guten Ende ihrer Bewegung zu kommen. Wenn alle ruhig stehen (oder sitzen, wie auch immer), führen Sie sie langsam wieder zurück, indem Sie sie bitten, die Augen zu öffnen, wenn Sie soweit sind und sich eine andere der drei Zonen auszusuchen, wo sie weitertanzen möchten – oder sich an ihren Platz zu begeben, wenn die Bewegungseinheit damit beendet ist.

Authentic Movement kann in vielen verschiedenen Formen durchgeführt werden. Wir schildern im Folgenden die bekanntesten.

Ein Beweger und zwei Zeugen

Es bewegt sich eine Person, die von zwei weiteren wahrgenommen wird. Diese sollten an entgegen gesetzten Enden des Raums sitzen, um so zwischen sich einen Schutzraum für den Beweger zu bilden. Analytisch betrachtet ist das die klassische Eltern-Kind-Konstellation, weshalb sie gut geeignet ist, um frühkindliche Prägungen zu bearbeiten. In einem großen Raum können mehrere solcher Dreiergruppen gleichzeitig arbeiten; dann ist es wichtig, dass die Zeugen auf die Einhaltung des ihrer Gruppe zugewiesenen Raums achten. Nach jeder Bewegungsphase wird gewechselt, bis alle drei einmal dran gewesen sind. Dann erfolgt eine gemeinsame Rückmeldung.

Ein Zeuge, alle anderen sind Beweger

Das ist die typische Therapiegruppen-Konstellation. Die Klienten bewegen sich, während der Anleiter (oder die Anleiter, falls es zwei sind) den Kreis halten und danach Rückmeldung geben. Hier wird danach nicht gewechselt. Diese Form eignet sich gut für erste Erfahrungen mit dem Authentic Movement, weil es kaum Zuschauer gibt und sich alle gleichzeitig bewegen. Das hilft, die Hemmschwelle zu reduzieren.

Die Hälfte der Gruppe ist Zeuge, die andere Hälfte Beweger

Die Zeugen bilden einen Kreis um die Beweger herum. Nach der Bewegungseinheit kann gleich eine Rückmeldung erfolgen; es ist aber auch möglich, zuerst zu wechseln und dann zu reden.

Dieselbe Konstellation kann auch mit freiem Wechsel durchgeführt werden. Dann tanzt jeder Teilnehmer so lange, wie er oder sie möchte, und setzt sich danach schweigend in den Kreis um die Beweger, womit er zum Zeugen wird. Nun kann einer der anderen Zeugen in den Kreis hinein gehen und als Beweger beginnen. Auf diese Weise kann frei gewechselt werden, bis der Anleiter die Einheit beendet. Danach erfolgt die Rückmeldungsrunde.

In Paaren

Die Teilnehmer tun sich jeweils zu zweit zusammen. Je nach Größe des Raums können ein bis mehrere Paare gleichzeitig tanzen. Die anderen sitzen im Kreis außen herum und sind Zeugen.

Die Paare entscheiden nun, wer zuerst mit geschlossenen Augen arbeitet (die Bewegerin). Die andere Partnerin lässt die Augen offen (wir bezeichnen sie als Begleiterin). Beide stehen einander gegenüber. Die Bewegerin schließt die Augen, und die Anleiterin führt in eine leichte Entspannung ein. Dann beginnt die Bewegerin, ihren Körperimpulsen zu folgen. Die Begleiterin stellt sich nun mit ihren eigenen Bewegungen auf die der Bewegerin ein. Sie folgt ihnen und gibt ihrerseits Bewegungsimpulse, indem sie die Bewegerin sanft berührt, mal einen Arm führt, mal über den Rücken streicht, mal die Schultern fasst und die Bewegerin so in eine neue Richtung dreht oder auch einfach nur spiegelnd oder ergänzend an ihrer Seite tanzt. Die Aufgabe der Begleiterin besteht nicht nur darin, der Bewegerin Impulse zu geben, sondern auch darin, sie vor einem Zusammenprall mit anderen Teilnehmern oder der Raumeinrichtung zu schützen. Es ist einfach wunderschön zu beobachten, was sich aus dieser Konstellation heraus entwickelt.

Am Ende der Bewegungsphase bittet die Anleiterin die Paare, zu einem guten Ende zu kommen und sich einander wieder zuzuwenden. Jetzt ist es wichtig, die Bewegerin aufzufordern, nach dem Öffnen der Augen kurz Blickkontakt mit der Begleiterin aufzunehmen und ihr zuzunicken, wenn diese ihre Schutzfunktion aufgeben und die Kontrolle über ihren Körper wieder an die Bewegerin zurückgeben kann. Dann tanzen die Paare, die bisher Zeugen waren. Wir machen dann eine erste Rückmeldungsrunde, weil sich alle sonst zuviel merken müssten. Danach beginnen wieder die ersten Paare mit vertauschten Rollen, gefolgt von der zweiten Gruppe und einer erneuten Rückmeldungsrunde. Diese Runden müssen nicht lange dauern und sollten spätestens dann beendet werden, wenn die Pausen zwischen den einzelnen Sprechern unangenehm lange werden. Es ist auch nicht nötig, der Reihe nach zu verfahren – wir lassen immer den sprechen, dem gerade etwas einfällt (was bei den Einsteigern bedeutet: den, der sich traut).

Wir verwenden derartige Techniken, um unsere Teilnehmer auf sanfte (aber dennoch fordernde Weise, man unterschätze das nicht!) auf „wildere", also ekstatischere Formen des Trancetanzes vorzubereiten. Teilweise setzen wir sie auch einzeln ein, damit sich die Teilnehmer besser kennen lernen und vertrauter miteinander werden können. Es ist jedoch eine hoch spannende Angelegenheit, sie zum Beispiel in die freie Natur zu schicken, wo sie Gegenstände suchen sollen, die zu einem bestimmten Thema passen oder die sie einfach nur so „anspringen" und sie diese dann in einem Authentic Movement tanzen zu lassen.

Der ekstatische Trancetanz

Ab hier wird's klein, bunt und komisch. Nachdem wir uns Stück für Stück an unsere authentische Bewegungsfreiheit herangetastet haben, ist es soweit: Die große Trancetanz-Zeremonie beginnt!

Trancetanz bietet dem Menschen ungeahnte Möglichkeiten der inneren Heilung und Befreiung. Das heißt, so ungeahnt wahrscheinlich doch nicht, sonst würde die Menschheit ihn nicht seit etwa 40.000 Jahren kontinuierlich betreiben. So lange hält sich nur etwas, das wirklich hilfreich ist. Unser Wirtschaftssystem wird es niemals so weit bringen.

Was genau aber macht die unkontrollierte Bewegung in Trance mit uns? Was ist daran so verführerisch, so zuträglich, dass wir es auf diesem Planeten einfach nicht lassen können, uns frei und ohne jede tänzerische Einschränkung ekstatischen Rhythmen hinzugeben?

Der Trancetanz entstammt einer völlig anderen Kultur als jener, die wir heute als „zivilisiert" bezeichnen. Das mit der Zivilisation ist nämlich eine ziemlich neue Erfindung, damit schlagen wir uns erst seit etwa 3.000 Jahren herum. Wie archäologische Funde zeigen, gab es auch davor bereits Hochkulturen, die wir heute gerne als barbarisch oder zurückgeblieben betrachten, weil sie keine Computer und Magnetresonanztomographen hatten. Eine ziemlich einseitige Betrachtungsweise, die in den Gesellschaften Altägyptens, Südamerikas oder des Nahen Ostens milde belächelt worden wäre. Dort war man nämlich keinen Deut weniger entwickelt, sondern hatte schlichtweg andere Prioritäten und somit andere Mittel, um dasselbe zu erreichen. Wozu Computer bauen, wenn die Mnemotechniken dieser Völker ihnen erlaubten, mehr Daten in Erinnerung zu behalten als unsereins im Laufe seines Lebens tatsächlich braucht? Wozu braucht man einen MRT, wenn ein Heiler über Hilfsgeister verfügt, die ihm nicht nur mitteilen, wo das Problem liegt, sondern auch gleich die passende Kur dafür verraten? Das soll ihm ein Tomograph erst mal nachmachen!

Diese Kulturen verfügten über Produktionsmethoden zum Beispiel im Bereich der Schmuckherstellung, die wir heute mit all unserem technischen Wissen nicht zu kopieren in der Lage sind. Sie waren ebenfalls hoch entwickelt, nur in anderen Bereichen als unsere Kultur. Und sie schafften es mit ihren Prioritäten, 37.000 Jahre zu blühen und zu gedeihen. Wir allerdings machen da mit unseren technischen Errungenschaften bisher eine eher schlechte Figur. Das ist wohlgemerkt nicht die Schuld der Technik, sondern eher eine Frage der Weisheit (bzw. des Mangels derselben), mit der wir sie einsetzen.

Wesentliche Kulturmerkmale dieser sich auch auf lange Sicht stets weiter entwickelnden Völker waren Lust und Leidenschaft als positive Werte. Sexualität, Ekstase, Kreativität und eine hohe Musikalität galten als erstrebenswert. Frank Natale nennt diese Menschen in seinem höchst empfehlenswerten Buch *Trance Dance* die „Energetisierer". Damit bringt er die grundsätzliche Wirkung des Trancetanzes kurz und kompakt auf den Punkt: Er schafft neue Energie, öffnet blockierte Energiebahnen und verwandelt uns in ein fließendes Energiesystem voller Kraft und Schönheit.

In unserer modernen Zivilisation („modern" im Sinne von „heutig" und keineswegs im Sinne von „höher entwickelt") werden diese Eigenschaften und Elemente jedoch gefürchtet und daher eher abgelehnt als angestrebt. Deshalb gelten sie rasch als anrüchig oder unanständig, und deshalb vertrocknen wir hier auch langsam vor uns hin. Jede Pflanze, die in ihrem vollen Saft und ihrer ganzen Kraft steht, wird von uns bewundert, aber uns selbst setzen wir ständig auf Sparflamme und wundern uns dann, wenn wir nicht gedeihen. Fragen uns, was uns wohl fehlt. Überschwängliche Lebenslust und Lebenskraft, die fehlt uns – und der Trancetanz ist ein direkter Weg genau dorthin. Das gilt nicht nur während des Tanzes selbst, denn jedes Mal, wenn wir uns dem überwältigenden Rhythmus der Trommeln hingeben, fällt ein Stück mehr der großen Mauer, die uns im Alltag daran hindert, unsere Lebensfreude in die Welt hinaus zu strahlen. Noch einmal Frank Natale: *„Trancetanz ist ein Weg, Leidenschaft und Mitgefühl, Tanz und Seligkeit miteinander zu verbinden."* Jeder, der ihn schon einmal erlebt hat weiß, dass dies keine Übertreibung ist.

Wie aber schafft der Trancetanz all das? Unter anderem über seine extrem positiven Auswirkungen auf unsere körperlichen und seelischen Funktionen, und die sind wirklich vielfältig:

1. Atem ist Leben.

Die meisten Menschen in unserer Kultur benutzen nur einen Bruchteil ihrer Lunge zum Atmen, und das war durchaus nicht so gedacht. Entsprechend leiden all unsere organischen Systeme unter einem ständigen Sauerstoffmangel, weshalb sie ihre Leistung herunterfahren, um eben auf Sparflamme brennen zu können. Das halten wir dann fürchterlicherweise auch noch für normal, weil wir es nicht anders kennen bzw. uns an nichts anderes erinnern können. Wie oft haben sie sich schon kopfschüttelnd gefragt, wie kleine Kinder den ganzen Tag lang herumtoben können? Die atmen noch voll und nicht so flach wie wir Erwachsenen. Sie führen sich die maximal mögliche Sauerstoffmenge zu (vor allem, wenn sie sich viel im Freien aufhalten dürfen), und die reicht für das fünffache dessen, was wir als unsere Höchstleistung zu betrachten gewohnt sind. Versuchen Sie mal, einen Tag lang jeden Schritt nachzuvollziehen, den ein Vierjähriger macht. Einfach hinterherzulaufen. Keine Sorge, Sie werden den Tag nicht vergeuden, denn Sie werden bereits nach ein bis zwei Stunden (aber spätestens!) erschöpft aufgeben. Hat Vicky selbst ausprobiert – bevor sie mit dem Atem- und Lauftraining begonnen hat. Und bevor sie regelmäßig in Trance tanzte. Mittlerweile hat sich das Verhältnis deutlich zu ihren Gunsten verschoben – obwohl der kleine Grünschnabel immer noch gewinnt ...

Die tiefe Atmung, in die Sie beim Trancetanzen automatisch und binnen weniger Augenblicke eintreten, hat aber noch einen weiteren Effekt. Sie baut emotionale und energetische Blockaden ab, was die darin enthaltene Energie freisetzt, die dann ganz einfach abgetanzt werden kann. Oft geschieht das selbst bei traumatischen Speichern auf eine kraftvolle und als angenehm erlebte Weise, weil es nur nötig ist, die Energie aus dem Körpersystem zu bringen, aber kein Mensch sagt, das müsse unbedingt mittels Heulen und Zähneklappern vor sich gehen. Deshalb wird der Trancetanz oft als unglaublich befreiende, erleichternde und regenerierende Aktivität empfunden. Es ist sogar schon zu deutlichen Besserungs- bis sogar Heilungsprozessen bei Erkrankungen des Atemwegsapparats (wie zum Beispiel Asthma) gekommen, wenn betroffene Menschen regelmäßig in Trance getanzt haben.

2. Das endogene High

Viele Aktivitäten, wie zum Beispiel Sex, Joggen, aber auch Stress oder Schmerzen (sowie übrigens Akupunktur) führen zu einer erhöhten Ausschüttung von Endorphinen, die in ihrer Wirkungsweise dem Opium ähneln. Trancetanz tut das ebenfalls. Wir nennen das in Anlehnung an das „Runners High" der Läufer das „Dancers High". Es führt zu diesem herrlichen Glücksgefühl, das die meisten Trancetänzer am Ende der Zeremonie verspüren. Außerdem wird die Serotonin-Produktion angeregt – *das* Antidepressivum schlechthin.

3. Vom Glauben zur Erfahrung

Die meisten Menschen beginnen mit den Exerzitien einer spirituellen Disziplin oder einer Religion, weil sie an deren Prämissen glauben. Zumindest trifft das auf unsere Kultur zu. Die wenigsten von uns nehmen für sich in Anspruch, das Göttliche jemals selbst persönlich erfahren zu haben. Trancetanz ist das Tor zu genau diesem Erleben. Je öfter wir Trancetanz-Erlebnisse haben, umso weniger ist Glaube noch Thema, denn all die Dinge, um die es bei dieser Glaubensanstrengung ging, werden tatsächlich erfahrbare Wirklichkeit – das Konzept des Spirit (des lebendigen Geistes), Göttlichkeit, die bewusste Wesenhaftigkeit von Tier- und Pflanzenspirits und auch das große Geheimnis, der große Geist selbst. Mutter Erde wird zur anfassbaren Persönlichkeit, mit der wir kommunizieren und eben auch tanzen können. Trancetanz ist die Schwelle, die von der Glaubens- zur Offenbarungserfahrung führt.

4. Trancetanz schafft Selbstwert

Im Trancetanz erlangen wir Zugriff auf das umfassende Reservoir an Wachstums- und Heilungskräften, die jeder von uns hat. Wirklich jeder, nur bringt uns hier kaum noch jemand bei, wie man sich diese Kräfte zugänglich machen kann. Der Trancetanz ist ein möglicher Weg dorthin. Viele Menschen erfahren auf diese Weise, wie unglaublich groß, tief und gewaltig das Menschsein in dieser Schöpfung tatsächlich ist, welch umfassendes Potential ihnen in Wahrheit zur Verfügung steht und wie sie es einsetzen können. Das schafft einen Selbstwert, der nicht von Haus, Auto und Boot abhängig ist, ja – der sogar von beruflichen Leistungen und Errungenschaften unabhängig macht. Im Trancetanz erfahren wir uns in der Schöpfung, also so, wie wir wirklich sind und hören auf, die Lüge zu leben, die wir tagtäglich über unsere Winzigkeit, unsere Fehlerhaftigkeit und unsere Unzulänglichkeit erzählen. Wir treten in die Kraft und Ganzheit ein, die uns tatsächlich gegeben ist.

5. Trancetanz entspannt

Dieser Effekt entsteht durch den Abbau von Muskel- und Energieblockaden, den Zugewinn an Selbstwert, die Anregung der Endorphin- und Serotoninproduktion und die effektive Ableitung von angestauten Energien.

6. Heilung liebt Bewegung

Nochmal Natale: Der Trancetanz führt zur *„Einleitung und Unterstützung von Heilungsprozessen, in denen sich lebenslange, krankheitsorientierte Verhaltensmuster auflösen."* Denk- und Verhaltens-Schemata, die wir seit vielen Jahren halb- bis unbewusst anwenden und die uns stetig schaden, können auf diese Weise „entschärft“ und durch nachhaltige Muster ersetzt werden, die unser Glück und unsere Gesundheit unterstützen.

7. Einsamkeit war gestern

Trancetanz führt zu einer deutlichen Erweiterung unserer Wahrnehmungsfähigkeit, denn er öffnet unsere inneren Sinne und zerschmettert die Mauern, die zu unserer gesellschaftsweit verbreiteten Fehlannahme führen, wir seien isolierte Einzelwesen. Im Tanz können wir uns als Teil der göttlichen Schöpfung in ihrer heiligen Ganzheit sehen und erleben. Wir nehmen Verbindung mit allen anderen Teilen dieser Schöpfung auf und treten in den eigentlichen Tanz, den des universalen Lebens, ein.

8. Glück inklusive

Wer regelmäßig Trancetanz ausübt, erlebt eine deutliche Zunahme an Lebenskraft, Lebensfreude und Lebendigkeit überhaupt. Viele Menschen berichten auch von einer Vertiefung und Erweiterung ihrer sexuellen Erlebnisfähigkeit. Das hängt damit zusammen, dass der Trancetanz genau jene Kanäle „putzt", welche die Kundalini-Energie auf dem Weg nach oben nimmt. Das ist genau genommen ja das letztendliche Ziel des Trancetanzes: Die Befreiung der Kundalini selbst.

Feine Sache, nicht? Und alles, was Sie dafür tun müssen, ist ein wenig die Kontrolle aufzugeben. Nur ein wenig. Dieses Mal. Und nächstes Mal dann noch ein wenig mehr. Oder vielleicht doch gleich ganz? Das bleibt völlig Ihnen selbst überlassen. Zur Trance kann man sich nicht zwingen. Wenn man erst einmal in der Lage ist, diesen Zustand willentlich zu erreichen, kann man ihn konditionieren, damit er schneller eintritt, aber das war's auch schon. Deshalb kann Ihnen beim Trancetanz nichts passieren, denn Sie selbst bestimmen jederzeit, wie tief Sie sich jetzt gerade auf Ihre Erfahrung einlassen möchten.

Noch ein paar Hinweise zur Praxis:

- Machen Sie Ihre ersten Erfahrungen mit ekstatischem Trancetanz in einer sicheren Umgebung, also zum Beispiel unter der Anleitung eines erfahrenen Trancetänzers oder in einer Gruppe, die sich schon länger regelmäßig zu diesem Zweck zusammenfindet. Wählen Sie eine Umgebung, die Ihnen Vertrauen einflößt. Dann wird es Ihnen wesentlich leichter fallen, die Kontrolle über sich loszulassen und einfach drauflos zu tanzen.
- Lassen Sie sich auf die Bewegungen ein, auch wenn sie es nicht gewohnt sein mögen. Vertrauen Sie dem Prozess, der sich entfaltet und folgen Sie seinen Bildern und Bewegungen einfach. Sie können nichts falsch machen. Jeder steigt mal mehr und mal weniger tief in die Trance ein – auch erfahrene Trancetänzer haben nicht immer tiefgehende Erlebnisse. Erlauben Sie sich, die Person bleiben zu dürfen, die Sie sind.
- Machen Sie sich keine Sorgen, wenn Sie vor dem Trancetanz aufgeregt sind oder sich sogar ängstlich fühlen. Das ist völlig

normal und wird Sie nicht davon abhalten, sich auf das Erlebnis einzulassen. Ehrlich. Wir hören nach jeder Trancetanz-Zeremonie von jemandem, der zum ersten Mal dabei war, etwas in dieser Richtung: „Ich war der festen Überzeugung, dass ich total blockiert sein würde wegen all der Angst, die ich vorher hatte. Ich war ja nur im Kopf. Aber als das Trommeln anfing und ich mich zu bewegen begann, war plötzlich alles ganz anders, und ich konnte zum ersten Mal in meinem Leben wirklich loslassen."

- Ziehen Sie Kleidung an, die Ihren Körper nicht einengt, in der Sie sich aber auch nicht gleich verheddern, wenn Sie ein paar Drehungen machen. Wählen Sie Formen und Farben, in denen Sie sich so richtig wohl fühlen und sich mögen. Am besten tanzen Sie barfuß, wenn es der Untergrund zulässt.
- Bitte schlagen Sie sich nicht unmittelbar vor der Zeremonie noch den Magen voll – mit dem Trancetanzen ist es wie mit dem Schwimmen: Sie würden es bereuen.
- Legen Sie vorher alle Schmuckstücke ab, mit denen Sie irgendwo hängen bleiben oder sich bzw. andere verletzten könnten. Ketten, Uhren, lange Ohrgehänge und ähnliches sollten Sie unbedingt vermeiden. Eine Ausnahme bilden Kraftgegenstände, die aber möglichst so am Körper befestigt werden sollten, dass sie keine Gefahr darstellen (wie zum Beispiel ein Anhänger an einem nicht zu langen Lederband um den Hals).

Vorsichtsmaßnahmen

Trancetanz ist nicht für Menschen mit psychotischen Erfahrungen bzw. akuten Psychosen geeignet, und auch Epileptikern raten wir eher davon ab. Oft werden auch Menschen mit der Borderline-Erkrankung oder mit einer hysterischen Persönlichkeitsstörung nicht in einer solchen Zeremonie zugelassen, aber das hängt vom Grad Ihrer psychotherapeutischen Ausbildung ab. Diese beiden Personengruppen gehen in Trancetanz-Situationen gerne „hoch", entfalten also auf wundervoll dramatische Weise ihr ganzes Symptomrepertoire. Wenn Sie im Umgang damit Erfahrung haben, dürfte das kein Problem für Sie sein – ansonsten raten auch wir Ihnen, besser die Finger davon zu lassen. Alleine schon deshalb, weil eine derart tiefgehende Arbeit wie der Trancetanz automatisch zur Heilbehandlung führt, wenn Sie ihn mit psychisch kranken Menschen durchführen, was sowieso nur dafür zugelassenen Personen gesetzlich erlaubt ist. Deshalb halten wir ein Vorgespräch mit einem noch unbekannten Teilnehmer, das auf diese Punkte eingeht, für unbedingt notwendig.

Ein weiterer Bereich, in dem Sie unbedingt Vorsicht walten lassen sollten, betrifft Menschen mit mittelschweren bis schweren Herz-Kreislauf-Erkrankungen. Während des Trancetanzes kann die Herzfrequenz aufgrund der kurzfristig starken körperlichen Belastung bis zum Maximalpuls ansteigen, weshalb unbedingt eine gute Herzgesundheit gegeben sein muss. Erkundigen Sie sich also am besten im Vorfeld bei Ihren potentiellen Teilnehmern, ob derartige Einschränkungen vorliegen.

Die Vorbereitung

Vor einer Trancetanz-Zeremonie gibt es ein paar Dinge zu erledigen. Räumen Sie den Raum auf, in dem Sie tanzen wollen, denn er wird zu Beginn des Rituals zu einem Tanztempel gemacht, in dem Sie die heiligen Kräfte dieses Universums willkommen heißen. Da macht sich Unordnung einfach nicht gut. Achten Sie auch darauf, dass alle Gegenstände, an denen sich ein Tänzer bei unkontrollierten Bewegungen verletzen könnte, entfernt oder mit Decken umwickelt werden. Sorgen Sie dafür, dass alle Fenster verdeckt sind, damit niemand unbemerkt von außen zusehen kann und lüften Sie vorher noch einmal gründlich durch.

Legen Sie dann an einer Seite des Raums mehrere Decken oder dünne Matratzen aus, die erschöpften Tänzern zum Ausruhen zur Verfügung stehen. Sorgen Sie für soviel Platz, dass sich zwei Menschen gleichzeitig ausstrecken können. Stellen Sie dort auch einige mit kohlensäurefreiem Wasser gefüllte Flaschen auf. Dann braucht nur noch jeder Teilnehmer eine Trommel oder eine Rassel, und es kann losgehen!

Der Trommel-Trancetanz

Wenn Sie möchten, können Sie alle Teilnehmer reinigen, indem Sie sie zum Beispiel mit Salbeirauch abfächeln. Dann stellen sich alle im Kreis auf, damit der heilige Raum geschaffen werden kann. Dafür können Sie das Rad der heiligen Kräfte rufen oder auch jede andere Form der Weihung und Segnung verwenden, die Ihnen angemessen erscheint. In einem therapeutischen Rahmen bieten sich hier die Elemente Erde, Feuer, Wasser und Luft an, weil sie neutraler sind und viele Menschen damit besser umgehen können. Laden Sie diese Kräfte ein, zu Ihnen zu kommen und mit Ihnen zu tanzen. Wenn Sie einen spezifischen Tanz durchführen wollen, zum Beispiel einen Krafttiertanz, laden Sie speziell die Vertreter der Kraft ein, mit der Sie sich bewegen möchten (hier also die Krafttiere).

Wenn Sie das Bedürfnis danach haben, können Sie den Kreis nun vor unerwünschten „Besuchern" schützen, also vor Energien, die sich nicht in Übereinstimmung mit der Zeremonie befinden. Dafür können Sie jede Wesenheit um Schutz bitten, die Ihnen geeignet erscheint. Wir schützen unseren Kreis mit der Kraft der Elemente. Wir rufen diese in den ihnen zugeordneten Himmelsrichtungen und bitten Sie, den Kreis zu stärken und alle Kräfte draußen zu halten, die sich nicht in heiliger Resonanz mit unserer Zeremonie und den daran teilnehmenden Menschen befinden.

Dann können Sie die Zeremonie beginnen, indem Sie alle Teilnehmer einige Minuten gemeinsam frei chanten lassen, so dass ein großes, sich ständig veränderndes Klanggebäude entsteht. Das hilft vor allem Menschen, die noch nie an einer solchen Zeremonie teilgenommen haben, auf ganz leichte Weise in Trance zu kommen. Wenn Sie den Eindruck haben, dass alle „im Boot sitzen", beginnen Sie, Ihre Trommel zu schlagen. Die anderen werden es Ihnen gleichtun.

Es ist sehr wichtig, dass von nun an eine kontinuierliche, ununterbrochene Geräuschkulisse herrscht. Das Trommeln darf erst zum Ende der Zeremonie wieder abbrechen. Es ist die Aufgabe des Leiters, daran zu denken, denn vor allem unerfahrene Teilnehmer neigen dazu, es mittendrin zu vergessen. Solange die Zeremonie läuft, wummern die Trommeln.

Jetzt steigert sich der Trommelrhythmus langsam, während alle schüchtern und ratlos im Kreis umher blicken. Keiner will der erste sein, der sein Instrument zur Seite legt und in die Mitte tritt, aber irgendjemand tut es schließlich doch. Ein erfahrener Trancetanz-Leiter kann Sie nun „eindrehen", also auf eine bestimmte Weise bewegen, die Ihre Trance schlagartig vertieft. Die Teilnehmer außen unterstützen den Tänzer in der Mitte mit Trommeln, Rufen und Trillern. Die ersten Tanzsequenzen sind meist nicht sehr lang – die Teilnehmer müssen sich erst versichern, dass sie da drin im Kreis tatsächlich nichts beißt, bevor sie sich bei einem zweiten Anlauf oder als später an die Reihe kommender Tänzer wagen tiefer darauf einzulassen. Das ist vollkommen normal. Wenn ein Tänzer erst einmal genug hat, geht er wieder in den Kreis zurück und nimmt seine Trommel oder Rassel auf.

Erfahrenere Tänzer oder auch Anfänger, die gut loslassen können, tanzen oft bis zur völligen Erschöpfung und brechen dann auf dem Boden zusammen. Das ist vollkommen ungefährlich – die Person ist nicht etwa bewusstlos, sondern einfach völlig ausgepumpt, wie nach einem Langlauf mit Schluss-Sprint. Dann heben zwei andere den Tänzer jeweils unter den Schultern (nie den Nacken fassen!) und an den Unterschenkeln bzw. Fußgelenken an und tragen ihn zur Seite auf eine der vorbereiteten Ruhedecken. Ein Teilnehmer bleibt auf jeden Fall beim Tänzer, der andere kann wieder in den Kreis zurückkehren. Der beim Tänzer bleibende Teilnehmer sorgt dafür, dass dieser sich in aller Ruhe erholen kann und nicht zu rasch wieder aufsteht – die meisten neigen dazu, weil sie so schnell wie möglich wieder in den Kreis der Trommler zurück möchten. Außerdem ist es die Aufgabe dieses Begleiters, sich darum zu kümmern, dass der Tänzer etwas Wasser trinkt, bevor er wieder aufsteht.

Wenn die Energie zu sinken beginnt, werden die Abstände zwischen den einzelnen Tänzern größer. Dann können Sie ein vorher verabredetes Zeichen geben, das ein baldiges Ende der Zeremonie ankündigt. Dies gibt eventuellen Zauderern, die bisher gezögert haben, sich in den Kreis zu begeben, eine letzte Chance, sich dafür oder dagegen zu entscheiden.

Übrigens: Niemand *muss* in den Kreis gehen. Die Zeremonie erfasst jeden, und auch ein Teilnehmer, der die ganze Zeit trommelt, aber nicht selbst in der Mitte in Trance geht, wird die Wirkung des Rituals spüren. Auch im Außenkreis kommt es zu viel Bewegung und einer Reinigung sowie Aufladung des Energiesystems der Teilnehmer.

Wir beenden die Zeremonie, indem wir alle Teilnehmer noch einmal eng zusammen kommen lassen. Dann halten wir alle Instrumente in die Mitte und trommeln noch einmal für die Trommeln selbst. Wenn diese Bewegung auf ihrem Höhepunkt angekommen ist, bricht der Leiter das Trommeln mit einigen letzten, lauten und betonten Schlägen ab.

Jetzt ist es Zeit für einen gemeinsamen Cool Down. Breiten Sie ein paar Decken auf dem Boden aus und laden Sie die Teilnehmer ein, sich darauf zu legen. Wir haben gelernt, dies in einer sternförmigen Anordnung zu tun, bei der alle Köpfe in die Mitte zeigen. Die Teilnehmer sollen sich ruhig nah aneinander legen, so dass die Schultern einander berühren. Dann spricht der Anleiter sie langsam herunter, indem er ihre Aufmerksamkeit auf ihre Körperwahrnehmung lenkt und auf den Fluss der Energie darin. Dazu kann er eine sanfte Musik auflegen. Am Schluss dankt er den heiligen Kräften und erklärt die Zeremonie für beendet.

Der Körperbemalungs-Trancetanz

Das ist ein ganz besonderes Bonbon in der Trance-Bewegungsarbeit! Wir haben diese Form des Trancetanzes im GAIA-Schamanismus kennen gelernt. Dort wird sie während der Kachina-Einweihung eingesetzt, einer Folge von Zeremonien, die zur Begegnung mit dem eigenen Traumlehrer führen. In der Kachina-Einweihung tanzen die Teilnehmer die heiligen Kräfte des Medizinrads (in diesem Fall des Sternenmädchenrads) und werden mit den diesen Kräften entsprechenden Symbolen bemalt. Auch wir führen solche Medizinrad-Tänze immer wieder durch und verwenden dann jene Zeichen, die zu unserem Rad gehören. Es ist aber auch möglich, zu jedem anderen Thema zu tanzen und sich auf dazu passende Weise bemalen zu lassen.

Die Körperbemalung hat eine ureigene, wunderschöne Kraft, die oft richtiggehend archaisch anmutet. Bereits während des Bemaltwerdens selbst stellt sich eine herzliche, freudvolle und tief erdige Stimmung ein, die wir immer sehr genießen. Planen Sie etwa ein bis eineinhalb Stunden dafür ein. Die Teilnehmer tun sich in Paaren zusammen und bemalen sich gegenseitig. Dafür geeignet sind gute Körpermalfarben, wie man sie zum Beispiel über das Internet finden kann. Wir ziehen Farben vor, die nicht als Creme oder Paste geliefert werden, sondern in fester Form kommen und dann mit etwas Wasser vermischt zur Anwendung kommen, denn diese trocknen auf der Haut besser. Gute Farben hinterlassen kaum ein Spannungsgefühl und reizen die Haut äußerst selten. Vorkommen kann das natürlich immer, weil es nichts auf der Welt gibt, das nicht zum Allergen werden kann, aber bei guten Farben (zum Beispiel von der Firma Eulenspiegel) passiert das sehr selten.

Wer viel Zeit hat, kann sich den Spaß machen, die Farben aus verschiedenen Erden gemeinsam selbst herzustellen. Das vertieft die gesamte Erfahrung ungemein, setzt aber ideale Bedingungen voraus. Überhaupt ist es nicht ganz einfach, einen Ort zu finden, an dem Sie problemlos eine solche Zeremonie durchführen können, denn es geschieht immer wieder, dass ein Teilnehmer gegen eine Wand fällt oder sich abstützt, was zu nur sehr schwer entfernbaren Flecken führen kann. Das ist also nichts für das heimische Wohnzimmer!

Wir arbeiten bei Körperbemalungs-Trancetänzen völlig unbekleidet – spätestens, wenn die Farbe drauf ist, fühlt man sich erstaunlicherweise eh wie komplett angezogen, nur eben mit einem ganz neuen Gewand, das man noch nie zuvor getragen hat. Wir finden es jedoch wichtig, jedem Teilnehmer und jeder Teilnehmerin selbst die Entscheidung zu überlassen, ob er bzw. sie sich dieser Praxis anschließt oder nicht. Es ist auch ohne weiteres möglich, während der Zeremonie eine Badehose oder einen Bikini zu tragen und sich um diese herum (oder auch darauf) bemalen zu lassen. Diese Kleidungsstücke sollten aber unbedingt bei vierzig Grad maschinenwaschbar sein, sonst können Sie hinterher Abschied davon nehmen.

Aufgrund der geringen bis nicht vorhandenen Bekleidung ist es wichtig, dass der Gruppenraum für die Bemalungsphase gut beheizt wird. Die Teilnehmer bemalen sich in Paaren gegenseitig; eine leise im Hintergrund mitlaufende Musik bereitet auf die bald beginnende Zeremonie vor. Je nach Thema derselben können die Teilnehmer rituell-schweigend arbeiten – oder auch ein lachendes und fröhliches Malfest feiern. Letzteres entspricht dem Charakter von Trancetänzen sowieso eher, weil sie wie ein überschwängliches Fest der Lebensfreude sind. Wenn alle Teilnehmer fertig sind, werden die Farben weggeräumt. Die nun folgende Zeremonie entspricht im wesentlichen jener des Trommeltrancetanzes; wir verwenden allerdings für den Körperbemalungstanz Musik aus der Konserve, damit alle Teilnehmer gleichzeitig in Trance gehen und so tanzend auch miteinander in Interaktion treten können. Die Musik sollte einen klaren, relativ schnellen Grundschlag haben (vier bis sieben Schläge pro Sekunde) und deutlich perkussionsbetont sein. Außerdem ist es wichtig, dass die Stücke sehr lang sind (zwanzig Minuten mindestens). James Asher hat aus diesem Grund CDs eingespielt, deren Stücke direkt ineinander übergehen. Rechnen Sie mit vierzig bis neunzig Minuten Gesamt-Musikzeit. Danach führen Sie einen Cool Down wie oben beschrieben durch. Bei uns gibt's dann immer Eis für alle, das ist eine Tradition in unserem Haus geworden. Ein Fest eben!

Themen tanzen

Sie können einen Trancetanz jedem Thema widmen, das Sie interessiert. Am bekanntesten sind hier wohl die Krafttiertänze, in denen man dem eigenen Tierverbündeten seinen Körper überlässt, damit dieser sich darin bewegen kann. Ganz vom Waschbär-Spirit oder von der Luchs-Energie erfüllt zu sein ist schon eine umwerfende Erfahrung! Ebenso können Sie aber auch andere Wesenheiten einladen, mit Ihnen (und das heißt beim Trancetanz immer: in Ihrem Körper) zu tanzen. So ist der Tanz mit den Göttinnen dieser Welt immer ein Höhepunkt unseres Seminars *Kreis der Frauen.* Wer einmal Erdmutter selbst durch die Adern rinnen gefühlt hat, wird dieses absolut außergewöhnliche Erlebnis nie vergessen – und nie wieder daran zweifeln, dass es diese Wesenheit tatsächlich gibt. Wie gesagt: Beim Trancetanz endet der Glaube und beginnt das erfahrene, erlebte Wissen.

Oder tanzen Sie doch einfach mal versuchsweise all Ihre Chakren durch – von unten nach oben und wieder zurück. Das ist eine atemberaubende Reise, die Sie viel weiter als nur durch Ihren Körper führen wird!

Aber auch Themen wie „Begegnung", „sich öffnen und verschließen" oder „für sich selbst da sein" lassen sich wunderbar in der Trancebewegung umsetzen, wo sie dann gründlich an den eingefahrenen und behindernden Verhaltensmechanismen rütteln, die wir dazu nur allzu gerne mit uns herumzutragen pflegen! Das alles geschieht im Trancetanz auf eine feurige, leidenschaftliche und dabei doch völlig entspannte Weise – als freudvoller Tanz des Lebens, der eine enorme Kraft spendet und Tore in Welten öffnet, von denen wir zuvor oft nicht einmal geahnt haben. Willkommen im Tanz des Universums!

Quellen:

Frank Natale: *Trance-Tanz,* Simon & Leutner.

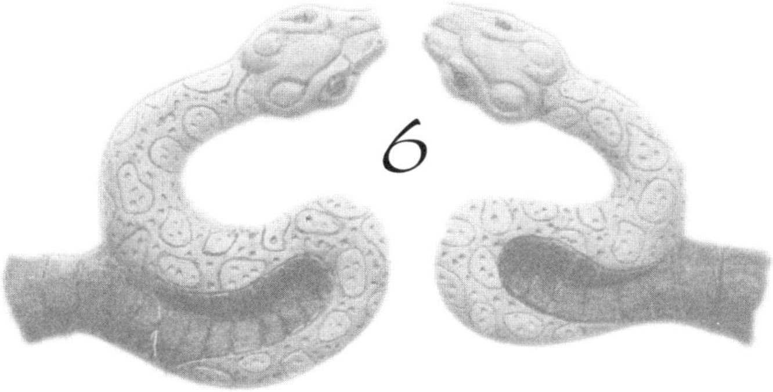

6

Die dunkle Nacht der Seele

Eine Gesellschaft im Schockzustand

In kaum einer Gesellschaft sind Angst, Depression, Selbstzweifel, Zorn, mangelnde Durchsetzungskraft, Resignation und Ratlosigkeit so verbreitet wie in der unseren. Wir sind eine hoch traumatisierte Kultur, und das auf mehreren Ebenen zugleich. Das Urtrauma, mit dem jeder einzelne von uns konfrontiert wird, ist das der hochgradigen Entfremdung von unserer eigentlichen Natur und damit von uns selbst.

Artgerechte Haltung gilt auch für Menschen

Unsere Körper sind nicht für das Leben geschaffen, das wir sie weitgehend zu führen zwingen. Wir nehmen Stoffe zu uns, die einen Nährwert vorgaukeln, den sie nicht besitzen. Wir lassen unsere Muskeln verkümmern, aber überfordern unsere Organsysteme zugleich mit der Verarbeitung von Fett-, Zucker- und Schwermetallmengen, für die sie nie ausgelegt waren. Nur noch wenige von uns kommen regelmäßig in den Genuss befriedigender Ausnutzung ihres körperlichen Leistungspotentials, was zu einem Verfall des Leistungsvermögens unseres Körpers führt. Den wiederum versuchen wir mit künstlichen Hilfsmitteln wettzumachen, was die Situation im Endeffekt noch verschlimmert. Wir zwei sind jetzt mal brutal ehrlich: Mehr als die Hälfte aller Klienten, die zu uns in Behandlung kommen, hoffen, wir könnten eine wundersame Wende in ihrem Leben herbeiführen, wenn wir ein paar geheime Urwald-Techniken aus dem Hut hervorzaubern, zu deren Wirksamkeit sie selbst möglichst nicht viel beitragen müssen. Sie haben nach eigener Aussage bereits alles versucht, aber dennoch bisher keinen Ausweg aus ihrem Dilemma gefunden. Sie haben unterschiedlichste Therapien, eine lange Liste von Medikamenten und oft auch schon den einen oder anderen Guru ausprobiert, aber nichts hat ihnen auf Dauer geholfen. Nur eines haben sie nicht getan: ihre Ernährung umgestellt und dem Körper genügend Bewegung verschafft. Es ist wirklich keine Übertreibung, aber mehr als die Hälfte aller chronischen Probleme, mit denen unsere Klienten zu uns kommen, lassen sich auf diesem Weg heilen oder so deutlich reduzieren, dass schamanische Techniken nur noch in Einzelfällen notwendig sind. Die sind nämlich für Notfälle gedacht – „Notfälle“ definiert von Menschen in Stammeskulturen, die keinen weißen Zucker und kein raffiniertes Mehl kennen und die ihr tägliches Brot mit körperlicher Arbeit erlangen. Mit Schamanismus kann und werde ich kein malträtiertes Herz-Kreislauf-System heilen. Er ist nicht dafür da, auf möglichst bequeme Weise die Defizite zu beseitigen, die wir aufgrund einer ungesunden Lebensführung haben. Das fällt in unsere eigene Verantwortung. Irgendwie ist es doch auch logisch: Wenn wir durch einen ungesunden Lebensstil krank werden, sollten wir zuerst diese Ursache beheben, bevor wir uns auf die Suche nach Kindheitstraumata und ähnlichem machen.

Das Körpertrauma

Die meisten Menschen ahnen nicht einmal, wie umfassend die Liste der körperlichen wie seelischen Störungen und Erkrankungen ist, die aus unserer unnatürlichen Lebensführung resultieren. Es ist zwar weitgehend bekannt, dass Probleme wie Fettleibigkeit, Diabetes, Arteriosklerose, ein zu hoher Blutdruck, Stoffwechselstörungen aller Art sowie die meisten Herz-Kreislauf-Erkrankungen die Folge von falscher Ernährung und zu wenig Bewegung sind, aber das ist nur die Spitze des Eisbergs. Natürlich gibt es hier auch eine genetische Komponente, aber diese wird nur allzu gern als Ausrede herangezogen, um bei Hamburgern, Chips und Cola auf dem Sofa sitzen zu bleiben. Eine genetische Veranlagung genügt bis auf ganz wenige Fälle (wie zum Beispiel Chorea Huntingdon, also sehr seltene und extrem verlaufende Erkrankungen) alleine *nicht,* um zu einem Ausbruch der eben genannten Zivilisationskrankheiten zu führen. Einer gesunden Lebensführung hat auch ein noch so potentes Diabetes-Gen nichts entgegen zu setzen (schon gar nicht bei jungen Menschen).

Zur Liste der von einem ungesunden Lebensstil gravierend negativ beeinflussbaren Erkrankungen zählen aber auch viele Atemwegprobleme und Krebsformen, Schlafstörungen, chronische Magen-Darm-Erkrankungen, Osteoporose (Knochenschwund), viele Allergien, Depressionen, Angststörungen und sogar Selbstwertproblematiken. Laut der Weltgesundheitsorganisation WHO sind Herz- und Gefäßleiden, chronische Atemwegerkankungen, Diabetes und Übergewicht mittlerweile die häufigsten Todesursachen weltweit – man spricht dort von über sechzig Prozent aller Todesfälle, die auf diese Ursachen zurück gehen!

Wir finden es immer wieder frustrierend zu sehen, wie viele Menschen lieber hoch dosierte Medikamente einnehmen oder einen Schamanen aufsuchen, als einmal täglich flott spazieren zu gehen und ihren Konsum an Fertignahrungsmitteln zu reduzieren. Ja, die Antwort auf die meisten Probleme ist wirklich so simpel. Und nein, es ist absolut nicht Ihre Schuld (falls Sie sich jetzt unangenehm gemeint fühlen sollten). Unsere Gesellschaft beruht auf dieser Lebensweise. Das Finanzsystem ist darauf angewiesen, immer mehr Umsatz für immer mehr Produkte zu generieren, weshalb es einen immer höheren Verbrauch erfordert. In dieses System sind Sie hineingeboren worden, und zum damaligen Zeitpunkt waren Sie gar nicht in der Lage, sich dieser Indoktrination mithilfe Ihres Verstandes zu widersetzen. Aber jetzt, als erwachsener Mensch, haben Sie die Möglichkeit, auszusteigen.

Die Lösung kennt jeder von uns

Dafür müssen Sie keinen Bauernhof auf dem Land kaufen, keine Kommune gründen und auch nicht zum Buddhismus wechseln. Wenn die Frage nach einem positiven, die Gesundheit unterstützenden Lebensstil gestellt wird, tauchen neuerdings gehäuft und mit großem Nachdruck vorgetragene Ernährungsmodelle aus alternativ-esoterischer Umgebung auf, die zu einem großen Teil ebenso extrem sind wie unsere heutige Fehlernährung. Wenn unser Köper so wenig anpassungsfähig ist, dass er nur auf Grundlage derart extremer Ernährungsformen wie der Makrobiotik, des Veganismus oder der Trennkost gedeihen kann, fragen wir uns doch, wie wir es geschafft haben, die letzten zweihunderttausend Jahre zu überstehen. Mit einem derart spezialisierten Verdauungssystem wäre das wohl kaum möglich gewesen.

Nein, mit einer gesunden Lebensweise meinen wir nichts anderes als weniger Fett, weniger Zucker und weniger Weißmehlprodukte. Wohl gemerkt: *weniger*, nicht etwa gar nichts davon! Wir meinen eine Ernährung, die jeder mit dem erstellen kann, was er in einem gut sortierten Supermarkt findet – und von der wir, wenn wir mal ehrlich sind, auch ohne große Ernährungsratgeber schon längst wissen, dass sie gesünder ist als die weit verbreitete Chips-Bier-Fernsehsessel-Kur. Wir wissen doch alle, dass wir uns nicht gut tun, wenn sich unser kulinarisches Leben primär zwischen der nächsten Filiale einer Fastfood-Kette und dem Kühlregal mit den Fertigprodukten abspielt. Unserer Ansicht nach ist es absolut sinnlos, sich über Außenseiter-Ernährungsformen Gedanken zu machen, so lange man noch nicht einmal eine vernünftige Ernährung nach den Richtlinien der Deutschen Gesellschaft für Ernährung hinkriegt. Wobei wir übrigens eher die Havard-Pyramide empfehlen.

Das Aus für extreme Ernährungsformen: Die Havard-Studie

An der Havard-Universität läuft seit 1993 die weltweit größte und von Lebensmittelkonzernen unabhängige Langzeitstudie zum Thema „gesunde Ernährung". 167.000 Frauen und Männer nehmen daran teil, die alle zu Untersuchungsbeginn kerngesund waren. Ein riesiger Computer speichert seit mehr als eineinhalb Jahrzehnten alle Einzelheiten zum Einkaufs-, Ernährungs- und Bewegungsverhalten dieser Menschen, und 51 Mitglieder des Universitätspersonals, darunter 15 Professoren, werten die Studie ständig aus. Die Ergebnisse belegen eindeutig, dass Kohlehydrate in der traditionellen DGE-Empfehlung überbewertet werden. Das sollte nicht überraschen, denn die aus den siebziger Jahren stammende Ernährungspyramide der DGE beruht keineswegs auf wissenschaftlichen Daten, sondern auf den damaligen Annahmen über die Wirkungsweise von Lebensmitteln und *ist nie wissenschaftlich untersucht worden!* Die Havard-Pyramide hingegen ist bis in die Grundlagen belegt. Ihr zufolge sind Obst und Gemüse die Basis einer gesunden Ernährung, ebenso aber auch gesunde (also mehrfach ungesättigte) Öle und Fette. Dann kommen schon Proteine aller Art in Form von magerem Fleisch, Fisch, Milchprodukten, Hülsenfrüchten und Nüssen. Dann erst sind vollwertige Kohlenhydrate an der Reihe. Auszugsmehle, geschälter Reis, Zucker etc. sind weitgehend zu meiden.

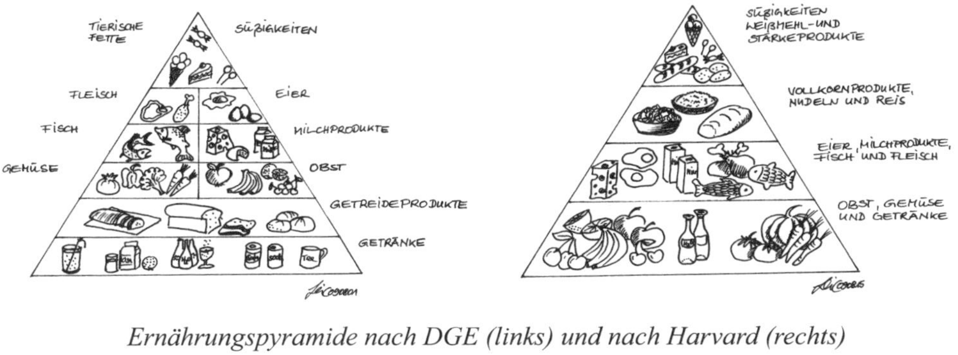

Ernährungspyramide nach DGE (links) und nach Harvard (rechts)

Wenn die Seele kollektiv abgeschoben wird

In unserer Kultur wird allerdings nicht nur der Körper sträflich vernachlässigt, sondern auch die Seele lebt in ständiger Deprivation. Im Trancetanz-Kapitel haben wir ja bereits angedeutet, dass frühere menschliche Gesellschaften bis vor etwa viertausend Jahren viel mehr Wert auf zwischenmenschliche Nähe und ekstatische Begegnungen legten. Gleichzeitig wurden grundlegende körperliche Funktionen wie die Sexualität nicht tabuisiert, sondern positiv bewertet. Selbst heute ist am Beispiel der körperlichen, nicht einmal sexualisierten Berührung zu sehen, wie wenig Körperkontakt wir noch pflegen. Und da ist der deutsche Sprachraum selbst in der westlichen Kultur ein negatives Beispiel. Sehen Sie sich beim nächsten Einkauf mal bewusst um. Die meisten Menschen weichen einer Berührung gezielt aus, was im Aufzug zu peinlich-seltsamen Verrenkungen führen kann. Selbst Ehepaare haben kaum Körperkontakt miteinander. Wenn Sie jemanden in inniger Umarmung finden sollten, handelt es sich mit Sicherheit um ein frisch verliebtes Teenagerpärchen. Gehen Sie nicht mit missbilligend hochgezogenen Augenbrauen daran vorbei – das sind die letzten Jahre ihres Lebens, in denen die zwei noch ausgiebige zärtliche Berührung genießen dürfen. Wenn wir zwei uns während der Wartezeit an der Kasse aneinander lehnen oder gar einen kurzen Kuss austauschen, sehen uns die Umstehenden an, als wenn wir soeben direkt aus einem Ufo gestiegen wären. Liebevolle Berührung ist jedoch eine der Essenzen des Lebens und der Freude am selbigen. Noch restriktiver ist in dieser Beziehung nur die chinesische Kultur – da darf man sich nicht mal die Hände reichen oder freundschaftlich den Arm berühren.

Im Eishaus der Gefühle

Leider ist dieses kulturelle Defizit nicht auf die körperliche Ebene beschränkt. Auch Liebesbekundungen verbaler Art sowie der Austausch positiver Empfindungen überhaupt sind bei uns tabuisiert. Warum haben so viele Menschen hier deutliche Selbstwertprobleme? Weil sie nicht oft genug gehört haben, wie toll sie sind, was sie alles gut machen und womit sie anderen Menschen einfach gut tun. Weder als Kinder noch im späteren Erwachsenenalter. Gefühle zeigt man nicht, weshalb wir alle in einer Art emotionalem Vakuum schweben – und psychosomatische Erkrankungen entwickeln, die als Ventil von Emotionen dienen, die wir nicht einmal mehr als solche erkennen können, geschweige denn angemessener auszudrücken wissen. Wie oft haben Sie schon einem Urlaubsrückkehrer zugehört, der fasziniert von der Wärme und Herzlichkeit der Menschen in anderen Ländern schwärmte? Hier in Mitteleuropa gilt Emotionalität als unanständig. Wissen Sie was? Als „unanständig" bezeichnen unsichere Menschen grundsätzlich das, wovor sie Angst haben – und das keineswegs immer, weil es schädlich wäre, sondern oft genug einfach nur, weil sie selbst dazu nicht in der Lage sind.

Wie oft haben Sie schon in einem Bus oder einer U-Bahn gesessen und einen anderen Menschen für irgendeine Eigenschaft bewundert? Wenn Ihnen das mal wieder passiert, dann gehen Sie doch kurz vor dem Aussteigen an dieser Person vorbei und sagen sie halt: „Sie haben ein wunderschönes Lächeln. Das hat mich seit dem Marktplatz erfreut. Danke dafür – und einen schönen Tag noch!" Der Blick, der Ihnen dafür geschenkt wird, ist meist zunächst unsicher-ungläubig und blüht dann geradezu auf. Himmel, wie unsicher sind die Menschen in unserer Gesellschaft eigentlich? Wie schlimm ist es, wenn man schon überrascht angesehen wird, nur weil man im Café über den Scherz der beiden Leute am Nachbartisch mitlacht? Wenn man eine Zwangsgemeinschaft wie die im Fahrstuhl nicht nur grüßt (viele Leute machen ja nicht einmal das mehr), sondern vielleicht auch ein kurzes Gespräch beginnt? Wenn man im Hochsommer barfuß in einen Supermarkt geht? Bitte, wo ist das Problem?

In kaum einer Kultur finden sich so viele zutiefst selbstunsichere Menschen wie in der unseren, das ist das Problem. Von frühester Kindheit an werden wir in eine Form des zwischenmenschlichen Umgangs miteinander eingebunden, die uns wenig bis keinerlei Begriff von unserem Wert als Persönlichkeiten vermittelt und uns auch wenig positive Rückmeldung ermöglicht. Das erste Wort, das die meisten von uns lernen, lautet „Nein", was an sich naturgegeben sowie sinnvoll ist und auch kein Drama wäre, wenn es sich nicht in der Grundhaltung unserer Gesellschaft zum Menschen an sich fortsetzen würde. Um jeden Massenkonzern wird sich bei uns rascher und besser gekümmert als um Kinder und ihre berufsmäßigen Begleiter. Keine Berufsgruppe ist für das Wohlergehen unserer Gesellschaft auf Dauer so wichtig und wird gleichzeitig derartig schlecht bezahlt und behandelt wie Kindergartenerzieherinnen und Grundschullehrer. Wie soll eine Hausaufgabenaufsicht in der Nachmittagsbetreuung genügend emotionale Zuwendung für fünfundzwanzig Kinder sicherstellen? Von Anfang an müssen Kinder den Eindruck bekommen, dass ihr Wert kein besonders hoher sein kann, wenn man so wenig für sie aufzuwenden bereit ist. Und später, wenn wir erwachsen geworden sind, erzählen wir uns dann selbst das Märchen, das sei doch alles normal oder sogar „anständig", „seriös" oder „erstrebenswert". Ach, hört doch auf – was für ein kollektiver Unfug!

Jeder Mensch, egal ob vier oder vierundneunzig Jahre alt, braucht positive emotionale Zuwendung, sonst wird er krank und unglücklich. Das ist bewiesen. Aber in unserer Gesellschaft frieren die meisten Menschen lieber emotional vor sich hin und versuchen das Loch, das durch fehlende annehmende und aufmunternde Zuwendung entsteht, durch Suchtvorgänge wie übermäßiges Essen, zuviel Alkohol oder Arbeitssucht zu stopfen. Sie ersetzen Selbstwert durch Geld und Prestige, nur um sich dann zu wundern, warum sie seelisch zusammenbrechen, wenn sie in Rente gehen, sich das zweite Auto nicht mehr leisten können oder – Gott bewahre! – gar die Sinnfrage in ihrem Leben auftaucht. Im Moment, wo dieses Kapitel entsteht, befinden wir uns auf dem Höhepunkt der Finanz- und Wirtschaftskrise des Jahres 2009. Ganz ehrlich: Auch unser Einkommen hat sich in den ersten sechs Monaten dieses Jahres mal eben um mehrere tausend Euro verringert. Das ist keine Kleinigkeit – aber es geht uns so gut wie schon lange nicht mehr. Weil es ganz einfach ist, auf das dicke Auto, neue Klamotten und den Restaurantbesuch zu verzichten, wenn wir einander abends liebevoll halten, unsere gegenseitige Wertschätzung schon am Blick in den Augen des anderen ablesen und an uns selbst einfach Freude haben können. Das gibt es eh nicht zu kaufen. In unserem Haus herrschen Liebe und Zuversicht. Das war nicht immer so – es war ein langer und nicht immer einfacher Weg, auf dem wir uns das erarbeitet haben. Aber es ist möglich und nährt uns alle mehr als jedes Gourmet-Menü.

Das Fehlen jener warmen Atmosphäre ständiger positiver Zuwendung, wie es unserer Seele eigentlich entspricht, bildet die zweite Hälfte jenes Urtraumas, in das jeder Mensch in unserer Kultur hineingeboren wird. Wir befinden uns vom ersten Tag unseres Lebens an in einer Umgebung, die sowohl auf körperlicher wie auch seelischer Ebene deutliche Defizite aufweist und in der unsere Grundbedürfnisse nicht erfüllt werden. Das Ausmaß dieser

Defizite unterscheidet sich allerdings von Person zu Person. Ein Kind, das in eine finanziell halbwegs gesicherte Familie hineingeboren wird, in der man ihm mehr Zeit und liebevolle Aufmerksamkeit widmet und in der man regelmäßig gemeinsam wandern, schwimmen oder spazieren geht, hat natürlich weitaus bessere Ausgangsbedingungen als ein anderes, das zum Beispiel in einer wohlhabenden Unternehmerfamilie landet, in der unter Umständen beide Eltern bis über beide Ohren im Familienbetrieb vergraben sind und selbst nie dazu kommen, sich um ihr körperliches Wohlergehen zu kümmern – geschweige denn ihrem Kind ein Vorbild darin zu sein.

Leider macht uns das kulturelle Urtrauma auch anfälliger für eine Traumatisierung auf persönlicher Ebene, weil es zu einem geringeren Selbstwert und mehr Angst führt, was unsere Widerstandsfähigkeit negativen Erlebnissen gegenüber herabsetzt. Aus dieser Situation heraus wiederum schaffen wir selbst weitere kollektiv traumatisierende Situationen wie zum Beispiel Kriege und soziale Brennpunkte.

Was ist ein Trauma?

Mittlerweile wird zwischen Makro- und Mikrotraumata unterschieden. Während beim Makrotrauma ein einziges, äußerst schwer wiegendes Ereignis wie zum Beispiel eine Vergewaltigung oder eine Naturkatastrophe zum Traumatisierungsprozess führt, geschieht dasselbe bei einem Mikrotrauma durch das regelmäßige, wiederholte Erleben von Situationen, die für sich alleine genommen vielleicht keinen großen Schaden hinterlassen würden, es aber in ihrer Gesamtheit sehr wohl tun. Wenn ein Kind mal eine Ohrfeige erwischt, ist das schlimm genug, aber meistens kein Auslöser für ein Trauma. Wird es jedoch wieder und wieder geschlagen, vertieft jede dieser Erfahrungen die dadurch zugefügte seelische Verletzung weiter, bis es zu einem traumatischen Verarbeitungsprozess kommt – oder auch nicht. Denn jeder Mensch reagiert anders auf negative Lebensereignisse.

Die drei Katastrophentypen

Nicht jedes schwierige oder tragische Ereignis wird zum Trauma, sonst wären alle erwachsenen Menschen mehrfach traumatisiert. Zum Trauma wird ein Erleben erst, wenn die mit dem Ereignis verbundenen bzw. dadurch verursachten Emotionen nicht vollständig losgelassen, also im Moment des Ereignisses bzw. kurz danach nicht ausgelebt werden. Dabei ist der Traumatisierungsprozess selbst keineswegs schlecht oder böse, sondern dient dem Schutz des eigenen Lebens. Wir Menschen reagieren auf katastrophale Ereignisse nämlich grundsätzlich auf eine von drei verschiedenen Weisen:

Typ 1 lebt die durch eine Katastrophe ausgelösten Gefühle aus, bringt sie also in Form von Weinen, Schreien, Zittern, Wüten oder Rasen zum Ausdruck. So werden die Gefühle langsam, aber stetig immer geringer. Der Betroffene kann schließlich wieder ein normales Leben führen und sogar auf positive Potentiale zurückgreifen, die ihm das katastrophale Erleben vermittelt hat – wie zum Beispiel ein tieferes Verständnis für körperlich eingeschränkte Menschen, ein größeres seelisches Durchhaltevermögen oder ein größeres Vertrauen in die eigene Kraft.

Typ 2 kommt unbewusst zu dem Schluss, dass er die durch die Katastrophe ausgelösten Gefühle nicht zu ertragen imstande ist, weil sie ihn zerstören würden und vollzieht den Traumatisierungsprozess. Dieser Mensch schlägt sich nach dem Ereignis je nach Intensität des Traumas mit allen möglichen Symptomen körperlicher und/oder seelischer Natur herum, die von Schmerzen und organischen Problemen wie Magen-, Atemwegs- oder Herz-Kreislauf-Erkrankungen über emotionale Deprivation bis hin zu Depressionen und einem voll ausgebildeten, posttraumatischem Syndrom reichen können – aber sie leben wenigstens noch.

Typ 3 ist ebenfalls nicht in der Lage, die durch das katastrophale Ereignis hervorgerufenen Emotionen zu verarbeiten, ihm gelingt jedoch der Traumatisierungsprozess nicht – das sind jene Menschen, die sich infolge einer Katastrophe das Leben nehmen, die verrückt werden oder die während bzw. kurz nach dem Ereignis an Dingen sterben, die nicht direkt mit der Katastrophe in Verbindung stehen (wenn ein Mensch zum Beispiel wenige Tage oder auch Monate nach dem Ereignis plötzlich an einer aggressiven Erkrankung stirbt).

Im Vergleich zu Typ 3 wählt Typ 2 also das geringere Übel. Er überlebt wenigstens, wenn auch seelisch und/oder körperlich stark eingeschränkt. Die physischen und psychischen Folgen einer Traumatisierung sind also, richtig angegangen, behandelbar und positiv beeinflussbar; die der emotionalen Überforderung ohne den Vollzug des Traumatisierungsprozesses nicht.

Wie vollzieht sich der Traumatisierungsprozess?

Da die ausgelösten Emotionen nicht ausgelebt und somit aus dem Körper-Seele-System des Betroffenen entfernt werden können, müssen sie auf irgendeine Weise festgehalten, gebunden und gespeichert werden. Gefühle sind aber nichts anderes als (übrigens messbare) Energie. Diese emotionale Energie wird in tabuisierten Regionen des Unter- oder Unbewussten, aber auch buchstäblich in den Zellen des materiellen Körpers selbst gespeichert. Körperliche Symptome wie Schmerzen sind oft Ausdruck eines solchen Vorgangs: Die emotionale Energie des Traumas wird an einer bestimmten Körperstelle oder von einem bestimmten Organsystem „festgehalten" bzw. „aufbewahrt", was sich in einer Funktionsstörung des entsprechenden Systems äußert. Die am meisten verbreitete Form dieser Speicherung (vor allem bei Mikrotraumata) ist der so genannte Muskelpanzer, die chronische, schmerzhafte Muskelverspannung, die bis hin zu schwerwiegenden Erkrankungen des Bewegungsapparats wie einem Bandscheibenvorfall führen kann. Hier hält der Muskel buchstäblich traumatisch gebundene Emotionsenergie fest und wird dadurch daran gehindert, in seinen gesunden, entspannten Zustand überzugehen. Dann sprechen wir von einer seelischen „Blockade", die sich auch auf körperlicher Ebene äußert.

Damit stellt sich die Frage, warum diese gebundene Emotionsenergie nicht irgendwann aufgebraucht ist. Schließlich benötigt der Muskel ja Energie, um die gespeicherten Gefühle festhalten zu können. Sollte diese Emotionsenergie also dadurch nicht irgendwann neutralisiert bzw. aufgelöst werden, so dass der Körper die Blockade von selbst aufgeben kann? Um diese Frage zu beantworten, müssen wir in das eigentliche Geheimnis des Traumas einsteigen.

Der gesunde Ablauf der Bewältigung katastrophaler Ereignisse vollzieht sich normalerweise wie folgt:

1. Die Katastrophe ereignet sich.
2. Sie wird vom Menschen als Katastrophe erkannt, weil er ihre unmittelbaren, sofortigen Auswirkungen auf sich selbst und seine nächste Umgebung wahrnehmen kann, die ebenfalls katastrophal sind.
3. Eine emotionale Reaktion der Angst, Panik, des Verlustschmerzes, der Trauer oder der Wut setzt ein, die sich entsprechend des subjektiven Erlebens in Art und Dauer von Mensch zu Mensch unterschiedlich gestaltet.

Typ 1 erfährt also entweder Angst, Schmerz und/oder Wut. Wenn er ein sehr reifes und hoch entwickeltes Individuum oder völlig co-abhängig ist, kann er sogar in eine ruhige und konzentrierte Stimmungslage hineingleiten bzw. sich irgendwo dazwischen befinden. Typ 3 wiederum wird von ihn überfordernden Gefühlen physisch wie psychisch zerrissen. Der bei Typ 2 einsetzende Traumatisierungsprozess verhindert jedoch teilweise oder auch vollständig den Übergang in das dritte Stadium, in die Wahrnehmung der eigenen emotionalen Reaktion auf die Ereignisse, die nur unvollständig oder gar nicht einsetzt. Und jetzt wird der Betroffene mit einem der großen schamanischen Mysterien konfrontiert: dem unmittelbaren Zusammenhang zwischen Zeit und Emotionen.

Wenn die Zeit stehen bleibt

Wir wissen alle, dass Zeit vollkommen subjektiv und in Abhängigkeit von der jeweiligen inneren Stimmungslage wahrgenommen wird. Wenn uns etwas fesselt, kann die Zeit „wie im Flug" vergehen, und wenn wir gelangweilt sind, scheint sie sich träge wie Sirup dahin zu ziehen. Umgekehrt haben wir alle schon erlebt, dass verschiedene Menschen ein und dasselbe Ereignis als unterschiedlich lang empfinden. Das betrifft nicht nur schwer nachvollziehbare Ereignisse wie Meditation, schamanische Reisen in die nichtalltägliche Wirklichkeit oder gemeinsame spirituelle Rituale, nach denen wir immer wieder hören: „Was, das hat drei Stunden gedauert? Hat sich wie allerhöchstens eine angefühlt!" Es betrifft auch Alltagsereignisse. Ein Mensch, der im Zuge eines katastrophalen Geschehens wie zum Beispiel als Zeuge eines schweren Autounfalls Gefühlen der Panik und Hilflosigkeit unterliegt, schildert sein Erleben oft mit den Worten: „Es ging alles so unglaublich schnell, ich konnte gar nichts mehr tun", während ein anderer, der von dieser Situation in einer ruhenden, friedvollen und ausgeglichen-kraftvollen inneren Verfassung angetroffen wird, oft das Phänomen schildert, die Ereignisse hätten sich seiner Wahrnehmung nach plötzlich „wie in Zeitlupe verlangsamt", er habe alles ganz klar erkennen und viel mehr handeln können, als es eigentlich im „tatsächlich" (also für die anderen Beteiligten) vergangenen Zeitraum hätte möglich sein dürfen. Das Fortschreiten der Zeit ist zumindest subjektiv also untrennbar mit dem Ausleben und Loslassen der Gefühle verbunden, die durch ein Ereignis ausgelöst worden sind. Der Fluss der Zeit und jener der Emotionen sind zwei verschiedene Erscheinungsformen ein und derselben Erlebensdimension. Bringen wir das eine zum Stocken, kann auch das andere nicht mehr frei und ungehindert weiter fließen. Verschiedene Meditationstechniken machen sich diesen Umstand zunutze, wenn sie durch die vollkommene Beruhigung der Gefühle einen Zustand der Zeitlosigkeit und Auflösung herstellen. Umgekehrt bedeutet das jedoch, dass für jenen Teil eines traumatisierten Menschen, der die Energie des Traumas speichert, keine Zeit mehr vergeht. Dieser Seelenteil (und auch das speichernde Körperelement, wobei zwischen beidem kein Unterschied besteht), verbleibt auf Dauer im katastrophalen Geschehen; für ihn ist das Ereignis einfach noch nicht vergangen, auch wenn es objektiv betrachtet bereits Jahre her ist. Wenn das Ereignis aber noch nicht vergangen ist, bedeutet das, dass es sich noch immer weiter andauernd ereignet und entsprechend auch nach wie vor die Emotionen hervorruft, die infolge des Traumatisierungsprozesses gespeichert werden müssen. Deshalb vergehen durch ein Trauma ausgelöste körperliche oder seelische Symptome nicht einfach irgendwann, und deshalb kommt es im extremen Fall wie bei der posttraumatischen Störung auch immer wieder zum Aufflackern von Erinnerungen an die Katastrophe, die vom Betroffenen jedoch nicht als vergangene Erinnerung wahrgenommen, sondern wie ein sich tatsächlich im jetzigen Augenblick ereignendes Geschehen erlebt werden (der so genannte Flashback).

Was den einen umhaut, macht den anderen stark

Warum können manche Menschen dasselbe Ereignis nicht verarbeiten, das anderen zu verarbeiten möglich ist? Was entscheidet, ob wir uns in einen Verarbeitungs- oder in den Traumatisierungsprozess begeben? Grundsätzlich nur die Frage, ob wir *zum Zeitpunkt des katastrophalen Geschehens* in der Lage sind, die vom Ereignis ausgelösten Gefühle bewusst zu erfahren und auszuleben, ohne von ihnen zerstört zu werden. Wir haben es hier mit dem Phänomen der Resilienz zu tun. Darunter versteht die Psychologin und Resilienzforscherin Ursula Nuber *„die psychische und physische Stärke, die es Menschen ermöglicht, Lebenskrisen ohne langfristige Beeinträchtigungen zu überstehen."* In *Psychologie heute* (Ausgabe Mai 1999), definiert sie Menschen als resilient, die

- eine Krise und die dadurch ausgelösten Gefühle akzeptieren können,
- nach Lösungen suchen,
- sich beim Lösen von Problemen von anderen Menschen helfen lassen,
- sich nicht als Opfer fühlen,
- optimistisch bleiben,
- sich nicht selbst die Schuld geben und
- im Voraus planen.

Ein Mensch kann also zum Beispiel dann nicht fähig sein, ein katastrophales Ereignis zu verarbeiten, wenn er sich als schuldhaft mit dem Ereignis verbunden erlebt. So verliert fast jede Person irgendwann ein Elternteil – das alleine traumatisiert noch lange nicht, denn sonst müssten alle Menschen nach dem Tod eines Angehörigen zu Therapiefällen werden. Stellen wir uns jedoch einen elfjährigen Jungen vor, der nach einem heftigen Streit mit seiner Mutter schmollend auf seinem Zimmer sitzt und „ich wünschte, sie wäre tot" denkt. Fatalerweise stirbt die Mutter tatsächlich wenige Tage später während eines Autounfalls. Das kann durchaus zu einer Traumatisierung führen. In diesem Fall ist der Junge zwar in der Lage, den Verlustschmerz zu ertragen, nicht aber seine Schuldgefühle, weil er einen Zusammenhang zwischen seinem Denken und den Ereignissen herstellt. Also blockiert er die Auseinandersetzung mit der gesamten Situation. Fatalerweise kann der Irrtum, der dieser Traumatisierung zugrunde liegt, jedoch nur erkannt und aufgelöst werden, wenn ein Zugriff auf die durch den Tod der Mutter ausgelösten Emotionen erfolgt. Das ist eine klassische Konstellation für die meisten Traumata – im Nachhinein betrachtet beruhen sie oft auf Fehlinformationen, Fehlverknüpfungen oder Fehlannahmen über das eigene Selbst, die korrigiert werden müssen, um das Trauma auflösen zu können. Das „ewige Jetzt" des Traumas, das andauernde Verharren eines Teils der eigenen Wirklichkeit und Wahrnehmung im katastrophalen Ereignis erfüllt sehr passend die Definition des Begriffs „Hölle".

Was kann man tun?

Schamanisch betrachtet bieten sich zur Behandlung eines Traumas alle Techniken an, die zu einer Veränderung bzw. Löschung der vom traumatischen Ereignis ausgelösten Energie führen. So werden diese Gefühle zum Beispiel in einer schamanischen Aufstellung von den davon betroffenen Persönlichkeitsanteilen nochmals erlebt, diese Anteile werden jedoch von anderen Gruppenteilnehmern gestellt, so dass eine gewisse Distanz zum Geschehen möglich ist. Dann kann der Betreffende diese Persönlichkeitsanteile auf verschiedene Weise zu innerem Frieden führen. Bei der Arbeit mit dem Lebensweg in der schamanischen Oberwelt werden die entsprechenden Emotionen von außerhalb des Zeitstroms nochmals wahrgenommen und dann mithilfe einer bestimmten schamanischen Technik gelöscht. Bei einer Seelenrückholung wiederum haben wir es mit einem Persönlichkeitsanteil zu tun, der die traumatische Gefühlsenergie aufgenommen und außerhalb des seelischen Systems der betroffenen Person verlagert hat. Dieser Anteil wird nun zurückgeholt und samt seiner Last integriert. All diese Techniken werden im Laufe dieses Kapitels geschildert. Schlussendlich gibt es auch die bereits im Trancekapitel geschilderte Möglichkeit einer Reise zum traumatischen Ereignis in der Vergangenheit in Begleitung des Krafttiers (auch hier wird das Erlebnis noch einmal erfahren und dann aufgelöst).

Schattenarbeit als Weg zur Ganzheitserfahrung

Nicht alles muss geheilt werden

Diese Hilfsmittel sind jedoch nicht nur zur Behebung psychischer Störungen oder Erkrankungen geeignet, sondern können auch gesunde Menschen darin unterstützen, ein von innerem Frieden und immenser Freude erfülltes Leben zu führen. Dann ist oft von „Persönlichkeitswachstum“ und „innerer Transformation“ die Rede. Eine Leserin schrieb uns dazu einmal: *„Transformation ist viel Arbeit. Jedes negative Gefühl, jeder negative Gedanke möchte in eine höhere Energie umgewandelt werden.“*

Das sehen wir nicht so. Wir betrachten kein Gefühl und keinen Gedanken als negativ. Für uns gibt es höchstens Gedanken, die der Situation nicht angemessen sind und uns jetzt nicht weiterbringen. Aber oft macht die Art und Weise, wie ich mich einem solchen Gedanken zuwende, erst den Unterschied zwischen angemessen und unangemessen aus. So kann ich zum Beispiel den Gedanken „X ist eine dumme Kuh“ dazu verwenden, um mich noch weiter in meinen Zorn hineinzusteigern und damit meine eigentliche Verletzung zu überdecken. Oder ich kann ihn als Zeichen dafür betrachten, dass in mir wohl etwas verletzt worden ist und meiner Fürsorge bedarf. Im ersten Fall hat mir der Gedanke nicht beim Wachsen geholfen, im zweiten schon – jedenfalls dann, wenn ich mich tatsächlich aufmache, um herauszufinden, was da verletzt worden ist und mich fürsorglich darum kümmere.

Mit Gefühlen ist es noch komplizierter. Viele Menschen sprechen von negativen Gefühlen, und wenn wir dann fragen, was genau sie damit meinen, kommt meist die Antwort „Zorn, Hass und Aggression“, oder manchmal auch „Furcht“ oder gar „Trauer“. Auch hier ist unserer Ansicht nach immer zu bedenken, welche Funktion ein solches Gefühl gerade für einen Menschen ausübt. Eine junge Frau, die wiederholt von ihrem Vater missbraucht worden ist und sich am liebsten das Leben nehmen würde, bleibt vielleicht nur deshalb am Leben, weil sie sich in ihrem Hass schwört, es ihm irgendwann heimzuzahlen. Falls die Wunden eines Tages geheilt sind und sie ihm dann vergeben kann, geschieht das nur, weil sie in der Phase des Hasses ihre eigene, vom Vater unabhängige starke Flamme gespürt hat. Verbleibt sie aber ein Leben lang in dieser Haltung, tötet sie damit genau diese Lebensflamme in sich ab.

Viele Menschen betrachten Aggression pauschal als etwas Schlechtes, das „transformiert“, „transzendiert“ oder „erlöst“ werden muss. Wir halten das für sehr kurzsichtig, da wir oft Menschen begegnen, die auf diese Weise der Auseinandersetzung mit den Ursachen ihrer eigenen Aggressionen und den daraus resultierenden notwendigen Veränderungen in ihrem Leben ausweichen. Aggression dient zum Überleben und als Schutzfaktor. Jedes Mal, wenn ich mir eine Karotte nehme und sie esse, begehe ich einen aggressiven Akt, denn ich töte damit die Pflanze und nehme die Karotte darüber hinaus jedem anderen weg – wenn ich sie esse, kann sie kein anderer mehr haben. Jedes Mal, wenn ich mich erfolgreich um einen Arbeitsplatz bewerbe, nehme ich diesen Platz einem anderen weg, der ihn auch haben wollte. Aggression ist eine Grundvoraussetzung für unser Überleben und für das Überleben jedes Teils der Schöpfung. Es gibt nur einen Weg, der Aggression auszuweichen: gar nicht erst geboren zu werden. Es ist kein Zufall, dass gerade hoch depressive Menschen sich als leblos, kraftlos und innerlich tot wahrnehmen und auch so von anderen beschrieben werden, denn ein Hauptsymptom der Depression ist der Verlust des Zugangs zur eigenen Aggression. Interessanterweise führt das keineswegs zu einem aggressionsfreien Leben – offensichtlich ist das unserer Seele gar nicht möglich, denn die Aggression verschwindet nicht etwa, sondern richtet sich mit grausamsten Selbstabwertungen, -vorwürfen und -zerfleischungen gegen den Betroffenen selbst, was oft genug bis zum Suizid führt. Einerseits ist das die logische Konsequenz der vollkommenen Leblosigkeit, andererseits aber stellt es nicht zufällig den so ziemlich aggressivsten Akt dar, den ein Mensch sich selbst gegenüber ausführen kann. Es gibt keinen Weg, der um das Durchleben der Aggression herumführt – und wenn es der durch körperliche Symptome ist. Alleine das weist für uns schon deutlich darauf hin, dass Aggression demzufolge nichts Schlechtes, sondern zum Leben absolut notwendig sein muss, denn in der Natur ist immer das unumgänglich, was die Lebewesen am dringendsten brauchen. Hilfreich oder behindernd, angemessen oder unangemessen, fördernd oder vernichtend kann immer nur der Umgang damit sein.

Was den Schutzaspekt angeht, möchte ich nochmals auf das vergewaltigte Mädchen zurückkommen. Viele derart misshandelte Kinder entwickeln zunächst keine Aggression, sondern erst einmal ein gerütteltes Maß an Furcht. Auch dieses Gefühl wird oft pauschal zu den „schlechten" gezählt, aber in diesem Fall veranlasst es das Kind zu einer unterwürfigen Haltung, die dem Täter das Gefühl gibt, sicher zu sein, weil das Kind soviel Angst vor ihm hat, dass es ihn nicht verraten wird. Die Furcht rettet hier vielen Kindern das Leben. Später ist es jedoch gerade die Aggression, die sich im besten Fall danach aufbaut und dem Kind vor allem bei wiederholter Misshandlung die Kraft gibt, sich zur Wehr zu setzen und den Täter preiszugeben.

Wut zeigt an, wo ich verletzt worden bin. Wenn sie auftaucht, habe ich zwei verschiedene Möglichkeiten. Entweder kann ich blindlings nach dem schlagen, der die Wut ausgelöst hat und damit überhaupt nichts erreichen. Oder ich kann mich fragen, an welcher Stelle ich verletzlich bin und dieser Stelle die Fürsorge und den Schutz geben, den ich dort so dringend benötige. Das Gefühl selbst aber ist niemals gut oder schlecht, sondern mein Umgang damit entscheidet darüber, ob ich mit seiner Hilfe wachsen kann oder nicht.

Annehmen kommt vor dem Transformieren

Gerade bei so genannten negativen Gefühlen erfordert dieses Wachstum aber meist den Abstieg in die dunklen, verborgenen, verdrängten und verletzten Anteile der eigenen Psyche, was viele Menschen vermeiden wollen, indem sie diese Gefühle irgendwie zu „transformieren" versuchen – möglichst ohne dabei allzu tief in sie eintauchen zu müssen. Das ist aber unserer Ansicht nach unbedingt notwendig, denn nur dann, wenn wir uns in dieses Gefühl hineinbegeben, kann es uns sagen, warum es entstanden ist, wo wir unserer Fürsorge bedürfen, wo wir warum und wie aus dem Gleichgewicht geraten sind und was wir dagegen tun können. Das bedeutet es, den eigenen Schatten anzunehmen und zu integrieren. So genannte negative Gefühle sind zunächst einmal nichts als Warnsignale, freundliche Helfer, die uns darauf hinweisen, dass wir an irgend einem Punkt in uns dringend unserer Zuwendung und Unterstützung bedürfen, weil die Art und Weise, in der wir das an dieser Stelle befindliche Problem bisher behandelt haben, nun nicht mehr ausreicht, sondern uns im Gegenteil auf Dauer krank macht. Wenn die innere Not behoben ist, die zur Entstehung dieser Gefühle geführt hat, verschwinden sie von selbst, weil sie nicht mehr notwendig sind. Nun ja, fast immer. Manchmal ist auch eine Art Gewohnheit damit verbunden, und dann muss ich mir sozusagen wieder „abgewöhnen", in bestimmten Situationen zum Beispiel immer gleich hochzugehen. Da dies aber nun auf bewusste Weise geschehen kann, ist es meist mit ein paar Mal getan.

Übrigens ist genau das für uns der einzige Weg, der zu echter innerer Heilung und Ganzwerdung führt. Diese Gefühle sind ein Teil von mir, der mir etwas mitteilen will. Wenn ich versuche, sie zu verdrängen oder sie mittels Visualisationen, Gebeten oder ähnlicher Techniken zu „transformieren", ohne mich ihnen zuvor gestellt und erfahren zu haben, auf welchen inneren Notstand sie hinweisen, spalte ich sie lediglich ab. Wenn ich jedoch einen Teil von mir ausschließe, kann ich per definitionem nicht ganz oder auch heil sein. Das ist einer der Gründe, warum gerade Menschen, die viel dafür beten, von für sie unangenehmen Gefühlen „erlöst" zu werden oder die regelmäßig die Reinigung von solchen Gefühlen und Gedanken visualisieren, auch sehr häufig damit zu tun haben – weil die heiligen Kräfte sie beim Wort nehmen und ihnen zu dieser Transformation verhelfen wollen. Da der Weg dorthin jedoch über die Konfrontation mit jenen Gefühlen führt, werden sie nur noch intensiver. Damit werden Menschen, die vor diesen Gefühlen ja eigentlich fliehen möchten, jedoch nicht fertig, weshalb sie oft zu weiteren Verdrängungsmechanismen greifen. Sehr beliebt ist hier die Projektion. Dann sind die anderen plötzlich die spirituell nicht entwickelten, die aggressiven und von negativen Gefühlen beherrschten Typen. Oder die Energie dieser Emotionen kanalisiert sich durch den Körper, was zu körperlichen Erkrankungen führt, die oft einen aggressiven Verlauf oder „feurig-hitzige", „zehrende", „auffressende", auf jeden Fall aber peinigende Symptome aufweisen. Klar, es geht ja immer noch um dieselbe Botschaft, die jetzt nur in einer anderen Sprache vermittelt wird.

Engel sind keine Ausrede für Aggressionshemmungen

Wir können nur vor Philosophien warnen, die ausschließlich die so genannten positiven Gefühle anerkennen und Wut, Angst, Schmerz oder ähnliches verdammen. Diese oft spöttisch als „Licht-und-Liebe-Esoterik" bezeichneten Wege werden in unseren Augen nur allzu oft als Flucht vor der Auseinandersetzung mit den eigenen verdrängten und ungeliebten Anteilen missbraucht, also mit dem eigenen Schatten im Sinne C.G. Jungs. Damit wird jedoch jede Form persönlichen Wachstums verhindert, denn das erlangt der Mensch unserer Ansicht und Erfahrung nach nur über die Konfrontation mit diesen Anteilen.

Vom automatisch reagierenden zu einem selbstbestimmten Menschen werden

Wir alle erleben am eigenen Leib immer wieder, dass viele unserer Handlungen nicht unserer bewussten Kontrolle unterstehen, sondern eben von jenen verletzten, verdrängten und im Schatten lebenden Anteilen unserer selbst motiviert werden. Wahrscheinlich kennen auch Sie Situationen, in denen Sie richtiggehend neben sich selbst stehen und sich fragen, was Sie eigentlich gerade tun – und warum um alles in der Welt! Hinterher ist Ihnen vollkommen klar, dass Sie in diesem Augenblick nicht unbedingt aus einer Haltung der Liebe und des annehmenden Verstehens heraus gehandelt haben, aber in der Situation selbst war es Ihnen einfach nicht möglich, „auszusteigen" und Ihr Verhalten zu ändern. Deshalb ist es unserer Ansicht nach so wichtig, den Abstieg in den Schatten zu unternehmen, um uns den dorthin verdrängten Gefühlen auszusetzen, denn je mehr solcher Not leidender Stellen in uns wir finden und heilen können, umso weniger verletzte Anteile gibt es in uns, die uns unbewusst zu schädigenden Verhaltensweisen motivieren.

Das große Puzzle ist immer vollständig – wir merken es nur nicht

Viele Menschen geben sich intensiver Persönlichkeitsarbeit hin, um wieder „ganz" zu werden. Unserer Ansicht nach sind wir immer Teil des Ganzen, sind immer mit allem verbunden und oft nur nicht in der Lage, das auch zu spüren. Wie viele andere Wahrnehmungen verdrängen wir auch diese – ja, im Schatten befinden sich nicht nur unangenehme Dinge! Die Neo-Jungianer sprechen in diesem Zusammenhang vom „lichten Schatten". Dort kann sich zum Beispiel ein gesunder Stolz auf sich selbst oder ein stabiler Selbstwert befinden. Ein Mensch kann solche Anteile deshalb verdrängen, weil er als Kind mit einer Person zusammenlebte, die ihr eigenes inneres Leuchten verloren hatte und durch das Leuchten des Kindes wieder den verdrängten Schmerz über diesen Verlust spürte. Weil sich die Person jedoch nicht mit diesem Schmerz auseinandersetzen, sondern ihn wieder verdrängen und möglichst nicht daran erinnert werden wollte, hat sie dem Kind das Leuchten mit Sätzen wie „Bescheidenheit ist eine Zier", „Nun gib mal nicht so an" oder „Das schaffst du doch nie" gewissermaßen verboten. Das Kind wiederum stellte sein Licht aus Angst vor Liebes- und Zuwendungsverlust im wahrsten Sinne des Wortes unter den Scheffel. Es kann es als Erwachsener jedoch wieder finden, wenn es sich seiner daraus resultierenden Furcht vor Komplimenten und vor Gedanken wie „das habe ich richtig gut hingekriegt" stellt, sie durchlebt und bis auf ihren Grund taucht, denn dort liegen die Erinnerungen, die Bilder, die darauf hinweisen, wo die ursprüngliche Verletzung liegt. Der Erwachsene kann diese Verletzung finden und heilen – vielleicht, indem er erkennt, dass er heute keine Angst mehr vor einer positiven Ausstrahlung und seinem inneren Licht haben muss, weil es nicht mehr zu negativen Konsequenzen führt. Von nun an ist er in der Lage, sich seiner und der göttlichen Liebe zu versichern und sich in Zukunft in entsprechenden Situationen immer zu sagen, dass diese Zeiten vorbei sind, er das alte Verhalten nicht mehr braucht und stattdessen ein neues, förderlicheres ausprobieren. Dann ist er mit einem Teil der Welt, der ganz eng mit ihm zusammengehört, weil er ein abgespaltener Teil von sich selbst war, wieder eins geworden: seinem inneren Leuchten, seinem natürlichen Selbstwert. Er hat einen großen Schritt auf die ganzheitliche Vereinigung mit der Welt hin getan.

Unserer Ansicht nach verdrängen wir die Wahrnehmung der Tatsache, dass wir eins mit einem bewussten, liebenden Universum sind, denn wenn wir das am eigenen Leibe und in der eigenen Seele erleben wollen, müssen wir natürlich auch spüren, dass wir mit unseren verdrängten Schattenanteilen eins sind – schließlich gehören die zum Universum dazu. Deshalb führt unserer Meinung nach der einzige Weg zur Vereinigung mit dem heiligen Ganzen über die Integration des eigenen Schattens. Die Angst vor dem, was wir dort vorfinden könnten, hindert uns daran, das alles zu umfassen, denn diese Dinge müssten dann mit umfasst werden. Deshalb besteht unsere Arbeit aus hauptsächlich zwei Komponenten: Erstens aus der Integration des Schattens in der hier beschriebenen Weise, also dem Abstieg in die dunkle Nacht der Seele, und zweitens daraus, Menschen (und auch uns selbst) dabei zu helfen, jene Voraussetzungen zu schaffen, die sie benötigen, um diesen Abstieg bewältigen zu können. Offensichtlich können sie es so, wie sie gerade sind, nicht, denn sonst würden sie es tun. Die Angst, die sie davor zurückhält, ist jedoch eine gute Freundin und berechtigte Warnerin. Wer sich auf diesen Weg begibt, muss gut gerüstet sein, denn wenn das nicht der Fall ist, wird er seine Situation nur verschlimmern. So erarbeiten wir für jede einzelne Verletzung, die geheilt werden will, zunächst die notwendigen Heilungsinstrumente, bevor wir uns gemeinsam mit der betroffenen Person auf den Weg hinab in die heilende Dunkelheit begeben.

Mit jeder Verletzung, die auf diese Weise geheilt wird, erhöht sich die Fähigkeit, die Einheit mit dem heiligen Ganzen wahrzunehmen sowie diesen Umstand spürend und erlebend zuzulassen. Es ist, als ob sich jedes Mal ein weiteres Fenster öffnet, so dass die betreffende Person ihre Einheit mit dem heiligen Ganzen mit jedem zu einem heilsamen Abschluss gebrachten emotionalen Prozess ein großes Stück mehr und immer öfter und ausdauernder erfahren kann. Das wiederum ermöglicht es ihr, auf eine Weise zu handeln, die dieses Erleben noch fördert. Es ist eine Spirale, die sich selbst immer weiter in Richtung Heilung und Erfüllung antreibt.

Wie bereits im Kapitel IV beschrieben kann man seine Schattenanteile auch auf andere Menschen projizieren. Wir haben dort zwei Hauptformen von Projektion unterschieden, nämlich die Übertragung von als positiv und als negativ empfundenen, abgewehrten Eigenschaften. Darüber hinaus gibt es noch zwei weitere Formen: Man kann sowohl eigene Persönlichkeitsanteile auf andere Personen übertragen als auch Anteile von Menschen, die unsere Kindheit geprägt haben. Dann regt mich eine Eigenschaft an einer anderen Person deshalb so auf, weil mein Vater sie auch hatte und ich noch nicht im Frieden mit ihm bin.

Schattenarbeit ist also nichts anderes als der neu-esoterische Begriff für etwas, das man bisher unter dem Begriff der Psychotherapie behandelte, denn vor allem in den tiefenpsychologischen Verfahren geht es um nichts anderes. Die schamanischen Grundannahmen ähneln auch hier in hohem Maße den modernen, wissenschaftlichen Konzepten und verwenden nur andere Bezeichnungen (okay, sie sind auch nicht ganz so differenziert, das geben wir gerne zu. Funktionell sind sie aber trotzdem!). Viele schamanische Traditionen sprechen in diesem Zusammenhang eben vom „schwarzen Spiegel“ und das schon sehr lange, meinen damit aber auch nichts anderes – was soll also diese Verteufelung der modernen Psychologie und Psychotherapie, wie sie in vielen alternativen Kreisen üblich ist?

Extreme Haltungen zu einer Sache oder einem Thema weisen, egal ob sie dieses positiv oder negativ bewerten, immer auf eine Projektion hin und sind keine guten Ratgeber. Warum sollten wir uns eines Teils des zur Verfügung stehenden Instrumentariums zu Wachstum und persönlicher Heilung berauben? Sowohl die Psychotherapie als auch alternative Vorgehensweisen sind beide nur wiederum Teile eines noch größeren, noch umfassenderen Heilungskonzepts. Übrigens: Sowohl das eine als auch das andere wird meist von Menschen abgelehnt, die davon nicht wirklich Ahnung haben. Auch sie sind keine guten Ratgeber. Die Psychotherapeuten, die zum Beispiel schamanische Verfahren ablehnen, haben meist keine schamanische Ausbildung, und die meisten alternativen Heiler, die psychotherapeutische Methoden pauschal verurteilen, verfügen über keine psychotherapeutische Ausbildung. Klar haben beide Wege ihre Vor- und Nachteile, aber genau das ist für den logisch denkenden Menschen doch der Grund, sie miteinander zu verbinden, oder etwa nicht?

Deshalb verwenden wir sowohl tanztherapeutische (und aus anderen psychotherapeutischen Bereichen stammende) als auch naturspirituelle Techniken und Hilfsmittel, um die für den Abstieg benötigten Voraussetzungen zu schaffen, den Abstieg selbst einzuleiten und ihn auch zu begleiten, um danach die Integration der gewonnenen Selbstanteile, Kräfte und Erkenntnisse in das tägliche Leben zu fördern. Zu diesem Zweck verbinden wir z.B. Authentic Movement, Traumarbeit, Tiefenimagination, Ansätze aus der Psychosynthese (die Arbeit mit einzelnen Persönlichkeitsanteilen), Redestabrituale, Schwitzhüttenarbeit, Trancetrommeln, Trancetanzen, Rituale zur Begegnung mit dem eigenen Schatten und zur Heilung von verletzten Anteilen, die Arbeit mit dem menschlichen Energiesystem, Tier- und Pflanzenkommunikation, die schamanische Reise, die Arbeit mit Krafttieren und vieles mehr. Einen Teil davon stellen wir Ihnen hier vor.

Die vergebliche Jagd nach der „Harmonie"

Eine Leserin meinte einmal, der Begriff „psychologische Naturheilpraxis" (die technische Bezeichnung für das, was wir hier tun) klinge sehr Vertrauen erweckend und harmonisch für sie. Nun, es ist auf jeden Fall ein Ort, an dem Herz-zu-Herz-Kommunikation betrieben und Herz-zu-Herz-Arbeit getan wird. Allerdings geht das keineswegs immer harmonisch zu. Wir glauben, dass viele Menschen, die nach ständiger Harmonie in ihrem Leben streben, einem Missverständnis zum Opfer fallen. Wer die Natur betrachtet, sieht dort vieles, was zunächst reichlich disharmonisch anmutet – Tiere fressen einander, ein später Wintereinbruch tötet die ersten Blüten und Neugeborenen, ein Buschfeuer vernichtet einen ganzen Landstrich, ein Löwe tötet die Jungen seines neuen Weibchens, damit dieses wieder fruchtbar wird und seine eigenen Gene empfangen und in die Welt setzen kann. Die Natur scheint damit kein Problem zu haben und braucht diese Dinge sogar, weil sie alle eine Funktion ausüben, die dann offensichtlich wird, wenn man einen (sehr großen) Schritt zurück tritt und die Welt in ihrer Ganzheit betrachtet. Dann erst wird deutlich, dass etwas, das an einer Stelle Schaden herbeigeführt haben mag, etwas anderes jedoch ungleich mehr gefördert hat. Erst über Jahre hin betrachtet oder wenn man ein ganzes Ökosystem in Augenschein nimmt, ist in der Natur das zu erkennen, was wir als Harmonie bezeichnen. Entsprechend halten wir wenig von dem Ziel vieler Menschen, so oft wie möglich in „harmonischer" Stimmung zu sein (vermutlich meinen sie damit Ausgeglichenheit und inneren Frieden). In der Natur entsteht Harmonie jedoch nur aus der Summe von gegensätzlichen, einander insgesamt ergänzenden Elementen und Ereignissen. Jene seltenen Momente, in denen alles gerade mal friedlich, still und schön ist, sind erstens nur winzige Ausschnitte – während hier die Sonne scheint und die Bienen summen, kann in Honduras ein Hurrikan wüten – und zweitens stellen sie meistens Ruhepunkte dar, an denen schlichtweg gerade *nichts geschieht*. Sie sind nur Übergangsmomente von einem Extrem zum anderen, von einer „Disharmonie" zur nächsten. Genauso betrachten wir unser menschliches Leben. Wer immer nur ausgeglichen und friedvoll im Lotussitz ruht, ist nicht etwa erleuchtet, sondern tot. Es sind die Disharmonien, die in der Natur Wachstum und Entwicklung fördern, also Klimareize, Populationszwiste, Naturkatastrophen, Brände und ähnliches. Genauso ist es auch beim Menschen. Wir sprachen ja gerade darüber, welche Funktion disharmonische Gefühle für unser Wachstum haben können: Wer sie nicht erlebt, wächst auch nicht mehr. Übrigens glauben wir nicht, dass all diese Gefühle mit der Erleuchtung einfach verschwinden, und wir sind auch nicht der Ansicht, dass ein solcher Zustand die höchst mögliche Entwicklungsstufe für den Menschen darstellt. Dementsprechend überfordern sich Menschen, die ständig Harmonie in ihrem Leben anstreben, nicht nur, sondern sie berauben sich unserer Ansicht nach darüber hinaus auch wertvoller Wachstumschancen. Wir halten es für viel sinnvoller, disharmonische Momente in der ihnen innewohnenden Triebkraft für neues Persönlichkeitswachstum zu nutzen. Erst aus der Summe dieser und der oft darauf folgenden fast ekstatisch glücklichen Momente kann im Ganzen ein harmonisches Leben entstehen, in dem es hin und wieder, nämlich im Übergang vom einen zum anderen Zustand, auch mal zu passiven Ruhemomenten kommt. Diese sind enorm wichtig, weil wir uns dort regenerieren, aber wir halten es für einen Fehler, sie mit dem Zustand der „Harmonie“ zu verwechseln. Denn dann wäre die Harmonie unfruchtbar.

Schamanische Aufstellungsarbeit

Manchmal ist einfach alles zuviel. Manchmal bricht im Leben halt die Hölle los, und der Alltag kommt uns plötzlich wie der Spielplatz eines Hurrikans vor. Wir halten uns verzweifelt an dünnen Halmen fest und warten eigentlich nur darauf, vom Sturm geknickt, von der Gewalt der Ereignisse fortgerissen zu werden. Manchmal ist das Leben zu schwer, um von einem Menschen alleine getragen zu werden.

Wenn das einem Mensch aus unserer Bekanntschaft geschieht, finden wir uns zum Heilkreis zusammen. Dann treffen sich zwölf bis fünfzehn Leute, um dem Betreffenden für einige Stunden lang einen Teil seiner Last abzunehmen und für ihn zu tragen, damit er lange genug Atem holen kann, um festzustellen, was er verändern muss, um diese Krise durchstehen, ja manchmal sogar überleben zu können. Und dann leiten wir diese Veränderungen gemeinsam in die Wege. Niemand geht leichtfertig in einen Heilkreis, denn die Arbeit darin ist kein Zuckerschlecken. Es ist eine tiefe Form schamanischer Initiation, die alles von dem Menschen fordert, der diese Zeremonie erbeten hat. Aber niemand geht so aus einem Heilkreis hinaus, wie er hinein gegangen ist.

Hellingers Ahnen

Den meisten Menschen dürfte systemische Aufstellungsarbeit eher aus Hellingers Familienaufstellung bekannt sein. Tatsächlich aber ist dieses Instrument zur Förderung von seelischer sowie körperlicher Heilung und Persönlichkeitswachstum viel älter als die gesamte moderne Psychotherapie. Hellinger hat sich von einer alten schamanischen Praktik inspirieren lassen, die er so modifiziert hat, dass sie von einer viel größeren Bevölkerungsschicht unserer heutigen Welt angenommen werden kann, als das beim Original der Fall wäre. Was immer man auch von ihm selbst halten mag – dieser Verdienst sollte ihm unserer Ansicht nach nicht abgesprochen werden. In gewisser Weise hat er den Weg für die erneute Verbreitung schamanischer Aufstellungsarbeit geebnet.

Beide Systeme sind einander ebenbürtig, denn beide haben sowohl Vor- als auch Nachteile. Die Familienaufstellung fordert von den Teilnehmern kein spirituelles oder gar schamanisches Weltbild, weshalb sie für viel mehr Menschen geeignet ist als die schamanische Form. Dafür verzichtet sie eben auch auf die verstärkte Wirkung und den umfassenderen Schutz, den schamanische Aufstellungsarbeit durch ihre Einbindung in eine spirituelle Wirklichkeit bietet. In Hellingers System ist der anleitende Therapeut sowohl bezüglich der Wahl seiner Interventionen als auch der Notwendigkeit, die Gruppe aufzufangen, ausschließlich auf seine eigenen Fähigkeiten angewiesen. Seine eventuellen Vorurteile, Übertragungen und verschlossenen Traumsymbole haben einen viel größeren Einfluss auf den Verlauf der Aufstellung, als dies in der schamanischen Variante der Fall ist, in welcher der Anleiter immer auf Helferwesen, die Kreisintelligenz und den kosmischen Geist selbst zurückgreifen kann. Dafür ist in einer schamanischen Aufstellung die Gefahr größer, in esoterisch verbrämte Illusionen abzudriften oder auch einen psychotischen Schub bei dafür bereits disponierten Menschen auszulösen. Nicht zuletzt deshalb ist unserer Meinung nach für jeden Menschen, der schamanische Aufstellungen anleiten möchte, eine vorangegangene umfassende Ausbildung bei erfahrenen Heilkreisleitern wie auch in klinischer Psychologie absolut notwendig. Schließlich gilt dasselbe vollkommen zu Recht auch für jeden, der Familienaufstellungen anleiten möchte.

Derzeit gibt es in Deutschland nur zwei Stellen, an denen man diese Heilverfahren unseres Wissens nach lernen kann – beim GAIA-Schamanismus und in unserem Seminarhaus. Falls Sie weitere Menschen kennen sollten, die in diesem Bereich eine qualifizierte Ausbildung anbieten, würden wir uns freuen, wenn Sie uns davon erzählen könnten. Dann haben wir die Möglichkeit, sie in unser Netzwerk einzubinden. Wir haben die schamanische Aufstellungsarbeit von Helmut Christof gelernt, aber wieder einmal unterscheidet sich unsere Form von der seinen in einigen Punkten – unter anderem deshalb, weil wir mit einem anderen Medizinrad arbeiten als er. Da diese Arbeit jedoch untrennbar mit dem Rad verbunden ist, auf dem sie ausgeführt wird, waren einige Umstellungen nötig.

Vickys Ansicht nach ist das Sternenmädchenrad, wie es im GAIA-Schamanismus verwendet wird, ein ausgezeichnetes Instrument für Heilungen, bei denen der betroffene Mensch im absoluten Mittelpunkt steht – was ja auch ganz dem Ansatz des GAIA-Schamanismus entspricht. Wir haben dort viele, viele Heilkreise erleben dürfen, die alle, ohne eine einzige Ausnahme, von größter Wirksamkeit waren. Williams Anliegen bei der Neugestaltung dieser Zeremonie bestand zudem darin, den Menschen mehr in der Beziehung zur ihn umgebenden heiligen (und daher heilenden) Ganzheit zu betrachten, was ebenfalls zu einigen Umstellungen führte.

Es gibt viele verschiedene Möglichkeiten der Aufstellungsarbeit auf dem Rad der heiligen Kräfte. Wir werden Ihnen im Folgenden jene vorstellen, die bei uns am häufigsten zur Anwendung kommen.

Der Träumerkreis

Diese Aufstellung ist ein wunderschönes Instrument zur Erforschung unserer nächtlichen Träume – vor allem dann, wenn sie uns einfach nicht mehr loslassen und von deutlichem Gewicht für unser Leben und unsere Seele zu sein scheinen.

Die Träumer-Aufstellung

Der Träumer sucht acht Personen aus, die er den acht Positionen des äußeren Medizinrads zuordnet. Sie begeben sich an die ihnen zugedachten Plätze. Dann geht der Träumer einmal um das Rad herum und setzt die Teilnehmer in ihre Positionen ein, indem er ihnen die Hände auf die Schultern legt und sagt: „Du, (Name), bist meine Luftkraft und Entscheidungsfähigkeit." „Du, (Name), bist mein Südosten, meine Verbindung zu meinen Ahnen." „Du, (Name), bist mein Süden, mein inneres Feuer und meine Transformationskraft." Auf diese Weise verlagert er die entsprechenden Anteile seines Medizinrads nach außen, wo sie von den Teilnehmern übernommen werden. Diese setzen sich nun auf ihre Positionen.

Nun setzt sich der Träumer in die Mitte des Kreises. Die Teilnehmer schließen ihre Augen und begeben sich in eine leichte Trance, während der Träumer seinen Traum zu erzählen beginnt. Er tut das so detailliert wie möglich und schildert ihn in der Gegenwart. Er sagt also nicht: „Dann ging ich …", sondern „jetzt gehe ich …". Die Teilnehmer lassen sich offen und ohne zu beurteilen oder zu bewerten auf die Erzählung ein und beobachten die Bilder, Gedanken, Gefühle und Empfindungen, die während dessen in ihnen aufsteigen.

Wenn der Träumer die Erzählung beendet hat, wendet er sich dem Teilnehmer zu, der im Osten sitzt, und bittet um dessen Rückmeldung. Die Person im Osten erzählt nun von den Eindrücken, die sie während der Schilderung des Traums erhalten hat. Auf diese Weise arbeitet sich der Träumer einmal durch den ganzen Kreis. Danach kann er sich – wenn er möchte – zu den erhaltenen Botschaften äußern.

Als Letztes geht er noch einmal reihum zu jedem Teilnehmer, schaut ihm in die Augen und sagt: „(Name), ich nehme meine Luftkraft wieder zurück." (Bei den anderen Positionen wird die entsprechende Kraft eingesetzt). Die Zeremonienleiterin bittet die Teilnehmer, aufzustehen, heftig mit den Füßen zu stampfen, in die Hände zu klatschen und dabei mehrmals zu sagen: „Ich bin (Name)." Das stellt einen völligen Ausstieg aus dem Medizinrad des Träumers sicher und sollte jede Aufstellung beenden.

Der Visionskreis

Diese Form eignet sich, wenn jemand Rat sucht, wenn sich die Frage stellt, wie es weiter gehen soll oder welche Entscheidung getroffen werden will. Auch an Wende- und Übergangspunkten des Lebens kann sie eine große Unterstützung sein.

Die Visions-Aufstellung

Die Fragestellerin sucht wieder acht Teilnehmer aus und ordnet sie den Positionen des äußeren Medizinradkreises zu. Dann setzt sie diese auf die bereits beschriebene Weise in diese Positionen ein, begibt sich in die Mitte und schildert ihre Situation. Dabei sollte sie möglichst detailliert vorgehen. Die Teilnehmer begeben sich während dessen in eine leichte Trance und öffnen sich für alles, was in ihnen aufsteigt. Am Ende der Schilderung erzählen sie reihum, welche Eindrücke sie erhalten haben. Die Auflösung der Aufstellung erfolgt dann wie beim Träumerkreis.

Der Fuchs-Wolfs-Kreis

Diese Aufstellungsform ist unserer Erfahrung nach ein hervorragendes diagnostisches Instrument, denn sie bietet einen umfassenden und tiefgehenden Einblick in die augenblickliche Lebenssituation eines Menschen sowie in die darin wirkenden psychischen Kräfte. Sein Name bezieht sich auf die Kräfte des Wolfs, der den Ratsuchenden als weiser Lehrer und Führer mit Hilfe dieser Technik aus der Verwirrung der trickreichen Fuchswelt leiten soll, in die wir alle hineingeboren werden. Deshalb besteht er aus zwei verschiedenen Stellungen, von denen die erste die momentane Situation des Ratsuchenden befindet und die deshalb als Fuchskreis bezeichnet wird. Wenn dieser von der Gruppe ausreichend erforscht worden ist, begibt sie sich in den Wolfskreis, um festzustellen, wie sich die Situation des Ratsuchenden verändert, wenn dieser den nächsten Schritt auf dem Weg seines persönlichen Wachstums unternimmt.

Für diese Aufstellung werden acht Menschen benötigt, die sich auf die acht Punkte des Außenkreises des Medizinrads stellen. Dabei verläuft die Energie zwischen Ihnen in Form einer liegenden Acht, also des Unendlichkeitssymbols, was auch ihre Anordnung erklärt. Die läuft nämlich nicht einfach von den Nummern eins bis acht im Kreis herum, sondern folgt dieser „Achterbahn“.

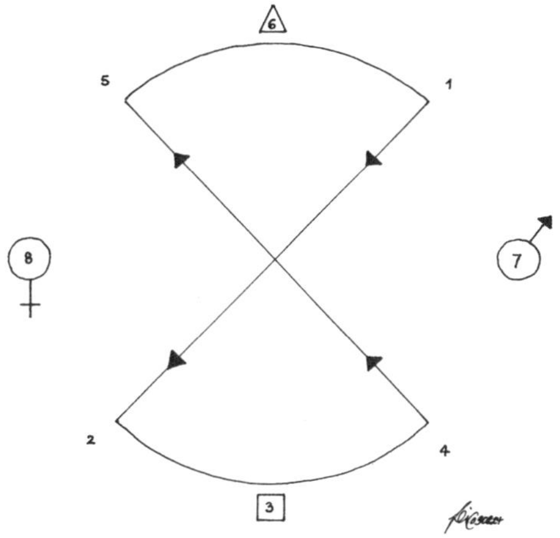

Der Fuchs-Wolfs-Kreis

Ein Fuchs-Wolfs-Kreis stellt immer das Kommunikations- und Informationsverarbeitungssystem eines Menschen dar. Deshalb haben die Positionen darin die folgende Bedeutung:

1. Der Input: Hiermit sind jene Informationen gemeint, die der Ratsuchende von der ihn umgebenden Welt bezüglich seiner Fragestellung erhält. Hier erkennen wir, von welcher Art und Qualität die Informationen sind, auf die der Ratsuchende seine Handlungen und Entscheidungen aufbaut.

2. Die instinktive Erstreaktion: Das ist die ungefilterte, nicht überlegte, nicht zensierte und daher automatisch instinktiv geschehende erste Reaktion auf diese Informationen. Sie ist nicht rationell, sondern emotionaler Natur und stellt sich oft nonverbal dar. Diese Reaktion vollzieht sich binnen der ersten Sekundenbruchteile nach Aufnahme der Informationen und ist unserem inneren Zensor daher nicht zugänglich. Deshalb hat sie wesentlichen Einfluss auf den weiteren Verlauf des Informations- und Energieflusses.

3. Das persönliche Paradigma: An dieser Stelle des Kreises zeigt sich, mit welcher Grundeinstellung der Ratsuchende die gesamte Situation betrachtet, also welche Grundannahmen seine Sicht des Problems prägen. Das wiederum beeinflusst die Entscheidungen, die er aufgrund der erhaltenen Informationen trifft und in Handlungen umsetzt.

4. Das Give away: „Give away“ ist ein vielschichtiger Begriff aus dem nordamerikanischen Schamanismus, für den es kein ähnlich umfassendes und dennoch knappes Äquivalent im Deutschen gibt. Deshalb erlauben wir uns, ihn ebenso wie das Wort „Spirit“ Stück für Stück in den Sprachgebrauch hier einzuführen. Unter einem Give away wird in schamanischem Zusammenhang jede Energie verstanden, die wir nach außen senden – also buchstäblich alles, was andere von uns wahrnehmen (und auch das, was sie vielleicht nicht spüren). Das umfasst all unser Sein und Handeln, jede Aktion, jede Reaktion und jede dazugehörige emotionale wie auch spirituelle Energie. In diesem speziellen Fall beschreibt es alles, was der Ratsuchende nun infolge der erhaltenen Information tut und wieder in seine Umgebung zurücksendet. Es ist also äußere Reaktion darauf.

5. Die Umwelt: Hier zeigt sich, wie die Umgebung des Ratsuchenden mit dieser Reaktion umgeht.

6. Das höhere Selbst: An dieser Stelle sehen wir, auf welche Weise das höhere Selbst in die Situation eingebunden ist. So können wir zum Beispiel erkennen, ob sich der Ratsuchende in Verbindung mit seiner eigenen inneren Weisheit befindet oder was getan werden kann, um diese wieder herzustellen.

7. Der innere Mann: Hier sehen wir, auf welche Weise die männlichen Persönlichkeitsanteile des Ratsuchenden in die Situation eingebunden sind. Wir erhalten einen Einblick in jene Verhaltensweisen, die der Ratsuchende von seinem Vater bzw. von anderen wichtigen Männern in seinem Leben erlernt hat und können erkennen, wie sich diese auf die Lage auswirken. Wenn es sich um eine weibliche Ratsuchende handelt, begegnet sie hier ihrem Animus.

8. Die innere Frau: Dasselbe umgekehrt. Hier finden wir die weiblichen Persönlichkeitsanteile, die von der Mutter oder anderen wichtigen Frauen geprägte Verhaltensweisen widerspiegeln. Beim männlichen Ratsuchenden steht hier die Anima.

Es gibt nun acht verschiedene Möglichkeiten, wie diese Figur auf dem Medizinrad ausgerichtet werden kann. Üblicherweise richtet sich das nach dem Geburtsdatum des Ratsuchenden. Dieser befindet sich nämlich immer auf der dritten Position, weil er selbst seine Grundannahmen und Denkstrukturen bezüglich des Problems personifiziert. Die Position 3 befindet sich also an jener Stelle, die dem Sternzeichen des Ratsuchenden entspricht. Alle anderen Positionen richten sich danach in Form der oben dargestellten Figur aus.

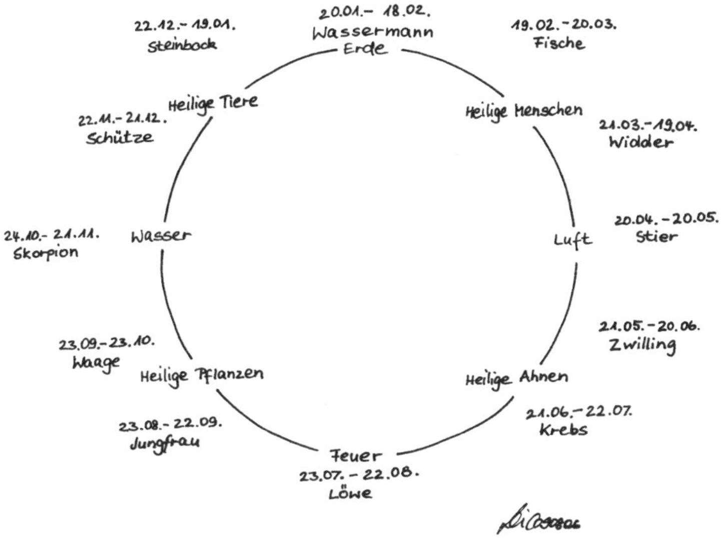

Das Rad der Sternzeichen

So weist der Fuchs-Wolfs-Kreis zum Beispiel bei einem Menschen, der am 09. Juli Geburtstag hat und ein Krebs ist, folgende Ausrichtung auf:

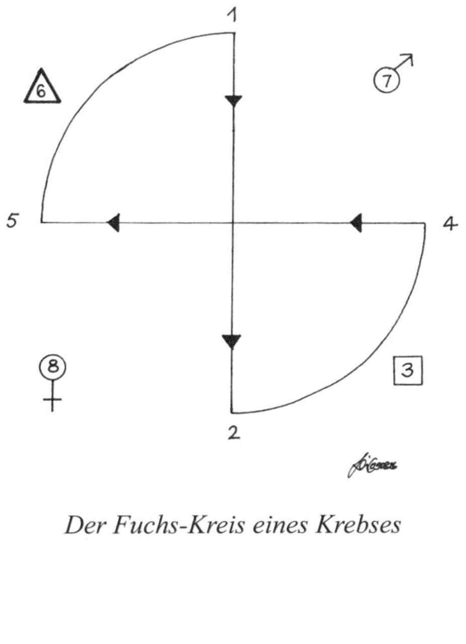

Der Fuchs-Kreis eines Krebses

Der Fuchs-Wolfs-Kreis in der Praxis

Der Ratsuchende schildert der Gruppe kurz sein Problem. Die Teilnehmer können dazu Fragen stellen, die jedoch nur dazu dienen sollten, ein tieferes Verständnis für die Situation zu erlangen, in der sich der Ratsuchende befindet. Es ist wichtig, darauf zu achten, dass in diesem Stadium der Aufstellung keinerlei Ratschläge gegeben oder Interpretationen angeboten werden. Es dient nur zur Erlangung von Informationen.

Danach ordnet der Ratsuchende acht Gruppenmitglieder den acht verschiedenen Positionen seines Fuchs-Kreises zu. Die Anleiterin unterstützt die Gruppe nun dabei, sich in eine leichte Trance zu begeben. Dann geben die Mitglieder ihre Wahrnehmungen wieder. Das kann auf verbale Weise geschehen, ist aber auch oft mit Gefühlsflüssen oder deutlichen Veränderungen des Körperempfindens sowie der Körperhaltung verbunden. Im Allgemeinen bleiben die Teilnehmer dabei auf ihren Plätzen stehen, aber das ist nicht immer der Fall. Auf diese Weise entfaltet sich in den nächsten Minuten ein immer deutlicheres Bild der verschiedenen Einflüsse, welche die Situation des Ratsuchenden prägen. Wenn die Anleiterin den Eindruck hat, genügend Informationen gewonnen zu haben, fordert sie die Teilnehmer auf, sich in den Wolfskreis zu begeben. Dafür geht jeder im Uhrzeigersinn drei Positionen weiter. Alle Teilnehmer bleiben in der ihnen vom Ratsuchenden zugewiesenen Funktion, üben diese aber jetzt auf einem anderen Platz des Medizinrads aus. So stellt die auf Position 1 befindliche Person im Fuchskreis eines Krebsgeborenen dessen Input im Nordosten dar, während er im Wolfskreis dessen Input im Süden ist.

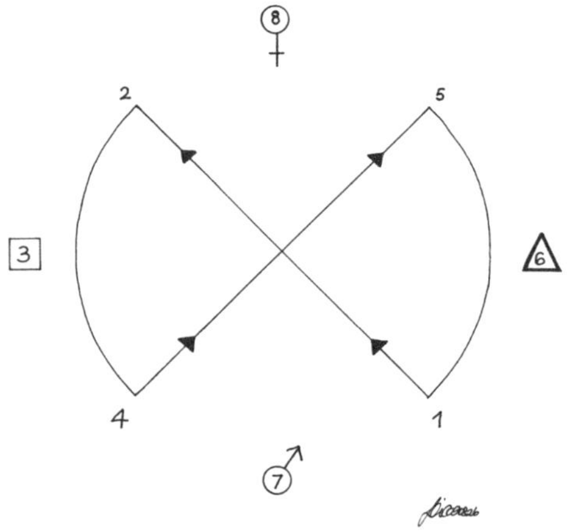

Der Wolfskreis eines Krebses

Auch diese Stellung wird auf dieselbe Weise erforscht wie schon der Fuchskreis. Danach schildert jeder seine Erfahrungen in einem kurzen Redestabritual. Wir tun das in zwei Runden: Während der ersten beschreiben nur die acht Teilnehmer ihre Erfahrungen, und während der zweiten dürfen alle (auch jene Gruppenmitglieder, die nicht bei der Aufstellung mitgewirkt haben) auf respektvolle und achtsame Weise ihre daraus resultierenden Schlussfolgerungen anbieten. Dabei gelten ausnahmslos die Regeln gewaltfreier Kommunikation. Interpretationen sind erlaubt, müssen aber in Form von Ich-Botschaften deutlich als solche erkennbar sein.

Wir werden oft gefragt, warum wir zwischen dem Fuchs- und Wolfskreis genau drei Positionen weitergehen und nicht weniger oder mehr. Wir könnten jetzt einfach sagen: „Weil wir es nun einmal so gelernt haben", aber niemand, der William kennt, würde ihm das abnehmen. Nein, wir haben natürlich alle möglichen Varianten durchgekaut, nur um festzustellen, dass man einige Dinge einfach so lassen sollte, wie sie sind – weil sie da am besten funktionieren. Offensichtlich entspricht die Energie, die mit einer dreischrittigen Positionsveränderung im Uhrzeigersinn einhergeht am ehesten jener Kraft, die sich im Leben des Ratsuchenden ausdrückt, wenn er diese Bewegung vollzieht.

Die Vier-Schilde-Aufstellung

Diese Aufstellungsform wurde ursprünglich aus der Not geboren – es waren einfach nicht genügend Leute für einen vollständigen Heilkreis anwesend. Sie hat sich jedoch als hochwirksam erwiesen und stellt für bestimmte Themenbereiche die praktikabelste Aufstellung dar.

Die Schilde des Menschen

Die Schilde sind die schamanische Darstellung der menschlichen Persönlichkeit. Sie beziehen sich nicht auf das größere Selbst, welches nach dem Tod weiterexistiert, sondern zeigen unseren Charakter, unsere Prägungen, Denk- und Verhaltensweisen auf, die in diesem Leben entstanden und eine direkte Folge desselben sind. Entsprechend löst sich das Schildesystem eines Menschen bei seinem Tod auf, während die Seele weiter existiert. In gewisser Weise sind die Schilde das Gewand, welches die Seele während eines bestimmten Lebens trägt. Dieser Vergleich ist gar nicht so unpassend, denn auch in Bezug auf unsere Schilde werden wir nackt geboren. Die Dinger heißen deshalb „Schilde", weil das ihre Funktion am besten beschreibt: Es sind jene Mechanismen, Einstellungen und Überzeugungen, mit denen wir uns für diese Welt rüsten. Wir halten sie vor uns, wenn wir Schutz brauchen und entscheiden selbst, wann wir sie senken und Neues in uns eintreten lassen können. Als Erwachsene verfügen wir über fünf dieser Schilde, von denen vier für die Aufstellungsarbeit von besonderer Bedeutung sind. Diese vier Schilde interagieren miteinander, was auf hilfreiche oder eher unangemessene Weise geschehen kann. Letzteres passiert vor allem dann, wenn sich die Schilde nicht im gegenseitigen Gleichgewicht befinden. Diese und die folgende Aufstellungsform dienen dazu, genau das wieder herzustellen.

Nur für Vickys Seelenfrieden: In der deutschen Sprache gibt es „*das* Schild" und „*der* Schild". Ersteres finden Sie zum Beispiel am Straßenrand, wenn Sie Auto fahren. Dieses und seine Artgenossen dienen ausschließlich der Informationsübermittlung. *Der* Schild aber sagt Ihnen nicht, ob Sie hier links abbiegen dürfen oder was die Salami kostet, sondern dient zu Ihrem Schutz und Ihrer Verteidigung. So, jetzt hat die arme Lektorenseele endlich ihre Ruhe (visualisieren Sie nun bitte einen Smiley).

Der Kindsubstanzschild

Wenn wir auf die Welt kommen, gibt es noch keine Mauern, keine Panzerungen und Blockaden zwischen uns und der Welt, denn die Seele hat noch keine Erfahrungen gemacht, die sie dazu veranlassen, solche Dinge zu errichten. Sie ist ebenso nackt und ungeschützt wie auch der Körper, von dem sie beherbergt wird. Aufgrund der Erfahrungen, die diese Seele in den nächsten Monaten und Jahren macht, bildet sich die kindliche Persönlichkeit des Menschen. Dazu gehört zunächst das Konzept von Körperlichkeit an sich. Wie der Kindsubstanzschild diesbezüglich gestaltet ist, hängt davon ab, welche körperlichen Erfahrungen wir in den ersten Lebensmonaten und -jahren gemacht haben. Der Kindsubstanzschild eines Menschen, dessen frühe Jahre von Hunger oder Kälte geprägt waren, sieht völlig anders aus und funktioniert auch anders als der einer Person, die in ihren ersten Lebensmonaten viel positiven Körperkontakt, Wärme und wenig Schmerzen erfahren hat. Auf dieselbe Weise beeinflussen emotionale Erfahrungen Gestalt und Funktion des Kindsubstanzschilds. Er weist also große Parallelen zum Konzept des „Es“ nach Freud und dem des inneren Kindes auf. Im Unterschied zum Es ist es jedoch nicht vollkommen unbewusst, sondern umfasst alle kindlichen Bewusstseinsbereiche. Beim verletzten Menschen, der noch keine seelische Heilung erfahren hat, tritt hier meist nur das verletzte innere Kind zutage. In der klassischen Anordnung befindet sich der Kindsubstanzschild im Süden des Medizinrads.

Bei den meisten Menschen sind die Schilde zunächst unterschiedlich stark. Manche sind nur schwach ausgebildet, weshalb andere dieses Defizit kompensieren, indem sie sich „aufblasen“ und oft das ganze System dominieren. Ein schwacher Kindsubstanzschild geht oft mit einem dominanten Erwachsenensubstanzschild einher und kennzeichnet einen sehr beherrschten, gefühlsarmen Menschen, der überaus strukturiert ist, aber keinerlei Leidenschaft zum Ausdruck bringt. Diese Menschen arbeiten viel, scheinen daraus aber keine echte Befriedigung zu ziehen. Sie spielen nicht gerne, haben für „Kindereien“ aller Art keinen Sinn und tragen oft schwer an den Verantwortungen ihres Lebens. Sie sehen sich meist als Opfer des Lebens oder anderer Menschen an, die ihnen ihrer Ansicht nach Unrecht getan haben.

Wenn aber im Gegenteil ein Erwachsener aus einem dominanten Kindsubstanzschild heraus handelt, ist eine frühkindliche Verletzung in ihm aktiviert worden, die er bisher noch nicht heilen konnte. Dann wehrt er den befürchteten Angriff mit denselben Mitteln ab, auf die er schon als Kind Zugriff hatte. Nur sind diese Mittel der Situation heute meist nicht mehr angemessen, weshalb jene Verhaltensweisen, die das Kind geschützt haben, den Erwachsenen in seiner freien Entfaltung erheblich behindern können. Der Erwachsene handelt immer noch aus den verletzten Gefühlen des Kindes heraus, das er mal war. Die vernünftigen Gedanken seines Verstandes sind dann nicht in der Lage, auf sein Handeln Einfluss zu nehmen, und er hat auch keine Kontrolle mehr über seine Gefühle, selbst wenn er diese als unangemessen erkennt. Solche Situationen kennen wir alle. Vicky nimmt selbst mit vierzig Jahren immer noch innerlich eine Hab-Acht-Stellung ein, wenn ihr ein früherer Mathematiklehrer auf der Straße begegnet. Hier reagiert eindeutig nicht die mittlerweile ebenbürtige Erwachsene, sondern das Mädchen, das diesen Lehrer als ironisch, aber auch souverän und resolut erlebt hat. Nun geht die Welt nicht unter, wenn Sie es niemals schaffen sollten, mit ihrem alten Mathematiklehrer warm zu werden. Anders ist es, wenn Sie nicht in der Lage sind, ein Problem auf der Arbeitsstelle anzusprechen und ruhig zu klären, ohne völlig in Panik zu geraten, weil Sie immer noch aus dem Kind heraus reagieren, das stets aggressiv zurückgewiesen wurde, wenn es Aufmerksamkeit brauchte. So etwas dürfte Ihr Leben schon wesentlich mehr beeinträchtigen. Menschen mit einem dauernd dominierenden Kindsubstanzschild sind oft an ihrer starken emotionalen Bedürftigkeit erkennbar; sie benötigen viel Zuwendung von außen und kennen viele Tricks, mit deren Hilfe sie diese Zuwendung auch erlangen. Manchmal ist ihnen auch eine gewisse kindliche Gier oder Zügellosigkeit zu Eigen, die sich beim Essen, beim Sex, in der Freizeit und bei Vergnügungen äußern kann. Auch Suchtprobleme gehen immer wieder mit einem aufgeblasenen Kindsubstanzschild einher. Deshalb dient die Schildarbeit im Wesentlichen dazu, verletzte Schilde (hier natürlich allen voran den Kindsubstanzschild) zu heilen und dafür zu sorgen, dass keiner mehr die Aufgabe eines anderen übernehmen muss. Auf diese Weise stehen Ihnen für die Bewältigung Ihres Lebens immer Ihre besten und stärksten Kräfte zur Verfügung.

Der Erwachsenensubstanzschild

Dieser Schild bildet sich während der späten Kindheit, der Pubertät und dem frühen Erwachsenenalter heran. Er wird in dem Augenblick geboren, wo wir zum ersten Mal hören: „Du bist doch jetzt die Große, übernimm doch mal Verantwortung!“, denn von da an wird uns bewusst, dass man von uns erwartet, ein sich von dem des Kindes unterscheidendes Erwachsenen-Ich zu entwickeln. Wir beginnen, uns umzusehen und andere Erwachsene zu beobachten, um herauszufinden, worin genau diese Unterschiede bestehen. Und abhängig davon, was sich uns da an Vorbildern bietet, beginnen wir unsere eigene Vision des Erwachsenseins zu formen – unseren Erwachsenensubstanzschild. Er befindet sich in der klassischen Anordnung im Norden des Medizinrads.

Während der Kindsubstanzschild das Gefäß unserer Gefühle darstellt, lernen wir im Zuge der Entwicklung des Erwachsenensubstanzschilds, unseren Verstand zu einem dienstbaren, hilfreichen Werkzeug zu entwickeln. Dieser Schild beherrscht die große Kunst, sich vom Geschehen zu distanzieren, hoch kochende Gefühle erst einmal tief durchatmend abkühlen zu lassen und dann doch nicht mit einer Ohrfeige, sondern einer angemessenen Erklärung zu reagieren. Dieser Schild befähigt uns zur Selbstreflektion, weil er uns auch erlaubt, zu uns selbst Distanz aufzubauen und uns wie von außen zu betrachten. Deshalb sind erwachsene Menschen kritikfähig, während Kinder bei jedem Hinweis auf Unzulänglichkeiten ihrerseits mit hitzigen Worten die Schuld auf andere schieben. Dann fordern wir sie meist auf, endlich mal Verantwortung für sich selbst zu übernehmen. Können sie aber noch nicht – das kann erst der Erwachsenenschild. Trotzdem finden wir es richtig, bereits unsere lieben Kleinen dazu aufzufordern, denn woher sollen sie sonst wissen, dass es Zeit ist, den nächsten Schild zu bauen?

Als Kinder reagieren wir immer aus dem Kindsubstanzschild heraus – können vor Lachen, noch haben wir ja keinen anderen. Im neuschamanischen Sprachgebrauch sagt man dazu „den Schild vor sich tragen“. Nach der Pubertät tragen wir meist den Erwachsenenschild vor uns und handeln also aus diesem heraus – es sei denn, jemand tritt uns auf den Schwanz einer alten, unverheilten Verletzung. Dann können wir schneller die Schilde wechseln, als uns manchmal selbst lieb ist.

Der erste Schritt eines Menschen auf dem Weg zu seelischer und oft auch körperlicher Gesundung besteht in der Heilung des verletzten inneren Kindes, des Kindsubstanzschilds. Der nächste besteht darin, ein Gleichgewicht zwischen diesem und dem Erwachsenensubstanzschild zu schaffen (wobei das eine oft mit dem anderen einhergeht). Das Ergebnis ist ein Mensch, der über gesunde, fließende Gefühle verfügt sowie eine starke Intuition besitzt und zugleich die Kontrolle über sich und sein Leben hat. Eine kraftvolle Persönlichkeit, für die Fehlschläge nur ein notwendiger Schritt auf dem Weg zu Wachstum und Erfolg sind und die auch mal ein tiefes Tal aushalten kann, ohne deshalb zu resignieren.

Ein schwacher Erwachsenensubstanzschild resultiert meist in einer Kompensation desselben durch den Kindsubstanzschild und weist daher ähnliche Kennzeichen wie ein aufgeblähter Kindsubstanzschild auf. Auf jeden Fall aber handelt es sich um eine unstrukturierte Persönlichkeit, der es äußerst schwer fällt, die Verantwortung für das eigene Handeln und Erleben sowie für dessen Resultate zu übernehmen.

Wenn jedoch der Erwachsenensubstanzschild dominiert, begegnen wir einem vom Verstand beherrschten und oft unter Kontrollzwängen leidenden Menschen, der entweder keinen guten Zugang zu seinem Körper hat oder exzessiv damit umgeht – auf jeden Fall misshandelt oder vernachlässigt er ihn. Er hat kaum Zugang zu seiner Intuition und leugnet meist sogar das Vorhandensein dieser Fähigkeit, um sich vollkommen auf logisches Schlussfolgern zu beschränken. Rein geistige Fähigkeiten werden von ihm geschätzt und angestrebt; Menschen, die über eine große emotionale Kraft verfügen oder zu beachtlichen körperlichen Leistungen imstande sind, stellen für ihn eher unterentwickelte Individuen dar. Entsprechend ungelenk ist er meist im Umgang mit Gefühlen (seien es seine eigenen, die er gründlich verdrängt oder die anderer Menschen, auf die er nicht angemessen zu reagieren versteht). Solche Menschen haben oft große Kommunikationsfähigkeiten und reden oder schreiben sehr gut (und gerne).

Und dann geschieht etwas Wunderbares: Wenn Kind- und Erwachsenensubstanzschild im Gleichgewicht sind, öffnet sich die zweite Achse unserer Persönlichkeit: die der Geistschilde. Damit treten spirituelle Kräfte und Möglichkeiten in unser Leben, von denen wir vorher nur geträumt haben.

Der Kindgeistschild

Die ersten beiden Schilde werden als Substanzschilde bezeichnet, weil sie für die Substanz unseres Seins, nämlich für unseren Körper und unser Alltagsleben, zuständig sind. Die beiden Geistschilde jedoch sind das Gewand unseres magischen Selbst, unserer feinstofflichen Persönlichkeit. Hier erlangen wir Zugang zu anderen Existenzebenen und Wirklichkeiten. Hier formen wir unsere Welt.

Viele schamanische Lehren besagen, dass dieses magische Seelenselbst immer von entgegen gesetztem Geschlecht ist wie unser Körper. Das einer Frau ist also männlich und das eines Mannes weiblich. Deshalb werden die Substanzschilde bei einer Vier-Schilde-Aufstellung üblicherweise mit Menschen besetzt, die dasselbe Geschlecht haben wie der Ratsuchende, während die Geistschilde von Teilnehmern des anderen Geschlechts gestellt werden.

Der Kindgeistschild befindet sich klassisch im Osten des Medizinrads. Er verbindet uns mit unserem höheren Selbst und ist der Zugang zu unserer Spiritualität. Hier befindet sich die Information darüber, wie wir ursprünglich gemeint waren – sozusagen die Schablone der reinen, klaren und unverletzten Persönlichkeit, als die wir in diese Welt gekommen sind.

Hier haben wir auch Zugriff auf Gaben und Eigenschaften, die wir schon immer besitzen, weil sie Teil unserer inkarnationsübergreifenden Seelenpersönlichkeit und nicht des Charakters sind, den wir in diesem speziellen Leben entwickelt haben. Der Kindgeistschild ist das Tor zu allen spirituellen Kräften und Fähigkeiten, zugleich aber auch zu jener spielerischen Leichtigkeit, mit der all jene durch das Leben gehen, die um den wahren Zweck dieses riesigen Spielplatzes namens Universum wissen.

Wenn ein Mensch einen guten Kontakt zu seinem Kindgeistschild hat, kann er die Dinge von einer höheren Warte aus betrachten, ohne sie übermäßig ernst zu nehmen. Ihn kann nur wenig bedrohen, und er versteht es, das Leben immer wieder hemmungslos zu genießen. Solche Menschen spielen sehr gerne, weil sie wissen, dass sie dann ihrer göttlichen Natur am nächsten sind. Und sie lieben selbst dann noch bedingungslos, wenn andere schon längst nicht mehr nachvollziehen können, wie das noch möglich sein soll. Im Kindgeistschild sitzt jene Erleuchtung, von der Jesus sprach, als er sagte: „So ihr nicht werdet wie die Kinder, werdet ihr das Reich Gottes nicht erlangen."

Ein Mensch, der über einen chronisch schwachen Kindgeistschild verfügt, hat meist keinen Zugang und oft auch kein Interesse an seiner spirituellen Entwicklung. Für ihn ist das alles Humbug und Aberglaube – seiner Ansicht nach beschäftigen sich nur schwache Menschen mit „so etwas". Insgeheim hat er oft Angst davor, es könne noch eine andere als die ihm bekannte, kontrollierbare Wirklichkeit geben. Er fürchtet unbewusst oft, sein Leben grundlegend verändern zu müssen, weshalb es auch hier zu einer Opferhaltung kommen kann.

Wenn dieser Schild dominiert, haben wir es meist mit Menschen zu tun, die vor den Problemen des Alltagslebens in die Spiritualität flüchten und alles mit Gottes Willen erklären, anstatt selbst Verantwortung für ihr Wohlergehen zu übernehmen, wie es die Aufgabe eines starken Erwachsenensubstanzschilds wäre. Oder es handelt sich um religiöse Fanatiker, welche die ungeheilten Ängste des inneren Kindes mit einer Art spirituellem Terror zu bewältigen versuchen. Auch Menschen, die von den eigenen abweichende Glaubensansichten anderer nicht akzeptieren können, weisen oft einen aufgeblasenen Kindgeistschild auf (die entsprechende Bachblüte ist übrigens Vervain).

Der Erwachsenengeistschild

Dieser Schild entspricht der Anima beim Mann bzw. dem Animus bei der Frau. Es ist der gegengeschlechtliche, erwachsene Anteil von uns. Erst die Integration dieses Teils in unser Selbst macht uns vollständig, weshalb die symbolische Hochzeit mit dem Animus bzw. der Anima in vielen spirituellen Traditionen ein wichtiges Element darstellt. Es ist der erwachsene Part unseres magischen Selbst und damit unser Zugang zu einer reifen Form der Spiritualität. Gleichzeitig stellt der Erwachsenengeistschild das Tor zu jenen Energien dar, die wir üblicherweise dem jeweils anderen Geschlecht zuordnen, die uns aber erst wirklich vervollständigen. Unser gegengeschlechtlicher Anteil wird meist erst in der zweiten Hälfte unseres Lebens zunehmend aktiv (wie übrigens auch unser Aszendent). Wenn dies auf eine förderliche Weise geschieht, ist eine reife und ausgewogene Persönlichkeit die Folge. Oft weist der Erwachsenengeistschild Grundannahmen und Verhaltenweisen auf, die jenen des Elternteils der Person ähneln, der vom selben Geschlecht ist wie der Schild. Das kann hilfreich oder hinderlich sein – je nachdem, in welcher Umgebung wir aufgewachsen sind.

Wenn es sich als hinderlich erweist, braucht der Erwachsenengeistschild Heilung, um zu seiner eigentlichen Kraft und Klarheit zu finden. Dann sind spirituelle Verantwortung und der praktische Einsatz von Seelenfähigkeiten im täglichen Leben möglich. Hier erhalten wir Zugang zu unserer tiefsten inneren Kraft.

Ein geschwächter Erwachsenengeistschild äußert sich oft in Problemen beim Umgang mit Menschen des entsprechenden Geschlechts – also mit Männern bei einer Frau und mit Frauen bei einem Mann. Ein dominanter Schild kann dazu führen, dass die vom entsprechenden Elternteil erlernten Verhaltensweisen überhand nehmen. Auch eine sehr starke Identifikation mit dem anderen Geschlecht haben wir in der praktischen Arbeit in einem solchen Fall schon mehrfach beobachtet.

Der Zentrumsschild

Dieser Schild entspricht dem eigenen Geschlecht. Er wird bei Frauen als Großmutter- und bei Männern als Großvaterschild bezeichnet. Er eröffnet sich in seiner ganzen Kraft, wenn alle anderen Schilde miteinander ins Gleichgewicht gekommen sind. Hieraus beziehen wir ein mythologisch und archetypisch begründetes Bild vom eigenen Geschlecht und stellen die Verbindung zu unserem höheren Selbst her, um es in diese Inkarnation hinein zu holen und in der Materie zu leben. Es ist jene Funktion, die es uns ermöglicht, mit der ganzen heiligen Schöpfung eins zu sein und dies auch klar zu erleben. Deshalb nimmt der Klient bei einer Schilde-Aufstellung oder einem Heilkreis immer diesen Platz ein, denn dort findet er Zugang zu seinem im heiligen Ganzen eingebetteten Urpotential.

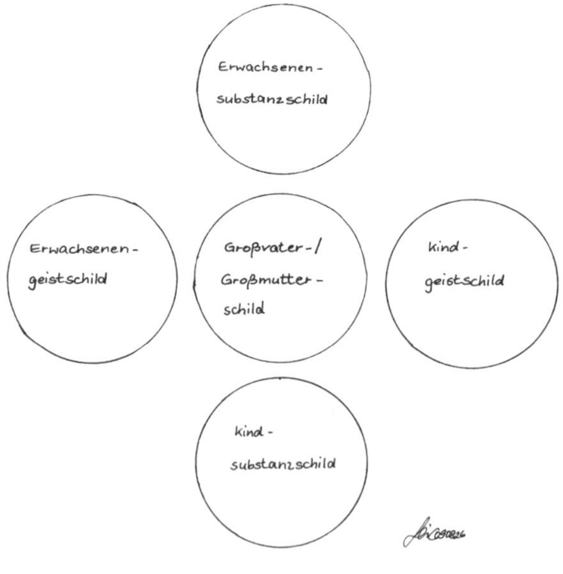

Die fünf Schilde

Üblicherweise werden die Schilde in der oben dargestellten Weise den Himmelsrichtungen zugeordnet. Allerdings konnte William es natürlich nicht lassen, sie versuchsweise auch anders anzuordnen. Das funktioniert ebenfalls, weshalb wir mittlerweile die Rat suchende Person fragen, in welche Richtung ihrem Empfinden nach ihr Kindsubstanzschild gerade gehört. Aber hier sind wir noch am experimentieren – und wir sind uns bei weitem noch nicht einig!

Die Vier-Schilde-Aufstellung in der Praxis

Diese Technik bietet sich immer dann an, wenn bei der Ratsuchenden ein deutliches Defizit in einem der Schilde erkennbar ist. Auch zur Bearbeitung von Kindheitstraumata ist sie gut geeignet. Die Rat suchende Person wählt Teilnehmer aus, die ihre Schilde stellen. Dann begeben sich alle in die entsprechende Anordnung und geben in einer leichten Trance wieder, was in ihnen vorgeht. Während dessen kann der Leiter hilfreiche Impulse in die Gruppe oder an Einzelpersonen weitergeben. Darüber hinaus achtet er auf das Wohlergehen aller an der Aufstellung Beteiligten. Gemeinsam wird versucht, Handlungen und Lösungen zu finden, die das Gleichgewicht der Schilde untereinander wieder herstellen können. Oft ist das nicht in einer einzigen Zeremonie möglich, aber jedes Mal wird ein gewaltiger Schritt auf dem Weg dorthin getan.

Eine solche Arbeit kann sehr tief gehen – genau genommen ist das fast immer der Fall. Im Gegensatz zum Fuchs-Wolfs-Kreis verlassen die Teilnehmer meist ihre Plätze, um auf unterschiedlichste Weise miteinander zu interagieren. Ihr Verhalten zeigt bald, welche Persönlichkeitsanteile der Rat suchenden Person verletzt sind, welche sich schwach darstellen und welche diese Schwäche auf irgendeine Weise kompensieren. Die Schutz- und Verteidigungsmechanismen, die Blockaden und Beschränkungen einer Person treten ebenso deutlich zutage wie ihre Potentiale und Kraftquellen. Dabei kommt es häufig zu höchst emotionalen Prozessen – schließlich werden hier seit vielen Jahren unterdrückte Energien und Gefühle freigesetzt. Wer eine Vier-Schilde-Aufstellung oder einen Heilkreis anleitet, muss deshalb in der Lage sein, mit Menschen in extremen Ausnahmesituationen auf einfühlsame, unterstützende, haltende und den Heilungsprozess konstruktiv begleitende Weise umzugehen. Wir stellen immer wieder fest, dass die Position des Leiters einer solchen Zeremonie mit der eines Schiedsrichters vergleichbar ist: Dieser hat zwar eine überaus machtvolle Position innerhalb des Systems inne, während seine Hauptaufgabe zugleich jedoch darin besteht, möglichst wenig in die Ereignisse einzugreifen und so gut wie unsichtbar zu sein. Ein guter Leiter ist bei einer schamanischen Aufstellung primär bestrebt, aus dem Weg zu gehen. Aber er muss kritische Situationen jederzeit erkennen können und über ein umfangreiches Repertoire an wirksamen Interventionen verfügen, die er im Fall einer Krise zum Einsatz bringen kann. Er muss aus eigener, vielfacher Aufstellungserfahrung heraus wissen, wann ein Teilnehmer die Last der Gefühle der Rat suchenden Person noch halten kann und wann jene Grenze erreicht ist, an der ein aufstellender Teilnehmer vom System dieser Person überfordert wird und Hilfe braucht. Dabei muss jedoch eines jedem Menschen klar sein, der sich in eine schamanische Aufstellung begibt: Es wird sich fast immer ein hoch emotionaler Prozess ereignen, der von den Beteiligten viel fordert. Dafür sind diese Zeremonien in der Lage, mehr im Leben eines Menschen zu verändern, als es mehrere Jahre Gesprächstherapie manchmal tun können. In eine solche Arbeit geht man nur dann, wenn der Zeitpunkt dafür gekommen ist – man absolviert sie nicht regelmäßig alle zwei Wochen eine Sitzung lang. Sie ist dann angesagt, wenn die Krise kumuliert, wenn Probleme nicht mehr als erträglich empfunden werden und eine echte Wende im Leben der betroffenen Person dringend notwendig, aber auch möglich erscheint.

Wunderbarerweise profitieren immer alle Teilnehmer einer solchen Aufstellung von dieser Arbeit, nicht nur der Mensch in der Mitte. Dessen Wahl fällt nämlich nie zufällig auf eine bestimmte Person, sondern er sucht bewusst und unbewusst jemanden aus, der in Bezug auf die Position, auf die er gestellt werden soll, mit dem Ratsuchenden in Resonanz steht. Das heißt, dass die ausgewählte Person immer auch selbst auf irgendeine Weise von diesem Thema betroffen ist. Vielleicht hat sie ähnliche Probleme und kann sich deshalb besonders gut in den Betreffenden einfühlen. Es kann sogar sein, dass sie diese Probleme für sich bereits ein Stück weit gelöst hat und deshalb gewählt wird. Auf jeden Fall aber wird jeder an einer Aufstellung beteiligter Menschen gemeinsam mit dem Ratsuchenden auch selbst ein ganzes Stück heiler und ganzer.

Der Heilkreis

Ein Heilkreis schließlich ist die Aufstellung des gesamten Medizinrads des Ratsuchenden. Im Idealfall werden also acht Personen auf die acht Außenpositionen des Rads gestellt; dazu kommen noch vier in Form eines inneren Kreises, die für die vier Schilde des Ratsuchenden stehen. Hinzu kommt der Zeremonienleiter und eventuell eine Person, die das so genannte „Doctoring" durchführt, also jederzeit bereit steht, um bei Bedarf mit Hilfe von Energiearbeit, Pfeifenzeremonien und ähnlichem für einen besseren Fluss der Aufstellung zu sorgen. In der GAIA-Tradition benötigt man zusätzlich noch eine Person, die während der gesamten Zeremonie leise trommelt. Es ist auch sehr hilfreich, wenn man den Südosten doppelt besetzen kann, also einen Mann für die väterliche und eine Frau für die mütterliche Ahnenlinie dort hin setzt. So kommen wir alles in allem auf siebzehn Personen (den Ratsuchenden mit eingerechnet). Spätestens jetzt sollte klar sein, dass ein Heilkreis keine Anfängerübung ist, die man mal eben aus dem schamanischen Hut zaubert.

Es geht natürlich auch kleiner. Wir haben sehr erfolgreiche Aufstellungen erlebt, in denen neben den vier Schilden nur die vier Zwischenrichtungen (also Südosten, Südwesten, Nordwesten und Nordosten) besetzt worden waren. Das Doctoring kann auch von der im Nordosten sitzenden Person mit übernommen werden. Trommeln sind schön, aber notfalls ist es durchaus möglich, darauf zu verzichten oder es von einer der im Kreis sitzenden Personen übernehmen zu lassen (hier bietet sich der Süden oft an). In der „Minimal-Version" benötigt man also zehn Menschen: die vier Schilde, die vier Zwischenrichtungen, den Ratsuchenden und den Zeremonienleiter.

Wichtig: Bei einem Heilkreis gibt es keine Zuschauer. Während es bei den anderen bisher genannten Aufstellungen durchaus möglich und oft sogar hilfreich ist, wenn nicht aufgestellte Teilnehmer im Kreis um die Aufstellung herum sitzen und diese energetisch (das heißt mit Hilfe ihrer aus dem Herzen kommenden, annehmend verstehenden Aufmerksamkeit) halten, kommt das hier nicht in Frage. Ein Heilkreis ist die tiefste Form der Arbeit mit einer menschlichen Seele, die uns bisher begegnet ist – hier sind alle Anwesenden teilhabend und somit verstehend mit eingebunden, anders geht das gar nicht. Ein Heilkreis ist niemals etwas, das „gezeigt" oder „demonstriert" werden kann. Dieser Prozess fordert alles vom Ratsuchenden, der ebenso wie die anderen Teilnehmer im Zuge dieser Aufstellung in tiefste emotionale Zustände geraten kann. Das geht einfach niemanden außerhalb des Systems etwas an.

Wo wir gerade dabei sind: Aufstellungsarbeit ist immer Vertrauenssache – egal, ob sie schamanisch oder nach Hellinger abläuft. Was sich in einer Aufstellung ereignet hat, sollten die Teilnehmer für sich behalten oder in klar anonymisierter Form weitergeben, so dass niemand erkennen kann, um wessen Erlebnis es sich dabei gehandelt hat. Das ist für den Zeremonienleiter eine unbedingte Pflicht; für die Teilnehmer sollte es eine Selbstverständlichkeit sein.

Was geschieht in einem Heilkreis? Das gesamte psychisch-energetische System des Ratsuchenden wird offen gelegt. Dabei zeigen sich ganz schnell die darin vorherrschenden Defizite, Paradigmen und dysfunktionalen Denk- sowie Verhaltensstrukturen. Mit den Schilden sowie den Ahnen haben wir direkten Zugriff auf die Ursachen dieser Strukturen, also auf die Ereignisse, die den Ratsuchenden verletzt oder auf andere Weise geprägt und so dazu veranlasst haben, die entsprechenden Denk- und Verhaltensweisen zu entwickeln. Diese Ursachen sind oft psychodynamischer Natur und entfalten sich in erstaunlicher Klarheit, wenn der Kindsubstanzschild seine Verletzung im Verhältnis zu seiner Umwelt und seinen Ahnen ausagiert. Was sich hier offenbart, ist die Wirklichkeit, in der die Seele des Ratsuchenden hier und jetzt lebt. Diese Wirklichkeit wird ans Licht gebracht und auf materielle Personen übertragen, weshalb wir in einem Heilkreis die einzigartige Chance haben, auf genau derselben Ebene Veränderungen vorzunehmen. Die Handlungen der beteiligten Menschen sind buchstäblich in der Lage, das auf sie übertragene Energiesystem des Ratsuchenden sofort zu verändern.

Das klingt einfacher, als es sich in der Praxis meist darstellt. Nur, weil das System offen da liegt, heißt das noch lange nicht, dass ein verängstigter Kindsubstanzschild plötzlich mehr Vertrauen in seine als verletzend erlebte Umwelt hat als zuvor. Aber jetzt ist es möglich, neue Formen des Umgangs mit dieser Situation zu finden. Vielleicht ist der innere Erwachsene des Ratsuchenden mit diesem verängstigten Kind bisher immer ungeduldig und verständnislos umgegangen. Doch jetzt, wo er dessen Leid in seinem ganzen Ausmaß sehen kann, ist es seinem Erwachsenensubstanzschild unter Umständen möglich, einfach aufzustehen und das weinende innere Kind tröstend in den Arm zu nehmen. Dann können beide gemeinsam zu den Ahnen gehen, um deren Kraft anzunehmen, aber auch alle Interaktionen zu beenden, die das Kind fortwährend verletzt haben. Was hier erreicht wird, ist kein Symbol, kein Rollenspiel – es ist vielmehr die bewusste Veränderung der bisherigen Situation und der Beginn einer neu gestalteten Wirklichkeit, die sich im Alltagsleben spürbar fortsetzen wird. Das ist *unsere* Definition von Magie.

Der Heilkreis bietet Zugang zu allen möglichen Ebenen der Persönlichkeit. So kann der Ratsuchende auf jeder Position überprüfen, ob er deren Kraft auf eine unterstützende Weise lebt oder sich dort selbst blockiert bzw. von externen Kräften blockiert wird.

Der Kindsubstanzschild zeigt auf, welche frühkindlichen Verletzungen zu bestimmten Entscheidungen des damaligen Kindes führten, die noch heute das Verhalten des Ratsuchenden prägen, auch wenn sie im Leben eines Erwachsenen meist eher hinderlich als schützend sind. Wenn es dem Ratsuchenden gelingt, das Kind mit Hilfe der anderen Schilde davon zu überzeugen, dass es nicht mehr alleine ist, sondern sich auf den Schutz und die Unterstützung der erwachsenen Persönlichkeitsanteile des Ratsuchenden verlassen kann, ist dort echte Heilung möglich. Das führt zu äußerst positiven Veränderungen im Alltagsleben des Ratsuchenden, weil dieser in fordernden Situationen nicht mehr auf das Verhaltensrepertoire des verletzten Kindes zurückgreift, sondern ihnen mit der Reife des inneren Erwachsenen begegnen kann, der er mittlerweile ja schließlich ist.

Im Erwachsenensubstanzschild kann der Ratsuchende sehen, auf welche Weise er mit den Anforderungen des täglichen Lebens umgeht. Es wird deutlich, inwiefern diese Verhaltensweisen angemessen sind oder nicht und auch, ob und auf welche Art sie durch die Menschen in der frühen Umgebung des Ratsuchenden geprägt wurden. In der Heilkreis-Aufstellung ist es möglich, solche Strukturen im direkten Kontakt auf der Stelle zu verändern, damit die erwachsenen Kapazitäten des Ratsuchenden von nun an in weitaus höherem (und oft auch reiferem) Maße zu dessen Alltagsbewältigung zur Verfügung stehen. Außerdem befindet sich hier eine der Schlüsselpositionen für die Heilung des inneren verletzten Kindes, die sich erst dann vollziehen kann, wenn der Erwachsenensubstanzschild das Kind liebend angenommen und zu schützen begonnen hat.

Der Kindgeistschild bietet oft Lösungen für das innerpsychische Dilemma des Ratsuchenden an, die jedoch in vielen Fällen vom System nicht sofort angenommen werden können. Meist ist es zuerst nötig, dem Kindsubstanzschild Trost und Schutz zu verschaffen, bevor es sich auf eine neue Art des Umgangs mit dem Leben einlassen kann. Der Kindgeistschild kann die dafür notwendige Verbindung zum höheren Selbst herstellen und bringt oft völlig neue Impulse in das System hinein.

Der Erwachsenengeistschild spiegelt oft die Verhaltensweise des Elternteils wieder, der dasselbe Geschlecht wie der Schild hat (also das entgegensetzte des Ratsuchenden). Hier ist die Quelle des Frauen- bzw. Männerbildes der Rat suchenden Person zu finden. An dieser Stelle lässt sich erkennen, welchen Einfluss dieses Bild auf das (Beziehungs-)Leben dieser Person hat und welche Maßnahmen unternommen werden können, um an dieser Stelle der Persönlichkeit Lösungen zu finden.

Der Osten zeigt, auf welche Weise der Ratsuchende seinen Verstand und seine geistigen Gaben in seinem Leben einsetzt. Ist der Verstand überaktiv, kann herausgefunden werden, welches Defizit im System er kompensiert. Wenn diese Stelle gestärkt wird, kann sich die im Osten sitzende Person meist von selbst entspannen und ihre Kontrolle über die Persönlichkeit loslassen.

Im Südosten erkennen wir die familiären Verstrickungen des Ratsuchenden, die sich in Form von Gemeinschaftsthemen oft bereits seit Generationen durch das Leben der Menschen in seiner Familie ziehen. Wir erfahren, welche Überzeugungen der Ratsuchende von seiner Familie über seine eigene Person, aber auch die Welt an sich vermittelt bekam. Mit Hilfe des Erwachsenensubstanzschilds kann der Ratsuchende diese Informationen nun überprüfen und aus seinem System entfernen, wenn sie sich als einschränkend oder blockierend erweisen. Im Südosten ist es aber auch möglich, familiäre Verletzungen zu heilen und ein Stück des Friedens in der Ahnenlinie wieder herzustellen. Vergebung, Annahme, Liebe, aber auch Abschied, Trennung und Abgrenzung sind wichtige Stichworte für die Arbeit mit dieser Position.

Der Süden ermöglicht uns einen Einblick in die kreativen Kräfte des Ratsuchenden, in seine pure Lebenskraft, seine Fähigkeit zu Wachstum und Veränderung und in sein Verhältnis zu den „feurigen" Gefühlen. Hier kann er zum Beispiel einen nachhaltigen Umgang mit seiner Aggression (und der anderer Menschen) initiieren.

Der Südwesten eröffnet uns die Möglichkeit, mit unserem Schatten zu arbeiten, also unsere Projektionen auf andere Menschen aufzulösen und uns jenen Anteilen von uns zu stellen, die wir sonst gerne übersehen (und die sowohl „positiv" als auch „negativ" sein können). Hinter diesen Schutzwällen verbirgt sich nämlich die große Kraft des Südwestens – der unmittelbare Einblick in unseren heiligen Traum. Deshalb kann uns diese Position dabei helfen, herauszufinden, wofür wir wirklich auf dieser Welt sind und worin unsere wahre Aufgabe besteht. Wenn Sie sich jemals gefragt haben, warum Sie eigentlich überhaupt hier sind, dürfte die Person im Südwesten Ihres Rades interessante Antworten für Sie haben!

Im Westen zeigt sich, auf welche Weise der Ratsuchende mit seinen Gefühlen umgeht, welchen Zugang er zu seiner Intuition hat und ob er Altes, Überlebtes gut loslassen kann. Falls nicht, ist die dazugehörige Blockade meist gut erkennbar und lässt sich auflösen.

Im Nordwesten hat der Ratsuchende die Möglichkeit, mit seinen Krafttieren in Verbindung zu treten und zu erfahren, wie er die Kräfte, die in seinem Leben wirken, besser ins Gleichgewicht bringen kann. Hier erfährt er, welche Lebensgesetze er zu wenig achtet und wie er sich damit selbst Schaden zufügt. So wird zum Beispiel die heilige Regel „Jeder Mensch braucht regelmäßig Phasen der Erholung und Regeneration" von jenen missachtet, die sich mit Stress- und Burnout-Themen herumschlagen. Wir wissen alle, dass das nicht lange gut geht. Im Nordwesten haben wir die Chance, zu erkennen, welche heiligen Regeln und Gesetze wir missachten und was wir tun müssen, um uns wieder auszubalancieren. Aber oft leiden wir auch darunter, dass wir Prinzipien, die gar keine heiligen Regeln sind, zu solchen erheben! Das geschieht zum Beispiel dann, wenn eine Frau mit dem Grundsatz lebt, Frauen seien nur dann etwas wert, wenn sie sich für andere bis zur Erschöpfung aufopfern. Das nennen wir ein unheiliges Gesetz, das genauso viel Ungleichgewicht schaffen kann wie die Missachtung einer heiligen Regel. Zum Glück ist es hier im Nordwesten ebenfalls gut möglich, unheilige Gesetze zu verändern. Grundsätzlich geht es auf dieser Position darum, wieder in die natürlichen Rhythmen und Zyklen zurück zu finden und das Gleichgewicht der Persönlichkeit wieder herzustellen. Deshalb sprechen wir auf dieser Position auch die Karma-Meister an, die Herren der Lebensbücher, und bitten darum, unser Schicksal mit Hilfe dieser Zeremonie in Bestimmung verwandeln zu dürfen.

Im Norden eines Heilkreises haben wir die Möglichkeit, uns mit unserem Körper und unserem Zugang zur Materie auseinander zu setzen. Hier können wir sehen, ob wir uns gut nähren, gut in der Realität verankert sind und wie es um unseren Zugriff auf die Weisheit der Steine und von Mutter Erde steht. Wenn wir Träumer sind, die zwar viele Ideen haben, aber nichts davon umsetzen können, lohnt sich die Arbeit mit dem Norden ganz gewiss. Aber auch, wenn wir lernen wollen, fürsorglicher mit uns selbst umzugehen, ist das der richtige Ansatzpunkt.

Der Nordosten schließlich gibt uns einen Einblick darin, wie sich all diese Kräfte miteinander verbinden und uns zu der Person machen, die wir sind. Hier haben wir Zugriff auf das Ungeplante, Unerwartete und Überraschende – hier können urplötzlich ganz neue Ideen und Lösungen auftauchen. Und schließlich sitzt hier auch die Fähigkeit, über uns selbst zu lachen und alles nicht ganz so ernst zu nehmen, wie es in Heilkreisen oft erscheinen mag!

Der praktische Ablauf

Ein Heilkreis ist eine umfangreiche Zeremonie, die meist mehrere Stunden dauert. Sie beginnt mit einer Salbei-Reinigung; danach erneuern wir unsere Verbindung mit den heiligen Kräften des Rads. Wir legen einen Kreis aus Steinen um die Gruppe herum, deren Aufgabe darin besteht, die Energien zu halten, die im Zuge dieser Zeremonie entstehen. Danach sprechen wir gemeinsam eine Art Formel, die uns bewusst macht, dass wir nur vorübergehend zu Anteilen der Persönlichkeit des Ratsuchenden werden, aber nicht auf Dauer dessen Weg gehen wollen. Dazu gehört auch, jeglichen Stolz auf einen Erfolg und jegliche Frustration über einen Misserfolg der Zeremonie bereits von vornherein abzugeben, denn ab jetzt vollzieht sich ein heiliger Prozess, über den wir keine wirkliche Macht mehr haben. Wir können nur einen möglichst klaren und gut vorbereiteten Raum dafür schaffen, aber die Heilung selbst wird nicht von uns erwirkt, sondern ist immer ein göttliches Geschenk. Deshalb ziehen wir unser Ego von Anfang an aus der ganzen Angelegenheit ab (was den Tranceeinstieg natürlich sehr erleichtert).

Nun kommt eine Schutzbannung, die dafür sorgen soll, dass nichts in den Heilungsprozess eingreift, das nicht in Übereinstimmung damit steht – also keine Energien, Bedürfnisse, Erwartungen oder was auch immer noch im Raum herumschweben mag und seiner ganz eigenen Agenda folgt. Danach beten wir reihum dafür, ein guter Kanal für den Ratsuchenden sein zu dürfen, und oft beten wir auch für diesen selbst.

Eventuell folgt jetzt noch das „Doctoring“ – eine diesbezüglich ausgebildete Person kümmert sich darum, das Energiesystem des Ratsuchenden weitmöglichst zu öffnen und auf die Arbeit vorzubereiten. Ab nun ähnelt der weitere Verlauf dem der Vier-Schilde-Aufstellung. Die Teilnehmer lauschen in sich hinein und geben die Bilder, Gedanken, Gefühle und Empfindungen wieder, die sie als Stellvertreter dieser bestimmten Position im Rad des Ratsuchenden wahrnehmen. Daraus kristallisiert sich meist rasch heraus, woran das System krankt und was möglicherweise geschehen sollte, damit es wieder ins Gleichgewicht kommen kann.

Wenn der Leiter zu dem Schluss kommt, dass alles geschehen ist, was in dieser speziellen Zeremonie erreicht werden konnte, beendet er sie. Die Teilnehmer geben ihre Anteile an den Ratsuchenden zurück und lösen sich bewusst aus ihrer Rolle. Der Leiter dankt den heiligen Kräften und erdet Teilnehmer, die dabei eventuell etwas Unterstützung brauchen. Danach pflegen wir zu tanzen, uns gegenseitig zu massieren, ein gepflegtes Glas Wein miteinander zu teilen oder uns auf andere Weise gut zu tun. Dabei gilt die Regel, dass nicht über die Zeremonie gesprochen wird, denn dafür dient ein Redestabritual am folgenden Morgen. Bis dahin soll sich einfach alles setzen und beruhigen können, ohne bereits vom Verstand auseinander gerupft zu werden.

Emphatische Spiegelung

Gesehen und verstanden werden – so wahrgenommen werden, wie man sich sieht und fühlt, das ist für viele Menschen überaus wichtig. Auch die Psychotherapie hat das bald erkannt. Bereits in den vierziger Jahren des zwanzigsten Jahrhunderts kam der amerikanische Psychologe Carl Rogers nach intensivem Studium des therapeutischen Ansatzes von Sigmund Freud zu dem Schluss, dass es einer an- und aufnehmenderen Haltung dem Patienten gegenüber bedarf, als dies zum damaligen Zeitpunkt in der Psychoanalyse der Fall war. Aus dieser Erkenntnis heraus entwickelte Rogers im Verlauf der nächsten zehn Jahre seinen eigenen Ansatz, der sich schließlich mit einigen anderen Strömungen zu dem verband, was wir heute als humanistische Psychologie (im Gegensatz zur analytischen) kennen. Rogers speziell entwickelte daraus die klientenzentrierte Gesprächspsychotherapie, in der er davon ausgeht, dass die Grundhaltung des Therapeuten dem Klienten gegenüber viel wichtiger sei als die gesamte psychologische Ausbildung, über die der Therapeut verfügt. Auch hat er den Patientenbegriff völlig abgeschafft und gänzlich durch den des Klienten ersetzt.

Die Grundlage der Haltung des Therapeuten zum Klienten sind nach Rogers „Kongruenz“ (echtes, authentisches Verhalten des Therapeuten), „Akzeptanz“ (die bedingungslose Annahme und Wertschätzung des Klienten durch den Therapeuten) und eben die Empathie. Dieser Begriff leitet sich vom griechischen Wort empatheia her, was wörtlich übersetzt Leidenschaft bedeutet. Eine weitere Wurzel ist *empathēs* (emotional, gefühlsgeladen).

Die Encyclopedia Britannica definiert Empathie als *„die Fähigkeit, sich in die Position eines anderen hineinzuversetzen und die Gefühle, Wünsche, Ideen und Handlungen des anderen zu verstehen. Der Begriff wurde im frühen zwanzigsten Jahrhundert nach dem Modell des deutschen Wortes Einfühlung und des englischen Begriffs sympathy geprägt. Er wird vor allem (aber nicht ausschließlich) in Bezug auf die ästhetische Erfahrung genutzt. Das deutlichste Beispiel bietet vielleicht der Schauspieler oder Sänger, der die Gefühle der von ihm dargestellten Rolle tatsächlich echt empfindet.“*

Carl Rogers selbst definierte Empathie folgendermaßen: Der Zustand der Einfühlung oder des Sich-Einfühlens besteht darin, den inneren Bezugsrahmen eines anderen genau wahrzunehmen unter Einschluss der zugehörigen gefühlsmäßigen Komponenten und Bedeutungen, so, als ob man selbst der andere wäre, ohne aber jemals den Als-ob-Zustand zu verlassen. In diesem Sinne bedeutet es, den Schmerz oder die Freude des anderen zu erfühlen, so wie er sie fühlt, deren Ursachen wahrzunehmen, wie er sie wahrnimmt, aber ohne jemals die Erkenntnis zu verlieren, dass es so ist, als ob ich verletzt oder froh wäre ... .

Empathie ist bei Rogers keineswegs dasselbe wie Mitgefühl, Sympathie oder die so genannte Gefühlsansteckung. Hier identifiziert sich der Therapeut nicht mit den Gefühlen, die er wahrnimmt. Diese Form der Identifikation ist nach Rogers sogar unbedingt zu vermeiden. Er sagte dazu: Empathie bedeutet, das Erleben eines anderen so vollständig und genau nachzuvollziehen, als ob es das eigene wäre, ohne jemals diesen „als-ob-Status“ zu verlassen.

Das Problem mit der Objektivität

Aufgrund dieser wichtigen Unterscheidung besteht die Aufgabe des Therapeuten bei Rogers vor allem darin, die auf diese Weise nämlich empathisch erlangten Informationen mit seinen eigenen Worten an den Klienten zurückzugeben. Dieser kann sich dann gewissermaßen im Spiegel des Therapeuten selbst erkennen und die kostbare Erfahrung machen, dass er so angenommen und geschätzt wird, wie er ist.

Unserer Meinung nach ist das Menschenbild von Carl Rogers wie auch seine Haltung dem Klienten gegenüber eine der kostbarsten Neuerungen, welche Psychologie und Psychiatrie in den letzten siebzig Jahren erfahren haben. Dennoch halten wir den Versuch, eine objektive Haltung gegenüber dem Klienten einzunehmen, von vornherein für zum Scheitern verurteilt. Ebenso ist es mit der therapeutischen Abstinenz, die als Grundlage tiefenpsychologischer Verfahren dient. In einem Universum, in dem alles mit allem verbunden ist, erweist sich die konsequente und hundertprozentige Umsetzung einer solchen Haltung nicht nur als äußerst schwierig, sondern sie stellt sich sogar als kontraproduktiv dar, weil sie die Illusion des Abgetrenntseins von der Schöpfung bzw. vom Gegenüber noch verstärkt (und damit Heilungserfahrungen im Sinne einer Ganzwerdung behindert).

Natürlich hat die klassische Psychotherapie wichtige Gründe für diese Vorsichtsmaßnahme, denn sie soll Gegenübertragungen entgegenwirken, also verhindern, dass der Therapeut unbewusst im Klienten seine eigenen Komplexe sieht und zu behandeln versucht (oder auch ablehnt, wenn der Konflikt sehr stark oder gerade akut ist). Der einzige Schutz davor besteht unserer Ansicht nach darin, ein Leben lang an sich und der Klärung der eigenen Persönlichkeit zu arbeiten unabhängig davon, ob man Klient oder Therapeut ist. Unter diesem Gesichtspunkt betrachtet ist für uns also ein guter schamanischer Begleiter jemand, der selbst ein Leben lang Klient ist, weil er über das übliche Maß der seelischen Durchschnittsgesundheit hinaus ständig an sich weiter arbeitet. Je weiter er darin fortgeschritten ist, umso geringer ist die Gefahr einer Projektion auf den Klienten. Aber auch auf diesem Weg ist das natürlich niemals hundertprozentig auszuschliessen ebenso wenig wie beim Abstinenzansatz.

Weil wir das wissen, versuchen wir es gar nicht erst. Unsere Form der empathischen Spiegelung zieht von vornherein den Umstand in Betracht, dass wir nicht so tun können, als wären wir in der Lage, unsere eigenen innerseelischen Vorgänge auch nur annähernd vollständig von denen unseres Gegenübers zu trennen. Deshalb ist es bei dieser Form der Arbeit enorm wichtig, dem anderen die eigenen Wahrnehmungen nicht „überzustülpen“ selbst dann nicht, wenn wir ziemlich sicher sind, dass sie vom Gegenüber und nicht von uns stammen. Einfach deshalb, weil bereits die Tatsache, dass ich die Wahrnehmungen eines anderen Menschen gut teilen kann bedeutet, dass auch ich ähnliche Erfahrungen gemacht habe (oder zumindest solche, die sich in Richtung der Erlebnisse des anderen extrapolieren lassen). Genau darauf beruht aber das Empathie-Konzept, dass ich eben nicht neutral bin, sondern eigene Erfahrungswerte und damit auch eigene Verstrickungen habe, die jenen des Klienten ähneln.

Das Konzept des verwundeten Heilers

Die schamanische Betrachtungsweise sieht diesen Umstand übrigens nicht etwa als therapeutisches Problem, sondern betrachtet ihn sogar als Voraussetzung für eine effektive Behandlung und Begleitung. In diesem Zusammenhang wird gerne vom „verwundeten Heiler“ gesprochen. Damit ist ein schamanischer Begleiter gemeint, der seine Klienten gerade deshalb so gut verstehen und so effektiv behandeln kann, weil er ihre Probleme, Störungen und Erkrankungen so oder ähnlich aus eigener Erfahrung kennt. Ein verwundeter Heiler ist ein ehemaliger Erkrankter, der sich alleine oder mit Hilfe anderer selbst geheilt hat. Niemand kann besser als ein solcher Mensch nachempfinden, wie sich ein Klient in dieser bestimmten Krise fühlt und was er dann braucht. Niemand ist besser als ein verwundeter Heiler in der Lage, den Klienten auch mit seinen Problemen und Symptomen immer noch wertschätzend anzunehmen, weil er sich ja schließlich selbst liebend annehmen musste, um wieder heil zu werden. Nur die Objektivität, die therapeutische Abstinenz, die ist bei diesem Konzept natürlich ein Schuss in den Ofen. Beides klappt einfach nicht gleichzeitig.

Deshalb ist die stete Arbeit an der eigenen Persönlichkeit und den eigenen seelischen Verletzungen unserer Ansicht nach eine unabdingbare Voraussetzung für diesen Weg. Es ist eben nicht jeder ein verwundeter Heiler, der eine harte Kindheit oder schwere körperliche bzw. psychische Erkrankungen aufzuweisen hat. Den verwundeten Heiler zeichnet (übrigens auch in Stammeskulturen) immer aus, dass er sich selbst geheilt hat. Dieser Satz impliziert zweierlei. Zum einen besagt er, dass niemand einen anderen Menschen heilen kann. Alles, wozu wir imstande sind ist, einen Klienten auf dem Weg seiner Selbstheilung zu begleiten. Auch Medikamente und Psychotherapien heilen keine Störungen, sondern es ist der Klient selbst, der unter Inanspruchnahme solcher Hilfsmittel seine eigene Heilung bewerkstelligt. Wenn dem nicht so wäre, müssten Medikamente nämlich bei allen Menschen wirken. Das tun sie aber nicht, denn die wesentlichste Komponente bei der Genesung sind weder das Medikament noch der Therapeut oder sein Verfahren, sondern ist immer der Heilung suchende Mensch selbst.

Zweitens aber besagt die obige Definition des verwundeten Heilers schlichtweg, dass er seine Störung weitestgehend überwunden hat. „Weitestgehend“ nimmt Rücksicht auf den Umstand, dass viele körperliche wie auch psychische Erkrankungen in engem Zusammenhang mit der Persönlichkeit des Betroffenen stehen und deshalb nicht völlig verschwinden können, ohne diese Persönlichkeit auf eine Weise zu verändern, die vielleicht nicht mehr authentisch wäre. So reagieren zum Beispiel viele Menschen, die sich jahrelang mit schweren Allergien herumgeschlagen haben, auch nach ihrer Heilung immer noch hin und wieder auf bestimmte Blüten oder Lebensmittel. Es ist einfach ein Teil ihrer Persönlichkeitskonstellation, auf Belastungen psychosomatisch hier mit Niesanfällen zu reagieren. Wenn diese Menschen im Zuge ihrer Genesung so weit kommen, dass sie die Allergie nicht mehr als schwerwiegende Beeinträchtigung ihres Lebens empfinden oder sogar an ihrem Auftreten erkennen können, wann sie sich mehr Ruhe gönnen müssen, betrachten wir das als Heilung. In diesem Zusammenhang bedeutet „Heilung“ also, in Frieden mit den Symptomen zu sein, sie nicht mehr als übermäßig belastend zu empfinden und darüber keine anderen, unbewussten Bedürfnisse mehr zum Ausdruck zu bringen. Dann kann so ein Heuschnupfen ein echter Freund werden!

Wer mit schamanischen Heilungstechniken arbeiten will, hat also eine große, lebenslange Verpflichtung sich selbst und seinen Klienten gegenüber zu ständiger annehmender, aber auch kritikfähiger Selbstreflektion und nie endender Arbeit an den eigenen Problemen, ohne jemals die Chance zu haben, irgendwann damit fertig zu sein. So ist es halt. Und es ist ein schöner, wertvoller Weg voller Belohnungen.

Die emphatische Spiegelung in der Praxis

Diese Technik eignet sich primär für die Arbeit zu zweit. Die Ratsuchende schildert ihr Thema bzw. ihr Problem. Während dessen hört der Begleiter aufmerksam zu und achtet dabei nicht nur auf die Worte seines Gegenübers, sondern auch auf alle Bilder, Gefühle und Empfindungen, die während dessen in ihm aufsteigen. Diese Wahrnehmungen gibt er an die Ratsuchende zurück. Dabei bleibt er jedoch vollkommen bei sich, sprachlich wie auch von der inneren Einstellung her. Im Gegensatz zum Ansatz der klientenzentrierten Gesprächspsychotherapie versuchen wir nicht, vollkommen beim Klienten, sondern vollkommen in der eigenen Wahrnehmung zu sein *und übernehmen in vollem Maße die Verantwortung für das, was wir dabei erleben.* Da wir niemals völlig sicher unterscheiden können, ob diese Wahrnehmungen von uns selbst kommen oder aus der Ratsuchenden stammen, sie sich aber alle in uns selbst ereignen, bleiben wir auch in unseren Formulierungen völlig bei uns. Das kann dann zum Beispiel so klingen:

- „Ich habe das so verstanden, dass Sie ..."
- „Während Sie davon erzählt haben, habe ich eine tiefe Trauer gespürt."
- „In mir steigt gerade folgendes Bild hoch: ..."
- „Keine Ahnung, warum, aber seit Sie davon zu erzählen begonnen haben, spühre ich einen leichten Schmerz im Nacken."
- „Jetzt geht der Schmerz bei mir fort."
- „Das Gefühl, das ich gerade habe, verändert sich, es wird jetzt zu ..."
- „Beim Zuhöhren ist gerade Angst in mir aufgestiegen."

Jede solche Wahrnehmung *bieten wir der Ratsuchenden nur an.* Der Begleiter erhebt keinen Anspruch darauf, gerade unbewusste oder auch bewusste Empfindungen der Ratsuchenden erlebt und wiedergegeben zu haben. Das kann natürlich sein und ist auch oft der Fall, aber genauso gut ist auch möglich, dass er nur sich selbst und seine eigene Resonanz auf das Thema seines Gegenübers gespürt hat. Diese Möglichkeit schliessen wir nie aus, auch wenn wir dem Problem der Ratsuchenden noch so sicher auf der Spur sind. Es ist ihr Recht und ihre Aufgabe, aus den Angeboten des Begleiters die für sie hilfreichen Elemente auszuwählen und mit diesen weiter zu arbeiten.

Diese Technik ist unglaublich wertvoll, weil der Begleiter oft Empfindungen spüren und verbalisieren kann, die der Ratsuchenden selbst noch nicht bewusst ist. So manches Mal wurde schon ein Satz wie „Irgendwie spüre ich eine grosse Trauer, wenn Sie das erzählen." mit einer heftigen Tränenflut quittiert, die mit der erstaunten Bemerkung endete: „Ich wusste gar nicht, dass ich deswegen so viel Schmerz mit mir herum schleppte. Dann verschwindet die Wahrnehmung beim Begleiter meist, weil die Ratsuchende sie wieder selbst übbernimmt. In gewisser Weise ist dieser Vorgang mit der Übernahme einzelner Persönlichkeitsanteile in der Stellungsarbeit vergleichbar.

Es ist sehr wichtig, dass der Begleiter in einem solchen Gespräch so wenig wie möglich selbst sagt, denn natürlich stellt er auch einen großen Einflussfaktor dar. Es besteht immer die Gefahr, dass Ratsuchende sich eine Wahrnehmung einreden lassen bzw. übernehmen, die tatsächlich nicht die ihre ist. Deshalb müssen diese Interventionen äußerst feinfühlig dosiert werden.

Darüber hinaus ist es von enormer Bedeutung, dass die Spiegelung *immer* aus einer positiven, wertschätzenden und annehmenden Haltung heraus erfolgt. Wenn Sie das Gefühl haben, einen Ratsuchenden nicht zu mögen, innerlich abzulehnen oder ihm sonst auf irgendeine Weise negativ gegenüber zu stehen, dann führen Sie bitte auf keinen Fall eine empathische Spiegelung durch. Höchstwahrscheinlich ist der Ratsuchende nämlich gerade ein Spiegel für *Sie*, weil sein Thema auf irgendeine Weise mit einem Ihrer eigenen verknüpft ist, mit dem Sie selbst noch nicht im Reinen sind. Das ist kein Drama und auch kein Versagen. Wir alle haben bis ans Ende unseres Lebens immer irgendwo noch einen Knochen liegen, an dem wir noch ein wenig zu nagen haben. Wer die Größe hat, sich das einzugestehen und deshalb den Einsatz einer Technik wie der empathischen Spiegelung zu unterlassen, ist mit Sicherheit ein besserer Begleiter als jemand, der meint, über allem stehen und mit allem fertig werden zu müssen – ob er es nun kann oder nicht.

Das „schamanische Sandwich"

Unter einem „schamanischen Sandwich" verstehen wir eine Weiterentwicklung der empathischen Spiegelung, die von Anne Ruth Schomber und Janina Mangel entwickelt wurde. Im Gegensatz zur eben beschriebenen Spiegeltechnik arbeiten hier zwei Personen zusammen, um Blockaden der Klientin aufzufinden und gemeinsam mit ihr aufzulösen. Dabei sitzen der Spurenleser (Tracker) hinter der Klientin und der Spiegelnde (Cracker) davor. Beide befinden sich dabei in Halbtrance. Stellt man sich das ganze jetzt vor dem inneren Auge vor, wird rasch offensichtlich, wie diese Methode zu ihrem Namen gekommen ist.

Diese Technik wird ausschließlich im so genannten heiligen Raum durchgeführt – es wird also zunächst das Medizinrad aufgebaut und um Schutz und Halt für diese Arbeit gebeten. Danach sprechen die beiden Heiler eine Formel, die sie vor einer dauerhaften Verknüpfung mit den energetischen Verstrickungen der Klientin schützt. Diese sollte so im Medizinrad ausgerichtet sein, dass sie in eine Richtung blickt, die mögliche Perspektiven für ihr Problem bietet.

Dann klinkt sich der „Tracker" in das Energiesystem der Klientin ein, indem er seine Hände auf das obere und untere Ende ihrer Wirbelsäule legt. Dadurch wird es möglich, die das Problem der Klientin betreffenden inneren Blockaden zu erspüren oder auch zu sehen. Wird die Blockade dabei aufgespürt, versucht der „Tracker" diese energetisch an den

„Cracker“ zu überreichen. Misslingt dies, versucht er, die Blockade energetisch zu verstärken, damit sie nach außen und damit auch für den „Cracker“ erkennbar wird. Dieser kann sie dann der Klientin gegenüber ansprechen, wodurch das Problem auch für sie fassbarer wird.

Die Aufgabe des „Crackers“ besteht darin, die Klientin auf dieselbe Weise mit den in ihm aufsteigenden Wahrnehmungen und Gedanken zu konfrontieren, wie es bereits bei der empathischen Spiegelung beschrieben wurde.

Ein solches Heiler-Team muss im Bereich der Heil- und Energiearbeit äußerst gut aufeinander eingespielt sein und sich gegenseitig blind vertrauen können. Anne Ruth und Janina haben diese Methode im Rahmen der Arbeit für eine bestimmte Klientin entwickelt, als deutlich wurde, dass diese mehr als den üblichen empathischen Spiegel benötigte, da sie über sehr effiziente psychische Schutzmechanismen verfügte, die es ihr an dieser Stelle ihres Lebens allerdings unmöglich machten, sich weiterzuentwickeln und aus ihren alten, dem Leben nicht mehr dienlichen Mustern herauszutreten.

Deshalb eignet sich diese Technik besonders für Menschen, die sich in Bezug auf bestimmte Themen in ihrem Leben sozusagen im Kreis drehen. Sie erfahren immer wieder, dass ihnen dieselben Schwierigkeiten in veränderter Form, aber mit gleichem Grundmuster widerfahren, was jedoch nicht zu einer Lösung, sondern eher zu einer Verschärfung der Problematik führt. Diese Technik kann also dann hilfreich sein, wenn der Betreffende alleine oder auch im klassischen psychotherapeutischen Setting nicht mehr weiterzukommen scheint.

Wer diese Technik durchführt, sollte über umfassende Erfahrung in der therapeutischen Begleitung anderer Menschen verfügen. Sie wird bei Personen angewendet, die in ihrem Leben tief greifende Veränderungen herbeiführen wollen, was oft mit schmerzhaften Umbrüchen einhergeht. Deshalb muss die Klientin nach der Arbeit unbedingt weiter betreut werden, um ihre fortdauernde Stabilisierung zu gewährleisten. Auch diese Technik sollte auf keinen Fall in der Arbeit mit Menschen mit psychotischen Erfahrungen zum Einsatz kommen.

Seelenrückholung

Ein Auto biegt ein. Ein zweites fährt mit hohem Tempo darauf zu. Hände verkrampfen sich am Lenkrad, Augen weiten sich vor Entsetzen, beobachten, wie der Abstand immer geringer wird. Wissen, dass es nicht reicht. Gleich passiert es. Dann kracht Metall auf Metall. In Sekundenbruchteilen wird gelebt oder gestorben. Sekundenbruchteile bis zum Tod oder zur Erlösung. Ein Stück Motor berührt ein Knie. Die Angst steigt ins Unermessliche – und ein Stück Seele geht. Kann es nicht mehr aushalten. Nimmt den Augenblick und flieht ins Unbekannte hinein – egal wohin, nur fort von hier.

Ein Mensch steigt aus einem verbeulten Auto. Wahnsinn, dass ihm nichts passiert ist. Nur ein paar blaue Flecken am Knie. Nochmal davon gekommen. Glasiger Blick, zittrige Beine. Schock, sagen die anderen verständnisvoll. Vielleicht ja. Vielleicht auch nicht. Vielleicht ist es die Reaktion auf die Leere, die ein geflohenes Stück vom Ich zurück gelassen hat.

Symptome

Woran erkennt man einen Seelenverlust? Unmittelbar im Anschluss an das Ereignis selbst wirkt der Betroffene oft abwesend, unkonzentriert, fahrig und zittrig. Es scheint ihm nicht recht zu gelingen, sich wieder auf die Wirklichkeit zu fokussieren. Wird der Seelenanteil nicht bald zurückgeholt, lernt die Persönlichkeit, sich damit zu arrangieren. Das geschieht jedoch immer auf kompensierende Art und Weise, weshalb sich im Laufe der Zeit bestimmte Symptome herausbilden.

Menschen, die einen Seelenverlust erlitten haben, beschreiben oft das Gefühl, von der Welt und ihrem Körper wie abgeschnitten zu sein. Sie erleben den Alltag eher so, als wenn sie außerhalb stünden und einem Film zusähen. Oft haben sie auch den Eindruck, sich nicht wirklich in ihrem Körper zu befinden, sondern sich daneben aufzuhalten.

Diese Menschen erleben alles wie gedämpft. Oft scheinen sie apathisch zu sein und keinen richtigen Sinn für ihr Leben finden zu können. Es fällt ihnen schwer, Entscheidungen zu treffen. Viele von ihnen beschreiben ein Gefühl innerer Leere oder das Empfinden, irgendwo „eine Art Loch" zu haben. Sie können spüren, dass ihnen etwas Wichtiges fehlt, sind aber nicht in der Lage, es zu benennen. Manche dieser Menschen versuchen, diese Leere mit Suchtprozessen wie übermäßigem Alkoholgenuss, zu viel Essen oder Arbeiten zu stopfen. Auch übermäßiger Filmkonsum, Einkaufs-, Sex- und Spielsucht sowie exzessiver Sport fallen in diese Kategorie.

Oft kommt es im Zuge dieser Entwicklung zu chronischen psychischen Störungen wie Depressionen, Angststörungen, Suchtproblemen und psychosomatischen Erkrankungen (Krankheiten, die psychisch begründet sind und/oder deren Verlauf eng mit dem seelischen Befinden des Patienten verbunden ist). Die Betroffenen schildern das Gefühl, stecken zu bleiben und immer wieder mit demselben Problem, demselben Lebensmuster oder demselben Thema konfrontiert zu werden, ohne dieses wesentlich weiter entwickeln zu können.

Was geschieht bei einem Seelenverlust?

In einer Krise spaltet sich ein Teil des eigenen Erlebensvermögens – schamanisch als Seelenanteil bezeichnet – ab und entzieht sich von da an der Wahrnehmung des Betroffenen, um diesen vor den von der Krise ausgelösten Empfindungen zu schützen. Ein Seelenverlust ereignet sich nämlich immer dann, wenn ein Ereignis für uns unerträglich wird. Wenn wir es einfach nicht mehr aushalten können, so zu fühlen. Wenn die Angst, das Leid, der Schmerz überhand nehmen und wir befürchten müssen, daran zu zerbrechen. Das kann infolge eines Unfalls, einer Misshandlung, einer Vergewaltigung, einer Operation, einer Scheidung, dem Tod eines nahe stehenden Angehörigen oder eines anderen schwerwiegenden Ereignisses geschehen. Manchmal sind es Dinge, die man zunächst gar nicht als Ursache für einen Seelenverlust vermutet.

Eines schönen Tages – der nicht mehr lange schön bleiben sollte – rief die Schule an und bat Vicky, unseren damals achtjährigen Sohn Aaron abzuholen, weil er „hingefallen“ sei. Sie kam an und beschloss, den Knaben in Anbetracht der Größe, die seine Nase mittlerweile hatte, ohne Umwege gleich ins Krankenhaus zu fahren. Bingo – sauberer Bruch, wie das Röntgenbild zeigte. Außerdem war Aaron in seinen Gesten fahrig, konnte sich auf nichts mehr konzentrieren und weinte ständig, ohne sagen zu können, warum. Er stand buchstäblich vollkommen neben sich. Gehirnerschütterung, meinte der Arzt in der Unfallaufnahme. Und wies dem Kind ein Bett zwei Stockwerke höher zu – für die nächsten drei Tage, hieß es.

Vicky belegte vorsichtshalber gleich mal das Bett neben dem Aarons und versuchte ihn, wie bei jeder anderen familiären Beinahe-Katastrophe auch, erst einmal zu trösten. Dieses Mal war Aaron dafür jedoch nicht erreichbar. Er schien irgendwie abwesend zu sein und aus der Anwesenheit seiner Mutter keinen rechten Trost beziehen zu können. Plötzlich machte es bei Vicky „klick“. Sie rief William an und bat ihn, die Schamanentasche mit ins Krankenhaus zu bringen. Er kam einige Minuten später an und zog als erstes eine aufgeblasene, zugebundene Plastiktüte hervor. Vickys Blick hätten Sie sehen sollen! Dann öffnete er die Tüte, und feiner Salbeiduft drang daraus hervor. Wie umgeht man das Verbot offenen Feuers in einem Krankenhaus? Man räuchert zu Hause und fängt den Rauch in einem Gefäß ein! Auf die Idee war bisher noch keiner von uns gekommen.

Dann führte er gemeinsam mit Aaron eine Seelenrückholung durch. Aaron ist tranceerfahren und kennt auch bereits eines seiner Krafttiere, was natürlich sehr geholfen hat. Zwanzig Minuten später war die Reise vorbei. Aaron öffnete die Augen, sah sich klar und ruhig um und fragte, ob wir uns die Zeit mit Kartenspielen vertreiben wollten. Sämtliche Symptome (okay, bis auf die gebrochene Nase) waren verschwunden. Der Arzt, der zwei Stunden später hereinschaute, konnte einfach nicht begreifen, warum sein Kollege in der Ambulanz eine Gehirnerschütterung diagnostiziert hatte. Es sei ihm verziehen – ich glaube nicht, dass man im Medizinstudium zwischen einem Schädel-Hirn-Trauma und einem Seelenverlust zu differenzieren lernt. Wir verbrachten pflichtgemäß eine gemeinsame Nacht im Krankenhaus und verabschiedeten uns dann zum großen Erstaunen des Personals mit einem schmerz- und symptomfreien Kind.

Bei Menschen in unserer Kultur liegen einem Seelenverlust meist jedoch gravierendere Ereignisse als ein Sturz auf dem Schulhof zugrunde. Die Menschen, die zu uns kommen, um eine Seelenrückholung durchzuführen, haben oft erschütternde Geschichten zu erzählen. Deshalb ist auch diese Technik nicht dafür geeignet, einfach mal so ausprobiert zu werden, denn die Arbeit mit Seelenverlusten gehört zum Thema Traumatherapie und setzt als solche ein gehöriges Maß an Erfahrung in der Begleitung und Behandlung traumatisierter Menschen voraus. Wir kennen drei verschiedene Formen der Seelenrückholung, die wir Ihnen jetzt kurz vorstellen möchten.

Die klassische Variante

In vielen indigenen Kulturen auf dieser Welt wird eine Seelenrückholung seit Jahrtausenden auf diese oder eine ähnliche Weise durchgeführt. Der Schamane legt sich neben seinem Patienten auf die Erde. Beide liegen Seite an Seite auf dem Rücken, und zwar so eng, dass sie sich berühren. Der Patient tut gar nichts. Der Schamane trommelt sich in Trance und reist in die untere Welt, in der er versucht, Kontakt mit dem verlorenen Seelenanteil herzustellen. Wenn er ihn finden kann, besteht sein Ziel darin, den Anteil dazu zu bewegen, mit ihm wieder in die mittlere Welt zurück zu kehren. Oft ist der Anteil nicht sofort dazu bereit und will „überredet“ werden, oder es gibt noch etwas zu tun, bevor er mitkommen kann. Falls der Anteil sich einverstanden erklärt, nimmt der Schamane ihn in sich auf und trägt ihn sozusagen „huckepack“ in die mittlere Welt, wo er ihn seinem Patienten einbläst.

Das klingt einfach und ist es auch. Nur leider funktioniert es so oft nicht. Diese Technik stammt aus Stammeskulturen, in denen die meisten Seelenverluste von Unfällen oder ähnlichen Ereignissen herrühren. Solche Verluste sind einfach wieder zu heilen, wie Aarons Beispiel zeigt, weil sie keine nennenswerte psychische Komponente aufweisen, welche die Reintegration des verlorenen Seelenanteils beeinträchtigen könnte. Der Anteil kommt zurück, stellt fest, dass alles wieder gut ist, und zieht fröhlich pfeifend wieder ein.

Bei Verlusten, die aus psychischen Extremerlebnissen resultieren, stellt sich die Lage leider ganz anders dar. Es ist oft viel schwerer, einen Anteil zur Rückkehr zu bewegen, der infolge wiederholter schwerer Misshandlungen geflohen ist, als den eines Unfallopfers. Mit psychischen Erlebnissen dieser Art sind immer komplizierte neurotische Komplexe verbunden, die dem Anteil das Leben ganz schön schwer machen können. Aaron war auf die Nase gefallen, sonst nichts. Er hatte Pech gehabt, als er auf nassen Blättern ausgerutscht war. Das kreiert keine daraus folgenden seelischen Verknotungen – es ist passiert, und damit hat es sich. Doch ein Kind, das sexuell missbraucht wurde, schlägt sich mit einem wahren Medusenhaupt an Komplexen herum. Es fühlt Schuld, Schmerz, Abscheu, Selbsthass, Verwirrung, Scham und vieles mehr. Wenn ich ein verlorener Seelenanteil wäre, würde ich auch nicht so ohne weiteres in eine solche Umgebung zurückkehren. Deshalb haben weise Menschen Formen der Seelenrückholung entwickelt, die auf diesen Umstand Rücksicht nehmen.

Die Rückholung durch den Betroffenen selbst

Die Grundform dieser Technik hat Vicky von ihrer Lehrtherapeutin und Supervisorin Anne van den Boom erlernt. Später haben wir sie erweitert und den Möglichkeiten schamanisch arbeitender Menschen noch weiter angepasst.

Die schamanische Begleiterin führt den bequem sitzenden Betroffenen in eine leichte Trance. Dann versetzt sie sich selbst in einen Trancezustand und geht mit dem Betroffenen gemeinsam in dessen untere Welt. Beide bleiben in verbalem Kontakt miteinander und tauschen sich ständig über das aus, was sie wahrnehmen. Der Betroffene stellt den Kontakt mit dem verlorenen Seelenanteil her und bittet diesen, in ihn einzutreten und wieder mit ihm in die mittlere Welt zurück zu kommen. Falls der Anteil nicht dazu bereit ist, können sowohl der Betroffene wie auch die Begleiterin fragen, was nötig ist, damit eine Rückkehr stattfinden kann. Die Begleiterin kann dem Betroffenen Anregungen geben und ihn bei seiner Arbeit mit dem Seelenanteil ständig mit Rat und Kraft unterstützen.

Nicht immer gelingt es, den Seelenanteil zurück zu holen. Manchmal ist die Zeit einfach noch nicht reif dafür, oder der Anteil ist zu verängstigt und benötigt mehrere Besuche, bis er dem Frieden traut. Doch selbst, wenn er sofort mitkommt, ist das kein Grund, sich auf seinen Lorbeeren auszuruhen. Viele Menschen verlieren einen zurückgebrachten Seelenanteil bald wieder, weil dieser vernachlässigt wird oder weil er mehr oder weniger in dieselbe Situation zurückkehrt, die er ursprünglich verlassen hat.

Stellen Sie sich als Beispiel ein Mädchen vor, dass von seinem Vater immer wieder geschlagen wird. Eines Tages haut der so richtig zu, bis sie zu bluten beginnt, und ein Teil ihrer Seele flüchtet vollkommen verschreckt in die untere Welt. Zwanzig Jahre später versucht die nun junge Frau eine Seelenrückholung. Das funktioniert zunächst auch – bis der Anteil frisch reintegriert zu Hause ankommt und feststellen muss, dass sie mit einem Mann zusammen lebt, der sie ebenfalls schlägt. Der Seelenanteil kommt zu dem Schluss, dass die Situation, aufgrund derer er damals geflohen ist, nach wie vor existiert und geht natürlich sofort wieder.

Deshalb ist es sehr wichtig, eine Seelenrückholung umfassend vorzubereiten. Oft ist eine Veränderung der Lebensumstände notwendig, ehe von einem Erfolg ausgegangen werden kann. Fast immer ist eine Veränderung der Einstellung des Betroffenen zu sich selbst unumgänglich. Traumatisierte Menschen, die mit einem Seelenverlust reagieren, neigen dazu, sich selbst sehr negativ wahrzunehmen – und das ist kein Umfeld, in dem sich ein scheuer, verletzter kleiner Seelenanteil wohl fühlen kann.

Darüber hinaus kann es nach einer Seelenrückholung zu einer Periode der Instabilität im Leben des Betroffenen kommen. Auf der emotionalen Ebene wird er mit den Gefühlen konfrontiert, die der Seelenanteil mit sich genommen hat, weil der Betroffene zum Zeitpunkt des Ereignisses nicht in der Lage war, die ganze Wucht der Erfahrung zu ertragen. Hier ist eine kurze und einmalige, aber oft heftig verlaufende Aufarbeitung angesagt. Auf keinen Fall ist es sinnvoll, in diesen Emotionen wieder und wieder herumzurühren – dann wird das Trauma nur erneut aktiviert, und der Seelenanteil verabschiedet sich wieder. Im Zuge einer solchen Rückholung verändert sich jedoch auch das gesamte psychisch-energetische System des Betroffenen, und es kann eine Zeit lang dauern und einfühlsamer Begleitung bedürfen, bis hier ein neues Gleichgewicht gefunden wird. Irgendwann jedoch legen sich die Wellen wieder, und dann stellen die Betroffenen meist fest, dass eine Menge quälender Symptome aus ihrem Leben verschwunden sind und eine ebenso große Menge Freude darin aufgetaucht ist.

Die Villoldo-Variante

Alberto Villoldo hat eine Rückholungstechnik geschaffen, die vom Betroffenen vollkommen alleine ausgeführt wird. Die Aufgabe der Begleiterin besteht hier primär darin, ihn durch mehrere Unterwelt-Reisen zu führen und den Integrationsprozess auf die eben beschriebene Weise zu unterstützen. Da Villoldos Buch mittlerweile auch in deutscher Sprache unter dem Namen *Seelenrückholung* erhältlich ist, beschränken wir uns hier auf eine kurze Wiedergabe des Prozesses.

Im Prinzip wird der Betroffene durch vier Unterwelt-Reisen geführt. In der ersten betritt er eine Kammer, in der er seinen Ursprungsverletzungen auf die Spur kommt. Hier kann er erkennen, wodurch diese entstanden sind und zu welchen Abwehr-Verhaltensweisen sie geführt haben. Dort begegnet er auch seinem verwundeten Selbst. Dieser Anteil wird aber noch nicht zurückgeholt, sondern erst im Zuge der folgenden Reisen geheilt, bevor eine Reintegration stattfindet.

Die zweite Reise führt den Betroffenen zu den Seelenverträgen, die er aufgrund dieser Ursprungsverletzung mit sich selbst abgeschlossen hat. Villoldo bringt das Beispiel eines kleinen Jungen, der nach einem Autounfall mit ansieht, wie seine Mutter von fremden Männern auf eine Bahre gelegt und weggebracht wird. Er weiß nicht, dass die Sanitäter seiner Mutter helfen werden und auch nicht, dass sie wieder zu ihm zurückkommen wird. In diesem Moment sieht es für ihn so aus, als wenn die Männer seine Mutter für immer von ihm fortbringen. Daraus kann der Seelenvertrag resultieren, dass er sich niemals wieder so tief an eine Frau binden dürfe, weil andere sie ihm jederzeit wegnehmen könnten. Dass so ein Vertrag im Leben eines Erwachsenen zu umfassenden Beziehungsproblemen führen kann, liegt auf der Hand.

Die dritte Reise dient dazu, den Seelenvertrag so umzuschreiben, dass er sich von nun an positiv und unterstützend auf das Leben des Betroffenen auswirkt. In diesem Beispiel könnte er etwa so lauten: „Frauen dürfen mich berühren, und ich darf tief von Frauen berührt werden. Sie können in mein Leben eintreten und auch wieder daraus fortgehen. Ich bleibe in jedem Fall ganz.“ Danach wird der nun geheilte Seelenanteil wieder aufgenommen.

Die vierte Reise schließlich ermöglicht dem Betroffenen, den Schatz, die Gabe oder Fähigkeit zu erkennen, die er aufgrund der Ursprungsverletzung und aller daraus entstandenen Situationen erhalten hat. Unser Beispielmann könnte hier also feststellen, dass er in hohem Maße fähig ist, für sich selbst einzustehen, seine Ziele mit Erfolg zu erreichen und sich selbst zu versorgen, weil er seit dem Unfall nie wieder zugelassen hat, dass jemand anderes dies für ihn tut. So sind diese Fähigkeiten förmlich trainiert worden. Auf diese Weise ist er eine echte Führungspersönlichkeit geworden. Diese Fähigkeit wird in der letzten Reise von einem Werkzeug symbolisiert, das ihm von nun an stets zur Verfügung steht.

Auch in diesem Prozess ist eine gute Nachbearbeitung unumgänglich. Wir wenden ihn in leicht veränderter Form ebenfalls mit guten Erfolgen an.

Cord-Cutting

Wenn ein Kind geboren wird, trennen die Eltern oder der Arzt die Nabelschnur durch. Doch da gibt es noch eine andere, feinere Schnur, die ein Leben lang bestehen bleibt: die energetische Verbindung zwischen dem Kind und seiner Mutter sowie seinem Vater. Diese Verbindung nennen wir das Eltern-Kind-Cord. „Cord“ ist ein englischer Begriff, der sich mittlerweile auch im deutschsprachigen Raum mehr und mehr als Bezeichnung für jene energetischen Fäden eingebürgert hat, die sich zwischen den Wesen auf diesem Planeten spannen. Es gibt verschiedene Formen solcher Verbindungen. Die erste haben wir bereits genannt: das Eltern-Kind-Cord. Diese Verbindung ist nicht auftrennbar und besteht so lange, wie wir leben. Sie ist der unserem Leben ständig zugrunde liegende Fakt, dass wir die genetischen Kinder eines ganz bestimmten Paares sind. So, wie sich die biologische Elternschaft vom Augenblick der Zeugung an nicht mehr verändern lässt, kann auch diese Verbindung nicht mehr aufgelöst werden.

Darüber hinaus schaffen wir jedoch ständig weitere Brücken zwischen uns und anderen Menschen, die aus primär zwei Gründen entstehen: Kommunikation und Bedürfnis.

Der leuchtende Fächer

Jeder von uns verfügt über eine bestimmte und beschränkte Anzahl an so genannten Kommunikationsfasern. Jedes Mal, wenn wir verbal oder nonverbal mit jemandem in Kommunikation treten, senden wir eine solche energetische Faser aus, damit sie sich an unserem Gegenüber anheftet. Nur dadurch wird die Kommunikation überhaupt möglich; geschähe das nicht, könnten wir noch so laut und deutlich mit dem anderen sprechen, er würde dennoch nicht begreifen, dass der Lärm, den wir da gerade machen, ihm gilt und sich sogar zu sinnvollen Botschaften formt, wenn er uns seine Aufmerksamkeit zuwendet. Jede Form der Kommunikation läuft über eine solche Faser.

Das Modell dieser Fasern gibt es in vielen verschiedenen traditionellen Kulturen, allerdings bestehen unterschiedliche Meinungen darüber, wie viele davon jeder Mensch hat. Man ist sich jedoch allgemein einig, dass es sich um eine beschränkte Anzahl handelt, und das ist wichtig, denn all diese Kulturen kennen das Phänomen, das eintritt, wenn ein Mensch voll und ganz auf eine einzige Person fixiert ist: Dann hat er all seine Fasern auf diese Person gerichtet und ist für kommunikative Verbindungen zu anderen Menschen kaum noch offen. Er kann zwar zuhören und antworten, aber dennoch scheint niemand außer dieser einen Person wirklich zu ihm vordringen und ihn berühren zu können. Manche Menschen erleben das im Stadium der ersten, wilden Verliebtheit und balancieren sich in den folgenden Beziehungsphasen wieder aus. Bei anderen jedoch handelt es sich hier um einen Dauerzustand – Menschen mit schizotypischer Persönlichkeitsstörung gehören dazu (das hat nichts mit Schizophrenie zu tun, sondern ist ein bestimmtes Persönlichkeitsmuster, das durch eine meist nur auf einen einzigen Menschen zugleich gerichtete tiefe Beziehungsgestaltung gekennzeichnet ist).

Es gibt noch einen weiteren Punkt, in dem sich verschiedene indigene Traditionen einig sind: Fast alle gehen davon aus, dass diese Fäden von unserem Bauchnabel bzw. dem darum herum befindlichen Doppelchakra ausgehen (das manche Kulturen als ein einziges betrachten). Sie kommen also aus unserem Körperzentrum. Diese Fasern sind äußerst lebendige Gebilde voller Energie. Wenn wir einen Menschen ansprechen, senden wir einen davon aus, der sich in der Aura unseres Gegenübers festsetzt und auf diese Weise eine Informationsbrücke zwischen uns beiden bildet. Von diesem Punkt an gibt es verschiedene Möglichkeiten.

Wenn das Anliegen, mit dem wir zu der anderen Person kommen, im Laufe des folgenden Gesprächs geklärt, unser Bedürfnis also befriedigt werden kann, fällt die Faser einfach von selbst wieder ab und steht uns für eine andere Kommunikation zur Verfügung. Ein Beispiel: Ein neu eingestellter Mann geht zu seiner Vorgesetzten und bittet um Hilfe beim Umgang mit dem ihm noch unbekannten Computerprogramm. In diesem Moment sendet er eine seiner Kommunikationsfasern aus, und wenn die Vorgesetzte offen ist, sendet sie eine zurück. Er möchte wissen, wie er eine bestimmte Funktion aufrufen kann. Sie erklärt es ihm, er bedankt sich und geht wieder. Beide Fasern fallen ab und sind für neue Kommunikationen frei.

Oft aber kommunizieren wir nicht unser eigentliches Bedürfnis, oder wenn wir es doch tun, ist das Gegenüber nicht bereit, es zu erfüllen. Dann bleibt die Verbindung bestehen, was bedeutet, dass der Mensch mit dem Bedürfnis ständig Energie von der angesprochenen Person bezieht. Nehmen wir zum Beispiel an, unser neuer Angestellter fühlt sich sehr unsicher und wünscht sich bewusst oder unbewusst jemanden, der ihn in der Anfangsphase begleitet und betreut. Mit diesem Anliegen geht er zu seiner Vorgesetzten, spricht es jedoch nicht aus, sondern bittet um Erklärung einer bestimmten Programmfunktion. Sie erfüllt zwar das ausgesprochene Anliegen, nicht aber das unausgesprochene nach Schutz, Betreuung und Bestärkung. Dann fällt nach dem Gespräch ihre Faser ab, die seine bleibt jedoch mit ihrer Aura verbunden. Sie wird nun zum Ausdruck einer emotionalen Anhaftung, einer unerfüllten Erwartung, die der Besitzer der Faser an sein „Zielobjekt" hat.

Solche Verbindungen bestehen zusätzlich zum Eltern-Kind-Cord und können im Gegensatz zu diesem verändert werden. Wir haben sie zu jeder Person, an die wir irgendeine Form von Bedürfnissen oder Erwartungen richten. Das bedeutet, dass jeder von uns von Menschen umgeben ist, die solche Erwartungen an uns haben, und auch wir alle wünschen uns Dinge von anderen Personen, die über einen reinen Informationsaustausch hinausgehen. Deshalb ist ein pfleglicher, bewusster Umgang mit diesen Kommunikationsfasern sehr wichtig.

Binnen der ersten Tage nach Herstellung der Verbindung ist es möglich, die Fasern aus eigenem Willen zurück zu ziehen. Danach verfestigen sie sich jedoch so sehr, dass dafür eine bestimmte Zeremonie nötig wird.

Wenn die Fasern bleiben

Was geschieht, wenn solche Fasern nicht wieder gelöst werden? Diese Verbindungen sind von der Art der Kommunikation geprägt, die zwischen den betreffenden Personen zum Zeitpunkt der Herstellung der Verbindung herrschte. Wenn ein solcher Faden also aus einer bestimmten Bedürftigkeit heraus gesendet wird, bleibt diese Bedürftigkeit meist bestehen, so lange der Faden eine Brücke bildet – denn so lange ist die aussendende Person ja auch der Überzeugung, ihr Bedürfnis könne nur von anderen (speziell der am anderen Ende des Fadens befindlichen Person) erfüllt werden. Wir erkennen veraltete, lange bestehende Faserbrücken oft daran, dass die Gespräche zweier Menschen immer um dasselbe Thema oder dieselben Vorwürfe kreisen, ohne jedoch zu sinnvollen Resultaten zu führen. Oder auch daran, dass sich in einer Beziehung immer dieselben Mechanismen abspielen, die Beteiligten aber keinen Weg aus dem Teufelskreis zu finden scheinen.

Aber auch für Personen, die beruflich viel mit anderen Menschen zu tun haben, ist ein bewusster Umgang mit den eigenen und fremden Fasern von großer Bedeutung. „Mach' dies für mich, erledige das noch vor dem Feierabend, hilf mir hier, rate mir da, rette mich …", das sind doch die Botschaften, die wir dauernd erhalten – und ebenso oft aussenden. Und den meisten davon können wir nicht gerecht werden. Wir können nun einmal das Leben anderer Leute nicht ins Lot bringen, wir dienen nicht als ihr emotionales Ablassventil und wir können ihnen auch keinen Selbstwert geben, selbst wenn sie sich noch so sehr danach sehnen. All das erwarten wir aber nur allzu oft unbewusst vom anderen. Daraus entstehen Faserverbindungen, die uns ständig anhaften und damit an uns zerren und von uns zehren. Solche Verbindungen können wir jedoch eigenständig zurücknehmen, falls wir es früh genug tun.

Die Fasern zurückholen

Diese Technik eignet sich sehr gut zur regelmäßigen abendlichen Seelenhygiene. Setzen Sie sich hin, werden sie ruhig und schließen Sie die Augen. Wandern Sie nun geistig noch einmal durch den Tag, der hinter Ihnen liegt, und machen Sie sich bewusst, mit wem Sie es dabei so zu tun hatten. Eine Person nach der anderen wandert noch einmal vor Ihrem inneren Auge vorbei. Wenn Sie den ganzen Tag durchgegangen haben, stellen Sie sich die leuchtenden Fasern vor, die Sie mit all diesen Menschen verbinden. Und dann ziehen Sie diese Fasern mittels Ihres Willens und Ihrer Vorstellung zu sich zurück. Sehen Sie zu, wie sich die Fäden von den anderen Menschen lösen und zu Ihnen zurückkehren, als würden sie in Ihrem Körper aufgerollt. Wenn die Fasern nur noch einen halben bis einen Meter lang sind, teilen Sie den Strang vor Ihrer Körpermitte in zwei Teile. Lassen Sie die eine Hälfte links und die andere rechts um Ihren Körper herum laufen, bis sich die Fasern wieder an Ihrer Wirbelsäule treffen. Stellen Sie sich nun vor, dass Sie die Fäden dort miteinander verknoten; das versiegelt sie und sorgt dafür, dass Sie nur dann Verbindungen schaffen, wenn es auch wirklich notwendig ist. Danach stellen Sie sich vor, wie die Fasern in Ihren Körper eindringen und sich von der Mitte Ihres Leibes aus wie ein Energieschild im Inneren Ihres Bauches auffächern. Das macht Ihr Zentrum, stark, Energie geladen und machtvoll.

Allgemeines Cord Cutting

Was aber tun, wenn die Verbindungen schon zu lange bestehen? Gerade dann, wenn es sich um den üblichen Bedürfnismüll von Kollegen, Klienten, Kunden, Bekannten, Patienten und anderen Menschen handelt, mit denen wir zwar regelmäßig zu tun haben, die aber nicht über einen besonderen Status in unserem Leben verfügen, eignet sich diese Technik.

Sie bitten eine Freundin, sich einen Gegenstand zu suchen, der schneidende, beendende Qualitäten hat. Ein Küchenmesser ist gut geeignet, aber dann sollte sie bei der Arbeit vorsichtig mit Ihnen umgehen. William verwendet ein Messer aus Büffelknochen, das nicht scharf ist. Wir haben auch schon Steine mit scharfen Kanten, kantige Gehörnteile und sogar Brieföffner in durchaus erfolgreichem Einsatz gesehen. Manche Menschen ziehen es auch vor, einfach die bloßen Hände zu nehmen, aber oft ist die Symbolik des Schneidewerkzeugs sehr hilfreich. Unsere Hände bzw. das, was wir in ihnen halten, sind sowieso nur ein Hilfsmittel für unseren Geist, der die tatsächliche Arbeit tut.

Sie stellen sich nun aufrecht hin. Dabei sind die Beine etwa hüftbreit voneinander entfernt, das erleichtert Ihrer Partnerin die Arbeit. Diese beginnt nun, von oben nach unten alle Fäden abzuschneiden, die sich in Ihrer Aura von anderen Menschen kommend angehaftet haben. Das tut sie, indem sie die entsprechenden Bewegungen tatsächlich durchführt. Dabei sollte sie darauf achten, möglichst keine Stelle Ihres Körpers auszulassen – es ist so, als wenn sie Ihren ganzen Körper „rasieren" würde. Ganz wichtig sind hierbei die Ober- und Unterseite der Zunge (einfach rausstrecken und bearbeiten lassen), die Achselhöhlen, die Ohren, bei Frauen der Busen, die Hände, der Genitalbereich und die Fußsohlen, denn dort haften sich gerne besonders viele Fasern anderer Menschen an. Das korrespondiert mit deren Bedürfnissen, die sie an uns richten – viele wollen einfach, dass wir für sie sprechen, ihnen zuhören, etwas für sie tun oder haben nährende bzw. sexuelle Bedürfnisse in unserer Richtung. Sie werden beide schon bald in der Lage sein, diese Fasern zu spüren bzw. vor Ihrem inneren Auge zu sehen. Deshalb ist es immer sinnvoll, nach dem letzten Schnitt zu fragen, ob Sie irgendwo noch verbliebene Fasern spüren können. Dann kann Ihre Partnerin noch einmal über die genannten Stellen gehen.

Danach kann sie Ihre Aura glätten, indem sie diese komplett von oben bis unten mit einer Feder oder den flachen Händen abstreicht. An einer glatten Aura können sich die Fasern anderer Menschen nämlich nicht so leicht anheften wie an einer rauen, weshalb sie früher abfallen und die Gesamtbelastung geringer wird. Dafür eignet sich prinzipiell jede Art von Feder, aber im Sinne der symbolischen Verstärkung des Modells, in dem wir hier arbeiten, bietet sich die eines Schwans besonders an, weil er die Magie des Schutzes gut beherrscht. Auch dabei bitte die oben genannten „Problemzonen" nicht vergessen!

Danach können Sie mit ihrer Partnerin tauschen und ihr diese Wohltat zukommen lassen. Es ist wirklich erstaunlich, wie sehr sich das Befinden der meisten Menschen verändert, wenn ein allgemeines Cord Cutting durchgeführt wird. Oft ist es, als ob eine lebenslang getragene Last von den Schultern fällt. Deshalb raten wir dazu, diese Technik wenigstens einmal im Monat durchzuführen.

Bei Menschen, die damit zum ersten Mal konfrontiert werden, kann es zu starken emotionalen Reaktionen kommen. Das kann daran liegen, dass die betreffende Person sehr viele Anhaftungen mit sich herum trägt und die erfahrene Erleichterung in Freudentränen zum Ausdruck kommt. Bei anderen löst sich nach dem Cord Cutting die Angst, all das nicht alleine tragen zu können – jetzt, da sie erfahren haben, es gar nicht tragen zu *müssen*. Eine dritte Gruppe wiederum besteht aus Menschen (meist Frauen), die sich selbst darüber definieren, die Bedürfnisse anderer zu erfüllen und Angst davor haben, niemand mehr zu sein, wenn sie sich davon auch nur für wenige Tage lösen. Es sind Menschen, die den größten Teil ihres Selbstwerts über ihre Position als Helferin, Unterstützende oder Nährende beziehen. Hier ist eine länger andauernde, äußerst feinfühlige Prozessbegleitung vonnöten, die zu einer grundlegenden Umstrukturierung dieser co-abhängigen Persönlichkeit führt.

Das spezielle Cord Cutting

Diese Technik eignet sich vor allem für die Auflösung von Verbindungen zu uns sehr nahe stehenden Menschen. Wenn ein geliebter (oder auch verhasster) Angehöriger verstorben ist und es schwer fällt, den Trauerprozess durchzuführen bzw. nach Jahren endlich zu beenden, bietet sie sich an. Aber auch nach Trennungen oder Scheidungen kann sie von großer Hilfe sein, um Kopf und Herz aus der Vergangenheit zu lösen und für ein neues Leben sowie eventuell einen neuen Partner frei zu machen. Das spezielle Cord Cutting ist aber auch dann angemessen, wenn wir eine bestehende Beziehung tiefgehend verändern möchten. Manchmal ist eine Beziehung an einem Punkt angekommen, an dem beide Partner verzweifeln könnten, weil sie einander zwar zweifellos lieben, aber dennoch ständig in denselben verletzenden Verhaltensmustern verfangen sind. Ihre Beziehung scheint einfach nicht weiter wachsen zu können. In solchen Momenten kann ein spezielles Cord Cutting die alten Beziehungsstrukturen beenden und im Rahmen der vorhandenen Liebe Raum für neue Formen des Miteinanders schaffen. Das kann eine überaus tief greifende Erfahrung sein!

Ein anderer Zeitpunkt, zu dem sich spezielle Cord Cuttings anbieten, sind Übergangsmomente im Leben eines Menschen. In der Tradition der Anderson/Gabriel-Familie ist nach der Geburt der Schulanfang der nächste große Übergangsritus im Leben eines Menschen. Als unser Sohn Aaron soweit war, wurde er von William im Wald durch einen Initiationsritus geführt. Während dessen unternahm Vicky mit Hilfe ihrer Mutter ein spezielles Cord Cutting zu Aaron, damit es ihr möglich werden konnte, die Beziehung zu ihrem Sohn den Veränderungen anzupassen. Aaron musste nun vom ganztägig dauerbehüteten Kleinkind zum Schulkind werden, das alleine Bus fährt, sich um seine Aufgaben kümmern und seinen Ranzen sauber halten muss (daran arbeitet er jetzt, im dritten Schuljahr, allerdings immer noch). Kurz und gut: Es war der Schritt in die nächste Stufe der Selbständigkeit angesagt. Dazu gehört aber nicht nur ein sich entwickelndes Kind, sondern auch eine loslassende Mutter. Und welche Zeremonie könnte dieses Loslassen besser symbolisieren als das Cord Cutting?

Ein spezielles Cord Cutting wird also nicht nur dann angewendet, wenn eine Beziehung völlig beendet werden soll, sondern auch, wenn man ihr nur *in der bisherigen Form* ein Ende setzen möchte, um ihr dann die Chance zu geben, sich in einer angemessenere Weise neu zu gestalten.

Dafür brauchen Sie ein paar Werkzeuge. Zunächst einmal benötigen Sie etwas, womit Sie die zu trennende Faser festhalten können. Viele schamanisch Praktizierende verwenden eine Vogelklaue, weil man die Faser damit wie eine Spaghetti-Nudel greifen und aufrollen kann. Dann brauchen Sie etwas, womit Sie diese Faser durchtrennen können. Dabei kann es sich um dasselbe Werkzeug handeln, das schon beim allgemeinen Cord Cutting zum Einsatz gekommen ist. Darüber hinaus benötigen Sie Drachenblutharz oder einen anderen Pflanzenstoff, der gut reinigt und versiegelt und einen Kajalstift.

Bitten Sie die betreffende Person, sich mit entblößtem Nabel auf den Boden zu setzen und die Augen zu schließen. Nun soll sie sich die Verbindung deutlich vorstellen, die sie auflösen möchte. Sie soll klar vor ihrem inneren Auge sehen, wie die Faser von ihr zu dem Menschen führt, mit dem sie darüber verbunden ist. Dann bitten Sie die Person, die in der Verbindung befindliche Energie, die von ihr stammt, in sich selbst zurückzuholen. Sie soll Ihnen mitteilen, wenn das geschehen ist. Nun greifen Sie die Faser mit der Klaue und spannen sie ein wenig. Die nächsten Handlungen gehen sehr schnell: Sie durchtrennen die Faser (bitte mit einem anständigen „Kiai"-Ruf, immerhin handelt es sich hier um Energiearbeit!), versiegeln den Nabel *sofort* mit Drachenblut (das ist so eine Art spirituelles Antibiotikum) und zeichnen ein versiegelndes Symbol um den Nabel herum. Meist wird ein Pentagramm in einem Kreis verwendet. Der Nabel befindet sich dann in der Mitte des Sterns.

Es kann sich aber auch um die Pranke eines Wolfs oder ein anderes Symbol handeln, das sowohl für Sie als auch für die betreffende Person deutlichen Schutzcharakter hat. Wir verwenden dafür einen Kajal, weil der meist keine Hautreaktionen verursacht (vor allem nicht, wenn er von einer Bio-Kosmetikmarke stammt oder ayurvedisch ist). Dieses Symbol muss die betreffende Person nun mindestens sechs Wochen lang einmal täglich nachziehen. Auf diese Weise wird ein erneuter Aufbau der bisherigen, unangemessenen Verbindung verhindert. Zum einen ist die „Gegenseite“ nämlich oft unbewusst bestrebt, die alte (für sie unter Umständen recht bequeme) Beziehung aufrecht zu erhalten bzw. sofort wieder herzustellen; zum anderen aber gibt es auch in der Person, die das Cord Cutting durchführen ließ, oft Anteile, die sich nach einer Neuauflage der alten Form sehnen – einfach weil viele Menschen unbewusst ein bekanntes Übel einer unbekannten Chance vorziehen. Durch dieses einfache tägliche Ritual wird einer solchen Tendenz nicht nur auf energetischer, sondern auch auf psychologischer Ebene sinnvoll entgegengewirkt.

Ein spezielles Cord Cutting kann zu tiefgehenden emotionalen Reaktionen führen. Sie sollten der betreffenden Person erlauben, diese auszuleben und sie dabei entsprechend ihrer Bedürfnisse halten oder begleiten. Oft ereignet sich hier ein umfassender Reinigungsprozess, der für einen erfolgreichen weiteren Verlauf der Heilung von großer Bedeutung ist. Manchmal scheint gar nichts zu passieren; dann kann die Reaktion verzögert eintreten. Bieten Sie der betreffenden Person in jedem Fall auch über das Cord Cutting hinaus weitergehende Begleitung und Unterstützung an. Oft wird dieses Angebot nicht in Anspruch genommen; manchmal löst ein Cord Cutting jedoch Heilungskrisen aus, mit denen die Person auf keinen Fall allein gelassen werden sollte. Bitte seien Sie sich dieser Verantwortung immer bewusst, wenn Sie andere Menschen mit Techniken konfrontieren, die das Persönlichkeitswachstum und die seelische Heilung unterstützen!

Exkurs: Wie komme ich an schamanisches Werkzeug?

Soweit es dieses Buch betrifft, haben Sie nun alle Werkzeuge kennen gelernt, die Sie bei Ihrer schamanischen Arbeit benötigen. Jetzt stellt sich natürlich die Frage, wie man an diese Dinge herankommt.

Trommeln und Rasseln erhalten Sie in Geschäften, die auf Perkussionsinstrumente spezialisiert sind. Für den Anfang empfiehlt sich eine Rahmentrommel, oft auch „Schamanentrommel" genannt – das klassische Reisegefährt in die Unterwelt. Dabei handelt es sich um einen etwa acht bis fünfzehn Zentimeter hoher Holzreifen, der mit einer Tierhaut bespannt ist. Sie sollte mindestens dreißig bis vierzig Zentimeter Durchmesser haben, sonst ist ihr Klang sehr hell und trägt nicht allzu weit. Rasseln wiederum sind eine Art Telefon zu den Geisthelfern und können auch dann wertvolle Begleiter sein, wenn der Platz für eine Trommel nicht ausreicht. In Online-Auktionshäusern können Sie hier echte Schnäppchen machen, aber auch gut daneben greifen. Besser ist es, wenn Sie Ihre zukünftige schamanische Gefährtin (denn nichts anderes ist ein solches Instrument) persönlich kennen lernen, bevor Sie sie kaufen. Wir beziehen unsere Instrumente meist über die Firma Allton, die auch Trommeln versendet (www.allton.de). Diese Firma wird von Menschen geleitet, die wissen, was sie tun, wenn sie Ritualinstrumente herstellen. Ein echter *Jaguar* unter den Transportmitteln in die andere Wirklichkeit ist die *Shaman Drum*. Nicht ganz billig, aber wenn es sein muss, sogar noch *unter Wasser* spielbar! (Erhältlich bei www.arun-verlag.de)

Salbei, Drachenblut und andere Kräuter können Sie im darauf spezialisierten Fachhandel erhalten. Für manche davon ist der eigene Garten auch eine gute Versorgungsmöglichkeit (absolut empfehlenswert: www.ruehlemanns-shop.de). Wenn Sie in einer Internet-Suchmaschine „Räucherkräuter" eingeben, finden Sie viele Quellen für getrocknete Kräuter und Harze.

Räucherschalen können nach Geschmack verwendet werden. Aus irgendeinem Grund stehen viele schamanisch Praktizierende auf die Schale der Abalone-Muschel (wir auch!). Einfach googeln, dann können Sie sich vor Angeboten nicht retten.

Bergkristalle sind ein wichtiges schamanisches Handwerkszeug, das aber auf keinen Fall per Versand geordert werden sollte. Ein gut geeigneter Kristall hat eine zulaufende Spitze, von deren Seiten mindestens eine ein makelloses Dreieck aufweist. Kristalle kauft man unserer Erfahrung nach am besten vor Ort bei einem Händler, weil „das Gefühl" einfach stimmen muss.

Tierteile, Felle, Knochen und einzelne Federn können schwer zu besorgen sein – vor allem dann, wenn es sich um geschützte Tierarten handelt. Bitte kaufen Sie von solchen Arten keine Teile, selbst wenn Sie ein Angebot finden sollten, denn mit einem Kauf unterstützen Sie die Nachfrage und damit die Gefährdung dieser Arten. Einzelne Vogelfedern können Sie oft in Tiergärten erhalten, und auch bei vielen exotischen Tieren gibt es eine eingeschränkte Einfuhrerlaubnis, weshalb Sie im Zweifelsfall beim Anbieter immer nach dem entsprechenden Zertifikat fragen sollten. Eine gute Quelle für legal eingeführte Tierteile ist www.schaedelkiste.de. Eine gute Frage wiederum ist, ob Sie solche Teile tatsächlich brauchen. Unserer Ansicht nach kann man einen fähigen Schamanen nämlich auch daran erkennen, wie wenig Zeug er mit sich herum schleppt.

Vogelschwingen und -klauen lassen sich am besten aus Tieren gewinnen, die von Autos überfahren wurden. Oft sind diese Tiere äußerlich kaum verletzt, sondern an einem Genickbruch oder an inneren Verletzungen verstorben. Dann ist es möglich, sie mitzunehmen und Schwingen sowie Klauen einzeln zu trocknen. Dazu benötigen Sie allerdings die Erlaubnis des Jagdpächters Ihrer Region, sonst betreiben Sie Wilderei! Es ist auch immer wieder möglich, im Internet oder in Indianerläden Schwingen zu kaufen. Manchmal können Sie diese oder Bezugsquellen dafür auch über andere schamanisch Praktizierende erhalten. Auf jeden Fall aber ist es sinnvoll, Schwingen an den Stellen, wo sie in der Hand gehalten werden, mit Leder einzufassen, weil sie sonst zu schnell vom Hautfett und den darin enthaltenen Säuren zerstört werden.

Zeremonialpfeifen sind so eine Sache. Wie schon erwähnt, sollten Sie einen Lehrer haben, der Sie persönlich in diese Arbeit einführt, und je nach dessen Tradition können sich mögliche Bezugsquellen für eine eigene Pfeife sehr unterschiedlich darstellen. Manche bestehen darauf, dass man die Pfeife vom Lehrer selbst erhalten muss. Andere wiederum erwarten, dass der Schüler sich selbst eine Pfeife schnitzt. Vicky hat ihren Vater gebeten, ihr eine von seinen zu schenken. Die ist zwar alles andere als „authentisch", aber dafür hat sie für Vicky eine ganz, ganz besondere Kraft, die kein anderes Exemplar für sie entwickeln könnte. Es ist jedoch wichtig, dass die Pfeife sich in zwei Teile (Stiel und Kopf) trennen lässt, weil das bei vielen Zeremonien eine große Rolle spielt.

Dann legen Sie sich noch eine hübsche Tasche zu, in die Sie all das hinein packen, und nennen sie hochtrabend „Doctor's Bag", wie es William so gerne tut. Fertig!

Das Sterben lernen

Vicky hat diese Zeremonie auf der ersten Visionssuche, die sie als Co-Mentorin begleiten durfte, von Stefan Ulbrich erlernt. Sie hat sie wenige Wochen danach selbst im Rahmen ihrer zweiten GAIA-Einweihung durchgeführt. Für sie war es der Anfang vom Ende einer jahrelangen Depression.

Diese Zeremonie ist überaus machtvoll und nichts, was man regelmäßig einmal pro Woche durchziehen sollte. Ganz im Gegenteil ist sie für die wenigen echten Wendepunkte im Leben eines Menschen geeignet – eben für Zeiten, in denen man das Ruder vollständig herumreißen muss, wenn man nicht untergehen will. Wer dieses Ritual durchführt, muss tatsächlich bereit sein, zu sterben – also alles, aber auch wirklich alles loszulassen, was das bisherige Leben ausgemacht und definiert hat. Man wird danach nämlich manches davon verlieren, und niemand darf sich aussuchen, was genau es denn sein soll. Wer ein Sterberitual durchführt, gibt vollkommen die Kontrolle über sein Leben auf und überlässt sich ganz und gar einem höheren, weiseren Urteil darüber, was sterben muss, damit man leben kann. Es ist einer der tiefgehendsten Prozesse, die wir kennen und auf gar keinen Fall für psychisch instabile Menschen mit unklaren Ich-Grenzen geeignet! Fragen Sie sich also gut, ob jetzt wirklich der richtige Zeitpunkt dafür gekommen ist. Binden Sie die Zeremonie möglichst in einen größeren spirituellen Zusammenhang wie eine Visionssuche, eine Schwitzhütte oder ähnliches ein und sorgen Sie dafür, dass Sie danach nicht mit dem Scherbenhaufen alleine sind. Eine Visionssuche oder eine Schwitzhütte sind schon deshalb eine ideale Umgebung dafür, weil beide Zeremonien zu einer Wiedergeburt der Persönlichkeit führen, also auf das Sterben auch die Auferstehung als neuer, stärkerer Mensch erfolgt.

Falls Sie nicht unter Realitätsbezugsstörungen, psychotischen Symptomen oder schweren Suchtproblemen leiden, kann diese Zeremonie bei Todessehnsüchten oder Suizidneigung eine wahre Erlösung sein. Selbstmordgedanken sind oft nicht etwa ein Ausdruck des Bedürfnisses, zu sterben, sondern vielmehr *das alte Leben zu beenden*. Das ist ein großer Unterschied! Sie müssen Ihren Körper nicht töten, um Ihr altes Leben zurück zu lassen und ein neues, kraftvolleres zu beginnen. Diese Zeremonie kann denselben Zweck erfüllen. Falls Sie sie aus diesem Grund durchführen wollen, ist es jedoch *unbedingt notwenig*, das in Begleitung von psychotherapeutisch und schamanisch geschulten Menschen zu tun. Wagen Sie sich niemals alleine an eine solche Zeremonie!

Das Sterberitual

Der ideale Zeitpunkt für diese Zeremonie ist zu Sonnenuntergang. Suchen Sie sich einen Platz in der freien Natur – vorzugsweise in der Wildnis, aber jeder andere Ort, an dem Sie nicht beobachtet werden, ist auch in Ordnung. Entfachen Sie dort ein kleines Feuer. Sie können aber auch Asche mitbringen, denn nur diese brauchen Sie nun. Entkleiden Sie sich vollständig und reiben Sie sich von oben bis unten vollständig mit Asche ein.

Stellen Sie sich nun mit dem Blick in Richtung Westen, also zur untergehenden Sonne hin, und machen Sie die Welt der Geistwesen mit der Rassel auf sich aufmerksam. Erfinden Sie nun Ihren eigenen Nachruf. Sprechen Sie ihn in die Sonne hinein. Bringen Sie alles ein, was Sie gerne darin sehen würden; alles, was Ihrer Meinung nach hinein gehört. Beschreiben Sie, wie Sie waren, was Ihnen viel bedeutete und was Sie gekennzeichnet hat. Sprechen Sie die Grabrede, die man aufsetzen würde, wenn Sie heute Abend stürben.

Gehen Sie dann im Geiste die Menschen durch, die Sie durch Ihr Leben begleitet haben, und schauen Sie, wem Sie vergeben und von wem Sie Vergebung erbitten möchten. Auch diese können Sie mit der Rassel rufen. Bleiben Sie bei jedem einen Augenblick stehen, bei dem Sie eines dieser Bedürfnisse verspüren, und klären Sie die Angelegenheit. Lassen Sie dabei Ihren Gefühlen freien Lauf. Wann immer der Prozess ins Stocken zu kommen scheint oder Sie sich ratlos fühlen, können Sie rasseln, um das Ganze wieder in Fluss zu bringen.

Wenn Sie allen Vergebung gewährt bzw. von allen Vergebung erhalten haben, verabschieden Sie sich von allem, was Ihnen wichtig ist. Fragen Sie sich, ob Sie wirklich bereit sind, auf diese Person oder jenen Umstand zu verzichten, falls nur das zu Ihrer Heilung führen kann. Wie gesagt, es muss nicht sein, dass Sie diese Menschen oder Dinge verlieren werden – vieles davon wird ein ganz wichtiger Teil Ihres neuen Lebens sein. Aber wenn Sie nicht bereit sind, das Risiko einzugehen und darauf zu vertrauen, dass Ihr Leben ein besseres sein wird, auch wenn Sie vielleicht anfangs nicht verstehen, welche Veränderungen dazu notwendig sind, dann beenden Sie die Zeremonie am besten. Falls Sie aufrichtig „Ja“ zu dieser Art des Sterbens sagen können, haben Sie nun die Möglichkeit, die heiligen Kräfte, Gott, die Göttin oder wer auch immer an dieser Stelle für Sie zuständig ist, um Schutz und Führung durch den Tod hindurch und in die Wiedergeburt hinein zu bitten. Dann gehen Sie in Ihre Visionsnacht, in die Schwitzhütte oder in den zeremoniellen Rahmen zurück, den Sie für dieses Ritual gewählt haben. Sie *werden* wiedergeboren werden – erneuert, verändert und ein großes Stück geheilter.

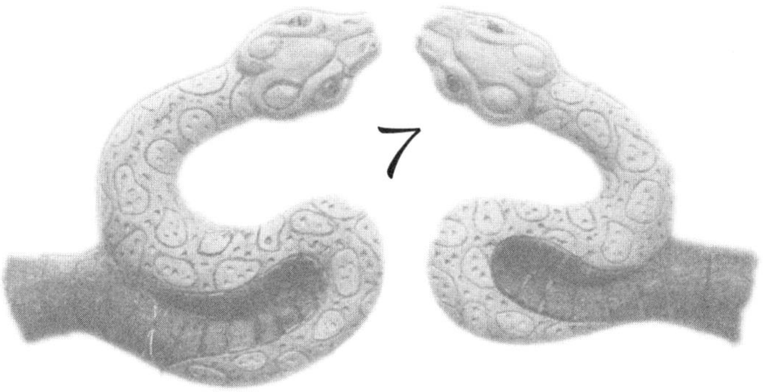

7

Shape Shifting

Ein Erlebnisbericht von William:

Die Sonne schien warm auf meine Schultern herab, und nur eine leichte Brise strich durch die alte Tongrube. Von der Arbeit gestresst hatte ich beschlossen, eine Pause zu machen. Die Grube war als Resultat der jahrelangen Tongewinnung eine hässliche Narbe in der Erde, aber die wenigen Jahre seit ihrer Aufgabe hatte die Natur bereits umfassend genutzt, um die Wunden zu heilen und den Boden wieder zu erobern. Schnell wachsende Bäume reckten ihre Äste bereits mehrere Meter über dem Boden der Sonne entgegen, und Gras bedeckte weite Teile der Erde. Ein Hügel war zum Eingang eines Dachsbaus geworden. Am Boden der Grube erstreckte sich ein Teich, der von den Spuren vieler Tiere umgeben war.

Ich hatte ein paar Minuten Pause einschieben und mich leise davon schleichen können. Obwohl sich die Grube nur wenige Meter vom Bürogebäude entfernt befindet, können unsere Arbeitstelefone dort kein Signal empfangen; ich wusste also, dass ich zumindest für ein paar Minuten ungestört sein würde. Als ich in der Mitte des offenen Grubenbereichs angekommen war, holte ich tief Luft und atmete langsam wieder aus. Dabei spürte ich, wie sich die Anspannung in meinen Schultern und meinem Nacken langsam zu lösen begann.

Mit geschlossenen Augen stand ich da und genoss die Umgebung abseits meines Labors. Die Naturgeräusche neckten meine Sinne und begannen, mit meiner Aufmerksamkeit zu tanzen. Hier sang ein Vogel, dort ließ die Brise ein paar trockene, vom letzten Jahr übrig gebliebene Blätter rascheln, und ein paar Bienen summten in der Nähe. Ich öffnete nicht nur meine beobachtenden Sinne, sondern mein ganzes Sein für meine Umgebung, bis ich sie ohne die Distanziertheit des Beobachters annehmen konnte und mich schließlich selbst als Teil meines Umfelds empfand.

Ich hatte in John Perkins Buch Shape Shifting *gelesen, dass einige der Schamanen, denen er begegnet war, über derartige Erfahrungen gesprochen hatten. Sie sagten, wenn man sich selbst ohne Angst loslassen könne, sei es möglich, das eigene Energiemuster so zu verändern, dass man sogar in der Lage sei, eine andere Gestalt anzunehmen.*

Das brachte mich auf eine Idee. Da ich meine Umgebung gerade so intensiv wahrnahm, nutzte ich die Gelegenheit, die Schwingungen, die ich als mein eigenes Energiemuster erlebte, bewusst jenen meines Umfelds anzupassen. Ich ließ mein Ego und damit alles, was mich von der Einheit mit dem Universum trennt, unwichtig werden. Da war keine Angst, keine Frage, ob ich in der Lage sein würde, wieder zurück zu kommen. Ich wollte einfach nur ein Teil des Ortes sein, an dem ich mich befand. So wurde ich zu einem Teil der Grube.

„Zeit" wurde bedeutungslos. Ich wurde bedeutungslos. Ich war. Ich war, und nichts anderes zählte. Langsam wurde ich mir meiner selbst als der Tongrube bewusst. Die Erde, die Pflanzen und Tiere schienen alle eins und zugleich auch voneinander getrennt zu sein. Jeder Teil des Ortes schien sich als duales Wesen wahrzunehmen und einfach zu akzeptieren, dass er ein einzelnes, getrenntes Individuum und gleichzeitig mit allem verbunden war. In diesem Moment erspürte ich ein Muster, das viel mehr als die Fülle der mich umgebenden

Vögel und Insekten umfasste. Von der Größe dessen, was ich fühlte erschüttert, fiel ich in mich selbst und die beschränkte Sicht unserer gemeinschaftlichen Illusion namens Realität zurück. Dann blickte ich nach rechts.

Nur zweieinhalb Meter entfernt von mir stand ein voll ausgewachsenes Reh. Sowie ich seine Anwesenheit registrierte, sah ich in seinen Augen die Erkenntnis aufdämmern, dass sich ein Mensch direkt neben ihm befand. Ich konnte beobachten, wie sich der Gedanke „Oh verflixt, wo kommt der denn her?" gemeinsam mit beginnender Panik von seinen Augen aus über seinen ganzen Körper ausbreitete. Dann war es in einer einzigen, aufgeregten Bewegung verschwunden, als wenn ihm ein Rudel Wölfe auf den Fersen gewesen wäre.

Die Begegnung ließ mich ziemlich verblüfft zurück. Hier stand ich in meiner Arbeitskleidung, verschwitzt, stinkend und viel zu weit von den Bäumen entfernt, um für einen solchen gehalten werden zu können, aber dieses extrem menschenscheue Tier war mir so nahe gekommen, dass ich es beinahe hätte berühren können. Es war, als ob ich unsichtbar für es gewesen sei – bis zu dem Moment, als ich meine Augen öffnete, mir meiner selbst wieder bewusst wurde und mich von der Einheit mit der Lebensgemeinschaft der Tongrube trennte. Zufall? Ich glaube kaum. Seitdem habe ich diese Technik mehrfach unter verschiedensten Bedingungen mit großem Erfolg angewendet. Es ist nämlich sehr angenehm, irgendwo zu sitzen, die Umgebung zu genießen und nicht wie alle anderen um mich herum bei lebendigem Leibe von Stechmücken aufgefressen zu werden!

Eines sollten Sie jedoch wissen: Es ist nicht sinnvoll, so etwas zu versuchen, wenn man gerade einem engen Zeitplan folgt. Ich war mir sicher, nur fünf oder sechs Minuten „fort" gewesen zu sein, doch wie sich herausstellte, hatte ich mich ganze 22 Minuten in Einheit mit der Grube befunden. „Zeit" ist in diesem Zusammenhang vollkommen irrelevant.

Uns ist übrigens im Laufe der Jahre eine interessante Sache aufgefallen. Von allen Menschen, denen wir diese Techniken vermittelt haben, scheinen jene damit die besten Erfolge erzielen zu können, die wie William unter ADS (Aufmerksamkeitsdefizitsyndrom) leiden. Das bezieht sich sowohl auf die Formen mit wie auch ohne Hyperaktivität. Wir werden diesem Umstand in Zukunft mehr Aufmerksamkeit widmen, denn er ergibt einen gewissen Sinn, da auch bei ADS-Patienten eine andere Zeitwahrnehmung herrscht als bei nicht betroffenen Menschen.

So – jetzt, wo wir derart unerhörte Behauptungen aufgestellt haben und Sie sich wahrscheinlich bereits fragen, ob wir noch zu retten sind, möchten wir Ihren Verstand noch etwas mehr verknoten und Ihnen erzählen, wie es möglich ist, sich selbst so radikal zu verändern, dass nicht nur Sie selbst, sondern auch Ihre Umgebung Schwierigkeiten damit haben wird, Sie wieder zu erkennen. Und es kommt noch schlimmer: Wir werden versuchen, Ihnen alle Ausreden und Entschuldigungen dafür zu nehmen, dass Sie nicht das Leben führen, für das Sie auf diesen Planeten gekommen sind.

Was ist Shape Shifting?

Oha – jetzt ist es an der Zeit, etwas zu den Themen „Schicksal" und „Bestimmung" zu sagen. Vicky ist der Ansicht, dass wir geboren werden, um dem universalen Wesen die Möglichkeit zu geben, durch uns das Leben in all seiner unbegreiflichen Vielfalt zu erleben, die nicht einmal vom Universum selbst geplant oder vollständig vorhergesehen werden kann. Außerdem glaubt sie, dass wir hierher kommen, um Leben für Leben bestimmte Lektionen zu lernen und auf diese Weise als Seelen zu wachsen. William sieht das anders – er steht nur hinter dem ersten Teil dieser Aussage, das mit dem Lektionen lernen findet er naiv. Seiner Ansicht nach ist das Leben einfach pures Chaos, und Chaos kann nun einmal nicht geplant werden. Dennoch sprechen wir beide von den Begriffen Schicksal und Bestimmung. Wie ist das möglich?

Indem wir uns auf den einzigen unserer Ansicht nach in dieser Diskussion wirklich wichtigen Nenner geeinigt haben: Unsere Bestimmung ist das, was wir erreichen können, wenn wir die vollkommene Verantwortung für unser Leben übernehmen und das Risiko eingehen, es in seiner ganzen Fülle zu leben. Schicksal ist das, was geschieht, wenn wir es nicht tun. Ob das nun aufgrund eines individuellen Lernplans jeder menschlichen Seele oder einer dem Universum innewohnenden natürlichen Funktion geschieht, ist dabei völlig nebensächlich.

Shape Shifting ist nun die Fähigkeit bzw. die Technik zur Gestaltung unserer eigenen Wirklichkeit. Wir sind vollkommen davon überzeugt, dass es möglich ist, sich auf materieller Ebene in eine andere Form zu verwandeln (wie dies zum Beispiel von südamerikanischen Schamanen tatsächlich durchgeführt wird). Jede Kultur verfügt über eine Vielzahl von Erzählungen, in denen sich Menschen in Tiere oder Pflanzen verwandeln. Je enger eine Kultur wie jene der Amazonas-Indianer mit der Natur zusammenlebt, umso weniger Probleme hat man dort mit diesem Konzept. Wir alle sagen ständig, dass alles mit allem verbunden sei, und selbst die Quantenphysik betrachtet die gesamte materielle Schöpfung mittlerweile als reine Energie, die lediglich in unterschiedlichen Geschwindigkeiten schwingt. Dennoch sind die meisten von uns nicht in der Lage, unsere Energiemuster bewusst so zu verändern, dass wir etwas anderes werden. Warum ist das so?

Vom Aufbruch zu unbekannten Horizonten

Die Antwort ist einfach. Aus demselben Grund, aus dem es uns so schwer fällt, unser ganz normales Leben zu verändern: Angst. Wir schrecken vor Veränderungen zurück. Wir fürchten, nicht zu sein, was wir zu sein glauben – oder schlimmer noch: Wir fürchten das, was wir sind. Wir fragen uns: „Werde ich mich auch wieder zurück verwandeln können?" Die Antwort darauf lautet: „Ist das wirklich von Bedeutung?" Wenn wir tatsächlich daran glauben, dass alles eins ist und jeder Teil des Ganzen seinen eigenen, unschätzbaren Wert hat, wäre es dann ein Verlust, zu einem Baum oder einem Stinktier zu werden? Diese Furcht zeigt nur, wie sehr wir in unserer Idee eines hierarchischen Unterschieds zwischen Menschen und dem Rest der Natur verfangen sind. Wir alle – uns zwei hier natürlich nicht ausgenommen.

Wie bereits erwähnt, sind wir der festen Überzeugung, dass es möglich ist, eine Veränderung der körperlichen Erscheinungsform im Sinne eines Shape Shifting durchzuführen. Allerdings haben wir die ebenso starke Überzeugung, dass wir noch ziemlich weit davon entfernt sind, so etwas zu erreichen. Anhand dessen, was wir Ihnen gerade über die Funktionsweise des Shape Shifting erzählt haben, können Sie die Falle der selbst erfüllenden Prophezeiung erkennen, in der wir uns da befinden. Wenn wir fest daran glauben oder uns davon überzeugen, dass etwas nicht funktionieren wird, besteht die große Wahrscheinlichkeit, dass wir für ein Scheitern sorgen werden. Wir verändern unser Energiemuster zwar, aber in Richtung der Verhärtung der alten Form. Auch das ist Shape Shifting, womit klar wird, dass es sich selbst bei dieser sensationellen Technik um nichts anderes als eine Fähigkeit handelt, die jedes Wesen hat und ständig einsetzt. Wir brauchen diese Gabe nämlich, um die Illusion einer Wirklichkeit aufrecht zu erhalten, um unsere Körper zu stabilisieren und uns auf einer gemeinschaftlichen Ebene begegnen zu können. In jedem Augenblick unseres Alltags „shapeshiften" wir alles, was wir sind, wie wir aussehen, was uns umgibt und wie wir einander darin begegnen.

Wie sähe eine Welt aus, in der alle Menschen in der Lage sind, diese Fähigkeit frei von Angst und ohne die Einschränkungen von allen die Materie definierenden Glaubenssätzen zu verwenden? Sie wäre um ein Vielfaches komplexer als unser jetziges Leben. Wir würden uns als reine Energiewesen verstehen und auch so verhalten. Kommunikation wäre direkte Berührung, Lebensgestaltung würde die ständige Neuerschaffung individueller Universen bedeuten. Wie diese miteinander interagieren können, steht nur noch unseren wildesten Spekulationen offen. Eines ist jedoch klar: Eine Spezies, die ein solches Leben führt, muss in Bezug auf ihr Verantwortungsbewusstsein, ihre schöpferische Kreativität, ihre spirituelle Weisheit und wahrscheinlich noch siebenundzwanzig andere Dinge viel weiter entwickelt sein als die unsere.

Und doch ist die Zeit des Aufbruchs in diese neue Welt bereits gekommen. Seit Jahrtausenden gibt es immer wieder einzelne Individuen, die sich der Wirklichkeit auf eine Art und Weise bedienen, bei der die Matrix-Filmreihe einpacken und gehen kann. Seit es Schamanen, Mönche, Heilige und Asketen gibt, haben einige von ihnen die Siegel von Raum, Zeit und Form gesprengt und einen atemberaubend großen Teil dieses uns allen innewohnenden Potenzials ausgenutzt. Nur weil wir noch nicht so weit sind, heißt das noch lange nicht, dass wir nicht daran glauben und daran arbeiten dürfen, soweit zu kommen. Ja, vielleicht sogar in dieser Lebenszeit. Möchten Sie einen kleinen Vorgeschmack auf diese Welt haben? Dann versuchen Sie doch mal die Technik, mit deren Hilfe William das Reh so überrascht hat.

Das Energiemuster anpassen

Diese Technik ist für Menschen mit Psychoseerfahrungen absolut ungeeignet, weil sie dazu dient, die Persönlichkeitsgrenzen aufzulösen. Das kann aber nur dann sicher durchgeführt werden, wenn die übende Person zuvor über stabile Ich-Grenzen verfügt hat, die sie danach wieder problemlos herstellen kann. Menschen, bei denen das nicht der Fall ist, wissen sozusagen nicht, wohin sie danach zurückkehren müssen und sollten deshalb einen großen Bogen um Techniken wie die folgende machen. Allen anderen wünschen wir viel Vergnügen damit!

Suchen Sie sich einen Platz, an dem Sie sich wohl fühlen und für eine gewisse Zeit damit rechnen können, nicht gestört zu werden.

Versorgen Sie Ihren Körper gut, damit er in den nächsten Minuten für möglichst wenig Ablenkung sorgt. Kratzen Sie alle Stellen noch einmal, an denen es gerade juckt, leeren Sie Ihre Blase und lassen Sie sich so nieder, dass eine gute Blutzirkulation auch weiterhin garantiert ist.

Führen Sie jetzt die Ichkern-Übung aus dem vierten Kapitel durch, um so in Kontakt mit Ihrem persönlichen Energiemuster zu gelangen. Füllen Sie Ihre Aura diesmal jedoch nicht mit Ihrer eigenen Energie aus, sondern lassen Sie diese in die Muster hineinfließen, die Sie um sich herum wahrgenommen haben. Das Ziel besteht diesmal nicht darin, sich von den Energien in Ihrer Umgebung abzugrenzen, sondern ein Teil davon zu werden.

Versuchen Sie nun, mittels Ihrer Vorstellungskraft Ihr eigenes Energiemuster den Sie umgebenden anzupassen bzw. sich dort harmonisch einzufügen. Je mehr Ihnen das gelingt, umso weiter driften Sie aus der Abtrennung heraus und in ein Gefühl reinen Seins hinein.

Kehren Sie zurück, wenn Sie bereit dafür sind und es wirklich wollen. Und falls Sie nicht zurückkommen sollten – ist es tatsächlich so schlimm, in dem Zustand zu verbleiben, in dem Sie sich gerade befinden?

Aber machen Sie sich keine Sorgen – zum großen Bedauern aller, die diesen Zustand bereits erlebt haben, fällt es meist schwerer, ihn aufrecht zu erhalten, als ihn zu beenden!

Raus aus der Versagensfalle

Wie aber können wir die Dinge verändern, wenn wir in der Falle der selbst erfüllenden Fehlschlagsprophezeiung gefangen sind? Nun, es gibt eine einzige Information, die wir dafür finden müssen. Wir müssen die eine Sache herausfinden, die wir wirklich und vom tiefsten Grund unserer Seele am allermeisten zu verändern wünschen. Wollen wir wirklich Geld haben, oder sehnen wir uns vielmehr nach finanzieller oder gar emotionaler Sicherheit? Brauchen wir tatsächlich mehr Sex, oder fehlt es uns eigentlich an liebevoller Zuwendung? Handelt es sich bei dem, was wir uns wünschen, nur um eine Laune oder eine hübsche Fantasie, oder stellt es einen Teil unseres heiligen Traums, unserer Bestimmung dar?

Das Hauptproblem besteht für die meisten Menschen darin, Antworten auf diese Fragen zu finden. Unsere Gesellschaft ist darin geübt, immer den leichtesten Weg zu gehen oder die einfachste Antwort zu wählen. Wir alle wünschen uns die schnelle Lösung, die flotte Pille, die alles besser macht – oder den wirksam funktionierenden Liebeszauber, wie er in unzähligen Büchern über die „moderne Hexenkunst“ zu finden ist.

Zurzeit arbeitet William an einem Shape Shifting seines physischen Körpers. Nein, er versucht nicht, zu einem Tier oder irgendetwas anderem zu werden. Er hat einfach erkannt, dass ein Teil dessen, was er sein könnte, wenn er sein volles Potenzial ausfüllen würde, darin besteht, in einem starken und gesunden Körper zu leben, den er und andere anziehend finden (und soweit es Vicky betrifft, ist er damit sehr erfolgreich!). Lange Zeit hat er sich gewünscht, etwas in dieser Richtung unternehmen zu können und darüber nachgedacht, was es denn sein könnte – aber aktiv daran getan hat er nur wenig. Erst, als er begann, mit den Techniken des Shape Shifting an seinem Körper zu arbeiten, geschah wirklich etwas. Okay, er hatte sich bis dahin ziemlich gehen lassen – es ist nun einmal nicht leicht, mit einer depressiven Person zu leben. Irgendwann während dieser für uns beide schweren Zeit kamen zehn zusätzliche Kilos vorbei und blieben auf seiner Hüfte sitzen, was ihm natürlich auch nicht gerade gute Laune bescherte – geschweige denn die Energie, sein Leben zu verändern.

Irgendwann hatte er die Nase voll. Er veränderte seine Realität und begann den Prozess des Shape Shifting, wie wir ihn weiter unten beschreiben. Mit Hilfe der Steintechnik stellte er sicher, dass es seine Bestimmung ist, ein gesunder, gut gebauter und attraktiv aussehender alter Mann zu sein – und nicht etwa ein dicker, fauler und nur mittelmäßig anziehender alter Mann. (Kleiner Einschub von Vicky: Er ist vorgestern fünfzig geworden, also sehen wir ihm das einfach nach). Nachdem das geklärt war, begann er, sein Ziel mit Hilfe der weiter unten beschriebenen Visualisationstechnik zu bearbeiten. Auf diese Weise investierte er Tag für Tag Energie darin, sein eigentliches, gesundes Selbst zu werden. Und auf einmal fielen ihm all die Dinge, die er vorher nicht zustande gebracht hatte, nicht nur leicht, sondern machten ihm sogar Freude: Er begann, wieder gesünder zu essen (auch wenn er von ein paar wirklich gemeinen Sachen wie Schokolade und Fast Food immer noch nicht die Finger lassen kann). Außerdem fing er an, dreimal wöchentlich für zwei bis drei Stunden im Fitness-Studio herumzutoben. Binnen weniger Wochen verlor er die zehn Kilo wieder und sieht nun aus wie vor dreißig Jahren. Was ihn nicht davon abhält, diesen wunderbaren Prozess weiter zu führen und neugierig mit zu verfolgen, wie sich das Ganze zu etwas entwickelt, von dem er niemals glaubte, dass er es je haben würde – satte, hübsche Bauchmuskeln nämlich!

Es mag für den einen oder anderen eine Enttäuschung sein, aber auch wir sind zu dem Schluss gekommen, dass es nötig ist, etwas zu tun, wenn man eine Veränderung herbeizuführen wünscht. Oder, wie William jedem sagt, der zum ersten Mal in eine seiner Schwitzhütten geht: „Du wirst nur soviel aus dieser Zeremonie herausholen können, wie du auch hineinzustecken bereit bist.“ Das ist einfach ein allgemein gültiges Naturgesetz. Wer nur soviel Anstrengung in sein Leben investiert, dass er gerade mal so zurecht kommt, wird eben nur gerade mal so zurecht kommen – und mehr nicht. Wer an seinem Arbeitsplatz unglücklich ist oder in einer dunklen Wohnung lebt, wird kaum bessere Verhältnisse erfahren, wenn er sich nicht nach einem neuen Job oder einer helleren Bude umschaut. Gut, manchmal hat man einfach Glück und zieht ein Gewinnerlos aus der Chaoswelle des Lebens, aber wir halten es für ziemlich riskant, sich auf Dauer darauf zu verlassen.

Dafür sind die Techniken des Shape Shifting da. Es ist nicht die mangelnde Zeit, die notwendige Energie, das mangelnde Wissen, die große Anstrengung, das fehlende Geld, die berufliche oder familiäre Situation, die Sie davon abhalten, Ihr eigenes, ursprünglich für Sie vorgesehenes Leben zu führen und in Ihre eigene Kraft zu gehen. Nein, es ist die Realität, die Sie selbst mit der Überzeugung programmieren, all diese Dinge würden Ihre Träume unmöglich machen. Es ist das negative Shape Shifting, das Sie bereits ständig betreiben. William hatte auch keine Zeit für neun Stunden Training pro Woche. Er hat sie trotzdem gefunden und empfindet keinerlei Stress deswegen – ganz im Gegenteil geht ihm jetzt sogar alles flüssiger und rascher von der Hand als zuvor. Doch bevor er mit dem Shape Shifting begann, hatte er seine Realität auf den Überzeugungen aufgebaut, dass er nun einmal kein athletischer Typ ist, keine Zeit und kein Geld zum Trainieren hat und sein Alltag für eine selbst gekochte, gesunde Ernährung zu unpraktisch eingeteilt ist. Deshalb hatte er ein dickes, unsportliches und nicht sehr gesundes Bild von sich selbst. So lange er seine Wirklichkeit ständig damit impfte, konnte er natürlich keine Veränderungen vornehmen, weil der schöpferische Widerstand, gegen den er anging, unglaublich groß war. Vergessen Sie Ihren Willen – damit kann man weder abnehmen noch mit dem Rauchen aufhören oder sonst irgendetwas erzwingen. Wenn Sie die kreative Kraft der Realitätserschaffung in Ihrem Leben ständig in eine bestimmte Richtung lenken, können Sie gegen diesen Strom nicht lange anschwimmen – und wenn Sie eine Olympia-Athletin wären. Die Macht unserer Schöpferkraft ist unglaublich groß.

Wenn Sie jedoch diesen Strom auf Ihr Ziel umzulenken verstehen, verschwinden alle Hindernisse plötzlich oder werden sogar zu einem Vergnügen. Vicky hat in den letzten fünfundzwanzig Jahren immer wieder versucht, das Joggen in ihren regelmäßigen Tagesablauf einzubauen. Jedes Mal hat sie es als eine wahre Qual empfunden und nach wenigen Anläufen wieder damit aufgehört. Als sie von der Visionssuche aus den italienischen Alpen zurück kam, war sie so über den schlechten Zustand ihrer Kondition entsetzt, dass sie ein Shape Shifting mit dem Ziel begann, wieder mehr Energie für sich zur Verfügung zu haben. An Jogging dachte sie zu diesem Zeitpunkt überhaupt nicht, der letzte Versuch lag mehrere Jahre zurück. Aber plötzlich war da jemand in ihrem Leben, der sich damit wirklich gut auskannte. Auf einmal war etwas Geld übrig für ein gutes Paar Schuhe, und sogar eine Laufuhr war drin – damit hatte sie es noch nie versucht. Und zum ersten Mal in ihrem Leben freut sie sich auf die morgendliche Laufrunde. Dieselbe Sache, die sie ihr Leben lang als pure Quälerei erlebt hat, ist nun zum bestmöglichen und zweitgenussvollsten Tagesbeginn geworden, den sie sich vorstellen kann! Einfach nur, weil ihr eigener Schöpfungsstrom jetzt nicht mehr gegen diese Tätigkeit läuft, sondern sie unterstützt. Das ist Shape Shifting.

Luftschloss oder Lebensaufgabe?

Wie erkennen wir den Unterschied zwischen einer netten kleinen Fantasie und unserem heiligen Traum?

Jeder Mensch hat Fantasien. Diese reichen von Tagträumen, wo wir von hübschen Frauen in Bikinis und knackigen Männern in knappen Badehosen umgeben, die uns jeden Wunsch von den Lippen ablesen, an einem tropischen Strand liegen bis hin zu dem Gedanken, dass wir den endlosen Redeanfall unseres Sohnes mitten im Supermarkt mit Hilfe eines breiten Klebebands beenden könnten. Meist ist uns bewusst, dass diese flüchtigen Vorstellungen nichts sind, was sich wirklich ereignet oder wir tatsächlich tun sollten. Und sie tragen auch nicht zur Erfüllung unserer Bestimmung bei.

Ein einfacher Weg zur Beurteilung, ob es sich bei einer Vorstellung um eine Fantasie oder einen Teil des eigenen heiligen Traums handelt, besteht darin, sich die Konsequenzen der vorgestellten Handlung anzusehen. Wenn ich z.B. die Lippen meines Sohnes mit einem Klebeband verschließe, mag mir zwar der eine oder andere Supermarktbesucher im Stillen Beifall spenden, aber wahrscheinlicher ist es, dass jemand die Polizei ruft und ich Probleme mit dem Jugendamt bekomme. Was kaum eine schöne Zukunftsaussicht ist.

Es gibt jedoch Momente, in denen sich Fantasie und Bestimmung nicht so einfach unterscheiden lassen. Das trifft zum Beispiel zu, wenn wir verliebt sind. Das ist ein ziemlich gefährlicher Zustand, und wir möchten Ihnen wirklich nahe legen, keine wichtigen Entscheidungen zu treffen, während Sie auf diese Weise beeinträchtigt sind. Nein, hier spricht kein enttäuschter Zyniker – verliebt zu sein ist wirklich herrlich. Das flaue Gefühl im Magen, die zitternden Hände, die Unfähigkeit, an irgendetwas anderes als an die Person zu denken, nach der ich mich sehne und ohne die sterben zu müssen ich überzeugt bin … Ich glaube, Sie verstehen nun, warum es um das Urteilsvermögen eines verliebten Menschen nicht unbedingt zum besten steht.

Durch das Gefühl des Verliebtseins sichert die Natur das kontinuierliche Überleben der menschlichen Spezies. Unsere Körper produzieren einen hormonellen Cocktail, der alle Designerdrogen in den Schatten stellt, die Sie auf dem Schwarzen Markt erhalten können. Für ein paar Monate sind wir die Sklaven dieses herrlichen Hormonmixes und tun alles, was wir „zum Überleben der menschlichen Spezies" nur leisten können. Aber ist verliebt zu sein dasselbe, wie jemanden zu lieben? Unsere Antwort darauf lautet schlicht und einfach „nein". John Perkins berichtet im oben erwähnten Buch von einem Schamanen, der in diese Falle stolperte. Er begehrte die Frau seines Freundes, obwohl er wusste, dass dies Schwierigkeiten mit sich bringen würde. Also investierte er viel Zeit und Mühe, um sie für sich zu gewinnen, nur um später herauszufinden, dass ihn lediglich sexuelles Begehren motiviert hatte, nicht aber echte Liebe. Auf diese Weise verlor er einen Freund, der ihn seit Kindheitstagen begleitet hatte und auch die Freundschaft der Frau. Er zerstörte die Ehe seines Freundes und den Respekt, den ihm das ganze Dorf einst entgegengebracht hatte. Doch wer liebt, kann seine eigenen Wünsche und Bedürfnisse hintanstellen und das tun, was für die Person, um die sich seine Gefühle drehen, am besten ist.

Fantasien dienen also oft der ersatzweisen Befriedigung kürzlich entstandener, oberflächlicher Bedürfnisse. Es ist keineswegs immer schlecht, sie umzusetzen – wenn ich am Ende eines heißen Sommertags die Fantasie von einem schönen, kühlen Bier im Kreis guter Freunde habe, mag das kein Bestandteil meines heiligen Traums sein, aber es wird mir und anderen dennoch gut tun. Und wer weiß – vielleicht gehört es ja zu meinem heiligen Traum, ein gutes, erfülltes Leben zu führen! Man kann nämlich durchaus mehrere solcher Träume haben – oder sie können sich recht vielschichtig gestalten, je nachdem, wie man es sehen will.

Wenn es uns wirklich erwischt hat

Aber was ist das eigentlich, ein heiliger Traum? Hier hat William ein wunderschönes Beispiel gewählt, das er wieder selbst erzählen soll.

Ich arbeitete vor einigen Jahren in einem Irish-Pub namens An Sibin in Frankfurt-Sachsenhausen, das Freunden von mir gehörte. Eines Abends saß eine attraktive junge Frau an der Bar. Wer mich kennt, der weiß, dass sich meine Aufmerksamkeit blitzschnell fokussiert, wenn die Worte „attraktiv" und „Frau" zusammen auftauchen. Diesmal war jedoch irgendetwas anders. Ich hatte das Gefühl, dass eine Beziehung zu dieser Person anders sein könnte als meine sexuellen Eroberungen der jüngsten Vergangenheit, die ich dazu benutzt hatte, über die Trennung von meiner zweiten Frau hinweg zu kommen (ja, Vicky ist meine dritte Frau – man betrachtet mich allgemein als unbelehrbar).

Es war keineswegs so, dass ich nicht mit ihr ins Bett hätte gehen wollen – und wie ich das wollte! Sie war damals echt scharf und ist es heute noch. Mamma mia ... Aber irgendetwas vermittelte mir das Gefühl, dass sich hier Dinge ereigneten, die ich mir noch gar nicht vorgestellt hatte. So folgte ich dem Fluss der Ereignisse und versuchte, für die Möglichkeiten, die mir das Universum präsentieren würde, offen zu bleiben. Nun, einige Bücher später und nachdem ich die Chance erhalten hatte, andere zu lehren und zu begleiten, bin ich der Ansicht, dass die Beziehung mit Vicky einen Pfad darstellt, der zu meiner wahren Bestimmung führt.

In den meisten Fällen braucht es zur Unterscheidung einer Fantasie von der eigenen Bestimmung nicht mehr als ein bisschen ruhiges Nachdenken und eine Menge Selbstehrlichkeit. Genau das ist jedoch der Punkt, wo der Frosch ins Wasser hüpft und ersäuft – kein Mensch kann hundertprozentig ehrlich zu sich selbst sein. Wir alle haben irgendeinen blinden Fleck, irgendeine Illusion, die wir auf keinen Fall loslassen wollen oder eine Selbstlüge, die zu beenden noch viel zu Weh tun würde. Wir sind es in erstaunlich hohem Maße gewöhnt, uns selbst anzulügen oder unsere Wünsche und Verhaltensweisen auf cleverste, aber nichts desto trotz unwahre Weise rational zu begründen. Das macht es manchmal schier unmöglich, der Wahrheit einer Angelegenheit auf den Grund zu gehen. Hier kann die im Folgenden dargestellte Technik weiterhelfen, weil sie sich auf eine außerhalb unserer selbst befindliche Instanz stützt. Sie funktioniert jedoch nur, wenn der Anwender bereit ist, die Antwort auch zu akzeptieren und ehrlich mit sich selbst zu sein.

Oft treten wir stückweise mit unserem heiligen Traum in Kontakt. Manchmal kennen wir das ganze Bild noch nicht, aber eine Übung wie die folgende zeigt dennoch deutlich an, ob ein bestimmter Wunsch, den wir haben, tatsächlich Teil unseres Lebenszwecks ist. Das ist alles, was diese Übung tut: Sie zeigt Ihnen, ob es sich bei Ihrer Sehnsucht nur um eine Fantasie oder um einen Teil Ihres eigenen heiligen Traums handelt. Und manchmal kostet es viel Mut, sich dieser Prüfung zu stellen.

Die beiden folgenden Übungen stammen von dem Schamanen Viejo Itza und sind in dem bereits erwähnten Buch von John Perkins zu finden.

Der Traumstein

Nehmen Sie sich etwas Zeit für einen ausgiebigen Spaziergang und finden Sie in der Natur einen kleinen Stein, der Sie besonders anspricht. Er muss nicht besonders aussehen und nicht größer als ein Vogelei sein. Fragen Sie ihn, ob er mit Ihnen arbeiten möchte und Sie ihn mitnehmen dürfen. Falls Sie ein inneres „Nein“ erhalten, legen Sie ihn bitte an genau dieselbe Stelle zurück, von der Sie ihn genommen haben. Bei einem „Ja“ nehmen Sie ihn mit und kehren nach Hause zurück.

Dort machen Sie sich mit dem Stein vertraut, indem Sie ihn von allen Seiten ruhig und ausgiebig betrachten. Danach legen Sie ihn in Ihren Bauchnabel hinein. Am besten legen Sie sich dafür auf den Rücken. So, wie Sie den Stein zuvor mit den Augen erforscht haben, erspüren Sie ihn nun mit Ihrem Herzen. Lernen Sie ihn kennen. Lauschen Sie auf die Laute, Bilder und Gefühle, die er Ihnen senden mag. Machen Sie ihn auf diese Weise zu Ihrem Verbündeten.

Sie können für diesen Zweck auch einen anderen kleinen Gegenstand verwenden, der Ihnen vertraut ist und eine besondere Bedeutung für Sie hat.

Fantasie oder heiliger Traum?

Nehmen Sie sich eine Auszeit und sorgen Sie dafür, während dessen nicht gestört zu werden. Nehmen Sie den Stein, den Sie auf Ihrem Spaziergang gefunden haben oder den von Ihnen gewählten Gegenstand in die Hand. Setzen oder legen Sie sich hin, schließen Sie die Augen und beginnen Sie damit, sich zu entspannen. Stellen Sie sich vor, wie ein Körperteil nach dem anderen in die Erde hinein sinkt, von den Zehen über die Waden, Knie und Oberschenkel bis hin zu Hüften, Rücken, Schultern, Armen, Nacken und Kopf. Lassen Sie Ihre Muskeln los und spüren Sie, wie Ihr gesamter Körper in die Erde hinein sinkt. Immer tiefer und tiefer. Es ist ein gutes, ein angenehmes Gefühl, immer entspannter zu werden. Vollkommen losgelöst und gelassen.

Nun stellen Sie sich den Wunsch vor, von dem Sie wissen möchten, ob es sich dabei um eine Fantasie oder um einen Teil Ihres heiligen Traums handelt. Stellen Sie sich das angestrebte Endergebnis in dreidimensionaler Form vor, so dass Sie in Ihrer Imagination darum herumgehen und es von allen Seiten betrachten können. Nehmen Sie dabei alle Sinne zur Hilfe. Schauen Sie nicht nur, sondern konzentrieren Sie sich auch darauf, was Sie hören, riechen oder ertasten können, wenn Sie sich auf dieses Erlebnis einlassen. Erspüren Sie die Erfahrung mit all ihren äußeren wie inneren Sinnen.

Nun konzentrieren Sie sich auf den Stein in Ihrer Hand. Stellen Sie sich vor, wie sich dieser erhebt und aus Ihrer Hand aufsteigt, um langsam und in aller Ruhe einmal das Bild Ihres Wunsches zu umrunden. Er ist dem Bild ganz nah, so dass er es immer wieder sanft berührt. Geben Sie dem Stein Zeit für eine langsame, vollständige Runde. Und dann, wenn er wieder an seinen Ausgangspunkt zurückgekehrt ist, fragen Sie, ob es sich um eine Fantasie oder um einen heiligen Traum handelt. Sie werden die Antwort sofort und ohne jeden Zweifel erhalten.

Damit haben Sie den ersten Schritt auf dem Weg zu einer umfassenden Veränderung Ihres Lebens getan – Sie haben herausgefunden, ob Sie überhaupt auf dem richtigen Pfad sind. Falls das der Fall ist, haben Sie nun die Möglichkeit, den Fluss des Schöpferstroms in Ihrem Leben auf dieses Ziel auszurichten. Dafür ist die nächste, überaus machtvolle Technik entwickelt worden. Marina Bellazzi hat sie von tibetischen Schamanen gelernt und an John Perkins weitergegeben.

Der Silberstern

Wählen Sie das Ziel, von dem Sie wissen, dass es sich um einen heiligen Traum handelt und das Sie nun in die Wirklichkeit hinein formen wollen.

Schließen Sie dann Ihre Augen und begeben Sie sich in einen entspannten Zustand. Wählen Sie dazu eine Technik, die für Sie persönlich gut funktioniert.

Wenn Sie sich in einer tiefen Entspannung befinden, imaginieren Sie direkt vor Ihren Augen einen schwarzen Ort, einen tiefen, dunklen Abgrund, aus dem ein silberner Stern auftaucht. Der Stern steigt auf, bis er sich auf Höhe Ihres Kopfes befindet.

Senden Sie nun Ihren Traum zum Stern hinaus und sehen Sie dabei zu, wie der Stern ihn gänzlich aufnimmt.

Stellen Sie sich dann vor, wie der Stern mit dem Traum, den er enthält, durch Ihr drittes Auge und Ihre Stirn in Ihren Kopf eintritt.

Imaginieren Sie jetzt die Innenseite Ihres Kopfes als einen runden Raum, der innen mit unzähligen Kristallspiegeln ausgekleidet ist. Der Stern und damit auch Ihr Traum befinden sich inmitten dieses prachtvollen Ortes. Beides wird von allen

Seiten wieder und wieder reflektiert, was sie mit jeder Sekunde weiter verstärkt.

Nun sehen Sie dabei zu, wie der Traumstern dreimal explodiert. Das zerstört ihn jedoch nicht, sondern energetisiert ihn jedes Mal nur noch mehr. Wie eine Nova leuchtet er dreimal auf und verbindet sich auf diese Weise vollständig mit Ihrem Geist und Ihrem Verstand.

Danach lassen Sie den Traumstern in Ihr Herz hinunter wandern. Auch dieses ist mit kristallenen Spiegeln ausgekleidet, deren unzählige Reflektionen des Sterns den Traum nochmals verstärken.

Nun lassen Sie den Traumstern auch hier dreimal explodieren. Mit jeder dieser Explosionen bestätigen Sie sich selbst, dass Sie sich der Verwirklichung dieses Traums verpflichten. Spüren Sie, wie sich der Stern vollständig mit Ihrem Herzen verbindet.

Schließlich lassen Sie ihn wieder in Ihren Kopf aufsteigen, von wo aus er durch das dritte Auge wieder in die Dunkelheit zurückkehrt.

Was noch nötig ist

Diese Visualisation sollte mindestens dreimal pro Woche ausgeführt werden – bei Bedarf auch öfter. Damit der Prozess im Alltag greifen kann, müssen Sie ihn allerdings noch einen Schritt weiter führen. Geben Sie Ihrem Traum jeden Tag erneut Energie, indem Sie etwas tun, das ganz konkret zu seiner Realisierung führt. Sprechen Sie mit anderen Menschen über Ihren Traum und machen Sie sich auf diese Weise die Magie des Wortes zunutze, die erste Form der materiellen Manifestation.

Wenn Sie über Ihren Traum sprechen, reden Sie bitte immer von dem, was Sie gerade tun und niemals von dem, was Sie tun wollen. Die Realisierung Ihres Traumes hat bereits begonnen. Sie stecken schon mitten drin. Wenn Sie im Futur oder im Konjunktiv damit umgehen, signalisieren Sie Ihrer Schöpferkraft, dass sie noch nicht aktiv werden muss, weil die Verwirklichung Ihres Traumes ja noch nicht begonnen hat. Am wichtigsten ist es jedoch, jeden Tag wenigstens eine Stunde Ihrer Zeit und Energie in eine Aktivität zu investieren, welche die Realisierung Ihres Traumes auf der materiellen Ebene, im Hier und Jetzt einen Schritt weiter vorantreibt.

Wenn es nicht klappen will

Viele Menschen hören mit der Visualisation des silbernen Sterns nach wenigen Malen auf, weil Sie unterschwellig spüren können, wie enorm machtvoll diese Technik ist. Wenn Ihnen das geschieht, haben Sie die Möglichkeit, sich zu fragen, was in Ihnen vor der Verwirklichung Ihres Traumes zurück scheut und welche Gründe dieser Anteil dafür hat. Gibt es unbequeme, beängstigende Aspekte an Ihrem Traum? Oder würde seine Verwirklichung ein altes negatives Programm in Ihnen zerstören? Passt dieser Traum zum Beispiel nicht mit

Ihrer tief sitzenden Überzeugung zusammen, Sie seien ein Mensch, der nie etwas zu Ende bringt? Wenn Sie plötzlich mit dem Visualisieren aufhören, können Sie ziemlich sicher sein, dass Sie die Angst gepackt hat, *es könnte tatsächlich funktionieren*. Solange diese Angst besteht, wird natürlich auch nichts aus Ihrem Traum. Sie haben nun zwei Möglichkeiten: Die eine besteht darin, auf dem Weg der Selbstreflektion, des freundschaftlichen Gesprächs, mit Hilfe eines Therapeuten oder Coaches oder auf andere für Sie geeignete Weise Antworten auf die obigen Fragen zu finden und die entdeckten Hindernisse aus dem Weg zu räumen.

Der zweite Weg ist eine Form des Shape Shifting in sich. Sie braucht Mut, ein hohes Maß an Disziplin und Kraft, ist aber überaus lohnend. Beschließen Sie, die Visualisierungen trotzdem fortzuführen. Bringen Sie an geeigneten Stellen in Ihrer Wohnung Zettel an, die Sie daran erinnern sollen. Zwingen Sie sich auch dann dazu, wenn Sie überhaupt keine Lust dazu haben. Bestehen Sie darauf, dass niemand Ihnen die dafür reservierte Zeit nehmen darf. Stellen Sie Ihr Mobiltelefon oder einen Wecker, um Sie an die Technik zu erinnern. Bitten Sie Freunde oder Familienmitglieder, Sie freundlich und unterstützend zu fragen, ob Sie die Übung schon durchgeführt haben.

Was nun passiert, ist folgendes: Die Kraft der durch die Technik aufgebauten Energie staut sich förmlich am in Ihnen befindlichen Widerstand, bis sie diesen durchbricht. Auf diese Art und Weise wird sie nicht nur für Ihren Traum freigesetzt, sondern „shapeshiftet“ gleichzeitig ein Stück Ihrer eigenen Persönlichkeit in eine Gestalt, in der diese Blockade nicht mehr existiert. Dieser Moment kann eine enorme Befreiung sein, aber der Weg dorthin gestaltet sich unter Umständen recht anstrengend.

Es gibt allerdings noch einen Grund, aus dem Sie die Visualisation vergessen haben könnten: Vielleicht brauchen Sie einfach nur ein wenig mehr Übung im Strukturieren Ihres Alltags. Dann können die oben genannten Tricks rasch helfen, und Sie lernen gleichzeitig, ein altes Defizit zu beseitigen. Auch das ist eine Art von Shape Shifting.

Schritt für Schritt zum Ziel

Sie werden jedoch weder Ihre Persönlichkeit, noch Ihren Körper oder Ihre finanzielle Situation verändern oder gar zu Ihrer Bestimmung finden können, ohne etwas dafür zu tun. Um ein Ziel zu erreichen, ist es notwendig, auf allen Ebenen der Existenz Energie zu investieren – auf der feinstofflichen ebenso wie auf der materiellen. Das ist der Weg der Natur, wie wir ihn auch in den physikalischen Gesetzen wieder erkennen. Jeder von uns hat die Wahl, ob er die Verantwortung für und damit die Kontrolle über sein Leben übernehmen will, um Dinge geschehen zu lassen, oder ob er sich kontrollieren und mittragen lassen will. Ob wir die Ereignisse prägen oder sie uns einfach geschehen. Die Frage ist immer, ob wir bereit sind, die Verantwortung für unser Leben und für das zu übernehmen, in das wir es verwandeln, oder ob wir uns bequem zurück lehnen und lieber über das Schicksal beschweren wollen, das uns widerfahren ist.

Jede Handlung führt zu Konsequenzen. Das bedeutet in den meisten Fällen, dass von dem Augenblick an, wo Sie beginnen, sich selbst und Ihre Wirklichkeit zu verändern, auch andere Elemente in Ihrer Umgebung davon betroffen sein werden. Wie wir bereits erwähnt haben, lösen Veränderungen oft Furcht aus. Es ist möglich, dass manche Menschen in Ihrer Umgebung nicht gerade begeistert auf den neuen Kurs reagieren, den Sie Ihrem Leben gegeben haben. Wahrscheinlich bedeutet es für sie nämlich, dass sie auf so manche Bequemlichkeit verzichten müssen, die Ihr altes Leben ihnen gebracht hat. Natürlich ist Ihr sechzehnjähriger Junior nicht begeistert davon, dass er seine Kleidung ab jetzt selbst bügeln soll, weil Sie mehr Zeit für den Laden brauchen, den Sie gerade eröffnet haben und mit dem Sie sich endlich den Traum erfüllen, Naturkosmetik zu verkaufen. Nicht immer jedoch sind diese Auswirkungen so klar wie in diesem Beispiel. Manchmal können sich andere Menschen in Ihrer Umgebung durch Ihr Engagement einfach bedroht fühlen, ohne dass es ihnen bewusst wird, denn Sie zerstören gerade effektivst die Selbstlüge, wir seien alle hilflose Opfer des Schicksals und könnten nichts tun, um der Misere zu entkommen. Für eine Person, die sich unbewusst dazu entschieden hat, lieber im alten Leid zu verharren als das Risiko einzugehen, neue Wege einzuschlagen, kann das sehr schwer sein. Aus solchen Richtungen kommt dann oft die Bestrebung, alles beim Alten zu belassen oder Ihre Bemühungen sogar direkt zu behindern. Wenn Sie die Kontrolle über Ihr Leben übernehmen und Veränderungen herbeiführen, die Sie auf gerader Linie in Ihre Bestimmung bringen, beweisen Sie damit schließlich, dass dies allen Menschen möglich ist. Auf diese Weise nehmen Sie anderen die Entschuldigung dafür, sich nicht ebenfalls auf ihren Weg zu machen. Gehen Sie nachsichtig mit solchen Menschen um, denn die leiden in solchen Augenblicken viel mehr als Sie, auch wenn das für Sie nicht unbedingt so aussehen mag. Wir haben immer wieder erfahren, dass deren Aktionen keinerlei Macht über uns haben, wenn wir gerade unseren heiligen Traum energetisieren und materialisieren. Bitte seien Sie sich immer bewusst, dass Sie Ihr Leben nicht für die Menschen in Ihrer Umgebung leben, sondern ausschließlich für sich selbst. Erst wenn das sichergestellt ist, können Sie damit beginnen, effektiv auch für andere wirksam zu sein. Aber selbst dann gehören Sie niemandem. Niemals.

Das ist keineswegs eine Ausrede für selbstsüchtige Egozentrik, sondern schlicht und einfach die Herausforderung, für sich selbst sowie für den eigenen Weg einzustehen und entsprechend der Erkenntnis zu leben, dass wir es nun einmal nicht jedem recht machen können.

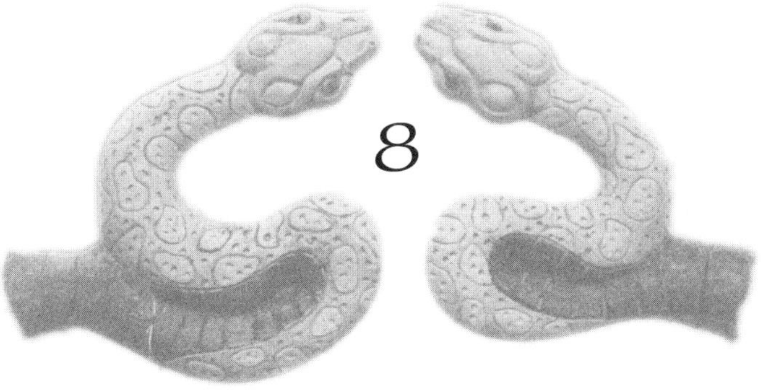

8

Schamanische Arbeit in der freien Natur

Wenn man interessierte Menschen fragt, welche Dinge sie mit dem Gedanken an einen Stammesschamanen verbinden, bekommt man Begriffe wie „Feder", „Heiler", „Rauch", „Pflanzen", „Wald", „Tiergeister", „Steine" und ähnliches genannt – alles Dinge, die einen deutlichen Naturbezug haben. Dennoch scheint sich neunzig Prozent des modernen westlichen Schamanismus hinter verschlossenen Türen abzuspielen! Hier in unserer Gesellschaft verbinden die meisten Menschen mit dem Schamanismus (wenn sie ihn überhaupt kennen), die bereits zitierte Gruppe von Leuten, die hübsch warm in Decken eingepackt mit geschlossenen Augen auf dem Boden liegen und einer Trommel lauschen, um sich von ihr in andere Welten entführen zu lassen. Die meisten Heilzeremonien und Trancetänze finden in unserer Gesellschaft in einem sicheren Raum statt. Schamanismus aber beschäftigt sich mit der Natur des Menschen und der Natur von allem, was diesen umgibt. Wer wirklich in Anspruch nehmen will, schamanisch zu arbeiten (oder gar zu leben) braucht also vor allem ein paar feste Wanderschuhe!

Da draußen findet die eigentliche, so lange ersehnte Verbindung mit dem heiligen Ganzen statt – und nicht in Ihrem Wohnzimmer. Es ist einfach unbeschreiblich, welche Welt sich dem eröffnet, der sich durch Zivilisationsängste, Unwissenheit und Unsicherheit hindurch kämpft und tatsächlich mit der Natur auf Tuchfühlung geht, sich gänzlich von ihr umfangen lässt. Gehören auch Sie zu den Menschen, die ein tiefes, inneres Ziehen auf den Weg geschickt hat? Die sich unendlich danach sehnen, in sich anzukommen, ihr eigenes spirituelles zu Hause zu finden? Die nach der letztendlichen Geborgenheit suchen, wie sie die Worte „Mutter Natur" von Anfang an versprochen haben? Die in den Kreis der großen Gemeinschaft aller miteinander verbundener Wesen der Natur eintreten und den großen Strom von Großmutter Galaxie, Großvater Universum und des göttlichen Lebens selbst spüren wollen? Soll das Gespräch mit Baum und Bach, mit Fels und Gipfel auch für Sie eine Selbstverständlichkeit werden?

Dann packen Sie Ihren Rucksack und ziehen Sie los. All das gibt es nur da draußen.

Das Rad der heiligen Kräfte erkunden

Erinnern Sie sich noch an die praktischen Übungen, die Sie im zweiten Kapitel zu jeder Himmelsrichtung des Medizinrads gelesen haben? Vielleicht konnten Sie ja bereits die Zeit finden, sich die dort gestellten Fragen durch den Kopf gehen zu lassen. Wenn Sie das in der freien Natur tun, wartet ein noch intensiveres Erlebnis auf Sie. Dafür können Sie den Text der im zweiten Kapitel angegebenen Übungen verwenden, oder Sie setzen sich einfach hinaus und lassen alles andere auf sich zukommen.

Eine schamanische Begegnung mit der Natur ereignet sich immer in Form von Kommunikation. Sie müssen nur lernen, die Antworten erstens zu erkennen und zweitens zu verstehen. Das ist gar nicht so schwer, wie Sie vielleicht erwarten. Die folgende Übung kann Ihnen helfen, zu erkennen, wann Ihre Umgebung mit Ihnen spricht. Doch wer eine Antwort wünscht, muss erst einmal eine Frage stellen oder zumindest „Hallo, hier bin ich" sagen. Dazu eignet sich im Rahmen schamanischer Arbeit der Aufbau eines kleinen Medizinrads sehr gut.

Im Medizinrad sitzen

Suchen Sie sich einen Ort in der freien Natur, an dem Sie für einige Zeit ungestört bleiben dürften. Schauen Sie sich dort nach Materialien um, die für den Bau eines kleinen Medizinrads geeignet sind. Meist werden dafür Steine verwendet, aber auch Zapfen, Nüsse, Blätter oder andere Dinge lassen sich gut dafür einsetzen.

Gehen Sie wachen Auges durch die Landschaft in der Nähe des von Ihnen gewählten Ortes. Wenn Sie zum Beispiel einen Stein finden, den Sie für Ihr Rad verwenden möchten, fragen Sie ihn, ob er mit Ihnen kommen will und nehmen Sie ihn nur, wenn er zustimmt. Auf diese Weise sammeln Sie sich Stück für Stück Ihr Rad zusammen. Tun Sie das auf ruhige, bedächtige Weise, um während des Aufbaus zur Ruhe und in Kontakt mit Ihrer eigenen, aber auch der Sie umgebenden Kraft zu kommen. Sie benötigen acht größere Steine (oder was Sie sonst verwenden) für die Positionen des äußeren Rades und eine Reihe kleinerer Steine, mit denen Sie diese großen verbinden. Dann legen Sie vom Ost-, Süd-, West- und Nordstein aus jeweils eine Reihe kleinerer Steine in Richtung der Kreismitte. In der Mitte lassen Sie einen Platz frei, die Steine treffen sich also dort nicht. An diesem Platz lassen Sie sich schließlich nieder.

Nun haben Sie viele verschiedene Möglichkeiten. Hier ein paar Anregungen:

1. Setzen Sie sich mit dem Blick in Richtung Osten und beobachten Sie eine Zeit lang, was Sie dort erkennen können. Überlegen Sie, wie Ihre Beobachtungen mit dem Element Luft in Verbindung stehen könnten. Verfahren Sie auf dieselbe Weise mit allen anderen Richtungen und suchen Sie nach Tieren, Gegenständen oder Begebenheiten, welche die spezifische Kraft der jeweiligen Richtung zum Ausdruck bringen.

2. Arbeiten Sie (wieder mit dem Blick in die jeweilige Richtung) die Fragen aus dem Medizinrad-Kapitel durch.

3. Wenn Sie mit einer gezielten Frage oder einem bestimmten Thema gekommen sind, können Sie sich reihum aus jeder Richtung Anregungen dazu holen (aus symbolischen Gründen bietet es sich an, das im Uhrzeigersinn zu tun und im Osten oder Süden damit zu beginnen). Oder Sie ordnen Ihre Frage einer bestimmten Richtung zu, setzen sich mit dem Blick dorthin und bitten um Antworten darauf. Alles, was Ihnen jetzt ins Auge fällt oder sich vor Ihnen ereignet, steht mit diesem Thema in Verbindung und ist Ihnen dazu geschickt worden.

4. Wenn Sie ein besonderes Anliegen oder eine Bitte haben, können Sie im Rad dafür beten. Wenden Sie sich dabei an die Instanz, die Ihnen am nächsten ist – ganz egal, ob es sich dabei um Gott, Buddha, Allah, Mutter Erde, Vater Himmel, Christus oder eine der vielen Gottheiten aus den anderen Pantheons dieser Erde handelt. Das Medizinrad ist nur ein Modell bzw. ein Werkzeug, und kein Dogma, das Sie an eine bestimmte Religion bindet.

5. Und wenn Sie eine besonders tiefe Erfahrung machen möchten, dann setzen Sie sich einen ganzen Tag lang einfach nur in dieses Rad hinein und rühren sich (außer zur Befriedigung der Bedürfnisse Ihrer Blase) nicht vom Fleck. Das ist eine äußerst anspruchsvolle Übung, die einiges von Ihnen fordern kann, aber zu tiefen Erkenntnissen und Erlebnissen führt. Wenn Sie die Wirkung noch verstärken wollen, nehmen Sie nur ausreichend Wasser mit in den Kreis (mindestens zwei Liter) und verzichten während dieses Tages auf alle anderen Lebensmittel. Beobachten Sie einfach, was in dieser Zeit mit Ihnen und um sie herum geschieht. Falls das möglich ist, erlauben Sie sich, in einen träumerischen, tranceartigen Zustand einzutreten. Machen Sie sich jedoch keine Sorgen, wenn Ihnen das nicht gelingen sollte. Viele Medizinrad-Erfahrungen sind eher von Selbstzweifeln, Langeweile, schmerzenden Gelenken und nass-kalten Füßen geprägt. Lassen Sie sich davon nicht entmutigen, sondern versuchen Sie, auch darin ein Muster zu erkennen, das Ihnen viel über sich selbst und Ihre Beziehung zu Ihrer eigenen Natur verraten und sogar Ihre ureigensten Kraftquellen eröffnen kann.

Das Netz des Lebens erkunden

Auch Sie sind gewiss schon unzählige Male durch Felder, Wälder und Wiesen gegangen, ohne dabei besonders spirituelle Erlebnisse gehabt zu haben. Vielleicht konnten Sie sich an der Schönheit Ihrer Umgebung erfreuen oder den Duft frisch gemähten Grases genießen, und bestimmt haben Sie sich auch erleichtert seufzend an einen dicken Baum gelehnt, so dass alle Anspannung aus Ihnen heraus floss. Das alleine ist schon unendlich viel wert. Wir müssen nur hinausgehen und werden automatisch gereinigt und mit neuer Kraft geladen – eine Kur, die wir uns ruhig öfter gönnen sollten!

Es gibt jedoch Wege, die uns noch tiefer in die Verbindung mit der Natur bringen. Hierfür braucht es ein wenig Geduld und die Bereitschaft, sich mit der äußeren wie auch inneren Stille zu konfrontieren. Vor allem Letzteres fällt vielen Menschen nicht ganz leicht. Viele von uns sehnen sich zwar danach, eine tiefe Beziehung zur Natur zu entwickeln, tun sich damit in der Praxis aber schwer. Dort draußen sind wir plötzlich mit uns alleine und werden auf uns selbst zurück geworfen; kein spannendes Buch, kein Fernseher und keine Arbeit lenken uns mehr von unserer inneren Wahrheit ab. Das kann zunächst eine beängstigende Erfahrung sein, der viele Menschen unbewusst ausweichen. Dann kommt der innere Zensor anmarschiert und fragt, was wir hier draußen eigentlich wollen, wo doch alles langweilig, unspirituell, kalt und ungemütlich ist. Außerdem, so will er wissen, bringe das sowieso nichts. Von dieser Stimme überzeugt, brechen viele Menschen dann ab und kehren wieder in ihren mit unzähligen Ablenkungen ausgefüllten Alltag zurück. Dort fühlen sie sich sicherer – doch die Sehnsucht bleibt.

Wenn Sie sich spürend der Natur aussetzen, ist das Auftreten solcher Gedanken und Empfindungen ein sicheres Zeichen dafür, dass Sie kurz davor stehen, tiefe und magische Erfahrungen zu machen. Genau das will der innere Zensor nämlich vermeiden. Dann braucht es ein wenig Geduld und Disziplin, um die Übung noch etwas länger durchzuziehen, was Ihnen jetzt, wo Sie wissen, was Ihnen in diesen Momenten widerfährt, viel leichter fallen wird. Gehen Sie geduldig und nachsichtig mit diesem Teil von Ihnen um. Bringen Sie ihm Verständnis entgegen, aber geben Sie ihm nicht nach, dann kann er Ihnen sogar zum Führer werden. Denn das, was er am meisten ablehnt, dürfte mit ziemlicher Sicherheit Ihr Tor zu spiritueller Selbst- und Naturerfahrung sein!

Die folgende Technik baut auf einer Übung von Nana Nauwald auf und eignet sich gut zum Einstieg in die Welt der spirituellen Naturerfahrung.

Die Wahrnehmung verschieben

Suchen Sie sich einen Platz in der freien Natur, der Ihnen gut gefällt und an dem Sie sich wohl fühlen. Nehmen Sie sich dort etwas Zeit, um zur Ruhe zu kommen. Lassen Sie zu, dass Ihr Atem immer tiefer wird und spüren Sie in Ihren Körper hinein. Wo berühren Sie den Boden? Wandern Sie mit Ihrer Aufmerksamkeit einmal durch den ganzen Körper. Wie fühlen Sie sich heute darin? In welcher Stimmung sind Sie gerade?

Als nächstes aktivieren Sie Ihre Sinne, indem Sie sich drei Atemzüge lang vor allem auf das konzentrieren, was Sie sehen können. Die nächsten drei lauschen Sie intensiv auf alle Geräusche in Ihrer Umgebung. Dann fühlen Sie drei Atemzüge lang allen Tastempfindungen nach, die Sie gerade haben. Ebenso verfahren Sie mit dem Geruchs- und dem Geschmackssinn. Am Schluss nehmen Sie drei Atemzüge lang mit allen Sinnen zugleich wahr.

Nun verlagern Sie Ihre Aufmerksamkeit aus Ihrem Körper heraus, indem Sie sich vorstellen, sich selbst von oben zu sehen. Schauen Sie auf sich herab und betrachten Sie, wie Sie da inmitten von Bäumen, Pflanzen, auf einer Wiese im Gras oder wo auch immer sitzen. Nehmen Sie sich als Teil der Natur wahr, in der Sie sich gerade befinden.

Dann stellen Sie sich vor, nicht Sie würden die Natur betrachten, sondern vielmehr von der Natur beobachtet werden. Die ganze Sie umgebende Welt in ihrer wachen Intelligenz ist sich Ihrer bewusst und richtet Aufmerksamkeit auf Sie. Nehmen Sie sich selbst mit den Augen der Natur um Sie herum wahr. Wenn Ihnen diese Verlagerung gelungen ist, konzentrieren Sie Ihre Wahrnehmung wieder für jeweils drei Atemzüge auf das, was Sie (als Natur!) sehen, riechen, hören und ertasten können. Nehmen Sie sich mit diesen Sinnen aus dem Blickwinkel Ihrer Umgebung wahr (den Geschmackssinn lassen Sie besser weg, Sie wollen ja nicht angeknabbert werden).

Danach richten Sie Ihre Aufmerksamkeit mit einigen tiefen Atemzügen wieder auf Ihren eigenen Körper und nehmen ihn erneut von innen heraus wahr. Stellen Sie sich nun vor, wie Sie Ihren Körper während der nächsten drei tiefen Atemzüge mit goldenen Energiefäden mit der Sie umgebenden Natur verweben. Wenn Sie nun hinaus spüren, werden Sie feststellen, dass nicht nur Sie, sondern ihre ganze Umgebung auf diese Weise miteinander verbunden ist. Ein wunderbares Energienetz fließt um Sie herum und durch Sie hindurch. Nehmen Sie sich einige Minuten Zeit, um dem Energieaustausch nachzuspüren, der sich ständig über dieses Netz vollzieht. Sie haben gerade einen direkten Blick auf die Einheit allen Lebens getan!

Richten Sie Ihre Aufmerksamkeit schließlich wieder auf Ihren eigenen Körper in diesem Netz. Lassen Sie die Kraft der Erde mit einigen tiefen Atemzügen in sich aufsteigen, bis Sie ganz davon erfüllt werden. Dann danken Sie der Erde und öffnen die Augen.

Mit der Erde gehen

Ein Urwald irgendwo in Südamerika. Wirres, saftiges Grün, Vogelgeräusche, dampfendes Wasser. Die Kamera lässt den Blick des Zuschauers durch das Unterholz streifen. Ein dicker, mehrstämmiger Baum kommt in Sicht. Mangrovenwurzeln strecken sich zum Boden hinab, der aus schwerem, dunklem Schlamm besteht. Die Kamera zoomt auf den mächtigen Hauptstamm zu. Immer näher und näher, bis der Zuschauer den Eindruck erhält, nicht mehr als drei Meter davon entfernt zu sein. Vollkommen still steht der Baum da – bis sich zwei Körper daraus lösen und gelassen weiter gehen. Es sind zwei einheimische Menschen, deren Körper der Zuschauer jetzt deutlich als vom Hintergrund verschieden erkennen kann. Er fragt sich, wie es möglich war, diese beiden Menschen zu übersehen. Wenn er den Film zurück spult, stellt er fest, dass die beiden nicht etwa einfach nur am Baum standen, sondern ihre Arme und Beine so an den Stamm gelegt hatten, dass diese den Fluss des Rindenmusters nachahmten. Ein wenig Schlamm auf der Haut tat sein Übriges. Im Schatten des Waldes waren sie einfach nicht mehr erkennbar, als sie mit dem Baum verschmolzen.

Vielleicht haben auch Sie schon einmal eine solche Aufnahme gesehen und große Bewunderung für Menschen gespürt, die sich so selbstverständlich und zugleich vollkommen in ihre natürliche Umwelt einbinden können. Und vielleicht hat sich die Bewunderung auch bei Ihnen mit der Sehnsucht danach gemischt, ebenfalls eine solche Verbundenheit erfahren zu dürfen – und dem leise schwelenden schlechten Gewissen, weil unsere Kultur so unendlich weit von dieser kostbaren Haltung entfernt zu sein scheint. Wo wir doch alle wissen, dass wir aufgrund unserer Abgetrenntheit und Distanzierung den Planeten zerstören.

Wir haben gute Neuigkeiten für Sie: Diese Verbundenheit ist nur wenige Stunden entfernt. Sie können jetzt sofort in die heilige Ganzheit der Schöpfung eintreten und müssen dafür nicht mehr tun, als vom Sofa aufzustehen, feste Schuhe anzuziehen und den Nachmittag im Freien zu verbringen. Bis hierher klingt das ganz einfach, nicht wahr? Die Crux an der Sache ist, dass es auch genau so einfach bleibt. Noch einfacher als ein Spaziergang im Wald. Es sind die ganz, ganz einfachen Dinge, die uns so große Probleme bereiten – mit den komplizierten kommen wir bestens zurecht, denn die lenken uns so schön von uns selbst ab.

Die auf den nächsten Seiten beschriebenen Techniken werden als „Earthwalks“ bezeichnet. Wir behalten den englischen Begriff hier bei, weil er knapper und klarer ist als alle deutschsprachigen Varianten, die uns eingefallen sind.

Der Schöpfer der Earthwalks ist James Endrédy, ein Amerikaner ungarischer Abstammung, der diese Techniken entwickelt hat, um als Erwachsener wieder in jene unmittelbare Einheit mit der Natur eintreten zu können, die er als in und mit der Natur aufwachsendes Kind bereits hatte, aber wie so viele von uns mit dem Erwachsenwerden zunächst einmal verlor. Seine Übungen sind teilweise aus indigenen Gesellschaften überliefert, aber die meisten davon stellen den Versuch eines modernen westlichen Menschen dar, eine schamanische Tradition für unsere eigene Kultur zu entwickeln. Die Earthwalks sind sehr schlicht und können gerade deshalb eine große Herausforderung darstellen, weil der Verstand bereits nach wenigen Minuten nichts mehr zu tun hat und dann erst einmal mit enormem Widerstand reagiert. Deshalb entfalten diese Techniken ihre volle Wirkung erst dann, wenn sie mindestens eine Stunde lang ausgeführt werden. Je mehr Sie in einen solchen Walk investieren, umso größer ist Ihr Lohn. Endrédy selbst schreibt dazu:

Auf diese Weise zu gehen erfordert Aufmerksamkeit, Konzentration, Offenheit und Mut. Der Nutzen dieser Übungen ist unbegrenzt und wird nur davon bestimmt, wie weit Sie sich auf die jeweilige Methode einlassen wollen. Man kann diese Art des Gehens einfach als körperliche Übung betrachten, die auf gesunde, fröhliche und genussvolle Weise Erholung bringt – oder Sie können sie auf eine höhere Ebene bringen, wo sie zu etwas wird, das tiefer Meditation, schamanischer Trance und sogar religiösen Erlebnissen entspricht. Einige dieser Übungen sind leicht erlernbar, während es bei anderen ein ganzes Leben braucht. Dasselbe trifft auf die Ergebnisse zu – manche davon stellen sich sofort ein, während Sie zum Erlangen anderer etwas Zeit und Geduld benötigen.

Wir schlagen vor, dass Sie sich an diese Techniken herantasten, indem Sie zunächst mit kürzeren Übungsphasen beginnen und diese allmählich ausdehnen. Machen Sie einen Earthwalk vor allem zu Beginn nie „nebenbei“, sondern begeben Sie sich extra zu diesem Zweck in die Natur. Sorgen Sie dafür, dort möglichst wenig Ablenkungen ausgesetzt zu sein, indem Sie alle wichtigen Dinge vorher erledigt haben und über tatsächlich freie Zeit dafür verfügen. Bereiten Sie sich äußerlich wie innerlich darauf vor, die nächste Stunde (oder Stunden, je nachdem) auf heiliger Erde zu gehen. Halten Sie nichts in den Händen, während Sie laufen, sondern packen Sie alles, was Sie benötigen könnten, in einen Rucksack ein oder verstauen Sie es in Ihren Jackentaschen. Auf diese Weise können Sie Dinge ertasten und sich auch mal mit den Händen abfangen, falls Sie stolpern sollten.

Achten Sie auf Ihre Sicherheit. Wenn Sie es nicht gewohnt sind, stundenlange Wanderungen zu unternehmen, beginnen Sie mit kürzeren Walks und bauen dann langsam genügend Kondition für längere Übungen auf. Wenn Sie in unbekanntem Gelände gehen, ist es sinnvoll, sich zunächst mit den dort herrschenden Bedingungen vertraut zu machen. Meiden Sie Jagdgebiete während der Saison zur Zeit der Dämmerung und begeben Sie sich nicht in potenziell gefährliche Landschaften wie Steinbrüche, steile Abhänge und ähnliches. Kleiden Sie sich der Jahreszeit angemessen und gönnen Sie Ihren Füßen ein gutes Paar Wanderschuhe. Falls Sie Medikamente benötigen, führen Sie diese bitte mit sich. Hören Sie auf Ihren Körper, und überfordern Sie sich nicht.

Vergessen Sie aber auch nicht, dass ihre körperliche Leistungsfähigkeit nicht nur von dessen physischen Merkmalen abhängt. Es gibt Tage, an denen man sich bereits nach den ersten Schritten erschöpft fühlt, weil man eine große Last aus Traurigkeit oder Selbstmitleid mit sich herum trägt. Gerade dann kann es wichtig sein, weiter zu gehen, um diese Barriere überwinden und innerlich wieder frei werden zu können.

Wir haben mit den Earthwalks wunderbare Erfahrungen gemacht und möchten Ihnen dieses wertvolle Werkzeug weitergeben – nicht zuletzt, damit es sich in unserer Kultur weiter verbreitet, als das bisher der Fall war. Deshalb stellen wir Ihnen nun eine Auswahl unserer Lieblingswalks vor. Falls Sie mehr darüber erfahren möchten, empfehlen wir Ihnen James Endrédys Buch Earthwalks, in englischer Sprache erschienen bei Bear & Co oder als deutsche Ausgabe bei Lüchow.

Die Fuchsstellung

Diese Haltung ist die Ausgangsposition für viele Earthwalks. Auf diese Weise konditionieren Sie Ihren Geist binnen weniger Übungen darauf, in dem Moment, wo Sie diese Position einnehmen, in eine Haltung erhöhter Aufmerksamkeit und Offenheit einzutreten. Damit werden Sie von Mal zu Mal rascher zu tiefen Resultaten gelangen.

Die Stellung trägt den Namen des Fuchses, weil er ein äußerst wachsames und aufmerksames Wesen ist und über ein stark ausgeprägtes Körperbewusstsein verfügt, wodurch er sich ständig in vollkommener Übereinstimmung mit seiner Umgebung befindet.

Stellen Sie sich aufrecht hin; Ihre Füße sind etwa hüftbreit voneinander entfernt. Setzen Sie nun den linken Fuß vor sich auf. Verlagern Sie fast Ihr ganzes Gewicht auf den hinteren, rechten Fuß und beugen Sie Ihren Oberkörper dabei in Richtung des vorderen Fußes. Das hintere Knie ist etwas tiefer gebeugt als das vordere.

Ihre Arme hängen bequem an Ihren Seiten herab. Nun nehmen Sie mit den Händen eine bestimmte Position ein, die von jetzt an jeden Beginn eines Earthwalks für Sie kennzeichnet. Wählen Sie irgendeine bequeme Stellung, die Sie im Alltag nicht allzu oft unabsichtlich einnehmen dürften – lose geballte Fäuste mit herausgestreckten Daumen oder zwei in die Handfläche gelegte und drei gestreckte Finger sind gute Lösungen.

Nun nehmen Sie einige tiefe Atemzüge und benennen laut Ihre Absicht. Das fühlt sich anfangs seltsam an, hilft jedoch ungemein dabei, die Aufmerksamkeit zu sammeln und die Konzentration zu verstärken. Außerdem setzen Sie damit Ihre natürliche Umgebung von Ihrem Vorhaben in Kenntnis, was diese meist mit einem unerwarteten Maß an Kommunikation und Mitarbeit beantwortet. Haben Sie den Mut, es laut zu tun. Glauben Sie uns – das ist nur das kleinste aller ungewohnten Dinge und Erlebnisse, denen Sie auf dem Weg begegnen werden, den Sie mit dem nächsten Schritt betreten.

Der Fuchsgang

Dieser Walk ist uns als einziger auch in der deutschsprachigen Literatur bereits begegnet – Susanne Fischer-Rizzi erwähnt ihn in ihrem wunderschönen Buch „Mit der Wildnis“ verbunden. Dieser Gang ermöglicht Ihnen, äußerst sanft mit der Welt umzugehen, durch die Sie sich bewegen. Gleichzeitig bringt er Sie körperlich wie auch seelisch ins Gleichgewicht.

Als erstes nehmen Sie die Fuchsstellung ein. Atmen Sie mehrere Male tief durch und nennen Sie Ihre Absicht. Dann beginnen Sie, zu gehen, setzen dabei aber nicht die Ferse, sondern den Ballen zuerst auf. Konzentrieren Sie sich auf den Boden, den Sie unter Ihrem vorderen Fuß ertasten und verlagern Sie Ihr Gewicht erst dann darauf, wenn Sie sicher sind, guten Grund unter diesem Fuß zu haben und damit kein Wesen dauerhaft zu schädigen. Übertragen Sie Ihr Gewicht erst dann völlig auf den vorderen Fuß, wenn der hintere den Boden verlässt. Auf diese Weise bewegen Sie sich sehr langsam durch die Umgebung, aber das ist vollkommen in Ordnung. Mit mehr Übung werden Sie sich auch im Ballengang, dem Fuchsgang, schneller von einem Ort zum anderen begeben können.

Der Fuchsgang ist eine der Grund-Fortbewegungsarten vieler indigener Stämme. Wer barfuss lebt, latscht nun einmal nicht so tollpatschig durch die Landschaft wie wir hier, denn das kann unter Umständen sehr wehtun. Auf dieselbe Weise erlangen diese Menschen auch ihre unglaubliche Lautlosigkeit beim Gehen. Versuchen Sie diesen Gang immer wieder mal barfuss, das ist ein wunderbares Erlebnis! Achten Sie dann darauf, stehen zu bleiben, wenn Sie etwas betrachten wollen, dass sich seitlich von Ihnen befindet. Schleifen Sie nicht mit den Füßen, sondern heben Sie sie bewusst vom Boden, um sie absichtlich an einem bestimmten Platz wieder abzusetzen. Versuchen Sie diesen Gang auch auf verschiedenen Oberflächen – eine Wiese fühlt sich vollkommen anders an als ein Sandstrand und stellt auch andere Anforderungen an Sie. Lernen Sie die Welt mit den Fußsohlen kennen!

Der Aufmerksamkeits-Gang

Dieser Walk erhöht Ihre Fähigkeit zur Wahrnehmung Ihrer Umgebung erheblich. Je länger Sie ihn ausführen, umso erstaunter werden Sie darüber sein, was Sie normalerweise alles nicht mitbekommen! Er ist die zweite Grund-Fortbewegungsart von Menschen, die in ungezähmter Natur aufgewachsen sind und stellt die Basis aller weiteren Earthwalks dar.

Gehen Sie in die Fuchsstellung. Beginnen Sie nun, schweigend zu gehen und wählen Sie dafür einen Schrittrhythmus, in dem Sie sich jetzt gerade wohl fühlen. Es ist absolut unwichtig, wie schnell oder langsam das ist, sondern nur, dass es Ihnen damit gut geht.

Richten Sie Ihre Aufmerksamkeit nun auf Ihren Atem und synchronisieren Sie diesen auf eine bequeme Weise mit Ihrem Schrittrhythmus. Je nach Bewegungstempo und persönlichen Bedürfnissen finden Sie also heraus, wie viele Schritte lang Sie ein- bzw. ausatmen wollen, um sich damit wohl zu fühlen. Behalten Sie das so gefundene Atemmuster von nun an bei.

Nun richten Sie Ihre Aufmerksamkeit auf das, was Sie in Ihrer Umgebung sehen, hören, riechen und ertasten können. Versuchen Sie, vollkommen in dieser Wahrnehmung aufzugehen, ohne sich von Ihren Gedanken ablenken zu lassen. Versuchen Sie nicht, Ihre Gedanken zu stoppen, sondern beobachten Sie sie so, als wenn sie ein Teil der Geräusche in Ihrer Umgebung wären. Achten Sie auf eventuelle Veränderungen Ihrer Körperwahrnehmung, während Sie gehen.

Der Dreier-Walk

Dieser Walk eignet sich hervorragend dafür, Ihre Aufmerksamkeit von der Welt des Alltags abzuwenden und auf die Umgebung zu richten, in der Sie sich gerade befinden. Auf paradoxe Weise wird der Verstand hierbei ausgeschaltet, indem man ihm genug zu tun gibt. Daraufhin gibt er die Kontrolle auf, und Sie können bewusst die Energie aller Sie umgebenden Dinge erfahren.

Begeben Sie sich in die Fuchsstellung und gehen Sie in Ihre Aufmerksamkeit hinein, wie es im Aufmerksamkeits-Gang beschrieben wird. Mit jedem Schritt, den Sie ab jetzt tun, benennen Sie drei verschiedene Dinge, die Sie sehen. Es kann hilfreich sein, deren Namen laut auszusprechen. Gehen Sie in jener Geschwindigkeit, die Sie benötigen, um jedes Mal, wenn Sie einen Fuß nach vorne setzen und das Gewicht darauf verlagern, drei neue Dinge finden und benennen zu können, die sich in Ihrer Umgebung befinden.

Zu Beginn kann es hilfreich sein, wenn Sie Ihren Blick ausschließlich auf den Boden vor Ihnen richten. Wenn Sie etwas Übung damit haben, können Sie Ihre Augen heben und Ihre gesamte Umgebung mit einbeziehen.

Führen Sie diesen Walk mindestens eine halbe Stunde lang durch. Wirklich erstaunliche Ergebnisse erhalten Sie, wenn Sie eine oder sogar zwei Stunden lang laufen.

In Stille gehen

Dieser Walk ermöglicht Ihnen, zu lernen, wie ein Schatten still, aber doch präsent durch die Natur zu gehen, ohne diese zu verstören.

Nachdem Sie die Fuchsstellung eingenommen haben, führen Sie im Prinzip den Aufmerksamkeits-Gang durch, aber ohne das leiseste Geräusch zu verursachen. Dadurch wird Ihr Gehör zu Ihrem Hauptsinn. Versuchen Sie, nicht auf tote Äste zu treten oder sich von dürrem Laub streifen zu lassen. Wenn Sie diesen Walk in einem Wald versuchen, benötigen Sie eine Menge Geduld, denn es braucht recht lange, um den Fuß lautlos auf trockenes Laub zu setzen. Aber es ist möglich!

Bewegen Sie sich ausschließlich auf dem Ballen – je weniger Fläche Ihrer Fußsohle den Boden berührt, umso weniger Lärm können Sie verursachen. Versuchen Sie, Ihr Gewicht so lange wie möglich auf dem hinteren Fuß zu belassen und übertragen Sie es erst, wenn der vordere seine Endposition für diesen Schritt erreicht hat. Das ermöglicht Ihnen eine Art fließende Bewegung, mit der Sie durch die Landschaft „strömen". Ihr Geisteszustand wird dem Ihres Körpers bald folgen.

Seien Sie nicht frustriert, wenn Sie sehr, sehr langsam gehen müssen, um lautlos zu sein. Es dreht sich bei den Earthwalks niemals darum, wie viel Weg Sie zurücklegen, sondern immer um das, was das Gehen mit Ihnen tut. Das Ziel ist, zu gehen und nicht, irgendwo anzukommen.

Sie können diesen Walk auch in der Dunkelheit ausführen. Stellen Sie sich dann vor, Sie wären ein nachtaktives Tier und versuchen Sie, Ihre Umgebung wie mit dem Nachtsicht-Sinn dieser Tiere wahrzunehmen. Es ist, als ob Ihre Sicht von hinter Ihren Augen kommt. Das bringt Sie binnen kürzester Zeit in einen hochaufmerksamen Zustand, in dem all Ihre Sinne verstärkt werden.

Rückwärts gehen

Dieser Walk wird in vielen Kulturen und spirituellen Disziplinen auf der ganzen Welt eingesetzt, um die Sichtweise des ihn ausführenden Menschen auf die Welt und sich selbst zu verändern. Außerdem öffnet er Ihre nach hinten gerichtete Wahrnehmung, die bei den meisten Menschen vollkommen verkümmert ist, und damit auch Ihre dortige Präsenz.

Wenn Sie dieses Mal in die Fuchsstellung gehen, belasten Sie den vorderen Fuß und nicht den hinteren. Denken Sie daran, Ihr Gewicht erst dann vollständig auf den hinteren Fuß zu übertragen, wenn Sie den vorderen vom Boden heben. So können Sie bis zum letzten Augenblick ausweichen, falls Sie ein Hindernis erspüren oder auf eine Pflanze bzw. auf ein Tier treten sollten. Lehnen Sie sich nicht zurück (also in Laufrichtung) und seien Sie bei jedem Schritt darauf gefasst, rasch stoppen oder die Richtung ändern zu müssen.

Schauen Sie während des ganzen Walks direkt auf den Boden zu Ihren Füßen und benutzen Sie Ihre periphere Sicht zur Wahrnehmung Ihrer Umgebung. Sie werden staunen, wie viel Sie auf diese Weise sehen können!

Konzentrieren Sie sich immer darauf, was Sie mit dem führenden Fuß erspüren können, bevor Sie Ihr Gewicht darauf verlagern, denn das ist die einzige Information, die Sie über Ihren Pfad erhalten. Nur so erfahren Sie, auf was Sie gleich treten werden.

Nach einiger Zeit werden Sie sich sicherer und entspannter fühlen, und dann können Sie sich mehr auf das Erlebnis des Rückwärts-Laufens konzentrieren. Beobachten Sie, was es mit Ihnen macht, die Welt um 180 Grad gedreht wahrzunehmen und überlegen Sie, ob und wie sich diese Erfahrung und die daraus resultierenden Erkenntnisse auf Ihren Alltag übertragen lassen.

Es kann zu Beginn sinnvoll sein, diesen Walk an einem sicheren Ort zu üben – ein Sportplatz, eine große, ebene Wiese oder ein gerader Waldweg bieten sich da an. Wenn Sie Ihre periphere Sicht auf diese Weise etwas mehr trainiert und gelernt haben, dem führenden Fuß als primärem Sinnesorgan zu folgen, können Sie sich der spannenden Aufgabe stellen, andere Umgebungen auf diese Art zu erkunden. Führen Sie diesen Walk aber auf keinen Fall an einem gefährlichen Ort durch. Steinige, felsige Landschaften, steile Abhänge oder gar Felsabbrüche sind kein geeigneter Platz dafür!

Fünf Schritte

Dieser Earthwalk erhöht Ihre Empfindungs- und Wahrnehmungsfähigkeiten ganz enorm. Sie werden eine Art des Sehens lernen, die Ihnen ermöglicht, Dinge zu erkennen, die Ihnen sonst entgehen – während des Walks genauso wie im Alltagsleben.

Gehen Sie in die Fuchsstellung und bewegen Sie sich einige Minuten lang im Aufmerksamkeits-Gang durch die Landschaft, bis Sie entspannt und zentriert sind. Wenn Sie sich bereit dafür fühlen, bleiben Sie stehen und schließen Ihre Augen. Atmen Sie tief durch und lauschen Sie etwa eine Minute lang auf alle Geräusche, die Sie in Ihrer Umgebung hören können.

Danach öffnen Sie die Augen und schauen sich um. Lassen Sie Ihren Blick nicht nur oberflächlich über die Umgebung schweifen, sondern schauen Sie *wirklich* auf alles, was Sie umgibt – am Boden, am Horizont und über Ihnen.

Dann konzentrieren Sie sich auf alle Geräusche, die Sie hören können. Isolieren Sie eines nach dem anderen davon und identifizieren Sie es. Als nächstes tun Sie dasselbe mit den Gerüchen, die zu Ihnen dringen; versuchen Sie auch diese einzeln zuzuordnen. Schließlich lassen Sie sich für einige Augenblicke auf die Energie des Ortes ein, an dem Sie sich befinden. Nehmen Sie diese Kraft in sich auf und erspüren Sie ihre Einzigartigkeit. Nehmen Sie sich genügend Zeit für alles.

Danach gehen Sie fünf Schritte vorwärts und wiederholen an dem Platz, an den Sie dadurch gelangen, die gesamte Wahrnehmungssequenz. Dieses Mal müssen Sie die Augen nicht schließen, das sollte Ihnen beim ersten Mal nur helfen, Ihre Sinne voneinander zu trennen. Nehmen Sie den Platz einfach mit all Ihren Sinnen und in seiner Energie wahr.

Fahren Sie auf diese Weise fort und erleben Sie, wie viele Dinge sich binnen nur fünf Schritten ereignen und verändern können.

Der Jäger-Beute-Walk

Dieser Earthwalk ermöglicht Ihnen, tief in die Zyklen der Natur einzutauchen. Die Beziehung zwischen Jäger und Beute ist einer jener grundlegenden Naturzyklen, für die wir zivilisierten Menschen, die wir kaum noch in Verbindung zu unseren Nahrungsquellen stehen, fast völlig das Gefühl verloren haben.

Wir empfehlen auch Vegetariern, diesen Earthwalk durchzuführen, denn selbst das am höchsten entwickelte Tier (falls wir das tatsächlich sein sollten) wird irgendwann zur Beute des großen Jägers, des Todes selbst, der alle Dinge gleich macht und wieder der Erde zurück gibt, so dass der Zyklus erneut beginnen kann.

Der Jäger-Beute-Walk eröffnet uns den Zugang zu unseren archaischen, wilden Energien, die von unglaublicher Kraft sind und uns tiefe Heilung bringen können. Darüber hinaus lehrt er uns die große Kunst des Pirschens, also die Lehre davon, wie wir unsere Ziele mit aufmerksamer Sicherheit erreichen können.

Begeben Sie sich in die Fuchsstellung und beginnen Sie, lautlos zu gehen. Während Sie sich vorwärts bewegen, stellen Sie sich vor, ein Raubtier zu sein, das sich mit großer Präzision durch die Natur bewegt. Falls Sie möchten, können Sie diese Übung als ein Shape Shifting anlegen und somit Ihre gesamte Wahrnehmung transformieren. Es entgeht Ihnen keine einzige Bewegung mehr. Alles, was atmet, alle Formen, Farben und Muster um Sie herum werden Ihnen intensiv bewusst. Sie selbst bewegen sich so lautlos wie nur möglich, während Sie auf die Geräusche möglicher Beutetiere lauschen – ein Rascheln im Gras, ein Trippeln im Geäst, was immer Ihre höchst geschärfte Aufmerksamkeit auf sich lenkt. Wandern Sie auf diese Weise langsam durch die Wildnis.

Sowie Sie ein lebendes Wesen sehen, wird dieses zu Ihrer Beute. Vermeiden Sie es, während Ihrer Annäherung an das Tier selbst gesehen oder gehört zu werden. Verbergen Sie sich hinter Bäumen oder Büschen und bewegen sie sich gleichzeitig mit einer Windböe oder anderen Geräuschen. Sie müssen Ihre Beute nicht fangen, sondern nur so nahe heran kommen, wie es Ihnen irgend möglich ist. Dann suchen Sie sich Ihr nächstes Ziel.

Nachdem Sie etwa eine halbe Stunde lang auf diese Weise gepirscht haben, verändern Sie Ihren Fokus auf den des Beutetiers. Spüren Sie, dass Sie von etwas beobachtet werden, das über eine weitaus größere Kraft und Gerissenheit verfügt als

Sie. Da draußen befindet sich etwas, das von tödlicher Lautlosigkeit ist, und es folgt Ihnen. Plötzlich wird jedes Geräusch, jede Bewegung in Ihrer Umgebung zu einer potenziellen Bedrohung.

Gehen Sie in diesem Gefühl weiter. Wo versteckt sich Ihr Verfolger, aus welcher Richtung kommt er? Versuchen Sie, auf eine Weise zu gehen, die Ihr Jäger nicht vorhersehen kann. Bleiben Sie ruhig, aber überaus wachsam und seien Sie sich jeder kleinsten Einzelheit um sich herum bewusst. Verwenden Sie beim Gehen jede Deckungsmöglichkeit, die sich Ihnen bietet. Wandern Sie im Schatten, verbergen Sie sich kurzfristig hinter Bäumen und Büschen oder kriechen Sie geduckt über den Boden dahin, während Sie alles um sich herum und über Ihnen genau beobachten. Hören Sie nicht auf, zu gehen – Sie müssen sich weiter bewegen, oder Sie werden erlegt. Bleiben Sie auch in dieser Haltung für etwa eine halbe Stunde.

Schließlich versuchen Sie, beide Wahrnehmungen zugleich aufrecht zu erhalten, die des Jägers wie auch die der Beute. In diesem Zustand befinden sich die meisten Tiere fast immer – einerseits sind sie ständig auf der Suche nach Nahrung, während sie andererseits dauernd Gefahr laufen, selbst zum nächsten Dinner zu werden. Die Erfahrung dieser Dualität kann Ihnen ein besseres Verständnis der Zyklen in der natürlichen Welt liefern als jedes Jahreskreisfest (so schön die auch sind!).

Für alle meine Verwandten

Dieser Walk spricht die Grundsehnsucht der meisten Menschen an, die aus der Zivilisation heraus wieder einen Weg zur Verbindung mit der Natur suchen. Er ist ein echtes Geschenk für alle, die im tiefsten Herzen wissen, dass ihre wahre Heimat nicht zwischen Fernseher und Arbeitsplatz liegt. Versuchen Sie ihn – Sie werden niemals wieder alleine sein.

Gehen Sie in die Natur hinaus. Gönnen Sie sich ein paar ruhige Atemzüge, während Sie wandern. Richten Sie Ihre Aufmerksamkeit auf alles Leben um Sie herum und nehmen Sie es tief in sich auf – jedes Wesen, jede Pflanze, jedes Insekt, jeder Baum, jedes Tier und jeder Mensch. Spüren Sie, dass all diese Wesen – Sie eingeschlossen – von der Magie des Lebens durchströmt werden. Erfahren Sie Ihre Umgebung mit allen Sinnen. Erforschen Sie das Erlebnis, dieses Leben mit allen Wesen zu teilen, die Sie umgeben und auf dieser wunderbaren Erde leben.

Nun, nachdem Sie jeden Aspekt dieser herrlichen Welt in sich aufgenommen haben, sagen Sie sich selbst, dass Sie nicht alleine sind. Alles – Sie eingeschlossen – ist mit dem Netz der Lebensenergie verbunden, das uns jederzeit umgibt. Gehen Sie weiter, während Sie dieses Wissen in Ihrem Herzen bewahren.

Sonnenaufgang

Das ist eine der schönsten Techniken, die wir kennen, um in Verbindung mit dem Spirit der Sonne zu gelangen. Sie ist es wert, früh aufzustehen, denn die Belohnung ist noch größer, als man es bereits beim Lesen erahnen kann!

Begeben Sie sich zur Zeit des Sonnenaufgangs ins Freie. Beobachten Sie, wie es um Sie herum immer heller wird. Lauschen Sie den Vögeln, die nun erwachen und riechen Sie die frische Morgenluft. Wenn Sie den Rand der Sonne über den Horizont kommen sehen, nehmen Sie die Fuchsstellung ein. Dann erheben Sie Ihre Arme leicht und wenden Ihre offenen Handflächen der Sonne zu. Nennen Sie Ihre Absicht, nehmen Sie einige tiefe Atemzüge und beginnen Sie, in Richtung der aufgehenden Sonne zu gehen. Nehmen Sie deren Energie über Ihre Handflächen auf. Wenn Sie möchten, können Sie Körperteile berühren, die diese Energie besonders benötigen und sie auf diese Weise direkt weitergeben. Möglicherweise möchten Sie langsam beginnen und Ihr Lauftempo erhöhen, wenn die Sonne höher steigt und Sie mit mehr Energie versorgt.

Wenn die Sonne den Horizont verlassen hat und vollständig darüber steht, danken Sie ihr für ihre Kraft, ihr Licht und ihre Wärme. Sprechen Sie aus Ihrem Herzen und sagen Sie alles, was jetzt daraus hervor strömt, seien es Worte der Liebe, Probleme aus Ihrem Leben oder auch zukünftige Aufgaben. Worte, die direkt zum Spirit der Sonne gesprochen werden, haben eine große Macht.

Mit der Erde gehen

Für viele Menschen ist dieser Earthwalk zum Ausdruck ihrer grundlegenden Motivation geworden, sich überhaupt mit Naturspiritualität auseinander zu setzen. Mit dieser Übung gehen Sie buchstäblich in das Herz von Mutter Erde hinein. Sie können diesen Walk immer dann durchführen, wenn Sie sich entspannen und wieder aufladen wollen, oder wenn Sie sich einsam und deprimiert fühlen. Und natürlich zu jedem anderen Zeitpunkt auch, einfach nur des Genusses wegen!

Suchen Sie sich eine besonders schöne Ecke von Mutter Erde und ziehen Sie, wenn möglich, Ihre Schuhe aus. Barfuß ist die Wirkung dieses Earthwalks noch viel größer. Gehen Sie in die Fuchsstellung und sagen Sie der Erde, dass Sie glücklich sind, wieder mit ihr zusammen sein zu können und bitten Sie um die Heilung Ihrer inneren Wunden.

Beginnen Sie, zu laufen. Atmen Sie tief und werden Sie sich der enormen Erdenergie bewusst, die unter Ihren Füßen liegt. Erzählen Sie der Erde während des Gehens von den Schwierigkeiten und Herausforderungen, mit denen Sie momentan in Ihrem Leben konfrontiert sind. Sprechen Sie mit ihr, als wenn Sie Ihre beste Freundin wäre (was sie ist), und halten Sie nichts zurück. Sie wird alles liebend annehmen, was Sie bewegt.

Wenn Sie alles erzählt haben, was Ihnen wichtig ist, gehen Sie weiter und nehmen die Energie der Erde mit jedem Atemzug tief in sich auf: Atmen Sie kraftvoll und betont ein, um dann langsam wieder vollständig auszuatmen. Spüren Sie dabei, wie die Kraft der Erde durch Ihre Fußsohlen in Sie eintritt und langsam, Atemzug für Atemzug, in Ihnen aufsteigt. Wenn sie Ihr Kronenchakra erreicht hat, leuchten Sie von innen heraus mit der Energie der Erde.

In diesem Augenblick sehen Sie, wie die Erdkraft alles, was Sie daran hindert, Ihre Träume zu leben, durch das Kronenchakra aus Ihnen heraus vertreibt. Jetzt kann die Energie ungehindert in Ihnen fließen und Sie mit ihrer gesamten Umgebung verbinden. Wie ein Baum werden auch Sie zu einem Kanal für die Liebe und Energie der Erde. Versuchen Sie nicht, die nun aufsteigenden Gefühle zurück zu halten; vielleicht könnten Sie vor Freude weinen, schreien oder tanzen. Tun Sie es einfach. Und dann danken Sie dem Spirit von Mutter Erde.

Naturkommunikation

Vielleicht haben auch Sie schon Bücher über Naturvölker gelesen und sind über Formulierungen gestolpert wie „Jeder Baum, jeder Fels spricht mit uns“. Etwas in Ihnen weiß, dass diese Kommunikation nicht nur möglich, sondern für uns Menschen eigentlich sogar selbstverständlich ist und sehnt sich danach, diesen Zustand wieder herzustellen – aber wie? Nach einigen mehr oder weniger erfolgreichen Versuchen, mit der Birke im Garten, mit dem Vogel auf der Stromleitung oder mit Nachbars Katze zu plaudern, kommen die meisten von uns zu dem Schluss, dass Naturkommunikation wohl doch weitaus schwieriger und nur den spirituell am höchsten Entwickelten unter uns oder eben den Naturvölkern vorbehalten sei. So schlimm ist es aber gar nicht. Sie betreiben diese Kunst nämlich jeden Tag – schließlich sind wir Menschen auch ein Stück Natur. Und wenn wir es schaffen, uns ohne Worte zu verständigen, gibt es keinen Grund, warum das mit anderen bewussten Wesen auf diesem Planeten nicht auch möglich sein sollte.

Mehr als nur Worte

Viele Menschen gehen davon aus, dass es sich bei Naturkommunikation um Telepathie handelt, was zugegebenermaßen eine nicht ganz einfache Sache ist. Wir zwei können's jedenfalls nicht – zumindest nicht auf Kommando.

Das ist der Trugschluss, den die meisten Menschen ziehen, wenn es um Interspezies-Kommunikation geht: Da wir uns nicht mit Worten unterhalten können, muss es wohl auf dem Weg der Telepathie gehen. Diese Fähigkeit spielt jedoch nur eine untergeordnete Rolle. Wir können ja schließlich auch mit Menschen kommunizieren, mit denen wir keine gemeinsame Sprache teilen. Erinnern Sie sich noch an den süßen Typen damals im Italien-Urlaub, als Sie sechzehn waren? Keiner von Ihnen hat auch nur ein Wort vom anderen verstanden, aber trotzdem sind Sie beide sich recht schnell einig geworden … und Telepathie war da bestimmt nicht im Spiel.

Ein großer Teil der zwischenmenschlichen Kommunikation – de facto der größere – läuft nicht über Worte, sondern auf der nonverbalen Ebene ab. Dabei handelt es sich zum einen um festgelegte, gemeinsame Sprachsignale wie Nicken, Kopfschütteln und Lächeln, die innerhalb einer Kultur für alle Menschen dieselbe Bedeutung haben. Darüber hinaus aber bedienen wir uns ständig persönlicher nonverbaler Signale, die wir umso besser zu interpretieren lernen, je länger wir mit dem betreffenden Menschen zusammen sind. Schließlich lernen auch Kleinkinder genau so zu sprechen, wobei sie nur am Rande Vokabeln, aber hauptsächlich nonverbale Kommunikationselemente zuzuordnen lernen. Womit wir die erste Bedingung für Naturkommunikation gefunden haben: Es ist notwenig, das, womit ich mich austauschen will, gut zu kennen und zu diesem Zweck viel Zeit damit zu verbringen. Sie können hunderte von Stunden damit verbringen, in Ihrem Wohnzimmer wissenschaftlich erforschte Übungen zur Steigerung Ihrer parapsychologischen Fähigkeiten zu machen, doch das wird Sie dem Verständnis, was dieser Baum dort Ihnen gerade mitteilen will, keinen Schritt näher bringen. Setzen Sie sich lieber regelmäßig darunter und starren Sie einfach nur verträumt in den Himmel, und Sie werden staunen, was beide (Baum und Himmel) so alles zu erzählen haben!

Kommunikation braucht einen Partner

Ein zweiter wesentlicher Punkt besteht darin, ob wir das Gegenüber für kommunikationsfähig halten oder nicht. Viele Menschen sind nicht imstande, sich mit Babys auszutauschen, weil sie deren geistiges Niveau für zu niedrig halten, um echte Kommunikation zuzulassen. Fragen Sie mal die Mütter, was sie davon halten … (aber gehen Sie vorher in Deckung). Unsere Kultur jedoch billigt Tieren, Pflanzen oder Steinen oft nicht einmal ein geringes, sondern keinerlei intellektuelles Vermögen zu. Wie heißt es so schön, wenn sich jemand vergebens um Verständnis bemüht? „Da hätte ich ebenso gut mit einer Wand reden können." Von einem Stein erwartet man weder, verstanden noch angesprochen zu werden. Diese Aussicht ist derart unwahrscheinlich, dass wir seine Worte lieber einer „inneren Stimme" als dem alten Quarzbrocken dort drüben zuschreiben. Wenn wir sie überhaupt wahrnehmen.

Natürlich ist das bei naturspirituellen Menschen ganz anders. Unser Weltbild besagt, dass die gesamte Natur von einem intelligenten und sich seiner selbst bewussten Wesen erfüllt, ja dieses Wesen selbst *ist*. Nichts davon ist demzufolge unbeseelt oder unbewusst. Diesen Satz können Sie wahrscheinlich sofort unterschreiben, wie er da so schön steht. So, und jetzt gehen Sie zu Ihrem Fernseher und begrüßen Sie ihn freundlich. Fragen Sie ihn, ob er heute schon etwas Interessantes empfangen hat und Ihnen davon erzählen möchte. Verstehen Sie?

Wenn *alles*, dann wirklich – schließlich war auch Ihr Fernseher mal eine Menge Sandkristalle in der Wüste oder ein tiefer Ölsee weit unter dem Meer. Wenn der Geist des universalen Wesens alle Galaxien durchdringt, macht er bestimmt nicht vor ein paar Plastiktüten auf einem winzig kleinen Planeten da hinten rechts halt. Sie müssen Ihr Gegenüber *tatsächlich* für kommunikationsfähig halten und nicht nur daran *glauben*, dass Bäume so etwas können. Leider reicht es dafür nicht, ein paar gute Bücher zu lesen und dabei eifrig zu nicken. Nur, weil wir etwas intellektuell nachvollziehen können, heißt das noch lange nicht, dass sich unsere innere, lange antrainierte Einstellung dazu verändert.

Genau das ist jedoch nötig, wenn Sie mit der Natur sprechen lernen wollen. Die Earthwalks können Ihnen dabei sehr helfen, denn Sie ermöglichen Ihnen, Pflanzen, Tiere und Felsen als bewusste Wesen zu erleben, und nur die wiederholte Wahrnehmung eines neuen Sachverhalts kann eine alte Information löschen. Gehen Sie hinaus und wandern Sie bewusst so in der Natur umher, als wären Sie von Menschen in Baum- oder Vogelform umgeben. Spielen Sie einfach, alles sei intelligent (wenn auch auf andere Weise als Sie). Das öffnet in Ihnen die Möglichkeit, die tatsächlich vorhandene bewusste Intelligenz der Natur zu erleben, und dann sind Sie nicht mehr auf das Glauben angewiesen. Ihre Einstellung wird sich Stück für Stück verändern, bis Sie ganz selbstverständlich davon ausgehen, in Baum und Tier, in Wiese und Fluss, in Berg und Gletscher einen Gesprächspartner vor sich zu haben.

Abwechslung hilft

Dabei ist es sehr hilfreich, wenn Sie sich in unterschiedliche Landschaften begeben. So wie jeder Mensch hat auch jedes andere Wesen seine eigene Persönlichkeit und seinen daraus resultierenden Kommunikationsstil. Viele Menschen haben große Schwierigkeiten, Naturkommunikation in der Landschaft zu erlernen, in der sie aufgewachsen sind, weil ihnen die Signale dieser Umgebung derart vertraut sind, dass sie sie automatisch als einen Teil von sich selbst betrachten und nicht der Natur zuordnen. Was ja auch gar nicht so dumm ist, denn schließlich ist ein solcher Mensch an diesem Ort besonders stark mit der Natur verbunden, so dass er sich als einen integrierten Teil davon erlebt. Woran ist dann noch der Unterschied zwischen „drinnen“ und „draußen“ fest zu machen? Sowie wir damit aufhören, uns künstlich als von der Natur getrennt wahrzunehmen, stellt sich diese Frage nicht mehr.

Begeben Sie sich deshalb oft und regelmäßig in Ihnen unbekanntere Gefilde, die Sie nicht jeden Tag erleben. Dafür genügt schon eine Landschaft, die nur wenige Kilometer entfernt liegt und in der Sie sich nicht ständig bewegen. Erspüren Sie deren unterschiedliche Persönlichkeit und Wesenhaftigkeit, wie Sie es bei einem fremden Menschen tun würden, den Sie besser kennen lernen wollen. Gehen Sie auf diese Landschaft mit der grundsätzlichen Einstellung zu, dass sie bewusst und zur Kommunikation fähig ist und Ihnen nur noch das notwendige nonverbale Vokabular fehlt, um ihre Mitteilungen entschlüsseln zu können. Aber wie bei einem Menschen, der Sie in einer Ihnen unbekannten Sprache anruft, werden auch Sie schon bald das deutliche Gefühl haben, angesprochen zu werden. Dann haben Sie es geschafft, Ihre Einstellung zu Ihrem natürlichen Gegenüber zu verändern und damit den größten Teil der Arbeit getan. Der Rest ist wie mit dem netten Italiener von damals: Mit jedem Austausch wird Ihr Wissen um die Signale des anderen größer und Ihre Kommunikation flüssiger. Und am Ende des Urlaubs – Verzeihung, des Naturaufenthalts – werden Sie überrascht feststellen, dass Sie sich perfekt unterhalten haben – obwohl Sie immer noch kaum ein Wort Italienisch sprechen (gar nicht zu reden von Bäumisch).

Der wesentliche Schlüssel zum Erlernen von Naturkommunikation besteht also darin, sich häufig in der Natur aufzuhalten. Vor allem die Wildnis ist da der reinste Schnellkurs! Deren Botschaften sind so klar, so unmittelbar und derart unterschiedlich von dem, was uns in unseren begradigten Kulturlandschaften begegnet, dass sie leicht als neuer, „außerhalb“ von uns befindlicher Informationsstrom erkannt werden können.

Vertraut heißt nicht „wie wir“

Dieser Zugang wirkt auch gegen das weit verbreitete Phänomen der Anthropomorphisierung, also der Vermenschlichung von anderen Wesen, indem wir unsere Gedanken, Gefühle und Verhaltensweisen auf diese projizieren. Ein Hund bleibt ein Hund, auch wenn wir ihn noch so sehr als eigenständige Persönlichkeit kennen gelernt haben. Wenn er nicht aus seinem Napf frisst, sondern mit Ihnen schmust, bis Sie den Raum verlassen haben und erst dann zuschlägt, will er Ihnen damit keineswegs sagen, dass er Sie mehr liebt als sein Fressen. Er wartet schlicht und ergreifend darauf, dass Sie endlich ein klares Signal von sich geben, ob Sie als ranghöheres Rudeltier erst selbst fressen wollen oder nicht. Dabei nervt ihn Ihre offensichtliche Unentschiedenheit wahrscheinlich unendlich, denn aus Hundesicht verhalten Sie sich einfach unmöglich: Anstatt entweder zu fressen und ihn weg zu beißen oder anzuknurren, wenn er sich nähert und dem Futter danach den Rücken zuzukehren, bleiben Sie ständig in der Nähe des Napfes, kommen mal auf ihn zu, gehen dann wieder davon weg und fummeln an irgendwelchen Küchengerätschaften herum, bevor Sie sich (endlich!) dazu entscheiden, Ihren Anspruch auf das Futter eindeutig aufzugeben, indem Sie den Raum verlassen. Mann, das kann einen als Hund ganz schön wahnsinnig machen. Aber man lernt halt, wie diese großen, nackten Rudelteilnehmer so kommunizieren und begreift irgendwann, dass sie nichts von unserem Futter haben wollen. Genau so, wie man irgendwann kapiert hat, dass es eine hohe Chance auf Streicheleinheiten und sanfte Stimme gibt, wenn man auf eine seltsame Lautfolge des Menschen mit promptem Anmarsch reagiert. Der Hund hat keine Probleme mit der Interspezies-Kommunikation – soweit es ihn betrifft, läuft doch alles ganz gut! Er hat sich aber auch viel Mühe gegeben, Sie, Ihre Signale und Ihre Persönlichkeit gut kennen zu lernen. Er weiß mittlerweile, dass es für Sie normal ist, alleine oder nur mit einem anderen Rudelmitglied in einem Bett zu liegen und akzeptiert den Umstand, dass er nicht mit hinein darf (außer sonntagmorgens beim Rudelschmusen) als einen Teil Ihrer Eigenarten. Er verbringt sein ganzes Leben damit, Sie und Ihre Verhaltensweisen zu studieren, um Sie verstehen und in Frieden, ja in Einklang mit Ihnen leben zu können. Damit zeigt er uns genau, wie das mit der Naturkommunikation funktioniert – jedenfalls nicht von heute auf vorgestern. Ein Wesen, mit dem ich kommunizieren will, muss ich gut kennen und verstehen können.

Natürlich projizieren wir häufig eigene Ideen auf unser Gegenüber – das ist ein integraler Bestandteil menschlicher Kommunikation, den andere Wesen auf diesem Planeten nicht zu kennen scheinen. Deshalb stellt das auch kein Drama dar, sondern wir sind einfach nur aufgefordert, eine Verständigung mit einer anderen Spezies genauso sorgfältig auf mögliche Projektionen unsererseits zu beobachten wie in der Kommunikation mit anderen Menschen auch. Die meisten von uns neigen allerdings dazu, beim Austausch mit nichtmenschlichen Wesen davon auszugehen, dass sie viel mehr projizieren würden als sonst. Plötzlich fragen wir uns, ob fast jedes Wort, jeder Gedanke, den wir erhalten haben, dem Gesprächspartner unbewussterweise von uns selbst übergestülpt worden ist. Aber das ist bei einem zwischenmenschlichen Gespräch auch nicht der Fall, warum sollte es also jetzt so signifikant häufiger geschehen? Und spätestens, wenn die Antworten, die Sie erhalten, deutlich unbequem werden oder auf Ideen hinweisen, auf die Sie alleine nie gekommen wären, werden Sie sowieso aufhören, sich ständig zu fragen, ob Sie das alles selbst projizieren.

Bitte langsamer sprechen!

Die ersten Worte, die Vicky bei ihrem ersten Frankreich-Aufenthalt vor vielen Jahren aus ihrem stolz erworbenen Französisch-Wortschatz zum Einsatz bringen konnte, waren: *„Parlez lentement, s'il-vous-plaît"* – bitte sprechen Sie langsam. Was beim Erwerb einer neuen Sprache selbstverständlich ist, wird umso wichtiger, wenn Sie mit Pflanzen oder Steinen reden möchten. Gerade Pflanzen denken und empfinden ganz anders als wir; sie befinden sich ständig auf einer Traumebene der Wirklichkeit, weshalb es in der Kommunikation mit ihnen notwendig ist, sich in denselben träumerischen Trancezustand zu begeben, der ihnen grundsätzlich zu eigen ist. Das muss nicht unbedingt eine Frage der Geschwindigkeit sein, aber der mentalen wie auch seelischen Qualität der Kommunikation. In einem Zustand, den Außenstehende vielleicht als abwesend und versonnen bezeichnen würden, werden Sie viel bessere Kommunikationsergebnisse erzielen, als wenn Sie hellwach und wie aus einer Tasse Kaffee geschossen vor Ihrem Baum auf- und abhüpfen.

Mit Steinen ist das auch so eine Sache. Stellen Sie sich vor, Sie existierten seit Millionen von Jahren. Alle Ereignisse, die Sie wirklich beeinflusst haben, dürften sich über zehntausende von Jahren hingezogen haben – eine Eiszeit hat Sie über einen Kontinent geschleift, ein Fluss hat Sie zum Meer gerollt, das Meer ist ausgetrocknet und sein Boden hat sich angehoben, bis Sie schließlich auf der Spitze eines Berges lagen. Und-dann-kommt-so-ein-organischer-Winzling-daher-und-piepst. Und dann wird der Berg vom Regen abgetragen, was Sie wieder nach unten sinken lässt, bis Sie eine neue Eiszeit auf einen kleinen, glatten Kiesel reduziert. Verstehen Sie, was wir sagen wollen?

Natürlich können Sie mit Steinen auch in Ihrem eigenen Denktempo sprechen und werden damit sogar erfolgreich sein. Aber wenn Sie die wirklich wichtigen, tiefen Antworten hören wollen, die nur die Felsen kennen, dann nehmen Sie am besten vieeeeeel Zeit mit. Einen Nachmittag lang. Oder zwei oder drei – am Stück, versteht sich. Diese Form von Kommunikation ist etwas für Visionssucher.

Wenn wir so mit der Natur zu kommunizieren lernen wollen wie die Menschen aus indigenen Stammeskulturen, dann müssen wir ihr so begegnen wie diese. Das bedeutet nicht, dass Sie von nun an in einer Jurte im Wald leben sollen. Das ist nicht nötig und widerspräche unserer Ansicht nach auch der Aufgabe unserer Kultur, nämlich das Beste beider Welten – der Zivilisation wie auch der Natur – miteinander zu verbinden. Aber wirklich tiefe Kontakte werden Ihnen wahrscheinlich nur gelingen, wenn Sie sich regelmäßig der Natur und möglichst auch immer wieder der Wildnis aussetzen. Planen Sie Ihren Urlaub in Skandinavien, da gibt es eine Menge Wildnis, und auch Schottland oder Irland haben davon noch etwas zu bieten. Und es gibt auch in der Alpenregion immer noch Stellen, die unwegsam genug sind, um eine landwirtschaftliche Benutzung zu verhindern. Suchen Sie Natur auf, die nicht bebaut und nicht bewirtschaftet ist, und Sie werden eine Sprache erlernen, die viel mehr als nur Worte beinhaltet und als einzige wirklich universell ist.

Der folgende Earthwalk ist eine gute Möglichkeit, die Persönlichkeit von Bäumen kennen zu lernen. Am besten suchen Sie sich dafür einen schönen Wald.

Oben und Unten

Gehen Sie in die Fuchsstellung und beginnen Sie mit dem Aufmerksamkeits-Walk, den Sie für einige Minuten durchführen. Konzentrieren Sie sich dabei vor allem auf die gemeinschaftliche Energie der Bäume, von denen Sie umgeben sind. Spüren Sie den Wald mit seinem Alter und versuchen Sie, seinen energetischen Zustand wahrzunehmen. Geht es ihm gut, oder ist er beschädigt? Welche Jahreszeit ist gerade, und wie wirkt sich das auf den Energiefluss des Waldes aus? Was für ein Wetter erleben Sie augenblicklich, und was macht das mit der Baumgemeinschaft um Sie herum?

Machen Sie sich während des Gehens bewusst, dass der Wald eine Ansammlung von verschiedensten Wesen ist, die eine Gemeinschaft bilden. Beobachten Sie, wie diese miteinander interagieren und so ein unglaublich großes Ganzes bilden. Erkennen Sie, auf welche Weise sich einzelne Bäume, Tiere, Pflanzen, Insekten und andere Wesen in diese Gemeinschaft einbinden und so die Zyklen der Natur darstellen.

Irgendwann begegnen Sie einem Baum, zu dem Sie sich besonders hingezogen fühlen. Berühren Sie ihn und bitten Sie um die Erlaubnis, seinen Spirit erspüren zu dürfen. Wenn der Baum bejaht, können Sie ihn umarmen oder sich an ihn lehnen, wie es Ihnen gut tut. Falls er die Erlaubnis nicht geben sollte, wandern Sie einfach weiter, bis Sie einen anderen Baum gefunden haben, den Sie nicht stören. Auch Bäume haben zu tun.

Spüren Sie in dem Moment, in dem Sie in Körperkontakt mit dem Baum gehen, wie Ihre Energie mit der seinen verschmilzt. Führen Sie diesen Vorgang aktiv durch, indem Sie ihn sich vorstellen und Ihren Willen dahinter setzen. Die Energie eines Baumes bewegt sich viel langsamer als die eines Menschen, weshalb es notwendig ist, Ihren eigenen Energiefluss zu verlangsamen, wenn Sie mehr als nur oberflächliche Kommunikation wünschen. Wohlgemerkt: Es geht darum, eine langsamere Energiefrequenz zu erlangen und nicht etwa darum, langsamer zu sprechen! Wenn Sie dieselbe Frequenz wie der Baum erreicht haben, werden Sie dasselbe Kommunikationstempo als angenehm empfinden wie er. Senden Sie Ihre eigene Energie bis in die feinsten Wurzeln hinein und spüren Sie, wie der Baum von der satten Erde genährt wird. Dann senden Sie ihre Energie durch den Stamm bis in die höchsten Zweige hinein. Spüren Sie das Sonnenlicht auf den Blättern und betrachten Sie die umgebende Landschaft aus der Perspektive der Baumkrone. Erspüren Sie das Meer aus Leben, das Sie umgibt, und wie sich der Baum ständig diesem gewaltigen Lebenszyklus hingibt.

Wenn Sie den Baum erforscht haben, danken Sie ihm für alles, was er Ihnen gegeben hat und fragen ihn, ob er etwas von Ihnen braucht. Das kann eine sofortige Handlung sein, aber er kann Ihnen auch einen Auftrag zum Beispiel zum Schutze der großen Nation der Bäume geben. Versprechen Sie, diesen Auftrag zu erfüllen und tun Sie Ihr Bestes, um dieses Versprechen zu halten.

Gehen Sie weiter und begegnen Sie anderen Bäumen auf diese Weise. Wählen Sie dabei unterschiedliche Arten und Orte aus, denn eine Eiche, die auf einer Bergkuppe steht, wird andere Charakteristika und auch Botschaften für Sie haben als eine Weide am Flussufer. Erforschen Sie einige der vielen Persönlichkeiten, von denen Sie umgeben sind, bis es Zeit wird, sich wieder nach Hause zu begeben.

Vier Bäume

Die folgende Übung ist von den Twisted Hairs entwickelt worden. Wir haben sie im Rahmen des GAIA-Schamanismus kennen gelernt und auf die folgende Weise abgewandelt.

Nehmen Sie etwas zum Schreiben und zum Opfern mit – letzteres ist traditionell ein wenig Tabak, aber Sie können auch Kräuter aus Ihrem Garten oder von einer selbst gezogenen Pflanze verwenden. Sie brauchen das als Dankgeschenk für die Bäume, die Sie nun aufsuchen werden. Sie können dem Baum aber auch Ihren tief empfundenen Dank und Ihre umfassende Liebe zusenden. Das müssen Sie dann aber wirklich fühlen, wenn Sie es tun!

Suchen Sie sich einen Ort, an dem vier Bäume nah beieinander und ungefähr in den vier Himmelsrichtungen stehen. Es sollte ein Platz sein, an dem Sie sich ungestört eine Weile aufhalten können. Bitten Sie die Bäume um die Erlaubnis, mit Ihnen eine Zeremonie machen zu dürfen. Wenn Sie eine positive Antwort erhalten, wenden Sie sich dem im Süden stehenden Baum zu. Legen Sie eine Hand grüßend auf seine Rinde und erklären Sie ihm dabei, dass Sie gekommen sind, um mehr darüber zu erfahren, wie das Element Feuer in Ihrem Leben wirkt und was Ihr inneres Kind bewegt. Setzen Sie sich dann hin und lehnen Sie Ihren Rücken an den Baum, so dass Sie in die Mitte dieses von Bäumen gebildeten Kreises schauen. Nun schließen Sie die Augen und atmen einige Male tief durch. Entspannen und erlauben Sie sich, in jene traumähnliche Trance abzugleiten, in der Bäume am tiefsten mit uns sprechen können. Dann stellen Sie dem Baum folgende Fragen:

- „Wie oft braucht mein inneres Kind Zuwendung? In welcher Form wünscht es sich das?"
- „Blockiere ich manchmal meine Kreativität durch eine negative Haltung mir selbst gegenüber? Wenn ja, auf welche Weise geschieht das?"
- „Wie kann ich meine ureigene, ursprüngliche Schöpferkraft erkennen und annehmen? Wie kann ich sie genießen?"
- „Wie kann ich meinem Leben mehr Sinn geben?"

Was auch immer an Bildern, Gedanken oder Gefühlen in Ihnen auftaucht, gehört zur Antwort. Achten Sie vor allem auf die allerersten, flüchtigsten Eindrücke, die vom inneren Zensor gerne sofort abgelehnt und verdrängt werden – hier liegt meist der Hund begraben. Wenn Sie möchten, können Sie die Antworten jetzt oder auch nach der Zeremonie aufschreiben. Nehmen Sie sich danach einen Augenblick Zeit, um den Baum zu umarmen und alles wegzugeben, von dem Sie jetzt wissen, dass es für Sie nicht mehr nötig ist und Sie nur behindert. Dann bedanken Sie sich bei dem Baum für seine Bereitschaft, Sie bei Ihrer Zeremonie zu unterstützen und lassen ihm ein kleines Dankgeschenk da.

Sie können nun direkt mit dem im Westen befindlichen Baum fortfahren oder erst einmal nach Hause gehen, um den nächsten Schritt an einem anderen Tag zu tun. Dann bietet es sich an, die Zeremonie auf vier aufeinander folgende Tage zu „verteilen", damit die Energie nicht inzwischen zerfließt.

Mit dem Westbaum verfahren Sie ebenso wie mit dem im Süden. Erklären Sie ihm, dass Sie gekommen sind, um mehr darüber zu erfahren, wie das Element Wasser in Ihrem Leben wirkt und was Ihren Animus bzw. Ihre Anima bewegt (Ihren inneren Mann, wenn Sie eine Frau sind bzw. Ihre innere Frau, wenn Sie ein Mann sind). Wenn Sie sich mit dem Blick in die Mitte gesetzt haben, können Sie die folgenden Fragen stellen:

- „Wie oft fühle ich mich deprimiert oder möchte weinen?"
- „Was muss ich vor allem tun, um meine Gefühle ins Gleichgewicht zu bringen und glücklich zu sein?"
- „Wie wirken sich meine Gefühle auf meinen Körper aus? Erzeugen Sie Verspannungen, Schmerzen oder körperliche Ermüdungserscheinungen?"
- „Erzeuge ich den Stress in meinem Leben manchmal selbst, weil er andere, tiefere Bedürfnisse in mir erfüllt? Wenn ja, auf welche Weise tue ich das?"

Dem Nordbaum erklären Sie, dass Sie gerne mehr darüber erfahren möchten, wie das Element Erde in Ihrem Leben wirkt, wie Sie besser mit Ihrem Körper umgehen können und was Ihren inneren Erwachsenen bewegt. Als Fragen eignen sich zum Beispiel die folgenden:

- „Wie verwende ich leichte oder auch schwerere Krankheiten dazu, Aufmerksamkeit zu bekommen?"

- „Entziehe ich mir Kraft, weil ich die energetischen Hochs und Tiefs meines Körpers nicht genügend achte und ehre?“
- „Was kann ich tun, um disziplinierter zu werden, wenn es darum geht, in meinem Körper geerdet zu bleiben, mich mehr zu bewegen und mich meinen wirklichen Bedürfnissen entsprechend zu ernähren?“
- „Unter welchen meiner Muster oder schlechten Gewohnheiten leidet meine körperliche Gesundheit? Was kann ich tun, um mich in diesen Punkten wohler zu fühlen?“
- „Durch welche Einstellungen und Handlungsweisen sorge ich in meinem Leben dafür, dass ich immer zu kämpfen habe und gerade so knapp leben kann?“
- „Wofür möchte ich in meinem Leben nicht oder nur äußerst ungern die Verantwortung übernehmen?“
- „Welche der Prioritäten, die ich mir in meinem Leben gesetzt habe, stimmen nicht mehr?“
- „Was muss ich verändern, damit ich das tun kann, was mir wirklich wichtig ist?“
- „Was muss ich verändern, damit in meinem Leben ein Gleichgewicht zwischen Geben und Nehmen entsteht?“

Vergessen Sie das Danken nicht.

Dem Ostbaum schließlich erklären Sie, dass Sie gerne mehr darüber erfahren möchten, wie das Element Luft in Ihrem Leben wirkt und was Ihr unverletztes inneres Kind (den inneren kleinen Jungen, wenn Sie eine Frau sind bzw. das innere kleine Mädchen, wenn Sie ein Mann sind) bewegt. Dafür eignen sich diese Fragen:

- „Was geschieht mit mir, wenn ich nicht genügend Erfüllung in meinem Leben finde?“
- „Welche Regeln und Gesetze, die bisher in meinem Leben gültig sind, muss ich aufgeben, um Erfüllung zu finden?“
- „Auf welche Weise widersetze ich mich Veränderungen?“
- „Wie kann ich meinem Leben mehr Sinn geben?“
- „Wie blockiere ich die Möglichkeiten, in meinem Leben mehr Freude und Wissen zu finden?“
- „Welche Mythen beschwört mein Verstand immer wieder herauf, die dazu führen, dass ich mich wertlos fühle und Schuld, Schande oder Schmerz empfinde?“

- „Wie kann ich meinen Verstand einsetzen, um mich wohler zu fühlen?“
- „Was muss ich tun, um mehr Durchhaltevermögen zu bekommen und meine Vorhaben leichter zu Ende bringen zu können?“

Als letztes setzen Sie sich in die Mitte zwischen den vier Bäumen und teilen jeder der vier Richtungen zugleich mit, dass Sie hier sind, um mehr darüber zu erfahren, wie das Element der Liebe und Transzendenz in Ihrem Leben wirkt und wie Sie Zugang zu Ihrem inneren Ältesten (der weisen Frau bzw. dem weisen Mann in Ihnen, diesmal gleichgeschlechtlich) erlangen können. Stellen Sie dazu folgende Fragen:

- „Was muss ich tun, damit ich mich als sinnliches und sexuelles Wesen wohl fühle?“
- „Was muss ich tun, um noch stärker und offener von Herz zu Herz kommunizieren zu können?“
- „Wie kann ich zur Mitte und zur Bestimmerkraft in meinem Leben kommen?“
- „Wie kann ich lernen, das geschehen zu lassen, was geschehen muss, um in die Mitte meines Lebens zu kommen?“
- „Auf welche Weise blockiere ich den Fluss der Liebe in meinem Leben und in meinem Herzen? Wie kann ich ihn verstärken?“

Lassen Sie die Information in sich einsickern, welcher Aspekt von Ihnen im Moment Heilung am nötigsten hat. Gehen Sie dann zum Baum in der entsprechenden Richtung, umarmen Sie ihn und geben Sie wieder alles ab, was Sie daran hindert, diese Heilung zu finden. Lassen Sie diesem Baum nochmals ein Dankgeschenk da und bedanken Sie sich für seine Unterstützung. Dann gehen Sie fort, ohne noch einmal zurück zu schauen.

Eine Nacht im Freien

Es ist immer wieder erstaunlich, wie die Aussicht auf eine Nacht alleine in der Natur selbst solche Menschen zu zweifelnden Bündeln reduziert, die sich sonst mit Vorstandsaufgaben, Feuersbrünsten, medizinischen Notfällen, der Verwaltung von Millionenbeträgen oder dem Sozialhaushalt eines ganzen Bundeslands herumschlagen. Viele von uns stellen sich Tag für Tag Herausforderungen, die weitaus gravierender klingen als jene, sich acht bis zwölf Stunden lang einfach nur hinzusetzen und abzuwarten. Tja, wenn das schon alles wäre …

Wenn Sie einen wirklich tiefen Kontakt zu Ihrer eigenen und der Sie umgebenden Natur erhalten wollen, dann gehen Sie am besten im Dunkeln hinaus, denn dort werden Sie sofort und unmittelbar mit allem konfrontiert, was Sie davon *abhält*, mit der großen Kraft da draußen zu verschmelzen. Die Natur ist der wunderbarste schamanische Lehrer und Begleiter, den Sie sich vorstellen können, denn sie versteht es nicht nur, ihren grünen Finger direkt in die Wunde zu legen, sondern kennt zugleich auch alle Heilmittel, die Sie benötigen. Und so ist schon so manche(r) betont gelassen in den Sonnenuntergang hineinspaziert, um zwölf Stunden später mit verweinten Augen, aber von einem unglaublichen Strahlen erfüllt wieder aufzutauchen. Es ist erstaunlich, wie oft eine Nacht im Freien schon ein ganzes Leben verändert hat. Denn was ist schon dabei? Man setzt sich ein paar Stunden ins Dunkle und das war es. Oder?

Hier ein paar Anregungen, falls Sie mehr über das „Oder“ herausfinden möchten.

Ein Feuer entzünden

Eines schönen Tages auf einer Buchmesse. An einem Stand mit Engelsliteratur unterhalten sich zwei Frauen. Die erste: „Und, wie bist Du mit Deinem Problem mit dem Feuer vorangekommen? Hast Du jetzt besseren Kontakt zu Deiner inneren Flamme gefunden?“ Die zweite darauf hin völlig verzweifelt: „Kein bisschen, und ich weiß einfach nicht mehr weiter. Ich habe Kundalini-Yoga geübt, Feuermeditationen gemacht, Kerzenrituale ausgeführt und was weiß ich nicht noch alles … wirklich, das einzige, was ich noch machen könnte, ist zu lernen, wie man ein Holzfeuer anzündet, also – ich bin ratlos.“

Vielleicht hätte sie genau damit beginnen sollen, dann hätte sie sich wahrscheinlich die ganzen Kursgebühren gespart. Es ist in der Tat erstaunlich, wie viele Menschen nicht in der Lage sind, ein einfaches kleines Lagerfeuerchen zu entzünden! Dabei reden wir nicht einmal von erschwerten Bedingungen – das hier ist ja schließlich kein Survival-Buch. Packen Sie ruhig etwas Papier und ein paar (Sturm-) Streichhölzer ein, bevor Sie hinausgehen, um Ihr eigenes Feuer zu entzünden. Und nehmen

Sie diese Formulierung wörtlich, denn genau darum geht es: um die Feuerkraft in Ihnen.

Bitte tun Sie das an einem Platz, an dem Sie damit keinen Schaden anrichten können. Es ist nicht richtig, den ganzen trockenen Sommerwald zu riskieren, nur um in Kommunikation mit dem Feuerelement zu gelangen. Dafür eignet sich ein steiniges Plätzchen in einem alten Steinbruch, ein sandiges Flussufer oder sogar ein abseits gelegener Grillplatz am Waldrand wesentlich besser. Achten Sie auch darauf, nicht den Besitz anderer Menschen zu beschädigen. Kein Landwirt findet Brandlöcher in seiner Wiese witzig. Sie sind ja auch nicht begeistert, wenn jemand einen kleinen, kreisrunden Gruß von seiner Zigarette in Ihrem Lieblingsponcho hinterlässt. Außerdem gibt es in jedem Bundesland andere Vorschriften dazu, wann und wo offene Feuer erlaubt sind. Sie merken schon: Die Kraft des Feuers geht mit dem Thema Verantwortung einher.

Wenn Sie einen guten Platz für diese Zeremonie gefunden haben, stellen Sie sich dort aufrecht hin, atmen einige Male tief durch und benennen dann laut Ihre Absicht: Sie wollen hier ein Seelenfeuer entzünden. Das Feuer Ihrer eigenen Seele, um genau zu sein. Dann gehen Sie los und sammeln alles, was Sie dafür benötigen. Schichten Sie Holz und Zweige auf, rufen Sie den Spirit des Feuers und machen Sie das Ganze an. Wenn die Flammen tanzen, setzen Sie sich daneben und schauen auf das zurück, was Sie bisher im Rahmen dieser Zeremonie getan haben.

Wie leicht ist es Ihnen gefallen, Brennmaterial zu finden? Konnten Sie es gut zusammentragen, oder haben Sie lange dafür gebraucht? Sind Sie dabei zielgerichtet durch den Wald gegangen oder haben Sie sich eher von einem Ort zum nächsten treiben lassen? Haben Sie Ihr Holz in unmittelbarer Nähe gefunden, oder mussten Sie weite Wege zurücklegen? War der Vorrat reichlich, den Sie gesammelt haben, oder sitzen Sie jetzt neben einem eher kleinen Häufchen, das nicht lange reichen wird? Ist es Ihnen rasch gelungen, das Feuer zu entzünden, oder haben Sie mehrere Anläufe dazu gebraucht? Brennt es überhaupt schon?

Innerhalb einer schamanischen Zeremonie ist alles, was Ihnen widerfährt, Teil des Gesprächs der Natur mit Ihnen. Sie haben Ihr eigenes Seelenfeuer entzündet, und aus der Art, wie dies geschehen ist, können Sie Rückschlüsse auf Ihre eigene Feuerkraft ziehen. Je nachdem, was Sie daraus erfahren haben, können Sie die Flammen nun als Gebetsfeuer einsetzen. Erzählen Sie Vater Himmel und Mutter Erde (oder jeder anderen spirituellen Instanz, die für Sie wichtig ist), was Sie bedrückt, wo Sie Schwierigkeiten haben und welche Gefühle das in Ihnen auslöst. Oder teilen Sie mit, was Sie beglückt und danken Sie dafür. Sie können auch um Unterstützung bitten. Oder einen Schluck Met mit dem Feuergeist teilen (falls Sie Met nicht mögen – unserer Erfahrung nach nimmt der Spirit des Feuers auch gerne mal einen Schluck Whisky).

Sie können diese Zeremonie so lange ausführen, wie Sie Gesprächsstoff und Feuerholz haben. Bitte löschen Sie die Flammen danach nicht mit Wasser, sondern lassen Sie sie ganz herunterbrennen, um die Glut dann mit Erde abzudecken. Danken Sie dem Spirit des Feuers dabei und stellen Sie sicher, dass es sich nicht in Ihrer Abwesenheit wieder entzünden kann.

Erdfeuerreden

Die Grundlage für diese Zeremonie entstammt Holger Kalweits Buch *Naturtherapie*. Wir haben Sie ein wenig erweitert und wunderschöne Erfahrungen damit gemacht.

Es ist eine Gruppenzeremonie. Zu Sonnenuntergang versammeln sich alle Teilnehmer um die Feuerstelle herum und singen ein Kraftlied, während eine Person, die für die Nacht zum Feuerhüter bestimmt worden ist, das Holz entzündet. Wenn es gut brennt, lassen sich alle im Kreis darum nieder. Es ist schön, zu diesem Zeitpunkt ein Getränk kreisen zu lassen, um die Gemeinschaftsenergie zu stärken – ein mit Met gefülltes Horn eignet sich sehr gut dafür. Wer keinen Alkohol zu sich nehmen mag, kann das Horn in die Hand nehmen und an sein Herz halten. Es sollten sowieso nur wenige Schlucke pro Person darin sein, denn es geht nicht um den Konsum von Alkohol, sondern um die verbindende Geste. Alkohol hat einen sehr starken Spirit (das Zeug heißt schließlich nicht umsonst „Spirituose"), der machtvoll ist und deshalb mit Vorsicht gehandhabt werden will.

Wenn das Horn fast geleert worden ist, wird der letzte (große) Schluck dem Feuergeist gegeben. Dann beginnt die erste Person, über ein Thema ihrer Wahl zu sprechen – über etwas, das ihr wirklich am Herzen liegt und von großer Bedeutung für sie ist. Manchmal hilft es den Teilnehmern, wenn sie vor der Zeremonie eine Rune oder eine Tarotkarte ziehen und sich zu Beginn davon inspirieren lassen. Es ist wichtig, ohne Unterlass zu reden und einfach alles auszusprechen, was einem zum gewählten Thema in den Kopf kommt. Bei Kalweit wird diese Zeremonie unbekleidet ausgeführt, was die Wirkung erheblich verstärkt. Im Schein des Feuers können dann alle Masken, alle

Fassaden fallen, bis die Teilnehmer von der tiefen Kraft der Natur erfüllt sind.

Wenn alle gesprochen haben, beginnt ein Schweigeritual, das bis zum Morgen dauert. Die Teilnehmer sitzen still um die Flammen, wickeln sich in Decken oder stehen auf, wenn sie das Bedürfnis danach haben, um gedankenverloren ein wenig unter den Sternen umher zu gehen. Irgendwo weint jemand leise vor sich hin. Eine andere lächelt versonnen in die Flammen hinein. Niemand spricht während der nächsten Stunden auch nur ein einziges Wort.

Irgendwann – und zwar gerade am dunkelsten, kältesten und unerträglichsten Punkt der Nacht – ist es dann plötzlich soweit: Noch kein Funken Licht ist am Horizont zu erkennen, aber der erste Vogel singt. Langsam gesellen sich ihm andere hinzu. Schließlich beginnt es, zaghaft zu dämmern. Die Teilnehmer stehen nebeneinander da; ihre aufgerichteten Körper sind dem Osten zugewandt. Hoffnung spiegelt sich in ihren Gesichtern. Lange, lange stehen sie so und warten darauf, dass der Rand der Sonne über den Horizont steigt. Als es endlich soweit ist, fangen alle an, gemeinsam ein Sonnenlied zu singen. Schließlich liegen sie sich lachend in den Armen oder stehen ergriffen still da. Die lange, dunkle Nacht der Zweifel und der Schatten ist überstanden – die Sonne ist in ihr Leben zurückgekehrt.

Die Nacht der Angst

Diese Zeremonie kann sehr herausfordernd sein, weshalb Sie sie nur dann alleine ausführen sollten, wenn Sie sich kraftvoll und seelisch stabil fühlen. Ansonsten gibt es die Möglichkeit, sich einer Gruppe anzuschließen, die von einem erfahrenen Mentor betreut wird und Sie bei Schwierigkeiten unterstützt.

Die Zeremonie selbst ist von kompromissloser Einfachheit. Gehen Sie bei Sonnenuntergang zu einem Ort in der freien Natur hinaus und bleiben Sie dort bis zum nächsten Morgen. Das ist alles. Wenn Sie möchten, können Sie es noch herausfordernder gestalten, indem Sie als erstes am Ort Ihrer Wahl ein kleines Medizinrad aufbauen, die heiligen Kräfte anrufen und die gesamte Nacht darin sitzen bleiben. Dann sollten Sie etwas früher losgehen, um genügend Zeit dafür zu haben, ehe es zu dunkel wird. Achten Sie darauf, sich nur so lange durch die Landschaft zu bewegen, wie noch genügend Licht vorhanden ist, um Verletzungen zu vermeiden. Nehmen Sie nur Wasser, aber nichts zu essen mit. Ziehen Sie sich warm genug an und gönnen Sie sich eine gute Decke und einen großen Regenponcho, aus dem Sie notfalls einen kleinen Unterstand basteln können. Bringen Sie nichts mit, was Sie ablenken könnte – kein Mobiltelefon, kein Buch und kein Schreibmaterial. Auch keine Taschenlampe. Teilen Sie einer Person Ihres Vertrauens zuvor mit, was Sie vorhaben und wo Sie sich aufhalten werden. Sagen Sie ihr auch, dass Sie zu Sonnenaufgang zurückkehren wollen und bitten Sie sie, nachzuschauen, falls Sie bis zum nächsten Mittag nicht wieder da sein sollten (höchstwahrscheinlich sind Sie dann in Ihrem Medizinrad eingeschlafen, aber man kann ja nie wissen …).

Bedenken Sie, dass alles, was Ihnen in der Ritualzeit, also zwischen Sonnenunter- und Sonnenaufgang widerfährt, eine Bedeutung für Sie hat. Beobachten Sie also aufmerksam, was in Ihnen und um Sie herum geschieht. Am besten ist es, wenn Sie Ihre Erlebnisse danach einer schamanisch erfahrenen Person schildern können, die in der Lage ist, sie Ihnen zu „spiegeln", also die Geschichte zu erzählen, die sich in der Nacht dort draußen mit Ihnen als Hauptperson abgespielt hat. Falls das nicht möglich sein sollte, schreiben Sie Ihre Erlebnisse direkt nach der Rückkehr nieder und schauen sie dann für die nächsten zwei Wochen nicht an. Wenn Sie erst dann wieder darauf zurückkommen, werden Sie genügend Abstand dazu gewonnen haben, um die Aufgaben, aber auch die Kraft zu erkennen, die Ihnen die Dunkelheit gebracht hat.

Wer sich der Nacht anzuvertrauen wagt, erhält Zugang zu einem Reich, das uns in unserer licht-orientierten Kultur meist versagt ist. Genau dort aber befindet sich die Quelle unserer tiefsten Naturkraft. Dort werden wir eins mit uns und mit allen Wesen um uns herum. Und wenn Sie dann Ihre erste Nacht alleine im Freien überstanden haben, möchten wir Sie einladen, über eine Visionssuche nachzudenken. Aber dazu gibt es bereits hervorragende Bücher wie zum Beispiel der gleichnamige Titel von Steven Foster und Meredith Little. Oder Vickys absolutes Lieblingsbuch *Soulcraft* von Bill Plotkin.

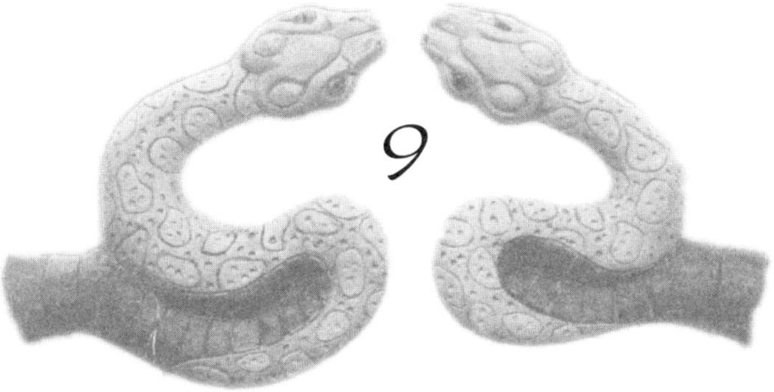

9

Die Magie des Redestabs

Von Herz zu Herz

Der Redestab ist eines der wertvollsten naturspirituellen Werkzeuge, die uns in den letzten dreißig Jahren begegnet sind. Seine Anwendungsprinzipien sind ebenso schlicht, wie seine Wirkung genial ist. Unserer Erfahrung nach ist es die sinnvollste Form der Gruppen-, aber auch Konfliktkommunikation, die wir uns vorstellen können. Sie beruht auf alten Formen der Stammeskommunikation und wird in indigenen Kulturen heute noch auf die eine oder andere Weise für offizielle Gespräche wie zum Beispiel den Ältestenrat eingesetzt, weshalb diese Technik im englischsprachigen Raum oft schlicht als „council“ (Rat) bezeichnet wird.

Das Redestabritual beruht auf ganz schlichten Regeln und Prinzipien und scheint daher so einfach zu sein, dass man seine Wirkung anzuzweifeln geneigt ist. Wir haben jedoch unzählige Male erleben dürfen, wie Teilnehmer im Zuge einer solchen Zeremonie tiefe Erkenntnisse gemacht haben und persönlich sowie spirituell auf eine Weise gewachsen sind, die sie selbst nicht erwartet hatten. Die Kraft, die sich im Rahmen einer solchen Zeremonie aufbauen kann, ist unglaublich.

Wir verwenden den Redestab in der Gruppenarbeit eigentlich fast immer, wenn alle zusammenkommen, um sich über etwas auszutauschen. Nur während der Teachings, also wenn wir eine bestimmte Technik oder einen anderen Inhalt erklären, verzichten wir darauf, damit jeder frei Fragen stellen kann, falls etwas unklar ist. Unbezahlbar ist der Redestab bei der Nachbearbeitung von großen, seelisch fordernden Zeremonien wie der Schwitzhütte oder auch bei der Klärung von Konflikten innerhalb der Gruppe, zwischen einzelnen Gruppenmitgliedern – oder zwischen Ehepartnern, wie wir aus eigener Erfahrung wissen.

Viele Menschen, die zum ersten Mal ein Redestabritual erleben, sind von seiner Wirksamkeit so begeistert, dass Sie sofort beschließen, dieses Werkzeug auch in ihre eigenen Gruppen einzubringen. Oft funktioniert das jedoch nicht auf Anhieb, was sie dann überrascht, denn die Zeremonie scheint doch so simpel zu sein! Meist stellt sich dann im Gespräch heraus, dass den Teilnehmern die Grundprinzipien nicht bekannt waren, nach denen ein guter Redestabkreis beinahe wie von selbst funktioniert. Deshalb werden wir auf diese wertvolle Form der Gemeinschaftsarbeit jetzt ein wenig näher eingehen.

Der Stab selbst

… muss nicht einmal tatsächlich ein Stab sein. Alles ist dafür geeignet, was sich gut herumreichen und in der Hand halten lässt. Wir verwenden einen etwa vierzig Zentimeter langen Ast, den William glatt geschmirgelt und mit Federn und einem Stück Fell verziert hat. Viele Gruppen haben ihren eigenen Stab, der mit der Zeit immer mehr kleine Dinge erhält, die an das erinnern, was die Teilnehmer schon damit erlebt haben. Das ist praktisch, denn wir haben oft erlebt, dass es manchen Personen leichter fiel, über Persönliches zu sprechen, wenn Sie dabei mit dem Stab „spielen" konnten.

Wie bereits erwähnt muss der Redestab aber gar nicht stabförmig sein, weshalb im englischen Sprachraum auch oft die Rede vom „talking piece", dem Redestück ist (was auf Deutsch aber dermaßen ulkig klingt, dass wir beschlossen haben, auf eine wörtliche Übersetzung zu verzichten). Wir kennen eine Gruppe, die einen Tennisball verwendet. Eine andere benutzt einen Stein, und im Notfall hat sich sogar ein Mobiltelefon bereits bewährt (allerdings ausgeschaltet). Der Redestab selbst ist nur ein Kennzeichen, ein Erinnerungsmerkmal.

Übrigens gilt es als Fauxpas, den Stab respektlos zu behandeln. Stellen Sie sich zum Beispiel vor, jemand drückt im Redestabkreis seine Wut über einen bestimmten Sachverhalt aus. Er kann das gerne laut tun und auch mit der Faust auf den Boden schlagen, wenn er diese Form der Abfuhr gerade benötigt, aber es wäre nicht in Ordnung, wenn er den Stab dazu verwenden würde. Dieser wird als eigenständige Kraft, als Wesen betrachtet, welches nur dafür da ist, den Kreis zu unterstützen und verdient entsprechenden Respekt. Außerdem: Wie kann ich von jemandem, der nicht einmal den Stab mit Achtung zu behandeln bereit ist, erwarten, dass er auf respektvolle Weise mit den anderen Teilnehmern und den Regeln des Redestabrituals umgeht?

Die Grundregeln

Wie bereits erwähnt, gibt es deren nicht viele. Deshalb lässt sich eine solche Zeremonie jederzeit auch mit Menschen durchführen, die damit noch nie in Kontakt gekommen sind (solange der Leiter damit bereits Erfahrung hat und auch ungeübte Redner immer wieder sanft auf den Pfad des Rituals zurückführen kann). Diese Regeln sind zum Teil Idealvorstellungen, das heißt, es dürfte selbst der besten Gruppe schwer fallen, sie immer hundertprozentig einzuhalten. Je mehr sich jedoch alle bemühen, umso erfolgreicher wird die Redestabarbeit sein.

Eine solche Zeremonie findet immer im Kreis statt. Dabei geht der Stab im Uhrzeigersinn herum, denn auf diese Weise baut sich eine gute, klärende Energie auf. Normalerweise beginnt der Leiter, indem er das Thema der Runde anspricht. Wenn die Gruppe gerade erst zusammen gekommen ist, handelt es sich dabei meist um ein „Blitzlicht", im Rahmen dessen jeder Teilnehmer schildert, wie es ihm gerade geht und mit welchen Erwartungen oder Gefühlen er in den Kreis hinein gegangen ist.

In vielen Kreisen ist es üblich, das Ende der eigenen Rede mit einem Schlusswort zu kennzeichnen, bevor man den Stab weitergibt. Dafür können Sie alles verwenden, was Sie für geeignet halten, aber es gibt der Zeremonie eine besondere Kraft, wenn alle Beteiligten dasselbe Wort verwenden. In christlichen Kreisen wird dafür gerne „Amen" verwendet. Andere Möglichkeiten wären „so sei es" oder „meine Rede ist beendet". Es sollte schon ein wenig zeremoniell klingen, damit auf diese Weise ein klarer Abschluss gegeben ist. Wir verwenden das nordamerikanisch-indianische „Aho" – einfach deswegen, weil es von klarer, knapper Aussage ist und uns vom Gefühl her am geeignetsten erscheint.

Wenn in unseren Gruppen jemand das Bedürfnis hat, dem Sprecher zuzustimmen und mit seiner Energie das Gesagte zu verstärken, sagt er „Ho!". Dieser Laut dringt einerseits klar durch und transportiert die Kraft zum Redner, andererseits aber ist er kurz und dumpf genug, um diesen nicht abzulenken. „Heyho" hat für uns die Bedeutung von „oh ja, kenne ich nur zu gut, geht mir genauso" oder „das ist gut, diese Kraft will ich auch für mich!"

Es ist sehr sinnvoll, nicht Hals über Kopf in eine Redestabzeremonie hineinzuspringen und zu erwarten, dass die Teilnehmer von Null auf Hundert in der Lage sind, aus ihren Alltags-Verhaltensweisen auszusteigen und die offene Haltung eines solchen Rituals einzunehmen. Deshalb kann es hilfreich sein, zu Beginn der ersten Runde gemeinsam zu trommeln oder eine Räucherung herumgehen zu lassen. Wir machen meist beides und schicken die Räucherung während des Trommelns herum (allerdings nur bei der ersten Redestabrunde des Tages). Sie können auch zunächst gemeinsam singen, chanten oder eine andere Tätigkeit ausführen, die allen hilft, den Übergang sanfter zu gestalten.

Wer den Stab hat, spricht

… und sonst niemand. Man *muss* aber nicht sprechen, wenn man an der Reihe ist. Wenn Sie nichts zum Thema zu sagen haben, können Sie den Stab einfach weitergeben. Und manchmal sind Worte das falsche Medium, um zu vermitteln, was in einem Menschen vorgeht. Dann kann es vorkommen, dass jemand einfach nur einige Minuten weinend da sitzt, bevor er den Stab weiter reicht. Auch dafür ist ein Redestabkreis da, und auch dann werden ihm die anderen Teilnehmer ihre ungeteilte Aufmerksamkeit widmen. Jeder bestimmt selbst, wie lange er oder sie sprechen möchte. Unterbrechungen sind nur erlaubt, wenn jemand den Redner nicht gut genug hören kann oder einen Satz inhaltlich überhaupt nicht verstanden hat. Eine solche Unterbrechung sollte rituell eingeleitet werden, damit erkennbar ist, dass der Unterbrechende hier nicht einfach wirr reinplappert. Deshalb leiten wir sie mit den Worten „für alle meine Verwandten ein“ – ein Satz, der verdeutlicht, dass es hier nicht nur um unsere eigenen Bedürfnisse geht. Das klingt dann zum Beispiel so: „Für alle meine Verwandten – bitte sprich etwas lauter, ich kann dich hier drüben kaum verstehen.“

Es wird *niemals* unterbrochen, um direkt auf das Gesagte einzugehen oder gar im Sinne einer Diskussion zu antworten. Sie haben aber jederzeit das Recht, eine weitere Redestabrunde zu verlangen, wenn Sie zu etwas Stellung nehmen möchten, die Runde aber bereits vorbei ist. Ein guter Zeremonienleiter wird das Ritual sowieso nicht beenden, solange noch jemand ein Redebedürfnis hat.

Herz-zu-Herz-Kommunikation ist Pflicht

Wer den Stab hat, spricht aus dem Herzen. In einem Redestabritual sprechen wir über die Dinge, die uns wirklich beschäftigen und tief bewegen – für alles andere ist die Kaffeepause danach da. Wir sprechen das aus, worum wir sonst herumreden. Hier geht es an die Essenz.

Ebenso hören wir aber auch mit dem Herzen zu, wenn eine andere Person spricht. Es ist wichtig, nicht zu verurteilen, was wir hören und uns auch nicht mit dem Redner zu vergleichen. Stattdessen streben wir an, den sprechenden Teilnehmer anzunehmen, wie er ist und wirklich zu verstehen, warum er die Entscheidungen getroffen und die Handlungen vollzogen hat, von denen er uns berichtet. Das bedeutet nicht, dass wir alles als gut und richtig betrachten müssen, was die anderen erzählen, sondern dass wir sie als die Menschen akzeptieren, die sie sind und gemeinsam mit ihnen von da an weitergehen. So, wie sie es auch mit uns tun, wenn wir an der Reihe sind.

Fasse dich kurz

Im Interesse der gesamten Gruppe ist es wichtig, dass alle Teilnehmer ständig üben, ihre Anliegen so klar und gleichzeitig knapp wie möglich darzustellen. Das stellt keine Einschränkung der Redezeit einzelner Personen dar, sondern dient dem ganzen Kreis. Redestabzeremonien können viel Zeit in Anspruch nehmen, weshalb es nur höflich ist, nicht zu lange zu sprechen. Vor allem für Plaudertaschen wie Vicky ist das eine sehr gute Übung in Selbstdisziplin – und darin, endlich auf den Punkt zu kommen.

Spontan sprechen

Verbringen Sie die Zeit, in der andere Teilnehmer sprechen, nicht damit, Ihre eigene Rede innerlich zu „proben“ und sich schon mal die passenden Themen bzw. Worte zurecht zu legen. Dann ist es Ihnen nicht mehr möglich, dem sprechenden Teilnehmer Ihre ganze Herzensaufmerksamkeit zu widmen. Das ist nicht immer leicht, aber wenn es passiert (und das wird es), stellt das auch kein Drama dar. Lenken Sie einfach Ihre Aufmerksamkeit sanft wieder zum Redenden zurück und schimpfen Sie nicht mit sich. Dann wird es nur schlimmer.

Dasselbe gilt für das Niederschreiben von Stichworten zu den Reden anderer Teilnehmer. Es ist wichtig, dem Ritual die Zeit und den Raum zu geben, sich in seiner Wirksamkeit zu entfalten. Wer mitschreibt, kann sich nicht so leicht auf diesen Prozess einlassen, denn er wirkt ihm entgegen, indem er versucht, die Kontrolle über das Geschehen zu behalten, anstatt der Kreisintelligenz zu vertrauen, die alles, was wirklich gesagt werden muss, auch in den Kreis sendet – wenn nicht über Sie, dann über einen anderen Redner.

Schweigen ist Gold

Alles, was in einem Redestabkreis besprochen worden ist, bleibt auch dort. Die Teilnehmer können sich nicht öffnen, wenn sie damit rechnen müssen, dass hinterher alle Welt erfährt, was sie gesagt haben. Wenn Sie von einem Kreis erzählen, beschränken Sie sich bitte auf die Wiedergabe von Inhalten und vermeiden Sie die Erwähnung persönlicher Details anderer Personen. Anonymisieren Sie eine solche Erzählung, und schildern Sie das Geschehene immer deutlich erkennbar aus Ihrer eigenen Sicht. Diese Maßnahmen werden besonders dann wichtig, wenn sich zwei Teilnehmer eines Redestabrituals außerhalb des Kreises begegnen und darüber austauschen. Dann können Informationen an unbeteiligte Dritte gelangen, ohne dass dies beabsichtigt worden wäre.

Die Kreisintelligenz

Es ist faszinierend, was in so einem Redestabritual passieren kann. Wie oft haben wir danach gehört: „Das wollte ich auch sagen und hatte es vollkommen vergessen. Gut, dass du es ausgesprochen hast." Wenn wir einander im Kreis begegnen, sind wir mehr als nur ein paar Einzelmenschen, die sich für eine komische Sitzanordnung entschieden haben. Die Persönlichkeiten der einzelnen Teilnehmer verbinden sich bereits in den ersten Minuten zu einem Wesen, das größer als die Summe seiner Teile ist: der Kreisintelligenz.

Dieser Kraft können Sie bedingungslos vertrauen. Irgendetwas ist da immer am Werk, ein Ausdruck des gemeinschaftlichen Willens der Teilnehmer vielleicht, das für Energien, Erkenntnisse und Worte sorgt, die sonst nicht hervorgetreten wären. Deshalb brauchen Sie Ihre Worte auch nicht vorzubereiten und *sollten* es sogar nicht tun, denn in einem Redestabritual sind alle Teilnehmer der Kanal dieser Intelligenz. Wir haben so manches Mal im Kreis gesessen und uns selbst erstaunt reden hören, ohne sagen zu können, woher diese Worte gerade kamen – nur, dass sie wirklich gut waren! Wenn sich die auf ein gemeinsames Ziel gerichtete Energie der Teilnehmer in Kreisform zusammenschließt, öffnen sich Türen zu unterbewusstem Wissen, tiefer Intuition und umfassender Weisheit. Aus all dem können die Teilnehmer dann schöpfen, was erklärt, warum diese Form der Kommunikation um so vieles effektiver und heilsamer ist als die meisten anderen Gesprächsformen.

Deshalb bitten wir unsere Gruppenmitglieder, sich ihre Worte nicht im Voraus zurecht zu legen. Unter Umständen braucht der Kreis nämlich gar nicht das, was sie sagen wollen, sondern vielmehr das, was die Kreisintelligenz jetzt gerade durch sie sagen möchte. Oft fällt uns direkt, nachdem wir den Stab weitergegeben haben, etwas ein, das wir eigentlich noch hatten mitteilen wollen. Dann bedeutet das schlicht und einfach, dass dieser Gedanke zwar *für uns* von großer Wichtigkeit war, aber keinen Einfluss auf den Gruppenprozess oder die Erkenntnisgewinnung anderer Teilnehmer gehabt hätte. Dem einzelnen Menschen fällt es oft schwer, dies zu unterscheiden. Für die Kreisintelligenz jedoch ist es ein Klacks. Alles, was unsereins tun muss ist, ihr zu vertrauen – und die Kontrolle abzugeben.

Das Wirken dieser Instanz ist vielleicht der wunderbarste Aspekt der Redestabzeremonie. Wenn man ihr Raum zu geben imstande ist, kann sich echte Heilung ereignen – in einem einfachen Gespräch. Wir haben es wieder und wieder erlebt und sind zutiefst dankbar dafür, dieses kostbare Werkzeug kennen gelernt zu haben.

Die Kommunikationsregeln

Es gibt einige Grundregeln für gemeinschaftliche Kommunikation, die eine Redestabzeremonie (und nicht nur diese) viel effektiver gestalten können. Die folgende Fassung stammt aus dem Kursleitermaterial des Instituts für Forschung und Ausbildung in Kommunikationstherapie e.V.

Fertigkeiten der Sprecherrolle

Ich-Gebrauch

Jeder Partner soll von seinen eigenen Gedanken und Gefühlen sprechen. Kennzeichen dafür ist der Ich-Gebrauch. Alle Aussagen werden dadurch persönlicher. Äußerungen, die nur auf den anderen gerichtet sind (Du-Sätze), sind meist Vorwürfe oder Anklagen, die als Auslöser für Gegenangriffe oder Rechtfertigungen wirken.

Konkrete Situation ansprechen

Jeder Partner soll konkrete Situationen oder Anlässe ansprechen, so dass Verallgemeinerungen („immer", „nie") vermieden werden. Verallgemeinerungen rufen meist sofortigen Widerspruch hervor und lenken vom eigentlichen Inhalt der konkreten Situation völlig ab. Durch die Einhaltung dieser Regel werden die Aussagen für den Zuhörer anschaulicher.

Konkretes Verhalten ansprechen

Jeder Partner soll von konkretem Verhalten in bestimmten Situationen sprechen, so dass vermieden wird, dem anderen negative Eigenschaften zuzuschreiben. Die Unterstellung negativer Eigenschaften ruft ebenfalls Widerspruch hervor. Kennzeichen solcher Äußerungen sind z.B. „typisch", „unfähig", „langweilig", „nie aktiv". Wer konkretes Verhalten benennt, erreicht eine bessere Nachvollziehbarkeit seiner Aussagen, nicht nur für den Partner, sondern auch für sich selbst.

Beim Thema bleiben

Jeder Partner soll vom Hier und Jetzt sprechen, da bei Rückgriffen auf die Vergangenheit das Gespräch Gefahr läuft, völlig vom eigentlichen Thema abzuweichen. Das eigene Anliegen wird dadurch klarer.

Sich öffnen

Jeder Partner soll sich öffnen und beschreiben, was in ihm vorgeht. Anklagen und Vorwürfe lassen sich vermeiden, wenn jeder seine Gefühle und Bedürfnisse direkt äußert. Dann kann auch ein weiterer häufiger Fehler, „das negative Gedankenlesen", vermieden werden. Hierunter versteht man Äußerungen, die die Reaktionen des Partners vorweg nehmen. Z.B.: „Auf andere Art kann man ja nicht mit dir reden" oder „Ich würde was unternehmen, aber du machst ja doch nicht mit". Der Sprecher sichert sich damit schon im Voraus gegen eine mögliche Reaktion ab.

Fertigkeiten der Zuhörerrolle

Aufnehmendes Zuhören

Der Partner soll dem Sprecher nonverbal/nichtsprachlich deutlich zeigen, dass er ihm zuhört und Interesse an seinen Äußerungen hat. Dies kann z.B. durch unterstützende Gesten wie Nicken oder kurze Einwürfe wie „hm“, „aha“ geschehen. Wichtig ist neben dem Blickkontakt auch eine dem Partner zugewandte Körperhaltung. Ermutigungen, doch weiter zu sprechen (z.B. „Ich würde gern mehr darüber hören“) verstärken den Partner für sein Erzählen.

Zusammenfassen

Der Partner soll die wesentlichen Äußerungen des Sprechers möglichst in eigenen Worten rückmelden, um deutlich zu machen, dass er ihn verstanden hat. Fällt es ihm schwer, die Äußerungen in eigene Worte zu kleiden, sollte er auch vor wörtlichen Wiederholungen nicht zurückschrecken. Gerade schwierige Gespräche gewinnen mit dieser Fertigkeit an Klarheit und Verständnis.

Offene Fragen

Wenn der Partner im Verlauf der Unterhaltung den Eindruck hat, dass der Sprecher seine Wünsche und Gefühle nur indirekt äußert, und er nicht ganz sicher ist, was der Sprecher empfindet, soll er gezielt danach fragen. Hier ist zu beachten, dass keine Urteile und keine vorschnellen Interpretationen vorgenommen werden, z.B. „Hast du dich unsicher gefühlt?“ und nicht „das liegt an deiner Unsicherheit!“. Im ersten Fall kann der Sprecher zustimmen oder ablehnen, also richtig stellen, im zweiten Fall muss er sich verteidigen.

Lob für gutes Gesprächsverhalten

Der Partner soll den Sprecher für offene und verständliche Äußerungen verstärken (loben), damit dieser sich ermutigt fühlt, z.B. „Das freut mich sehr, dass du mir das so klar und offen gesagt hast“. Natürlich kann auch der Sprecher gutes Zuhören des Partners verstärken.

Rückmeldung des ausgelösten Gefühls

Es gibt Situationen, in denen es dem Zuhörer nicht möglich sein wird, mit Verständnis auf den Sprecher zu reagieren, etwa weil dessen Äußerungen ihn sehr aufgebracht haben. In einem solchen Fall sollten indirekte Äußerungen vermieden werden, z.B. „Aber das stimmt doch gar nicht!“. Stattdessen meldet der Zuhörer besser seine eigenen Gefühle direkt zurück, z.B. „Ich bin völlig verblüfft, dass du das so siehst“. Genauso wichtig ist es, auch aufkommende positive Gefühle rückzumelden, z.B. „Mich freut es, dass du das mit mir gemeinsam machen willst“.

(Aus: Thurmaier, F.; Engl, J. & Hahlweg, K.: Ehevorbereitung: ein partnerschaftliches Lernprogramm [EPL], Ehrenwirth-Verlag).

Weitere Formen des Redestabrituals

Die Grundform dieser Arbeit besteht also darin, den Redestab im Uhrzeigersinn von einer Person zur nächsten weiterzugeben und damit so lange fort zu fahren, bis alles gesagt und der Prozess zu Ende geführt worden ist. Es gibt jedoch Gelegenheiten, bei denen diese Form unpraktisch wird oder nicht genügend Flexibilität bietet. Deshalb haben Gruppen wie zum Beispiel die Ojai Foundation in Amerika weitere Varianten dieser Kommunikationsform gesammelt und auch selbst entwickelt. Hier sind die wichtigsten davon. Wenn Sie tiefer in die Materie einsteigen möchten und mal wieder Englisch lesen können (seufz – so viele gute Bücher und so wenige deutsche Übersetzungen), dann empfehlen wir Ihnen den Titel *The Way of Council* von Jack Zimmermann und Virginia Coyle.

Das Netz

Das Netz eignet sich vor allem dann, wenn nur noch einige Teilnehmer des Kreises ein Redebedürfnis haben oder wenn eine offene Diskussion unter freieren Bedingungen geführt werden soll. Bei dieser Form wird der Stab nicht im Kreis herumgegeben, sondern die Person, die gerade gesprochen hat, legt ihn in die Mitte, wenn sie fertig ist. Dann kann ihn jeder andere Teilnehmer aufnehmen und seine Ansicht äußern.

Bei heißen Themen kann es dann unter Umständen zu regelrechten Hechtsprüngen aus allen Richtungen zum Stab hin kommen. Um Kopfverletzungen zu vermeiden, ist es dann sinnvoll, die Zeremonie so abzuändern, dass diejenige, die zuletzt gesprochen hat, den Stab an einen bestimmten Teilnehmer weiterreicht, von dem sie sich eine Reaktion wünscht. Falls auch das nicht gut funktioniert, ist zu überlegen, ob das Netz in diesem Fall vielleicht ungeeignet ist und eine andere Redestabform verwendet werden sollte. Vor allem bei Konflikten bietet sich die nächste an.

Das Goldfischglas

Wir nennen es auch gerne den „heißen Stuhl", denn genauso fühlt es sich an, in dieser Zeremonie zu sitzen – aber was einmal auf diese Weise geklärt wurde, ist gelöst bis auf den Grund. Es bietet sich bei Unstimmigkeiten zwischen einzelnen Teilnehmern an, die nicht außerhalb des Kreises gelöst werden können oder sollen.

Die beiden Konfliktpartner setzen sich einander gegenüber in die Mitte des von den anderen Gruppenmitgliedern geformten Kreises. Einer der beiden beginnt und schildert seine Sicht der Dinge. Dann gibt er den Stab an sein Gegenüber weiter, das nun seinerseits Gelegenheit hat, sich dazu zu äußern. Auf diese Weise geht der Stab je nach Bedarf zwei oder drei Mal hin und her.

Dann läuft der Stab einmal durch den äußeren Kreis, was jedem der anderen Gruppenmitglieder die Möglichkeit gibt, seine Sicht auf den Konflikt zu schildern. Danach geht der Stab wieder an die beiden Konfliktpartner in der Mitte zurück, die nochmals zwei bzw. drei

Runden haben. Auch diese Runden werden noch einmal vom äußeren Kreis gespiegelt. Das Spiel wird so lange fortgesetzt, bis eine Lösung gefunden oder ein Endpunkt anderer Art erreicht wurde.

Wir haben noch nie mehr als zwei Runden des Außenkreises benötigt, um zu guten und kraftvollen Lösungen zu kommen. Im Goldfischglas gibt es keine Ausreden mehr, weshalb es sehr wichtig ist, dass die Mitglieder im Außenkreis sehr respektvoll mit den beiden Konfliktpartnern umgehen. Die Regeln der gewaltfreien Kommunikation sind unbedingt einzuhalten, denn die zwei Menschen in der Mitte sind meistens sowieso schon verletzt und gereizt. Jetzt hilft ihnen nur achtsamer Respekt von außen, der bei aller ehrlichen Rückmeldung dessen, was der Kreis wahrgenommen hat, unbedingt vorhanden sein muss. Sonst blocken die zwei in der Mitte notgedrungen alles ab, und es kommt zu keiner Klärung. Wird ein Goldfischglas jedoch im Geiste der Herz-zu-Herz-Kommunikation durchgeführt, ist es möglich, Konflikte beizulegen, die schon viele Jahre schwelten und alle Beteiligten sehr verletzt haben. Hier ist echtes Persönlichkeitswachstum und sogar tiefe Heilung möglich.

Die Spirale

Diese Form der Redestabzeremonie wiederum eignet sich hervorragend, wenn so viele Menschen beteiligt sind, dass die Grundform sich bis ins Unendliche ziehen würde. Es ist eine ganz andere Art und Weise, Gruppendiskussionen zu führen und produziert meist hoch spannende Ergebnisse!

Alle Teilnehmer setzen sich in einen großen Kreis, in dessen Innerem acht Kissen ebenfalls in Kreisform ausgelegt werden. Es werden acht Menschen bestimmt, welche die acht Plätze in der Mitte einnehmen und die Redestabzeremonie beginnen. Der Stab läuft im Uhrzeigersinn von einem dieser acht zum nächsten. Wenn der zweite Teilnehmer geendet hat, verlässt der erste seinen Platz, der dann von einer anderen Person aus dem äußeren Kreis eingenommen werden kann. Der zweite Teilnehmer geht aus dem inneren Kreis, wenn der dritte fertig ist und so fort. Auf diese Weise wird der in unserer Kultur weit verbreiteten Tendenz entgegen gewirkt, selbst kraftvolle Statements abzugeben, aber dann nicht zuzuhören, was die anderen dazu zu sagen haben. Jeder der acht Menschen in der Mitte verlässt seine Position also erst, wenn der nach ihm kommende fertig gesprochen hat. Nach diesem Muster läuft die Spirale so lange durch, bis das Diskussionsbedürfnis aller Teilnehmer befriedigt worden ist.

Eine Variante der Spirale eignet sich besonders gut, wenn eine größere Gruppe eine Entscheidung zwischen zwei möglichen Alternativen treffen will. Hier werden nur vier Kissen in der Mitte ausgelegt. Auf den Kissen im Norden und Süden nimmt je ein Teilnehmer Platz, der Möglichkeit 1 vertritt, während auf denen im Osten und Westen je eine Person sitzt, die für die zweite Möglichkeit ist. Der Stab geht wieder im Uhrzeigersinn durch diesen inneren Kreis, und es wird auf dieselbe Weise gewechselt wie in der Grundform der Spirale – eine Person verlässt die innere Runde also erst dann, wenn die nach ihr kommende fertig gesprochen hat. Dann kann ihr Platz von einem anderen Menschen eingenommen werden, der dieselbe Alternative vertritt wie diese Person. Die Plätze bleiben also immer der einen oder der anderen Möglichkeit zugeordnet und werden nur von Menschen besetzt, welche die diesem Platz entsprechenden Variante unterstützen. So bleibt gewährleistet, dass die Vertreter beider Alternativen immer im Wechsel sprechen können.

Redestab in Bewegung

Irgendwann ist es immer soweit – wir haben geredet bis zum Morgengrauen, die Köpfe sind schwer, die Zungen stolpern über jedes Wort. Eine irrsinnige Intellekt-Schwingung herrscht im ganzen Raum. Das ist der beste Zeitpunkt, um alle ins Bett zu schicken und es in acht oder neun Stunden noch einmal zu versuchen – aber diesmal ohne Worte.

Sprache ist etwas Wunderbares. Sie verbindet uns miteinander und ist eines der kreativsten Werkzeuge, die wir besitzen. Aber sie kann auch dazu dienen, uns von uns selbst, unseren Gefühlen und tiefsten Überzeugungen zu distanzieren. Wir können uns damit selbst von unserer Kraft abschneiden. Beobachten Sie spaßeshalber im nächsten Redestabkreis mal, wann die Redner plötzlich nicht mehr „ich" sagen, wenn sie von sich sprechen, sondern „man" – immer dann, wenn es ans Eingemachte geht und Emotionen zutage treten könnten. Andere Menschen neigen dazu, sich über die ständige Verwendung von Fremdworten und komplizierten Fachbegriffen von ihren Gefühlen zu distanzieren. Sprache ist etwas, das da oben stattfindet, in unserem Kopf – und der ist von unserem emotionsgeladenen Bauch nun mal ein ganzes Stück entfernt. Abgehoben, sozusagen.

Wenn Sie diesen Mechanismus bewusst durchbrechen möchten, bietet sich ein Redestabkreis ohne Worte an. Wer den Stab erhält, steht auf, legt ihn auf seinen Platz und geht in den Kreis hinein, wo er nur mit Hilfe seines Körpers zum Ausdruck bringt, was ihn bewegt. Diese Erfahrung ist viel unmittelbarer als das Sprechen und kann ohne weiteres einen emotionalen Prozess in Gang setzen – nicht nur beim „Redner".

Diese Form eignet sich auch sehr gut, um bei Gruppen, die sich regelmäßig treffen, etwas Abwechslung in das Anfangs-„Blitzlicht" zu bringen.

Die Aufgabe des Leiters

Redestabkreise benötigen eine Person, die sie leitet. Das geschieht idealerweise beinahe unmerklich, aber manchmal ist es durchaus nötig, klar und deutlich einzugreifen. Der Leiter schafft das äußere Gefäß der Zeremonie, indem er alle Teilnehmer dafür zusammenruft, unerfahrenen Menschen die Grundregeln darlegt, mit dem Trommeln oder ähnlichen Überleitungsaktivitäten beginnt, vor der ersten Runde das Thema darstellt und das Ende einer Redestabzeremonie deutlich kennzeichnet.

Wir erleben es als sehr hilfreich, Redestabkreise zu zweit anzuleiten, denn es kann durchaus möglich sein, dass die leitende Person selbst emotional sehr stark mit dem Thema des Kreises verbunden ist. Bei zwei Anleitern kann dann die andere Person „übernehmen" und den Betroffenen in seinem Prozess mit unterstützen. Außerdem brauchen auch Leiter hin und wieder mal einen Hinweis auf die Grundregeln …

Darüber hinaus ist es die Aufgabe des Leiters, ständig die Energie des Kreises im Blick bzw. im Gespür zu haben. Er entscheidet aufgrund dessen, ob der Wechsel in eine andere Form notwendig sein könnte und wann die Teilnehmer eine Pause benötigen.

Außerdem sorgt er auf sanfte, aber bestimmte Weise dafür, dass die Regeln des Zeremoniells eingehalten werden. Bei manchen Themen geht es hoch her, und dann fällt es vielen Teilnehmern schwer, der gerade sprechenden Person nicht ins Wort zu fallen oder unter dem Mäntelchen des „für alle meine Verwandten" doch das Diskutieren anzufangen. Wenn mehrfache Erinnerungen an das Reglement nichts bringen, könnte es sinnvoll sein, in eine andere Form wie zum Beispiel das Goldfischglas oder die Spirale zu wechseln. Der Leiter sorgt auch dafür, dass die Grundregeln der gewaltfreien Kommunikation eingehalten werden. So fordert er den Redner gegebenenfalls auf, in Ich-Botschaften zu sprechen oder verletzende Äußerungen zu unterlassen.

Es ist auch wichtig, dass der Leiter eine aufmerksam-kraftvolle Atmosphäre unterstützt. Nur die erfahrendsten Gruppen schaffen effektive Redestabarbeit, wenn die Hälfte aller Teilnehmer gähnend oder mit geschlossenen Augen auf dem Boden herumliegt (und selbst da ist das unserer Ansicht nach nicht die feine englische Art). Dann ist es höchste Zeit, eine Pause einzulegen oder um mehr Aufmerksamkeit und Zuwendung zum Redner zu bitten.

Während eines Redestabrituals können sich gewaltige Energien im Kreis aufbauen, die auf gesunde und zielführende Weise gehandhabt werden wollen. Dafür bedarf es eines profunden Maßes an Geduld und Selbstkenntnis auf Seiten des Leiters. Er muss seinen eigenen Schatten gut kennen, um sich nicht in emotionale Prozesse hineinziehen zu lassen und die Gruppe unbewusst in Richtung seiner eigenen Bedürfnisse (oder weg von seinen eigenen Ängsten) zu manipulieren. Das lernt man ein ganzes Gruppenleiterleben lang – also keine Sorge, wenn es mal nicht gelingt.

Außerdem gibt es da noch den gemeinen Umstand, dass es manchmal das einzig Richtige ist, auch als Leiter seine Gefühle in den Kreis zu werfen. Das macht es natürlich um keinen Deut leichter, festzustellen, wann ein solches Verhalten etwas bringt und wann es die Zeremonie nur behindert. Im Endeffekt werden Sie da denselben Weg gehen müssen wie wir und alle anderen Leiter von schamanischen Zeremonien (und Gruppen im Allgemeinen) auch: ausprobieren, auf die Nase fallen, herausfinden warum und beim nächsten Mal besser machen. Nur so entstehen fähige Gruppen- und Zeremonienleiter/innen.

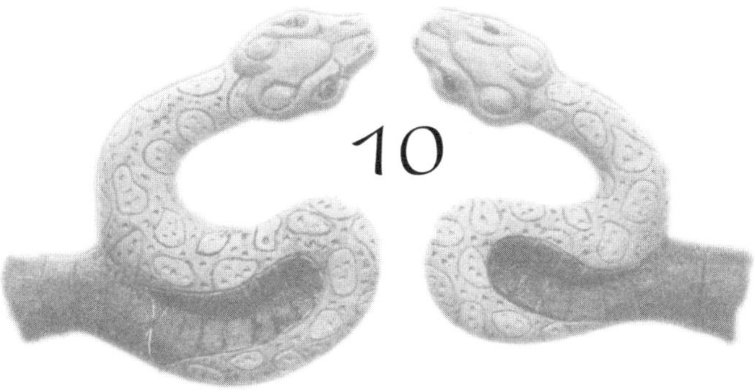

10

Zeremonien der Kraft

Gemeinschaftsrituale

Was bleibt noch? Einige wunderschöne Zeremonien, die in keines der vorhergehenden Kapitel passen, die wir Ihnen aber auf keinen Fall vorenthalten möchten.

Wir haben dieses Buch mit deutlicher Betonung von Techniken geschrieben, die der Heilung von Körper und Seele dienen. Viele naturspirituelle Rituale haben jedoch einfach die Verbindung der daran teilnehmenden Menschen zum Ziel. Wir sind ein Teil des heiligen Traums von Mutter Erde und erfüllen innerhalb der Schöpfung bestimmte Aufgaben. Durch uns erfährt GAIA, was es bedeutet, ein individuelles Wesen zu sein und die Welt auf intellektuelle Weise wahrzunehmen. Der 1996 viel zu früh verstorbene Astronom und Astrochemiker Carl Sagan sagte einst: „Wir sind nur eine Form des Universums, Bewusstsein zu erlangen." Wir glauben nicht, dass wir die einzige Form auf der Erde sind, aber es ist unsere Aufgabe, es auf diese besondere, einzigartige Weise zu tun, die nur uns Menschen vorbehalten ist.

Wenn wir unseren heiligen Traum finden und zu dem werden, was die Menschheit auf diesem Planeten wirklich sein soll, wofür wir sowohl als Individuen als auch in unserer Gesamtheit von Anfang an gedacht und geplant waren, gehen wir automatisch in den heiligen Traum der Erde ein und unterstützen diesen auch. Gemeinschaftliche Zeremonien helfen uns dabei, in diesen Zustand einzutreten. Indem wir mit naturspirituellen Ritualen eine Übereinstimmung und Verbindung zwischen uns schaffen, stärken wir alles in uns, was gesund, klar und ursprünglich ist und leben gemeinsam ein Stück des heiligen Traums der Menschheit. Auch auf diese Weise öffnen wir uns für den heiligen Traum von Mutter Erde.

Hier sind mit der Kraft des Herzens und liebevoller Offenheit durchgeführte Gruppenrituale, die sich nicht unbedingt der Aufarbeitung verdrängter Schatten oder verletzter Persönlichkeitsanteile widmen, sondern einfach die Kraft der Gemeinschaft feiern, von großer Unterstützung. Manchmal braucht es nicht mehr (oder nichts anderes), als sich von Herz zu Herz miteinander zu verbinden und in den Spirit der Menschen einzutauchen. Wir sind es in naturspirituellem und vor allem schamanischem Zusammenhang gewohnt, es regelmäßig mit den Spirits anderer Spezies zu tun zu haben – seien es unsere Krafttiere, die Geister unserer Pflanzenverbündeten oder Helfer wie die Kristalle. Selten kommen wir auf den Gedanken, ebenfalls einen solchen Spirit zu haben. Dabei ist das derart offensichtlich, dass es uns beide immer wieder wundert, warum kaum ein Buch sonst darauf eingeht: Wir sind schließlich auch nur eine der vielen Arten auf diesem Planeten. Wenn alle anderen einen eigenen Kraftgeist haben, warum dann ausgerechnet wir nicht? Das ist schlichtweg unlogisch und resultiert wahrscheinlich aus der bereits mehrfach angesprochenen Tendenz des zivilisierten Menschen, sich selbst als von der restlichen Schöpfung getrennt zu betrachten. Interessanterweise hat die christliche Kirche Jahrhunderte lang die Doktrin verbreitet, dass nur der Mensch eine Seele habe, Tiere und Pflanzen jedoch nicht. Wurde hier etwas projiziert, das wir uns selbst nicht zugetraut haben?

Die folgenden Zeremonien dienen der Verbindung mit dem klaren, reinen Spirit der Menschen. Sie ermöglichen uns, mehr über *unsere* ganz spezielle Aufgabe auf dieser Erde zu erfahren und mal nicht in die anderer Wesen, sondern in *unsere* ureigene Geistkraft einzutreten – und das Menschsein gründlich zu feiern!

Das Metritual

Wenn Menschen als Gruppe zusammenkommen, spüren sie oft die Sehnsucht nach einer besonderen Verbindung miteinander. William hat diese Zeremonie ursprünglich für den Einsatz im Rahmen seiner Arbeit mit Männern geschaffen, weil ihm in unserer heutigen Gesellschaft sinnvolle Formen tiefer Verbindungen von Männern fehlen. Als es zum Beispiel in früheren Kulturen noch notwendig war, für die Jagd ein starkes Band untereinander zu schaffen, durchlebten sie die Härten des Jagdlebens und die Aufregung beim Erlegen ihrer Beute gemeinsam in dem Wissen, den Stamm für einen weiteren Tag oder mehr vor Hunger bewahrt zu haben. Heute steht die Jagd in Europa nur noch einer kleinen Pseudo-Elite offen, weshalb sie für die meisten Männer keine Möglichkeit mehr zur kraftvollen Verbindung miteinander darstellt.

Die modernen Formen der Bindung von Männern untereinander beschränken sich jedoch bedauerlicherweise meist auf betrunkene Rivalität oder den gemeinsamen Arbeitsplatz. Keines von beidem ist zum Aufbau einer emotionalen, von zwischenmenschlichem Vertrauen getragenen Verbindung geeignet. Meist reduziert der Konsum großer Mengen von Alkohol lediglich das Urteilsvermögen und setzt die Hemmschwelle so weit herab, dass wir dazu neigen, Dinge zu tun, die uns später peinlich sind – was es einem wiederum sehr schwer macht, sich in Gegenwart von Menschen wohl zu fühlen, die dabei waren, als man halbnackt mit fremder Unterwäsche auf dem Kopf getanzt hat.

Auch Arbeitskollegen sind nicht automatisch die beste Wahl für den Aufbau einer engen Beziehung unter Männern, was bedauerlich ist, weil der Beruf das moderne Äquivalent der Jagd darstellt. Der heutige Arbeitsmarkt zielt jedoch nicht mehr nur darauf ab, genügend Geld zum Unterhalt der eigenen Familie zu verdienen, sondern schafft darüber hinaus eine große Konkurrenz zwischen den Mitarbeitern. Vor allem in großen Firmen und Konzernen zeigt sich immer wieder, dass es vielen Menschen weitaus wichtiger ist, die eigenen Schäfchen ins Trockene zu bringen, als mit anderen auf ein gemeinsames Ziel hin zu arbeiten.

Obwohl William das Metritual ursprünglich für die Arbeit mit Männern entwickelt hat, haben wir es auch schon in gemischter Besetzung durchgeführt, was aber zu gewissen Unzufriedenheiten geführt hat. Um es kurz zu machen: Die Kommunikation zwischen Männern und Frauen ist in Bezug auf zwischenmenschliche Bindungen zu unterschiedlich gewesen. Die Männer fanden, die Frauen würden dabei viel zu viel reden, während die Frauen das Gefühl hatten, die Männer hätten sich darum gedrückt, wirklich tiefe Empfindungen auszusprechen. Vielleicht ist es mit all seiner Symbolik tatsächlich eher für die Arbeit in einem reinen Männerkreis geeignet, aber damit machen Sie am besten Ihre eigenen Erfahrungen. Auf jeden Fall ist es ein genussvoller Weg, Menschen miteinander in Verbindung zu bringen und einen rituellen Raum zu schaffen, in dem sie sich entspannen und für einander öffnen können. Dabei handelt es sich keineswegs um ein Gruppen-Besäufnis; es wird nur gerade so viel Alkohol verwendet, wie notwendig ist, um eine gemeinschaftliche, entspannte Atmosphäre zu kreieren. Meist handelt es sich dabei um nicht mehr als drei oder vier Schluck pro Person.

Menschen mit einem akuten Alkoholproblem sollten diese Zeremonie nicht durchführen. Wer jedoch stabil abstinent ist oder aus anderen Gründen keinen Alkohol zu sich nehmen möchte, hat die Möglichkeit, das Trinkgefäß entgegenzunehmen und an sein Herz zu halten, anstatt daraus zu trinken. Falls die Gruppe damit einverstanden ist, kann diese Person auch ein paar Tropfen Met verwenden, um ihr Herzchakra oder ihr drittes Auge damit zu benetzen. (Es ist deshalb durchaus höflich, die anderen Teilnehmer vorher zu fragen, weil man dafür den Finger in das Getränk tauchen muss). Das herumgehende Gefäß – in unserem Fall meist ein Trinkhorn – hat die Funktion, die anwesenden Personen zu einem Spirit-Netz zu verweben (deshalb ist ja auch eine Spirituose darin). Zu diesem Zweck ist es nur notwendig, es offenen Herzens anzunehmen, aber nicht, auch daraus zu trinken. Das verstärkt den Effekt zwar, verursacht ihn aber nicht.

Es ist aber auch möglich, ein zweites Gefäß mit Saft oder Quellwasser zu füllen und ebenfalls im Kreis herum gehen zu lassen.

Das Metritual in der Praxis

Die Gruppe setzt sich in einen Kreis und auf dieselbe Höhe, was bedeutet, dass alle Teilnehmer entweder auf dem Boden oder auf Stühlen sitzen. Das ist wichtig, weil jede Form der Hierarchie (abgesehen von den zur Leitung der Zeremonie notwendigen Handlungen) eine unbewusste Rivalität verursachen kann. Gerade in diesem Ritual ist es jedoch besonders wichtig, dass sich die Beteiligten als gleichwertig empfinden.

Dann wird der Met ausgeschenkt. Wir verwenden wie gesagt ein Trinkhorn, aber auch ein Kelch oder jedes andere, schöne und zeremoniell aussehende Gefäß ist geeignet. Während des Eingießens erklärt der Zeremonienleiter, dass Met schon in vor- und frühgeschichtlichen Zeiten in ganz Europa als Bestandteil von Ritualen verwendet wurde und in den skandinavischen Traditionen als Geschenk der Götter galt. Deshalb wurde er oft von den Schamanen der dortigen Stämme eingesetzt.

Danach erhebt der Leiter das Horn zum Gruß zum Himmel und senkt es dann vor seinem Körper in Richtung der Erde ab oder berührt den Boden damit (je nach Sitzanordnung). Auf diese Weise erkennt er die Existenz von Vater Himmel und Mutter Erde als Teile der Gemeinschaft an, in die auch er sich damit einbindet. Dann spricht er. In der ersten Runde stellen wir uns auf traditionelle Weise vor, was bedeutet, dass wir unseren Namen und die unserer männlichen bzw. weiblichen Ahnenlinie und unsere engsten familiären Bindungen nennen. Bei William klingt das so: „Ich bin William, Sohn von William, Sohn von William, Ehemann von Vicky und Vater von Maria und Aaron." Vickys Vorstellung lautet wie folgt: „Ich bin Vicky, Tochter von Christel, Tochter von Annelie, Ehefrau von William und Mutter von Aaron." (Jetzt wissen Sie, dass wir eine Patchwork-Familie sind). Dann nimmt der Leiter einen Schluck aus dem Horn (es gilt allgemein als unanständig, den halben Inhalt auf einmal hinter zu stürzen, auch wenn das Gesöff noch so köstlich ist!). Nun gibt er das Horn an die zu seiner Linken sitzende Person weiter. Diese hebt es ebenfalls grüßend zum Himmel und zur Erde und stellt sich auf dieselbe Weise vor. So wandert das Trinkhorn einmal im Kreis herum, bis es wieder den Zeremonienleiter erreicht. Falls nötig, kann er es nun nachfüllen.

In den folgenden Runden teilen die Gruppenmitglieder Informationen oder Erfahrungen miteinander, die für sie von großer Bedeutung sind oder sie sehr berühren. Dabei sprechen wir nicht über andere Menschen oder Dinge, sondern geben immer etwas von uns selbst preis. Jeder Rede geht der Gruß an Himmel und Erde voraus. Wie tief diese Erfahrung geht, hängt oft davon ab, ob der Zeremonienleiter mit einem entsprechenden Beispiel voran geht. Wenn er nur über Oberflächlichkeiten spricht, werden die anderen Teilnehmer es kaum anders machen. Wenn er jedoch Gefühle, Gedanken und Erlebnisse von tiefer Bedeutung teilt, werden andere sich auch dazu ermutigt fühlen und das Vertrauen finden, es ihm gleich zu tun. Außerdem ist es wichtig, die Redestabregeln auch während dieser Zeremonie zu beachten. Es spricht immer nur die das Horn haltende Person, wobei andere natürlich zustimmende und unterstützende Geräusche machen können.

Der Zeremonienleiter hat dabei die Aufgabe, ein gutes Gefühl für die Energie der Gruppe zu entwickeln. Es darf auf keinen Fall zu einer angeheiterten oder gar betrunkenen Stimmung kommen. Bevor das geschieht, sollte der Leiter die Zeremonie beenden, indem er jeden Teilnehmer mit dem Horn grüßt, es also kurz in die Richtung jedes Teilnehmers hält und dann wieder zurück nimmt (ohne für jeden einen Schluck zu nehmen, denn das kann in größeren Gruppen *tödlich* werden).

Dann dankt er allen Anwesenden dafür, dass sie einen Teil von sich miteinander geteilt haben und erinnert sie daran, dass alles, was im Kreis gesagt wurde, auch im Kreis bleibt. Zum Schluss grüßt er noch einmal Himmel und Erde und gibt den letzten, großen Schluck der Erde als Trankopfer (falls die Zeremonie im Kreis um ein Feuer durchgeführt wurde, ist es angemessen, auch den Flammen ein Opfer zu bringen). Wenn Sie die Zeremonie in einem geschlossen Raum gemacht haben, gehen Sie bitte hinaus ins Freie, um das Trankopfer zu bringen. Gießen Sie den Met jedenfalls nicht einfach weg, sondern behandeln Sie ihn mit Respekt.

Das Massageritual

Der menschliche Körper ist eine wunderbare Schöpfung. Mit seiner Hilfe können wir nicht nur die materielle Welt erfahren, sondern – wenn wir empfänglich genug sind – auch den Fluss von Energie und Gefühlen erspüren. Helmut Christof sagt gerne, „Emotion" sei aus der physikalischen Abkürzung „E" für Energie und dem englischen Begriff „motion", also Bewegung zusammengesetzt. Deshalb bedeutet Emotion für ihn „Energie in Bewegung". Wir finden diese Betrachtungsweise sehr treffend. Emotionen versetzen uns in Schwingungen – bestimmt haben auch Sie schon einmal vor Wut oder Aufregung buchstäblich gezittert. Aus dieser Erkenntnis heraus hat William eine Massagetechnik entwickelt, die er „loving touch" (liebevolles Berühren) nennt.

Bevor wir näher auf diese Technik eingehen, möchten wir noch ein Wort der Warnung loswerden, dass nicht nur für den „loving touch", sondern auch für jede andere Technik, Zeremonie oder Gruppenarbeit gilt, bei der tiefe emotionale Arbeit getan wird. Wenn man sich für andere Menschen auf diese Weise öffnet, entwickelt man leicht herzliche Gefühle füreinander, die gerne mit partnerschaftlicher Liebe verwechselt werden. Diese Gefühle sind nicht etwa falsch oder unecht, sondern entstehen aus dem besonderen Kontext eines spirituellen Wochenendes, der sich einfach nicht mit dem unseres Alltags deckt. Deshalb halten solche Emotionen diesem meist nicht lange stand. Wir erleben immer wieder, dass Teilnehmer nach einem tief bewegenden Seminar Adressen austauschen und sich weiteren Kontakt versprechen. Oft verläuft das jedoch bald danach im Sande, was gar nicht schlimm ist, sondern einfach dem Umstand entspricht, dass wir im Alltagsleben nie so offen, fließend und liebevoll sind wie in einem Seminar, das unter geschützten Bedingungen an einem geschützten Ort stattfindet. Vor allem, wenn eine partnerschaftliche Beziehung unter solchen Umständen begonnen hat, ist es wichtig, diese gut und geduldig unter „Normalbedingungen" zu prüfen, ehe man gegenseitige Verpflichtungen eingeht, denn sonst kann es zu tiefen

Enttäuschungen und Verletzungen nicht nur bei den beiden Partnern, sondern auch in deren näherem Umfeld kommen.

Da die Liebesfähigkeit des Massierenden beim „loving touch“ ein wesentliches Instrument darstellt, ist es vor allem hier sehr wichtig, diese Zusammenhänge immer im Hinterkopf zu behalten und sich klar zu machen, dass wir hier mit der Kraft der transpersonalen Liebe arbeiten, also unserer Fähigkeit, den Menschen an sich liebend anzunehmen, die wir lediglich auf die zu massierende Person projizieren.

Es ist jedoch auch sehr einfach, diese Technik zu missbrauchen. Deshalb erfordert ihre Ausführung ein hohes Maß an ethischem Verhalten von Seiten des Massierenden, weshalb Sie sich nur dann auf diese Weise massieren lassen sollten, wenn Sie dieser Person vollkommen vertrauen. Vor Beginn bedarf es der eindeutigen Klärung, welche Körperteile berührt werden dürfen und welche nicht. An diese Vereinbarung hat sich der Massierende unbedingt zu halten (es sei denn, die massierte Person ändert die Vereinbarung klar verständlich im Zuge der Massage selbst). Das gilt übrigens nicht nur für „Schamzonen“, sondern auch für erkrankte Gelenke, Organe und ähnliches. Es ist unbedingt notwendig, den Klienten vor Beginn der Massage entsprechend zu befragen, und wenn Sie keine professionell ausgebildete Masseurin oder Physiotherapeutin sind, lassen Sie von diesen Stellen die Finger (vor allem, wenn sie sich im Gelenks- oder Wirbelsäulenbereich befinden).

Um den „loving touch“ auszuführen, ist es notwendig, alle Vorstellungen von der Person aufzugeben, die vor Ihnen auf dem Massagetisch liegt (natürlich können Sie auch auf einem Bett oder am Boden auf mehreren Decken arbeiten, aber William verwendet einen Tisch, weil seine Knie das Gewusel am Boden nicht mehr mitmachen). Es ist notwendig, dass klare, ungetrübte Verhältnisse zwischen Ihnen beiden herrschen; wenn es irgendwelche Schwierigkeiten zwischen Ihnen gibt, müssen Sie diese entweder beiseite lassen können oder vorher geklärt haben. Das ist notwendig, damit Sie die vor Ihnen liegende Person als rein und liebenswert wahrnehmen können, ohne dass ihr Geschlecht eine Rolle spielt.

Prüfen Sie vor Beginn, ob das Massageöl angewärmt ist und es der zu massierenden Person gut geht. Halten Sie kleine Kissen und eine Polsterrolle bereit, um bei Bedarf einzelne Körperteile entlasten zu können. Massieren Sie bitte aus hygienischen Gründen nicht direkt auf der Polsterung der Massagebank, sondern legen Sie ein Handtuch oder eine waschbare Decke darauf. Es ist hilfreich, bereits vor Beginn des Rituals etwas Massageöl auf dem Rücken und den Armen der Person zu verteilen, damit Sie ohne Unterbrechungen zu arbeiten beginnen können, sowie Sie in den entsprechenden inneren Zustand eingetreten sind. Später, wenn Sie erst einmal angefangen und ein gutes Gefühl für den Prozess entwickelt haben, ist es recht einfach, lange genug auszusteigen, um mehr Öl zu holen, ohne aus der leichten Trance zu fallen, in der Sie sich dann befinden.

Das Massageritual eignet sich gut als Abschluss eines anstrengenden Seminartages. Dann tun sich alle Gruppenmitglieder jeweils zu zweit zusammen und massieren gleichzeitig, bis der Wechsel erfolgt.

Das Massageritual in der Praxis

Stellen Sie sich an die Seite Ihrer Klientin, etwa auf Höhe ihrer Körpermitte. Schließen Sie die Augen, atmen Sie einige Male tief, ruhig und gelassen durch und stellen Sie sich dann vor, wie die Kraft der Erde durch Ihre Fußsohlen in Sie eintritt und mit jedem Atemzug höher in Ihnen aufsteigt. Jedesmal, wenn die Erdenergie ein Chakra erreicht, wird dieses aufgeladen und geöffnet, bis die Kraft schließlich das achte Chakra erreicht, welches sich ein bis zwei Handbreit oberhalb Ihres Kopfes befindet.

Wenn Sie die Ich-Kern-Übung bereits so gut beherrschen, dass Sie sie rasch ausführen können, ist dies ein guter Zeitpunkt dafür.

Nun schaffen Sie um sich und die Klientin einen heiligen Raum, indem Sie Ihre Hände in der Gebetsgeste vor der Brust zusammenlegen, nach oben bis in das achte Chakra hinein führen und dann zu beiden Seiten bogenförmig absenken. Während dessen stellen Sie sich vor, wie Sie die Energie des Chakras einer Glocke gleich um sich und Ihre Klientin legen.

Dann legen Sie eine Hand auf das obere und die andere auf das untere Ende der Wirbelsäule der Person, die Sie massieren wollen. Schauen Sie den Menschen an, der da vor Ihnen liegt, und öffnen Sie bewusst Ihr Herzzentrum. Fühlen Sie, wie Sie von einer Liebe erfüllt werden, die umfassender als Sie selbst ist. Richten Sie diese Liebe auf die vor Ihnen liegende Person und spüren Sie, wie dieses Gefühl von Ihnen zu ihr hin fließt.

Wenn Sie diesen Punkt erreicht haben, können Sie mit der Massage beginnen. Gehen Sie dafür zunächst an das Fußende der Bank und umfassen Sie fest, aber nicht schmerzhaft die Fußgelenke der Klientin von unten. Lenken Sie nun die durch Sie fließende Liebesenergie dort hinein. Danach legen Sie Ihre Handflächen auf die Fußsohlen der Klientin und lassen erneut Ihre Liebe dorthin strömen.

Von nun an beginnen Sie, frei zu massieren. Sie sollten jedoch bedenken, dass es sich dabei nicht um eine Sportmassage im medizinischen Sinne handelt. Wenn Sie zu kraftvoll an verspannten Muskeln arbeiten, neigen die meisten Menschen eher dazu, diese infolge eines Schutzreflexes noch mehr anzuspannen, was beim „loving touch" eindeutig kontraproduktiv ist. Es geht vielmehr darum, die vor Ihnen liegende Person so zu berühren, wie es ein liebender Mensch tun würde – sanft, aber bestimmt. Deshalb dauert es oft länger, bis Verspannungen gelöst werden können, doch dafür ist der Weg dorthin viel genussvoller. Außerdem ist diese Variante sicherer, weil Sie mit sanften

Berührungen auch als Laie kaum Gefahr laufen, körperliche Probleme zu verschlimmern.

Während einer solchen Massage kann es unter Umständen zu starken emotionalen Reaktionen kommen. Es ist schmerzhaft, mit anzusehen, wie viele Menschen noch nie zuvor in ihrem Leben auf eine solche Weise berührt worden sind. Falls die Tränen zu fließen beginnen, ist es am besten, gar nicht darauf einzugehen. Nur, wenn Sie den Eindruck haben, dass die massierte Person sich zu kontrollieren versucht, sollten Sie annehmende, ermunternde Worte finden, aber nicht zu lange darauf eingehen. Manchmal kommt es jedoch zu regelrechten Weinkrämpfen; dann kann es sinnvoll sein, die Person aufzurichten und eine Zeit lang einfach wortlos und ohne viel Bewegung fest in den Armen zu halten. Setzen Sie die Massage danach unbedingt fort, weil das verdeutlicht, dass dieses Geschehen nicht unnormal oder gar beschämend ist.

Am Ende der Massage halten Sie nochmals die Fußgelenke der Klientin und legen danach Ihre Hände auf ihre Fußsohlen. Dann decken Sie sie ab, um sie warm zu halten und sorgen dafür, dass sie sich vor dem Aufstehen noch eine Weile entspannt. Bleiben Sie in der Nähe, um eventuell erst jetzt eintretende emotionale Reaktionen auffangen zu können. Schließen Sie den heiligen Raum, den Sie zu Beginn der Zeremonie geschaffen haben, und vergessen Sie auf keinen Fall, danach Ihre Hände unter fließendem Wasser nicht nur vom Öl, sondern auch von den Energien des Klienten zu reinigen. Führen Sie nochmals eine rasche Ich-Kern-Übung durch, denn all das ermöglicht Ihnen, eine saubere emotionale Trennung vom Klienten durchzuführen. Wenn Sie öfters auf diese Weise massieren, ist es sinnvoll, mindestens einmal im Monat ein allgemeines Cord Cutting zu machen.

Wie bei jedem Ritual ist die Atmosphäre, in der die „loving touch"-Massage stattfindet, von großer Bedeutung. Kaltes, hartes und helles Licht hilft weder bei der Entspannung, noch bei der Öffnung des Herzchakras oder dem Aufbau von liebevollen Gefühlen. Gedämpftes, warmes Licht, eine für leicht bekleidete Menschen angenehme Temperatur und eine geeignete Hintergrundmusik helfen sehr, den erstrebten Heilungseffekt zu erreichen. Interessanterweise arbeitet William am besten zu der CD *August and Everything After* von Counting Crows – klassische New-Age-Musik mit valium-artiger Wirkung ist nicht unbedingt notwendig. Achten Sie einfach nur darauf, dass die von Ihnen gewählte Musik sowohl auf Sie als auch auf Ihren Klienten eine entspannende Wirkung hat (das bedeutet: keine Chance für AC/DC).

Ahnenpfade

Eine besonders berührende Form gemeinschaftlicher Zeremonien sind Rituale, die unsere Vorfahren mit einbinden. Die Begegnung mit unseren Ahnen ermöglicht uns, ein Gefühl dafür zu bekommen, auf welche Weise wir in dieser Welt verwurzelt sind. Unsere Ahnenlinie hat nicht unwesentlichen Anteil an dem, was wir heute sind; die Beschäftigung mit ihnen kann uns nicht nur zeigen, *warum* wir so sind, sondern auch, wo unsere wahren, heiligen Aufgaben und unsere Stärken liegen.

Wir sollten auch nicht vergessen, dass unsere Vorfahren Teil der menschlichen Gemeinschaft und damit des Spirits der Menschheit sind. Erst über die Begegnung mit ihnen können wir diesen in seiner ganzen Kraft und Klarheit erfahren.

In unserem Buch *Wege zu den alten Göttern* finden Sie Ahnenzeremonien, die sowohl für die Begegnung alleine als auch für eine Gruppe geeignet sind. Deshalb möchten wir Ihnen hier eine andere, sehr kraftvolle Form der Annäherung vorstellen, die wir im GAIA-Schamanismus kennengelernt haben.

Die Ahnenreise

Diese Zeremonie entfaltet ihre Kraft am stärksten, wenn sie nach Geschlechtern getrennt durchgeführt wird, denn sie führt Männer in ihre männliche und Frauen in ihre weibliche Ahnenlinie zurück. Sie ist ein überaus kostbares Instrument persönlicher wie familiärer Heilung und eignet sich, wie alle anderen Ahnenzeremonien auch, natürlich besonders zur Gestaltung des Ahnenfestes Anfang November. Wir sollten aber nicht vergessen, dass unsere Vorfahren immer ein Teil unseres Lebens sind, nicht nur zum Jahresende hin.

Für dieses Ritual brauchen Sie etwas Platz – es sollte Ihnen möglich sein, sieben große Schritte in dieselbe Richtung zu tun. Wenn es von mehreren Menschen zugleich ausgeführt wird, bietet sich ein Gruppenraum oder ein großes Wohnzimmer an. Die Teilnehmerinnen stellen sich an einem Ende des Raums wie auf einer Linie nebeneinander auf. Die Leiterin führt sie Schritt für Schritt in ihre weibliche Ahnenlinie zurück (und sollte ein paar Taschentücher parat haben, das bietet sich bei diesem Ritual immer an). Wir haben den weiteren Verlauf des Rituals für eine Frau geschrieben. Falls Sie ein Mann sind, ersetzen Sie die verschiedenen Ahninnen einfach durch ihr männliches Gegenstück.

Begeben Sie sich zunächst mit geschlossenen Augen in einen leichten, entspannten Trancezustand. Fühlen Sie in sich hinein und nehmen Sie sich einige Momente Zeit, um sich körperlich wie auch emotional umfassend wahrzunehmen. Wie geht es Ihnen gerade? Welche Teile Ihres Körpers spüren Sie im Augenblick mehr, welche weniger? Welche Stimmung herrscht in Ihnen?

Erweitern Sie Ihre Aufmerksamkeit dann auf Ihre Lebensumstände. Was für ein Leben führen Sie? Haben Sie eine Familie, und wie groß ist diese? Worin besteht Ihr Beruf? Wofür interessieren und engagieren Sie sich besonders? Was lieben Sie aus ganzem Herzen, was verabscheuen Sie?

Spüren Sie nun, wie sich direkt hinter Ihnen die energetische Präsenz Ihrer Mutter einfindet (für diese Zeremonie ist es nicht von Bedeutung, ob Ihre unmittelbaren Vorfahrinnen noch am Leben sind oder nicht). Die Kraft Ihrer Mutter wird immer klarer und deutlicher spürbar. Wenn Sie sie gut wahrnehmen können und bereit dazu sind, treten Sie körperlich einen Schritt zurück und damit in die Präsenz Ihrer Mutter ein.

Dort angekommen, nehmen Sie sich einen Augenblick Zeit, um in dieses Energiefeld hinein zu spüren. Wie fühlt es sich an, an der Stelle Ihrer Mutter zu stehen? Welche Bilder, welche Gedanken tauchen in Ihnen auf? Warum hat diese Frau die Entscheidungen getroffen, die sie gemacht und die Dinge unternommen, die sie getan hat? Wie sieht die Welt für sie aus, aus ihren Augen betrachtet?

Wenn Sie die Lebenswelt Ihrer Mutter genügend erforscht haben, spüren Sie, wie sich hinter Ihnen eine neue Präsenz einfindet. Diesmal ist es die Ihrer Großmutter, der Mutter jener Frau, die Sie gerade energetisch erlebt haben. Wenn Sie bereit sind, treten Sie wiederum einen Schritt zurück und erforschen Ihre Großmutter auf dieselbe Weise.

So gehen Sie Schritt um Schritt in der Zeit zurück. Als nächstes begegnen Sie Ihrer Urgroßmutter aus dieser Linie. Dann spüren Sie, wie sich hinter Ihnen die Präsenz einer Ahnin einfindet, die im Mittelalter gelebt hat. Die nächste stammt aus der Zeit zu Beginn unserer Zeitrechnung, und eine weitere aus der Steinzeit.

Wenn Sie Ihre Steinzeitahnin erlebt haben, spüren Sie, wie sich hinter Ihnen eine Präsenz aufbaut, die noch größer und kraftvoller ist als die aller anderen Vorfahrinnen, die Sie bisher erforscht haben. Eine unglaubliche Macht und Energie geht davon aus. Es ist Ihre allererste Urahnin, jene göttliche Spirit-Urfrau, aus der alle Frauen letztendlich gekommen sind. Treten Sie wieder einen Schritt zurück und vereinigen Sie sich mit dem Feld dieser weiblichen Urkraft. Spüren Sie, wie Sie vom Urpotential der Weiblichkeit erfüllt werden, wie Sie die Information darüber durchströmt, wie Sie als Frau wirklich gemeint sind, was es tatsächlich heißt, als Frau gesund und in Ihrer ganzen körperlichen wie auch seelischen Kraft zu sein.

Wenn Sie vollkommen von dieser Energie erfüllt sind, treten Sie einen Schritt nach vorne in die energetische Präsenz Ihrer Steinzeit-Ahnin ein. Bringen Sie ihr diese Kraft, bringen Sie ihr diese Information, damit sie all das in ihr Leben integrieren und daraus Heilung beziehen kann. Wenn das geschehen ist, nehmen Sie die Energie auf, die aus dieser Vereinigung entstanden ist, und gehen einen Schritt weiter in die nächste Präsenz hinein. Auf diese Weise bringen Sie die weibliche Urkraft mit all den Heilungsinformationen, die Sie empfangen haben, von einer Ahnin zur nächsten, über die Steinzeitfrau und jener, die um den Beginn unserer Zeitrechnung herum gelebt hat, zur Mittelalter-Ahnin und Ihrer Urgroßmutter, Ihrer Großmutter und Ihrer Mutter. Nehmen Sie die Kraft jedes Mal erneut auf, bevor Sie weitergehen, weil jeder Akt der Heilung neue, gesunde Informationen in Ihre Ahninnenlinie bringt, von denen die anderen Frauen auch profitieren können.

Schließlich lassen Sie diese wunderbare Energie und all das damit verbundene heilsame Wissen auch in sich selbst eingehen, wenn Sie aus der Präsenz Ihrer Mutter wieder auf den Platz treten, den Sie von Anfang an eingenommen haben und der Ihnen zusteht. Wahrscheinlich wissen Sie jetzt viel mehr darüber, warum Sie ausgerechnet an dieser Stelle stehen und welche heilige Aufgabe Sie dort haben. Sie wissen aber auch mehr über die Gaben und Fähigkeiten, die speziell Ihre Frauenlinie besitzt und an Sie weitergegeben hat, damit Sie diesen Aufgaben gerecht werden können. Und Sie werden der einen oder anderen dieser Frauen echte seelische Heilung gebracht haben. Danken Sie ihnen allen dafür, bevor Sie die Trance beenden.

Diese Zeremonie ist weitaus mehr als nur eine Visualisationsübung. Alles, was Sie darin erleben, geschieht tatsächlich, und zwar sowohl in der alltäglichen als auch der nichtalltäglichen Wirklichkeit. Rechnen Sie also in den nächsten Wochen durchaus mit interessanten Veränderungen in Ihrem Leben und in Ihren Beziehungen – vor allem in denen zu weiblichen Familienmitgliedern.

Helmut Christof verwendet dieses Ritual im Rahmen der Ahnen-Einweihung, und auch wir führen es meist direkt vor der Ahnen-Schwitzhütte am ersten November-Wochenende durch. Sie eignet sich aber auch hervorragend zur Einleitung eines Ahnen-Trancetances. Laden Sie die Frauen, die Ihnen begegnet sind, zu einem gemeinsamen Tanz ein und bauen Sie diesen nach dem Vorbild der Zeremonie im Trance-Kapitel auf. Am besten sorgen Sie dafür, dass nach dem Tanz ein festliches Essen bereit steht. Dann haben Sie ein richtiges, großes Ahnenfest, wie es unsere Vorfahren Jahrtausende lang gefeiert haben!

Die Schwitzhütte

Die leuchtenden Samen von Vater Himmel werden in den Schoß von Mutter Erde gebracht. Nachdem ihre Öffnung verschlossen worden ist, finden sich die Elemente zusammen, damit neues Leben in ihr wachsen kann. Durch unsere laut gesprochenen Gebete wird das Element Luft aktiviert. Das Feuer der glühenden Steine schmilzt all unsere Panzerungen und ermöglicht uns so den Zugang zu den Wassern unserer Gefühle. Wenn dieses Wasser fließt, wird es uns möglich, die physische Realität unserer Erdenkörper zu verändern. Wenn wir auf diese Weise ganz und heil geworden sind, verlassen wir den Schoß der Mutter, um wiedergeboren zu werden.

Da Gerhard Popfinger mit seinem Buch *Die Schwitzhütte: Herkunft, Bau & Ritual* gerade eine große Lücke im Angebot schamanischer Buchtitel auf hervorragende Weise endlich geschlossen hat (sein Buch erscheint zeitgleich zu diesem hier), werden wir bezüglich dieser Zeremonie nicht allzu sehr ins Detail gehen, sondern vielmehr unsere eigene Sichtweise und Variante davon schildern sowie aufzeigen, wie sie in unser Weltbild passt.

Wir betrachten die Durchführung von Schwitzhütten in Mitteleuropa nicht als Kulturraub, wie es einige andere schamanische Traditionen tun, sondern als Wiederbelebung eines Rituals, das einst auch in Europa weit verbreitet war. Es ist unser großes Glück, dass die nord- und südamerikanischen Ureinwohner diese Zeremonie selbst vor den Zugriffen der christlichen Kirche und dem versuchten Völkermord durch die europäischen Siedler bewahren konnten. Wir sind ihnen dafür sehr dankbar, weil wir bezüglich der Tradition und Ausführung von Schwitzhütten im vorchristlichen Europa lediglich über bruchstückhafte Hinweise verfügen. Unabhängig davon, ob sich diese Zeremonien tatsächlich in Form eines Heilungshügels gestalteten, wie Janet und Stewart Farrar sowie Gavin Bone in ihrem Buch *The Healing Craft* darstellen, oder ob es sich eher wie von Herodot beschrieben um eine Hanfhütte handelte – auf jeden Fall bieten uns die Aktivitäten der Ureinwohner beider Amerikas die Grundlage zum Wiederaufbau einer Heiltradition, die den Bedürfnissen von Menschen in unserer Gesellschaft entspricht.

Doch ob Sie es nun Schwitzhaus, Gebetshütte oder Heilungshügel nennen – auf jeden Fall handelt es sich dabei um einen zutiefst bewegenden Prozess, der sich immer dann vollzieht, wenn wir auf der Suche nach Heilung wieder in die Ur-Energien und -elemente dieser

Schöpfung eintreten. Viele Kulturen verfügten in vorchristlicher Zeit über Zeremonien, die dieser ähneln. Manche davon fanden in Hütten statt, die aus zusammengebundenen und mit Decken oder Fellen abgedeckten Zweigen bestanden, während andere in Erdhügeln vollzogen wurden, deren Innenraum mit Ziegelplatten ausgelegt war. Andere wiederum hatten hölzerne Böden, und wieder andere fanden auf dem nackten Erdboden statt – der Zweck war jedoch immer derselbe: einen heiligen Raum zu betreten, in dem die Menschen sich reinigen und heilen konnten.

Die in Europa meist verwendete Form basiert ungefähr auf den Praktiken der nord- sowie südamerikanischen Ureinwohner. „Ungefähr" deshalb, weil es keine einzelne Schwitzhütten-Tradition gibt, welche den verschiedenen Stämmen dort gemeinsam wäre. Auch passt unserer Ansicht nach keine der heute noch lebendigen Traditionen anderer Kulturen vollkommen zu den Bedürfnissen der Gesellschaft, in der wir leben. Tatsächlich existieren sogar innerhalb ein und desselben Stammes wie zum Beispiel dem der Lakota so viele verschiedene Varianten dieser Zeremonie, dass uns die Verwendung des Begriffs „traditionell" in diesem Zusammenhang grundsätzlich als schwierig erscheint.

Eine andere Problematik in Bezug auf den Anspruch auf Traditionalität sehen wir darin, dass traditionelle indigene Hütten durchaus Elemente enthalten, auf deren Übernahme zumindest wir persönlich keinen besonderen Wert legen. So ist es bei der Mehrzahl der Lakota-Varianten dieser Zeremonie üblich, nach dem Ritual eine deftige Fleischmahlzeit zu sich zu nehmen, die traditionell aus gebratenem Hund besteht (die Quelle ist übrigens eine wissenschaftliche Forschungsarbeit von Raymond A. Bucko mit dem Titel *The Lakota Ritual of the Sweatlodge. History and Contemporary Practice*). Wir haben den Teil mit dem Hund jedenfalls nicht übernommen (und soweit uns bekannt ist, auch kein anderer europäischer Schwitzhüttenleiter).

In unseren Hütten sind die polaren Energien von Vater Himmel und Mutter Erde bzw. Gott und Göttin die zentralen Säulen, um die sich die ganze Zeremonie dreht. Das Feuer, in dem die Steine erhitzt werden, bis sie rotglühend sind, repräsentiert die männliche Urkraft des Universums. Die Steine selbst symbolisieren den Samen des Vaters bzw. des Gott-Prinzips, das sich der Mutter bzw. Göttin gibt, damit sich in ihrem Schoß neues Leben formen kann. Für uns repräsentiert die Schwitzhütte die Gebärmutter von GAIA, in der sich männliche und weibliche Energie begegnen und vereinen, damit wir wiedergeboren werden können.

Manche Menschen, die Schwitzhüttenarbeit praktizieren, sind gegen gemischtgeschlechtliche Zeremonien. Tatsächlich wurde die Schwitzhütte von den nordamerikanischen Ureinwohnern ursprünglich als reines Männer-Ritual geschaffen, das den Teilnehmern als Reinigungszeremonie dienen sollte. Dort war man der Meinung, dass Frauen eines solchen Rituals nicht bedürfen, weil sie sich ja bereits einmal monatlich im Rahmen der Menstruation reinigen. Aber mal ganz davon abgesehen, dass Schwitzhütten an den unterschiedlichsten Orten der Erde praktiziert wurden und es durchaus möglich ist, dass andere Kulturen dies von Anfang an anders sahen, können Frauen unserer Erfahrung nach ebenso umfassend davon profitieren wie Männer. Auch wir führen bei entsprechender Gelegenheit (zum Beispiel bei reinen Männer- oder Frauenseminaren) einzelgeschlechtliche Hütten durch und wissen, dass diese durchaus ihre Berechtigung haben, weil sie die jeweilige Geschlechterkraft auf wunderschöne Weise stärken und zum Fließen bringen. Außerhalb dieses eingegrenzten Themenbereichs erleben wir die gemischte Hütte jedoch als deutlich kraftvoller, weil beide Energiepole nicht nur repräsentiert werden, sondern auch körperlich anwesend sind. Wir sehen uns zur Klärung solcher Fragen gerne nach entsprechenden Präzedenzfällen in der Natur um, und da dort gemischtgeschlechtliche Mehrfachgeburten sowohl bei Menschen als auch Tieren vollkommen normal sind und die Schwitzhütte schließlich die Gebärmutter repräsentiert, sehen wir keinen Anlass dazu, einer gemischten Hütte eine negative Energie zuzuordnen. Es kann höchstens dann eine schlechte Schwingung entstehen, wenn die darin befindlichen Menschen sich nicht benehmen können – leider ist es hin und wieder vorgekommen, dass Frauen in der Schwitzhütte sexuell belästigt wurden. Deshalb empfehlen wir den Besuch einer Schwitzhütte nur, wenn man das Gefühl hat, dem Leiter vertrauen zu können und zuvor auch einen guten Eindruck von den anderen Teilnehmern erhalten hat. Niemand kann es Ihnen abnehmen, Ihrem eigenen Instinkt und Ihrer Intuition zu vertrauen.

Vor der Zeremonie wird die Schwitzhütte mit Decken und Segeltuch bedeckt, so dass die Hitze darin bewahrt wird und kein Licht hinein dringen kann. Bitte machen Sie nicht den äußerst dummen Fehler, zum Abdecken eine luftdichte Plastikplane zu verwenden, sondern beschränken Sie sich beim Regenschutz auf gewebte Kunststoffabdeckungen, die Sauerstoff, aber kein Wasser durchlassen. Dann wird eine Holzplattform errichtet, auf der später die Steine zu liegen kommen. Wir verwenden insgesamt 44 Stück und werden regelmäßig gefragt, warum wir gerade diese Anzahl gewählt haben. William beantwortet das gerne mit einer Gegenfrage: „Möchtest du die mystische oder die praktische Antwort hören?“ Tradition, Mystik und Dogma bieten da mehrere Möglichkeiten. Die Zeremonie besteht aus vier Runden, während derer wir die vier Elemente und die vier heiligen Reiche ehren. Oder wie wäre es damit: 11 ergibt numerologisch einen Wert von 2, was wiederum für das polare Gleichgewicht von männlicher und weiblicher Kraft steht. Wenn man das nun mit den vier Runden der Zeremonie malnimmt, kommen wieder 44 dabei heraus. Ebenso wäre es richtig, zu antworten, dass es sich bei 44 schlicht um die Zahl an Steinen handelt, die wir bei unserem Lehrer gelernt haben. Von praktischer Seite betrachtet ist irgendetwas zwischen vierzig und fünfzig Steinen einfach eine gute Anzahl, weil sie sich einerseits noch gut auf der Holzplattform stapeln lassen und andererseits schon genügend Hitze für alle vier Runden abgeben.

Bevor er auf die Plattform wandert, wird jeder Stein einzeln mit einem Wunsch oder einer bestimmten Kraft geladen, die sich die Teilnehmer in der Hütte bzw. in ihrem Leben wünschen. Der erste Teilnehmer nimmt ihn in die Hand, reckt ihn dem Himmel entgegen und berührt kurz die Erde damit und sagt dann zum Beispiel: „Ich lege den ersten Stein für Selbstvertrauen.“ Ein anderer folgt mit dem nächsten Stein, und dann wird weiter so verfahren, bis alle 44 Steine aufgelegt sind. Wir haben hier schon alle möglichen Wünsche gehört, von „für jene, die heute nicht bei uns sein können“ bis zu „für guten Sex in unseren Partnerschaften“ (wobei letzterer tunlichst erst *nach* der Zeremonie ausgeübt wird).

Neben dem Zeremonienleiter hat der Feuerhüter eine wichtige Aufgabe inne. Er setzt den Holzstoß für das Feuer auf und ist der einzige, der es bis zum Ende des Rituals betreut. Er bringt auch die heißen Steine in die Hütte. Das Feuer selbst gilt als heilig, weshalb nichts hinein gelangen darf, das nicht geweiht ist. Zigarettenkippen oder gebrauchte Taschentücher haben darin jedenfalls absolut nichts zu suchen (und viele Zeremonienleiter bitten sowieso darum, während des Aufenthalts am Schwitzhüttenplatz nicht zu rauchen).

Der Feuerhüter ruft zunächst die Kräfte der vier Haupthimmelsrichtungen und segnet danach den Platz, an dem die Zeremonie stattfindet sowie das Holz und die Steine, die dafür verwendet werden. Dann entzündet er das Feuer zum Gesang der Teilnehmer. Wenn die Flammen hoch hinauf steigen, gehen die Frauen in die noch kalte Schwitzhütte, um diese zu weihen. Weil es William sehr wichtig war, hier ein Gleichgewicht herzustellen, wird bei unseren Schwitzhütten mittlerweile auch das Feuer von den männlichen Teilnehmern geweiht. Meist dauert es etwa zwei Stunden, bis die Steine glühend heiß sind. Dann ist es Zeit, in die Hütte zu gehen. Aus den amerikanischen Traditionen ist die Gewohnheit zu uns gekommen, sich vor dem Eintritt in die Hütte zu verneigen und einen segnenden Satz zu sprechen. Üblicherweise wird dafür „Mitakuye Oyasin“ (wir sind alle verbunden) oder toshilahey (wir sind alle verwandt) benutzt. Da wir die Kraft dieser Formeln stärker spüren können, wenn wir sie in unseren Muttersprachen verwenden, benutzen wir diese oder ähnliche Übersetzungen. Dabei überlassen wir jedem die Wahl der Worte selbst. Vicky zum Beispiel sagt: „Für alle meine Verwandten, die mich lieben“ und geht davon aus, dass dies alle Wesen dieser Erde umfasst. Für sie haben auch Menschen, die sie als schwierig empfindet, diese problematische Position in ihrem Leben übernommen, um ihr eine Chance zu seelischem Wachstum zu geben, was sie als einen Akt der Liebe betrachtet. Außerdem geht sie von der Existenz eines universalen Gesamtwesens aus (so à la großer Geist), das seinen verschiedenen Anteilen grundsätzlich positiv gesonnen ist. Für William jedoch ist die polare Natur des Universums von großer Bedeutung, was bedeutet, dass es Dinge geben muss, die lieben und andere, die hassen – und alle möglichen Stufen dazwischen. Auch versteht er den Satz grammatisch etwas anders, weshalb er seine Absicht beim Betreten der Schwitzhütte am klarsten zum Ausdruck bringt, wenn er „wir sind alle verwandt“ sagt. Was mal wieder zeigt, wie wichtig es ist, von den eigenen differierende Ansichten anderer Menschen zu akzeptieren, anstatt sich deswegen gegenseitig umzubringen. Zumindest macht es unsere Ehe wesentlich einfacher!

Beide Formulierungen bringen jedoch die innere Haltung zum Ausdruck, mit der jene Menschen, die diese oder ähnliche Worte verwenden, in eine Schwitzhüttenzeremonie gehen. Da wir alle miteinander verbunden und im Endeffekt ein einziges großes Ganzes sind, bringen wir jedes Mal, wenn wir uns selbst heilen, auch ein Stück des Ganzen wieder ins Gleichgewicht. Davon profitieren all seine anderen Teile ebenfalls – eben weil wir alle eins sind. Außerdem nehmen wir die Hitze in der Hütte auch für andere auf uns. Das geschieht zum Beispiel, wenn wir für andere Menschen beten oder zum Kanal für den Schmerz von Mutter Erde werden.

In der ersten Runde verbinden wir uns mit den heiligen Kräften des Rads, wobei für jede der vierzehn Positionen eine Kelle Wasser auf die heißen Steine gegeben wird (oder auch mehr, je nach Verlauf der Hütte). Danach haben wir reihum die Gelegenheit, zu danken und für uns selbst zu bitten. Wiederum wird nach jedem Gebet Wasser auf die Steine gegeben. Diese Runde wird dem Süden und den Kindern zugeordnet, weshalb wir hier oft mit psychischen Themen konfrontiert werden, die aus unserer Kindheit stammen.

In der zweiten Runde beten wir für andere. Uns persönlich ist dabei sehr wichtig, dies auf eine Weise zu tun, welche diese Menschen unterstützt und ihnen weiter hilft, anstatt sie so verändern zu wollen, dass sie unsere Wünsche und Bedürfnisse besser erfüllen. Letzteres stellt unserer Ansicht nach eine Form „schwarzer Magie“ dar, weil die Zielperson so ihres freien Willens beraubt wird. Diese Runde wird dem Westen zugeordnet. Hier geht es darum, erwachsen zu werden, indem wir die Verantwortung für die Auswirkungen unserer Handlungen auf unsere Umgebung übernehmen. Deshalb besteht das Kernziel unserer Gebete für andere oft darin, ihnen die Konsequenzen ihres Lebens mit uns zu erleichtern.

Die dritte Runde dient dazu, alles abzugeben und loszulassen, was uns daran hindert, klar in unsere persönliche Kraft zu gehen. Dieser Vorgang wird meist als „Give away" bezeichnet. Hier wie auch bei den anderen Gebeten ist es sehr wichtig, klar und genau zu formulieren. Sätze wie „ich würde gerne ein bisschen abgeben, was mich daran hindert, mein Leben zu genießen" haben eine ebenso große Chance, etwas zu verändern, wie ein Schneeball in der Hölle. Wie soll ich Macht über etwas haben, das ich nicht benennen kann? Nur, wenn ich mein Problem gut genug kenne, dass ich ihm einen Namen geben kann, ist es mir auch möglich, es zu verändern. Auch jede Form der Relativierung mittels Begriffen wie „vielleicht", „etwas", „ein bisschen", „hie und da" oder ähnlichem signalisiert dem Unterbewusstsein nur, dass Sie noch nicht wirklich bereit sind, vollständig in den veränderten Zustand einzutreten. Dieselbe Wirkung haben Formulierungen wie „ich hätte gerne", „ich würde gerne" oder „ich wünsche mir". Konjunktiv ist eben nicht Imperativ, und ein Wunsch ist noch nicht Wirklichkeit. In der Schwitzhütte schaffen Sie jedoch auf der Spirit-Ebene eine neue Wirklichkeit. Wenn Sie dazu bereit sind, werden Sie dort, auf der Stelle, zu einer neuen Person. Es ist besser, sich einzugestehen, dass man für bestimmte Veränderungen noch nicht bereit ist, als eine kostbare Schwitzhüttenrunde mit wässrigen Formulierungen zu verschwenden. Sie finden mit Sicherheit etwas anderes, hinter dem Sie bereits stehen können – und das vielleicht den Schritt darstellt, den es sowieso zuerst zu tun gilt. In diesem Sinne wäre eine kraftvollere Formulierung zum Beispiel: „Ich gebe meine Angst davor ab, nicht gut genug zu sein." Basta. Wenn Sie damit jetzt in Ihren Alltag gehen und diese Worte dort jedes Mal in Ihrem Herzen bewegen, wenn die Angst übernehmen will, werden Sie wahre Wunder erleben. Das ist übrigens auch eine Form von Shape Shifting! Diese Runde wird dem Norden zugeordnet, weil hier unsere alte Persönlichkeit (bzw. ein bestimmter Teil davon) stirbt.

In der vierten Runde „erschaffen wir die Welt neu". Klingt hochtrabend, nicht wahr? Dieser Satz bezieht sich auf den Umstand, dass jeder Mensch in seinem eigenen Universum lebt, weil jede einzelne Person die Welt naturgemäß aus ihrem eigenen Blickwinkel erlebt. Dieser ist gleichbedeutend mit einer Rundumsicht, wenn wir uns einmal um uns selbst drehen. Kein anderer Mensch steht genau da, wo wir uns gerade befinden – sowohl physisch als auch seelisch. Deshalb hat jeder eine etwas andere Perspektive auf die Welt und sich selbst. Diese Perspektive erschaffen wir in der vierten Runde neu, und dieses Mal enthält sie die Elemente, um die wir gebeten haben, entsteht aber ohne alles, was in der dritten Runde mit dem Give away aus uns verschwunden ist. Zu diesem Zweck bauen wir noch einmal das Rad der heiligen Kräfte auf. Da das Rad auch eine Schöpfungsgeschichte ist, erschaffen wir unsere Realität durch das Erzählen dieser Geschichte neu. Diese Runde wird dem Osten und damit der Wiedergeburt zugeordnet, weshalb wir das Verlassen der Hütte danach als symbolisierten Geburtsakt verstehen. Kein Wunder, dass die meisten Menschen danach das Bedürfnis haben, sich flach auf die Erde zu legen – wie ein Neugeborenes auf den Bauch der Mutter.

Eine Schwitzhüttenzeremonie kann von der Weihe des Feuerhüters bis zum Löschen der Flammen sechs Stunden und länger dauern, wovon zwei bis vier auf den Aufenthalt in der Hütte selbst entfallen. In den Pausen zwischen den Runden wird die Tür der Hütte geöffnet, so dass kühle Luft einströmen kann, und es wird Wasser herum gereicht. Wer es gerade wirklich schwer hat, kann die Hütte in der Pause auch verlassen und vor Beginn der nächsten Runde wieder herein kommen. Natürlich können Sie die Hütte auch während einer Runde verlassen, doch dann betrachten wir das als Zeichen dafür, dass Sie Ihren Prozess draußen am Feuer fortsetzen sollen, Sie also nicht wieder in die Hütte zurückkommen können. Das ist keine Abwertung und auch kein Versagen. Wir haben oft genug erlebt, dass ein Teilnehmer aus so einem Abbruch wichtige Erkenntnisse gewonnen hat – und nur darum geht es.

So oder so ist die Schwitzhütte eine lange, anstrengende und ziemlich heiße Angelegenheit, weshalb sich die Frage stellt, warum man sich das antun sollte. Uns fällt die Antwort nach momentan sechs Jahren der Schwitzhüttenarbeit leicht: Weil uns bisher kein anderes Ritual und keine andere therapeutische Maßnahme mit einem ähnlich hohen Heilungspotential begegnet ist wie dieses. In der Schwitzhütte kann man sein Leben verändern, und zwar auf äußerst positive und kraftvolle Weise. Die extremen Bedingungen in der Hütte helfen uns dabei, tief in den schwarzen Sumpf unseres Seelenschattens zu reichen, wo die reinigenden und heilenden Kräfte des Rades uns ermöglichen, unnötige Ketten zu sprengen, schmerzhafte Panzerungen aufzugeben und von alten Wunden zu genesen. Und wenn wir uns auf diese Weise selbst befreit haben, können wir wachsen, heilen, leben und echte Veränderungen in unserer Wirklichkeit herbeiführen.

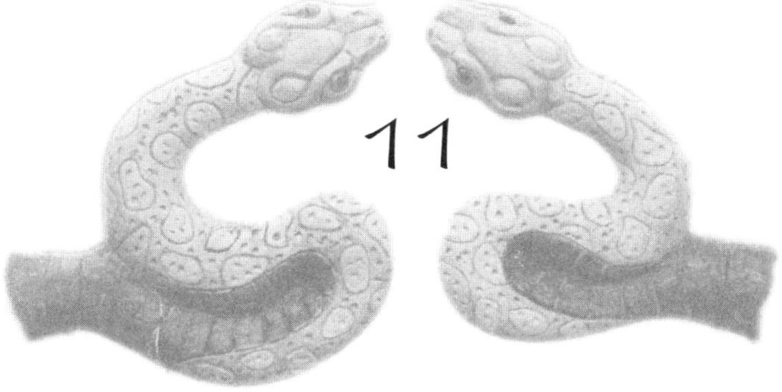

11

Rechtsfragen

Wer die hier beschriebenen Techniken nicht nur im Freundes- und Familienkreis ausführen möchte, sollte sich der rechtlichen Umgebung bewusst sein, in der er sich damit bewegt. Die kann so mancher engagierter Tätigkeit nämlich rasch einen Strich durch die Rechnung machen. Über die genaue Situation kann man durchaus verschiedener Meinung sein – manche meinen, sie sei übertrieben und diene nur dazu, das Monopol der Ärzteschaft sicherzustellen, während andere der Ansicht sind, dass sie dem Schutz der Menschen vor unqualifizierten Behandlungsmethoden und schlecht bis gar nicht ausgebildeten Behandlern dient. Im Endeffekt ist jedoch völlig unwichtig, was Sie, wir oder sonst jemand über die momentane Gesetzeslage denkt, weil das nichts daran ändert, dass wir ihr unterliegen und sie deshalb kennen sollten, wenn wir uns nicht wissentlich oder unwissentlich strafbar machen wollen. Sehen wir uns die Sache doch mal im Detail an.

Zum Heilkundebegriff

Als Heilkunde definiert der Gesetzgeber im Gesetz über die berufsmäßige Ausübung der Heilkunde ohne Bestallung (Heilpraktikergesetz):

jede berufs- oder gewerbsmäßig vorgenommene Tätigkeit zur Feststellung, Heilung und Linderung von Krankheiten, Leiden oder Körperschäden bei Menschen, auch wenn sie im Dienste von anderen ausgeübt wird.

Laut dieser Definition sind Sie also bereits dann heilkundlich tätig, wenn Sie nur eine Diagnose erstellen („Feststellung“)!

In Deutschland ist die Ausübung der Heilkunde primär drei Berufsgruppen vorbehalten: Ärzten, Heilpraktikern und Diplom-Psychologen mit Verfahrensausbildung.

Deshalb ist schon so mancher auf die schlaue Idee gekommen, seine Aktivitäten einfach nicht als Heilkunde oder Therapie zu bezeichnen, sondern das harmlose Wörtchen „Beratung“ dahinter zu setzen. So wird aus einer schamanischen Heilweise eben eine schamanische Beratung, und schon sind wir aus dem Schneider – oder?

Sind wir nicht. Normalerweise werden Menschen, die von ihrer eigenen Berufung zum Heiler überzeugt sind und diese ohne einen entsprechenden Abschluss ausüben, vom Ordnungsamt oder dem Gesundheitsamt aufgefordert, ihre Tätigkeit entweder einzustellen oder die Heilpraktikerprüfung abzulegen. Die Betroffenen argumentieren dann meist, sie würden keine heilkundliche Tätigkeit ausüben, sondern „Hilfe zur Selbsthilfe“ geben, religiöse Praktiken weitergeben oder „allgemeine Gesundheitsberatung“ anbieten. Dazu hat der Bundesgerichtshof bereits am 13. September 1977 folgendes verfügt:

Auch das bloße Handauflegen und kurze Bestreichen der ihm als krank oder schmerzend bezeichneten Körperstelle ist Ausübung der Heilkunde im Sinne des Gesetzes, da sie im Behandelten den Eindruck erweckt, dass seine Heilung oder Besserung mit übernatürlichen oder übersinnlichen Kräften bewirkt wird. […]Wollte man diese Art der ‚Behandlung' deshalb nicht als Ausübung der Heilkunde ansehen, weil der Angeklagte keine medizinischen Fachkenntnisse hat, dann käme man zu dem mit dem Gesetzeszweck nicht zu vereinbarenden Ergebnis, dass ein Heilbehandler sich nur möglichst weit von den Regeln ärztlicher Wissenschaft entfernen müsse, um sich gegen die Anwendung des Heilpraktikergesetzes gegen sein Verhalten zu sichern.

Das Landgericht Koblenz hat in diesem Sinne in seinem Urteil vom 22. November 2000 auch die Ausübung der Bach-Blüten-Therapie, der Aromatherapie, der Reiki-Methode und der Fußreflexzonenmassage explizit im rechtlichen Sinne als heilkundliche Tätigkeit festgestellt.

Das bedeutet keineswegs, dass diese Methoden im Rahmen der zitierten Gesetze als heilwirksam bestätigt werden, denn im Grunde genommen geht es dem Gesetzgeber dabei nur um eines: die so genannte Eindruckstheorie. Dazu Hanns R. Röttgers im ALH-Studienbrief Psychotherapie:

Eine Ausübung der Heilkunde liegt auch dann vor, wenn in einem Patienten fälschlicherweise die Vorstellung erweckt wird, er würde „behandelt" und er deshalb möglicherweise auf eine fundierte medizinische Behandlung verzichtet.

Oder, wie das Oberlandesgericht Nordrhein-Westfalen am 2. Dezember 1998 entschied:

Die Möglichkeit einer Gesundheitsgefährdung [ist] aufgrund generalisierender und typisierender Betrachtungsweise zu beurteilen […] und dabei [sind] auch solche Gefahren zu berücksichtigen, die dadurch drohen, dass die Behandelten die Anwendung gebotener medizinischer Heilmethoden unterlassen oder verzögern, weil der Heilbehandler nicht über das medizinische Fachwissen verfügt, um entscheiden zu können, wann eine medizinische Heilbehandlung notwendig ist.

Aus genau diesem Grund dient die Heilpraktikerprüfung auch nicht der Bestätigung der Kenntnisse des zukünftigen Heilbehandlers, sondern sie soll vielmehr sicherstellen, dass er keine „Gefahr für die Volksgesundheit" ist, also nicht aufgrund von Unwissen Schaden zufügt anstatt zu heilen. Deshalb gilt als Heiltätigkeit jede Aktivität, die beim Patienten/Klienten/Kunden den Eindruck erweckt, sie könnte eine heilende Wirkung haben – unabhängig davon, ob diese Wirkung tatsächlich existiert oder nicht.

Es ist nicht unsere Absicht, diese gesetzlichen Regelungen hier zu diskutieren – das würde zu weit führen und den Rahmen des Buches sprengen. Und es wäre wie gesagt auch nicht sinnvoll, denn ganz egal, was Sie davon halten, Sie fallen darunter, wenn Sie mehr vorhaben, als Ihrem kleinen Sohn ab und zu Reiki zu geben.

Die Frage, was nun unter Heilkunde fällt und was nicht, hängt also primär von diesen Punkten ab:

- ob die Heilmethode bei unsachgemäßer Anwendung Schaden verursachen kann. Als Schaden wird auch definiert, wenn der Patient glaubt, außer der Heilmethode keine weitere Behandlung zu benötigen und es deshalb unterlässt, einen Arzt oder Psychotherapeuten aufzusuchen

- ob die Tätigkeit des Heilkundlers nach allgemeiner Auffassung medizinische bzw. psychotherapeutische Fachkenntnisse erfordert. Das ist zum Beispiel bei der Diagnose und Behandlung von Erkrankungen körperlicher oder psychischer Natur der Fall
- ob es um die Behandlung von Störungen und Erkrankungen (die durch die entsprechenden Klassifizierungen wie zum Beispiel dem ICD-10 klar definiert sind) geht, was eine Heilerlaubnis voraussetzen würde, oder ob es um die Ausübung primär beratender psychologischer Tätigkeiten geht, für die eine solche Erlaubnis nicht notwendig ist

Achtung: Was eine „beratende psychologische Tätigkeit“ ist, hängt *nicht* von der Art der Beratung, sondern von den Problemen des Klienten ab, der diese Beratung erhält! Sie können Ihre Aktivitäten hundert Mal als „Lebensberatung“ bezeichnen – wenn Sie unter diesem Mäntelchen Menschen mit definitiven körperlichen oder psychischen Erkrankungen *auf diese Erkrankungen hin* behandeln, begeben Sie sich in Teufels Küche. Das bedeutet folgendes: Als Berater oder Beraterin sind Sie nicht berechtigt, die Behandlung eines depressiven Patienten zu übernehmen. Sie können allerdings *parallel zur medizinisch-psychotherapeutischen Behandlung*, die von einem Arzt bzw. Psychotherapeuten vorgenommen wird, gemeinsam mit dem Patienten ein Entspannungsprogramm durchführen, das ihm hilft, besser mit den Belastungen fertig zu werden, die er aufgrund seiner Scheidung gerade hat.

Eine „beratende psychologische Tätigkeit“ findet also dann statt, wenn in deren Mittelpunkt nicht etwa psychische Störungen oder Erkrankungen stehen, sondern sich die Arbeit um die Aufarbeitung und Überwindung sozialer Konflikte oder die Bewältigung von Stress- und Belastungssituationen dreht. Unter diese Definition fallen zum Beispiel Menschen, die für die Kirchen oder in gemeinnützigen Beratungsstellen als Ehe- oder Familienberater, in der Jugendhilfe oder in ähnlichen Situationen tätig sind.

Zur Schweigepflicht

Das hierfür eigens geschaffene Gesetz, das vor allem Ärzte unter diese Verpflichtung stellt (§ 203 SGB) trifft auf Heilpraktiker oder andere heilkundlich bzw. beratend tätige Menschen nicht zu, weil diese Berufsgruppen darin nicht gesondert aufgeführt werden. Dennoch gilt für sie dasselbe, weil sich für jeden Menschen durch das so genannte allgemeine Persönlichkeitsrecht ein Schutzanspruch für persönliche, intime und insbesondere Erkrankungen oder Störungen betreffende Informationen ergibt. Das bedeutet ganz klar: Sämtliche mit dem Behandlungs- oder Beratungsprozess in Verbindung stehenden Informationen dürfen nur mit dem Einverständnis des Klienten weitergegeben werden. Das betrifft sogar die Tatsache an sich, dass sich ein Mensch bei Ihnen in Behandlung befindet und gilt auch dann, wenn er bisher nur ein Vorgespräch mit Ihnen geführt hat.

Es gibt jedoch eine Ausnahme: Nach § 34 StGB ist ein Bruch der Schweigepflicht dann möglich und sogar notwendig, wenn er gegenüber der Wahrnehmung der Schweigepflicht das kleinere Übel darstellt. Wenn ein Klient zum Beispiel deutlich betrunken zu seiner Sitzung mit Ihnen kommt und Sie ihn nicht davon abhalten konnten, auch den Rückweg wieder im eigenen PKW zurück zu legen, ist im Interesse der Sicherheit der anderen Verkehrsteilnehmer die Benachrichtigung der Polizei angemessen und zieht keine strafrechtlichen Folgen nach sich (zumindest nicht für Sie). Die Gesundheit der anderen Menschen hat hier also Vorrang vor dem Persönlichkeitsrecht des Klienten.

Vertragsform und Honorar

Therapeutische Beratungen oder Behandlungen sind eindeutig Dienstvertragsverhältnisse, das heißt, es wird nicht die Lieferung eines bestimmten Produktes oder Endzustandes, sondern die Erbringung einer Dienstleistung vereinbart. In diesem Sinne beinhaltet Ihre Vereinbarung mit einem Klienten nicht den Erfolg der Behandlung oder Beratung, sondern den Einsatz Ihrer diesbezüglichen Kenntnisse und Fähigkeiten *nach bestem Wissen und Gewissen.* Aus diesem Grund muss der Klient eine Leistung nicht zahlen, wenn von vornherein klar war, dass sie in Bezug auf seine Problematik unwirksam ist. Wenn Sie also jemanden, der mit einer Zahnwurzelentzündung zu Ihnen kommt, mit einem Entspannungsverfahren behandeln, kann dieser die Bezahlung verweigern – und Sie können ganz schön in der Patsche sitzen, wenn Sie ihn nicht sofort zu einem Arzt weiterschicken.

Wenn wir uns schon so weit aus dem Fenster lehnen, dann lassen Sie uns doch fünf Minuten vor dem Ende dieses Buches noch mal in ein hübsches, großes Wespennest stechen.

Wie sieht es mit der finanziellen Gegenleistung für solche Dienste aus? Wann darf man für eine schamanische Behandlung Geld nehmen?

Grundsätzlich handelt es sich unserer Ansicht nach bei allen beratenden, heilenden und therapeutischen Angeboten des naturspirituellen Marktes – von der Tarotberatung bis zur schamanischen Seelenheilung – um Leistungen, die auch von anderen Berufen bzw. Berufsgruppen abgedeckt werden können. Deshalb ist die Frage, ob ich für meine Dienste Geld nehmen sollte oder nicht, gleichzeitig eine Frage der Professionalität. Niemand regt sich darüber auf, dass Psychotherapeuten, Pfarrer, katholische Priester, Ärzte, Heilpraktiker, Sozialarbeiter und wer sich sonst noch alles hauptberuflich um das Wohl (oder zumindest die Wiedererlangung desselben) unserer Gesellschaft bemüht, dafür natürlich bezahlt werden. Sie haben ihre diesbezügliche Qualifikation vor einem entsprechenden Gremium in Form von Prüfungen nachgewiesen und widmen den größten Teil ihrer Zeit dieser Aufgabe. Genau das sind auch unserer Ansicht nach die wesentlichen Kriterien in dieser Frage. Von einem Menschen, der für eine solche Tätigkeit Geld verlangt, erwartet man – und zwar unabhängig davon, in welcher beruflichen Sparte er tätig ist – dass er über eine anerkannte Qualifikation verfügt, die seine Fähigkeiten unterstützt und erweitert, und dass er aus dieser Tätigkeit zu wesentlichen Anteilen, wenn nicht vollständig seinen Lebensunterhalt bestreitet. Darüber hinaus sollte er oder sie sich ständig weiterbilden. Das stellt eines der wenigen Gütekriterien dar, die einem Menschen, der ein spirituelles Hilfsangebot sucht, wirklich zur Beurteilung der Qualität desselben zur Verfügung stehen, weil es zumindest darauf hinweist, dass die diesen Dienst anbietende Person ihre Aufgabe wirklich ernst nimmt und sich ihr mit einem hohen Maß an Verantwortungsbewusstsein stellt. Das schließt natürlich nicht aus, dass sich auch Menschen mit schweren psychischen Problemen oder fragwürdigen

Motiven einem helfenden oder beratenden Beruf widmen, aber es verringert deren „Quote" (vor allem in „esoterischen" Kreisen) ganz eindeutig. So eine Qualifikation bedeutet nämlich eine Menge Arbeit und ist auch nicht ganz billig.

Natürlich wollen wir keineswegs bestreiten, dass es Menschen gibt, die über keine fachliche Anerkennung verfügen und ihre spirituelle Arbeit dennoch sehr gut und mit höchstem Verantwortungsbewusstsein ausführen. Wenn wir hier jedoch versuchen wollen, allgemeingültige Standards für eine größere Gruppe von Berufsausübenden aufzustellen, können wir unserer Ansicht nach nicht von den positiven Ausnahmen ausgehen, sondern sollten vielmehr versuchen, Maßnahmen zu finden, die die Gesamtqualität aller entsprechenden Angebote erhöhen – und damit überhaupt erst eine Berechtigung dafür herstellen, für diese Leistungen auch Geld zu verlangen.

Uns ist klar, dass manche Thesen und Behandlungsformen der klassischen Medizin oder Psychotherapie den Ansichten und Einstellungen vieler naturspiritueller Menschen widersprechen. Das ändert jedoch nichts daran, dass auch spirituelle Wegbegleiter den Rest (welcher eindeutig überwiegt) benötigen, um wirklich verantwortungsbewusst arbeiten zu können. Unserer Ansicht nach kann sowieso nur jemand, der sowohl im spirituell-alternativen als auch im schulmedizinischen bzw. -therapeutischen Sinn ausgebildet ist, beurteilen, wo sich diese beiden Systeme behindern und wo sie sich ergänzen. Schwarzweiß-Denken ist jedoch niemals ein Zeichen von Wissen oder gar Weisheit. Ganz im Gegenteil weisen alle uns bekannten Menschen, die ihre spirituelle Berufung wirklich ernst nehmen und verantwortungsvoll betreiben, sogar ein hohes Interesse an den Erkenntnissen auch klassischer Schulen in ihrem Bereich auf.

Im Gegensatz dazu steht, was wir in Ermangelung eines besseren Begriffs als „spirituelle Freundschaftshilfe" bezeichnen möchten: Von Menschen, die ihre spirituellen Errungenschaften, Techniken und Hilfsmittel ausschließlich innerhalb der Familie, der Nachbarschaft oder des Freundeskreises anbieten und einsetzen, wenn Not am Mensch ist, erwarten wir natürlich keine fachliche Ausbildung. Allerdings stellt sich hier auch mit Recht die Frage, ob sie dafür Geld nehmen sollten, was wir persönlich nicht für angemessen und berechtigt halten, weil diese Leistungen nun einmal nicht auf einer professionellen Ebene ausgeführt werden. Und dazu gehört unserer Ansicht nach weitaus mehr als ein paar Wochenendseminare in Reiki oder Bach-Blüten-Therapie.

Vielen naturspirituellen Menschen ist es ein großes Anliegen, dafür zu arbeiten, dass unsere Form der Spiritualität auch in der Öffentlichkeit eine größere und positivere Anerkennung erhält. Alleine deshalb schon sollten wir uns bemühen, die in dieser Gesellschaft üblichen Standards zu erfüllen und sie dann mithilfe unseres zusätzlichen spirituellen Wissens und der dazugehörigen Techniken *zu übertreffen*. Wer diese Kriterien erfüllt, braucht sich unserer Ansicht nach keinerlei Gedanken zu machen, wenn er für seine entsprechend qualifizierten Leistungen eine angemessene finanzielle Gegenleistung nimmt. Für fachlich ausgebildete und qualifizierte Menschen ist das jedoch kein Problem, denn sie können sich einfach an den in ihrem jeweiligen Berufszweig üblichen Sätzen orientieren.

... und noch ein Wort zum Schluss

Wenn die Inhalte, Zeremonien und Techniken, die Sie in diesem Buch gefunden haben, mit Ihnen sprechen und eine Saite tief in Ihrem Herzen berühren, die sich schon lange danach gesehnt hat, endlich gehört zu werden, dann gehen Sie Ihren Weg. Egal, was die Gesetze sagen. Es gibt viele Möglichkeiten, ein Bewusstsein für die Kraft unserer Natur und des Planeten, auf dem wir uns befinden, zu leben. Gehen Sie mit Kindern hinaus in Wald und Feld. Veranstalten Sie Nachtwachen mit Jugendlichen. Greifen Sie auf Ihre Talente und Begabungen zurück – Sie können gut tanzen, haben vielleicht sogar eine Ausbildung in Bauchtanz? Dann fragen Sie doch mal bei der örtlichen Volkshochschule an, ob man dort Interesse an einem Seminar zum Thema „Frauen tanzen Göttinnen" hat. Sie sind ein Mann, der sich für Outdoor- und Survival-Techniken interessiert? Finden Sie noch ein paar von Ihrer Sorte, und gönnen Sie einander Männerkraft in der Wildnis. Sprechen Sie im örtlichen Landfrauen-Verein zum Thema „Kräuterheilkunde und die weisen Frauen". Bieten Sie Baumwanderungen an, veranstalten Sie regelmäßige Trommel-Abende, gründen Sie eine Gruppe, die regelmäßig schamanisch miteinander reist. Alles, was wir in diesem Buch beschrieben haben, fällt auch unter den Begriff der Selbst- und Naturerfahrung, und für die brauchen Sie keine Heilerlaubnis. Lassen Sie einfach nur die Finger von psychischen oder körperlichen Erkrankungen, wenn Sie keine entsprechende staatlich anerkannte Ausbildung haben.

Sie werden Ihren Weg finden, Ihren ganz persönlichen Platz im heiligen Traum von Mutter Erde. Wer weiß, vielleicht müssen Sie dafür keine Heilpraktikerprüfung, sondern einen Bergführerkurs machen. Wichtig ist nur, dass Sie das tun, wofür Sie hier sind. Dass Sie endlich ankommen können. Gehen Sie hinaus und sorgen Sie dafür, dass wir Menschen in dieser Kultur gar nicht erst krank werden müssen, weil wir keinerlei Beziehung mehr zu unserer und der uns umgebenden Natur haben. Machen Sie die Heiler überflüssig – das ist unser Traum. Und vielleicht auch der von Mutter Erde.

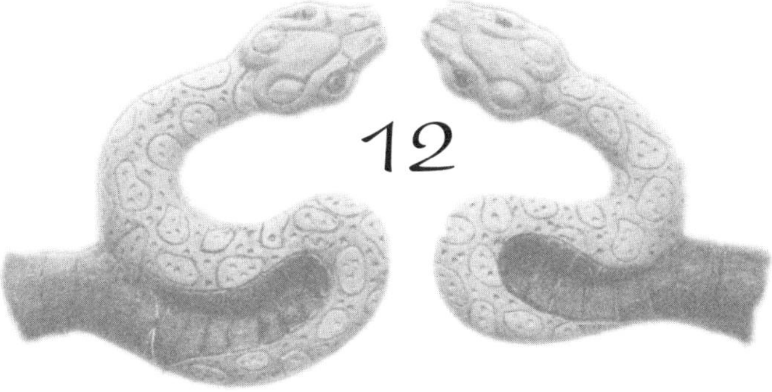

12

Quellen und weiterführende Literatur

Quellen und weiterführende Literatur

Aldhouse-Green, Miranda u. Steven: *The Quest for the Shaman. Shape-shifters, Sorcerers and Spirithealers of Ancient Europe*, Thames & Hudson 2005

Brennan, Barbara Ann: *Lichtarbeit. Heilen mit Energiefeldern,* Goldmann 1998

Bucko, Raymond A.: *The Lakota Ritual of the Sweatlodge. History and Contemporary Practice (Studies in Anthropology of North American Indians)*, Bison Books 1999

Endrédy, James: *Earthwalks for Body and Spirit. Exercises to Restore Our Sacred Bond with the Earth*, Bear & Co, 2002. In deutscher Sprache: *Earthwalks für Körper und Seele. 45 Schritte zu einem neuen Bewusstsein*, Lüchow 2004

Farrar, Janet u. Stewart u. Bone, Gavin: *The Healing Craft. Healing Practises for Witches and Pagans*, Phoenix Publishing 1999

Flaming Crystal Mirror, Mary: *Süße Medizin. Die Lehren der Twisted Hairs*, Vier Welten Verlag.

Froböse, Rolf: *Die Seele existiert auch nach dem Tod*, Welt Online vom 25. April 2008

Froböse, Rolf: *Die geheime Physik des Zufalls. Quantenphänomene und Schicksal,* Eichborn 2008

Häcker, Hartmut u. Stapf, Kurt Herrmann (Hrsg.): *Dorsch Psychologisches Wörterbuch,* Hans Huber 1998

Kalweit, Holger: *Naturtherapie. Initiationsreise zur Erdmutter*, Arun 2004

King, Serge Kahili: *Instant Healing. Mastering the Way of the Hawaiian Shaman using Words, Images, Touch and Energy*, Lüchow 2001

Nauwald, Nana: *Schamanische Rituale der Wahrnehmung. Den Geist der Tiere erfahren – überliefertes Wissen aus europäischen Traditionen*, AT-Verlag 2005

Perkins, John: *Shape Shifting. Technics for Global and Personal Transformation*, Destiny Books 1997

Plotkin, Bill: *Soulcraft. Die Mysterien von Natur und Seele*, Arun 2005

Röttgers, Hanns R.: *ALH-Lehrgang Psychotherapie*

Rudolf, Gerhard A.E. u. Röttgers, Hanns R.: *Rechtsfragen in Psychiatrie und Neurologie*, Deutscher Universitäts-Verlag 2000

Tölle, Rainer: *Psychiatrie*, Springer 2003

Villoldo, Alberto: *Mending the Past and Healing the Future with Soul Retrieval*, Hay House 2005

Wir möchten Sie einladen, auch persönlich mit uns zu arbeiten!
Wir bieten Seminare, Einzelsitzungen und Ausbildungen an.
Weitere Informationen können Sie unter der folgenden Anschrift erhalten:

Psychologische Naturheilpraxis
Vicky Gabriel / William Anderson
Tanztherapie, Psychotherapie und Naturspiritualität
Gartenweg 9
36304 Alsfeld
www.deraltepfad.de
arun-verlag-seelenpfade.blogspot.de

Vicky Gabriel, William Anderson

Seelenpfade Praxis-Set

Schamanische Meditationen
zur Heilung von Körper und Geist

Mit diesem Set kann man einfacher und tiefer in die schamanische Arbeit eintauchen und den eigenen Weg weitergehen.

Sechs wichtige Übungen aus dem Buch *Seelenpfade* liegen hier nun in einer Hörfassung vor, einfühlsam gesprochen und mit rein akustischen Instrumenten untermalt. Die ergänzende Übung „Der innere Verbannte" hat sich aus der Praxis entwickelt und als äußerst kraftvoll entpuppt.

48 Seiten, Hardcover, 13,5 x 22,0 cm,
mit 1 CD
ISBN 978-3-86663-077-2
€ 19,95 / 28,50 SFR